Industrielles Management

Von

Dr. Karl-Werner Hansmann

o. Professor für Betriebswirtschaftslehre
und Industriebetriebslehre an der Universität Hamburg

8., völlig überarbeitete und erweiterte Auflage

R. Oldenbourg Verlag München Wien

Anschrift des Verfassers:

Prof. Dr. K.-W. Hansmann
Universität Hamburg
Bereich Industrielles Management
Von-Melle-Park 5
20146 Hamburg

E-Mail: hansmann@econ.uni-hamburg.de

Bibliografische Information Der Deutschen Bibliothek

Die Deutsche Bibliothek verzeichnet diese Publikation in der Deutschen
Nationalbibliografie; detaillierte bibliografische Daten sind im Internet
über <http://dnb.ddb.de> abrufbar.

© 2006 Oldenbourg Wissenschaftsverlag GmbH
Rosenheimer Straße 145, D-81671 München
Telefon: (089) 45051-0
www.oldenbourg-wissenschaftsverlag.de

Gedruckt auf säure- und chlorfreiem Papier
Gesamtherstellung: Druckhaus „Thomas Müntzer" GmbH, Bad Langensalza

ISBN   3-486-58058-2
ISBN 978-3-486-58058-7

Vorwort zur achten Auflage

Die neue Auflage hat sich zum Ziel gesetzt, auf der Basis der bewährten Grundkonzeption des Lehrbuchs neuere Forschungsergebnisse und aktuelle Entwicklungen in der Unternehmenspraxis nach sorgfältiger Prüfung ihrer „Nachhaltigkeit" in das Buch aufzunehmen.

Um den Umfang in Grenzen zu halten, habe ich das Personalmanagement, da es zu einem festen Bestandteil der Allgemeinen Betriebswirtschaftslehre geworden ist, gänzlich entfernt und einige andere Themen, wie z.B. Computer Integrated Manufacturing gekürzt.

Demgegenüber werden die Abschnitte über Virtuelle Unternehmen, Supply Chain Management und Umweltmanagement, das nun auch den Handel mit Emissionsrechten zur Einhaltung des Kyoto-Protokolls enthält, stark erweitert.

Neu hinzugekommen ist das Kapitel Advanced Planning Systeme (APS), sowie auf dem Ameisenalgorithmus aufbauende Lösungskonzepte in der Maschinenbelegung, die im Institut des Verfassers entwickelt wurden. Ich hoffe damit, das Buch mit den Themen aktualisiert zu haben, die auch in Zukunft für die betriebswirtschaftliche Forschung und Praxis relevant sind.

Mein herzlicher Dank gilt meinen Mitarbeiterinnen und Mitarbeitern im Institut für Industriebetriebslehre und Organisation der Universität Hamburg, Herrn Dr. Nils Boysen, Herrn Dipl.-Kfm. Malte Fliedner, Frau Dipl.-Kffr. Mirjam Reuter, Frau Dipl.-Kffr. Nicole Richter, Herrn Dr. Christian Ringle und Frau Dipl.-Kffr. Florentine Spreen. Sie haben mich bei der Neuauflage insbesondere bei der Erarbeitung der neuen Themen, der Aufbereitung der Praxisbeispiele, Tabellen und Graphiken sowie bei der Erstellung des Literatur- und Stichwortverzeichnisses in vorbildlicher Weise unterstützt. Ihre individuellen Beiträge und kritischen Anmerkungen haben mir die Überarbeitung sehr erleichtert.

Ferner möchte ich Herrn cand. rer. pol. Michael Punte für seine sorgfältige und gründliche Arbeit bei der Erstellung der druckreifen Verlagsvorlage herzlich danken.

Schließlich gilt mein Dank Herrn Weigert und dem Oldenbourg Verlag für die langjährige wohlwollende Zusammenarbeit und die rasche Veröffentlichung des Buches.

Hamburg, im Februar 2006   Karl-Werner Hansmann

Aus dem Vorwort zur fünften Auflage

Das internationale betriebswirtschaftliche Wissen hat in den fünf Jahren seit der überarbeiteten dritten Auflage wiederum erheblich zugenommen, so dass mir nicht nur eine sorgfältige Überarbeitung sondern auch eine Erweiterung des Lehrbuchs unumgänglich erschien. Dabei erwies sich die inzwischen bewährte Grundkonzeption als so flexibel, dass die neu hinzugekommenen Gebiete ohne tief greifende Veränderung der Lehrbuchstruktur eingearbeitet werden konnten.

Die substantiellen Erweiterungen beziehen sich auf die Organisation, das Umweltmanagement und die Maschinenbelegung. Ich versuche zu zeigen, dass viele der in jüngster Zeit populär gewordenen und manchmal zu Schlagworten herabgesunkenen Managementkonzepte, wie Business Process Reengineering, Total Quality Management, Lean Management oder Benchmarking einen richtigen (manchmal verborgenen) betriebswirtschaftlichen Kern enthalten und vielfältige Beziehungen zueinander aufweisen. Darüber hinaus fasse ich diese Konzepte als strategische Organisationsentscheidungen auf und versuche, sie gedanklich so zu verbinden, dass eine theoretische Basis für ein Management des „Wandels" entsteht (7. Kapitel).

Im Umweltmanagement habe ich nun die vielen bisher qualitativ dargestellten Aspekte zu einem umweltorientierten Produktionsmodell integriert, um den Unterschied zwischen defensivem und offensivem Umweltmanagement betriebswirtschaftlich noch schärfer herauszuarbeiten.

Die Maschinenbelegung einschließlich Feinterminierung weist den höchsten Komplexitätsgrad innerhalb des operativen Managements auf. Ich habe die mit meinem Mitarbeiter Michael Höck hierfür entwickelten Lösungsansätze auf der Grundlage der Akzeptanzalgorithmen (Threshold, Simulated Annealing) in das Lehrbuch aufgenommen, weil die Leistungsfähigkeit dieser Heuristiken erstaunlich ist und sehr gute Lösungen für Probleme gefunden werden, die bisher nicht mit den Mitteln der Optimierungsrechnung gelöst werden konnten.

Hamburg, im September 1996   Karl-Werner Hansmann

Aus dem Vorwort zur dritten Auflage

Dieses Buch ist die vollständig neu bearbeitete und im Umfang wesentlich erweiterte Neuauflage meines in zwei Auflagen erschienenen Werkes "Industriebetriebslehre". Obwohl die Fülle des neu aufgenommenen industriebetrieblichen Wissens eine Verdoppelung des Umfangs erforderte, konnte die Grundkonzeption des Buches unverändert beibehalten werden.

Das industrielle Management wird als entscheidungsorientierte Betriebswirtschaftslehre aufgefasst, die sich im Rahmen des strategischen Managements mit der Auswahl der Produktfelder und Produktionstechnologien sowie dem Personalmanagement eines Industriebetriebs beschäftigt und im Rahmen des operativen Managements mit den Teilbereichen der Produktionsplanung und -steuerung. Daraus ergibt sich, dass den strategischen Marktproblemen wie z.B. dem Gewinnpotential von Produktfeldern oder der Produktinnovation ein größerer Raum gewidmet wird als in traditionellen Lehrbüchern. Das industrielle Management ist also nicht nur "Produktionswirtschaft", sondern muss in ausgewogener Weise die "Absatzwirtschaft" mit einbeziehen.

Ein zweites Grundelement der Konzeption ist die konsequente Praxisorientierung des Buches. Fast alle industriebetrieblichen Problemstellungen werden an Beispielen erläutert, die ich aus Kooperationsprojekten mit Industriefirmen gewonnen habe. Zur Lösung werden in erster Linie in der Praxis leicht umzusetzende heuristische Verfahren entwickelt bzw. herangezogen, um dem Leser das Rüstzeug zu vermitteln, praktische Fragestellungen aufgreifen und einer raschen befriedigenden Lösung zuführen zu können. Darüber hinaus werden bei geeigneten Problemkomplexen quantitative Optimierungsverfahren des Operations Research verwendet, deren Lösungsidee und Algorithmen anschaulich und detailliert dargestellt werden und dadurch für den Leser nachvollziehbar sind. Ich habe diese Verfahren mit einbezogen, da mit der starken Verbreitung von PC und work stations immer mehr Software für Optimierungsverfahren auf dem Markt angeboten wird und eine Nutzung dieser Software ein Verständnis der zugrunde- liegenden Verfahren unumgänglich erscheinen lässt.

Die neueren Entwicklungen der industriellen Produktion, wie z.B. die flexible Fertigung und das Computer Integrated Manufacturing (CIM), werden sowohl im strategischen als auch im operativen Teil des Buches ausführlich behandelt. Basis der Produktionsplanung und -steuerung sind fortgeschrittene, in der Praxis angewendete Standard-PPS-Systeme, deren betriebswirtschaftliche Substanz analysiert wird und die mit geeigneten Lösungsansätzen weiterentwickelt werden.

Die zunehmende Entwicklung und Anwendung computergestützter Informationssysteme im Industriebetrieb erfordert zwingend eine stärkere EDV-Orientierung des industriellen Managements. Die betriebswirtschaftlichen Konzeptionen müssen in die informationstheoretische Ebene transformiert werden, um überhaupt eine betriebliche Anwendung zu ermöglichen. Dabei kommt den "Daten" eine weitaus größere Bedeutung zu als in der herkömmlichen "methodenorientierten" betriebswirtschaftlichen Theorie. Daher wird der Entwurf von Datenstrukturen und ihre Umsetzung in ein Datenmodell bzw. Datenbanksystem allgemein und in wichtigen Bereichen der Produktionsplanung und -steuerung konkret behandelt.

Das Lehrbuch baut auf den dem Grundstudium der Allgemeinen Betriebswirtschaftslehre zuzuordnenden Fächern Rechnungswesen, Produktions- und Kostentheorie und Investitionsplanung auf und wendet sich an die Studierenden im Hauptstudium der Wirtschaftswissenschaften und des Wirtschaftsingenieurwesens mit der Ausrichtung Industriebetriebslehre oder Produktionswirtschaft. Eine zweite Zielgruppe sind die mit den vielfältigen Problemen des industriellen Managements konfrontierten Praktiker in den Unternehmen, die sich über praxisorientierte Lösungsmöglichkeiten und Konzepte informieren wollen.

Hamburg, im September 1991   Karl-Werner Hansmann

Inhaltsverzeichnis

Teil I: Grundtatbestände des industriellen Managements

1. Kapitel: Der Industriebetrieb

A. Merkmale des Industriebetriebs

I. Herkunft des Begriffs

Der Industriebetrieb verkörpert eine der wichtigsten Institutionen von modernen Volkswirtschaften. In der Bundesrepublik Deutschland entfiel 2002 44,4% des Gesamtumsatzes der Wirtschaft auf das Produzierende Gewerbe, den industriellen Sektor i.w.S., und 26,3% des Bruttoinlandsproduktes wurden im Jahr 2004 in diesem Sektor erzeugt. (Statistisches Jahrbuch 2005). Struktur und Funktionsweise des Industriebetriebs sichtbar zu machen und einer eingehenden betriebswirtschaftlichen Analyse zu unterziehen, ist Gegenstand dieses Lehrbuchs. Dazu müssen zunächst die charakterisierenden Merkmale des Industriebetriebs herausgearbeitet werden.

Unter einem **Betrieb** wird eine Wirtschaftseinheit verstanden, in der die Produktionsfaktoren menschliche Arbeit, Betriebsmittel und Werkstoffe vom dispositiven Faktor (Geschäftsleitung) planvoll mit dem Ziel kombiniert werden, Sachgüter zu produzieren und/oder Dienstleistungen bereitzustellen.

Folgt ein solcher Betrieb dem erwerbswirtschaftlichen Prinzip (Gewinnerzielung) und kann er autonom handeln, so bezeichnen wir ihn in Anlehnung an Gutenberg (Betriebswirtschaftslehre 1983, S. 510) als **Unternehmung**.

Die Menge der Industriebetriebe (bzw. Industrieunternehmungen) ist eine besonders zu definierende Teilmenge von allen Betrieben (bzw. Unternehmungen). Zur Charakterisierung gehen wir von der etymologischen Bedeutung des Wortes „Industrie" aus.

Seine Wurzel ist das lateinische Wort industria, übersetzt Fleiß, Betriebsamkeit, dessen Bedeutung später beim Übergang in die französische Sprache auf „Gewerbefleiß" eingeengt wurde. Seit dem 18. Jahrhundert ist der Begriff allgemein auf das „Großgewerbe" mit maschineller Ausstattung und vielen Beschäftigten angewendet worden.

Obwohl dieser etymologische Definitionsansatz bereits eine grobe Orientierungshilfe für den heutigen Bedeutungsinhalt des Begriffs „Industriebetrieb" liefert, erscheint eine weitere Präzisierung zweckmäßig.

Die wichtigsten Merkmale eines Industriebetriebs können folgendermaßen formuliert werden:

- Gewerbebetrieb (traditionelle steuerliche Abgrenzung zur Landwirtschaft),
- Erzeugung von Sachgütern,
- vorherrschender Einsatz von Maschinen,
- weitgehende Arbeitsteilung und Spezialisierung der Beschäftigten,
- Absatz der Produktion auf großen (z.T. anonymen) Märkten.

Die drei letzten Merkmale können leider nur mit unscharfen Begriffen (vorherrschend, weitgehend, groß) beschrieben werden, was die konkrete Abgrenzung, insbesondere zu Handwerksbetrieben, erschwert. Bevor hierauf näher eingegangen wird, seien die aufgeführten Merkmale zu einer endgültigen Definition zusammengefasst.

Ein **Industriebetrieb** ist ein Betrieb, der gewerblich unter maßgeblichem Einsatz von Maschinen nach dem Prinzip der Arbeitsteilung Sachgüter erzeugt und auf großen Märkten absetzt.

Die Produktion der Sachgüter kann auf drei Arten erfolgen:

- Gewinnung von Stoffen (z.B. Bergbau),
- Bearbeitung von Stoffen (z.B. Stahlindustrie),
- Verarbeitung von Stoffen (z.B. Chemische Industrie).

II.   Abgrenzung des Industriebetriebs vom Handwerksbetrieb

Die Schwierigkeiten in der Abgrenzung dieser beiden Produktionswirtschaften liegen in der Tatsache begründet, dass die Industrie historisch aus dem Handwerk hervorgegangen ist und somit viele Merkmale übereinstimmen.

Auch Handwerksbetriebe setzen heute Maschinen zur Produktion ein und sind z.T. arbeitsteilig organisiert. Doch sind diese Merkmale wesentlich weniger ausgeprägt als bei Industriebetrieben.

Die Arbeitsteilung ist im Handwerk schon dadurch eingeschränkt, dass Meister und Gesellen den Produktionsablauf im Ganzen überblicken und auch an jeder Stelle prinzipiell eingesetzt werden können. In der industriellen Fertigung hat sich demgegenüber schon früh, infolge des komplizierteren und umfangreicheren Produktionsablaufs, die weitgehende Spezialisierung und Arbeitsteilung durchgesetzt, die in der Fließbandarbeit ihre vorläufige größte Steigerung erreicht hat.

Der Unterschied zwischen Industrie- und Handwerksbetrieben bei der Verwendung von Maschinen liegt vor allem darin, dass im Handwerk die Handarbeit mit einfachen Universalmaschinen (z.B. Bohrmaschinen) unterstützt wird, während in den meisten Industriebetrieben neben Universalmaschinen vor allem Spezialmaschinen (z.B. Druckwerke) verwendet werden, hinter denen die menschliche Arbeit weit zurücktritt und häufig nur noch in einer Überwachungsfunktion besteht.

Ein weiteres unterscheidendes Merkmal ist der geringere Kapitaleinsatz bei Handwerksbetrieben, der sich in niedrigeren fixen Produktionskosten und größerer Flexibilität bei Beschäftigungsschwankungen niederschlägt.

Die Gesamtheit dieser Merkmale dürfte ausreichen, um einen konkreten Betrieb unter betriebswirtschaftlichen Gesichtspunkten mit hinreichender Genauigkeit als Industriebetrieb klassifizieren zu können.

III.   Stellung des Industriebetriebs innerhalb der Wirtschaft

Die relative Bedeutung der Industriebetriebe für die Gesamtwirtschaft lässt sich aus ihren Beiträgen zum Bruttoinlandsprodukt herleiten. In der folgenden Tab. 1 sind die Beiträge volkswirtschaftlichen Sektoren für die Jahre 1995 und 2004 zum Vergleich gegenübergestellt.

Tab. 1 lässt erkennen, dass das Produzierende Gewerbe einen der beiden größten Beiträge zum Bruttoinlandsprodukt leistet, im Wachstum jedoch insbesondere vom Dienstleistungssektor übertroffen wird. Die Bedeutung der Industrie als Wirtschaftssektor nimmt somit ab. Diese Tendenz wird sich auch in Zukunft fortsetzen und markiert deutlich den Übergang von der industriellen zur postindustriellen Gesellschaft. Die gesamtwirtschaftliche Nachfrage verlagert sich von den Sachgütern, wo bereits Sättigungserscheinungen auftreten, immer mehr zu den Dienstleistungen.

Tab. 1 Beitrag der Wirtschaftsbereiche zum Bruttoinlandsprodukt der BRD in jeweiligen Preisen

Wirtschaftsbereich	1995 Mrd. €*	2004 Mrd. €	Anteil (%)	Zuwachs (%)
Land- und Forstwirtschaft; Fischerei	21,3	21,7	1,0	1,9
+ Produzierendes Gewerbe	537,4	580,6	26,3	8,0
+ Handel, Gastgewerbe und Verkehr	300,3	361,2	16,4	20,3
+ Finanzierung, Vermietung und Unternehmensdienstleister	441,5	581,4	26,3	31,7
+ Öffentliche und private Dienstleister	371,3	450,0	20,4	21,2
= Bruttowertschöpfung	**1671,7**	**1994,8**		
+ Gütersteuern abzüglich Gütersubvention	176,7	212,4		
= Bruttoinlandsprodukt	**1848,5**	**2207,2**	**100,0**	**19,4**

Quelle: Statistisches Jahrbuch der Bundesrepublik Deutschland 2005. *Die Zahlen für 1995 wurden entsprechend des offiziellen Konversionskurses (1 EUR = 1,95583 DM) von deutscher Mark in Euro umgerechnet.

Die Stellung der Industrie innerhalb des gesamtwirtschaftlichen Produktions- und Konsumsystems kann durch ein Strukturdiagramm übersichtlich dargestellt werden, das in Abb. 1 wiedergegeben ist (vgl. Reisch, Industriebetriebslehre 1979, S. 15). Man erkennt, dass die landwirtschaftlichen und die Handwerksbetriebe den Industriebetrieben im Hinblick auf den Produktionsprozess am nächsten verwandt sind (Sachleistungsbetriebe) und nur durch die zusätzlichen Merkmale unserer Definition (S. 4) abgegrenzt werden können.

Wirtschaftseinheiten

Produktionsbetriebe   Haushalte

Sachleistungsbetriebe   Dienstleistungsbetriebe

Stoffgewin-   Stoffbe- oder
nungsbetriebe   verarbeitungs-
                   betriebe

Landwirtschaft-   Industrie-   Handwerks-   Handels-   Bank-   Versiche-   Ver-
liche Betriebe   betriebe   betriebe   betriebe   betriebe   rungs-   kehrs-
                                                                      betriebe   betriebe

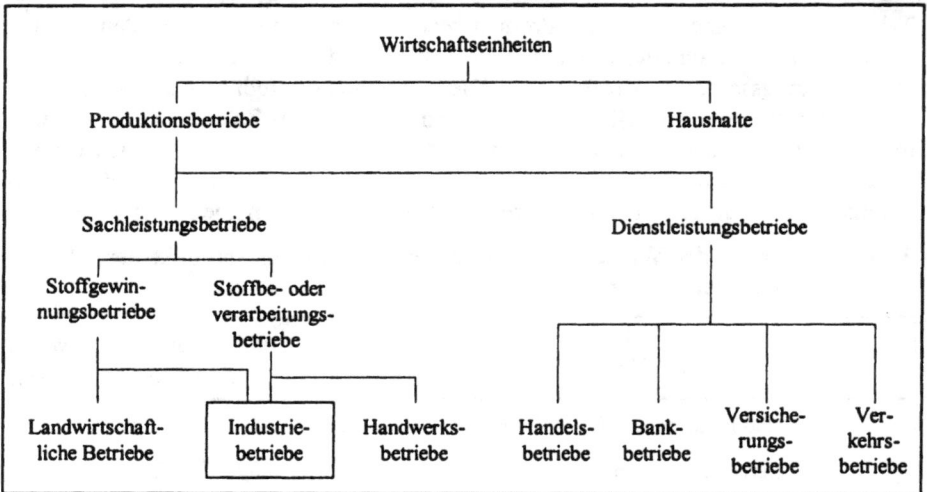

Abb. 1 Strukturdiagramm zur Stellung der Industrie innerhalb des gesamtwirtschaftlichen Produktions- und Konsumsystems

B. Industriebetriebs-Typen

I. Die Typologie von E. Schäfer

Nachdem die industriellen Merkmale entwickelt worden sind, sollen nun die Industriebetriebe einer näheren Betrachtung unterzogen werden. Hierbei stellt man zunächst fest, dass das Erscheinungsbild der heutigen Industriebetriebe außerordentlich vielfältig ist. Über die Definitionsmerkmale hinaus lassen sich kaum
Gemeinsamkeiten aller Industriebetriebe finden. Vom Produktionsprogramm über
die Produktionsverfahren bis hin zur Materialdisposition erstreckt sich eine erhebliche Variationsbreite, wenn man z.B. einen Möbelhersteller mit einer chemischen
Fabrik vergleicht.

Für das industrielle Management als angewandte Wissenschaft ergibt sich aus dieser
Heterogenität ihres Erkenntnisobjektes eine ernstzunehmende Schwierigkeit:

Es ist kaum möglich, Erkenntnisse wissenschaftlich zu gewinnen, die auf alle Industriebetriebe anwendbar sind, geschweige denn eine Theorie der Industriebetriebe
allgemein zu entwickeln.

Ein Ausweg aus dieser Situation ist der Versuch, homogene Klassen von Industriebetrieben zu bilden, die ähnliche Eigenschaften aufweisen und für die theoretische
oder empirische Erkenntnisse abgeleitet werden können.

Eine solche Klassenbildung wird z.B. durch die Betriebstypologie von Erich Schäfer (Industriebetrieb 1978) erzeugt. Zur Charakterisierung seiner Industriebetriebstypen verwendet er drei Arten von Merkmalen:

■ allgemeine Merkmale der technisch-ökonomischen Struktur,
■ Merkmale der Anlagenwirtschaft (Fertigungsaufbau),
■ Merkmale des Fertigungsablaufs,

die im Folgenden etwas eingehender dargestellt werden sollen. Schäfer verwendet acht allgemeine Merkmale der technisch-ökonomischen Struktur.

1. Stellung des Industriebetriebs in der Gesamtwirtschaft
    Die Einteilung erfolgt (etwas verkürzt) in **naturnahe** Industriezweige (z.B. Bergbau, Erdölgewinnung), **mittlere** Industriezweige (Maschinenbau, Werkzeugindustrie) und **konsumnahe** Branchen (elektrische Haushaltsgeräte, Möbel usw.).

2. Art der Stoffverwertung
    Die Gruppierung erfolgt hier durch Unterscheiden zwischen **analytischer** Stoffverwertung (Ölraffinerie, Sägewerk), **synthetischer** Stoffverwertung (Maschinenbau, Fahrzeugbau) und **veredelnder** bzw. **verformender** Stoffverwertung (Walzwerk, Nagelfabrik).

3. Vorherrschende Technologie
    Ein Teil der Industriebetriebe wendet in erster Linie **mechanische** Technologie an (z.B. Textil-, Elektro-, Möbelindustrie), der andere Teil vorherrschend die **chemische** Technologie (Farben-, Kunststoff-, Waschmittelindustrie).

4. Verwirklichung des Massenprinzips
    Die hauptsächlichen Ausprägungen dieses Merkmals sind **Massenfertigung** (Elektrizitäts-, Aluminiumwerk), **Serienfertigung** (Unterhaltungselektronik, Schuhindustrie) und **Einzelfertigung** (Bauindustrie, Schiffbau).

5. Absatz- und Marktbeziehung
    Hier reicht die Variationsbreite von der Produktion auf **Bestellung** über verschiedene Formen der **Vordisposition** bis zur Produktion „auf Verdacht" für den anonymen Markt.

6. Grad und Richtung der Spezialisierung
    Die Richtung der Spezialisierung kann **materialgebunden** (Glaswaren, Gummi), **verfahrensgebunden** (Gießerei, Färberei) oder **bedarfsgebunden** (Baumaschinen) sein.

7. Vermögens- und Kostenstruktur
    Hier unterscheidet Schäfer u.a. anlagen-, lohnkosten-, materialkosten-, energiekosten- und abschreibungsintensive Betriebe.

8. Betriebsgröße
    Dieses Merkmal weist besondere Abgrenzungsschwierigkeiten auf, die in
    erster Linie die Ausprägungen (kleine, mittlere, große Betriebe) betreffen.
    Aber auch die zugrunde zu legende Maßgröße ist umstritten, denn man kann
    nicht allgemein festlegen, welche der möglichen Maßgrößen Umsatz, Lohn-
    summe, Kapazität, Anzahl der Beschäftigten usw. zur Messung der Betriebs-
    größe am geeignetsten ist.

Zu diesen allgemeinen Merkmalen treten bei Schäfer noch die Merkmale des Ferti-
gungsaufbaus (z.B. Standort, Art der Produktionsanlagen, Organisationsform der
Fertigung) sowie die Merkmale des Fertigungsablaufs (zeitlicher und räumlicher
Produktionsablauf) hinzu. Diese Merkmale werden in den Teilen II und III näher
analysiert.

Die Typologie von Schäfer vermittelt einen Eindruck von der Vielfalt möglicher
Klasseneinteilungen der Industriebetriebe. Da die meisten Ausprägungen der verschiedenen Merkmale miteinander kombiniert werden können, entsteht die Gefahr,
dass zu viele Typen konstruiert werden, die Einteilung unübersichtlich wird und für
die praktische Anwendung nicht mehr geeignet ist.

Schäfer versucht, die Übersichtlichkeit dadurch zu wahren, dass er in einem typisch
heuristischen Vorgehen durch „ständiges Hin und Her von empirisch beobachtender
Erfassung industrieller Tatbestände einerseits und gedanklicher Einordnung andererseits" (Schäfer, Industriebetrieb 1978, S. 331) acht Typen von Industriebetrieben
herausarbeitet. Da dieses Vorgehen eine Reihe subjektiver Elemente enthält, werden
wir im nächsten Abschnitt - aufbauend auf Schäfers Merkmalen - mit Hilfe einer
empirischen Untersuchung und den Methoden der **Clusteranalyse** eine eigene In-
dustrietypologie entwickeln.

II. Entwicklung von Industriebetriebstypen mit Hilfe der Clusteranalyse

Die nachstehende Typologie ist das Ergebnis einer unter Betreuung des Verfassers
am Institut für industrielles Management der Universität der Bundeswehr Hamburg
verfassten Diplomarbeit von H. D. Schöneberg (1982). Sie beruht auf einer repräsentativen Befragung von Industriebetrieben über die Ausprägungen von ausgewählten Typisierungsmerkmalen und verwendet die Clusteranalyse (vgl. z.B. Steinhau-
sen/Langer, Clusteranalyse 1977) zur Klassifikation der Betriebe. Aus den charakteristischen Eigenschaften jeder Klasse wird anschließend eine Typologie abgeleitet.

Folgende Merkmale führten zu einer zufrieden stellenden und stabilen Klassifikation
der befragten Industriebetriebe:

- die allgemeinen Merkmale Schäfers außer den Merkmalen 1 und 6, wobei die
  Betriebsgröße durch Umsatz und Anzahl der Beschäftigten gemessen wurde,
- Organisationsform der Fertigung (Werkstatt-, Reihen-, Fließfertigung),
- Lohnform (Akkord-, Zeit-, Prämienlohn),
- Absatzweg (Direkt an Endabnehmer, Großhandel, Einzelhandel).

Außer dem Merkmal Betriebsgröße sind alle übrigen Merkmale nominalskaliert, so dass als Ähnlichkeitsmaß der Betriebe der **Tanimoto-Koeffizient** (Backhaus, Analysemethoden 2005, S. 496 ff.) für binär codierte Merkmalsausprägungen anwendbar ist. Für zwei beliebige Industriebetriebe i und j hat der Tanimoto-Koeffizient folgende Gestalt:

$$(1) \qquad T_{ij} = \frac{a}{a+b+c}$$

Dabei gilt

$a = $ Anzahl der Merkmalsausprägungen, die bei beiden Betrieben vorhanden sind;

$b = $ Anzahl der Merkmalsausprägungen, die nur Betrieb i aufweist;

$c = $ Anzahl der Merkmalsausprägungen, die nur bei Betrieb j vorhanden sind.

Der Koeffizient kann zwischen 0 und 1 variieren und nimmt seinen größten Wert an, wenn keine verschiedenen Merkmalsausprägungen bei beiden Betrieben vorhanden sind ($b = c = 0$). Er wird Null, wenn es keine gemeinsamen Merkmalsausprägungen gibt. Daraus zieht man die Schlussfolgerung: Zwei Betriebe sind umso ähnlicher, je größer ihr Tanimoto-Koeffizient ist. Dies zeigt auch ein einfach gewähltes Beispiel mit den drei letzten Merkmalen (s.o.). Tab. 2 gibt für drei Betriebe an, ob die jeweiligen Merkmale vorhanden sind (1) oder nicht (0).

Tab. 2 Merkmalsausprägungen dreier Betriebe zur Bestimmung des Tanimoto-Koeffizienten

	Betrieb I	Betrieb II	Betrieb III
Werkstattfertigung	1	1	0
Reihenfertigung	0	0	0
Fließfertigung	0	0	1
Akkordlohn	0	0	0
Zeitlohn	1	1	1
Prämienlohn	1	0	0
Absatz an Endabnehmer	0	0	0
Absatz an Großhandel	1	1	1
Absatz an Einzelhandel	0	0	1

Die Tanimoto-Koeffizienten für die drei Betriebspaare lauten:

$$T_{I,II} = \frac{3}{3+1+0} = 0{,}75 \qquad T_{I,III} = \frac{2}{2+2+2} = 0{,}33 \qquad T_{II,III} = \frac{2}{2+1+2} = 0{,}40$$

Die Betriebe I und II sind sich also ähnlicher als z.B. II und III.

Auf der Grundlage dieser durch den Tanimoto-Koeffizienten gemessenen Ähnlichkeiten werden die Industriebetriebe mit einem hierarchischen und einem anschließenden partitionierenden Cluster-Algorithmus in sieben Klassen eingeteilt. Die Analyse der gemeinsamen charakteristischen Eigenschaften der verschiedenen Klassenmitglieder erlaubt eine Typologie der Industriebetriebe, die für die weitere Konzeption dieses Lehrbuchs brauchbar ist.

Ergänzend zur verbalen Beschreibung der wichtigsten Eigenschaften werden für jeden Typ Beispiele mit einer Zuordnung zu den Untergruppen des Produzierenden Gewerbes im Sinne der amtlichen Statistik vorgenommen. Die verbalen Charakterisierungen der Klassen gelten natürlich nur mehrheitlich und nicht immer für jeden einzelnen Betrieb der Klasse.

Klasse 1

Vorwiegend Bau- und Baustoffindustrie im Rahmen des Baugewerbes und der Vorleistungsgüterindustrie (Verarbeitendes Gewerbe)

Die Klasse enthält hauptsächlich Betriebe mit lohnkostenintensiver Baustellenfertigung, mechanischer Technologie, zusammenfügender Stoffverwertung und mittlerer Betriebsgröße. Es wird in Einzelfertigung auf Bestellung produziert und direkt an den Endverbraucher abgesetzt.

Klasse 2

Insbesondere Mineralölverarbeitung im Rahmen der Energie- und Wasserversorgung

Die Großbetriebe produzieren mit Zwangslauffertigung, chemischer Technologie und analytischer Stoffverwertung in Sortenfertigung Produkte, die vorwiegend über den Handel vertrieben werden.

Klasse 3

Insbesondere Stahlverarbeitung und Elektroindustrie im Rahmen der Investitionsgüterindustrie (Verarbeitendes Gewerbe)

Mechanische Technologie und synthetische Stoffverwertung sind die Grundlagen der Produktion, die in Werkstattfertigung auf Bestellung direkt für den Endabnehmer durchgeführt wird. Einzelfertigung ist mit Serienfertigung kombiniert.

Klasse 4

Vorwiegend Maschinenbau im Rahmen der Investitionsgüterindustrie (Verarbeitendes Gewerbe)

Die Betriebe produzieren materialkostenintensive Produkte mit mechanischer Technologie und synthetischer Stoffverwertung, vorwiegend in Reihenfertigung. Die Serienproduktion erfolgt auf Bestellung und wird direkt an den Endabnehmer abgesetzt.

Klasse 5

Insbesondere chemische Industrie im Rahmen der Verbrauchsgüterindustrie (Verarbeitendes Gewerbe)

Die Betriebe produzieren materialkostenintensive Produkte mit chemischer Technologie und synthetischer Stoffverwertung in Fließ- bzw. Zwangslauffertigung. Die Massen- oder Sortenproduktion erfolgt für den anonymen Markt und wird über den Großhandel abgesetzt.

Klasse 6

Insbesondere Nahrungs- und Genussmittel im Rahmen der Verbrauchsgüterindustrie (Verarbeitendes Gewerbe)

Die Betriebe produzieren mit mechanischer Technologie und veredelnder Stoffverwertung in Fließfertigung Produkte für den anonymen Markt, die über den Handel vertrieben werden. Es herrscht die Sortenfertigung vor.

Klasse 7

Insbesondere Druckindustrie, grafische und Eisen-/ Buntmetallindustrie im Rahmen der Verbrauchsgüterindustrie (Verarbeitendes Gewerbe)

Die Betriebe veredeln Stoffe mit mechanischer Technologie in Werkstattfertigung. Die Produktion ist lohnintensiv und erfolgt auf Bestellung in Einzel- bzw. Serienfertigung und wird zumeist direkt an den Endabnehmer verkauft.

Mit diesen sieben Klassen und den angegebenen charakteristischen Merkmalen lässt sich eine befriedigende Einteilung der Industriebetriebe erreichen, die allerdings keine Ideallösung darstellt, da sie auf vielen unscharfen Begriffen wie „vorwiegend Werkstattfertigung" oder „hauptsächlich Produktion auf Bestellung" beruht. Diese Unschärfe ist jedoch bei keiner Klassifikation einer heterogenen Grundmenge ganz zu vermeiden.

Als Konsequenz für das vorliegende Lehrbuch Industrielles Management ergibt sich aus der empirischen Untersuchung und der erarbeiteten Typologie das folgende Vorgehen:

Da die Merkmale Technologie, Art der Stoffverwertung, Verwirklichung des Massenprinzips und Organisationsform der Fertigung Bestandteile des **Produktionsverfahrens** eines Industriebetriebs sind, werden die Entscheidungen über das Produktionsverfahren (5. Kapitel, S. 107 ff.) und die Produktionssteuerung (9. Kapitel, S. 339 ff.) unter Berücksichtigung einzelner Industriebetriebstypen analysiert. Damit soll der heterogenen Vielfalt im Bereich der Industriebetriebe möglichst weitgehend entsprochen und eine breite Anwendung der gewonnenen Erkenntnisse in der Industrie ermöglicht werden.

Zur Abrundung des ersten Kapitels dieses Lehrbuchs wird nun ein kurzer Überblick über die historische Entwicklung der Industriebetriebe gegeben.

C. Historische Entwicklung der Industrie

Der folgende Abriss beleuchtet die industrielle Entwicklung nur in sehr groben Zügen, um die für das Verständnis der heutigen Industriebetriebe wichtigsten Tatsachen zusammenzustellen. Über den Rahmen dieses Lehrbuchs hinausgehende umfangreichere Darstellungen der Wirtschafts- und Industriegeschichte sind z.B. in Aubin/Zorn, Wirtschafts- und Sozialgeschichte 1971, Kellenbenz, Wirtschaftsgeschichte 1981, Lütge, Sozial- und Wirtschaftsgeschichte 1979 und Hoffmann, Wachstum 1965, zu finden.

I. Die Industrielle Revolution in England während des 18. Jahrhunderts

Als das Geburtsland der modernen Industrie wird üblicherweise England genannt. Im Verlauf des 18. Jahrhunderts kam es dort zu einer Entwicklung, die unter dem Namen „Industrielle Revolution" in die Literatur eingegangen ist (Landes, Prometheus 1973). Es war der rasche Übergang von einer seit dem Mittelalter in Europa vorherrschenden **handwerklichen** Produktionsweise zu einer industriellen Fertigung, die im Sinne unserer Definition von S. 4 zunehmend gekennzeichnet war durch

- Einsatz von Maschinen,
- arbeitsteilige Produktion,
- Absatz auf „großen" Märkten.

Als weiteres Merkmal kam in England die Verwendung neuer mineralischer Rohstoffe zur Energieerzeugung hinzu (Ersatz von Holz durch Kohle).

a) Textilindustrie

Ausgangspunkt der Entwicklung war der **Textilsektor** mit den Bereichen Leinen-, Woll- und Baumwollfabrikation. Um 1760 wurden diese Textilerzeugnisse in ländlichen Gebieten in Heimarbeit mit der Hand hergestellt. Der erste Fortschritt gelang 1765 Hargreaves mit der Erfindung der Jenny-Spinnmaschine, die 1779 von Crompton verbessert wurde (Mule-Spinnmaschine). Mit Hilfe dieser Spinnmaschinen konnte die Arbeitsproduktivität (Produktion pro Stunde) um den Faktor 24 gegenüber dem Handspinnen gesteigert werden (Landes, Prometheus 1973, S. 88). Darüber hinaus wies das maschinengesponnene Garn eine weitaus höhere Qualität auf.

Der technische Fortschritt beim Spinnen führte zu einem Angebotsdruck auf die nachgelagerte Produktionsstufe „Weben", die in der Folge die Produktion ebenfalls zu erhöhen trachtete. Dies wurde zunächst durch erhöhte Beschäftigung der Handweber erreicht, bis es schließlich 1787 Cartwright gelang, einen mechanischen Webstuhl zu konstruieren, der sich immer mehr durchsetzte und schließlich eine 20fache Produktivität gegenüber dem Handweben erreichte.

Der zunehmende Einsatz dieser Maschinen, verbunden mit einer wesentlich größeren Produktionsmenge, veränderte auch die **Arbeitsorganisation**, indem die zu Hause arbeitenden Spinner und Weber nach und nach in Fabriken zusammengefasst wurden, um die Energieerzeugung zu zentralisieren sowie die Rohstoff- und Produkttransportkosten zu senken.

Es bleibt noch in Bezug auf die Textilerzeugung zu klären,

- ob für das steigende Produktangebot auch eine wachsende Nachfrage entstand und
- ob das Rohstoffangebot (Wolle, Baumwolle) mit der steigenden Nachfrage Schritt halten konnte.

Wie bei jeder wirtschaftlichen Entwicklung stimmten Rohstoffangebot, Produktionskapazitäten und Bedarf nicht in jedem Zeitpunkt überein, sondern standen häufig in einem Spannungsverhältnis zueinander, wodurch gleichzeitig die weitere Entwicklung forciert wurde.

Ein trendmäßiger Anstieg der Nachfrage ergab sich aus einem starken Bevölkerungswachstum Englands im 18. Jahrhundert (Landes, Prometheus 1973, S. 55) und dem Fehlen von Zollschranken innerhalb des Königreichs. Darüber hinaus waren die mit den neuen Maschinen erzeugten Textilien billiger als ihre Vorgänger, so dass auch dadurch ein Anreiz zu erhöhter Nachfrage pro Kopf ausgeübt wurde.

Das Rohstoffangebot konnte im Bereich der Wolle nicht mit den größer werdenden Produktionskapazitäten Schritt halten, da die Schafzucht nicht so schnell gesteigert werden konnte. Das Wachstum verlagerte sich daher auf die Baumwollverarbeitung, deren Rohstoffbasis durch Importe aus Indien und vor allem von nordamerikanischen Baumwollplantagen dem Bedarf rasch angepasst werden konnte.

b)   Bergbau

Da England über reiche Kohlevorkommen und wenig Wälder verfügte, hatte sich der Kohlebergbau schon in vorindustrieller Zeit entwickelt. Er konnte aber erst dann wesentlich gesteigert werden, als es mit Maschinenkraft gelang, beim Bau tieferer Schächte das eindringende Grundwasser abzupumpen. Dies war die ursprüngliche Aufgabe der **Dampfmaschine**, die 1705 von Newcomen erfunden und 1769 von Watts wesentlich verbessert wurde. Erst im Laufe des 19. Jahrhunderts verbreitete sich die Dampfmaschine vom Bergbau über die anderen Industriezweige.

c)   Eisenindustrie

Der dritte Industriezweig der industriellen Revolution in England nahm ebenfalls einen großen Aufschwung durch eine technische Neuerung. Im Jahr 1784 erfand Cort das **Puddle-Verfahren** zur Weiterverarbeitung des im Hochofen gewonnenen Roheisens zu Schmiedeeisen und Schweißstahl. Das Roheisen wird hierbei in Flammöfen durch Umrühren (to puddle) mit Sauerstoff in Berührung gebracht, um den Kohlenstoffanteil des Eisens zu vermindern. Dieses Verfahren setzte sich zu Beginn des 19. Jahrhunderts auch in Deutschland durch.

Durch die stürmische Entwicklung dieser drei Industriezweige Ende des 18. Jahrhunderts sicherte sich England trotz Kontinentalsperre für ein halbes Jahrhundert die industrielle Führungsposition unter den europäischen Ländern, die ihrerseits nach dem Ende der napoleonischen Kriege durch Kopieren der englischen Vorbilder den eingetretenen Rückstand aufzuholen trachteten. Den weiteren Verlauf der industriellen Entwicklung wollen wir am Beispiel Deutschlands darstellen, wobei die Bestimmungsfaktoren dieser Entwicklung von besonderem Interesse sind.

II. Die Determinanten der industriellen Entwicklung in Deutschland

Deutschland begann recht spät mit der industriellen Entwicklung, was zum einen mit der politischen Zersplitterung nach dem Wiener Kongress (1815) und zum anderen mit einer konservativen Grundeinstellung zusammenhängen dürfte. Obwohl die Industrialisierung selbst erst ab 1840 richtig in Gang kam und sich dann in der zweiten Hälfte des 19. Jahrhunderts stark beschleunigte, wurden ihre Voraussetzungen doch schon zwischen 1800 und 1840 geschaffen. Diese Voraussetzungen sollen nun herausgearbeitet werden.

a) Technische Voraussetzungen

Die in England konstruierten Maschinen (Dampfmaschine, Spinnmaschine, mechanischer Webstuhl) und entwickelten Produktionsverfahren (Puddle-Verfahren, Koksverwendung im Hochofen) mussten in Deutschland verfügbar sein, um den Industrialisierungsprozess in Gang zu setzen. Das geschah nach 1815 zunächst durch Import englischer Maschinen, im weiteren Verlauf mehr und mehr durch Nachbau der Maschinen und Nachahmung der Produktionsverfahren. Die ersten Dampf- und Textilmaschinen wurden schon kurz vor 1800 im Rheinland und in Oberschlesien verwendet. Das Puddle-Verfahren fand zum ersten Mal 1824 auf der Rosselsteiner Hütte Verwendung und setzte sich dann schnell im Saarland, in Sachsen und in Schlesien durch, so dass ab etwa 1830 die technischen Voraussetzungen für die Industrialisierung in Deutschland vorlagen. Es mussten jedoch noch politische Voraussetzungen und eine Verbesserung des Verkehrswesens hinzutreten.

b) Politische Voraussetzungen

1. Einführung der Gewerbefreiheit

Während in England faktisch seit 1760 die volle Gewerbefreiheit herrschte, war Deutschland noch mit der alten Zunftordnung behaftet, die am besten durch die Formulierung der Thorner Zunfturkunde von 1523 (Lütge, Sozial- und Wirtschaftsgeschichte 1979, S. 360) charakterisiert wird: „Kein Handwerksmann soll etwas Neues erdenken oder erfinden oder gebrauchen." Eine solche Grundhaltung konnte natürlich zu keinem wirtschaftlichen Fortschritt führen.

Der entscheidende Schritt zur Durchsetzung der Gewerbefreiheit in Preußen war die Stein-Hardenbergsche Reformgesetzgebung. Die beiden Edikte von 1807 und 1810 erlaubten jedem Bürger die Ausübung jedes Gewerbes. Eine Zulassungsregelung gab es nur noch für bestimmte Berufe (z.B. Arzt, Apotheker). Diese Gewerbefreiheit wurde zwar im Laufe der Restauration wieder etwas eingeschränkt, blieb aber doch die Grundlage der Wirtschaft und setzte sich auch in den anderen deutschen Staaten durch.

Die Folgen der Gewerbefreiheit können in zwei Punkten zusammengefasst werden:

■ Die Entwicklung und Anwendung neuer Techniken und Produktionsmethoden wurden erheblich erleichtert. Der neue Typ des von den Zünften unabhängigen „Unternehmers" setzte die neuen Erkenntnisse in die Praxis um und schaffte damit eine der Grundlagen der Industrialisierung.

■ Da die Zünfte die Anzahl der Handwerksmeister nicht mehr reglementieren konnten, ließen sich viele Gesellen als selbständige Meister nieder. Dieser Zuwachs an Meistern führte zu einem durchschnittlichen Einkommensrückgang und mancherorts zu einer „Proletarisierung der Handwerker" (Lütge, Sozial- und Wirtschaftsgeschichte 1979, S. 450), die in zunehmendem Maße in die neu entstehenden Fabriken gingen und deren Bedarf an **gelernten Industriearbeitern** deckten.

Die Gewerbefreiheit kann somit als Ausgangspunkt des neuen Unternehmertums und ebenso der neuen **gelernten** Industriearbeiterschaft gelten.

2.   Die Bauernbefreiung

Beginnend mit dem Steinschen Edikt von 1807 wurde die Bindung des Bauern an den Gutsherrn in Preußen endgültig mit der Deklaration von 1816, die die zu erbringende Entschädigung regelte, aufgehoben. Der Bauer wurde freier Staatsbürger und musste als Entschädigung ein Drittel des Landes an den Gutsherrn abtreten. Die verbliebenen Parzellen reichten aber häufig nicht aus, die Familien zu ernähren, besonders als ab 1817 eine Agrarkrise großen Ausmaßes, die bis in die Zwanziger Jahre andauerte, sinkende Agrarpreise (um etwa 60%) verursachte.

Viele Bauern verloren dadurch ihre Existenz und zogen zusammen mit Landarbeitern in die Städte, insbesondere in die Zentren der aufblühenden Industrie, um dort als **ungelernte Industriearbeiter** ihren Lebensunterhalt zu verdienen. So ist, wie Lütge (Sozial- und Wirtschaftsgeschichte 1979, S. 445) feststellt, das industrielle Wachstum zu einem erheblichen Anteil von der abgewanderten Landbevölkerung getragen worden.

3.   Die Gründung des Deutschen Zollvereins

Die Erhöhung der industriellen Produktion erforderte größere Märkte, die im wirtschaftlich und politisch zersplitterten Deutschland von 1815 nicht vorhanden waren. Nach langen Verhandlungen und mehreren Zwischenlösungen gelang es 1834, durch den Deutschen Zollverein ein einheitliches Wirtschaftsgebiet mit 25 Millionen Einwohnern ohne Binnenzölle zu schaffen. Einige deutsche Länder schlossen sich erst später an, als letzte 1888 (!) die Hansestädte Hamburg und Bremen. Dieser „gemeinsame Markt" war eine notwendige Voraussetzung für industrielles Wachstum, doch musste eine fundamentale Verbesserung der Verkehrsmittel zum Transport der wachsenden Gütermenge hinzukommen.

c)   Das Verkehrswesen

Die Verkehrssituation war in Deutschland bis zum Beginn des 19. Jahrhunderts für wirtschaftliche Aktivitäten ungeeignet. Die Landstraßen waren weitgehend unbefestigt und konnten nach längeren Regenfällen nicht passiert werden. An den Flüssen gab es noch große Hindernisse für die Schifffahrt (Binger Loch am Rhein, Eisernes Tor an der Donau) und Kanäle fehlten zur Verbindung der großen Flüsse. Um das einheitliche Wirtschaftsgebiet nach 1834 als Markt nutzen zu können, musste das Problem der Raumüberwindung in großem Maßstab gelöst werden.

1. Der Bau des Eisenbahnnetzes

Die Eisenbahn kam über England (1804 Erfindung der Lokomotive) und Belgien nach Deutschland. 1835 wurde die erste Eisenbahnlinie zwischen Nürnberg und Fürth eingeweiht. Weitere Linien folgten rasch, doch ergab sich zunächst noch kein Verbundnetz. Die einzelnen Strecken wurden - nach grundlegenden Plänen von Friedrich List (1831) - bis 1870 zu einem einheitlichen Eisenbahnnetz ausgebaut.

Der Eisenbahnbau gab drei gewaltige Impulse für die industrielle Entwicklung Deutschlands im 19. Jahrhundert:

- Man benötigte **Eisen** und **Kohle**, was zu einem Aufschwung der Hüttenindustrie und des Bergbaus führte, später auch des Maschinen- und Waggonbaus.
- Für den Bau der Eisenbahnstrecken brauchte man eine erhebliche Zahl von **Arbeitskräften**, die sich aus der mittellosen Landbevölkerung rekrutierten.
- Die Eisenbahn wurde ein schnelles und sicheres Verkehrssystem, das den **Transport** großer Mengen von Gütern über weite Entfernungen wirtschaftlich ermöglichte und damit erst große räumliche Märkte schuf, die ihrerseits bedeutende Rückwirkungen auf die Industrie hatten.

Die quantitative Bedeutung der Eisenbahn geht aus der Tatsache hervor, dass zwischen 1840 und 1880 15-25% der Gesamtinvestitionen der deutschen Wirtschaft auf den Eisenbahnbau entfielen (Kellenbenz, Wirtschaftsgeschichte 1981, S. 79). Die dafür benötigten Kapitalien wurden teils von privaten Aktiengesellschaften, teils vom Staat über Anleihen aufgebracht. Erst unter der Regierungszeit Bismarcks erfolgte die endgültige Verstaatlichung des Eisenbahnwesens.

2. Der Chausseebau

Die Landstraßen wurden in der ersten Hälfte des 19. Jahrhunderts von der öffentlichen Hand gepflastert und befestigt, um sie jederzeit benutzbar zu machen. Die zunächst für die Benutzung erhobenen Gebühren (Chausseegelder) sind im Laufe des Jahrhunderts wieder beseitigt worden. Die große Bedeutung der Landstraßen für den Gütertransport begann jedoch erst nach der Erfindung des Automobils im Zuge der allgemeinen Motorisierung.

3. Die Binnenschifffahrt

Nach der Erfindung der Dampfmaschine dauerte es nicht lange, bis diese Energiequelle für den Schiffsantrieb verwendet wurde. Bereits 1816 fuhr zum ersten Mal ein englisches Dampfschiff den Rhein hinauf. Der Zeitgewinn gegenüber dem alten „Treideln" (Ziehen eines Schiffes stromaufwärts vom Ufer aus durch Menschen oder Pferde) war so erheblich, dass die Dampfschifffahrt auf den Binnenwasserstraßen einen raschen Aufschwung nahm und schließlich zur Regulierung der Flussläufe

(1832 Sprengung des Binger Lochs) und zum Ausbau des Wasserstraßennetzes führte. Da der Gütertransport auf dem Wasser besonders kostengünstig war, erhielt die Industrialisierung durch die Entwicklung der Binnenschifffahrt wichtige Impulse.

An dieser Stelle wollen wir die wichtigsten Determinanten der industriellen Entwicklung in Deutschland noch einmal zusammenfassen.

- Die Erfindung bestimmter **Maschinen** und **Produktionsverfahren** (Dampf- und Spinnmaschine, mechanischer Webstuhl, Puddle-Verfahren) in England am Ende des 18. Jahrhunderts und ihre Übernahme durch deutsche Unternehmer ist die Grundlage der industriellen Entwicklung.
- Die Einführung der **Gewerbefreiheit** erleichtert den Unternehmern die Anwendung neuer Techniken und Produktionsverfahren und schafft gleichzeitig ein Überangebot von Handwerksmeistern, die als gelernte Industriearbeiter in die Fabriken gehen.
- Die **Bauernbefreiung** führt zur Abwanderung der Landbevölkerung und versorgt die wachsende Industrie mit ungelernten Arbeitskräften.
- Der **Deutsche Zollverein** schafft durch Aufhebung aller Binnenzölle einen gemeinsamen deutschen Markt von 25 Mio. Nachfragern.
- Der Bau des **Eisenbahnnetzes** ermöglicht ein sicheres und schnelles Verkehrssystem für den Transport großer Gütermengen zur Versorgung des deutschen Marktes. Dieses System wird ergänzt durch Verbesserungen der Landstraßen und den Ausbau des Binnenschifffahrtsnetzes.

Diese fünf Determinanten trafen in der ersten Hälfte des 19. Jahrhunderts aufeinander (z.T. mit Wechselwirkungen) und ermöglichten durch ihr Zusammenwirken die Entwicklung der deutschen Industrie, deren historische Betriebsformen nun erörtert werden sollen.

III. Betriebsformen der entstehenden Industrie

a) Das Verlagssystem

Diese Betriebsform entwickelte sich schon in vorindustrieller Zeit (ab 1500) aus dem Handwerk. Sie besteht in der Zusammenarbeit zwischen einem unselbständigen Handwerker, der in Heimarbeit produziert und einem Kaufmann, der die Rohstoffe beschafft und die Fertigerzeugnisse auf entfernten Märkten absetzt. Da der Kaufmann das Kapital für die Produktion „vorlegte", erhielt er den Namen „Vorleger", aus dem später der Verleger wurde.

Das Verlagssystem hatte zunächst den Vorteil der Arbeits- und Risikoteilung, weil der Verleger das Marktrisiko übernahm und der Handwerker sich auf die Produktion konzentrieren konnte. Im Laufe der Zeit wurden die zu Hause arbeitenden Handwerker jedoch immer abhängiger von ihrem Verleger, der inzwischen auch die Produktionsanlagen und Werkzeuge zur Verfügung stellte. Damit waren die Handwerker vom Eigentum an den Produktionsmitteln ausgeschlossen und gerieten immer mehr in die Lage von Lohnarbeitern, die ihre Arbeitskraft verkauften. Da die Löhne infolge des Überangebots von unselbständigen Handwerkern niedrig blieben, wurden auch Frauen und Kinder zunehmend zur Lohnarbeit herangezogen.

Diese dezentrale Produktionsweise war so lange vorteilhaft, wie die Produktionsprozesse kurz waren und nicht der Arbeitsteilung bedurften. Zur Erhöhung der Arbeitsproduktivität wurde deshalb bei komplizierteren Produktionsprozessen der Weg der Zentralisierung beschritten, der zur Manufaktur führte.

b)   Die Manufaktur

Bei dieser Betriebsform wurden die Lohnarbeiter an einem Ort konzentriert und in Werkstätten zusammengefasst. Die Arbeitgeber hofften, dabei die Prinzipien der Arbeitsteilung anwenden zu können. Die Handarbeit stand weiterhin im Vordergrund und gab der Betriebsform den Namen (aus lat. manu facere, übersetzt „mit der Hand machen"). Außer den Verlegern gründeten auch die Landesfürsten im 17./18. Jahrhundert Manufakturen, um ihren Bedarf an Luxusartikeln (Porzellan, Glas, Spiegel, Fayence usw.) zu decken. Die Manufakturen wurden erst im 19. Jahrhundert im Zuge der zunehmenden Maschinisierung von den Fabriken verdrängt.

c)   Die Fabrik

Die Fabrik ist die heute vorherrschende Betriebsform der Industrie. Ihr Name leitet sich von den lateinischen Wörtern homo faber (Handwerker) und fabrica (Werkstätte) ab; ihre Definition wird jedoch enger gefasst. Die Fabrik ist eine Zusammenfassung von Arbeitern in Werkstätten, wobei die manuelle Arbeitsweise hinter der maschinellen Arbeitsweise zurücktritt. Es werden Maschinen verwendet, die die handwerkliche Arbeit nicht nur erleichtern, sondern in gewissem Umfang ersetzen. Die Fließbandproduktion bzw. die volle Automation ist der vorläufige Endpunkt dieser Entwicklung. Durch den umfangreichen Einsatz von maschinellen Produktionsanlagen ist die Fabrik mit wesentlich mehr Kapital ausgestattet als die Manufaktur.

Die Fabrik ist heute die typisch industrielle Betriebsform. Das Verlagssystem hat nur noch in einigen Zweigen der Textilindustrie, bei Spielwaren und im Buchverlag Bedeutung; Manufakturen im ursprünglichen Sinn gibt es heute nicht mehr.

IV. Schwerpunkte der Industrieproduktion im 19. Jahrhundert

Nachdem sich die industrielle Entwicklung in der ersten Hälfte des 19. Jahrhunderts in Deutschland weitgehend durchgesetzt hatte, begann ein wirtschaftlicher Aufschwung, der - unterbrochen von temporären Krisen - bis zum 1. Weltkrieg andauerte. Die Schwerpunkte der industriellen Entwicklung verschoben sich in diesem Zeitraum von der zunächst dominierenden Textilindustrie in andere Industriezweige (besonders Metallindustrie), ein Trend, der bis heute angehalten hat. Die folgende Tabelle zeigt diese Strukturveränderungen anhand der Verteilung der Beschäftigten auf die wichtigsten Industriezweige.

Tab. 3   Struktur der Beschäftigten in Industrie und Handwerk nach Wirtschafts-
gruppen

Gruppe	Anteil der Beschäftigten in %			
	1850	1875	1913	1959
1. Industrie der Steine/Erden	5,0	6,5	7,2	4,6
2. Metallindustrie	10,8	14,6	20,9	33,4
3. Textil/Leder/Bekleidungsindustrie	45,4	39,8	25,2	15,2
4. Holz-/Papierindustrie	11,4	11,7	11,3	8,4
5. Chemische Industrie	0,8	1,3	2,5	5,0
6. Nahrungs- u.Genussmittelindustrie	14,3	13,1	12,7	9,5
7. Gas-, Wasser-, Elektrizitätswerke	0,1	0,3	0,9	1,7
8. Bauindustrie	10,6	10,3	15,6	19,2
9. Sonstige Industriegruppen	1,6	2,5	3,8	3,0

Quelle: Hoffmann, Wachstum 1965, S. 68 f.

Die Textilindustrie beschäftigte 1850 fast die Hälfte der Industriearbeiter und ist
mittlerweile (1959) auf 15% der Beschäftigten geschrumpft. Im Gegenzug steigerte
die Metallindustrie, die in dieser Gliederung auch die Elektroindustrie enthält, ihren
Anteil an den Beschäftigten von 10,8% (1850) über 20,9% (1913) auf 33,4% (1959).
Für eine eingehende Analyse ist die von Hoffmann erarbeitete Statistik zu grob, so
dass wir uns der feineren Industriegliederung des Statistischen Bundesamtes bedienen werden, um die heutige industrielle Aktivität zu erfassen.

V.   Die moderne Struktur der Industrie

a)   Industriegruppen und -zweige

Das Statistische Bundesamt unterteilt die Wirtschaftstätigkeit in die Bereiche Land-/
Forstwirtschaft/Fischerei, Produzierendes Gewerbe, Handel/Gastgewerbe/Verkehr
und Dienstleistungen. Die Industrie, die zum Produzierenden Gewerbe gehört, wird
in die vier Bereiche Bergbau, Verarbeitende Industrie, Energie- und Wasserversorgung und Bauindustrie gegliedert. In einigen Statistiken werden die einzelnen Wirtschaftsbereiche der Verarbeitenden Industrie wiederum anhand folgender Haupt-
gruppen klassifiziert:

- Vorleistungsgüterindustrie
- Investitionsgüterindustrie
- Gebrauchsgüterindustrie
- Verbrauchsgüterindustrie

In diesen Gruppen findet man schließlich die Industriezweige, wie Mineralölverarbeitung, Fahrzeugbau, oder Metallerzeugung. Um einen Eindruck von der wirtschaftlichen Aktivität der einzelnen Industriezweige zu bekommen, werden im Folgenden die Anzahl der Betriebe und Beschäftigten sowie der Umsatz der
Industriezweige aufgeführt.

b)   Die wirtschaftliche Entwicklung der Industriezweige

Tab. 4 zeigt die vom Statistischen Bundesamt veröffentlichten Zahlen für Betriebe, Beschäftigte und Umsatz in den Jahren 1950, 1965 und 1994 für die alten Bundesländer, entsprechend der bis dahin gültigen Systematik der Wirtschaftszweige. Das Verarbeitende Gewerbe wurde demnach in die Bereiche Grundstoff- und Produktionsgüter-, Investitionsgüter-, Verbrauchsgüter- sowie Nahrungs- und Genussmittelindustrie eingeteilt. In Tab. 5 sind die entsprechenden Zahlen für 1995 und 2003, gemäß der neuen Systematik der Wirtschaftszweige aus dem Jahr 2003 für die alten und neuen Bundesländer aufgeführt.

Zunächst ist festzustellen, dass die Anzahl der Betriebe in den Bereichen Bergbau, Verarbeitendes Gewerbe und Baugewerbe von 1950 bis 1965 angestiegen, danach aber bis heute stark zurückgegangen ist. Es gilt generell die Tendenz einer sinkenden Anzahl von Industriebetrieben.

Die Entwicklung der Beschäftigtenanzahl stützt dieses Bild. Allerdings ist der Beschäftigtenrückgang in der Verarbeitenden Industrie von 1995 bis 2003 nicht so stark ausgeprägt: Während sich die Anzahl der Beschäftigen in den Bereichen Bergbau und Gewinnung von Steinen und Erden sowie dem Baugewerbe in diesem Zeitraum etwa halbiert hat, sank die Beschäftigtenzahl im Verarbeitenden Gewerbe nur um 7 %.

Die Umsätze der Industriebetriebe haben demgegenüber eine stetig steigende Tendenz, die im Wesentlichen durch den Produktivitätsfortschritt und die laufende Geldentwertung verursacht wird.

Sucht man nach sog. Wachstumsindustrien, so sind bei Betrachtung der letzten 40 Jahre - gemessen an der Beschäftigten- und Umsatzentwicklung - in erster Linie der Fahrzeugbau, die Kunststoff- und die elektrotechnische Industrie zu nennen. Als Wachstumsindustrie der letzten 10 Jahre kann insbesondere der Fahrzeugbau (Herstellung von Kraftwagen, Kraftwagenteilen und sonstiger Fahrzeugbau) identifiziert werden.

Mit den Tabellen 4 und 5 wollen wir die Darstellung der Geschichte und der heutigen gesamtwirtschaftlichen Einbettung der Industriebetriebe abschließen und zu den wesentlichen Bestandteilen des industriellen Managements übergehen.

Tab. 4 Betriebe, Beschäftigte und Umsatz der Industrie (alte Bundesländer)

Industriegruppen	Betrieb Anzahl			Beschäftigte in Tsd.			Umsatz in Mio. EUR*		
	1950	1965	1994	1950	1965	1994	1950	1965	1994
Bergbau	**543**	**582**	**78**	**573**	**474**	**139**	**2338**	**5423**	**14526**
Verarbeitendes Gewerbe	**46592**	**58586**	**36261**	**4485**	**7986**	**6289**	**38767**	**186113**	**950364**
Grundstoff- u. Produktions-güterindustrie	11322	13077	5652	1135	1804	1187	11483	55302	257894
darunter:									
Mineralölverarbeitung	-	113	51	-	34	-	-	6393	-
Eisenschaffende Industrie	231	149	100	204	359	127	2399	10668	20916
Chemische Industrie	2084	2176	1227	298	530	535	3518	17248	104286
Investitionsgüter produzie-rendes Gewerbe	12019	16416	16319	1573	3629	3430	9381	67856	445671
darunter:									
Maschinenbau	3749	5032	5195	494	1084	881	2848	19718	99553
Straßenfahrzeugbau	695	686	1760	209	514	750	1693	13704	130109
Elektronische Industrie	1570	2890	2984	290	974	938	1749	16157	117119
Verbrauchsgüter produzie-rendes Gewerbe	16544	22331	10504	1428	2032	1170	10297	35646	131541
darunter:									
Holzverarbeitung	3160	3152	2043	177	219	203	826	4155	22724
H. v. Kunststoffwaren	314	1338	2188	24	123	261	129	2356	31546
Textilgewerbe	3791	4096	1007	564	547	151	5043	10697	16553
Nahrungs- und Genussmit-telgewerbe darunter:	6707	6762	3786	350	520	502	7605	27310	115259
Tabakverarbeitung	718	333	25	77	39	15	1596	4075	10784
Baugewerbe	**8385**	**66802**	**68312**	**876**	**1643**	**1088**	**1726**	**22689**	**93664**

Quellen: Statistische Jahrbücher der Bundesrepublik Deutschland 1952, 1967; Statistisches Bundesamt, Fachserie 4.1.1, 1994. *Die Umsatzzahlen wurden entsprechend des offiziellen Konversionskurses (1 EUR = 1,95583 DM) von deutscher Mark in Euro umgerechnet.

Tab. 5   Betriebe, Beschäftigte und Umsatz der Industrie (Deutschland)

Industriegruppen	Betrieb Anzahl		Beschäftigte in Tsd.		Umsatz in Mio. EUR*[1]	
	1995	2003	1995	2003	1995	2003
Bergbau und Gewinnung von Steinen und Erden	**782**	**716**	**188**	**90**	**20495**	**12702**
Verarbeitendes Gewerbe	**39316**	**39320**	**6644**	**6165**	**1052787**	**1353938**
Ernährungsgew. u. Tabakverarbeitung	4449	5184	561	602	126535	149214
Textil-, Bekleidungs- u. Ledergewerbe	2728	1632	287	166	31624	25716
Holzgewerbe (ohne H.v. Möbeln)	2039	1442	127	91	16221	15444
Papier-, Verlags- u. Druckgewerbe, Vervielfältigung	3677	3594	413	404	61366	70739
Kokerei, Mineralölverarbeitung, H.v. Brutstoffen	54	47	25	22	58142	80787
H.v. chemischen Erzeugnissen	1292	1379	551	464	114884	130719
H.v. Gummi- u. Kunststoffwaren	2560	2749	358	358	45059	55423
Glasgewerbe, H.v. Keramik, Verarbeitung von Steinen u. Erden	2398	1961	282	212	37982	32122
Metallerzeugung u. -bearbeitung, H.v. Metallerzeugnissen	6654	7260	899	822	118109	134114
Maschinenbau	5803	6117	1039	973	126819	156714
H.v. Büromaschinen, DV-Geräten u. Einrichtungen, Geräten der Elektrizitätserzeugung, -verteilung u.Ä.	1982	2175	644	500	92138	102477
Rundfunk-, Nachrichten-, Medizin-, Mess-, Steuertechnik, Optik, H.v. Uhren	2216	2589	370	365	45656	72999
H.v. Kraftwagen, Kraftwagenteilen u. sonstiger Fahrzeugbau	1127	1312	838	992	150504	299302
H.v. Möbeln, Schmuck, Musikinstrumenten, Sportgeräten usw., Recycling	2337	1879	251	195	27749	28169
Energie- und Wasserversorgung*[2]	**1102**	**1175**	**348**	**273**	**108973**	**153493**
Baugewerbe	**24738**	**14203**	**1486**	**744**	**132637**	**85207**

Quellen: Statistische Jahrbücher der Bundesrepublik Deutschland 1997 und 2005.
            *[1]Die Umsatzzahlen für 1995 wurden entsprechend des offiziellen Konversionskurses (1 EUR = 1,95583 DM) von deutscher Mark in Euro umgerechnet. *[2]Die Zahlen für Energie- und Wasserversorgung beziehen sich auf 2002.

2. Kapitel: Planung und Entscheidung im Industriebetrieb

Die moderne Industriebetriebslehre versteht sich weitgehend als eine Planungs- und Entscheidungslehre, die sich auf die für einen Industriebetrieb bedeutsamen betriebswirtschaftlichen Problemkomplexe konzentriert. Im Mittelpunkt steht dabei traditionell die Produktionswirtschaft, die in diesem Buch um wichtige Bereiche der Absatzwirtschaft ergänzt wird. Dies geschieht aus zwei Gründen:

- Industriebetriebe in marktwirtschaftlichen Systemen bieten ihre Produkte auf Märkten an, so dass die Kenntnis der Marktmechanismen und des Verhaltens der Marktteilnehmer von grundlegender Bedeutung ist.
- Die zunehmende Tendenz zur Integration von betrieblichen Funktionsbereichen (z.B. die Position des Produkt-Managers) gilt in besonderem Maße für die Bereiche Produktion und Absatz, so dass Management-Entscheidungen nur auf der Basis simultaner Berücksichtigung der produktions-, und der absatzwirtschaftlichen Auswirkungen getroffen werden können.

Wir befassen uns also in diesem Buch mit dem **Management** der **Produktion** und des **Absatzes** industrieller Güter, wobei wir uns auf die grundlegenden strategischen Absatzentscheidungen beschränken, da viele Lehrbücher des Marketing die übrigen Bereiche detailliert behandeln (vgl. z.B. Nieschlag/Dichtl/Hörschgen, Marketing 1997; Simon, Preismanagement 1992; Diller, Marketingplanung 1998 und Preispolitik 1991).

Die Finanzierung wird als typischer Bereich der allgemeinen Betriebswirtschaftslehre ausgeklammert und das Kapital nur als eine begrenzte Ressource in unsere Betrachtungen einbezogen.

Für den weiteren Verlauf der Erörterungen ist der Begriff „**Management**" wichtig. Wir verstehen darunter alle **Entscheidungsaktivitäten** innerhalb des Unternehmens einschließlich der entscheidungsvorbereitenden Planung und der Kontrolle der Durchführung.

Diese Definition gilt für alle Ebenen des Unternehmens vom Komplex Produktinnovation bis zur Steuerung der Fertigungsaufträge in einer Werkstatt.

Im Zentrum des **industriellen Managements** steht somit die Planungs- **und** Entscheidungsfunktion. Dabei wollen wir unter **Entscheidung**

> „die Auswahl eines Elementes aus einer Menge von Handlungsmöglichkeiten" (Hansmann, Entscheidungslehre 1998, S. 13)

und unter **Planung**

> die gedankliche Vorwegnahme der Entscheidung, d.h. den systematisch durchgeführten Entscheidungsprozess (vgl. Diederich, Betriebswirtschaftslehre 1992, S. 66),

verstehen.

Das industrielle Management, also die Planungs- und Entscheidungsfunktion im Industriebetrieb, setzt sich aus drei Komponenten zusammen:

- den **Objekten** der Planung und Entscheidung,
- den **Methoden** der Planung und Entscheidung und
- den planungs- und entscheidungsunterstützenden **Informationssystemen**.

Diese drei fundamentalen Elemente sollen nun näher untersucht werden.

A. Die Planungs- und Entscheidungsobjekte

Gegenstand der Planungs- und Entscheidungsfunktion sind grundsätzlich alle Entscheidungsprobleme des Industriebetriebs. Dabei erweist es sich als zweckmäßig, die Gesamtheit der Entscheidungen in solche

- **strategischer** Art, die der langfristigen Sicherung der Unternehmensexistenz dienen und
- **operativer** Art, die im Rahmen der strategischen Vorgaben das Betriebsgeschehen kurz- bis mittelfristig regeln,

zu unterteilen.

Die Gründe dafür sind folgende:

Um das komplexe Geschehen in einem Unternehmen gedanklich durchdringen zu können, ist eine Auflösung in miteinander verbundene Teilkomplexe angebracht, die **hierarchisch** aufeinander aufbauen.

Innerhalb des **strategischen Managements** werden die für die langfristige Existenz des Unternehmens grundlegenden Entscheidungen über die **Märkte** bzw. **Produktfelder** getroffen, auf denen das Unternehmen tätig sein will, sowie über die dafür einzusetzenden **Ressourcen** und die dafür zu entwickelnden **Organisationsstrukturen**.

Der Zusammenschluss von Daimler-Benz und Chrysler zu DaimlerChrysler im Jahre 1999 ist ein Beispiel für eine strategische Entscheidung im Bereich Märkte/Produktfelder. Die Einrichtung einer Fließfertigung oder eines flexiblen Fertigungssystems (vgl. S. 141 ff.) ist eine strategische Entscheidung für ein Produktionsverfahren mit bestimmter Organisationsstruktur, während der langfristige Abbau von Personalkapazität eine strategische Entscheidung über die Ressourcen des Unternehmens darstellt.

Die Ergebnisse der strategischen Entscheidungen bilden den festgelegten Rahmen für das **operative Management**, das somit in der Hierarchie unterhalb des strategischen Managements anzusiedeln ist. Hier werden die kurz- und mittelfristigen Entscheidungen über Art und Menge der herzustellenden Produkte, die kostengünstige Beschaffung der Produktionsfaktoren sowie die konkrete Durchführung der Produktion (Produktionssteuerung) gefällt.

In der Literatur wird verschiedentlich vorgeschlagen, zwischen der strategischen und der operativen Ebene noch eine **taktische** Ebene einzuführen (vgl. Zäpfel, Taktisches Produktions-Management 1989, S. 13 f. und Strategisches Produktions-Management 1989, S. 13 f.; Diederich, Betriebswirtschaftslehre 1992, S. 69 ff.).

Diesem Vorgehen wird im vorliegenden Lehrbuch nicht gefolgt, da die hierarchische Position einer taktischen Ebene in der Literatur umstritten ist (Zäpfel setzt sie oberhalb, Diederich unterhalb der operativen Ebene an) und vor allem keine objektiven Kriterien nennbar sind, die eine eindeutige Abgrenzung der taktischen Ebene von der strategischen einerseits und der operativen Ebene andererseits erlauben.

Demgegenüber ist eine Zweiteilung der Unternehmensentscheidungen in ein strategisches und ein operatives Management aus folgenden Gründen vorteilhaft:

- Die Bereiche können theoretisch klar abgegrenzt werden durch folgendes Kriterium: strategische Entscheidungen beziehen sich auf die langfristige Existenzsicherung des Unternehmens, während operative Entscheidungen die Planung und Steuerung des Betriebsgeschehens innerhalb des strategisch vorgegebenen Rahmens betreffen.
- Die Entscheidungsprobleme beider Bereiche unterscheiden sich in ihrer Struktur und Komplexität so stark voneinander, dass sie verschiedene Methoden zu ihrer Lösung verlangen. Im schlecht strukturierten strategischen Bereich dominieren **heuristische** Verfahren (vgl. S. 27 ff.), im operativen Bereich können darüber hinaus für gut strukturierte und klar abgegrenzte Probleme **Optimierungsverfahren** eingesetzt werden.
- Die Unternehmenspraxis hat in den letzten beiden Jahrzehnten zunehmend den theoretischen Ansatz des strategischen Managements akzeptiert und weitgehend, auch organisatorisch, umgesetzt. Dadurch ergibt sich auch in der Praxis eine organisch gewachsene Zweiteilung zwischen den Aufgabenbereichen des Topmanagements (strategische Ebene) und des übrigen Managements (operative Ebene).

Gemäß dieser Konzeption ist das vorliegende Lehrbuch gegliedert. Teil II enthält die strategischen Entscheidungen, die das langfristige Produktprogramm, die produktiven Ressourcen und die Organisation eines Unternehmens betreffen, während im Teil III die operativen Entscheidungen über Produktmengen, Lagerhaltung, Beschaffung und Produktionsdurchführung behandelt werden.

B. Die Planungs- und Entscheidungsmethoden

I. Optimierungsmethoden

Die von der Betriebswirtschaftslehre seit drei Jahrzehnten entwickelten Methoden für Planung und Entscheidung, die heute noch weitgehend in der Theorie vorherrschen, können unter dem Sammelbegriff **Optimierungsmethoden** zusammengefasst werden. Sie lösen Optimierungsprobleme, die gekennzeichnet sind durch eine Menge von Handlungsalternativen (Variablen), über die unter Beachtung gewisser Nebenbedingungen so zu entscheiden ist, dass eine Zielfunktion maximiert oder minimiert wird. Die auf diese Weise bestimmten Handlungsalternativen nennt man eine **optimale** Lösung des Optimierungsproblems. Hierzu sei an dieser Stelle nur ein kurzes Beispiel genannt: Hängt die Zielgröße linear von den Variablen ab, wie z.B. der Gewinn von den mit konstanter Deckungsspanne produzierten Mengen, und können alle Nebenbedingungen, wie z.B. Kapazitäts- und Absatzbedingungen, linear formuliert werden, so liegt ein **lineares Optimierungsproblem** vor, das numerisch mit der **Simplexmethode** gelöst werden kann[1].

Trotz ihrer theoretischen Eleganz haben sich die Optimierungsmethoden in der Unternehmenspraxis bisher nicht in großem Umfang durchgesetzt. Empirische Erhebungen (vgl. Hansmann, Industriebetriebslehre 1987) zeigen, dass die insbesondere im Rahmen des Operations Research entwickelten Optimierungsverfahren (lineare, nichtlineare, ganzzahlige und dynamische Optimierung, kombinatorische Lösungsverfahren, Branch and Bound) zwar bei Großbetrieben und in bestimmten Industriezweigen (z.B. Mineralölindustrie) in gewissem Maße Eingang gefunden haben, jedoch insgesamt in deutschen Industriebetrieben wenig verbreitet sind. Als Gründe für diese Reserviertheit der Unternehmenspraxis werden hauptsächlich genannt:

- die Verfahren sind zu komplex und nur für Experten durchschaubar,
- die Ergebnisse der Optimierungsrechnung können nicht von den Entscheidungsträgern überprüft werden,
- die Datenanforderungen der Optimierungsmodelle sind zu hoch,
- der ständige Zwang, sich an veränderte Umweltbedingungen anzupassen, lässt „statische optimale Lösungen", die mit Hilfe von komplexen Methoden erzeugt wurden, schnell veralten.

Diese Argumente müssen von der Wissenschaft ernst genommen werden, um die Verbindung von Theorie und Praxis nicht zu gefährden. Als Konsequenz sollten die Hochschulabsolventen stärker als bisher ein Problemlösungsverhalten beherrschen, das dem der Praxis ähnlich ist und auf dem Prinzip beruht, eine bisher verwirklichte, aber als unbefriedigend empfundene Lösung schrittweise und mit heuristischen Methoden zu verbessern.

Infolge der erheblichen Leistungssteigerung von EDV-Anlagen aller Größenklassen und der zunehmenden Verbreitung der Personal Computer (PC), einschließlich benutzerfreundlicher Software, ist zu vermuten, dass sich die exakten Optimierungsverfahren zukünftig doch etwas stärker in der Unternehmenspraxis - vor allem im Bereich des **operativen** Managements - durchsetzen werden. Sie sind deshalb selbstverständlich Gegenstand dieses Lehrbuchs, wobei besonderes Augenmerk weniger auf die formale Eleganz als auf die **praktische Anwendbarkeit** gelegt werden soll.

Für den gesamten Bereich des strategischen Managements, aber auch für Teile der operativen Ebene sind jedoch andere Planungs- und Entscheidungsmethoden angemessen, auf die nun näher eingegangen werden soll.

---

[1] vgl. das ausführliche Produktionsplanungs-Modell im Teil III, Kapitel 8, S. 273 ff.

II. Heuristisch-evolutive Methoden

Unter **Heuristik** versteht man ganz allgemein eine methodische Suche nach Lösungen (von griechisch heuriskein, übersetzt „finden, ausfindig machen, entdecken"). Zuweilen wird die Bedeutung des Begriffs etwas enger gefasst und unter heuristischen Methoden Suchregeln verstanden, die der Problemstruktur besonders angepasst sind und bei geringem Planungsaufwand eine befriedigende - nicht notwendig optimale - Lösung versprechen (ähnlich Müller-Merbach, Operations Research 1992, S. 290). Dabei kann eine Lösung manchmal schon dann als befriedigend bezeichnet werden, wenn sie besser als die bisher praktizierte Lösung ist.

Es ist das Anliegen des Verfassers, in diesem Lehrbuch ein solches heuristisches Problemlösungsverhalten an Beispielen aus verschiedenen Problembereichen von Industriebetrieben zu erläutern und den Leser damit vertraut zu machen. Er soll dadurch in die Lage versetzt werden, selbst heuristische Methoden für konkrete Probleme zu entwickeln und anzuwenden.

Die Fruchtbarkeit einer heuristischen Planung kann mit drei Argumenten gestützt werden:

- Bei heuristischer Planung steht das zu lösende **Problem** im Vordergrund. Hierfür wird ein Lösungsverfahren „maßgeschneidert". Die Gefahr, dass standardisierte Verfahren auf unpassende Probleme angewendet werden, entfällt.
- Heuristische Verfahren sind für die Entscheidungsträger des Unternehmens in der Regel nachvollziehbar. Auf diese Weise gefundene Lösungen haben größere Chancen, realisiert zu werden.
- Heuristisches Problemlösungsverhalten scheint ein charakteristisches Kennzeichen von evolutionierenden Systemen zu sein. Dies zeigt nicht nur die Evolution des Lebens auf der Erde, die eindeutig heuristische Züge trägt, sondern auch viele menschliche und gesellschaftliche Entwicklungen, insbesondere die industrielle Revolution (vgl. 1. Kapitel, Abschnitt C., S. 12 ff.). Spinnmaschine und Webstuhl waren nie von vornherein „optimale Lösungen", sondern mussten laufend verbessert und dem Bedarf angepasst werden. Dieses Prinzip ist auch heute noch für die industrielle Erzeugung gültig.

Die Methoden der chemischen und biologischen **Evolution** (Eigen/Winkler, Spiel 1990) können als effiziente Spezialformen heuristischer Methoden angesehen werden. Sie seien an dieser Stelle etwas näher erläutert, da K. Sabathil in einer vom Verfasser betreuten Dissertation (Sabathil, Evolutionäre Strategien 1991) ihre Übertragbarkeit auf das industrielle Management nachgewiesen und bei schwierigen Problemstellungen des strategischen **und** operativen Managements (z.B. der Produktionssteuerung) deutlich bessere Ergebnisse als mit anderen heuristischen Verfahren erzielt hat.

Evolution ist ein Prozess, bei dem durch **zufällige Veränderung** vorhandener Einheiten neue entstehen, die miteinander in **Konkurrenz** treten und von denen nur die am **besten** an die Umwelt **angepassten** Einheiten überleben (Sabathil, Evolutionäre Strategien 1991, S. 6). Die zufälligen Veränderungen nennt man **Mutationen** und die Auswahl der am besten angepassten Einheiten **Selektion**.

Zur Veranschaulichung sei ein sehr einfacher heuristisch-evolutiver Ansatz aus der Produktionssteuerung dargestellt. Bei einer Werkstattfertigung hängt die zu minimierende Durchlaufzeit des Auftragsbestandes von der **Reihenfolge** der Aufträge ab, in der sie die einzelnen Produktionsanlagen durchlaufen. Jeder Reihenfolge ist ein bestimmter Wert der Gesamtdurchlaufzeit zugeordnet, der als **Selektionswert** verwendet wird. Der heuristisch-evolutive Algorithmus besteht nun aus folgenden Schritten (vereinfacht nach Sabathil, Evolutionäre Strategien 1991, S. 112):

1. Eine beliebige Ausgangsreihenfolge wird durch zufällige Verschiebung eines Auftrags auf einer Produktionsanlage verändert (einfache Gen-Mutation).
2. Anhand der Nebenbedingungen wird geprüft, ob die Reihenfolge **zulässig** ist. Unzulässige Reihenfolgen werden verworfen (innere Selektion).
3. In bestimmten Abständen werden kompliziertere Mutationen durch Verändern von Auftragspositionen auf mehreren Produktionsanlagen und/oder durch gleichzeitiges Verschieben mehrerer benachbarter Aufträge ausgelöst (Chromosomen-Mutation).
4. Es „überleben" nur diejenigen Auftragsreihenfolgen, deren Durchlaufzeit (Selektionswert) kleiner als die bisherigen Minima ist (äußere Selektion).

Die Effizienz eines solchen heuristisch-evolutiven Verfahrens hängt sehr stark von den gewählten Mutationsmechanismen (Schritt 1. und 3.) ab, da hierdurch sowohl die **Richtung** zu einer verbesserten Lösung als auch die **Schrittweite** und damit das Verhalten bei Suboptima bestimmt werden.

Heuristische Planungs- und Entscheidungsmethoden haben den Vorteil, niemals zu starren Standardlösungen zu werden, sondern sich den vielfältigen Besonderheiten konkreter Unternehmen flexibel anzupassen. Daher bilden sie die Grundlage des in diesem Buch dargestellten industriellen Managements. Darauf aufbauend werden für bestimmte Problemstellungen exakte Optimierungsmethoden angewendet, um die Vorteile beider Methodologien zu vereinen.

C. Planungs- und entscheidungsunterstützende Informationssysteme

Das moderne industrielle Management ist ohne Computerunterstützung nicht denkbar. Dabei stellt die EDV nicht nur wie bis zu den 70er Jahren ein Hilfsmittel für das Management dar, sondern beeinflusst ihrerseits durch die zunehmende Entwicklung von Informationssystemen das Planungs- und Entscheidungsverhalten im Betrieb. Management und EDV sind heute unauflösbar ineinander verwoben, so dass das industrielle Management analog zu Scheers Ansatz einer EDV-orientierten Betriebswirtschaftslehre (Scheer, 1990) zu einem EDV-orientierten industriellen Management weiterentwickelt werden muss. Dabei sollen zwei Schwerpunkte der EDV-Orientierung näher betrachtet werden.

I. EDV-Unterstützung einzelner Planungsprobleme

Die in diesem Buch vermittelten Planungs- und Entscheidungsmethoden sind nur mit Hilfe der EDV auf praktische Probleme von realistischer Größenordnung anwendbar. Das gilt naturgemäß für alle **Optimierungs- und die meisten Prognosemethoden** (z.B. lineare und ganzzahlige Optimierung, Warteschlangensysteme, multiple Regression), aber auch für die heuristisch-evolutiven Methoden, deren Effizienz durch komplexe Simulationsmodelle überprüft werden muss und deren Anwendung grundsätzlich die Entwicklung und Implementierung von Software erfordert.

Im **strategischen** Bereich sollten insbesondere folgende Problemkreise von der EDV unterstützt werden:

- Prognose der Entwicklung des **Marktvolumens** von Produktfeldern,
- Analyse der **Wettbewerbsposition** der eigenen Produkte,
- Prognose der **Marktdiffusion** neuer Produkte (Lebenszyklus),
- **Standortplanung** mit ganzzahliger Optimierung,
- Computer-integrierte **Produktionsverfahren** (CIM).

Das **operative** Management benötigt die EDV bei

- der kurzfristigen Absatzprognose,
- der Produktionsplanung und -steuerung (PPS),
- den Teilgebieten der Materialdisposition, der Losgrößen- und Ablaufplanung, die mit Methoden des Operations Research (OR) behandelt werden können.

Diese Anwendungen der EDV bei Planung und Entscheidung werden im weiteren Verlauf in den Teilen II und III dieses Lehrbuchs detailliert entwickelt und dargestellt. Dabei wird auch deutlich werden, wie wichtig leistungsfähige EDV-Software für fundierte Entscheidungen ist und welche Bedeutung planungsunterstützende Informationssysteme für das industrielle Management haben.

Neben dieser partiellen EDV-Unterstützung einzelner Planungsbereiche hat sich im Verlauf der 80er Jahre durch leistungsfähigere Zentralrechner, das Aufkommen von Arbeitsplatzrechnern (work stations) und Personal Computern (PC), sowie die Möglichkeiten der Vernetzung dieser Rechner (z.B. das local area network LAN) eine immer weitergehende **Integration** betrieblicher Funktionen auf der Basis von EDV-Informationssystemen als möglich erwiesen. Obwohl - bedingt durch die langsamere Entwicklung im Software-Bereich - noch längst nicht alle Möglichkeiten der Integration ausgeschöpft sind, wurden doch im Bereich des **Computer Integrated Manufacturing (CIM)** wichtige Zwischenziele erreicht (vgl. 5. Kap., S. 149 ff.).

Daher sollen die logischen Grundlagen dieser umfassenden betrieblichen Informationssysteme an dieser Stelle etwas näher erläutert werden.

II. Integrierte Informationssysteme im Industriebetrieb

Ein computergestütztes Informationssystem besteht allgemein aus den Komponenten (Scheer, EDV-orientierte Betriebswirtschaftslehre 1990, S. 7 ff.)

- Unternehmensdatenbasis,
- Ablaufsteuerung und
- Anwendungssoftware für Planungsmodelle und -methoden.

Dabei kommt der **Datenbasis** primäre Bedeutung zu, da die Unternehmensdaten **und** ihre Beziehungen Grundlage für die Ablaufsteuerung und die Anwendungsprogramme, die wir bereits im Abschnitt I. (S. 25) erörtert haben, sind.

Die Datenbasis lässt sich in drei Schritten konstruieren (Scheer, Wirtschaftsinformatik 1990, S. 24):

- Entwurf der sachlogischen **Datenstrukturen,**
- Überführung der Datenstrukturen in ein formales **Datenmodell,**
- Übertragung des Datenmodells in ein konkretes **Datenbanksystem.**

Im ersten Schritt müssen die Begriffe der betriebswirtschaftlichen Problemebene (z.B. Kundenaufträge, Arbeitspläne, Fertigstellungstermine) in Datenstrukturen übersetzt werden, die den sachlogischen Aufbau einer Datenbank ermöglichen[2].

Zur Konstruktion der Datenstrukturen bedient man sich heute allgemein des 1976 von **Chen** entwickelten **Entity-Relationship-Modells** (ERM), das mehrfach erweitert wurde (vgl. Dogac/Chen, Entity-Relationship Model 1983).

Das ERM benutzt als grundlegende logische Elemente

- Objekte (entities),
- Eigenschaften der Objekte (attributes) und
- Beziehungen (relationships) zwischen Mengen von Objekten, die man als Entity-Typen bezeichnet.

Objekte können z.B. Kunden, Lieferanten, Kundenaufträge oder Arbeitspläne sein, die Menge aller Kunden bildet den Entity-Typ „KUNDE".

Attribute eines bestimmten Kunden sind z.B. seine Kundennummer oder sein Umsatz.

Schließlich versteht man unter den **Beziehungen** logische Verknüpfungen zwischen Entity-Typen, z.B. zwischen Kunden und Kundenaufträgen (Beziehung „kaufen"). Die allgemeine Form ist die N:M-Beziehung, die besagt, dass einem Entity des Entity-Typs A mehrere Entities des Typs B zugeordnet werden können und umgekehrt. Die Beziehung „kaufen" ist von der Form 1:N, da ein Kunde mehrere Kundenaufträge übermittelt haben kann, aber nicht umgekehrt.

Als einfaches Anschauungsbeispiel soll die Ermittlung des Primärbedarfs mit einem ERM konstruiert werden. Der Primärbedarf[3] ist die Summe aller Kundenaufträge während eines bestimmten Zeitraums (z.B. Monat). Abb. 2 zeigt das zugehörige ERM.

---

2   Unter einer Datenbank versteht man die Zusammenfassung von Daten oder Dateien, einschließlich ihrer logischen Beziehungen.

3   Zur Bedeutung des Primärbedarfs für die Produktionsplanung vgl. Teil III, 8. Kapitel, S. 273 ff. und 297 ff. des vorliegenden Lehrbuchs.

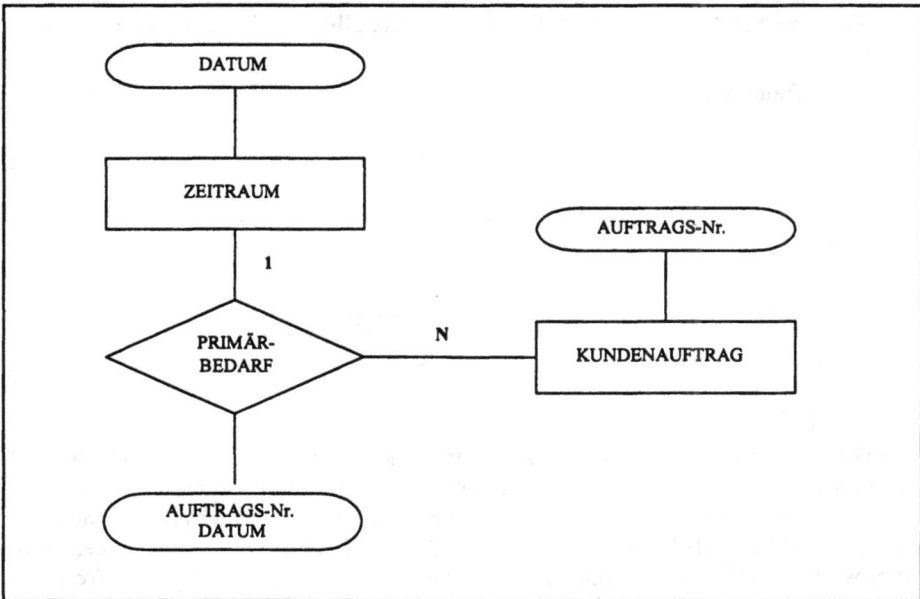

Abb. 2   ERM zur Ermittlung des Primärbedarfs
Quelle: Scheer, Wirtschaftsinformatik 1990, S. 118

Um den Primärbedarf zu bestimmen, benötigen wir alle Kundenaufträge, die in den fraglichen Zeitraum fallen. Das Entity ZEITRAUM ist durch sein Attribut Datum, das Entity KUNDENAUFTRAG durch sein Attribut Auftrags-Nr. identifiziert. Da mehrere Kundenaufträge in einem Zeitraum liegen können, das Umgekehrte aber nicht gilt, ist der „PRIMÄRBEDARF" eine 1:N-Beziehung, die durch die beiden Attribute Auftrags-Nr. und Datum eindeutig gekennzeichnet werden kann und durch **Aggregation** gebildet wird.

Neben dem Operator Aggregation lassen sich im ERM auch die Operatoren Gruppierung, Klassifizierung und Generalisierung anwenden.

Mit Hilfe des Entity-Relationship-Modells können alle sachlogischen Datenstrukturen eines Unternehmens konstruiert werden. Sie enthalten die benötigten betriebswirtschaftlichen Informationen und sind so formalisiert, dass sie im nun folgenden zweiten Schritt in ein **Datenmodell** überführt werden können.

Von den drei alternativen Datenmodellen hierarchisches, Netzwerk- und **Relationenmodell** hat sich das letztere am stärksten, vor allem im Bereich der Mikrocomputer, durchgesetzt, so dass es hier beispielhaft angeführt sei.

Eine Relation charakterisiert einen Entitytyp mit Hilfe seiner Attribute. Der auf S. 30 eingeführte Entitytyp „KUNDE" wird durch seine Attribute Kunden-Nr. und Umsatz beschrieben, wobei ihn die Kunden-Nr. **eindeutig** identifiziert und daher als Schlüssel-Attribut in der Relationen-Darstellung unterstrichen wird. Die Relation „KUNDE" stellt man nun so dar:

R. KUNDE (**Kunden-Nr.**, Umsatz).

Für die einzelnen Entities empfiehlt sich eine Darstellung in Tabellenform, wie Tab. 6 zeigt.

Tab. 6   Relationenmodell

R. KUNDE	
Kunden-Nr.	Umsatz
10116	500
10117	800
.	.
.	.

Die Gesamtheit aller Entity-Typen und aller Beziehungen wird im Relationenmodell als Relationen dargestellt, die ihrerseits nun im letzten Schritt in ein konkretes Datenbankschema überführt werden. Bekannte relationale Datenbanksysteme sind DB2 von IBM und ADABAS von der Software AG für Großrechner sowie Access von Microsoft für PC. Auf informationstechnische Einzelheiten von Datenbanken soll hier nicht eingegangen werden (vgl. dazu Schlageter/Stucky, Datenbanksysteme 1983).

Damit sind die Grundlagen von integrierten Informationssystemen, soweit sie sich auf die Datenbasis beziehen, hinreichend beschrieben. Darüber hinaus benötigt das System noch eine **Ablaufsteuerung**, die in zeitlicher Hinsicht durch Datenbanktransaktionen (z.B. die Transaktion „Auftragsbearbeitung") und in örtlicher Hinsicht durch Aufgabenverteilung auf verschiedene Rechner, die durch Netzwerke (z.B. LAN) verbunden sind, bewältigt wird. Diese Leistungen sind jedoch aus betriebswirtschaftlicher Sicht nachrangig gegenüber der Konstruktion des Unternehmens-Datenmodells, da hier die Umsetzung von der betriebswirtschaftlichen Problemebene in die informationstechnische Struktur geleistet werden muss. Gelingt dies, so sind mit den heute verfügbaren Hardwarekonfigurationen und Datenbanksystemen integrierte Informationssysteme möglich, die nicht nur das industrielle Management EDV-technisch unterstützen sondern durch ihre Logik und ihren hohen Integrationsgrad Rückwirkungen auf das Planungs- und Entscheidungsverhalten des Managements haben. Damit kann sich das Gesamtsystem „Betrieb" zu einem interdependenten, dialogorientierten Mensch-Maschine-System entwickeln, das schon jetzt Erkenntnisobjekt des industriellen Managements sein sollte und damit Gegenstand des vorliegenden Lehrbuchs ist.

Hiermit sind die Grundelemente des industriellen Managements

- strategische und operative **Entscheidungsbereiche,**
- heuristisch-evolutive und exakte **Planungsmethoden** und
- partielle sowie integrierte **Informationssysteme**

genügend skizziert, um sie nun in Teil II und III des vorliegenden Lehrbuchs detailliert an praxisnahen Fragestellungen erörtern zu können.

Teil II: Strategisches Management im Industriebetrieb

3. Kapitel: Die Grundlagen des strategischen Managements

A. Die strategische Zielsetzung des Unternehmens

Obwohl die Definitionen des Begriffs **Strategie** in der betriebswirtschaftlichen Literatur voneinander abweichen, kann man doch einen gemeinsamen Bedeutungsinhalt herauskristallisieren, der am besten mit einer Definition in Anlehnung an Hinterhuber (Unternehmungsführung, Bd. I, 1996, S. 144) charakterisiert werden kann:

> Strategie ist der Entwurf und die Durchführung eines **Gesamtkonzepts** zur Erreichung einer **Zielposition** in Auseinandersetzung mit dem **Wettbewerb**.

Am Anfang muss also das unternehmerische Ziel stehen, das anschließend durch ein Konzept (Planung) unter Beachtung der Umweltgegebenheiten in der Realität erreicht werden soll.

Eine Unternehmenszielsetzung ist ein vielschichtiges Gebilde, das wir zur besseren gedanklichen Durchdringung in eine abstrakte, sehr langfristige Komponente, die mit dem Begriff **Vision** umschrieben sei, und eine konkretere Komponente, die das unternehmenspolitische **Grundsatzprogramm** enthält, zerlegen.

I.   Die unternehmerische Vision

Will ein Unternehmen langfristig überleben, benötigt es immer wieder neue Ideen, wie die Bedürfnisse des Marktes am besten zu erfüllen sind. Diese Ideen können sich zu einer verbundenen **bildlichen** Vorstellung zusammenfügen, die als Vision bezeichnet sei.[4] So hatte z.B. Friedrich List, der Initiator des Deutschen Zollvereins (vgl. S. 15), schon 1831 die Vision eines zusammenhängenden, ganz Deutschland umfassenden Eisenbahnnetzes, zu einer Zeit, als es noch keine einzige Teilstrecke gab. Seine Vision wurde erst 40 Jahre später Wirklichkeit. Der Entwicklung des PC lag die Vision zugrunde, allen Menschen Datenverarbeitung zu ermöglichen. Wichtig ist, dass die Vision eine Richtung bzw. Orientierung zur Verfügung stellt, wohin das Unternehmen gesteuert werden kann, ohne dass man schon die Entfernung oder den Weg zu diesem Fernziel im einzelnen kennt.

Visionen können nicht „erlernt" oder „eingeübt" werden. Sie gehören innerhalb des evolutiven Modells der Unternehmung zu den **Mutationen**, die **Zufallscharakter** **haben**.

---

[4]   Sowohl in Idee als auch in Vision steckt die ursprüngliche Bedeutung „sehen". Dies wird durch das Adjektiv „bildlich" wiedergegeben.

Trotzdem gibt es gewisse Verhaltensweisen, die Visionen begünstigen, z.B.

■ eine **wache Beobachtung** der Umwelt, insbesondere der Kunden und der Wettbewerber, um frühzeitig Trendwenden in der Bedürfnisstruktur oder im Wettbewerbsverhalten zu erkennen, die zu Elementen einer Vision für das eigene Unternehmen werden könnten;

■ eine **kritische Distanz** zu den bisherigen Strategien, um Selbstgerechtigkeit zu vermeiden und die Kreativität im Hinblick auf Veränderungen zu fördern, die für Visionen günstig sind;

■ **Forschung** und **Entwicklung** auch im Grundlagenbereich, um durch neue technische Erkenntnisse die Basis für Visionen zu schaffen.

Erfolgreiche Visionen zeichnen sich dadurch aus, dass sie in die Realität umgesetzt werden können. Damit finden Visionen grundsätzlich dort eine Grenze, wo sie - abgehoben von jedem Sinn für Realität - zur Träumerei zu degenerieren drohen. Es ist also sehr wichtig, eine Vision weiterzuentwickeln, und die Zielsetzung, die sich dahinter verbirgt, zu konkretisieren. Damit wird es möglich, eine Vision kritisch zu analysieren und, falls sie sich bewährt, in ein unternehmenspolitisches Programm zu gießen. Dies bedeutet den Übergang von der bildlichen Vorstellung, wie das Überleben des Unternehmens zu sichern ist, zu der konkreten Beschreibung der Unternehmensziele in einem Grundsatzprogramm.

II. Das unternehmenspolitische Grundsatzprogramm

Nicht alle Unternehmen haben ein schriftlich fixiertes oder gar veröffentlichtes Grundsatzprogramm, doch darf man davon ausgehen, dass es in den meisten Unternehmen Leitsätze gibt, die von der Unternehmensleitung festgelegt sind und nach denen sich die Mitarbeiter richten.

Im einfachsten Fall besteht das Grundsatzprogramm aus der Definition der am Markt angebotenen Produkte als Konkretisierung des Bestrebens, die langfristige Existenz des Unternehmens durch Gewinnmaximierung oder Erzielung eines angemessenen Gewinns zu sichern. Die angebotenen Produkte sind dabei das Ergebnis früherer Visionen.

Großunternehmen gehen aber häufig über die Formulierung des Gewinnziels hinaus und beziehen weitere, die Allgemeinheit oder ihre Mitarbeiter betreffende Ziele in ihre Leitsätze mit ein. Als Beispiel sei das unternehmenspolitische Grundsatzprogramm der **Royal Dutch/Shell Gruppe** angeführt (Royal Dutch/Shell Gruppe, Unternehmensgrundsätze 2006). Dieses „9-Punkte-Programm" enthält Grundsatzaussagen über

■   den **Tätigkeitsbereich** des Unternehmens (hier: das Geschäft auf dem Öl-, Gas- und Chemiesektor) und die verfolgten **Ziele** (hohes Leistungsniveau, Sicherung langfristiger Wettbewerbsfähigkeit usw.),

■   die **Verantwortung** des Unternehmens gegenüber Aktionären, Kunden, Mitarbeitern, Geschäftsgruppen und der Gesellschaft insgesamt,

■   die **wirtschaftlichen Grundsätze** (z.B. die ökonomischen und außerökonomischen Kriterien für Investitionsentscheidungen),

- die **wirtschaftliche Integrität** (insbesondere Ehrlichkeit und Fairness im Umgang mit Kunden und Lieferanten),
- **politische Tätigkeiten** des Unternehmens und seiner Mitarbeiter (z.B. Ablehnung von parteipolitischen Aktivitäten, aber wohlwollende Behandlung von Mitarbeitern, die sich für das Gemeinwohl engagieren),
- **Gesundheit, Sicherheit und Umweltschutz,**
- den **Beitrag des** Unternehmens **zum sozialen und wirtschaftlichen Fortschritt,**
- das Verhalten im **Wettbewerb** und
- die **Informationspolitik** des Unternehmens.

Ein solches Grundsatzprogramm ist naturgemäß sehr allgemein gehalten und benutzt eine Reihe unscharfer Begriffe, die definiert und auch konkretisiert werden müssen. Wichtig ist aber, dass die Grundsätze Ausdruck von bestimmten **Wertvorstellungen** sind, die für das Unternehmen verbindlich gemacht werden und zusammen mit den unternehmensspezifischen Denk- und Handlungsmustern die sog. **Unternehmenskultur** darstellen (Heinen/Dill, Unternehmenskultur 1990, S. 17; Voigt, Unternehmenskultur 1996, S. 40 ff.). Die in einem Unternehmen „herrschende" Kultur kann - als Ergebnis einer eingehenden Analyse - anhand bestimmter kulturtypischer Merkmale beschrieben werden (z.B. als kundenorientiert, änderungsfreundlich, offen, vielfältig, innovationsorientiert, usw.). Unternehmenskulturen können sich zudem in ihrer **Stärke**, d.h. im Verbreitungsgrad und der Verankerungstiefe der Werte und Normen bei den Mitarbeitern, unterscheiden.

III. Unternehmensethik

Die **Wertvorstellungen** des unternehmenspolitischen Grundsatzprogramms sowie der Unternehmenskultur sind in den letzten Jahren immer mehr Gegenstand der betriebswirtschaftlichen Forschung geworden. Nahm man früher die Unternehmensziele in der Wissenschaft als gegeben hin, ohne sie zu hinterfragen oder ethisch zu bewerten, so bilden die Ziele und die daraus abzuleitenden Wertvorstellungen heute den Gegenstand der **Unternehmensethik**, die im deutschsprachigen Raum insbesondere von H. Kreikebaum wissenschaftlich weiterentwickelt wurde (Kreikebaum, Unternehmensethik 1996).

Er definiert die Unternehmensethik als die Untersuchung der „aus den Wechselwirkungen zwischen Unternehmen, Politik und Gesellschaft abgeleiteten Werturteile der Unternehmensmitglieder und deren Umsetzung in der Unternehmenspraxis." (Kreikebaum, Unternehmensethik 1996, S. 21). Hier wird sichtbar, dass die **Ziele** und **Werturteile** der Unternehmensmitglieder nicht autonom im Unternehmen festgelegt werden, sondern auch externen Einflüssen unterliegen. Das bekannte Ziel „Gewinnmaximierung" ist hiernach zu eng und zu einseitig auf die Eigentümer (shareholder) ausgerichtet. Das Unternehmen ist aber nicht nur den Aktionären verantwortlich, sondern im Sinne der Unternehmensethik auch anderen **Anspruchsgruppen** (stakeholder):

- den Mitarbeitern,
- den Kunden,
- den Lieferanten,
- Staat und Gesellschaft,
- der Umwelt.

Diese Verantwortung gegenüber allen Anspruchsgruppen sollte im **Zielsystem** des Unternehmens verankert werden, und zwar durch die Formulierung von **ethischen Leitlinien**, die als Grundlage für die Werturteile der Unternehmensmitglieder dienen können:

- Erzielung einer angemessenen Kapitalrendite,
- Respekt und Solidarität gegenüber den Mitarbeitern,
- menschenwürdige Gestaltung des Produktionsprozesses,
- keine Ausnutzung einer starken Marktstellung gegenüber Kunden und Lieferanten,
- Minimierung des Ressourcenverbrauchs und der Umweltbelastung bei Produktion und Verwendung der angebotenen Produkte sowie umweltschonende Rückführung (Recycling).

In diesem ethischen Leitlinien-System stehen ökonomische, soziale und ökologische Ziele bzw. Werturteile **gleichrangig** nebeneinander und müssen gegenseitig ausbalanciert werden. Wir werden uns dieser Aufgabe insbesondere beim industriellen Umweltmanagement (5. Kapitel, Abschnitt D. S. 165 ff.) aber auch in anderen Teilen des Lehrbuchs detailliert widmen.

Die weitere Konkretisierung der oben beschriebenen Visionen und der daraus abgeleiteten Unternehmensgrundsätze unter Beachtung der Unternehmenskultur ist Aufgabe der strategischen Unternehmensplanung, der wir uns nun zuwenden.

B. Die strategische Unternehmensplanung

Ausgehend von der unternehmerischen Zielsetzung - konkretisiert durch die Unternehmensgrundsätze - besteht für die strategische Unternehmensplanung die Aufgabe darin, systematisch Positionen innerhalb der wirtschaftlichen und gesellschaftlichen Umwelt zu suchen, die dem Unternehmen ein nachhaltiges wirtschaftliches Überleben ermöglichen. Dazu muss die strategische Planung

1. die langfristigen **Markt- und Umweltentwicklungen**, die für das Unternehmen wichtig sind, frühzeitig erkennen und zutreffend einschätzen,
2. die **Produktfelder**[5], auf denen das Unternehmen tätig ist oder tätig werden könnte, im Hinblick auf ihr zukünftiges Gewinnpotential analysieren und entsprechende globale Produktionsprogrammentscheidungen treffen,
3. die zur Wahrnehmung der langfristigen Marktchancen und zur Ausschöpfung der Gewinnpotentiale notwendigen Entscheidungen über die einzusetzenden **Ressourcen**, insbesondere über die Produktionstechnologie, den betrieblichen Standort und die Umweltauswirkungen der Produktion treffen.

Diese strategischen Aufgaben eines Industrieunternehmens und Möglichkeiten zu ihrer Bewältigung werden im Folgenden konkretisiert.

---

5   Unter einem Produktfeld verstehen wir die Gesamtheit der Produkte, die sich gedanklich auf ein Grundbedürfnis zurückführen lassen (vgl. Jacob, Aufgaben 1982, S. 44), z.B. umfasst das Produktfeld „Unterhaltungselektronik" die Produkte Videorecorder, Kassettendecks, CD-Player usw.

I. Bildung strategischer Einheiten

Die historische Entwicklung der Industriebetriebe verlief in Richtung vom Einprodukt- zum Mehrproduktbetrieb. Es wurde dadurch möglich,

- verschiedene Nachfragegruppen anzusprechen (Marktsegmentierung) und
- das allgemeine Marktrisiko einer schrumpfenden Nachfrage auf mehrere Güter zu verteilen (Risikostreuung durch Diversifikation).

Viele Unternehmen sind auf diesem Weg konsequent fortgeschritten und bieten nicht nur, wie z.B. die Automobilindustrie, Varianten eines bestimmten Grundtyps an, sondern sind auf sehr verschiedenen Produktfeldern tätig. Ein Beispiel hierfür ist die Siemens AG, deren Produktpalette von Hausgeräten, EDV-Anlagen und Lichtsystemen über Technologien, Produkte und Dienste in Mobilfunk-, Fest- und Unternehmensnetzen bis zur Entwicklung, Planung und Modernisierung von Kraftwerken reicht. Hier kommt das Ziel der Risikostreuung durch Diversifikation sehr deutlich zum Ausdruck. Allerdings ist anzumerken, dass in letzter Zeit ein Trend hin zu höher spezialisierten Unternehmen zu beobachten ist. Ein mittlerweile bereits klassisches Beispiel für das Versagen einer hochgradigen Diversifizierungsstrategie ist die Daimler-Benz AG (mittlerweile DaimlerChrysler AG), deren Diversifikationsbemühungen in den 80er Jahren hin zu einem „Technologiekonzern" wenig erfolgreich waren. Durch zahlreiche Unternehmensverkäufe und Fusionen hat sich Daimler-Benz auf seine eigentliche Stärken (Kernkompetenzen) zurückorientiert und fokussiert sich nun im Wesentlichen auf den Ausbau des Kerngeschäfts.

Da die Marktchancen und Gewinnpotentiale der einzelnen Produktfelder sehr unterschiedlich sein können, ist es sinnvoll, das Unternehmen in **strategische Geschäftseinheiten** zu unterteilen und für jede Einheit spezifische Strategien festzulegen.

Eine strategische Geschäftseinheit ist ein Unternehmensbereich mit eigener abgegrenzter **Marktaufgabe** (Produktfeld) und eigenständiger **Gewinnverantwortung**.

Gerl und Roventa (Strategische Geschäftseinheiten 1983, S. 146 f.) haben versucht, die strategischen Geschäftseinheiten durch verschiedene Merkmale, von denen die wichtigsten nachstehend angeführt werden, näher zu charakterisieren:

1. Die Marktaufgabe der Geschäftseinheit ist unabhängig von der Marktaufgabe anderer Geschäftseinheiten.
2. Die Geschäftseinheit steht eindeutig bestimmbaren Konkurrenzunternehmen gegenüber.
3. Die Geschäftseinheit kann eigenständige Ziele, Strategien und Aktionsprogramme festlegen, um relative Wettbewerbsvorteile zu erreichen.
4. Die Geschäftseinheit wird von einer Führungskraft geleitet, die unabhängig von anderen Bereichen die Realisierung der strategischen Entscheidungen (Investitionen, Marketingprogramme, Produktentwicklung usw.) durchsetzen und die für den Erfolg der Strategien wichtigen Kontrollmaßnahmen durchführen kann.

Werden die strategischen Geschäftseinheiten auf diese Weise gebildet, so können die Gewinnpotentiale der einzelnen Einheiten getrennt ermittelt und für die Zukunft vorausgeschätzt werden. Obwohl bei der Festlegung strategischer Geschäftseinheiten organisatorische Schwierigkeiten und personelle Widerstände auftauchen können, sollte dieser Weg beschritten werden, weil nur so das Gewinnpotential eines Unternehmens und seine zukünftige Überlebenschance am treffendsten analysiert werden können.

II. Die Analyse des Gewinnpotentials

Um wirtschaftlich überleben zu können, muss ein Unternehmen **langfristig** einen zumindest angemessenen Gewinn, der die Kapitalkosten deckt, erzielen. Es genügt daher nicht, in der Gegenwart befriedigende Gewinne zu erwirtschaften, sondern die Gewinnpotentiale der Zukunft, d.h. die Aussichten, zukünftig Gewinne zu erzielen (Jacob, Aufgaben 1982, S. 45), sind von entscheidender Bedeutung.

Zur Beurteilung des Gesamt-Gewinnpotentials eines Industrieunternehmens müssen die Gewinnpotentiale der einzelnen strategischen Geschäftseinheiten untersucht werden, und zwar getrennt nach

■ Produktfeldern, auf denen das Unternehmen bereits mit einem zufriedenstellenden Marktanteil vertreten ist,
■ Produktfeldern, auf denen das Unternehmen tätig ist, aber nach einem wesentlich höheren Marktanteil strebt und
■ Produktfeldern, zu deren Erschließung das Unternehmen durch Bereitstellung von Ressourcen (Kapital, Know-how, Technologie) in der Lage wäre.

Zur Beurteilung des Gewinnpotentials der genannten Produktfelder werden wir in diesem Buch

■ die **Produktpositionierung** im Vergleich zu den Konkurrenzprodukten (4. Kapitel, A.I., S. 55 ff.),
■ die Analyse des **Lebenszyklus** von Produkten und Produktfeldern (4. Kapitel, A.II., S. 64 ff.) und
■ langfristige **Prognoseverfahren** zur Schätzung des Gewinnpotentials, wie z.B. die logistische Funktion (4. Kapitel, A.III., S. 75 ff.)

verwenden. Mit Hilfe dieser Lösungsansätze gelingt es, die Gewinnpotentiale der strategischen Geschäftseinheiten hinreichend genau zu schätzen und durch Ergreifen von strategischen Maßnahmen auszuschöpfen.

III. Die strategischen Einflussfaktoren

Die wirtschaftliche Situation eines Unternehmens bzw. einer strategischen Geschäftseinheit hängt von zwei globalen Faktoren ab:

■ der **Attraktivität eines Marktes** bzw. Produktfeldes,
■ dem relativen **Wettbewerbsvorteil** gegenüber der Konkurrenz.

Der erste Faktor ist für die Geschäfteinheit eine **externe** Größe, die mit unternehmenspolitischen Maßnahmen kaum beeinflusst werden kann. Dagegen spiegelt der zweite Faktor die relative Stärke des Unternehmens im Markt wider und ist als **interne** Größe Gegenstand der Unternehmenspolitik.

a)   Die Messung der Marktattraktivität

Die Attraktivität eines Marktes lässt sich im ersten Ansatz **qualitativ** kennzeichnen durch die Umweltbedingungen, in die der Markt eingebettet ist. Das gilt vor allem für die **rechtlichen** Rahmenbedingungen des jeweiligen Wirtschaftsraums. Der Markt kann durch protektionistische Zölle „geschlossen" sein wie der Agrarmarkt der EU (Außenzoll), er kann aber auch völlig offen gestaltet werden.

Die **Wirtschaftspolitik** eines Landes beeinflusst die Attraktivität des Marktes in entscheidender Weise, insbesondere durch die

■ Wettbewerbspolitik,
■ Konjunkturpolitik (Beschäftigungs- und Geldpolitik),
■ Außenhandelspolitik und
■ Währungspolitik.

Darüber hinaus kennzeichnet auch die **Mentalität** der Konsumenten die Marktattraktivität. Häufige Mode- und Geschmackswandlungen erfordern eine größere Flexibilität und Anpassungsfähigkeit der anbietenden Unternehmen als eine eher kontinuierliche Entwicklung des Marktes.

Neben diesen qualitativen Kriterien der Marktattraktivität werden, wenn möglich, **quantitative** Maßstäbe zur Messung herangezogen. Im Vordergrund stehen dabei

■ das Marktvolumen,
■ das Marktwachstum und
■ die erzielbaren Absatzpreise als Grundlage des Gewinnpotentials.

Da das Preisniveau eines Marktes keine konstante Größe über einen längeren Zeitraum ist, wie viele Beispiele aus der Elektronik zeigen (z.B. Halbleiter oder PCs), und darüber hinaus nur schwer prognostiziert werden kann, haben sich in Literatur und Unternehmensberatungspraxis das Marktvolumen und das Marktwachstum als quantitative Maßstäbe für die Marktattraktivität weitgehend durchgesetzt.

b)   Die Messung des relativen Wettbewerbsvorteils

Der relative Wettbewerbsvorteil zeigt die Stärke bzw. Schwäche des Unternehmens oder der strategischen Geschäftseinheit verglichen mit den stärksten Wettbewerbern in den folgenden vier Bereichen:

■ Produktposition,
■ Produktionsstruktur,
■ Personalpotential und
■ finanzielle Situation.

Die einzelnen Bestimmungsfaktoren dieser Bereiche sollen im Folgenden etwas näher beleuchtet werden.

1.   Die Produktposition

Die Position, die ein Produkt in den Augen der Nachfrager im Vergleich zu den Konkurrenz-Erzeugnissen einnimmt, wird in hohem Maße vom erfolgreichen Einsatz des **absatzpolitischen Instrumentariums** (Marketing-Mix) mit seinen Komponenten

- Produktqualität,
- Preispolitik,
- Werbung und
- Distribution (Vertriebssystem)

bestimmt. Insbesondere die Produktqualität, die nicht nur im technischen Sinne der Funktionalität zu verstehen ist, sondern auch darüber hinausgehende Eigenschaften wie Design, Verpackung oder Produktimage umfasst, ist von großer Bedeutung für die Produktposition. Wir werden in Kapitel 4 (Abschnitt A.I.b)) an einem konkreten Beispiel aus der Unternehmenspraxis - der Positionierung von deutschen Bieren - die Wirkung der Produktqualität und der übrigen absatzpolitischen Instrumente detailliert erörtern (vgl. S. 57 ff.).

2. Die Produktionsstruktur

Das Gewinnpotential einer strategischen Geschäftseinheit hängt außer vom Absatzpreis in besonderem Maße von den **Produktionskosten** ab, die ihrerseits ein Resultat der Produktionsstruktur sind. Diese wird gekennzeichnet durch:

- die angewendete Technologie des Produktionsverfahrens sowie den Grad ihrer Integration,
- die Produktionskapazität, die über die **Erfahrungskurve** auf die Kosten einwirkt,
- den Produktionsstandort sowie
- die Forschungs- und Entwicklungsaktivitäten auf dem Gebiet der Produktionsprozesse.

Insbesondere die angewendete Technologie des Produktionsverfahrens bestimmt die Produktionsstruktur und damit die Produktionskosten. Im Zeitalter der Computerisierung und Integration der Fertigung, die sich besonders eindrucksvoll im Bereich des Computer Integrated Manufacturing (CIM) und der flexiblen Fertigungssysteme (FFS) niederschlagen, sind moderne Produktionsverfahren häufig der entscheidende Wettbewerbsvorteil gegenüber der Konkurrenz. Wir werden uns daher ausführlich im 5. Kapitel mit diesem Problemkomplex auseinandersetzen (vgl. S. 107 ff.), wobei auch der Produktionsstandort und die übrigen Komponenten gebührend beachtet werden.

Die Produktionsstruktur hat außerdem entscheidenden Einfluss auf die **Durchlaufzeit von Aufträgen**, die in der neueren Literatur mehr und mehr als eigenständige Quelle für die Erzielung von Wettbewerbsvorteilen erkannt wird (vgl. Stalk/Hout, Zeitwettbewerb 1992, S. 15 ff.; Kaluza, Zeitmanagement 1995, S. 106 f.). Weitere Möglichkeiten für die Erzielung von Zeitvorteilen bieten sich im Rahmen von Just-in-Time-Konzepten (9. Kapitel E.I., S. 376 ff.) und durch die Verringerung der Entwicklungszeit für neue Produkte durch „Simultaneous Engineering" (6. Kapitel, S. 221 ff.) an.

3. Das Personalpotential

Neben der Produktionsstruktur bestimmt das fachliche Niveau der Mitarbeiter, das durch den Ausbildungs- und Erfahrungsstand gemessen werden kann, sowie ihre Motivation und Einsatzfähigkeit den relativen Wettbewerbsvorteil eines Unternehmens. Durch das Führungs- und Entlohnungssystem sollte das Verhalten der Arbeitnehmer im Betrieb so gesteuert werden, dass das Unternehmen seine Gewinnpotentiale auch tatsächlich ausschöpfen kann.

4. Die finanzielle Situation

Nur eine bestimmte **Kapitalkraft** ermöglicht es einem Unternehmen, Wettbewerbsvorteile gegenüber der Konkurrenz zu erringen, da Investitionen sowohl im Produktbereich als auch bei neuen Technologien erhebliche finanzielle Mittel erfordern. Grundlage der Kapitalkraft ist in erster Linie eine hinreichende **Eigenkapital-Ausstattung** sowie genügende Selbstfinanzierungsmöglichkeiten durch Ausschöpfen der Gewinnpotentiale. Hiermit muss die Aufnahme von Fremdkapital abgestimmt werden, um das **finanzielle Gleichgewicht** im Sinne von Gutenberg (Betriebswirtschaftslehre 1983, S. 458 f.) jederzeit aufrechterhalten zu können.

Alle vier Determinanten tragen zur Ausgestaltung eines relativen Wettbewerbsvorteils bei. Sie sind jedoch meistens nur qualitativ erhebbar bzw. können, falls sie wie die Produktionskosten oder die Eigenkapitalausstattung quantitativ messbar sind, in ihrer Wirkung nicht direkt miteinander verglichen werden.

Möchte man den relativen Wettbewerbsvorteil direkt quantitativ erfassen, so bleibt nur die Möglichkeit, eine Ersatzgröße zu finden, die das Ergebnis der Wirkung aller vier Determinanten ist und darüber hinaus leicht gemessen werden kann. Eine solche Größe ist der **Marktanteil**. Er spiegelt die Stärken und Schwächen des Unternehmens in Bezug auf die Produktposition, die Produktionsstruktur, das Personalpotential und die finanzielle Situation recht gut wider, vor allem wenn der Marktanteil in Beziehung gesetzt wird zu den Marktanteilen der stärksten Mitbewerber. Es muss aber hier darauf hingewiesen werden, dass eine solche Komprimierung der vielfältigen Einflüsse auf eine einzige Maßzahl zwar einfach zu bewerkstelligen ist, jedoch den Nachteil aufweist, dass wertvolle Informationen verloren gehen. Hier muss also zwischen Einfachheit und Genauigkeit der Analyse abgewogen werden.

In der Unternehmenspraxis hat sich der Marktanteil als charakteristische Größe des relativen Wettbewerbsvorteils - u.U. ergänzt durch die Kapital-Rentabilität - jedoch weitgehend durchgesetzt.

IV. Darstellung der strategischen Position in der Portfolio-Matrix

a)   Die Portfolio-Matrix

Marktattraktivität und relativer Wettbewerbsvorteil bestimmen zusammen die strategische Position eines Unternehmens bzw. einer strategischen Geschäftseinheit. Zur Veranschaulichung dieses Zusammenhangs haben die Beratungsfirmen Boston Consulting Group und McKinsey ein Schema entwickelt, das als **Portfolio-Matrix** bekannt wurde und auch in die Literatur Eingang gefunden hat (Hinterhuber, Unternehmungsführung, Bd. I, 1996, S. 146 ff., Kreikebaum, Unternehmensplanung 1997, S. 85 ff., Albach, Unternehmensplanung 1978, S. 705 ff.).

Die Messung beider Faktoren erfolgt zumeist qualitativ mit den Ausprägungen „niedrig", „mittel" und „hoch", so dass durch Kombination der möglichen Ausprägungen beider Faktoren eine 3 x 3-Matrix mit neun Feldern entsteht, wie Abb. 3 zeigt.

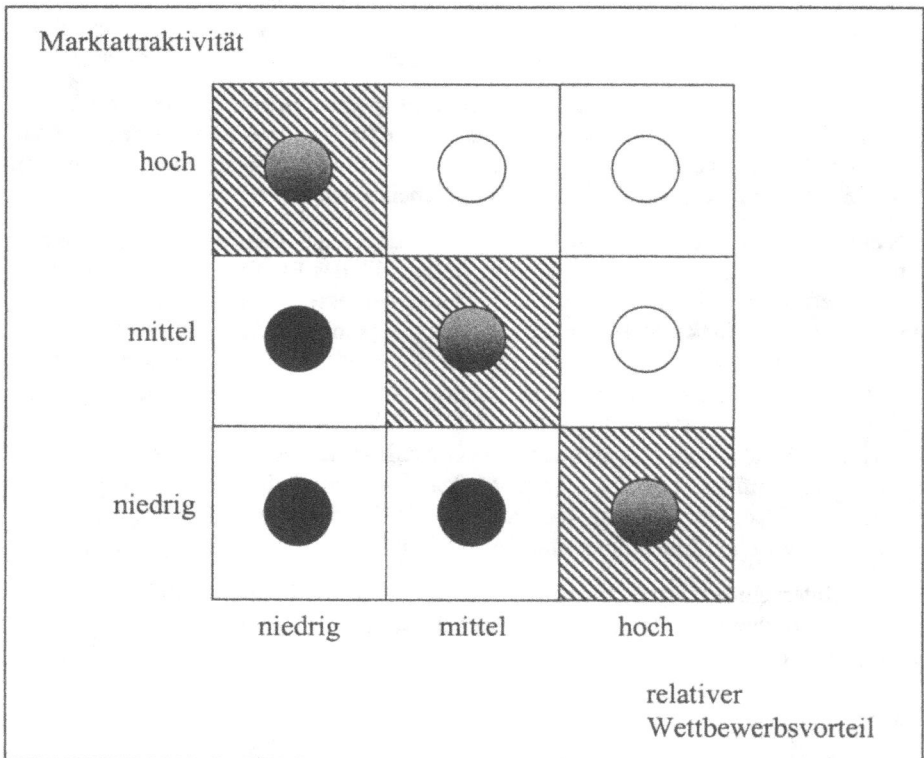

Abb. 3   Portfolio-Matrix

Jede strategische Geschäftseinheit des Unternehmens wird nun in Bezug auf die Marktattraktivität und den relativen Wettbewerbsvorteil bewertet und je nach Ergebnis in eines der neun Felder der Portfolio-Matrix eingetragen.

b)   Die Analyse der Matrix-Elemente

Angenommen, eine strategische Geschäftseinheit weist sowohl eine hohe Marktattraktivität (z.B. durch starkes Marktwachstum hervorgerufen) als auch einen hohen relativen Wettbewerbsvorteil (gemessen am Marktanteil und an der erzielbaren Rentabilität) auf. Ihr Platz ist dann oben rechts im idealen Feld der Matrix.

Aus dieser Situation ergibt sich eine mögliche **Strategie** für diese Geschäftseinheit: Sie ist offensichtlich Marktführer in einem wachsenden Markt. Diese Stellung sollte ausgebaut oder zumindest gehalten werden. Eine solche Strategie erfordert die **Investition** zusätzlicher finanzieller Mittel, um das weitere Wachstum zu ermöglichen. Man spricht daher auch von einer **Investitions- und Wachstumsstrategie**. Trotz des infolge der Investitionsausgaben kurzfristig ungünstigen Cash Flows ist die Strategie sinnvoll, da die Geschäftseinheit langfristig erheblich zum Gewinn der gesamten Unternehmung beitragen kann.

Eine gegensätzliche Beurteilung erhält eine strategische Geschäftseinheit, die im linken unteren Feld der Matrix platziert ist. Da sie in einem stagnierenden oder gar schrumpfenden Markt einen niedrigen Wettbewerbsvorteil aufweist, sind die langfristigen Aussichten negativ. Falls der Cash Flow kurzfristig noch positiv ist, sollten die Gewinne abgeschöpft werden. Im Übrigen bietet sich eine Desinvestition dieser strategischen Geschäftseinheit an. Es wird also eine **Abschöpfungs-** bzw. **Desinvestitionsstrategie** angewandt.

Kurz gefasst kann man sagen, dass die Investitions- und Wachstumsstrategien für die strategischen Geschäftseinheiten in Frage kommen, die in den Feldern mit weißen Kreisen (Abb. 3) platziert sind, während sich die Abschöpfungs- und Desinvestitionsstrategien für die Felder mit schwarzen Kreisen empfehlen.

In der Diagonale von Abb. 3 (schraffierte Kreise) liegen die nicht eindeutig zuzuordnenden Geschäftseinheiten, für die bestimmte selektive Strategien (Hinterhuber, Unternehmungsführung, Bd. I, 1996, S. 166 ff.) zweckmäßig sind. Wir betrachten sie anhand Abb. 4.

Hat eine Geschäftseinheit einen niedrigen Marktanteil in einem wachsenden Markt (Feld A), so muss man überlegen, ob mit zusätzlichen Investitionen der Wettbewerbsvorteil erhöht werden kann oder ob solche Investitionen die Finanzkraft des Unternehmens im Hinblick auf andere Geschäftseinheiten zu stark belasten. Je nach Ergebnis der Analyse kann die Strategie eine Investitions- oder eine Desinvestitionsstrategie sein.

Bei hohem Wettbewerbsvorteil und niedriger Marktattraktivität (Feld C) lohnen sich keine großen Investitionen, da der Markt nicht mehr wächst. Hier sollte versucht werden, den gegenwärtigen Gewinn möglichst noch einige Zeit abzuschöpfen.

Das mittlere Feld B ermöglicht eine Wachstumsstrategie, falls die Marktattraktivität als ausreichend angesehen wird, im anderen Fall ist eine Konsolidierung des gegenwärtigen Zustands mit Abschöpfung der investierten Mittel vorzuziehen.

Die selektiven Strategien der Hauptdiagonale können sehr unterschiedlich sein und bedürfen einer sehr subtilen Analyse. In Abb. 3 sind sie jedoch einheitlich schraffiert eingezeichnet, um sie von den anderen beiden Hauptstrategien abzugrenzen.

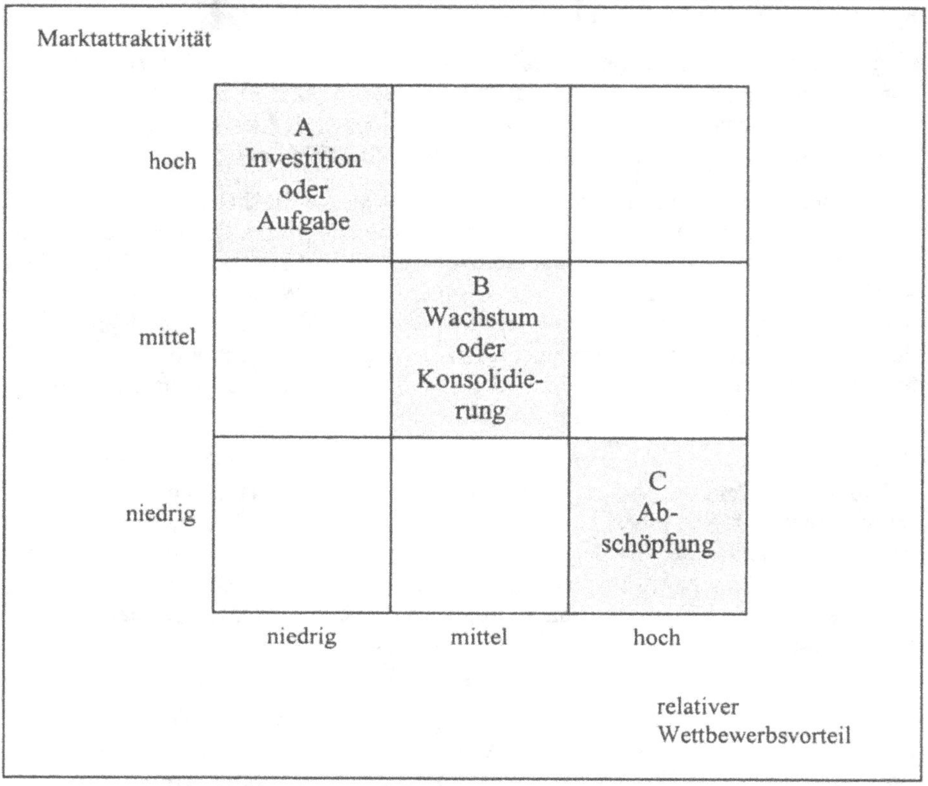

Marktattraktivität

	niedrig	mittel	hoch
hoch	A Investition oder Aufgabe		
mittel		B Wachstum oder Konsolidie- rung	
niedrig			C Ab- schöpfung

relativer
Wettbewerbsvorteil

Abb. 4   Diagonalfelder der Portfolio-Matrix

Die Portfolio-Matrix lässt sich weiter verfeinern (z.B. auf 16 oder 25 Elemente erweitern), doch hat dies den Nachteil, dass die Übersichtlichkeit leidet und die definitorische Abgrenzung der Felder und der zugehörigen Strategien schwierig wird. Darüber hinaus gelingt es häufig nicht, Marktattraktivität und Wettbewerbsvorteil so genau zu beurteilen, wie es eine verfeinerte Matrix erfordern würde.

V.   Die strategische Erfolgsanalyse

Bisher haben wir die Wirkung der strategischen Einflussfaktoren auf die wirtschaftliche Situation eines Unternehmens nur auf theoretischer Basis untersucht. Es fehlt noch eine empirische Untermauerung der gezeigten Zusammenhänge in einem quantitativen Modell.

Anfang der 60er Jahre entwickelte General Electric ein Konzept, das statistisch signifikante Aussagen über die Wirkung strategischer Faktoren auf den Geschäftserfolg ihrer strategischen Geschäftseinheiten erlauben sollte. In Kooperation mit anderen Unternehmen und der Harvard Business School entstand daraus das PIMS-Programm als eine Methode der strategischen Erfolgsanalyse.

a) Das PIMS-Programm

PIMS bedeutet **Profit Impact of Market Strategies** und wird seit 1975 vom Strategic Planning Institute in Cambridge/Mass. betreut. Kernstück des Programms ist eine **Datenbank**, die wirtschaftliche Informationen wie Marktanteil, Produktionsstruktur und Bilanzdaten von mehr als 450 Unternehmen mit knapp 3000 strategischen Geschäftseinheiten aus Nordamerika, Europa und Ostasien enthält (Buzzell/Gale, PIMS 1989, S. 3).

Ziel des Programms ist es, mit Hilfe der multiplen **Regressionsanalyse** theoretisch vermutete Beziehungen zwischen strategischen Faktoren und dem wirtschaftlichen Erfolg der in der Datenbank gespeicherten strategischen Geschäftseinheiten **statistisch** abzusichern, was bei der Größe der Datenbank erreichbar erscheint.

Als Kennziffer für den strategischen Erfolg einer Geschäftseinheit wird im PIMS-Programm der

Return on Investment (ROI),

also der Gewinn vor Steuern und Abzug von Zinsaufwand, bezogen auf das durchschnittlich in der Geschäftseinheit gebundene Kapital, herangezogen.

Diese Größe ist zwar als Maßstab der langfristigen wirtschaftlichen Überlebensfähigkeit eines Unternehmens umstritten, da sie von steuerlichen Gesichtspunkten (z.B. Abschreibungsmethoden, Rückstellungen usw.) beeinflusst wird und als Prozentzahl nicht unbedingt die wirtschaftliche Kraft eines Unternehmens so widerspiegelt wie beispielsweise der Cash Flow, aber sie hat sich doch als aussagefähigste „Ersatzgröße" erwiesen, die insbesondere die Variabilität des Kapitals auf längere Sicht berücksichtigt.

Es können an dieser Stelle nur die wichtigsten Ergebnisse des PIMS-Programms wiedergegeben werden (zu Einzelheiten vgl. Buzzell/Gale, PIMS 1989, S. 47 ff.). Als **Schlüsselfaktoren** für den strategischen Erfolg einer Geschäftseinheit stellten sich u.a. folgende heraus:

1. **Marktattraktivitäts-Faktoren**

   ■ Reales Marktwachstum (inflationsbereinigt),
   ■ Lebenszyklus-Position des Produktfeldes,
   ■ Marktkonzentration (Zahl der Wettbewerber),
   ■ Inflationsrate.

2. **Faktoren der Wettbewerbsposition**

   ■ Marktanteil,
   ■ Produktqualität,
   ■ Produktinnovationen,
   ■ Arbeitsproduktivität,
   ■ Kapazitätsauslastung.

Die Wettbewerbsfaktoren wurden dabei **relativ** zu den stärksten Konkurrenten gemessen. Die obige Aufstellung zeigt, dass die in der Theorie der strategischen Planung herausgearbeiteten und der Portfolio-Matrix zugrunde liegenden Faktoren der

Marktattraktivität und der Wettbewerbsposition auch **empirisch-statistisch** als Einflussfaktoren des Return on Investment (ROI) bestätigt worden sind. Daher erscheint es gerechtfertigt, diese Faktoren in den Kapiteln 4 und 5 des vorliegenden Buches als Bausteine des strategischen Managements zu verwenden.

Um die Beziehungen zwischen der Kapitalrendite und wichtigen strategischen Schlüsselfaktoren, wie den Marktanteil oder die relative Produktqualität, zu veranschaulichen, seien im Folgenden einige Ergebnisse graphisch dargestellt und anschließend erläutert.

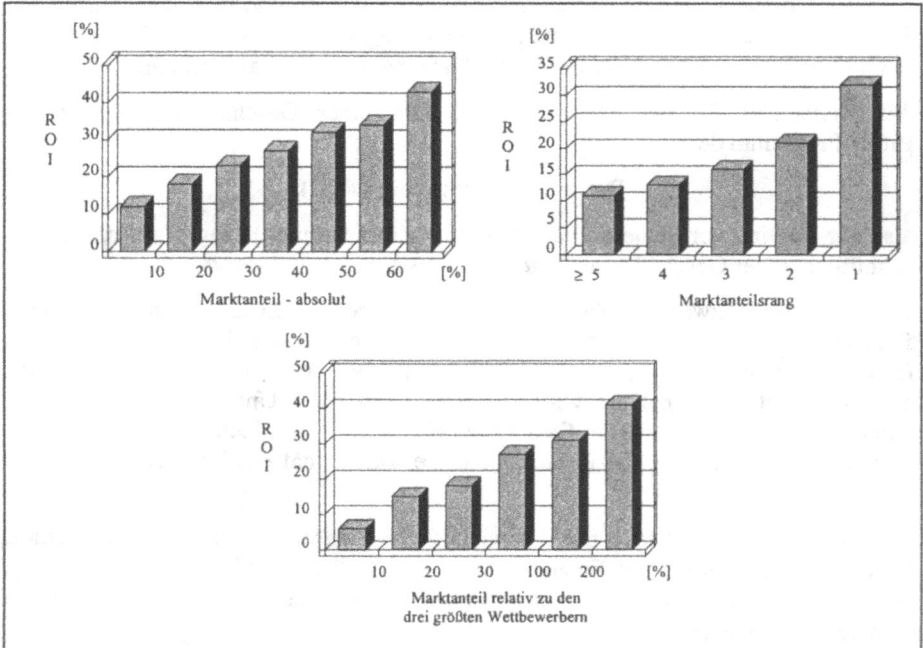

Abb. 5 Beziehungen zwischen ROI und Marktanteil
Quelle: Buzzell/Gale, PIMS 1989, S. 82.

Zur Bestimmung der Marktposition werden im PIMS-Programm mehrere Messgrößen verwendet, da der absolute Marktanteil einer Geschäftseinheit als alleinige Kennzahl keine eindeutige Aussage über die Marktposition ermöglicht. So könnte eine Geschäftseinheit mit einem absoluten Marktanteil von 15 % auf einem fragmentierten Markt Marktführer sein, aber auf einem konzentrierten Markt Rang 4 einnehmen. Erst unter Berücksichtigung der Marktanteile der Wettbewerber kann die Marktposition schlüssig beurteilt werden. In Abb. 5 sind diesbezüglich drei Kennzahlen und ihre Beziehung zum ROI dargestellt. Der ROI wird anhand einer Durchschnittsberechnung der Kapitalrenditen der jeweilig betrachteten Gruppe von Geschäftseinheiten ermittelt. Bei der ersten Grafik wurden die Geschäftseinheiten der am PIMS-Programm teilnehmenden Unternehmen entsprechend Ihrem absoluten Marktanteil eingeteilt. Die zweite Darstellung gliedert die Geschäftseinheiten gemäß dem Rang, den sie auf ihrem jeweiligen Markt einnehmen. Und die dritte Grafik unterteilt die Geschäftseinheiten anhand einer Kennzahl, die sich ergibt, wenn der eigene absolute Marktanteil durch die Summe der Marktanteile der drei größten Konkurrenten geteilt wird.

Bei jeder der drei Darstellungen ist ein positiver Zusammenhang zwischen Marktanteil resp. Marktposition und Kapitalrendite deutlich zu erkennen. In der Sprache der Regressionsanalyse bedeuten diese Ergebnisse, dass der ROI mit dem Marktanteil **positiv korreliert**, also ein statistisch signifikanter linearer Zusammenhang zwischen beiden Größen besteht.

Der Marktanteil seinerseits wird unter anderem durch die **Produktqualität** bestimmt. Wie Abbildung 6 zeigt, schlägt die positive Korrelation auch auf den ROI durch.

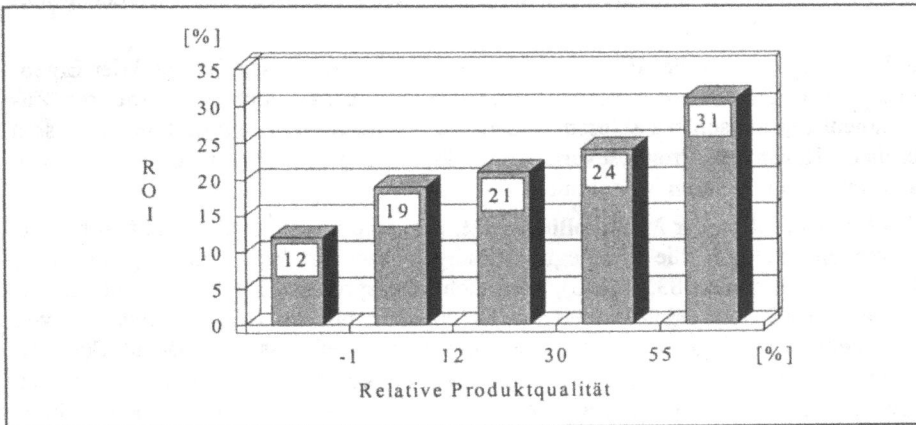

Abb. 6   ROI und relative Produktqualität
Quelle: Luchs/Müller, PIMS 1985, S. 86

Die relativ schwierig zu messende Produktqualität wird im PIMS-Programm durch ein **Scoring-Modell**[6] bestimmt, in dem alle wichtigen Produkteigenschaften wie Funktionalität, Design, Verpackung, Produktimage usw. im einzelnen bewertet und mit relativen Gewichten versehen werden. Die Summe der gewogenen Werte ergibt die Produktqualität. Die in Abbildung 6 auf der Abszisse abgetragenen Werte sind dabei wie folgt zu verstehen: Prozentsatz von Umsätzen, die man mit Produkten erzielt, die der Konkurrenz qualitativ überlegen sind, abzüglich des Prozentsatzes der Produkte, die der Konkurrenz unterlegen sind. Gemäß der vorgenommenen Subtraktion zweier Prozentzahlen kann diese Kennzahl auch einen negativen Wert annehmen. Somit stellt die erste Säule eine Gruppe von Geschäftseinheiten dar, deren relative Produktqualität schlechter als minus eins ist und die eine durchschnittliche Kapitalrendite von nur 12 Prozent besitzt (vgl. Luchs/Müller, PIMS 1985, S. 85).

---

6   Zur Vorgehensweise in einem Scoring-Modell vgl. die ausführlichen Beispiele im 4. und 5. Kapitel auf S. 91 f. und 109 ff.

b)   Kritik am PIMS-Konzept

Die Ergebnisse des PIMS-Programms sind von verschiedenen Seiten in Zweifel gezogen worden (vgl. besonders Venohr, Marktgesetze 1988, und Zäpfel, Strategisches Produktions-Management 1989, S. 59 f.). Die Kritik richtet sich vor allem
gegen

- die Durchschnittsbildung über Sektoren und Branchen,
- die Regressionsanalyse als Methode und
- die Ergebnisse des spezifischen Regressionsmodells.

Im Hinblick auf die Durchschnittsbildung wird argumentiert, dass die Sektoren und
Branchen einer Volkswirtschaft zu unterschiedlich strukturiert sind und dadurch die
Ergebnisse verfälscht werden. Demgegenüber weisen jedoch die PIMS-Bearbeiter
darauf hin, dass die gezeigten Korrelationen auch für die einzelnen Branchen tendenziell nachgewiesen seien.

Schwerwiegender ist der Einwand bezüglich der Regressionsanalyse und der Ergebnisse der Regression. Die PIMS-Regressionsanalyse kann nur einen **linearen** Zusammenhang zwischen Faktoren aufdecken, der noch nicht einmal **kausal** zu sein
braucht (Hansmann, Prognoseverfahren 1983, S. 125 ff.). Nicht-lineare Beziehungen
sind mit einem linearen Modell nicht aufzuspüren.

Auch das Problem der **Multikollinearität**, d.h. eine hohe Korrelation zwischen er-
klärenden Faktoren, die die Regressionsergebnisse verfälschen kann (Hansmann,
Prognoseverfahren 1983, S. 135), wird nicht angesprochen. Darüber hinaus hat das
globale PIMS-Regressionsmodell mit 50 Faktoren nur ein Bestimmtheitsmaß von
0,7 (Venohr, Marktgesetze 1988, S. 231), was bedeutet, dass nur 70% der Schwankungen des ROI durch die 50 strategischen Faktoren erklärt werden. Bei einer so
großen Zahl von Faktoren erwartet man jedoch ein höheres Bestimmtheitsmaß, es
sei denn, der Einfluss der vielen Variablen überlappt sich infolge der Multikollinearität.

Solange das Strategic Planning Institute nicht die statistischen Gütemaße des ange-
wendeten Regressionsmodells und alle Ergebnisse umfassend veröffentlicht, lassen
sich diese Kritikpunkte nicht befriedigend widerlegen. Man kann jedoch folgende
vorläufige Schlussfolgerung ziehen:

- Die Ergebnisse des PIMS-Programms beruhen auf einer breit über viele Branchen gestreuten **umfangreichen Datenbasis** und sind daher als geeignet für allgemeine Aussagen anzusehen.
- Die Signifikanz des Einflusses der einzelnen strategischen Schlüsselfaktoren auf
  den ROI ist nicht immer überzeugend nachgewiesen, da Aussagen über bestimmte statistische Gütemaße fehlen. Trotzdem kann man davon ausgehen, dass die
  aufgedeckten Beziehungen zumindest der **Tendenz** nach richtig sind, was für
  strategische Überlegungen schon sehr hilfreich ist.
- Die **Kausalität** der Beziehungen kann nicht mit einem Regressionsmodell, sondern nur aufgrund theoretischer Überlegungen nachgewiesen werden. Insoweit
  dient das PIMS-Programm nur dazu, festzustellen, dass die von der betriebswirtschaftlichen Theorie erarbeiteten Kausalbeziehungen zwischen den strategischen
  Schlüsselfaktoren mit der Wirklichkeit konsistent sind und dadurch ein höherer
  Anwendungsbezug erreicht wird als ohne diese empirische Untermauerung.

Die Ergebnisse des PIMS-Programms werden daher für das in diesem Buch entwickelte Konzept des strategischen Managements als Bausteine verwendet.

VI. Definition der Hauptstrategien

Nach der Bestimmung der strategischen Einflussfaktoren und der strategischen Erfolgsanalyse muss die strategische Unternehmensplanung im letzten Schritt Strategien definieren, mit deren Hilfe das Unternehmensziel erreicht werden kann. In Literatur und betrieblicher Praxis haben sich zwei Typen von Strategien herausgebildet, die auf unterschiedliches theoretisches Niveau angesiedelt sind, jedoch allgemein angewendet werden können.

a)   Normstrategien

Dieser Strategientyp umfasst die bereits bei der Behandlung der Portfolio-Matrix im Abschnitt IV. S. 44 ff. angesprochenen

- Investitions- und Wachstumsstrategien,
- Abschöpfungs- bzw. Desinvestitionsstrategien sowie die
- selektiven Strategien.

Sie weisen den Nachteil auf, sehr allgemein und abstrakt formuliert zu sein und geben keine konkreten Hinweise, mit welchen Mitteln das angestrebte Ziel, z.B. Wachstum der strategischen Geschäftseinheit, überhaupt zu erreichen ist. Sie sind daher nur als sehr grobe Anhaltspunkte für die allgemeine Richtung, in die das Unternehmen gesteuert werden soll, anzusehen.

b)   Wettbewerbsstrategien

Zur Identifikation einer erfolgreichen Wettbewerbsstrategie wird beim **marktorientierten Strategieansatz** (im engl.: Market-based View) der Markt als Schlüsseldeterminante betrachtet. Grundlage dieses Strategieansatzes ist das **Five-Forces-Modell** von Porter (Wettbewerbsstrategie 1999). Hierbei wird mittels einer Bewertung von fünf Wettbewerbskräften eine Branchenstrukturanalyse durchgeführt. Als Wettbewerbskräfte werden nicht nur direkte Rivalen, sondern auch Bedrohungen durch potentielle neue Konkurrenten, Substitutionsprodukte und die Verhandlungsmacht von Kunden und Lieferanten berücksichtigt. Ausprägung bzw. Stärke dieser Kräfte bestimmen dann die Zielgröße des Modells: das Return-on-Investment Potenzial (ROI-Potenzial) einer Branche. Generell führt die Erhöhung von einer der fünf bedrohenden Kräfte (ceteris paribus), z.B. die Steigerung der Verhandlungsmacht von Lieferanten, zu einer Senkung des zu erwartenden Gewinnpotenzials in dieser Branche.

```
                    ┌──────────────────┐
                    │ Potenzielle neue │
                    │   Konkurrenten   │
                    └──────────────────┘
                             │
                             │   Bedrohung durch
                             │   neue Konkurrenten
                             ▼
                    ┌──────────────────┐
  Verhandlungsmacht │ Wettbewerber in  │  Verhandlungsmacht
  der Lieferanten   │   der Branche    │  der Abnehmer
 ┌────────────┐     │      ⟲          │     ┌────────────┐
 │ Lieferanten│────▶│                 │◀────│  Abnehmer  │
 └────────────┘     │ Rivalität unter │     └────────────┘
                    │ den bestehenden │
                    │   Unternehmen   │
                    └──────────────────┘
           Bedrohung durch    ▲
         Ersatzprodukte und   │
              -dienste        │
                    ┌──────────────────┐
                    │  Ersatzprodukte  │
                    └──────────────────┘
```

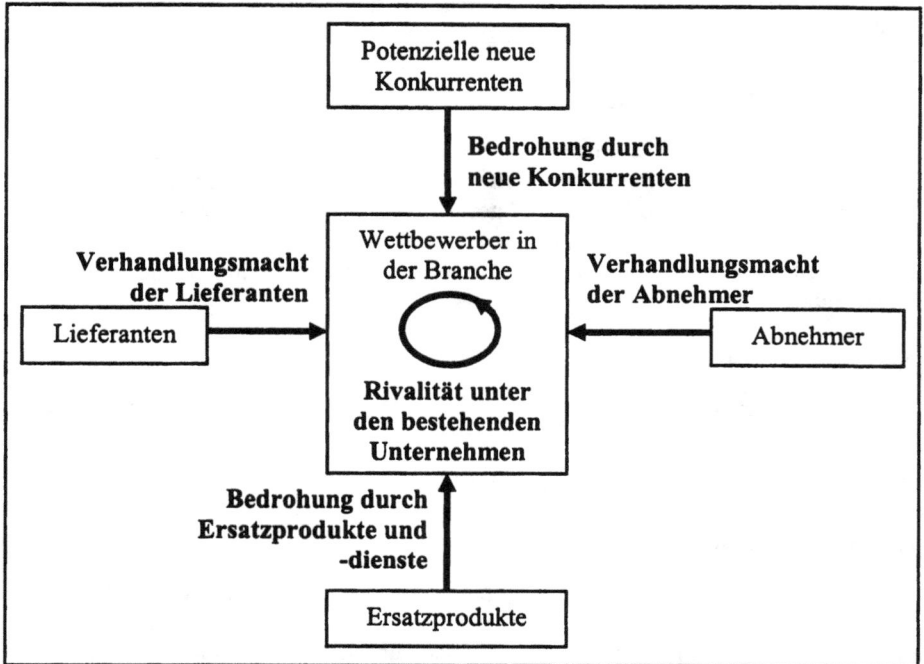

Abb. 7   Five-Forces-Modell
Quelle: Porter, Wettbewerbsstrategie 1999, S. 34

Das Five-Forces-Modell soll dem Anwender helfen, die fundamentalen Charakteristika einer bestimmten Branche zu identifizieren und somit die elementaren und oftmals versteckten Ursachen des Wettbewerbs aufzudecken. Für die Geschäftsführung eines Unternehmens (resp. ihre Strategieabteilung) ist ein tiefgründiges Verständnis der eigenen Branche unabdingbar, da dieses den Ausgangspunkt für die Entwicklung einer erfolgreichen Wettbewerbsstrategie bildet. Die gängigsten Wettbewerbsstrategien sind drei in sich konsistente Strategien, welche allein oder teilweise kombiniert ausgeführt werden können (Porter, Wettbewerbsstrategie 1999, S. 71 ff.):

- Kosten- bzw. **Preisführerschaft,**
- **Differenzierung** bezüglich der Konkurrenz und
- Besetzung von **Marktnischen.**

Mit Hilfe der **Kostenführerschaft** kann ein Unternehmen versuchen, einen Wettbewerbsvorteil durch niedrigere Kosten als die Konkurrenz zu erzielen, der sich bei entsprechender Preisgestaltung zu einer Erhöhung des Marktanteils ausnutzen lässt. Eine solche Strategie ist vor allem auf den Märkten angebracht, die sich durch homogene Produkte und einen lebhaften **Preiswettbewerb** auszeichnen.

Wege zur Kostenführerschaft sind

- automatisierte Fertigung (z.B. Fließfertigung),
- personalkostensenkende Technologien (z.B. CIM),
- Realisierung der Erfahrungskurve durch hohe Stückzahlen.

Die Theorie der **Erfahrungskurve** besagt, dass die Stückkosten mit jeder Verdoppelung der Ausbringungsmenge um einen bestimmten Prozentsatz sinken (Henderson, Erfahrungskurve 1984, S. 19), da die Produktionsfaktoren Arbeit, Betriebsmittel und Werkstoffe bei identischer Wiederholung des Fertigungsprozesses immer rationeller eingesetzt werden können. Wir werden auf die Erfahrungskurve und auf die anderen Wege zur Kostenführerschaft ausführlich im 5. Kapitel, S. 130 ff. eingehen, da dieser Problemkreis zu den strategischen Entscheidungen über die **Produktionstechnologie** gehört.

Die **Differenzierungsstrategie** baut auf der Erkenntnis auf, dass ein Unternehmen durch Einsatz seiner absatzpolitischen Instrumente

- Produktqualität,
- Distribution und
- Werbung

sein Produkt - falls der Markt genügend **heterogen** ist - von den Erzeugnissen seiner Konkurrenten vorteilhaft abheben kann. Gelingt dies in den Augen der Konsumenten, so ist das Unternehmen in der Lage, ein **Markenimage** aufzubauen, das es ihm erlaubt, stabile Kundenbeziehungen zu entwickeln und im Vergleich zur Konkurrenz **höhere Preise** durchzusetzen.

Solche Differenzierungsstrategien werden häufig von bestimmten Unternehmen auf heterogenen Oligopolmärkten angewendet, z.B. von DaimlerChrysler auf dem Automobilmarkt, von IBM auf dem Computermarkt oder von den Marken-Mineralölgesellschaften auf dem Benzinmarkt. Auch die sog. „Premiumbiere", wie Warsteiner oder König Pilsener, können aufgrund ihres Markenimages höhere Preise erzielen als normale Pils-Biere. Ihre Differenzierungsstrategie beruht im Wesentlichen auf der Produktqualität ihrer Komponenten Wasser, Hopfen und Malz, einer geschickten Distribution (Vertriebskanäle) und einer adäquaten Werbung.

Da Unternehmen mit dieser Strategie das besondere Niveau ihrer Produktqualität häufig mit höheren Kosten bezahlen müssen, gehen sie einmal das Risiko ein, dass der Preisabstand zu **Billiganbietern** in den Augen der Kunden zu groß wird und sie aufgrund ihrer höheren Kosten preispolitisch nicht reagieren können, oder es gelingt **Nachahmern**, die wesentlichen Eigenschaften des hochpreisigen Produkts mit geringeren Kosten zu reproduzieren und damit die Markentreue der Kunden zu unterlaufen. Dies geschah auf dem PC-Markt durch die Anbieter von „IBM-kompatiblen" Personalcomputern aus dem fernen Osten, die dem Marktführer IBM durch großen Preisabstand eine erhebliche Zahl von Kunden abgeworben haben und ihn zu großen Preiszugeständnissen zwangen. Es ist also unbedingt nötig, das Markenimage bzw. den Qualitätsvorsprung der eigenen Produkte ständig durch den geschickten Einsatz der absatzpolitischen Instrumente Produktqualität, Werbung und Distribution zu erneuern und zu vertiefen.

Der dritte Typus der Wettbewerbsstrategien ist die Besetzung von **Marktnischen**. Hier versucht die Unternehmung oder strategische Geschäftseinheit, sich in einem Markt, der aus mehreren Käuferschichten besteht, auf ein Marktsegment zu konzentrieren und auf die Wünsche dieser Käuferschaft zu **spezialisieren**. Beispiele hierfür sind Weingüter, die nur die gehobene Gastronomie beliefern, oder kleinere Software-Häuser, die bestimmte Programme zur Produktionsplanung und -steuerung entwickeln, die über den Rahmen der Standardsoftware hinausgehen und spezifische Eigenheiten eines Kunden berücksichtigen.

Die Besetzung von Marktnischen kann sowohl über die Produktqualität als auch über eine Kosten- bzw. Preisführerschaft angestrebt werden, die hier jedoch nur für das entsprechende Marktsegment gilt. Durch Konzentration der Produktion auf wenige Varianten, die nicht für alle Nachfrager interessant sind, können erhebliche Kostenvorteile gegenüber den Konkurrenten erzielt werden, die den gesamten Markt mit einer Vielfalt von Produkten abdecken.

Das Risiko der Marktnischen-Strategie liegt vor allem in einer Verwischung der Marktsegmente durch Nachfrageverschiebung, so dass eine klare Trennung der Nischen nicht mehr möglich ist. In einem solchen Fall verliert das auf Nischen spezialisierte Unternehmen seinen Vorsprung gegenüber der Konkurrenz auf dem Gesamtmarkt.

Nach der Definition der Hauptstrategien können wir nunmehr die strategischen Entscheidungen eines Industriebetriebs, die in diesem Lehrbuch detailliert behandelt werden, näher beschreiben.

Ausgehend von den beiden Koordinaten der Portfolio-Matrix (Markt- bzw. Produktfeldattraktivität und relativer Wettbewerbsvorteil), befasst sich das 4. Kapitel des Lehrbuchs mit den strategischen **Markt- und Produktionsprogrammentscheidungen**, die in jedem Industriebetrieb getroffen werden müssen und folgende Komplexe umfassen:

- das **realisierte** Produktionsprogramm (Wettbewerbsposition, Lebenszyklusphase und langfristige Absatzchancen der eigenen Produkte),
- die **Produktinnovationen** (Neuproduktideen, Forschung und Entwicklung, Marktdurchdringung, Produktdiversifikation).

Da der relative Wettbewerbsvorteil des eigenen Unternehmens darüber hinaus von seiner **Kostensituation** abhängt, werden im 5. Kapitel des Lehrbuchs die die Kosten determinierenden **strategischen Investitionsentscheidungen** behandelt, die sich auf die Komplexe „Standort", „Produktionsverfahren" und „neue Technologien" erstrecken und erst die Realisierung der Produktionsprogrammentscheidungen ermöglichen.

4. Kapitel: Strategische Planung des Produktionsprogramms

A. Die Analyse des realisierten Produktionsprogramms

Jede strategische Entscheidung über das Produktionsprogramm eines bestehenden Industriebetriebs nimmt seinen Anfang bei den Produktfeldern, auf denen der Betrieb gegenwärtig tätig ist. Die zukünftigen Absatzchancen und Gewinnpotenziale der eigenen Produkte sind der erste Gegenstand der Analyse.

Um eine fundierte strategische Entscheidung über ein Produktfeld einer strategischen Geschäftseinheit treffen zu können, müssen folgende Problemkomplexe untersucht werden:

1. Die **Wettbewerbsposition** der Produkte des Feldes,
2. die Phase des **Lebenszyklus**, in dem sich die Produkte des Feldes befinden,
3. das langfristige **Absatz-** und **Gewinnpotenzial** des Produktfeldes.

Nur bei Kenntnis dieser Sachverhalte kann entschieden werden, ob die Aktivitäten in diesem Produktfeld zu verstärken sind oder ob das Produktfeld eventuell aufgegeben werden sollte.

I. Markt- und Wettbewerbsposition der eigenen Produkte

Bevor eine Prognose über die Entwicklung der eigenen Produkte im Lebenszyklus und über die langfristigen Aussichten des Produktfeldes erstellt wird, ist zunächst eine Analyse der gegenwärtigen Wettbewerbsposition angebracht.

Hierbei ist zu untersuchen, wie das Produkt von den Abnehmern beurteilt und seine Position im Verhältnis zu den Konkurrenzprodukten eingeschätzt wird.

a) Produktbeurteilung durch die Käufer

Ein Käufer kauft ein Produkt, weil es ihm einen bestimmten **Nutzen** verspricht. Dieser Nutzen kann in verschiedene Nutzenkategorien aufgespalten werden (vgl. Böcker, Marketing 1994, S. 203):

Nutzen eines Produktes

Grundnutzen
(funktionell)

Zusatznutzen

individuelle Bedürfnisse

sozialorientierte
Bedürfnisse

Ästhetik

Selbstverwirklichung
(Hobby, Bildung)

Wohlbefinden
(Sicherheit,
Gesundheit)

soziale Anerken-
nung (Prestige)

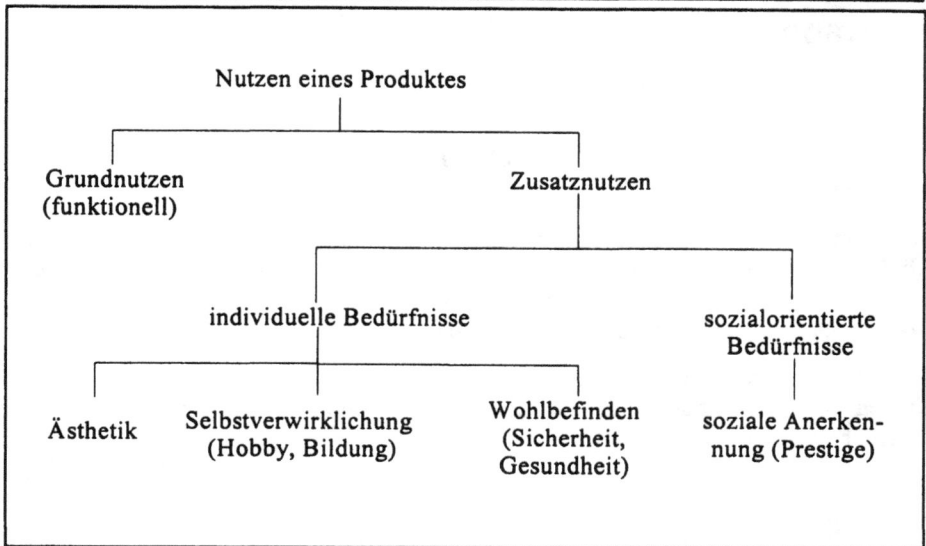

Abb. 8   Nutzenkategorien

Bei den heute am Markt angebotenen Produkten ist der funktionelle Nutzen und hier besonders das technische Niveau der meisten Konkurrenzprodukte sehr ähnlich (z.B. bei Waschmaschinen), so dass den Kategorien des Zusatznutzens eine immer größere Bedeutung zukommt. Die Industrie passt sich dieser Entwicklung mit der besonderen Betonung der Aufmachung (Styling, Verpackung) und den sog. „Extras" (z.B. Metallic-Lackierung von PKW) an, die insbesondere ästhetische und sozialorientierte Bedürfnisse befriedigen sollen.

In die Produktbeurteilung der Käufer gehen die Nutzenkategorien meist nicht getrennt ein, sondern es ergibt sich ein summarischer Wert, der Ausdruck für den Gesamtnutzen des Produktes ist. Durch eine Befragung lassen sich jedoch die einzelnen für den Verkaufserfolg des Produktes wichtigen Nutzen-Komponenten ermitteln und in einem **Nutzenprofil** zusammenfassen. Abb. 9 zeigt die Nutzenbeurteilung eines Fertiggerichts (Böcker, Marketing 1994, S. 204).

Aus dem Nutzenprofil geht hervor, dass es sich um ein neuartiges Produkt handelt, das als qualitativ hochwertig, aber nicht gerade preiswert, vor allem aber als kalorienarm und appetitanregend angesehen wird, welches beim Kochen wenig Zeit erfordert.

Die Kenntnis einer solchen Produktbeurteilung ist für den Industriebetrieb sehr wichtig, da sie für die Produktgestaltung wesentliche Anhaltspunkte liefert. Eine Beurteilung der Wettbewerbsposition erfordert aber darüber hinaus einen Vergleich mit Konkurrenzprodukten.

Man könnte nun für alle Konkurrenzprodukte ebenfalls Nutzenprofile erstellen und sie in Abb. 9 einzeichnen. Dies führt jedoch zu einer isolierten Beurteilung der Produkte, ohne Interdependenzen zu beachten, so dass wir ein anderes Verfahren bevorzugen wollen: die Positionierung aller zu beurteilenden Konkurrenzprodukte in einem zweidimensionalen Raum mit Hilfe der **multidimensionalen Skalierung**.

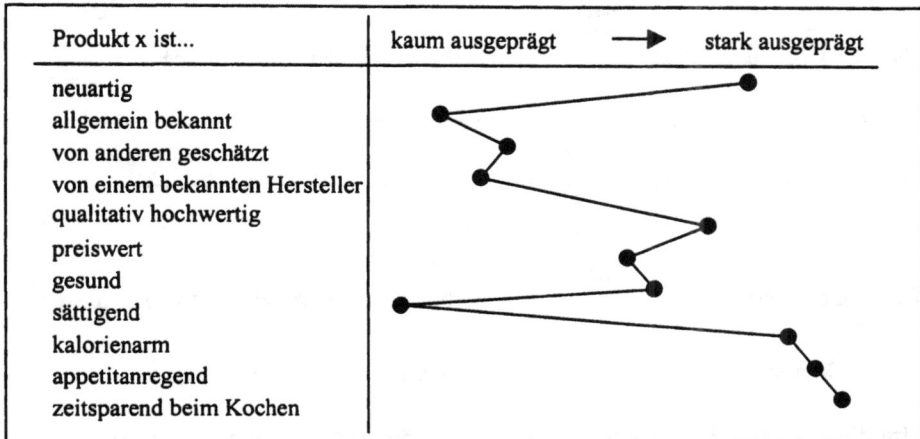

Produkt x ist...	kaum ausgeprägt ➝ stark ausgeprägt
neuartig	
allgemein bekannt	
von anderen geschätzt	
von einem bekannten Hersteller	
qualitativ hochwertig	
preiswert	
gesund	
sättigend	
kalorienarm	
appetitanregend	
zeitsparend beim Kochen	

Abb. 9   Nutzenbeurteilung eines Fertiggerichts

b)   Produktpositionierung im Umfeld der Konkurrenzprodukte

Das Verfahren der multidimensionalen Skalierung (MDS) wird in diesem Lehrbuch in seinen Grundzügen behandelt werden. Eine ausführlichere Darstellung findet sich in (Hansmann/Paetow/Zetsche, Multi-Dimensionale Skalierung 1983).

Der Ablauf einer MDS wird im Folgenden anhand einer vom Verfasser - in Norddeutschland - durchgeführten empirischen Untersuchung über neun Biermarken dargestellt. Zielsetzungen der Untersuchung waren (Hansmann, Multivariate Analysemethoden 1981):

■ Erheben von Ähnlichkeitsurteilen über die neun Biermarken und Positionierung der Marken in einem geometrischen Raum möglichst geringer Dimensionalität.
■ Messen der Einstellung der Bierkonsumenten zu den einzelnen Marken auf der Grundlage vorgegebener und zu bewertender Biereigenschaften.
■ Inhaltliche Interpretation der Koordinatenachsen im Positionierungsraum mit Hilfe der ermittelten relevanten Eigenschaften.

Die Grundlage einer MDS bildet zunächst eine Befragung der Käufer über die **Ähnlichkeit** der einzelnen Konkurrenzprodukte. In solchen Ähnlichkeitsurteilen spiegeln sich die relativen Nutzen, die die Produkte den Käufern stiften, wider.

Eine der am häufigsten verwendeten Methoden zur Ermittlung von Ähnlichkeitsdaten stellt das im Rahmen der Untersuchung angewendete Ratingverfahren dar. Das Befragungsschema sah folgendermaßen aus (auszugsweise für drei Biermarken):

Frage: „Wie ähnlich sind Ihrer Ansicht nach die Biermarken?"

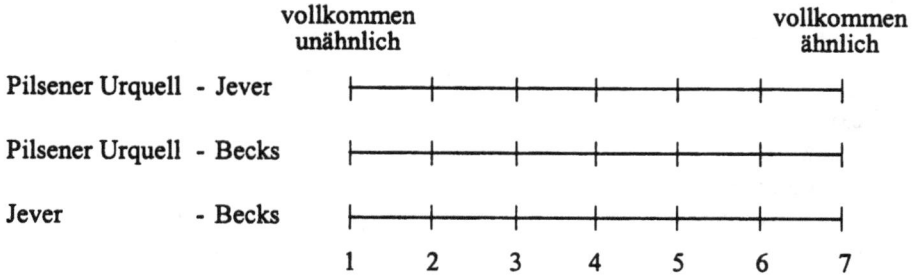

vollkommen   vollkommen
unähnlich   ähnlich

Pilsener Urquell - Jever   ├─────┼─────┼─────┼─────┼─────┼─────┤

Pilsener Urquell - Becks   ├─────┼─────┼─────┼─────┼─────┼─────┤

Jever   - Becks   ├─────┼─────┼─────┼─────┼─────┼─────┤

                               1   2   3   4   5   6   7

Bei n Objekten sind $m = \dfrac{n(n-1)}{2}$ Paarbeziehungen möglich, d.h. für die neun

Biermarken ergeben sich $\dfrac{9(9-1)}{2} = 36$ Ähnlichkeitsurteile der Befragten.

Um die Markenwahrnehmung der gesamten Käufergruppe zu erfassen, werden die ermittelten Ähnlichkeitsaussagen, z.B. durch die Bildung von Mittelwerten oder Medianen, aggregiert.

Die aggregierten Ähnlichkeitsurteile bilden ein Beziehungssystem, das mit Hilfe der MDS in einem mehrdimensionalen Raum dargestellt werden soll. Hierzu werden die Ähnlichkeiten in Form von Distanzen abgebildet: Ähnliche Biermarken sollen möglichst nahe beieinander, unähnliche hingegen weit auseinander liegen. Realisiert wird dies durch ein Distanzmaß. Distanzen können beispielsweise anhand der **euklidischen Metrik** dargestellt werden. Die Distanzen d zwischen zwei Biermarken i und j werden hierbei als kürzeste Entfernungen zwischen ihren Koordinaten w in einem R-dimensionalen Raum ermittelt:

$$d_{ij} = \sqrt{\sum_{r=1}^{R}(w_{ir} - w_{jr})^2}$$

Zur Veranschaulichung sind im Folgenden die Distanzen der Biermarken Becks und Jever in einem 2-dimensionalen Raum, bei der in Abbildung 10 wiedergegebenen Positionierung, berechnet.

$$d_{Becks-Jever} = \sqrt{(0,76-0,78)^2 + (0,70-0,20)^2} = 0,50$$

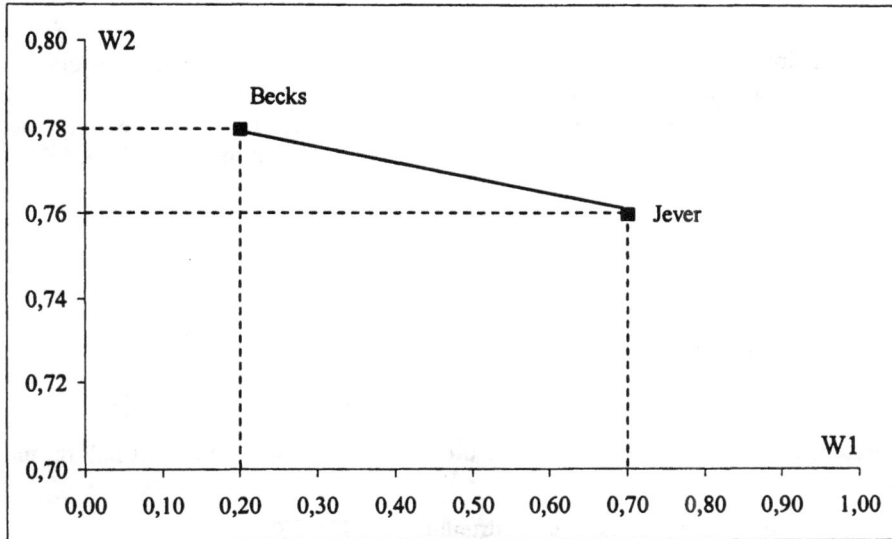

Abb. 10 Euklidische Metrik

Nach der Wahl des Distanzmaßes erfolgt die Ermittlung der **Konfiguration**, d.h. der Koordinaten der Marken in einem geometrischen Raum. Eine exakte Abbildung des Beziehungssystems zwischen den Marken erfordert n-1, hier also 8, Dimensionen. Die Positionierung wird jedoch umso übersichtlicher, je geringer die Anzahl der Dimensionen des Raumes ist. Es wird daher folgendes Ziel verfolgt: Ermittlung der Markenpositionen mit einer möglichst guten Anpassung der Distanzen an die Ähnlichkeitsurteile der Marken und gleichzeitig Realisierung einer möglichst geringen Zahl von Dimensionen.

Die Ermittlung einer optimalen Konfiguration ist ein iterativer Prozess. Die Anzahl der Dimensionen wird zunächst vorgegeben und eine beliebige Startkonfiguration gewählt. Nach Kruskal (Kruskal, Nonmetric Multidimensional Scaling 1964) erfolgt dann eine sukzessive Verbesserung der Konfiguration mit Hilfe eines Algorithmus, der auf dem Gradientenverfahren basiert. Die Anordnung der Biermarken im geometrischen Raum wird derart verändert, dass ihre Distanzen die Ähnlichkeitsurteile der Konsumenten besser widerspiegeln. Dieser Verbesserungsprozess wird solange fortgeführt bis entweder eine vorgegebene Anzahl von Iterationen überschritten oder ein gewähltes Gütekriterium unterschritten wird.

Die Güte einer Konfiguration wird anhand des so genannten STRESS gemessen. Dieser basiert auf folgender Grundidee: Es wird eine Rangfolge gebildet, in der die beiden ähnlichsten Biermarken den Rang 1 erhalten usw. Diese Ränge der Ähnlichkeiten sollen den Distanzwerten entsprechen (Monotoniebedingung). Der höchsten Ähnlichkeit soll also die geringste Distanz, der zweithöchsten Ähnlichkeit die zweitgeringste Distanz usw. zugeordnet werden. Ist die Monotonie für eine Objektpositionierung verletzt, müssen die Objekte in geeigneter Weise untereinander verschoben werden. Das STRESS-Maß baut auf der Monotoniebedingung auf. Es wird durch die Differenz zwischen Distanzen d_{ij} und Disparitäten $\hat{d}_{ij}$ bestimmt. Die Disparitäten sind die Zieldistanzen, die zu realisieren sind, wenn eine gegebene Objektpositionierung genau die Monotoniebedingung erfüllen soll. Entsprechen alle Distanzen genau den Disparitäten nimmt STRESS den Wert Null an. D.h. je größer der STRESS ausfällt, desto schlechter ist die Anpassung der Distanzen an die Ähnlichkeitsurteile.

$$STRESS = \sqrt{\frac{\sum_i \sum_j (d_{ij} - \hat{d}_{ij})^2}{\sum_i \sum_j d_{ij}^2}}$$

Die folgende Tabelle gibt den von Kruskal entwickelten Bewertungsmaßstab für unterschiedliche STRESS-Werte wieder:

Tab. 7   Bewertungsmaßstab zur Beurteilung des STRESS

Anpassungsgüte	STRESS
schlecht	$\geq 0{,}2$
befriedigend	$< 0{,}2$
gut	$< 0{,}1$
ausgezeichnet	$< 0{,}05$
perfekt	$< 0{,}025$

Quelle: Kruskal, Nonmetric Multidimensional Scaling 1964, S. 119

Das STRESS-Maß misst nicht nur die Güte der Konfiguration, sondern kann auch als formales Kriterium zur Bestimmung der Zahl der Dimensionen herangezogen werden. Hierbei ist zu beachten, dass der STRESS umso kleiner wird, je höher die Zahl der Dimensionen ist. Die grafische Darstellung und inhaltliche Interpretation der Ergebnisse wird aber durch geringere Dimensionalität erleichtert.

In unserem Fall gelang es, mit einem STRESS von 0,07 die Ähnlichkeitsbeziehungen in einem zweidimensionalen Raum abzubilden. Abb. 11 zeigt die Positionierung der neun Biermarken.

Aus der Abbildung wird die besondere Ähnlichkeit zwischen Pilsener Urquell und König Pilsener sowie zwischen Astra Urtyp und Holsten Edel deutlich. Zur weiteren Analyse der Produktpositionierung fehlt jedoch noch eine inhaltliche Interpretation der Koordinatenachsen. Diese lässt sich durch eine Einbeziehung von Präferenz- oder Eigenschaftsurteilen erreichen. Bei der Untersuchung des Biermarktes wurden in einer zweiten Untersuchung Eigenschaftsurteile, die als Nutzenkomponenten angesehen werden können, für jede Biermarke ermittelt.

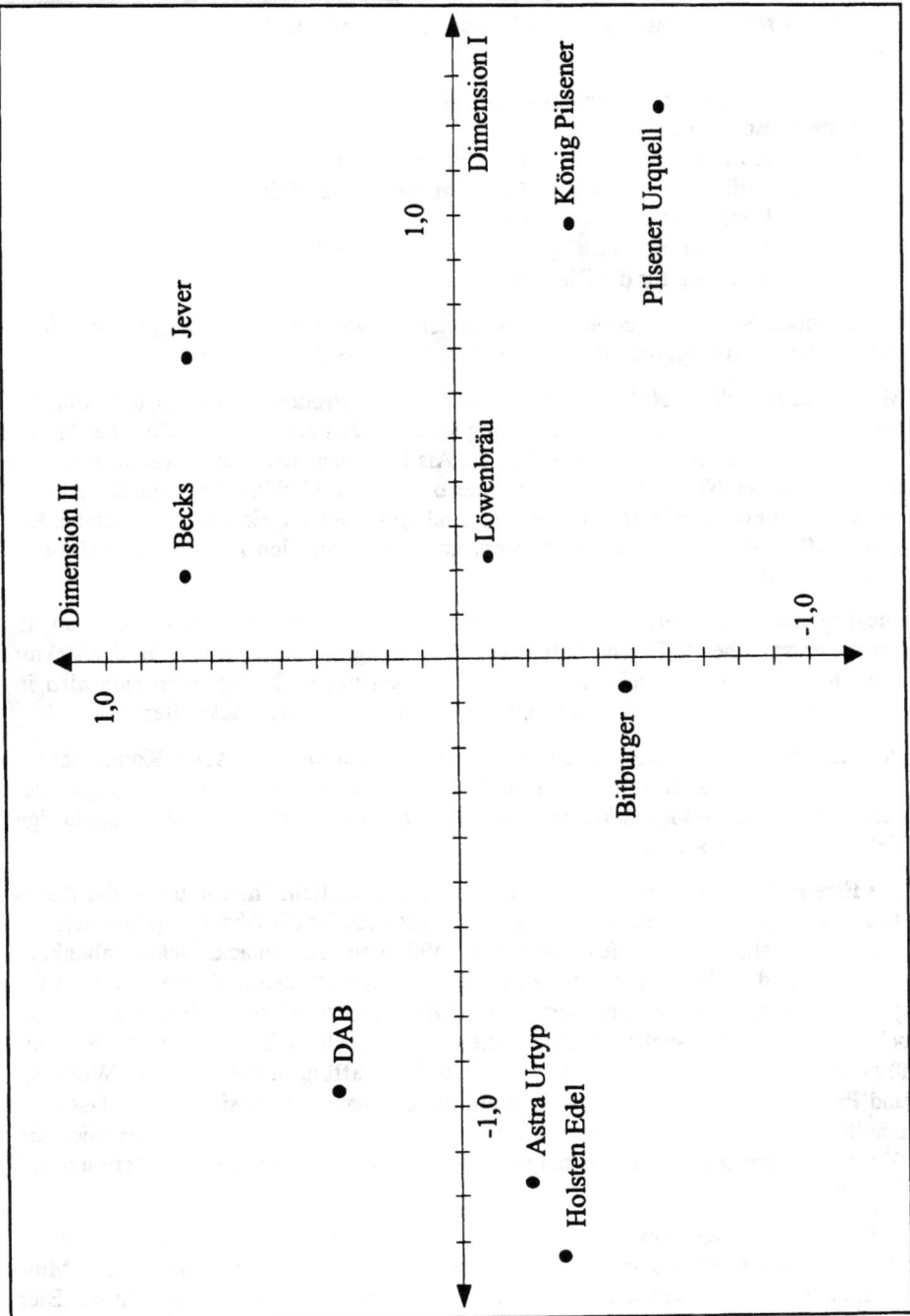

Abb. 11 Positionierung von neun Biermarken im zweidimensionalen Raum
Quelle: Hansmann, Multivariate Analysemethoden 1981, S. 317

Es wurden folgende sieben Nutzenkomponenten von der Käufer-Stichprobe beurteilt:

1.   Geschmack (Würze, Frische, Herbheit)
2.   Bekömmlichkeit
3.   Aussehen des Bieres (Farbe, Klarheit, Blume)
4.   Aufmachung (Flaschenform, -größe, -farbe, Etikett)
5.   Preis-Qualitäts-Verhältnis
6.   Angebot im Handel (Beschaffungsmöglichkeiten)
7.   Werbung für die Biermarke

Diese sieben Nutzenkomponenten konstituieren - wie eine faktoranalytische Studie des Verfassers gezeigt hat - den Gesamtnutzen des Produktes „Bier".

Man kann nun diese Nutzenkomponenten mit den Produktpositionen der Abb. 11 über ein Regressionsmodell in Beziehung setzen (Hansmann/Paetow/Zetsche, Multi-Dimensionale Skalierung 1983, S. 112 f.). Als Ergebnis erhält man zweidimensionale Vektoren der Nutzenkomponenten, die mit den Ähnlichkeitsurteilen der Käufer am höchsten korreliert sind. In Abb. 12, sind diese Nutzenvektoren, die auch als **Eigenschaftsvektoren** bezeichnet werden, zusammen mit den Biermarkenpositionen eingezeichnet.

Die Eigenschaftsvektoren geben die Richtung im zweidimensionalen Raum an, in der die entsprechende Eigenschaft stärker ausgeprägt ist. So verläuft z.B. der Vektor „Geschmack" fast parallel zur Achse der Dimension I. Bewegt man sich also in Abb.12 von links nach rechts, werden die Biermarken „geschmackvoller".

Pilsener Urquell wird somit in Bezug auf den **Geschmack** und seine Komponenten Würze, Frische und Herbheit allen anderen Biermarken vorgezogen, hingegen bei den **Beschaffungsmöglichkeiten** am ungünstigsten beurteilt, da der zugehörige Vektor nach links oben zeigt.

Die Eigenschaftsvektoren dienen nun dazu, eine inhaltliche Interpretation der Koordinatenachsen vorzunehmen. Abb. 12 zeigt, dass dies für die Abszisse (Dimension I) relativ gut gelingt, da die Richtungen der Vektoren Geschmack, Bekömmlichkeit, Aussehen und Aufmachung nur wenig um die Achse streuen und sich zu einem Eigenschaftsbündel zusammenfassen lassen. Die Dimension I misst demnach die „geschmackliche und visuelle Produktqualität" der einzelnen Biermarken. Demgegenüber streuen die Richtungen der Vektoren Beschaffungsmöglichkeiten, Werbung und Preis-Qualitäts-Verhältnis stärker um die Ordinate (Dimension II), so dass eine inhaltliche Interpretation schwieriger ist. Die Dimension II misst wahrscheinlich die Wirkungen der absatzpolitischen Instrumente Preis, Distribution und Werbung auf die Verbraucher.

Man kann die Dimension II daher auch als „Marketing-Qualität" der Brauereien bezeichnen, die der Produktqualität im engeren Sinn gegenübersteht (Hansmann, Multivariate Analysemethoden 1982, S. 319). Offensichtlich besteht also auch bei Bier der Gesamtnutzen für den Verbraucher aus dem Grundnutzen (geschmackliche und visuelle Produktqualität) und einem Zusatznutzen, der durch das Marketing der Brauereien (Werbung, Preis, Distribution) beeinflussbar ist.

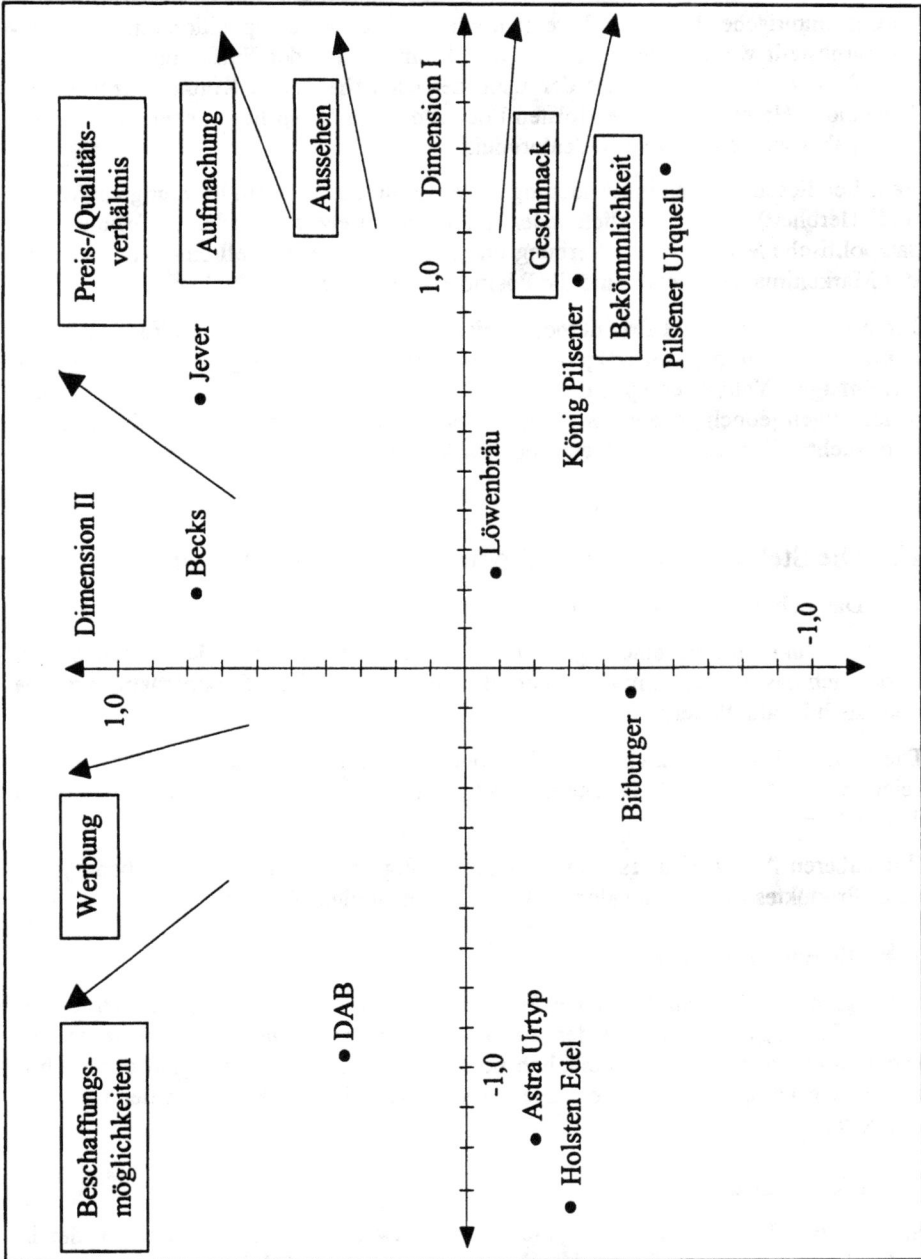

Abb. 12 Biermarken-Positionen und Nutzenkomponenten (Eigenschaften)

Die Biermarke, die den Vorstellungen und Wünschen der Bierkonsumenten am nächsten kommt, ist die Marke Jever, deren Position auch am weitesten rechts oben angesiedelt ist. Sie kann für die befragte Gruppe von Bierkonsumenten als Idealmarke angesehen werden.

Dieses empirische Beispiel soll zeigen, wie die Wettbewerbsposition eines Produktes dargestellt werden kann. Sie ergibt sich einmal aus der Entfernung zum Idealprodukt und zum anderen aus der Lage der nächstliegenden Konkurrenzprodukte. Die beiden Hamburger Biere Holsten Edel und Astra Urtyp liegen sehr nahe beieinander, aber weit entfernt vom Idealprodukt.

Falls bei diesen Bieren eine Änderung in der Produktqualität (in Richtung auf Würze und Herbheit) nicht möglich oder nicht durchsetzbar erscheint, können absatzpolitische Maßnahmen (Werbung und Preispolitik) eventuell eine Verbesserung des Markenimages ergeben und die Positionen nach oben verschieben.

Produktbeurteilung und Produktpositionierung sind somit wichtige Grundbausteine zur Analyse der **gegenwärtigen** Wettbewerbsposition der eigenen Produkte. Die **zukünftige** Wettbewerbsposition ist für strategische Produktionsprogrammentscheidungen jedoch genauso wichtig. Sie hängt in erster Linie von der Stellung des untersuchten Produktes in seinem Lebenszyklus ab.

II. Die Stellung der eigenen Produkte im Lebenszyklusprozess

a)   Das Lebenszyklus-Konzept

Jedes Produkt wird nur eine begrenzte Zeit vom Markt akzeptiert. Diese Zeitspanne, in der sich das Produkt am Markt befindet, nennt man seinen **Produktlebenszyklus** oder auch Produktlebenslauf.

Die Länge des Lebenszyklus variiert bei industriellen Produkten erheblich. Sie reicht von drei Jahren (z.B. Quarz-Armbanduhren mit LED-Anzeige[7]) bis zu 100 Jahren (z.B. Coca-Cola).

Zur näheren Analyse hat es sich als zweckmäßig herausgestellt, den Lebenszyklus eines Produktes in die folgenden fünf Phasen einzuteilen (vgl. Abb. 13):

1.   Die Einführungsphase

Sie beginnt mit der Einführung des Produktes auf dem Markt. Infolge der Kosten für die Einführungswerbung und den Aufbau der Verkaufsorganisation entstehen zunächst Anlaufverluste, die allmählich bei steigendem Bekanntheitsgrad durch Umsatzanstieg kompensiert werden. Die Phase endet mit dem Erreichen der Gewinnschwelle.

2.   Die Wachstumsphase

Sie ist durch Umsatzanstieg mit wachsenden Zuwachsraten gekennzeichnet, der in erster Linie von der erfolgreichen Marktdurchdringung (Multiplikatoreffekt) und den beginnenden Wiederholungskäufen hervorgerufen wird. Die Phase endet, wenn der Umsatzanstieg schwächer wird (W_1 = Wendepunkt der Lebenszykluskurve in Abb. 13).

---

[7]   LED = **L**ight **E**mitting **D**iode

3. Die Reifephase

Der Anstieg des Umsatzes verlangsamt sich während dieser Phase, so dass eine zunehmende Marktsättigung für das Produkt sichtbar wird. Das Ende dieser Phase kann nur unscharf als „Tendenz zur Umsatzstagnation" definiert werden. Brockhoff (Produktpolitik 1993, S. 116) lässt die Phase ausklingen, wenn die Differenz vom Umsatzmaximum W_2 und dem tatsächlich erreichten Umsatz eine vorgegebene Größe δ unterschreitet (Abb. 13).

4. Die Sättigungsphase

Sie ist durch Umsatzstagnation auf hohem Niveau gekennzeichnet und enthält das Umsatzmaximum W_2. Die Phase ist beendet, wenn der Umsatz nachhaltig sinkt (Umsatzmaximum - tatsächlicher Umsatz $> \delta$).

5. Die Degenerationsphase

Sie umfasst die Zeitspanne bis zur Eliminierung des Produktes aus dem Produktionsprogramm.

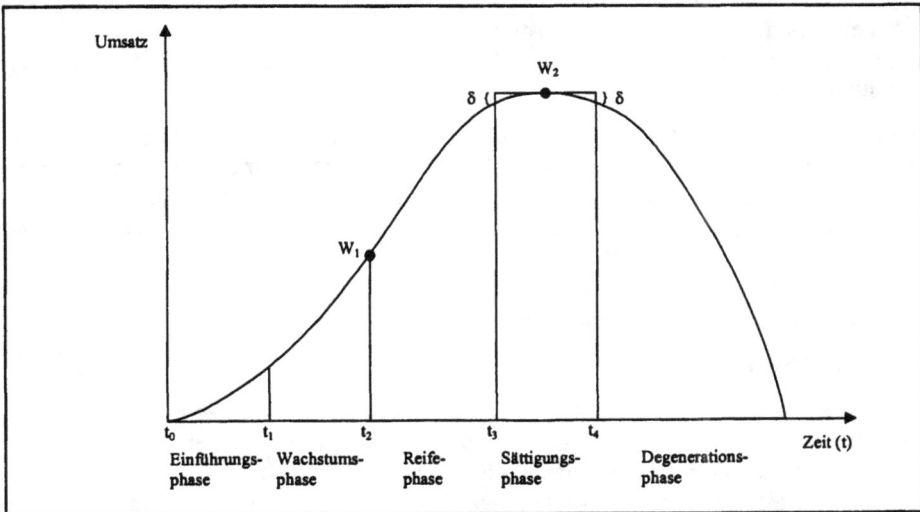

Abb. 13 Lebenszyklus eines idealtypischen Produktes

Abb. 13 zeigt einen idealtypischen Produktionszyklus in der Form der zeitlichen Entwicklung des (inflationsbereinigten) Umsatzes. Es wäre ebenso zulässig, den Absatz des Produktes in ME (= Mengeneinheiten) als Variable zugrunde zu legen.

Kritisch zum Lebenszyklus-Konzept ist folgendes anzumerken:

■ Die Vielfalt der Einflussfaktoren auf den Absatz eines Produktes wird auf eine Variable (die Zeit) reduziert. Die Analyse kann dadurch eventuell unzulässig vereinfacht werden.

■ Die idealtypische Form der Abb. 13 trifft insbesondere in der Degenerationsphase nicht für alle Produkte zu. So gibt es Produkte (z.B. Coca Cola oder Persil), die trotz langer Lebensdauer diese Phase noch nicht erreicht haben und andere (z.B. Fahrräder, Motorräder), die nach der Degenerationsphase eine neue Wachstumsphase durchlaufen. Außerdem ist das Ende der Lebenszykluskurve nicht immer in der Degenerationsphase, da aus langfristigen technologischen Erwägungen eine frühzeitige Elimination des Produktes und Substitution durch ein verbessertes Produkt angebracht sein kann.

■ Das Ende der Einführungsphase kann nicht wie die anderen Phasenübergänge aus der Lebenszykluskurve direkt abgelesen werden. Man benötigt dazu außer der Umsatzkurve die Gewinnkurve, aus der die Gewinnschwelle entnommen werden muss. Durch diese Änderung der Betrachtungsebene wird die Einheitlichkeit des Konzepts etwas gestört.

■ Der komplette Lebenszyklus liegt erst vor, wenn das Produkt bereits aus dem Markt ausgeschieden ist. Für noch existierende Produkte muss der zukünftige Teil des Lebenszyklus prognostiziert werden, ist also mit erheblichen Unsicherheiten behaftet. Wir kommen hierauf in Teil III dieses Kapitels (S. 75 ff.) ausführlich zurück.

Insgesamt kann gesagt werden, dass das Lebenszyklus-Konzept - vorsichtig angewandt - ein einfaches, aber doch brauchbares Instrument ist, um die zukünftigen Absatzchancen der eigenen Produkte zumindest grob zu analysieren. Im Folgenden demonstrieren wir die Anwendung des Konzeptes an zwei empirischen Absatzentwicklungen von Produkten.

b)   Beispiele von Produktlebenszyklen

1.   Die Absatzentwicklung des VW-Käfers 1945-1980

Ein gutes Beispiel für einen „idealtypischen" Lebenszyklus bietet die Zeitreihe „Käfer-Produktion des VW-Konzerns" von 1945 bis 1980 (Volkswagenwerk AG, Festschrift 1981, S. 31). Sie kann unbedenklich für unsere Zwecke als Absatzreihe interpretiert werden, da in der Automobilindustrie die Produktionsentwicklung der Absatzentwicklung relativ rasch folgt und die Lagerbestandsveränderungen hier vernachlässigt werden können. Tab. 8 enthält die Produktionsreihe für den VW-Käfer, die in Abb. 14 als Produktlebenszyklus graphisch dargestellt ist.

Tab. 8 Käfer-Produktion des VW-Konzerns 1945-1980 (in Tsd. Stck.)

Jahr	Produktion	Jahr	Produktion
1945	2	1963	838
1946	10	1964	948
1947	9	1965	1091
1948	19	1966	1081
1949	46	1967	926
1950	82	1968	1186
1951	94	1969	1220
1952	114	1970	1196
1953	151	1971	1292
1954	202	1972	1221
1955	280	1973	1206
1956	333	1974	791
1957	381	1975	441
1958	452	1976	383
1959	575	1977	259
1960	739	1978	272
1961	828	1979	263
1962	876	1980	236

Quelle: Festschrift zur Produktion des 20millionsten VW-Käfers, Volkswagen AG 1981, S. 31

Wir erkennen in Abb. 14 eine deutlich ausgeprägte und von 1948 bis 1960 andauernde Wachstumsphase. Dabei verlegen wir das Ende der Einführungsphase, die eigentlich schon während des Krieges abgeschlossen war, etwas willkürlich in das Jahr der Währungsreform, um einen externen Anhaltspunkt zu haben.

Die anschließende Reifephase (1960-1968) wird optisch durch konjunkturelle Entwicklungen, insbesondere durch die beiden Rezessionen 1963 und 1966/67 gestört.

Der Verlauf der Sättigungsphase (1968-1973) ist demgegenüber etwas ruhiger. Die Produktionszahlen erreichen hier Werte, die nur noch weniger als 10% vom absoluten Produktionsmaximum (1,292 Mio. Einheiten im Jahr 1971) entfernt sind.

Etwas abrupt setzt dann Ende 1973 die bis 1980 andauernde Degenerationsphase ein. Sie wird wesentlich verstärkt durch die erste Ölkrise mit anschließender Rezession (1974-1976) und durch die einsetzende Substitution des Käfers durch die neuen VW-Modelle Golf und Polo.

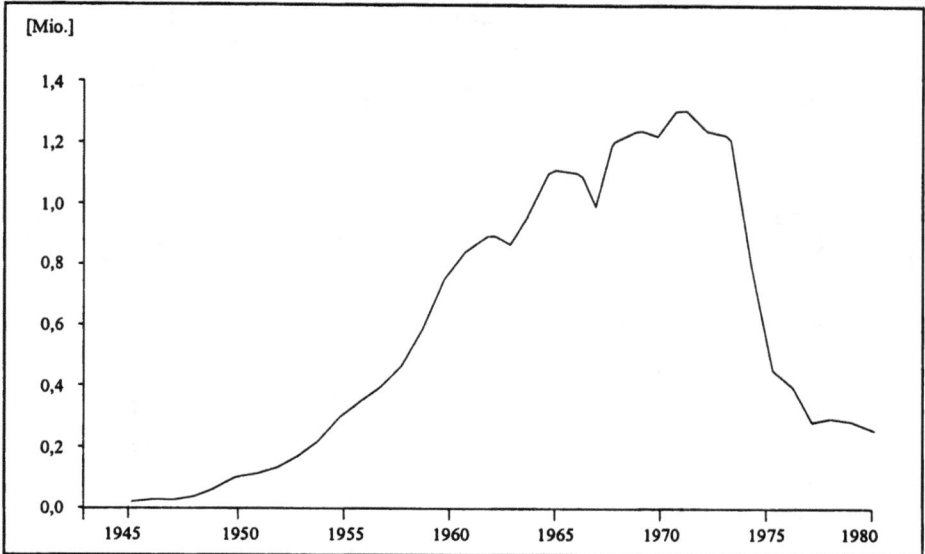

Abb. 14   Käfer-Produktion im VW-Konzern 1945-1980 (in Mio. Stck.)

Wir wollen nun versuchen, der empirischen Lebenszykluskurve eine Funktion anzupassen, die nur den Trend wiedergibt, ohne die konjunkturellen Schwankungen zu
berücksichtigen, um die Form des Lebenszyklus klarer hervortreten zu lassen und
die charakteristischen Punkte (z.B. Wendepunkt) berechnen zu können.

Wir legen folgende Funktionsform zugrunde (Brockhoff, Produktpolitik 1993, S.
112; Böcker, Marketing 1994, S. 213):

$$(2) \qquad P_t \quad = \quad at^b e^{-ct} + u_t \qquad\qquad (t = 1,...,T)$$

$$P_t \quad = \quad \text{Produktion in Tsd. ME im Jahr } t$$

$$u_t \quad = \quad \text{Störvariable im Jahr } t$$

$$e \quad = \quad 2,71828... \text{ (Eulersche Zahl)}$$

Die Parameter a, b und c werden so bestimmt, dass die Summe der quadrierten Abstände zwischen den wahren und den geschätzten Produktionszahlen minimal wird
(Prinzip der Kleinsten Quadrate, abgekürzt KQ-Methode).

$$(3) \qquad \sum_{t=1}^{T} u_t^2 = \sum_{t=1}^{T} \left(P_t - at^b e^{-ct} \right)^2 \quad \Rightarrow \quad min!$$

Die partiellen Ableitungen dieser Zielfunktion nach a, b und c ergeben ein nicht-
lineares Gleichungssystem, das z.B. mit dem Verfahren von Marquardt (Hansmann, Prognoseverfahren 1983, S. 81 ff.) gelöst werden kann.

Dabei ergeben sich folgende Schätzwerte[8] für die Parameter:

$$\hat{a} = 3{,}9 \cdot 10^{-7} \qquad \hat{b} = 10{,}299 \qquad \hat{c} = 0{,}455$$

$$\hat{\sigma}_{\hat{a}} = 1{,}0 \cdot 10^{-8} \qquad \hat{\sigma}_{\hat{b}} = 0{,}0115 \qquad \hat{\sigma}_{\hat{c}} = 0{,}0015$$

$$R^2 = 0{,}885 \qquad DW = 0{,}487$$

so dass Gleichung (2) für die Produktion von VW-Käfern lautet:

$$(4) \qquad P_t = 3{,}9 \cdot 10^{-7} \cdot t^{10{,}299} \cdot e^{-0{,}455\,t} + \hat{u}_t \qquad (t = 1,\ldots,36)$$

Die Güte der Schätzung kann mit dem Bestimmtheitsmaß (R^2) und dem Durbin-Watson-Koeffizienten (DW) beurteilt werden. Ihre Bedeutung ergibt sich aus folgender Tabelle:

Tab. 9   Formel und Erläuterung zu R^2 und DW

Bestimmtheitsmaß (R^2)	$$R^2 = \dfrac{\displaystyle\sum_{t=1}^{T} \left(\hat{x}_t - \bar{x}\right)^2}{\displaystyle\sum_{t=1}^{T} \left(x_t - \bar{x}\right)^2}$$	Misst den Anteil der durch eine Regressionsfunktion erklärten Streuung (Zähler) an der Gesamtstreuung (Nenner). Zwischen Null und Eins normiert: bei $R^2 = 1$ wird die gesamte Streuung erklärt, im anderen Extremfall ist $R^2 = 0$.
Durbin-Watson-Koeffizient (DW)	$$DW = \dfrac{\displaystyle\sum_{t=2}^{T} \left(\hat{u}_t - \hat{u}_{t-1}\right)^2}{\displaystyle\sum_{t=1}^{T} \hat{u}_t^{\,2}}$$	Prüfung der dem Regressionsmodell zugrunde liegenden Prämisse, dass die Störvariablen u in der Grundgesamtheit unkorreliert, bzw. die Abweichungen von der Regressionsgraden zufällig sind. Der DW variiert zwischen Null und Vier: $DW = 0$ zeigt eine positive, $DW = 4$ eine negative und $DW = 2$ keine Autokorrelation der Störvariablen.

Quelle: Hansmann, Prognoseverfahren 1983, S. 130 u. 135

Alle Parameterschätzungen sind hoch signifikant (99%-Niveau), und das Bestimmtheitsmaß R^2 zeigt, dass über 88% der Varianz der Käfer-Zeitreihe durch Funktion (4) erklärt werden können. Allerdings ist der Durbin-Watson-Koeffizient (DW) relativ niedrig und deutet auf eine positive Autokorrelation der Residuen $\hat{u}_t$ hin. Abb. 15 deckt die Ursache hierfür auf: Die Residuen sind bis 1961 positiv, von 1962 bis 1967 negativ, dann wieder bis 1974 positiv. Diese „serielle" Korrelation der Residuen zieht den niedrigen Wert von DW nach sich. Man sieht also, wie schwierig die Anpassung einer theoretischen Kurve an die empirische Lebenszykluskurve sein kann.

---

[8]   Die mit der KQ-Methode ermittelten Schätzwerte der Parameter sowie die darauf aufbauenden Schätzungen bzw. Prognosen von Zeitreihenwerten (hier: Käfer-Produktion) werden stets mit einem Dach „ ^ " versehen.

In Gleichung (2) wird unterstellt, dass der Einfluss der Störvariablen u_t additiv ausgedrückt werden kann. Es ist jedoch möglich, dass der Einfluss der Störvariablen vom Niveau der Zeitreihe abhängt und daher besser **multiplikativ** berücksichtigt werden sollte. Dies führt zu

(5) $\qquad P_t = at^b e^{-ct+u_t}$. $(t = 1,...,T)$

Die Gleichung lässt sich auf beiden Seiten logarithmieren.

(6) $\qquad \ln P_t = \ln a + b \ln t - ct + u_t$

Das ergibt die Zielfunktion

(7) $\qquad \displaystyle\sum_{t=1}^{T} u_t^2 = \sum_{t=1}^{T} (\ln P_t - \ln a - b \ln t + ct)^2 \quad \Rightarrow \quad min!$

Die partiellen Ableitungen nach ln a, b und c ergeben ein lineares Gleichungssystem, das mit jeder Standardmethode der linearen Regressionsrechnung (Schneeweiß, Ökonometrie 1990; Hansmann, Prognoseverfahren 1983, S. 106 ff.) gelöst werden kann.

Dabei ergeben sich folgende Werte:

$$\ln \hat{a} = -0,091 \qquad \hat{b} = 3,059 \qquad \hat{c} = 0,129$$
$$R^2 = 0,90 \qquad \hat{\sigma}_{\hat{b}} = 0,252 \qquad \hat{\sigma}_{\hat{c}} = 0,21$$
$$DW = 0,30$$

Durch Entlogarithmieren errechnet man aus ln $\hat{a}$ $\hat{a} = 0,913$, wobei $\hat{a}$ jedoch keine erwartungstreue Schätzung für a ist, weil $(a - \hat{a})$ nicht linear von den u_t abhängt. Bei geringer Streuung von $\hat{a}$ kann man aber annehmen, dass der Erwartungswert $E[\hat{a}]$ nahe bei a liegt.

Die Schätzfunktion für die Käfer-Produktion lautet also im logarithmierten linearen Modell

(8) $\qquad P_t = 0,913 \cdot t^{3,059} \cdot e^{-0,129t+\hat{u}_t}$ $(t = 1,...,36)$

Sowohl die lineare als auch die nicht-lineare Schätzung sind hochsignifikant (99%-Niveau). Darüber hinaus zeigen die Bestimmtheitsmaße (R^2) eine gute Anpassung, während der Durbin-Watson-Koeffizient (DW) die positive Autokorrelation der $\hat{u}_t$ widerspiegelt.

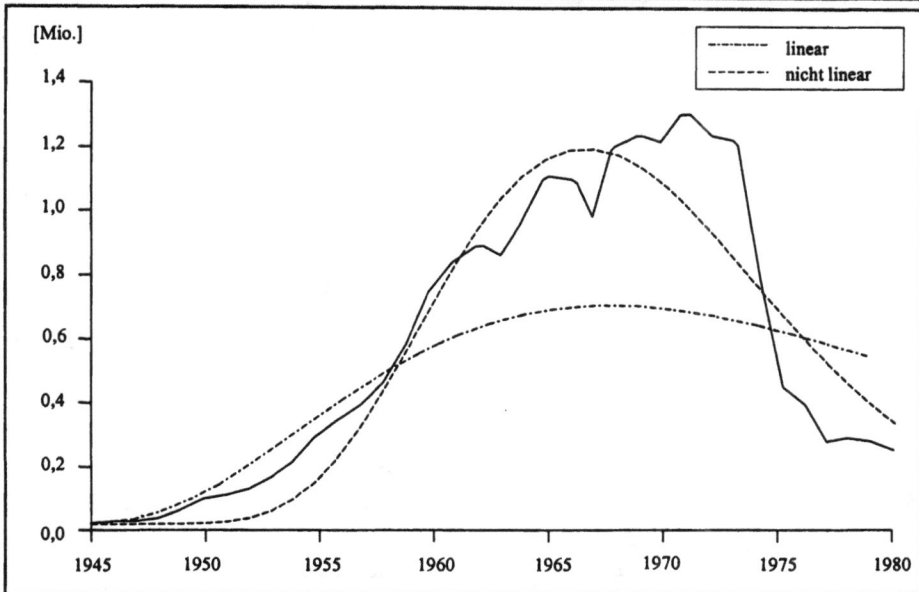

Abb. 15   Tatsächlicher und geschätzter (gestrichelt) Lebenszyklus des VW-Käfers (in Mio. Stck.)

Die in beiden Modellen unterschiedlichen Parameterschätzungen sieht man deutlich in Abb. 15, in der die Lebenszykluskurve des VW-Käfers den beiden geschätzten Verläufen gegenübergestellt ist.

Aus Abb. 15 geht deutlich die Überlegenheit der nichtlinearen Schätzung (4) gegenüber der logarithmiert-linearen Schätzung (8) hervor, obwohl dies in den Signifikanz- und Gütemaßen nicht zum Ausdruck kommt. Dabei ist jedoch zu berücksichtigen, dass die Signifikanz- und Gütemaße beim zweiten Modell auf der logarithmierten Ebene errechnet worden sind. Geringe Schätzabweichungen bei den Logarithmen wirken sich aber bei den Grundzahlen viel stärker aus und führen zu schlechterer Anpassung in Gleichung (8) gegenüber Gleichung (4). Der nichtlinearen Schätzung ist daher auf jeden Fall der Vorzug zu geben.

2.   Die Entwicklung des Motorradabsatzes 1950-1989

Die Absatzentwicklung des VW-Käfers kommt dem idealtypischen Verlauf eines Produktlebenszyklus recht nahe. Im Gegensatz dazu soll nun ein Beispiel betrachtet werden, das nicht so gut in das „Standard-Konzept" passt. Es ist die Absatzentwicklung der Produktgruppe **Krafträder** seit 1950, gemessen an den jährlichen Neuzulassungen (Quelle: Der Bundesminister für Verkehr (Hrsg.), Verkehr in Zahlen 1995, S. 142 f. und 320). Daten vor 1950 sind nicht vorhanden.

Abb. 16 stellt den Lebenszyklus dieser Produktgruppe dar.

[Tsd.]

```
350 ─
300 ─
250 ─
200 ─
150 ─
100 ─
 50 ─
  0 ─
     1950   1955   1960   1965   1970   1975   1980   1985   1990
```

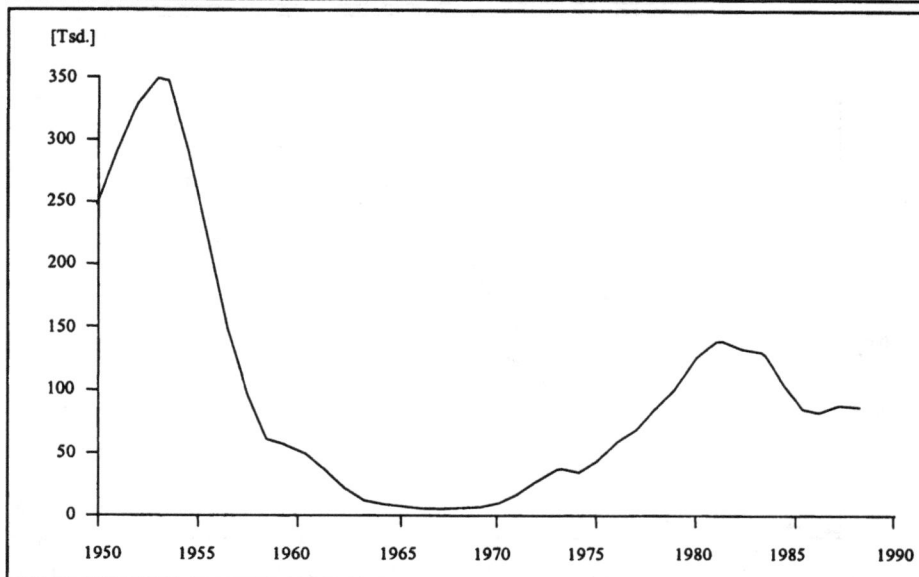

Abb. 16   Neuzulassungen von Krafträdern 1950-1989 (Tsd. Stck.)

Die Abbildung zeigt, dass die Degenerationsphase von 1954 bis 1966 **nicht** zum Verschwinden dieser Produktgruppe vom Markt geführt hat, sondern in einen zweiten Zyklus eingemündet ist. Das Motorrad wurde, nachdem es in den fünfziger Jahren vom Automobil weitgehend verdrängt worden war, am Ende der sechziger Jahre als Verkehrsmittel „wiederentdeckt" und erlebte bis 1978 eine erneute Wachstumsphase, um danach in relativ kurzer Zeit eine zweite Reife- und Sättigungsphase zu durchlaufen. 1983 scheint die Produktgruppe in die Degenerationsphase einzutreten, stabilisiert sich jedoch ab 1985 wieder.

Der Absatzverlauf der Produktgruppe **Krafträder** weist also einen abgeschlossenen Lebenszyklus 1950-1966 und einen zweiten noch offenen Lebenszyklus 1966-1989 auf. Man bezeichnet solche Verläufe als **mehrgipfelige Lebenszyklen**, die ebenso bei Produkten der Steinkohle, beim Schiffbau und bei Arzneimitteln (Kotler, Marketing 1998, S. 567) beobachtet wurden.

Für die Bestimmung der konkreten Lebenszyklus-Funktion des Motorrad-Absatzes ist es zweckmäßig, die beiden Teilzyklen 1950-1965 und 1966-1989 getrennt zu betrachten. Der Verfasser hat an anderer Stelle gezeigt (Hansmann, Life Cycle Forecasting 1987), dass es wegen der starken Substitution der Motorräder durch PKW in den fünfziger und sechziger Jahren vorteilhaft ist, die Lebenszyklusfunktion (2) um den kausalen Faktor **PKW-Absatz** zu ergänzen:

(9a) $P_t = a t^b e^{-ct + d y_t} + u_t$ $(t = 1, ..., T)$

mit y_t als PKW-Neuzulassungen im Jahr t.

Mit dieser Funktion erhält man folgende Schätzparameter:

$$\hat{a} = 409,894 \quad \hat{b} = 0,703 \quad \hat{c} = 0,142 \quad \hat{d} = -0,003.$$

Sie sind auf dem 99%-Niveau signifikant. Die Anpassung weist einen Durbin-Watson-Koeffizienten DW = 1,19 und ein Bestimmtheitsmaß R^2 = 0,98 auf. Abb. 17 zeigt die wahre und die geschätzte Reihe des Motorradabsatzes.

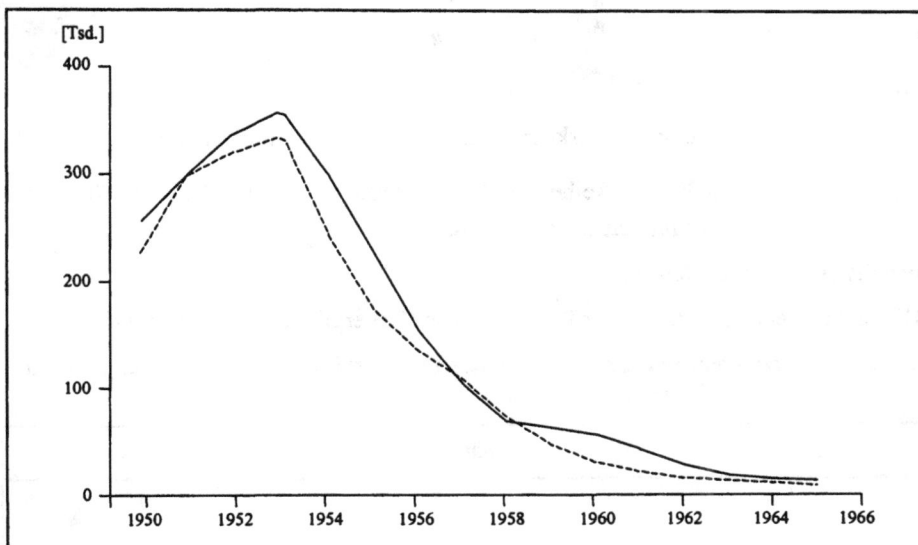

Abb. 17 Tatsächlicher und geschätzter (gestrichelt) Lebenszyklus der Produktgruppe **Krafträder** 1950-1965 (in Tsd. Stck.)

Für den zweiten Teilzyklus 1966-1989 hat der Verfasser (Hansmann, Life Cycle Forecasting 1987) ausführlich gezeigt, welche kausalen Faktoren für den Aufschwung des Absatzes in den siebziger Jahren und für den Abschwung in den achtziger Jahren verantwortlich sind. Die Ergebnisse seien hier kurz zusammengefasst.

■ Ab 1968 wurde die Lebensqualität - insbesondere bei jungen Menschen - nicht mehr so sehr von ökonomischen Faktoren wie dem persönlichen Einkommen, sondern zunehmend von anderen Werten wie Unabhängigkeit von Konventionen, freies, individuelles Leben und Freizeit bestimmt. Das Motorrad wurde zum Symbol dieser neuen Freiheit und damit ein „neues" Produkt, das nicht mehr durch den PKW substituiert werden konnte. Der Absatz stieg in dem Maße, in dem sich dieser Freiheitsdrang bei einer bestimmten Käuferschicht durchsetzte und die Motorradproduzenten (insbesondere japanische Hersteller) die Vorstellungen dieser potenziellen Käuferschicht in die Realität umsetzten.

■ Ab 1980 verloren diese „freiheitlichen" Werte angesichts wirtschaftlicher Rezession und hoher Arbeitslosenzahlen an Bedeutung. Gleichzeitig wurde das Risiko des Motorradfahrens anhand der Unfallstatistik und der stark gestiegenen Versicherungsprämien deutlich sichtbar, so dass auch der Gesetzgeber restriktive Maßnahmen wie Helmzwang ergriff. Dies bewirkte eine starke Dämpfung der Nachfrage nach Motorrädern, die schließlich die expansiven Kräfte überwog.

Die quantitative Analyse dieser Überlegungen ergibt die durch zwei kausale Faktoren modifizierte Lebenszyklus-Funktion (Hansmann, Life Cycle Forecasting 1987, S. 8 f.).

(9b) $$P_t = at^b e^{(-ct+dy_{1t})} + f \cdot y_{2t} + u_t$$

Hier bedeuten

y_{1t} = Zahl der in Verkehrsunfällen getöteten Motorradfahrer,

y_{2t} = qualitative Reihe, die die Vorstellungen der Bevölkerung über Lebensqualität widerspiegelt,

jeweils gemessen im Jahr t.

Die nicht-lineare Schätzung der Parameter von (9b) ergibt die Werte von Tab. 10

Tab. 10 Parameterwerte der Prognose des Lebenszyklus der Produktgruppe Krafträder (nicht-lineare Schätzung)

Parameter	Schätzwert	Standardabweichung
$\hat{a}$	$3 \cdot 10^{-5}$	$3 \cdot 10^{-4}$
$\hat{b}$	8,55	4,99
$\hat{c}$	0,51	0,30
$\hat{d}$	-0,09	0,03
$\hat{f}$	2,40	0,43

Man erkennt, dass der Parameter $\hat{a}$ nicht signifikant ist, doch muss dabei berücksichtigt werden, dass bei nicht-linearen Schätzungen nur approximative Signifikanzwerte berechnet werden können und die anderen Parameterschätzungen auf angemessenem Niveau liegen.

Jedenfalls können mit diesem Modell 97% der Schwankungen des Motorradabsatzes erklärt werden (R^2 = 0,974) und der Durbin-Watson-Koeffizient bewegt sich in einem Bereich, wo keine übermäßige Autokorrelation der Residuen nachgewiesen werden kann (DW = 0,94). Abb. 18 zeigt die auch optisch gute Anpassung der geschätzten Funktion an die wahren Werte des Motorradabsatzes.

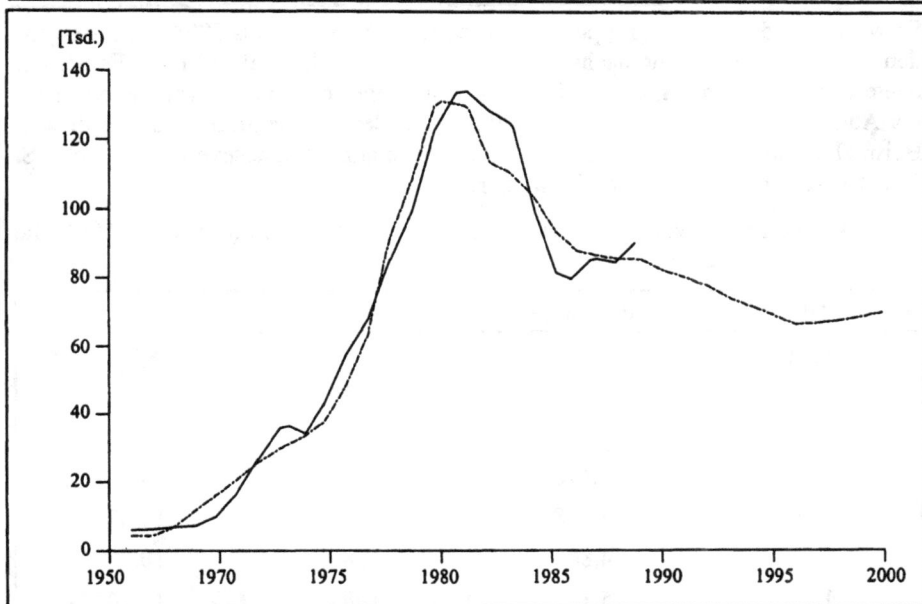

Abb. 18 Tatsächlicher und geschätzter (gestrichelt) Lebenszyklus der Produktgruppe **Krafträder** 1966-2000 (in Tsd. Stck.)

III. Prognose der langfristigen Absatzchancen

Nach Analyse der Markt- und Wettbewerbsposition der eigenen Produkte und der Kenntnis ihrer Stellung im Lebenszyklus müssen nun die langfristigen Absatzchancen dieser Produkte prognostiziert werden, um eine sichere Grundlage für strategische Produktentscheidungen wie Produktintensivierung, -variation oder -elimination zu schaffen.

Im Anschluss an den vorigen Abschnitt können die langfristigen Absatzchancen durch eine Fortschreibung der Lebenszykluskurve prognostiziert werden. Wir haben jedoch bei der Produktgruppe „Krafträder" gesehen, dass der Verlauf der Lebenszykluskurve noch zuwenig ausgeprägt war, um Gleichung (9b) als langfristige Prognosefunktion zugrunde zu legen. Die Entwicklung wird sehr stark von den kausalen Einflussfaktoren bestimmt, die jedoch selbst schwer prognostizierbar sind. Wir werden daher in diesem Abschnitt etwas „konservativere" Prognosefunktionen anwenden, die eine mögliche spätere Degenerationsphase außer Acht lassen und sich auf die Extrapolation des langfristigen Trends beschränken.

a) Die lineare Trendextrapolation

Das einfachste Verfahren der Absatzschätzung ist die Fortführung des in der Vergangenheit beobachteten Absatzverlaufs in linearer Form. Man begnügt sich mit der „allgemeinen Richtung" (Trend), ohne auf vorübergehende Schwankungen zu achten.

So weist z.B. die Produktgruppe „Dieselkraftstoff" von 1960 bis 1994 einen steigenden Trend auf, der für die nächsten Jahre wahrscheinlich erhalten bleibt. Es besteht heute noch kein Anlass, eine zukünftige Sättigungs- oder gar Degenerationsphase ins Auge zu fassen, so dass wir das Verfahren der Trendextrapolation an diesem Beispiel demonstrieren wollen (vgl. auch Hansmann, Prognoseverfahren 1983, S. 104 ff.). Tab. 11 gibt die Zeitreihe wieder.

Tab. 11   Verbrauch von Dieselkraftstoff in der BRD p.a. (in Mio. t), ab 1991 alte Bundesländer

Jahr	Verbrauch	Jahr	Verbrauch
1960	3,160	1978	8,900
1961	3,715	1979	9,650
1962	3,933	1980	9,880
1963	4,116	1981	10,070
1964	4,568	1982	10,270
1965	4,800	1983	10,730
1966	5,174	1984	11,140
1967	5,050	1985	11,645
1968	5,558	1986	12,594
1969	5,750	1987	13,186
1970	6,320	1988	13,726
1971	6,532	1989	14,328
1972	6,900	1990	15,395
1973	7,330	1991	16,884
1974	6,750	1992	17,242
1975	7,060	1993	17,118
1976	7,650	1994	17,284
1977	8,350		

Quelle: Der Bundesminister für Verkehr (Hrsg.), Verkehr in Zahlen 1995, S. 284 f. und S. 340

Wir unterstellen bei dieser Zeitreihe eine lineare Trendfunktion

(10) $x_t = a + bt + u_t$ ($t = 1,...,T$)

mit den zu schätzenden Parametern a und b und

$x_t =$ Dieselkraftstoffverbrauch im Jahr t ($t = 1 \stackrel{\wedge}{=} 1960$) in Mio. t

$u_t =$ Störvariable im Jahr t

Gemäß der Methode der kleinsten Quadrate (KQ) minimieren wir die Zielfunktion

$$(11) \qquad Z = \sum_{t=1}^{T} u_t^2 = \sum_{t=1}^{T} (x_t - a - bt)^2 \quad \Rightarrow \quad min!$$

Dazu werden die ersten partiellen Ableitungen nach a und b gleich Null gesetzt:

$$(12a) \qquad \frac{\partial Z}{\partial a} = -2 \sum_{t=1}^{T} (x_t - a - bt) \qquad = \qquad 0$$

$$(12b) \qquad \frac{\partial Z}{\partial b} = -2 \sum_{t=1}^{T} (x_t - a - bt) \cdot t \qquad = \qquad 0$$

Daraus ergibt sich das bekannte System der **Normalgleichungen**:

$$(13a) \qquad \hat{a}T \quad + \quad \hat{b}\sum_{t=1}^{T} t \quad = \quad \sum_{t=1}^{T} x_t$$

$$(13b) \qquad \hat{a}\sum_{t=1}^{T} t \quad + \quad \hat{b}\sum_{t=1}^{T} t^2 \quad = \quad \sum_{t=1}^{T} x_t \cdot t$$

Für den Verbrauch von Dieselkraftstoff ergeben sich folgende Schätzwerte und Testgrößen:

$$\hat{a} \quad = \quad 1,777 \qquad \hat{b} \quad = \quad 0,414 \qquad F_{emp} \quad = \quad 779$$
$$R^2 \quad = \quad 0,959 \qquad \hat{\sigma}_{\hat{b}} \quad = \quad 0,015 \qquad F_{33}^{1}(95\%) \quad = \quad 4,139$$
$$DW \quad = \quad 0,164$$

Man erkennt die hohe Signifikanz ($F_{emp} = 779 >> 4,139 = F(95\%)$) und die sehr gute Anpassung ($R^2 = 0,959$). Fast 96% des Dieselkraftstoffverbrauchs wird vom Faktor „Zeit" erklärt. Allerdings weist der niedrige Durbin-Watson-Koeffizient auf eine positive Autokorrelation der Residuen hin, ein Zeichen dafür, dass wichtige Einflussfaktoren, wie z.B. der Motorisierungsgrad der Bevölkerung, vernachlässigt wurden. Die Mittlere Absolute Abweichung (MAA) (oder MAD = Mean-Absolute-Deviation) beträgt 711.000 t. Das entspricht einer Abweichung von 7,7% bezogen auf den Mittelwert der Zeitreihe (9,222 Mio. t).

Neben dem bereits erläuterten Bestimmtheitsmaß (R^2) und dem Durbin-Watson-Koeffizienten (DW) (vgl. S. 69) werden hier als weitere Testgrößen für die Prognose ein F-Test durchgeführt und die Mittlere Absolute Abweichung (MAA) berechnet. Die genannten Gütemaße sind in der folgenden Tab. 12 erklärt:

Tab. 12 Formel und Erläuterung zu MAA, MQA, WMQA und F-Test

Mittlere absolute Abweichung (MAA)	$$MAA = \frac{1}{T}\sum_{t=1}^{T}\left|x_t - \hat{x}_t\right|$$	Dienen der Beurteilung des Prognosefehlers. Nicht normiert, kein kritischer Wert, der gute von schlechten Prognosen trennt. Annahme eines Wertes von Null bei Übereinstimmung von Prognose und Realität.
Mittlere quadratische Abweichung (MQA)	$$MQA = \frac{1}{T}\sum_{t=1}^{T}\left(x_t - \hat{x}_t\right)^2$$	Bei der MQA erhalten größere Abweichungen ein höheres Gewicht; sind große Abweichungen nur Ausreißer, dann ist die MAA aussagekräftiger. Vorteil der WMQA ggü. der MQA: gleiche Maßeinheit bei Fehlermaß und Zeitreihenwerten.
Wurzel aus der MQA (WMQA)	$$WMQA = \sqrt{\frac{1}{T}\sum_{t=1}^{T}\left(x_t - \hat{x}_t\right)^2}$$	
F-Test	$$F_{emp} = \frac{\dfrac{R^2}{n}}{\dfrac{1-R^2}{T-n-1}}$$	Prüfung, ob der Wert für R^2 sich zufällig ergeben hat. Test der Nullhypothese H_0, dass kein Zusammenhang zwischen den abhängigen und unabhängigen Variablen besteht. Gilt $F_{emp} > F_{tab}$ (theoretischer F-Wert der F-Verteilung bei einem gewählten Signifikanzniveau) wird H_0 verworfen und der durch die Regressionsbeziehung dargestellte Zusammenhang gilt als signifikant.

Quelle: Hansmann, Prognoseverfahren 1983, S. 15 u. S. 132f.

Bei Betrachtung von Abb. 19 erkennt man den Grund für den unbefriedigenden MAD: Die Zeitreihe der wahren Werte weist einen, besonders in den Jahren 1982-1990 auftretenden, leicht nicht-linearen Verlauf auf, so dass eine quadratische Trendfunktion für das Problem angemessener erscheint.

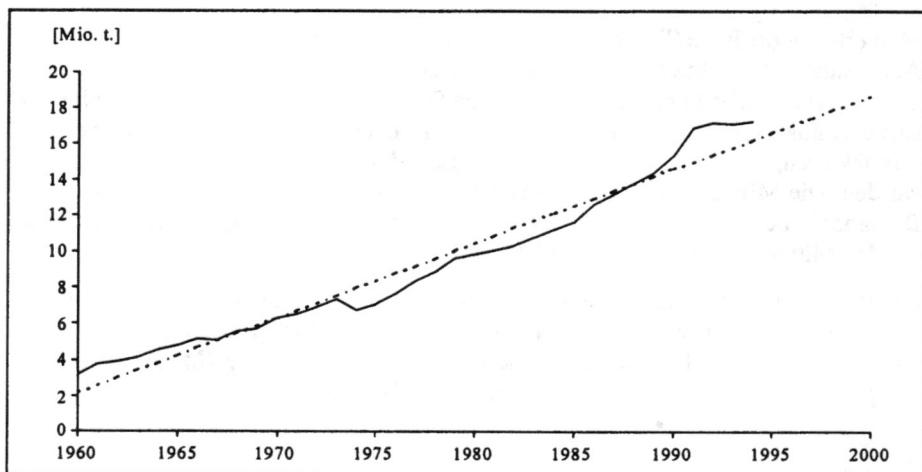

Abb. 19 Verbrauch von Dieselkraftstoff in der BRD (Prognose mit der linearen Trendfunktion, gestrichelt) 1960-2000 (in Mio. t p.a.)

Die Formel der quadratischen Trendfunktion lautet:

(14) $\qquad x_t = a + bt + ct^2 + u_t$

Durch die Anwendung der zuvor erläuterten KQ-Methode gelangt man zu folgenden Schätzwerten und Testgrößen:

$$\hat{a} = 3{,}642 \qquad \hat{b} = 0{,}111 \qquad \hat{c} = 0{,}008$$

$$R^2 = 0{,}992 \qquad \hat{\sigma}_{\hat{b}} = 0{,}028 \qquad \hat{\sigma}_{\hat{c}} = 0{,}008$$

$$DW = 0{,}745 \qquad F^2_{32}(95\%) = 3{,}295 \qquad F_{emp} = 1881$$

Man erkennt, dass die quadratische Trendfunktion

(15) $\qquad \hat{x}_t = 3{,}642 + 0{,}111 \cdot t + 0{,}008 \cdot t^2$

eine bessere Anpassung liefert.

So werden nun 99% des Dieselkraftstoffverbrauchs durch den Faktor „Zeit" erklärt. Der Durbin-Watson-Koeffizient weist jedoch, trotz einer Verbesserung, nach wie vor auf eine positive Autokorrelation der Residuen hin. Der MAD sinkt auf 0,319 (3,4% vom Mittelwert der Zeitreihe x_t), ein Wert, der als sehr gut einzustufen ist.

Diese deutliche Verbesserung der Testgrößen bestätigt sich auch in der grafischen Darstellung (Abb. 20), wo man eine im Vergleich zur linearen Trendfunktion (siehe Abb. 19) verbesserte Anpassung der prognostizierten Zeitreihe an die Zeitreihe der wahren Werte erkennen kann.

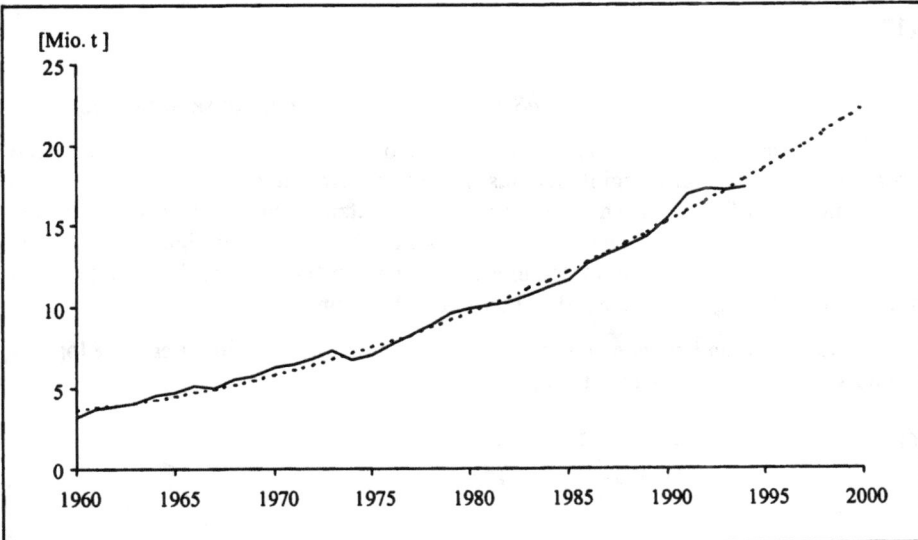

Abb. 20 Verbrauch von Dieselkraftstoff in der BRD (Prognose mit der quadratischen Trendfunktion, gestrichelt) 1960-2000 (in Mio. t p.a.).

b)   Die logistische Funktion

Die logistische Funktion ist Ausdruck der Erfahrung, dass ein steigender Absatz-trend nicht beliebig lange anhalten kann, sondern früher oder später in eine Stagna-tion übergeht, d.h. ein bestimmtes Sättigungsniveau des Marktes nicht überwunden werden kann. Im Rahmen des Lebenszyklus-Konzeptes kann man sagen, dass die logistische Funktion die Einführungs-, Wachstums- und Reifephase eines Lebens-zyklus beschreibt. Die Sättigungsphase weist kein Absatzmaximum auf, und die De-generationsphase entfällt ganz. Daher liegt es nahe, logistische Funktionen zur Prognose von Absatzentwicklungen heranzuziehen, die noch keine Anzeichen eines **rückläufigen** Absatzes erkennen lassen.

Die logistische Funktion beruht auf der Grundannahme:

Die zeitliche Veränderung $\dfrac{dx}{dt}$ der Zeitreihe $x(t)$[9] ist proportional

   a) dem jeweils erreichten Niveau x und

   b) dem Abstand zwischen dem Sättigungsniveau S und dem bisher erreichten Niveau x.

Diese Grundannahme lautet quantitativ

(16) $\dfrac{dx}{dt} \; = \; ax(S - x)$

Hieraus lässt sich durch Integration (vgl. Hansmann, Prognoseverfahren 1983, S. 111 ff.) die Gleichung der logistischen Funktion ableiten

(17) $x(t) \; = \; \dfrac{S}{1 + a_1\, e^{a_2 t}}$

         mit $a_1 = e^{-c}$ und $a_2 = -\,aS$ (c = Integrationskonstante).

In dieser Funktion müssen die Parameter a und S (= Sättigungsniveau) geschätzt werden, der Parameter c ergibt sich aus ihnen und dem Anfangswert von $x(t)$ durch Berechnung. Auf die Vorgehensweise bei der Schätzung mit der KQ-Methode und die damit zusammenhängende Problematik der Schätzung des Sättigungsniveaus ist der Verfasser an anderer Stelle detailliert eingegangen (Hansmann, Prognoseverfah-ren 1983, S. 113 f.), so dass wir dies hier übergehen können.

Wegen der höheren Prognosegüte wird im Folgenden eine **verallgemeinerte logisti-sche Funktion** der Form zugrunde gelegt:

(18) $x(t) \; = \; \dfrac{S}{\left(1 + \dfrac{a_1}{a_3} e^{a_2 t}\right)^{a_3}}$

---

[9]   Man geht bei der logistischen Funktion nicht von diskreten Zeitpunkten, sondern von einer kontinuierlichen Zeitvariablen $t \in \mathbb{R}$ aus.

Mit dieser Variante hat der Verfasser bei einer empirischen Anwendung gute Erfahrungen gemacht (Hansmann, Industrieroboter 1984). Diese verallgemeinerte Funktion enthält die einfache logistische Funktion als Spezialfall, wenn der Parameter a_3 gleich Eins gesetzt wird.

Tab. 13   PKW-Dichte in der BRD (ohne neue Bundesländer) p.a.

Jahr	PKW-Dichte Jahresende (je 1000 Erwachsene)	Jahr	PKW-Dichte Jahresende (je 1000 Erwachsene)
1952	28,237	1973	373,144
1953	34,499	1974	379,473
1954	41,009	1975	396,886
1955	48,600	1976	418,440
1956	58,979	1977	441,908
1957	69,582	1978	465,526
1958	82,910	1979	482,139
1959	97,758	1980	489,040
1960	116,344	1981	494,695
1961	137,432	1982	498,652
1962	156,048	1983	509,176
1963	177,888	1984	520,606
1964	197,946	1985	530,840
1965	219,606	1986	544,989
1966	243,649	1987	560,841
1967	258,534	1988	575,018
1968	273,691	1989	580,382
1969	295,398	1990	589,722
1970	323,342	1991	596,519
1971	344,765	1992	603,507
1972	360,773	1993	612,907

Quelle: Deutsche Shell AG, Motorisierung 1989, S. 20; Der Bundesminister für Verkehr (Hrsg.), Verkehr in Zahlen 1995, S. 107, 143, 313, 320

Die Schätzung der Anzahl der Personenkraftwagen dient im Folgenden zur praktischen Veranschaulichung der verallgemeinerten logistischen Funktion.

Als zu prognostizierender Gegenstand wird die PKW-Dichte, also die Anzahl der PKW im Verhältnis zur Anzahl der Erwachsenen, gewählt. Tab. 13 gibt die Zeitreihe wieder.

Die Schätzung der PKW-Dichte von 1952 bis 1993 mit der verallgemeinerten logistischen Funktion ergibt folgende Werte für die Parameter:

$$\hat{S} = 683{,}0 \qquad \hat{a}_1 = 4{,}2 \qquad \hat{a}_2 = -0{,}08 \qquad \hat{a}_3 = 8{,}4 \cdot 10^6$$

Die Prognosefunktion lautet

$$(19) \qquad \hat{x}(t) = \frac{683}{\left(1 + \dfrac{4{,}2}{8{,}4 \cdot 10^6}\, e^{-0{,}08 \cdot t}\right)^{8{,}4 \cdot 10^6}}$$

In Abb. 21 sind die Prognosefunktion bis 2010 und die tatsächlichen Werte bis 1993 eingezeichnet.

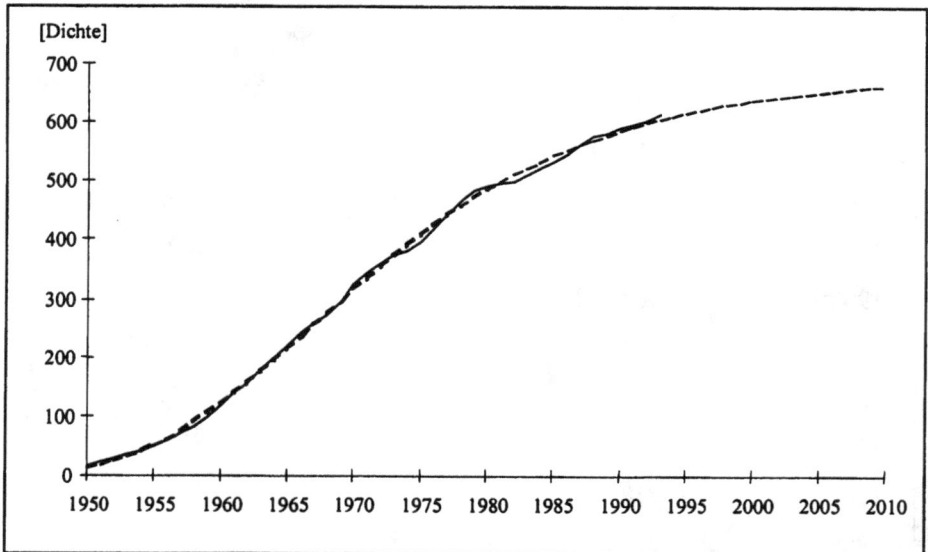

Abb. 21 Prognose (gestrichelt) der PKW-Dichte in der BRD (p.a.) mit der verallgemeinerten logistischen Funktion (pro Tsd. Erwachsene)

Die hier dargestellte logistische Funktion ist ein Beispiel von Wachstums- und Sättigungsmodellen, die zur Prognose der langfristigen Absatzchancen der eigenen Produkte herangezogen werden können. Wegen des Studiums anderer Funktionen sei auf die Literatur verwiesen (Lewandowski, Prognosesysteme, Bd.1, 1974, S. 245 ff.; Mertens, Prognoserechnung 1994, S. 157 ff.).

Sind quantitative Prognosen aufgrund zu geringer Datenbasis nicht möglich, können die zukünftigen Absatzchancen nur durch heuristische Prognosemethoden erforscht werden. In diesem Bereich haben sich insbesondere die Delphi-Methode und die Szenario-Planung bewährt, die in Hansmann, Prognoseverfahren 1983, S. 18 ff., ausführlich beschrieben sind.

Mit der Analyse der Wettbewerbsposition und der Lebenszyklus-Stellung sowie der Prognose der langfristigen Absatzchancen ist die Untersuchung des realisierten Produktionsprogramms abgeschlossen. Nun muss die Frage beantwortet werden, ob das Industrieunternehmen zusätzlich neue Produkte entwickeln und damit auf neuen Märkten aktiv werden sollte. Erst nachdem das Problem der **Produktinnovation** ausführlich analysiert worden ist, können die adäquaten strategischen Produktionsprogrammentscheidungen getroffen werden.

B. Planung neuer Produkte (Produktinnovation)

Die Ursache für die Notwendigkeit, neue Produkte zu planen, zu entwickeln und auf den Markt zu bringen, liegt in der begrenzten Lebens- und Verkaufsfähigkeit jedes Produktes. Spätestens, wenn sich Produkte des realisierten Produktionsprogramms dem Ende ihres Lebenszyklus nähern, also die Degenerationsphase erreichen, ist das Unternehmen gut beraten, Nachfolgeprodukte zu planen.

Die Neuproduktplanung kann man sich in mehreren Stufen vorstellen:

- Heuristische Suche nach Neuproduktideen
- Maßnahmen der Forschung und Entwicklung für die Erfolg versprechenden Produktideen
- Konkrete Produktgestaltung
- Produkttest auf Testmärkten
- Prognose der Marktdurchdringung
- Einführung der neuen Produkte

Jede Stufe muss erst erfolgreich abgeschlossen sein, bevor die nachfolgende beginnen kann.

I. Heuristische Suche nach Neuproduktideen

a) Bedarfsforschung und Verwendungsanalyse

Für die erfolgreiche Suche nach Neuproduktideen kann man kein schematisiertes Verfahren angeben, da das kreative Denken in diesem Bereich die wichtigste Rolle spielt. Es ist jedoch zweckmäßig, dem kreativen Denken insoweit eine Basis zu geben, als man von einer Verwendungsanalyse der realisierten Produkte ausgeht und systematisch Lücken in der Bedürfnisbefriedigung, die mit diesen Produkten angestrebt wird, aufspürt. Dies soll an dem Beispiel: „Neuproduktidee Munddusche" erläutert werden.

Die Verwendungsanalyse der bisher angebotenen Mundpflegemittel umfasst:

1. Untersuchung der Nachfragestruktur im Produktfeld Mundpflegemittel (Produkte: Zahnbürste, Zahnpasta, Mundwasser).
2. Funktionsanalyse der bisherigen Produkte: Hauptfunktion ist die Mundreinigung.
3. Verwendungsmotive: Schutz vor Karies und Parodontose, Mundhygiene.
4. Analyse der **Mängel** der bisherigen Produkte und der **Verbraucherwünsche** im Hinblick auf ein **ideales** Produkt: Die Zahnbürste ist nicht ideal, da mit ihr nicht alle Zahnzwischenräume erreichbar sind. Außerdem sind die Borsten Bakterienträger und nutzen sich schnell ab. Das Zahnfleisch wird nicht gut massiert.

Diese Unzulänglichkeiten der Zahnbürste, die durch die Verwendungsanalyse aufgedeckt werden, stecken den Rahmen für die kreativen Neuproduktideen ab. Das neue Mundpflegemittel sollte

- alle Zahnzwischenräume erreichen (Schutz gegen Karies),
- das Zahnfleisch massieren (Schutz gegen Parodontose),
- hygienisch sein (Schutz gegen Bakterien).

Aus diesen gewünschten Funktionen ergibt sich die Neuproduktidee einer elektrisch betriebenen, einen pulsierenden Wasserstrahl aussendenden Munddusche, mit der alle Zahnzwischenräume erreicht werden und das Zahnfleisch nachhaltig massiert wird.

Ergänzend zur Bedarfs- und Verwendungsanalyse muss nun noch eine **Konkurrenzanalyse** durchgeführt werden, die klärt,

- welche Produkte ähnlicher Art auf dem Markt bereits angeboten werden,
- welches Urteil die Verbraucher über diese Produkte gefällt haben und
- welche Marketingstrategien die Konkurrenzunternehmen verfolgen.

Bei einer wirklichen Neuproduktidee kann die Konkurrenzanalyse entfallen; handelt es sich jedoch nur um die Idee einer „Produktvariation", dürfen die Konkurrenzbeziehungen zu den „alten" Produkten nicht vernachlässigt werden.

b)   Aufdeckung von Marktnischen durch Produktpositionierung

Die schon oben beschriebene Produktpositionierung mit multidimensionaler Skalierung kann ebenfalls einen Beitrag für Neuproduktideen leisten. Dabei wird der i.a. zweidimensionale Produktraum nach Marktnischen durchsucht, die in den Augen der Konsumenten noch nicht mit Produkten besetzt sind. Zur besseren Orientierung sollte man auch die Lage des Idealproduktes kennen und vor allem eine gute inhaltliche Interpretation der Koordinatenachsen durchführen.

Als Anschauungsbeispiel soll die Produktpositionierung von drei ausgewählten **Publikumszeitschriften** dienen, die am Lehrstuhl des Verfassers mit Hilfe einer Befragung von 100 überwiegend akademisch gebildeten Lesern vorgenommen wurde (Hansmann/Paetow/Zetsche, Multi-Dimensionale Skalierung 1983).

Die Abszisse misst die „inhaltliche Qualität" der Zeitschriften im wesentlichen ausgedrückt durch Wahrheitsgehalt und seriöse Berichterstattung, während die Ordinate
das „äußere Erscheinungsbild" enthält, das hauptsächlich durch Aufmachung, Gestaltung und Illustration des Lesestoffs geprägt wird.

Abb. 22 zeigt die Positionen von drei Publikumszeitschriften und die Idealzeitschrift
der befragten Leser.

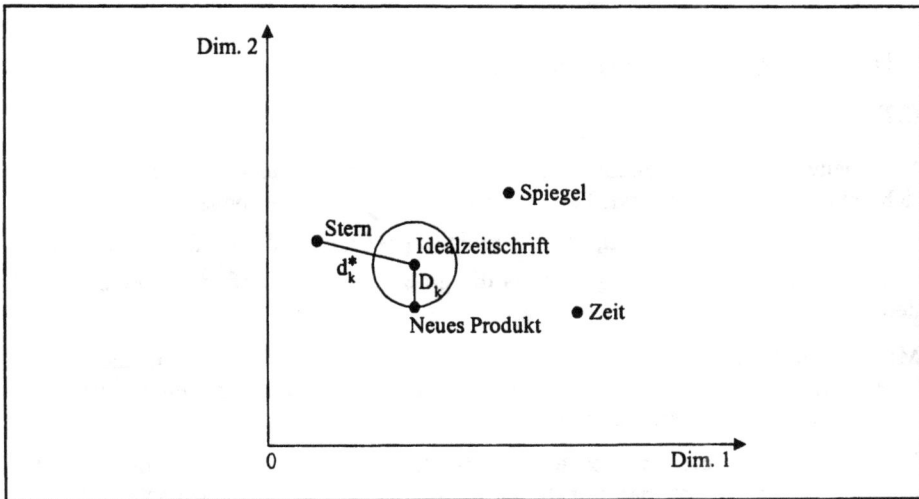

Abb. 22 Produktpositionierung von Publikumszeitschriften

Das Idealprodukt liegt in unserem Falle zwischen „Stern" und „Spiegel", erfordert
somit eine etwas anspruchsvollere Berichterstattung als der „Stern", aber nicht so
extrem wie „Zeit" und „Spiegel". Das äußerliche Erscheinungsbild könnte dem
„Stern" angeglichen sein, müsste sich jedenfalls deutlich vom Erscheinungsbild der
„Zeit" unterscheiden.

Ob eine Zeitschrift mit diesen Eigenschaften auf dem Markt eine wirkliche ökonomische Chance hätte, ist mit diesen qualitativen Argumenten natürlich noch nicht
bewiesen.

Dazu benötigt man die Kaufwahrscheinlichkeit P_k jedes einzelnen Befragten k und
die Position seines persönlichen Idealproduktes. Man muss also die Produktpositionierung von Abb. 22 für jeden Befragten k ($k = 1,...,K$) vornehmen.

Zur Ermittlung der Kaufwahrscheinlichkeit P_k kann man die folgende Hypothese benutzen (Brockhoff, Produktpolitik 1993, S. 130):

Nur das dem Idealprodukt nächstgelegene Produkt wird gekauft, alle anderen Produkte werden nicht gekauft. Ein neues Produkt wird also vom Befragten nur dann
gekauft, wenn seine (euklidische) Distanz D_k zum Idealprodukt kleiner ist als das
Distanz-Minimum der existierenden Produkte i zum Idealprodukt ($d_k^* = \min_i d_{ki}$;

$i = 1,...,I$). Diese beiden Distanzen sind in Abb. 22 eingezeichnet.

Falls man den erwarteten Umsatz pro Befragten und Jahr (S_k) mit hinreichender Sicherheit schätzen kann, ist es möglich, mit folgendem ganzzahligen Optimierungsmodell für 0-1-Variable den geschätzten Gesamtumsatz für das neue Produkt zu ermitteln (Brockhoff, Produktpolitik 1993, S. 133 f.):

$$(20) \qquad Z = \sum_{k=1}^{K} S_k x_k \Rightarrow max!$$

$$(21) \qquad D_k - d_k^* \leq (1 - x_k) \cdot M \qquad\qquad (k = 1,...,K)$$

$$(22) \qquad x_k = 0 \text{ oder } 1 \qquad\qquad (k = 1,...,K)$$

M bedeutet hier eine beliebig große Zahl, so dass (21) unsere Kaufwahrscheinlichkeitshypothese ausdrückt: Falls der Befragte k Käufer des neuen Produktes wird ($x_k = 1$), muss $D_k \leq d_k^*$ sein, kauft er nicht ($x_k = 0$), kann die Differenz ($D_k - d_k^*$) beliebig groß sein. M muss größer als die größte mögliche Differenz gewählt werden.

Mit diesem Modell lassen sich auch mehrere Neuproduktideen testen, die jeweils unterschiedliche Abstände D_k zum Idealprodukt des Befragten k haben und damit zu verschiedenen Umsätzen führen werden.

Ergibt sich durch die Analyse ein für das Unternehmen befriedigender Umsatz-Erwartungswert, so hat man mit dieser Neuproduktidee eine Marktnische aufgetan, in die das Unternehmen eindringen kann.

c)   Heuristisch-evolutive Innovationsstrategien

1.   Einrichtung eines Innovationspools

Innovationen sind Ideen für neue Produkte, die normalerweise **spontan** entstehen, also nicht geplant werden können. Sie sind insoweit den **Mutationen** der Evolution ähnlich, die ebenfalls rein zufälligen Charakter haben. Es liegt also nahe, den Selektionsvorteil einer Mutationsentstehung für eine Innovationsstrategie heranzuziehen.

Ein starker Selektionsvorteil in der Evolution der Arten ist die sexuelle Fortpflanzung, die den Mitgliedern einer Population einen gemeinsamen **Genpool** für ihre Erbinformationen verschafft, die mit jeder sexuellen Fortpflanzung neu kombiniert werden. Diese ständige **Rekombination** der Erbinformation im Genpool erzeugt eine große Variation von Merkmalen und erhöht die Chance des Auftretens einer vorteilhaften Variante (Sabathil, Evolutionäre Strategien 1991, S. 139). Darüber hinaus ermöglicht es der Genpool, dass eine vorteilhafte Mutation durch die Rekombination in der ganzen Population verbreitet wird.

Überträgt man den Genpool und die ständige Rekombination der Gene auf ein Wirtschaftsunternehmen, so gelangt man zu einem **Innovationspool,** den Sabathil definiert als

Kreis von Mitarbeitern einer strategischen Geschäftseinheit, in den **systematisch** Ideen eingebracht, ausgetauscht und dort bewahrt werden (Sabathil, Evolutionäre Strategien 1991, S. 140).

Der Innovationspool hat also für den **Informationsfluss** innerhalb der Mitarbeiter einer strategischen Geschäftseinheit zu sorgen. Informationsfluss und Ideenfindung können im Rahmen von

- traditionellen Gruppentreffen oder
- **Brainstorming**

ablaufen.

Dieses von Osborn (Kotler, Marketing 1998, S. 522) entwickelte Verfahren wird in speziell dafür organisierten Gruppen von etwa 6-10 Teilnehmern durchgeführt. Es beruht auf der These, dass Menschen mehr und bessere Ideen produzieren, wenn sie in entspannter Atmosphäre innerhalb einer Gruppe durch vielfältige Assoziationen angeregt werden.

Der Ablauf einer Brainstorming-Sitzung kann folgendermaßen aussehen: Nachdem der Leiter der Gruppe die Bedarfs- und Verwendungsanalyse detailliert dargelegt hat, äußern sich die Teilnehmer spontan und ohne vorgegebene Reihenfolge über Produktideen, die in diesem Bedarfsrahmen liegen. Dabei gilt der Grundsatz, dass keine geäußerte Idee, und sei sie auch noch so abwegig, kritisiert werden darf, weil Kritik erfahrungsgemäß den Ideenfluss bremst. Alle Äußerungen werden aufgenommen und später auf ihre Brauchbarkeit untersucht.

Das Verfahren lebt von der Spontaneität und Phantasie der Teilnehmer und kann durchaus zu einer großen Zahl von Ideen führen, aus denen sich später einige realisieren lassen.

Wichtig ist, dass die Zahl der Mitglieder eines Innovationspools nicht zu groß gewählt wird (höchstens 10), damit jeder Teilnehmer seine Ideen und Erfahrungen ohne Zeitdruck und in der gebotenen Ausführlichkeit einbringen kann.

Ein solcher Innovationspool garantiert zwar keine Neuproduktideen, erhöht aber die Wahrscheinlichkeit des Auftretens neuer Ideen, erleichtert ihre Ausbreitung in der strategischen Geschäftseinheit und fördert dadurch neue Produktkonzeptionen. Die Einrichtung eines Innovationspools kann deshalb als wichtige grundlegende Innovationsstrategie angesehen werden.

2. Kreative Imitation

In der Natur wird häufig beobachtet, dass sich Tierarten in ihrem äußeren Erscheinungsbild anderen Tierarten täuschend angeglichen haben und damit von deren ökologischem Status profitieren. Durch diesen „Mimikry" genannten Prozess versuchen die Imitatoren, Selektionsvorteile der anderen Tierart für ihr Überleben vorteilhaft auszunutzen. Hornissenschwärmer sehen z.B. echten Hornissen sehr ähnlich, sind aber völlig ungefährlich, da sie harmlose Schmetterlinge sind. Die Ähnlichkeit in der äußeren Gestalt mit Hornissen schützt sie jedoch vor bestimmten Beutejägern und erhöht dadurch ihre Überlebenswahrscheinlichkeit beträchtlich.

Dieses Prinzip der Imitation kann auf die Wirtschaft übertragen werden, wie an vielen Beispielen der Kopie erfolgreich eingeführter Produkte abzulesen ist. Hierher gehören die „IBM-kompatiblen" Personal Computer aus dem fernen Osten, die nichts anderes als voll funktionstüchtige Kopien (Klone) der PC von IBM sind, nur im Preis erheblich niedriger liegen. Damit sind sie aber schon **Kreative Imitationen** im Sinne von F. Drucker, da der Nutzen für den Käufer höher ist als beim Originalprodukt (Drucker, Strategies 1985).

Ein anderer Weg der kreativen Imitation ist die qualitative Verbesserung des Originalproduktes durch den Imitator, eine Strategie, die von japanischen Herstellern auf den Märkten der Unterhaltungselektronik und der optischen Geräte erfolgreich eingesetzt wurde. Ansatzpunkt für eine solche Strategie ist die im Abschnitt B.I.a) auf S. 83 ff. ausführlich beschriebene Verwendungsanalyse des Originalprodukts und die Aufdeckung seiner Schwächen, was gerade bei einem neuen Produkt, das noch nicht voll ausgereift ist, nicht allzu schwer fallen dürfte. Daher erklärt sich auch die relative Häufigkeit verbesserter Produkte der zweiten Generation gegenüber der Originalinnovation. Der Innovator kann sich gegen diese Imitationen mit Patenten, Lizenzvergabe oder mit der Verbesserung des imitierten Produktes wehren (Sabathil, Evolutionäre Strategien 1991, S. 149 f.).

d)   Beispiele für Produktinnovationen

1.   Der „Walkman"

Als Beispiel einer gelungenen Produktinnovation sei die Geschichte des „Walkman" von Sony betrachtet (vgl. Ketteringham/Nayak, Senkrechtstarter 1987, S. 133 ff.):

Am Anfang war bei dem Elektronikkonzern Sony die Idee, einen kleinen tragbaren Kassettenrecorder herzustellen. Sony startete Versuche und entwickelte ein äußerst kompaktes Gerät mit Monobetrieb, welches in den Journalisten eine Käufergruppe fand. Alle Versuche, diesen „Pressman" in Stereoqualität herzustellen, misslangen. Das Gehäuse war zu klein für einen Aufnahmemechanismus und Stereobetrieb, und so entstand 1978 ein reines Abspielgerät mit Stereoklang. Die Ingenieure bei Sony sahen in einem solchen Gerät keine Verwendungsmöglichkeiten; es wurde zunächst nur aufbewahrt.

Bei der Einführung dieses Gerätes 1979 auf dem japanischen Markt hatte Sony dann einen Absatz in Millionenhöhe; und unter dem Namen „Walkman", welcher von Marketingexperten gewählt wurde und bis heute ein eingetragenes Warenzeichen von Sony ist, trat diese Innovation einen weltweiten Siegeszug an.

Der Grund des Erfolges waren die Kopfhörer. Sie sind bequem zu tragen, wiegen wenig und haben einen guten Klang. Mit ihrer Hilfe konnte Sony die Idee des „individuellen Vergnügens" verwirklichen und eine vorherrschende Stellung in der Elektroindustrie erreichen. Die Kopfhörer geben jedem die Möglichkeit, Hast, Eile und Stress der Umwelt zu entgehen; es entsteht eine Intimsphäre in der „Hülle eines Kokons".

Für die Tonbandingenieure bei Sony, die sich auf die Entwicklung eines Gerätes mit Stereoklang und Aufnahmetechnik konzentriert hatten, waren alle anderen nahe liegenden Verwendungsmöglichkeiten nicht zu erkennen. Erst ein unbeteiligter Betrachter im Betrieb konnte das entwickelte Gerät mit dem Problem eines anderen Konstrukteurs zusammenbringen. Ein mangelhafter Kassettenrecorder und eine unvollendete Kopfhörerentwicklung ergaben zusammen das Konzept einer tragbaren Musikbox. Traditionell waren Kopfhörer eine Zusatzfunktion, aber nicht ausschlaggebend für den Erfolg. Hier wurden sie zu einer zentralen Funktion. Die leichten Kopfhörer benötigten weniger Batteriekraft als eingebaute Lautsprecher und schafften zugleich eine bessere Empfangsqualität. 1978 sah man eine solche Verbindung nicht - weder bei Sony noch bei den übrigen Unternehmen im Bereich der Konsumelektronik.

Die Idee widersprach jeglichem Kriterium für die Beurteilung von Entwicklungsprojekten. Als sinnvoll galt ein Projekt nur, wenn ein neuer Prototyp besser war als eine vorhergehende Produktgeneration. Ein Walkman ohne Aufnahme-Funktion schien ein Rückschritt zu sein.

Sony versuchte, die Begeisterung für das neue Produkt durch Ausprobieren zu entwickeln. Die Chancen dieses neuen Vergnügungskonzeptes wurden einerseits in dem Erreichen der Zielgruppe junger Menschen, andererseits in dem wachsenden Markt bespielter Kassetten gesehen. Der Preis (165 US $) wurde unter der Gewinnschwelle für das Unternehmen festgesetzt und damit die Kaufkraft eines japanischen Jugendlichen berücksichtigt. Die Werbung lief zum größten Teil über Vorführgeräte, die an Popstars verteilt wurden. Die Presse war begeistert, aber der Absatz lief zunächst nicht nach Wunsch. Es kam erst im weiteren Verlauf zu einer Absatzexplosion.

Marktuntersuchungen ergaben, dass der Walkman die Gruppe der so genannten „Yuppies" ansprach, für die der Preis kein Hindernis war und die auch als Trendsetter gern auffallen. Ein Walkman wurde als Accessoire für diese beruflich erfolgreiche, wohlhabende und aktive Aufsteigergeneration angesehen. Die Jugendlichen schlossen sich erst 1981 dem Trend an. Mit Produktveränderungen konnte sich Sony dann im Laufe der Zeit gegen die Konkurrenz behaupten und einen Durchbruch auch auf anderen Märkten erreichen, die später regelrecht von diesem Produkt überflutet wurden.

Als Fazit kann gesagt werden, dass die normale Trägheit einer großen Organisation eine Innovation immer wieder verhindern kann und ein persönliches Engagement entscheidend ist. Ungewöhnlich war die Schnelligkeit, mit der das Projekt bei Sony abgewickelt wurde. Bei der Mehrzahl wichtiger und dauerhafter kommerzieller Innovationen ist die Entwicklungszeit in Jahren zu messen. Sony schaffte den Durchbruch - vom Konzept bis zur Markteroberung - in weniger als einem Jahr.

2. Die Compact Disc (CD)

Die Entwicklung und Akzeptanz eines anderen Produktes - der Compact Disc (CD) - soll ein weiteres Beispiel für Innovationsbestrebungen in der Industrie geben (vgl. Ketteringham/Nayak, Senkrechtstarter 1987, S. 333 ff.).

Ende der 70er Jahre von Philips entwickelt, sollte die CD-Technik eine Verjüngungsquelle für einen stagnierenden Industriezweig darstellen. Philips gelang dies erstaunlicherweise, obwohl japanische Produzenten damals eine Monopolstellung im Bereich neuer Ideen in der Konsumelektronik innehatten.

Warum hatte nun diese neue Technik einen solchen Erfolg am Markt? Die Handhabung der CD ist einfach, die Platten sind praktisch, unzerkratzbar und damit dauerhaft. Trotz der relativ kleinen Maße hat die CD eine um 50% längere Spieldauer als eine herkömmliche LP. Es gibt keine Tonschwankungen, die Tonqualität ist überzeugend. Dies ließ am Anfang besonders Liebhaber der klassischen Musik zu Käufern der CD werden.

Wie war diese Produktinnovation nun entstanden? Bei Philips wurde zu Beginn des Jahres 1968 im Forschungslabor des Bereiches Optik ein neues Medium für Unterrichtszwecke gesucht. Die Qualität von Filmen sollte verbessert und ein neues Speichermedium gefunden werden. 1970 beendete man die Forschungsarbeit mit einer „Bildplatte", auf der aber nur Geräusche hörbar waren. Um Bilder zu erhalten, hätte ein Laser installiert werden müssen, der für diesen Zweck zu teuer war.

Bis 1978 entwickelte Philips einen Prototyp der LASER VISION, eine Zwölf-Zoll-Bildplatte, die aber von VHS (ein Heimvideo-System) zu starke Konkurrenz erhielt.

Nun ging das Interesse bei Philips wieder auf den Tonträger über. Es entstand ein „Rennen" in der Entwicklung dieses Systems zwischen Philips und Sony. Zwei Probleme waren zu lösen. Man musste frühzeitig, in Zusammenarbeit mit Sony, einen Standard festlegen, um die Kompatibilität der Geräte zu gewährleisten. Das zweite Problem war durch die Schallplattenindustrie gegeben, die zur Mitarbeit animiert werden musste. Hier half eine Demonstration durch die „Magie des Klangs" und eine Lobby der Musiker - allen voran Herbert von Karajan - , um den Druck auf die Schallplattenindustrie zu verstärken. Im Mai 1982 wurden erstmals in Hannover, in der Fertigungsstelle der PolyGram, CDs hergestellt.

Das neue System, bestehend aus CD-Player und CD wurde schnell ein Markterfolg. In den ersten drei Jahren fand ein ständiger Wettlauf zwischen Verbrauchernachfrage und Produktion statt. Der Absatz übertraf alle Erwartungen; prognostiziert für 1985 waren zunächst 10,6 Mio. Platten, dann 15 Mio. Der tatsächliche Absatz belief sich aber auf 59 Mio. Platten. In weniger als 15 Jahren hat die CD die LP praktisch vom Markt verdrängt.

II.   Forschung und Entwicklung für neue Produkte

a)   Die Begriffe Forschung und Entwicklung

Aufgabe der zweiten Stufe der Neuproduktplanung ist die Konkretisierung der Erfolg versprechenden Produktideen. Nach einer Untersuchung von Poensgen und Hort (F+E-Aufwand 1983, S. 73 ff.) werden 36,9% des Forschungs- und Entwicklungsbudgets von 68 deutschen Industrieunternehmen für die Entwicklung neuer Produkte und 30,6% für die Verbesserung bestehender Produkte ausgegeben. Der Rest wird in Produktionsprozesse (15,8%), Forschung (4,3%) und sonstige Aktivitäten investiert.

Hieraus wird die dominierende Stellung der Produktentwicklung deutlich, während die eigentliche Forschung stark zurücktritt.

Unter **Forschung** verstehen wir

> alle Bemühungen, neue Erkenntnisse zu gewinnen oder bekannte Erkenntnisse zu erweitern bzw. zu vertiefen.

Man kann die Forschung in Grundlagen- und Zweckforschung, die in den Unternehmen auf neue Produkte und/oder Produktionsverfahren zielt, unterteilen. Diese Forschungstätigkeit ist ebenfalls eine bedeutende Quelle für Neuproduktideen, insbesondere in der Chemischen und Pharmazeutischen Industrie.

Konkretisiert sich die Forschung auf genau definierte Projekte, so beginnt der Übergang zur **Entwicklung**, die gekennzeichnet ist durch

> alle Bemühungen, unter Berücksichtigung gewonnener Erkenntnisse ein neues Produkt herauszubringen oder ein neues Produktionsverfahren zu realisieren.

Die Forschungs- und Entwicklungsprojekte eines Unternehmens binden erhebliche finanzielle Mittel, z.B. bei deutschen Großunternehmen etwa 5% des Umsatzes (Poensgen/Hort, F+E-Aufwand 1983, S. 79), so dass es unbedingt nötig ist, diese Projekte eingehend zu beurteilen, um die am meisten Erfolg versprechenden auswählen zu können.

b) Die Bewertung von Forschungs- und Entwicklungsprojekten

1. Scoring-Modelle

Das in der industriellen Praxis gebräuchlichste Bewertungsverfahren ist das Punktbewertungsverfahren, auch **Scoring-Modell** genannt. Hierbei wird jedes Entwicklungsprojekt, z.B. die Realisierung einer Neuproduktidee, anhand von technischen, ökonomischen und zeitlichen Kriterien bewertet. Solche Kriterien können z.B. sein (Hertz/Carlson, Research and Development 1963, S. 178 ff.):

Technische Kriterien

T1: Entwicklungsmöglichkeit der Technologie im eigenen Unternehmen

T2: Beanspruchung der Produktionskapazität

T3: Beschaffungsmöglichkeiten von Materialien und Zwischenprodukten

Ökonomische Kriterien

Ö1: Höhe des Entwicklungsaufwandes

Ö2: Aufnahmefähigkeit des Marktes für das neue Produkt

Ö3: Erwarteter Deckungsbeitrag pro Jahr

Zeitliche Kriterien

Z1: Zeitbedarf bis zur Produktreife

Z2: Lebenszykluslänge des Produktes

Jedes zu prüfende Projekt wird nun im Hinblick auf diese Kriterien auf einer Rating-Skala beurteilt (z.B. mit den Ausprägungen „gut", „durchschnittlich" und

„schlecht") und mit **Nutzenwerten** versehen. Dabei können die Kriterien nach ihrer Bedeutung gewichtet werden. Die Nutzenwerte jeder Kriteriengruppe sind anschließend zu addieren und mit der Summe der Nutzenwerte anderer Kriteriengruppen multiplikativ zu verknüpfen. Dies geschieht, um die möglichst gleichmäßige Berücksichtigung aller Kriteriengruppen zu gewährleisten[10].

Tab. 13   Bewertung von zwei Projekten mit einem Scoring-Modell

Kriterien	Gewicht	Nutzenwert			
		Projekt I		Projekt II	
		ungewich-tet	gewichtet	ungewich-tet	gewichtet
T1	0,5	5	2,5	1	0,5
T2	0,2	1	0,2	5	1,0
T3	0,3	3	0,9	1	0,3
Technische Kriterien (Gesamt)			3,6		1,8
Ö1	0,4	5	2,0	3	1,2
Ö2	0,3	3	0,9	5	1,5
Ö3	0,3	3	0,9	5	1,5
Ökonomische Kriterien (Gesamt)			3,8		4,2
Z1	0,4	3	1,2	5	2,0
Z2	0,6	3	1,8	5	3,0
Zeitliche Kriterien (Gesamt)			3,0		5,0
Gesamtnutzenwert Projekt I : 3,6 x 3,8 x 3,0 = 41,04					
Gesamtnutzenwert Projekt II: 1,8 x 4,2 x 5,0 = 37,80					

Tab. 13 veranschaulicht das Vorgehen bei Scoring-Modellen. Die Bewertungen werden mit folgenden Nutzenwerten versehen:

gut = 5   durchschnittlich = 3   schlecht = 1

Das Projekt I erzielt den höheren Nutzenwert, weil die Bewertung der einzelnen Kriteriengruppen (T, Ö, Z) ausgeglichener ist und es damit von der multiplikativen Verknüpfung profitiert. Eine additive Verknüpfung zwischen T, Ö und Z wäre für Projekt II günstiger gewesen. Dies Beispiel soll nur zeigen, wie die Ergebnisse von

---

[10] Selbstverständlich ist auch hier eine additive Verknüpfung möglich, falls konkrete Gründe dafür sprechen sollten.

Scoring-Modellen von der Art der Verknüpfung, der Gewichtung und selbstverständlich von der subjektiven Einschätzung der Nutzenwerte abhängen. Eine sorgfältige, ausgewogene und vorsichtige Analyse ist daher bei solchen Modellen unabdingbar.

2. Methoden der Investitionsrechnung

In der Praxis wird es kaum gelingen, alle Erfolg versprechenden Neuproduktprojekte im Unternehmen zu realisieren, da die finanziellen und kapazitiven Mittel nicht ausreichen werden. Der erforderliche Auswahlprozess kann mit Scoring-Modellen durchgeführt werden, wenn man die Projekte nach ihren Gesamtnutzenwerten ordnet und in dieser Folge nur diejenigen realisiert, die zusammen die verfügbaren Ressourcen des Unternehmens nicht überschreiten.

Ist es aber möglich, die Beiträge der Projekte zum Unternehmenserfolg quantitativ zu schätzen, sind die bekannten Methoden der Investitionsrechnung, z.B. die Kapitalwertmethode, anwendbar. Man errechnet den Kapitalwert, indem man sämtliche Differenzen zwischen zeitgleichen Einnahmen und Ausgaben eines Projektes mit einem vorgegebenen Kalkulationszinsfuß (häufig der Zinssatz einer risikofreien Anlage auf dem Kapitalmarkt) auf den Zeitpunkt des Projektbeginns abzinst und anschließend summiert.

Ökonomisch kann der Kapitalwert als Mehrgewinn interpretiert werden, den das Projekt über die Verzinsung auf dem Kapitalmarkt hinaus erwirtschaftet, bezogen auf den Projektbeginn.

Wir bezeichnen mit C_i den Kapitalwert des i-ten Projektes ($i = 1,...,I$) und mit B_j den Höchstbetrag der dem Unternehmen zur Verfügung stehenden Ressourcen ($j = 1,...,J$), (z.B. Kapital, Materialien, Nutzungsmöglichkeit der Produktionsanlagen in Maschinenstunden oder Personalstunden).

a_{ji} bedeutet die Inanspruchnahme der j-ten Ressource durch das Projekt i und x_i ist eine Null-Eins-Variable, die den Wert eins annimmt, wenn das Projekt i verwirklicht werden soll und im anderen Fall Null wird.

Die Auswahl der für den Unternehmenserfolg günstigsten Projekte, deren Entwicklung weitergeführt werden soll, kann mit Hilfe des folgenden ganzzahligen Optimierungsmodells durchgeführt werden:

$$(23) \qquad Z = \sum_{i=1}^{I} C_i x_i \Rightarrow max!$$

$$(24) \qquad \sum_{i=1}^{I} a_{ji} x_i \leq B_j \qquad\qquad (j = 1,...,J)$$

$$(25) \qquad x_i = 0 \ oder \ 1 \qquad\qquad (i = 1,...,I)$$

Die optimale Lösung dieses Modells enthält die Projekte, die den Gesamt-Kapitalwert maximieren und die Ressourcen-Beschränkungen erfüllen. Dabei ist zu beachten, dass das Modell in vieler Hinsicht erweiterungs- und vertiefungsbedürftig ist, um die konkreten Gegebenheiten der Praxis adäquat abzubilden, insbesondere in dynamischer Hinsicht. Hierzu muss auf die Spezialliteratur verwiesen werden (Brockhoff, Produktpolitik 1993).

Wir wollen hier davon ausgehen, dass die Projekte (Neuproduktkonzeptionen), die durch das obige Modell ausgewählt wurden, nun die nächste Stufe der Neuproduktplanung erreichen, die sich mit der konkreten Gestaltung des neuen Produktes befasst.

III. Die Produktgestaltung

a)   Produkteigenschaften

Aus der Neuproduktkonzeption muss nun durch technische Produktgestaltung ein marktfähiges Produkt hervorgehen. Als erster Schritt wird ein **Prototyp** des künftigen Produktes entwickelt und auf seine technischen Funktionen getestet. Dabei entdeckte Funktionsfehler, wie z.B. die Tatsache, dass stark beanspruchte Teile aus zu weichem Material hergestellt sind und schnell verschleißen, oder dass Antriebsaggregate nicht ausreichend dimensioniert sind, müssen in dieser Phase behoben werden.

Funktioniert der Prototyp technisch einwandfrei, können die übrigen Produkteigenschaften, die für den Verkaufserfolg wichtig sind (Farbe, Form, Styling usw.), durch Testpersonen der zukünftigen Zielgruppe geprüft werden. Man wird versuchen, die variierbaren Produkteigenschaften den Präferenzen der Abnehmer anzupassen. Das geschieht bei Auftragsfertigung (z.B. in der Investitionsgüterindustrie) durch direkte Absprachen oder Vorbringen von Ausstattungswünschen, bei Serien- oder Massenfertigung für den anonymen Markt mit Hilfe von geeignet ausgewählten Testgruppen, die z.B. den Geschmack einer Zahnpasta oder die Konsistenz einer Hautcreme beurteilen.

b)   Markenname

Nach der befriedigenden Überprüfung der technischen Funktionen und sonstigen Produkteigenschaften muss bei Markenartikeln das Problem des **Markennamens** gelöst werden. Der Markenname übt einen erheblichen Einfluss auf die Verkaufsfähigkeit eines Produktes aus, so dass eine sorgfältige Wahl geboten ist.

Nach Kotler (Marketing 1998, S. 698) gibt es erfahrungsgemäß einige Faustregeln für einen Markennamen. Es empfehlen sich

- kurze, prägnante und leicht zu merkende Namen (Opel Astra, OMO),
- deutlich von anderen zu unterscheidende Namen,
- Namen, die positive Produkteigenschaften suggerieren (Meister Propper, Holsten Edel).

Wichtigstes Ziel der Namensgebung muss sein, dass der Verbraucher den Namen leicht und dauerhaft im Gedächtnis behält, ihn mit dem Produkt identifiziert und positive Assoziationen hat.

c)   Entwurf der Verpackung

Ursprünglich diente die Verpackung nur dem Schutz des Produktes und seiner Transportfähigkeit. Im Laufe der Zeit entdeckte man immer mehr den Einfluss der Verpackung auf den Absatz des Produktes. Wir haben bei der Analyse der Biermarken (S. 57 ff.) gesehen, dass Flaschenform, Flaschenfarbe und Etikett als Aufmachung zu den Produkteigenschaften gehören, die von den Konsumenten als wichtig und damit auch als absatzbeeinflussend eingestuft wurden. Dies gilt natürlich umso mehr, wenn man die Verpackung zusätzlich für Werbung nutzt.

In den heute im Konsumgüterhandel vorherrschenden Selbstbedienungsläden muss die Verpackung die gesamte kommunikative Aufgabe zwischen Produkt und potenziellem Käufer übernehmen, so dass die Elemente des Verpackungs-Designs, wie Größe, Form, Farbe, Material und Markenzeichen, sorgfältig kombiniert werden müssen, um die gewünschte absatzfördernde Wirkung auszuüben.

d)   Spezielle Methoden der Produktgestaltung

1.   Normung

Normung ist die **einheitliche Festlegung** von Größen, Abmessungen, Formen und Farben **einzelner Teile** eines Produktes.

Als Beispiele sind zu nennen Länge und Durchmesser von Schrauben, Drähten und elektrischen Leitungen, Bausteine von Armaturen (Dichtungen), Widerstände, Kondensatoren usw.

Ziele der Normung von Einzelteilen sind vor allem Senkung der Kosten und Steigerung der Produktivität bei der Montage von Produkten. Sie werden erreicht durch

■ geringeren Lagerbedarf für die Einzelteile,
■ weniger Verwaltungsarbeiten bei Materiallieferungen,
■ geringere Kapitalbindung während des Produktionsprozesses.

Weitere Vorteile der Normung ergeben sich beim Absatz der Produkte durch

■ einheitliche Qualitätsbegriffe und damit erhöhte Markttransparenz,
■ Wettbewerbsvorteile durch günstiger kalkulierte Absatzpreise,
■ höhere Lieferbereitschaft bei Ersatzteilen.

2.   Typung

Im Gegensatz zur Normung bezieht sich die Typung nicht auf Einzelteile, sondern auf das ganze Fertigprodukt. Man versteht unter Typung die

Vereinheitlichung der angebotenen **Produktvarianten** zwecks Verkleinerung des Sortiments.

Die Produktpalette soll durch Typung übersichtlich gestaltet und vereinheitlicht werden um Rationalisierungsmöglichkeiten ausschöpfen zu können. Weitere Vorteile ergeben sich aus einer einfacheren Lagerhaltung, da die Überwachung von Sicherheitsbeständen, Bestellmengen und -preisen wesentlich reduziert werden kann.

Diesen Kostenvorteilen stehen aber auch negative Wirkungen auf den Absatz der Produkte gegenüber:

■ Es können nicht mehr alle Kundenwünsche erfüllt werden, woraus u.U. Wettbewerbsnachteile resultieren;

■ Durch die kleinere Produktpalette werden die ausgleichenden Wirkungen der Diversifikation abgeschwächt.

Um diese Nachteile der Typung zu vermeiden, wird häufig das **Baukastensystem** angewandt, d.h. die Benutzung standardisierter Baugruppen, die unterschiedlich zusammengefügt werden (Jacob, Industriebetriebslehre 1990, S. 458). Jede Kombination dieser Baugruppen stellt einen anderen Typ des Produktes dar. Damit können die Vorteile der Normung verwirklicht werden, ohne die absatzfördernde Typenvielfalt aufgeben zu müssen.

3.   Wertanalyse   –

Mit der Wertanalyse sollen Kosten der Produktgestaltung aufgedeckt werden, die für den **Funktionswert** des Produktes von untergeordneter Bedeutung sind. Dabei ist darauf zu achten, dass der Funktionswert in den Augen der Käufer erhalten bleiben muss, wenn die nicht unbedingt benötigten Produktteile und Gestaltungsmaßnahmen entfallen (z.B. Zierleisten am PKW).

Bei der Wertanalyse geht man in zwei Schritten vor:

Eindeutige **Beschreibung** der **Funktionen** des Produktes oder Produktteiles. Beispiel: Ein Fahrradpedal soll den Antrieb ermöglichen, einen Blinkreflex bewirken und das Aussehen des Fahrrades verbessern.

Anwendung von **Produktgestaltungs-Maßnahmen** zur Kostensenkung, die den Funktionswert möglichst unberührt lassen. Beispiele (Jacob, Industriebetriebslehre 1990, S. 455):

■ Fortfall eines Produktteils (Trittbretter am PKW),
■ Gewichtsverminderung (Aushöhlung von Stoßstangen),
■ Werkstoffänderung (Kunststoff statt Holz bei Schubladen),
■ Verminderung von Toleranzen (Glühbirnen),
■ Austausch von Teilen gegen Normteile,
■ Fremdbezug von Einzelteilen.

Durch diese Maßnahmen versucht die Wertanalyse, die Produktionskosten bei gleichzeitiger Konstanz des Funktionswertes der Produkte zu senken und damit zu einem möglichst günstigen Verhältnis zwischen Produkt-Nutzen und Produkt-Aufwand zu kommen.

IV. Die Produkteinführung

a)   Heuristisch-evolutive Erfolgsfaktoren

In dieser ersten Phase des Produkt-Lebenszyklus kommt es darauf an, eine möglichst schnelle und nachhaltige Diffusion der Innovation im Markt zu erreichen. Bei Mutanten in der Evolution hängt diese Diffusion von

- der Vermehrungsgeschwindigkeit,
- dem Selektionsvorteil und
- der Anfangsverbreitung

der Mutanten ab. Dieselben Determinanten gelten auch sinngemäß für Produktinnovationen. Dabei ist zu beachten, dass die **Vermehrungsgeschwindigkeit** kein strategischer Faktor sondern **Ergebnis** strategischer Bemühungen ist und stark von den Abwehrmaßnahmen der Konkurrenten beeinflusst wird. Es gibt Beispiele, wo sich die neue Variante einen gewissen Marktanteil erobert, ohne die Konkurrenzprodukte ganz zu verdrängen (Zeitschrift Woman's World, Microsoft Internet Explorer gegenüber dem Netscape Communicator). Eine nicht-lineare Vermehrungsgeschwindigkeit führt dagegen zu einer vollständigen Eroberung des Marktes durch das neue Produkt, wie es z.B. bei der Verdrängung der Digital-Armbanduhren mit Leuchtdioden (LED) durch solche mit Flüssigkeitskristallen (LCD) oder der Markteroberung des VHS-Videosystems der Fall war. Ebenso hat die CD im Lauf der Zeit die normale Schallplatte verdrängt. Es kann gezeigt werden (Sabathil, Evolutionäre Strategien 1991, S. 151 f.), dass die Vermehrungsgeschwindigkeit umso höher ist, je größer der **Selektionsvorteil** und die **Anfangsverbreitung** des neuen Produkts ausfallen.

Der Selektionsvorteil eines neuen Produktes ist sein **relativer Wettbewerbsvorteil**, wie er im 3. Kapitel ausführlich besprochen wurde. Als Hauptstrategien zur Verbesserung des Selektions- bzw. Wettbewerbsvorteils kommen die auf S. 52 ff. analysierten in Betracht:

- Kosten- und Preisführerschaft, insbesondere durch **Spezialisierung**, hohes Produktionsvolumen und Ausnutzen der Erfahrungskurve (vgl. S. 130 ff.),
- Abheben des eigenen Produktes von den Konkurrenzprodukten durch höhere Produktqualität, Markenname und Markenimage,
- Konzentration auf **Marktnischen** und Spezialisierung für ein Marktsegment.

b)   Die Anfangsverbreitung

Hat das Unternehmen mit Hilfe der oben genannten Strategien einen Selektionsvorteil aufgebaut, so muss noch für eine **ausreichende Anfangsverbreitung** gesorgt werden, um eine erfolgreiche Produkteinführung zu gewährleisten.

1.   Testmarkteinführung

Es ist das Ziel einer regionalen Einführung des innovativen Produktes auf einem **repräsentativen Testmarkt**, dort seine Wettbewerbsvorteile zu erkennen. Durch Hochrechnung der Testmarktergebnisse kann das Unternehmen ermitteln, ob eine ausreichende, für eine nachhaltige Marktdurchdringung erforderliche Anfangsverbreitung auf dem Gesamtmarkt erwartet werden kann.

Damit der Testmarkt Basis einer Hochrechnung für den Gesamtmarkt sein kann, muss er bestimmte Bedingungen erfüllen:

1.   Der Testmarkt sollte möglichst **repräsentativ** für den Gesamtmarkt sein, d.h. die sozioökonomischen und demographischen Merkmale der potentiellen Käufer sollten auf beiden Märkten übereinstimmen.

2. Der Testmarkt sollte regional eindeutig abgegrenzt und im Idealfall von anderen Teilmärkten isoliert sein.

3. Der Testmarkt sollte über die Distributionskanäle und Werbemedien verfügen, die im Gesamtmarkt genutzt werden können.

Es liegt auf der Hand, dass es kaum Teilmärkte gibt, die alle Bedingungen für einen Testmarkt erfüllen. So war z.B. Berlin (West) vor der Vereinigung ein eindeutig abgegrenzter und für viele Produkte weitgehend isolierter Teilmarkt, doch war die demographische Schichtung der Bevölkerung (insbesondere der Altersaufbau) anders als im ehemaligen Bundesgebiet. Bei der Auswahl des Testmarktes sind daher Kompromisse unvermeidlich, die natürlich das Risiko einer Hochrechnung der Ergebnisse erhöhen.

Um auf dem Testmarkt zu verlässlichen Resultaten zu gelangen, sollte der Markttest nicht nur die **Erstkäufe**, sondern auch **Wiederholungskäufe** umfassen. Damit werden die Wirkungen der besonderen Motive bei Erstkäufen (Neugier, Impulskauf) weitgehend neutralisiert und eine langfristige Prognose der Marktdurchdringung erleichtert.

Nach Abschluss der Markttestphase liegen die Verkaufsergebnisse im Testmarkt vor und müssen auf den Gesamtmarkt hochgerechnet werden. Sind die Testmarktbedingungen einigermaßen gewahrt, kann man folgende Hochrechnungsgleichung benutzen:

(26) $Umsatz\ Gesamtmarkt = a \cdot Umsatz\ Testmarkt$

Die Größe a ist hierbei als das Verhältnis von Faktoren auszudrücken, die auf den Umsatz des neuen Produktes den größten Einfluss ausüben. Brockhoff (Produktpolitik 1993, S. 225 f.) erwähnt vier Einflussfaktoren:

(27a) $a_1 = \dfrac{Disponibles\ Einkommen\ Gesamtmarkt\ (GM)}{Disponibles\ Einkommen\ Testmarkt\ (TM)}$

(27b) $a_2 = \dfrac{Umsatz\ eines\ Vergleichsproduktes\ GM}{Umsatz\ eines\ Vergleichsproduktes\ TM}$

(27c) $a_3 = \dfrac{Anzahl\ der\ potentiellen\ Nachfrager\ GM}{Anzahl\ der\ potentiellen\ Nachfrager\ TM}$

(27d) $a_4 = \dfrac{Umsatz\ der\ Produktart\ GM}{Umsatz\ der\ Produktart\ TM}$

Gleichung (27c) erscheint vorzugswürdig, da im Normalfall die Anzahl der potenziellen Käufer der beste Indikator für den Umsatz darstellt. Sollten allerdings Einkommensunterschiede zwischen Test- und Gesamtmarkt bestehen, müssen sie als Kaufkraftindikatoren über Gleichung (27a) berücksichtigt werden.

Die Hochrechnungsergebnisse zeigen nur ein momentanes statisches Bild der Marktposition des neuen Produktes. Ob die Marktdurchdringung auch auf lange Sicht gelingen kann, darüber muss eine langfristige Prognose Aufschluss geben, für die allerdings keine Zeitreihenwerte aus der Vergangenheit vorliegen. Eine Methode, die diese Schwierigkeiten zu umgehen versucht, wird in Abschnitt V. behandelt.

2. Verteilung einer Proto-Produktversion

Eine weitere Strategie ist die **kostenlose Verteilung** einer „abgemagerten" Variante des Produktes, die das Verlangen nach dem vollständigen Produkt wecken soll. Die Demonstrationsversion eines neuen Softwareproduktes enthält nur einige Funktionen, ist aber trotzdem in der Lage, einen Vorgeschmack auf den gesamten Leistungsumfang beim Benutzer zu erzeugen und wird deswegen gern gegen eine geringe Gebühr oder sogar kostenlos an potenzielle Kunden abgegeben. In ähnlicher Weise wirken die Vorabveröffentlichungen von neuen Büchern in Zeitschriften.

Alle diese Strategien tragen - richtig angewandt - ihren Teil zu einer schnellen und nachhaltigen Marktdurchdringung des neuen Produktes bei oder geben zumindest Hinweise darauf, dass die gewünschte Diffusion wahrscheinlich nicht erreicht wird. Sie bilden daher die Grundlage für das heuristisch-evolutive strategische Management von Produktinnovationen.

V. Prognose der langfristigen Marktdurchdringung

Parfitt und Collins (Prediction 1968) haben eine in der Praxis nicht selten angewendete Methode entwickelt, um die Marktdurchdringung eines neuen Produktes mit einem Modell zu prognostizieren, das die Erst- und die Wiederholungskäufe als zwei stochastische Prozesse miteinander verknüpft.

a) Modellierung der Erstkäufe

Parfitt und Collins haben empirisch festgestellt, dass bei kurzlebigen Konsumgütern (z.B. Zahnpasta, Kaffee) folgende Aussagen über Erstkäufe gemacht werden können (vgl. auch Meffert/Steffenhagen, Marketing-Prognosemodelle 1977, S. 142 ff.):

1. die Zahl der Erstkäufer nimmt in jeder Periode ab,
2. die kumulierte Zahl der Erstkäufer strebt einem Grenzwert analog dem Sättigungsniveau zu,
3. die Zahl der Erstkäufer pro Periode ist proportional der Differenz aus Grenzwert (Punkt 2.) und kumulierter Zahl der bisher erreichten Erstkäufer.

Diese Aussagen sind nun zu quantifizieren. Wir benutzen folgende Symbole:

$\Delta Y(t)$ = Zahl der Erstkäufer in der Periode t (in % der Zielgruppe)

$Y(t) = \sum_{\tau=1}^{t} \Delta Y(\tau)$ = kumulierte Zahl von Erstkäufern in der Periode t (in % der Zielgruppe)

S = Grenzwert der Marktdurchdringung (in % der Zielgruppe)

r = Proportionalitätsfaktor (Annäherungsrate an S) $(0 < r < 1)$

Nach Aussage 3 ergibt sich folgende Entwicklung von $Y(t)$:

(28a)　　$\Delta Y(1)$　$= r\,S$

(28b)　　$\Delta Y(2)$　$= r\,[S - \Delta Y(1)]$　　　　　$=$　　　　　$r\,S\,(1-r)$

(28c)　　$\Delta Y(3)$　$= r\,[S - \Delta Y(1) - \Delta Y(2)]$　　$=$　　　　　$r\,S\,(1-r)^2$

oder allgemein

(29)　　$\Delta Y(t)$　$= r\,S\,(1-r)^{t-1}$

Daraus folgt für $Y(t)$:

$$(30) \qquad Y(t) = \sum_{\tau=1}^{t} \Delta Y(\tau) = r\,S \sum_{\tau=1}^{t} (1-r)^{\tau-1} = S\,[1 - (1-r)^{t}]$$

Geht man zur kontinuierlichen zeitlichen Betrachtung über und lässt die Perioden t infinitesimal klein werden, ohne das Ergebnis der Summierung in (30) zu verändern, so muss man r durch die „Annäherungsintensität" ρ ersetzen nach der Gleichung

(31)　　$1 - r = e^{-\rho}$　　　　　　　　　　($e = 2{,}71828..$)

und erhält die zeitliche Entwicklung der Marktdurchdringung durch Erstkäufe in der Gestalt

(32)　　$Y(t) = S(1 - e^{-\rho\,t})$

Abb. 23 zeigt diese Entwicklung für $S = 60\%$ und $r = 0{,}3$.

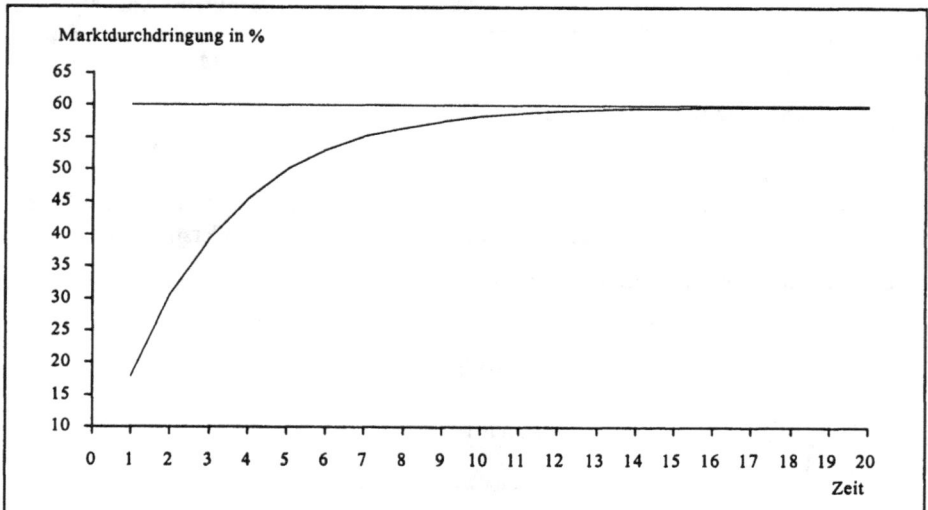

Abb. 23　Marktdurchdringung durch Erstkäufe ($S = 60\%$; $r = 0{,}3$)

b)   Modellierung der Wiederholungskäufe

Die Erstkäufe reichen zur Prognose des langfristigen Marktanteils unseres neuen Produktes noch nicht aus, da nur diejenigen Erstkäufer, die nicht aus Neugierde gekauft haben, zu Wiederholungskäufern werden. Im Laufe der Zeit wird auch die Zahl der Wiederholungskäufer durch Abwanderungen geringer, so dass schließlich nur ein Prozentsatz w_0 von „markentreuen" Wiederholungskäufern übrig bleibt. Damit ergibt sich für den Anteil $w(t)$ der Wiederholungskäufer an allen Erstkäufern in der Periode t folgende degressive Funktion

$$(33) \qquad w(t) = \frac{a}{t+b} + w_0 \qquad\qquad (a, b > 0, w_0 \geq 0).$$

Durch Multiplikation des Erstkaufmarktanteils $Y(t)$ mit dem Anteil der Wiederholungskäufer $w(t)$ ergibt sich die endgültige und langfristige Marktdurchdringung $M(t)$:

$$(34) \qquad M(t) = Y(t) \cdot w(t) = S(1 - e^{-\rho t})\left(\frac{a}{t+b} + w_0\right)$$

mit dem Grenzwert

$$(35) \qquad \lim_{t \to \infty} M(t) \qquad = S \cdot w_0 .$$

Abb. 24 zeigt den Verlauf von $M(t)$. Als Parameter wurden gewählt

$$w_0 = 0{,}3 \qquad\qquad a = 0{,}7 \qquad\qquad b = 0{,}3$$

Abb. 24 zeigt, dass sich die Entwicklung des Marktanteils ab $t = 8$ langsam dem Grenzwert 18% annähert. Das in $t = 7$ erreichte Marktanteilsmaximum von knapp 22% kann langfristig nicht gehalten werden.

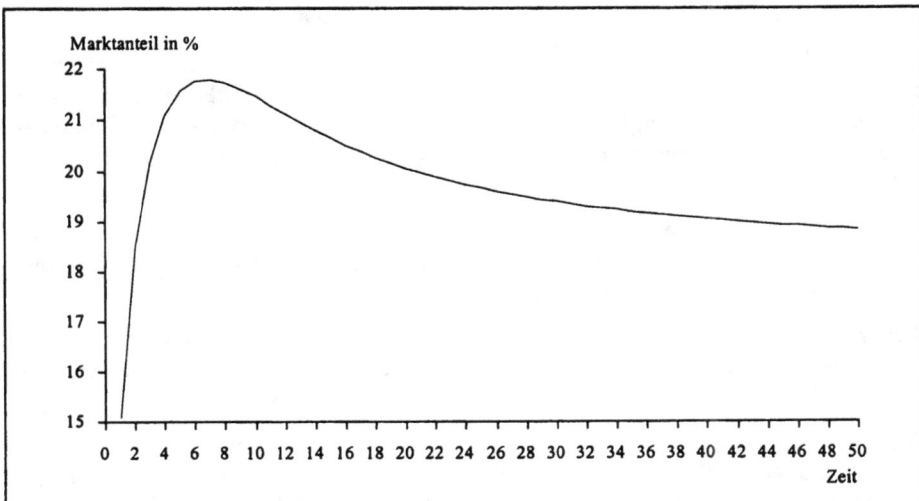

Abb. 24   Entwicklung des Marktanteils eines neuen Produktes

Kritisch ist gegen das Parfitt/Collins-Modell einzuwenden, dass die Schätzungen der Parameter S, r, a, b und w_0 außerordentlich schwierig sind, da für das neue Produkt keine Zeitreihenwerte vorliegen. Man behilft sich meistens mit Daten aus der Testmarktphase, heuristischen Schätzungen oder Analogieschlüssen aus vergleichbaren früheren Markteinführungen.

C. Folgerungen für die strategische Programmplanung

In den vorangegangenen Abschnitten sind die wesentlichen Untersuchungen beschrieben worden, die Grundlage der strategischen Produktionsprogrammentscheidungen sein sollten.

Zunächst wurde das bisher verwirklichte Produktionsprogramm des Industriebetriebes analysiert. Dabei waren insbesondere folgende Kriterien von Bedeutung:

- Die gegenwärtige Wettbewerbsposition der Produkte des Unternehmens,
- die Stellung der Produkte im Lebenszyklus,
- die langfristigen Absatzchancen der Produkte.

Anschließend beleuchteten wir den Prozess der Planung eines neuen Produktes in den einzelnen Phasen:

- Heuristische Suche nach Neuproduktideen
- Entwicklung einer Produktkonzeption
- Produkttest auf einem Testmarkt
- Prognose der Marktdurchdringung

Auf diesen Grundlagen aufbauend lassen sich nun strategische Produktentscheidungen zieladäquat treffen.

I. Produktinnovationsstrategien

Ein neues Produkt wird auf dem Markt eingeführt, wenn das Unternehmen dadurch eine nachhaltige Stärkung seines zukünftigen Gewinnpotenzials erwartet. Dazu müssen die Marktattraktivität (vgl. S. 41) des Produktfeldes, gemessen am Marktvolumen und Marktwachstum, hinreichend groß und die Chancen des neuen Produktes auf einen angemessenen Marktanteil hoch sein.

Die Entscheidung, das neue Produkt endgültig auf dem Markt einzuführen, kann gefällt werden, wenn die Ergebnisse des Produkttests auf dem Testmarkt und die Prognose der langfristigen Marktdurchdringung vorliegen.

Kotler (Marketing 1998, S. 549) gibt ein einfaches Verfahren an, Produkteinführungsstrategien zu entwickeln, die von der Erst- und Wiederkaufsrate des Produktes auf dem Testmarkt abhängen. Tab. 14 zeigt die Strategien.

Wenn die Erstkaufsrate hoch und die Wiederkaufsrate niedrig ist, kann man daraus schließen, dass das Produkt zwar eine Bedarfslücke füllt, aber noch nicht ausgereift ist. Dieser Mangel kann durch Veränderungen der Konstruktion oder der Verarbeitungsqualität evtl. behoben werden. Bei niedriger Erstkaufsrate muss der Bekanntheitsgrad des neuen Produktes durch erhöhte Verkaufs- und Werbeanstrengungen verbessert werden, bevor das Produkt (bei hoher Wiederkaufsrate) eingeführt werden kann.

Tab. 14 Produkteinführungsstrategien nach Kotler (1998)

Erstkaufsrate	Wiederkaufsrate	Strategie
Hoch	Hoch	Produkt einführen
Hoch	Niedrig	Produkt neu bearbeiten oder aufgeben
Niedrig	Hoch	Werbung/Verkaufsförderung intensivieren
Niedrig	Niedrig	Produkt aufgeben

Ein gewisser Nachteil von Kotlers Schema liegt darin, dass die Begriffe „hoch" und „niedrig" nicht eindeutig abgegrenzt werden können, doch muss die Praxis häufig mit solchen „unscharfen" Begriffen arbeiten, die nur vom Unternehmen selbst aus der Gesamtzielsetzung heraus festzulegen sind. Diese Festlegung hängt ab von der

- Risikoeinstellung der Geschäftsführung und dem
- Anlass der Neuprodukt-Einführung.

Ist der Anlass z.B. eine **Diversifikationsstrategie**, möchte das Unternehmen also in Produktfelder eindringen, in denen es bisher nicht tätig war, wird man die Grenze zwischen hoch und niedrig **unter** derjenigen in heimischen Produktfeldern festlegen, um die Diversifikation nicht über Gebühr zu erschweren.

Der Produkteinführungsstrategie bei neuen Produkten stehen nun bei den schon auf dem Markt angebotenen Produkten drei Strategien gegenüber:

- Produktintensivierung
- Produktvariation bzw. -differenzierung
- Produkteliminierung

Sie sind Gegenstand des nächsten Abschnittes.

II.   Strategien für am Markt eingeführte Produkte

a)   Produktintensivierung

Diese Strategie gehört zu den Investitions- und Wachstumsstrategien (vgl. S. 45).
Sie ist angebracht, wenn

- die Wettbewerbsposition des eigenen Produktes entscheidend verbessert wurde
  (z.B. durch Ausscheiden eines Konkurrenten) oder
- das Produkt in die Wachstumsphase seines Lebenszyklus eintritt oder
- die prognostizierten langfristigen Absatzchancen sich durch neue Markt-
  entwicklungen (z.B. Bedarfsverschiebungen oder Geschmackswandlungen)
  nachhaltig erhöhen.

Folge einer Produktintensivierung ist vor allem eine Ausweitung der Produktionskapazitäten sowie flankierende absatzpolitische Maßnahmen, insbesondere der
Preispolitik und der Verkaufsförderung.

Eindrucksvolle Beispiele für eine Produktintensivierungsstrategie sind der Verkaufserfolg des Opel Kadett Ende der 70er Jahre infolge der stark gestiegenen Ben-
zinpreise (Bedarfsverschiebung zu kleineren und wirtschaftlicheren Automobilen)
sowie der Anstieg des Fahrradabsatzes infolge des geschärften Umwelt- und Ge-
sundheitsbewusstseins.

b)   Produktvariation bzw. -differenzierung

Bei dieser Strategie unterscheiden wir zwei Ausprägungen:

1. Ein bisher auf dem Markt angebotenes Produkt wird in seinen funktionellen
    oder anderen absatzbeeinflussenden Eigenschaften (Farbe, Form, Verpa-
    ckung usw.) verändert und ersetzt das ursprüngliche Produkt. Beispiele für
    eine solche Produktvariation sind die zeitlich aufeinander folgenden Modelle
    der Automobilhersteller (Golf I bis V). Sie spiegeln häufig die Entwicklung
    des technischen Fortschritts oder die Anpassung an veränderte Umweltgege-
    benheiten bzw. Modetrends wider.
2. Ein Grundprodukt wird gleichzeitig in mehreren Varianten auf dem Markt
    angeboten, um verschiedene Zielgruppen anzusprechen. So kann z.B. ein be-
    stimmtes PKW-Modell zwei- oder viertürig, mit Schalt- oder automatischem
    Getriebe sowie mit Schiebedach ausgerüstet werden. Man nennt diesen Fall
    der Produktvariation auch **Produktdifferenzierung**. Er bietet durch verschie-
    dene Preisgestaltung für die Varianten die zusätzliche Möglichkeit, die unter-
    schiedliche Nachfrageelastizität der einzelnen Käuferschichten gezielt auszu-
    nutzen. Produktdifferenzierungen werden vor allem bei technischen Konsum-
    gütern vorgenommen, die über eine einheitliche technische Grundfunktion
    verfügen und darüber hinaus zusätzliche Ausstattungen, die der Bequemlich-
    keit oder der Energieersparnis dienen sollen, bieten. In diesem Zusammen-
    hang gehören z.B. schnurlose Telefone, selbstreinigende Backöfen, die Spar-
    programme bei Waschmaschinen und das 5-Gang-Getriebe beim PKW.

Man kann davon ausgehen, dass die beiden Ausprägungen der Produktvariation in
der Praxis Hand in Hand gehen. Aus der Erkenntnis des Lebenszyklusprozesses er-

gibt sich die Notwendigkeit der Produktvariation im Sinne der **Substitution** des alten durch ein neues Produkt. Wenn der Markenname und andere wichtige Produktcharakteristika erhalten bleiben (z.B. bei Persil seit 1907), spricht man von einem „Relaunch" des Produktes, der eine neue Wachstumsphase einleiten kann.

Diese „Produkterneuerungen" werden mit Maßnahmen der Produktdifferenzierung kombiniert, um ein breit gefächertes Angebot für die Konsumenten bereit zu halten. Die Produktvariationsstrategie bewährt sich regelmäßig trotz der höheren Kosten, wenn Käuferschichten mit unterschiedlichen Einkommen oder Konsumgewohnheiten angesprochen werden sollen (z.B. auf dem Biermarkt durch die Premiumbiere).

c)   Produkteliminierung

Befindet sich ein Produkt in der Degenerationsphase seines Lebenszyklus und sind Produkt-Relaunches nicht möglich oder auf Grund hoher Kosten oder eines schrumpfenden Gesamtmarktes nicht profitabel, so kann man das Produkt auslaufen lassen und die restlichen Gewinne abschöpfen. Wird jedoch der produktbezogene Cash Flow (Einnahmenüberschuss) negativ, ist das Produkt aus dem Produktionsprogramm zu eliminieren.

Der Zwang zur Eliminierung eines Produktes geht jedoch nicht immer vom Markt aus. Durch Änderung gesetzlicher Vorschriften, insbesondere im Bereich der Umweltschutzgesetzgebung (z.B. Grenzwerte des Schwefeldioxid-Ausstoßes von Kraftwerken) sind Unternehmen manchmal gezwungen, Produkte aus dem Programm zu nehmen. Zuweilen hat auch die Stiftung Warentest bei Tests festgestellt, dass Produkte den Sicherheitsansprüchen nicht genügten (z.B. bestimmte Spielzeug-Trafos). Die entsprechenden Produkte wurden zumeist umgehend von den Herstellern aus dem Produktionsprogramm entfernt.

Die Produkteliminierungsstrategie ist somit das letzte Glied in der Kette der strategischen Produktentscheidungen eines Industriebetriebs.

Mit der Kenntnis dieser Strategien und der ihnen zugrunde liegenden Analysen, die im vorliegenden Kapitel detailliert dargestellt wurden, kann die erste strategische Hauptaufgabe des Unternehmens, nachhaltige Gewinnpotenziale für das Unternehmen zu erschließen und zu sichern, als erfüllt angesehen werden. Wir wenden uns nunmehr der zweiten Hauptaufgabe, den Entscheidungen über die zur Wahrung der Marktchancen einzusetzenden Ressourcen zu, deren wichtigste Komponente - die Produktionstechnologie - Gegenstand des nächsten Kapitels ist.

5. Kapitel: Technologie- und Umweltmanagement

Die strategischen Entscheidungen auf der Produktionsseite des Industriebetriebes beziehen sich vor allem auf die Frage, mit welchen **Ressourcen** der Betrieb die geplanten Produkte erzeugen soll. Während die konkrete Produktionsdurchführung (Materialbeschaffung und Produktionsablauf) zum operativen Management (vgl. Teil III, S. 237 ff.) gehört, ist Gegenstand der strategischen Planung vor allem der Standort der Produktion und die Auswahl der geeigneten Produktionstechnologie, da Entscheidungen über diese beiden Problemkomplexe die Unternehmung langfristig binden und die finanziellen Ressourcen erheblich beanspruchen. Des Weiteren bilden die Informations- und Kommunikationstechnologie und das Umweltmanagement wichtige Bestandteile des strategischen Managements, da sie in modernen Industriebetrieben immer mehr an Bedeutung gewinnen.

A. Der betriebliche Standort

I. Die Standortfaktoren

Die Standortwahl gehört ohne Zweifel zu den Entscheidungen mit sehr langfristigen Auswirkungen auf das Wohlergehen des Industriebetriebes. Eine Fehlentscheidung bei der Standortwahl kann später nur mit erheblichen Kosten korrigiert werden, ja sogar ein Unternehmen in existenzielle Bedrängnis bringen, so dass eine eingehende Standortanalyse vor dieser strategischen Entscheidung dringend geboten erscheint.

Im Folgenden verstehen wir unter dem Begriff **Standort**

> den geographischen Ort, an dem der Industriebetrieb Güter erstellt oder verwertet (Hansmann, Standortplanung 1974, S. 15 f.).

In dieser Definition ist die Möglichkeit eingeschlossen, dass ein Betrieb mehrere Standorte (Produktions-, Verwaltungs- bzw. Verkaufszentren) unterhält, was mit dem Begriff „Standortspaltung" umschrieben sei (Jacob, Standortwahl 1976, S. 9).

Für die weiteren Ausführungen wichtig ist der Begriff des **Standortfaktors**. Wir verstehen darunter jede **standortspezifische** Einflussgröße des Erfolgs einer Industrieunternehmung.

So ist z.B. das Lohnniveau, das in verschiedenen Regionen der Bundesrepublik unterschiedliche Höhen erreicht und damit standortspezifisch wirkt, über die Personalkosten eine Erfolgsgröße und somit ein Standortfaktor. Im Gegensatz dazu beeinflusst die Körperschaftsteuer zwar den Erfolg des Unternehmens, aber innerhalb des Bundesgebietes in gleicher Weise und ist daher für bundesdeutsche Standorte kein Standortfaktor.

Der Einfluss der Standortfaktoren auf den Erfolg des Betriebes wird im Rahmen der **Standortanalyse** ermittelt. Auf Grund ihrer Ergebnisse ist es möglich, den im Sinne der Unternehmenszielsetzung günstigsten Standort auszuwählen. Hierzu bedarf es

1. der Kenntnis aller relevanten Standortfaktoren und

2. eines Verfahrens, das die qualitativen und quantitativen Wirkungen der Standortfaktoren an den potentiellen Standorten zu bewerten gestattet (vgl. Abschnitt II. und III., S. 109 ff.).

Zunächst seien an dieser Stelle wichtige Standortfaktoren der Industrieunternehmungen auszugsweise aufgeführt. Eine vertiefende Betrachtung findet sich in Hansmann, Standortplanung (1974).

a)   Quantitative Standortfaktoren

Einflussgrößen, deren Beitrag zum Unternehmenserfolg direkt gemessen werden kann, sind quantitative Standortfaktoren. Die wichtigsten können der nachstehenden Zusammenstellung entnommen werden.

Tab. 15   Wichtige quantitative Standortfaktoren eines Industriebetriebes

1. Transportkosten der Produkte vom Standort zu den Absatzmärkten
2. Grundstückskosten (einschließlich Erschließungskosten)
3. Kosten der Errichtung der Gebäude
4. Personalkosten
5. Beschaffungskosten der Materialien
6. Standortabhängige Finanzierungskosten
7. Regionale Förderungsmaßnahmen der öffentlichen Hand (Investitionszuschüsse, Sonderabschreibungen, Finanzierungshilfen)
8. Grund- und Gewerbesteuer (Hebesätze!)
9. Gewinnsteuern (bei internationaler Betrachtung)
10. Regionale Differenzierung der Absatzpreise

Für eine konkrete Standortanalyse sind die relevanten Standortfaktoren aus diesem Katalog zugrunde zu legen. Es zeigt sich jedoch, dass eine Standortentscheidung allein aufgrund der quantitativen Standortfaktoren meist nicht zufrieden stellend getroffen werden kann, weil die wirtschaftliche und gesellschaftliche Gesamtsituation des Unternehmens auch von nicht-quantifizierbaren Einflussgrößen abhängt.

b)   Qualitative Standortfaktoren

Der Einfluss dieser Faktoren kann nicht direkt gemessen, sondern muss von den Planungs- und Entscheidungsträgern subjektiv geschätzt werden. Die folgende Tab. 16 enthält einige qualitative Standortfaktoren aus Hansmann, Standortplanung (1974, S. 139 ff.).

Tab. 16   Wichtige qualitative Standortfaktoren eines Industriebetriebes

1. Grundstück (Lage, Form, Bodenbeschaffenheit, Bebauungsvorschriften, Umgebungseinflüße, Ausdehnungsmöglichkeiten)
2. Verkehrslage des Grundstücks (Verbindung zum Personen- und Güterverkehrsnetz)
3. Arbeitskräftebeschaffung (Bevölkerungsstruktur und -ausbildung, Arbeitskraftreserven, Konkurrenz auf dem Arbeitsmarkt)
4. Transportsektor (Speditionsunternehmen, Nähe eines Seehafens)
5. Absatzbereich (Branchengoodwill, Kaufkraft der Bewohner, Konkurrenz)
6. Investitions- und Finanzierungsbereich (Bankplatz, Kreditinstitute, Nähe von Anlagen- und Maschinenbaufirmen)
7. Infrastruktur des Standorts (Wohnraum, Krankenhäuser, Bildungs- und Kultureinrichtungen, landschaftliche Lage, Umgebung)

Man erkennt deutlich, dass z.B. der Standortfaktor „Verkehrslage des Grundstücks" sicherlich einen Einfluss auf den Gewinn des Unternehmens hat, doch kann dies nicht monetär ausgedrückt werden. Man ist daher gezwungen, die Verkehrslage subjektiv zu bewerten, um Standorte in dieser Beziehung vergleichen zu können. Ähnliches gilt für die übrigen qualitativen Standortfaktoren (insbesondere Infrastruktur). Wir werden im nächsten Abschnitt mit dem uns schon aus dem letzten Kapitel (S. 91 f.) geläufigen Punktbewertungsverfahren eine qualitative Standortanalyse durchführen.

II.   Heuristische Standortanalyse

Ein in der Praxis verbreitetes einfaches Verfahren zur Auswahl des günstigsten Standortes ist folgendes: eine Check-Liste von Standortfaktoren wird für jeden Standort durchgearbeitet und danach eine Rangfolge der potentiellen Standorte aufgestellt.

Eine Formalisierung dieses Verfahrens ergibt das Scoring-Modell, das wichtigste Element der heuristischen Standortanalyse.

a)   Lösungsansatz

Wir gehen von n potentiellen Standorten S_i ($i = 1,...,n$) und m Standortfaktoren SF_j ($j = 1,...,m$) aus. Für den Entscheidungsträger hat jeder Standortfaktor ein bestimmtes, vor der Analyse festzulegendes Gewicht g_j. Wir definieren eine Bewertungsskala für die Standorte, die von Null Punkten (= ungenügende Eignung) bis 10 Punkten (= hervorragende Eignung) reicht.

r_{ij} ist dann der (ungewogene) Punktwert, den der i-te Standort bei der Beurteilung des j-ten Standortfaktors im Rahmen der Analyse erhält. Multipliziert mit dem Gewicht g_j des Standortfaktors j ergibt sich der gewogene Punktwert

$$(36) \qquad R_{ij} = r_{ij} \cdot g_j.$$

Die Bewertungsziffer Z_i des Standortes i ist das Resultat einer Verknüpfung der einzelnen R_{ij}.

Aus der Vielzahl von möglichen Verknüpfungsregeln seien im Folgenden beispielhaft zwei Regeln angewandt

1. Die Additionsregel mit Mindestanforderung

$$(37) \qquad Z_i = \begin{cases} 0 & \textit{falls Min}_j \; R_{ij} = 0 \\ \\ \sum_j R_{ij} & \textit{sonst} \end{cases} \qquad \text{für alle } i$$

2. Die Minimumregel

$$(38) \qquad Z_i = \underset{j}{Min} \; R_{ij} \qquad\qquad\qquad \text{für alle } i$$

Beide Regeln setzen voraus, dass die Standortfaktoren unabhängig voneinander bewertet werden können, da nur in diesem Fall die Operationen Addition und Minimumbildung sinnvoll sind.

Falls ein potentieller Standort bei einem Standortfaktor eine ungenügende Eignung aufweist ($R_{ij} = 0$), schlägt diese Bewertung in beiden Regeln durch, und die Gesamtbewertungsziffer Z_i wird ebenfalls Null. Dadurch können zwingende Mindestanforderungen berücksichtigt werden. Die Minimumregel ist geprägt durch das Vorsichtsprinzip, einen Standort insgesamt nur so hoch zu bewerten wie beim ungünstigsten Standortfaktor.

b)   Praktisches Beispiel

Das nachfolgende Beispiel ist ein vereinfachter Auszug aus einer Standortanalyse, die der Verfasser für ein Unternehmen des Maschinenbaus durchgeführt hat.[11]

Betrachtet werden die Standortfaktoren

1. Grundstück	(Gewicht $g_1 = 0,4$)
2. Verkehrslage des Grundstücks	($g_2 = 0,2$)
3. Arbeitskräftebeschaffung	($g_3 = 0,3$)
4. Infrastruktur	($g_4 = 0,1$)

Folgende Mindestanforderungen werden an den Standort gestellt:

1. Mindestgröße des Grundstücks 5000 m^2.
2. Die nächste Autobahnauffahrt darf höchstens 10 km vom Grundstück entfernt liegen.

---

[11] Da die Durchführung der praktischen Standortanalyse vor der Einführung des Euro stattgefunden hat, werden bei diesem Beispiel die Geldbeträge in DM angegeben.

3. Auf dem Arbeitsmarkt dürfen höchstens drei bedeutende andere Unternehmen in Konkurrenz stehen.

4. Die Miete für angemessenen Wohnraum der Belegschaft darf 12 DM/m^2 nicht übersteigen.

Untersucht wurden vier Standorte in drei Städten. Die Standorte I und II liegen in derselben Stadt. In der folgenden Tabelle sind die Daten des Problems wiedergegeben:

Tab. 17   Daten der heuristischen Standortanalyse

Standort- faktor / Standort	1 Grundstücks- größe (m^2)	2 Autobahn- entfernung (km)	3 Konkurrenz- firmen Arbeitsmarkt	4 Miete/Wohn- raum (DM/m^2)
I	7000	1	1	12
II	10000	8	1	12
III	5000	3	3	6
IV	8000	12	1	9

Die qualitative Beurteilung erfolgte auf einer Skala, die von Null Punkten (= Mindestanforderung nicht erfüllt) bis 10 Punkten reichte. Die Ergebnisse zeigt Tab. 18.

Tab. 18   Ergebnisse der qualitativen Bewertung der Standorte (in Punkten)

Standort- faktor / Standort	1 unge- wogen	1 gewo- gen	2 unge- wogen	2 gewo- gen	3 unge- wogen	3 gewo- gen	4 unge- wogen	4 gewo- gen	$\sum_j r_{ij}$	$\sum_j R_{ij}$
I	8	3,2	10	2,0	7	2,1	1	0,1	26	7,4
II	4	1,6	2	0,4	7	2,1	1	0,1	14	4,2
III	1	0,4	8	1,6	1	0,3	7	0,7	17	3,0
IV	7	2,8	0	0,0	7	2,1	4	0,4	18	5,3

Bei Anwendung der **Additionsregel** ergeben sich folgende Gesamt-Bewertungsziffern der Standorte:

$Z_I = 7{,}4$ $Z_{II} = 4{,}2$ $Z_{III} = 3{,}0$ $Z_{IV} = 0{,}0$

Die **Minimumregel** erzeugt die Bewertungsziffern

$Z_I = 0{,}1$ $Z_{II} = 0{,}1$ $Z_{III} = 0{,}3$ $Z_{IV} = 0{,}0$

Beide Regeln schließen also den Standort IV aus, da er zu weit von der Autobahn (12 km) entfernt liegt. Nach der Additionsregel ist Standort I der optimale Standort, während die Minimumregel Standort III bevorzugt.

Mit diesem Beispiel sollte gezeigt werden, dass das Ergebnis der heuristischen Standortanalyse nicht nur von der (subjektiven) Beurteilung der Standorte, sondern auch von der angewandten Verknüpfungsregel abhängt.

c)   Kritik an dem Lösungsansatz

Obwohl das Scoring-Modell bei Standortanalysen in der Praxis gute Dienste leistet, sollen hier einige Punkte zusammengefasst werden, die sich als Unzulänglichkeiten herausstellen **können** und dann zu unbefriedigenden Ergebnissen führen.

■ Die Gewichtung der Standortfaktoren, die Bewertung der Standorte und die Auswahl der Verknüpfungsregel sind subjektiver und damit nicht nachprüfbarer Natur.

■ Die Merkmalsausprägungen der Standortfaktoren lassen sich nicht immer eindeutig auf einer Intervallskala abbilden.

■ Eine Standortspaltung, d.h. die Auswahl mehrerer Standorte, lässt sich nicht in das Modell integrieren, da es z.B. nicht sicher ist, dass die ranghöchsten Standorte sich auch gegenseitig optimal ergänzen würden.

■ Quantitative Größen wie Erlöse und Kosten werden nicht genügend berücksichtigt.

Es ist auf jeden Fall vorteilhaft, die wichtige heuristische Standortanalyse durch ein quantitatives Standortmodell zu ergänzen, um den direkten Einfluss des Standortes auf den Erfolg des Unternehmens zu bestimmen.

III. Quantitative Standortoptimierung

Für die quantitative Standortplanung sind zwei prinzipiell verschiedene Ansätze möglich:

■ Die Anzahl der potentiellen Standorte wird als theoretisch unbegrenzt angesehen; jeder Punkt der Erdoberfläche kann zum Standort gewählt werden. Zur Lösung des Problems sind die Infinitesimalrechnung bzw. geometrische Methoden geeignet.

■ Aus einer Menge von endlich vielen potentiellen Standorten werden diejenigen ausgewählt, die eine vorgegebene Zielfunktion optimieren. Zur Anwendung kommen Methoden der abgekürzten Enumeration oder die ganzzahlige Optimierung (Hansmann, Standortplanung 1974).

Der erste Ansatz ist historisch älter und wurde 1909 von A. Weber (Standort 1922) in die Standortliteratur eingeführt. Da aber in der Realität nicht jeder Punkt der Erdoberfläche potentieller Standort ist, kann man den Weberschen Ansatz nur als erste Annäherung an eine Standortoptimierung bezeichnen. Zur groben Orientierung über ein konkretes Standortproblem ist der Ansatz aber manchmal recht hilfreich.

a) Der Steiner-Weber-Ansatz

Das methodische Rüstzeug der Weberschen Standorttheorie wurde ursprünglich von dem Mathematiker Jacob Steiner (1796-1863) entwickelt, so dass dieser Ansatz in der Literatur meistens als Steiner-Weber-Problem zu finden ist.

1. Der Lösungsansatz

Der Industriebetrieb produziert ein Gut, das an verschiedenen Punkten der Erdoberfläche, den sog. Konsumorten, abgesetzt wird. Man kann sich darunter Absatzgebiete vorstellen, in deren Mittelpunkten Großstädte liegen (z.B. der Großraum Hamburg mit ca. 2,8 Mio. Einwohnern) und die vom noch zu bestimmenden Standort aus beliefert werden sollen. Die Nachfrage in den Konsumorten ist bekannt.

Zur Produktion benötigt der Industriebetrieb Materialien (inkl. Vorprodukte), die von bestimmten Angebotsorten, den sog. Fundorten, bezogen werden. Der Bedarf an diesen Gütern ist bekannt.

Der Standort soll so gewählt werden, dass die gesamten Transportkosten für Materialien und Fertigprodukte möglichst gering sind. Der Transportkostensatz pro Kilometer und Tonne ist eine konstante Größe und für Materialien und Fertigprodukte gleich[12]. Abb. 25 zeigt eine geometrische Darstellung dieses Standortproblems.

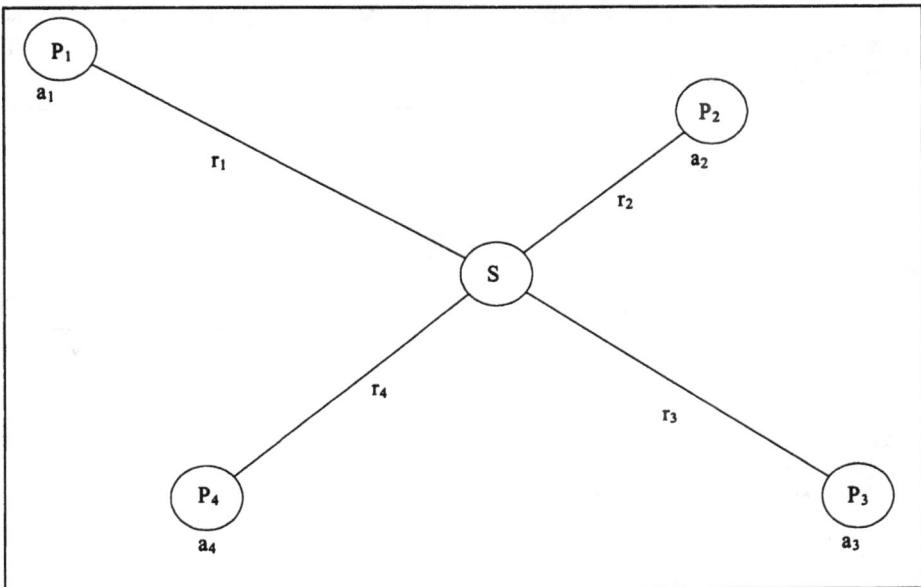

Abb. 25 Ausgangssituation des Steiner-Weber-Problems

---

[12] Die Voraussetzung eines einheitlichen Transportkostensatzes für Material und Fertigprodukte dient der Übersichtlichkeit der folgenden Ableitungen und könnte ohne weiteres entfallen. Wesentlich ist jedoch die Unabhängigkeit des Transportkostensatzes von der Entfernung und der transportierten Menge.

P_i	$=$	Fund- bzw. Konsumort i ($i = 1,...,n$)
S	$=$	zu bestimmender Standort des Industriebetriebes
r_i	$=$	Entfernung vom Standort zum Ort i (Variable)
a_i	$=$	zu transportierende Menge (in t) vom Standort zum Ort i oder umgekehrt

Bezeichnet man den Transportkostensatz pro km und t mit c und die gesamten Transportkosten in der Planperiode mit T, so ist folgende Zielfunktion zu minimieren.

$$(39) \qquad T = c\left(a_1 r_1 + a_2 r_2 + ... + a_n r_n\right) = c \sum_{i=1}^{n} a_i r_i \Rightarrow min!$$

Diese Zielfunktion enthält n Variable r_i ($i = 1,...,n$), die von der Wahl des Standortes abhängen.

Legt man nun ein Gitternetz über die Erdoberfläche (z.B. mit Längen- und Breitengraden), so sind Fund- und Konsumorte sowie der Standort durch jeweils zwei Koordinatenwerte eindeutig bestimmt. Der Standort erhält die variablen Koordinaten x und y, die übrigen Orte die festen Koordinaten x_i und y_i.

Für nicht zu große Entfernungen können die Längen- und Breitengrade als kartesische Koordinaten der Ebene aufgefasst werden. Durch die Anwendung des Satzes von Pythagoras kann man, wie Abb. 26 zeigt, die Variablen r_i durch x und y ausdrücken und damit das ursprüngliche Problem mit n Variablen auf ein Problem mit zwei Variablen reduzieren.

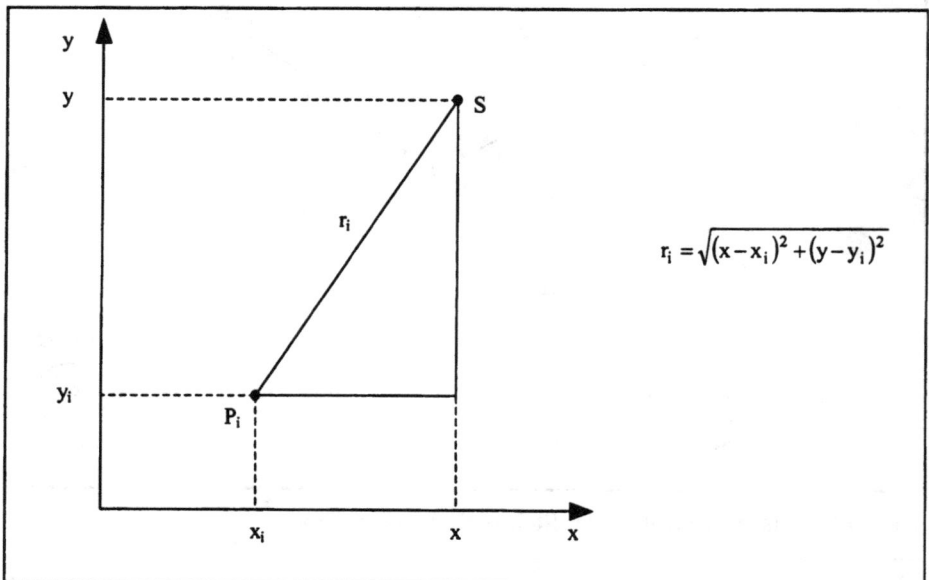

$$r_i = \sqrt{(x - x_i)^2 + (y - y_i)^2}$$

Abb. 26   Beziehungen zwischen den r_i und den Standortkoordinaten x und y

Die Zielfunktion (39) kann nun umformuliert werden:

(39a) $\qquad T(x, y) = c \sum_{i=1}^{n} a_i \sqrt{(x - x_i)^2 + (y - y_i)^2} \Rightarrow min!$

Die Koordinaten x,y des transportkostenminimalen Standorts ergeben sich, indem man die ersten partiellen Ableitungen von (39a) nach x und y gleich Null setzt und feststellt, ob die Matrix der zweiten partiellen Ableitungen positiv definit ist[13].

Die ersten partiellen Ableitungen von (39a) sind gleich Null zu setzen:

(40a) $\qquad \dfrac{\partial T}{\partial x} = c \sum_{i=1}^{n} \dfrac{a_i (x - x_i)}{\sqrt{(x - x_i)^2 + (y - y_i)^2}} = 0$

(40b) $\qquad \dfrac{\partial T}{\partial y} = c \sum_{i=1}^{n} \dfrac{a_i (y - y_i)}{\sqrt{(x - x_i)^2 + (y - y_i)^2}} = 0$

Aus diesem nicht-linearen Gleichungssystem lassen sich keine geschlossenen Ausdrücke für x und y gewinnen, doch kann man über folgendes Iterationsverfahren die Koordinaten des Standortes beliebig genau ermitteln:

(40a) und (40b) werden so umformuliert, dass die im Zähler der Summen stehenden Variablen x und y isoliert werden. Das ergibt folgendes Gleichungssystem:

(41a) $\qquad x = \dfrac{\displaystyle\sum_{i=1}^{n} \dfrac{a_i x_i}{\sqrt{(x - x_i)^2 + (y - y_i)^2}}}{\displaystyle\sum_{i=1}^{n} \dfrac{a_i}{\sqrt{(x - x_i)^2 + (y - y_i)^2}}}$

(41b) $\qquad y = \dfrac{\displaystyle\sum_{i=1}^{n} \dfrac{a_i y_i}{\sqrt{(x - x_i)^2 + (y - y_i)^2}}}{\displaystyle\sum_{i=1}^{n} \dfrac{a_i}{\sqrt{(x - x_i)^2 + (y - y_i)^2}}}$

Wir benutzen als Anfangswerte (x^0, y^0) der Iteration die Koordinaten des Schwerpunktes

---

[13] Diese etwas langwierige Prüfung sei hier übergangen. Vgl. z.B. Kuhn (Mathematical Programming 1965, S. 235 ff.).

(42a) $\qquad x^0 = \dfrac{\displaystyle\sum_{i=1}^{n} a_i x_i}{\displaystyle\sum_{i=1}^{n} a_i}$ $\qquad\qquad\qquad$ und

(42b) $\qquad y^0 = \dfrac{\displaystyle\sum_{i=1}^{n} a_i y_i}{\displaystyle\sum_{i=1}^{n} a_i}$,

setzen diese Werte in die rechten Seiten von (41a) und (41b) ein und errechnen daraus neue Werte x^1 und y^1, die wiederum in (41a) und (41b) eingesetzt werden.

Dieses Iterationsverfahren wird so lange fortgesetzt, bis die Differenzen $|x^{k+1} - x^k|$ und $|y^{k+1} - y^k|$ eine vorgegebene Genauigkeitsschranke ε unterschreiten. Eine beliebige Annäherung an den transportkostenminimalen Standort ist gewährleistet (vgl. Kuhn, Mathematical Programming 1965, S. 235 ff.).

2. Praktisches Beispiel

Ein Zeitschriftenverlag, der über fünf Produktionsstandorte (Berlin, Essen, Hamburg, Köln, Mönchengladbach) und über 10 in der Bundesrepublik Deutschland[14] verteilte Absatzzentren verfügt, möchte die Verteilung der Zeitschriften so organisieren, dass die fünf Druckereien die Zeitschriften an ein Zentrallager liefern. Von dort wird die Verteilung auf die einzelnen Absatzzentren vorgenommen. Gesucht wird der transportkostenminimale Standort für das Zentrallager.

Tabelle 19 enthält die Produktionsmengen (in t) der Druckereien, die Absatzmengen (in t) der Absatzzentren sowie die Koordinaten in Längen- und Breitengraden.

Der Abstand zwischen den Breitengraden beträgt etwa 111 km pro Grad, wenn man den Erdumfang $2\pi r$ durch 360 teilt und als durchschnittlichen Erdradius $r = 6370$ km einsetzt. Der Abstand zwischen den Längengraden hängt jedoch von der geographischen Breite φ ab, die für die Bundesrepublik im Durchschnitt 50° beträgt und ergibt sich zu

$$x = \cos\,\varphi \cdot 2\pi\,r/\,360 = 71{,}5\ km\ .$$

---

[14] Da die Beispiel-Daten von 1988 stammen, liegen alle Absatzzentren in den alten Bundesländern. Der Zeitpunkt der Datenerhebung begründet ebenfalls die später erfolgende Angabe des Transportkostensatzes in DM.

Tab. 19   Daten für den Steiner-Weber-Ansatz

		Mengen in t	Schwerpunkt
Druckereien	Berlin	100	opt. Standort
	Essen	350	
	Hamburg	250	
	Köln	500	Köln
	Mönchen-gladbach	100	
Absatzzentren	Bielefeld	77	
	Frankfurt	160	
	Flensburg	23	
	Hannover	134	
	Bremen	141	
	Kassel	48	
	München	311	
	Nürnberg	118	
	Stuttgart	140	
	Saarbrücken	148	Zur Berechnung notwendige Daten: Breiten- und Längengrade aller Fund- und Konsumorte

Man muss also das geographische Gitternetz in kartesische Koordinaten umrechnen und kann nach erfolgter Optimierung eine Rücktransformation in Grad vornehmen.

Der Transportkostensatz pro Tonne beträgt 1 DM pro 100 km.

Der optimale Standort für das Zentrallager hat nach dem Steiner-Weber-Ansatz die Koordinaten 8° östlicher Länge und 51° nördlicher Breite. Er liegt damit in der Nähe von **Siegen**. Unter Berücksichtigung verkehrstechnischer Gesichtspunkte hat man sich im vorliegenden Fall für einen der am nächsten liegenden Druckereistandorte (Köln) entschieden und dort das Zentrallager an die Druckerei angebunden.

3.   Kritik am Steiner-Weber-Ansatz

Wie oben dargelegt, dient der Steiner-Weber-Ansatz nur als erste Orientierung bei der Behandlung des Standortproblems. Insbesondere in folgenden Punkten werden realitätsferne Voraussetzungen wirksam (Hansmann, Standortplanung 1974, S. 28 f.):

- Nicht der kostenminimale, sondern nur der **transportkosten**minimale Standort wird bestimmt; dies ist nur sinnvoll bei ausgesprochen transportkostenintensiven Unternehmen.

- Die Nachfrage, das Absatz- und das Produktionsprogramm werden vorab bestimmt, so dass die Beziehungen zwischen Standort und Absatzseite vernachlässigt werden.

- Die differenzierbaren Funktionen zwischen Transportkosten und Standortkoordinaten setzen die Homogenität des Territoriums voraus. Die Strukturen des geographischen Raumes und der Verkehrsverbindungen werden nicht berücksichtigt.

- Eine Standortspaltung sowie weitere einschränkende Nebenbedingungen (z.B. Grundstücksgröße, Arbeitsmarktsituation usw.) können nicht einbezogen werden.

Diese Unzulänglichkeiten können bis zu einem gewissen Grade beseitigt werden, wenn wir den Standort aus einer vorgegebenen Menge von potentiellen Standorten auswählen und dabei die ganzzahlige Optimierung anwenden. Dafür muss man außer einem höheren Rechenaufwand den Nachteil in Kauf nehmen, dass der optimale Standort nicht gefunden wird, wenn er in der vorgegebenen Menge der potentiellen Standorte nicht enthalten ist. Doch kann man dieses Risiko durch Ausweitung der vorgegebenen Menge von Standorten - bei steigendem Rechenaufwand - vermindern. Im Folgenden wird ein ganzzahliges Modell, das der Verfasser bei einem Unternehmen des Maschinenbaus angewandt hat, in vereinfachter Form dargestellt.

b)   Ein gemischt-ganzzahliges Standortmodell

1.   Allgemeine Modellformulierung

Ein gemischt-ganzzahliges Standortmodell kann als vereinfachtes Grundmodell in allgemeiner Form folgendermaßen aufgestellt werden:

Zielfunktion

$$(43) \qquad G = \sum_i \sum_j d_{ij} \cdot x_{ij} - \sum_i u_i \cdot S_i + v \cdot R \Rightarrow max!$$

Absatzbedingungen

$$(44) \qquad \sum_i x_{ij} \leq N_j^{max} \qquad\qquad \text{für alle } j$$

Investitionsbudgetbedingung

$$(45) \qquad \sum_i (S_i - L_i) \cdot u_i + R \leq B$$

Kapazitätsbedingungen

$$(46) \qquad \sum_j a \cdot x_{ij} \leq C_i^{max} \cdot u_i \qquad\qquad \text{für alle } i$$

Nicht-Negativitäts-Bedingungen

(47) $x_{ij} \geq 0$ für alle i, j

(48) $R \geq 0$

(49) $u_i \in \{0; 1\}$ für alle i

Die verwendeten Symbole haben folgende Bedeutung:

Indizes

$i = 1, ..., n$ Standort

$j = 1, ..., m$ Absatzort

Variablen

x_{ij} am Standort i produzierte Mengeneinheiten (ME), die am Absatzort j verkauft werden

u_i Binärvariable (wenn $u_i = 1$ →Standort in i / wenn $u_i = 0$ →kein Standort)

R Betrag, der am Kapitalmarkt angelegt wird

Parameter

a Produktionskoeffizient bei der Herstellung einer ME des Produkts

B zur Verfügung stehendes Gesamtbudget

C_i^{max} Kapazitätsmaximum am Standort i

d_{ij} Deckungsbeitrag für eine ME von x_{ij}

G Gewinn

L_i Lohnkosten, die insgesamt pro Standort anfallen

N_j^{max} Absatzmaximum am Absatzort j

S_i Standortkosten, die entstehen, wenn i als Standort ausgewählt wird (inklusive Lohnkosten)

v Verzinsungsfaktor

Als Zielsetzung wird hierbei die Maximierung des Gewinns innerhalb der Planperiode verfolgt. Es handelt sich allerdings um einen Bruttogewinn, da bei der Modellanwendung keine standortunabhängigen Kosten berücksichtigt werden. Er errechnet sich aus dem Gesamtdeckungsbeitrag, von dem die anfallenden Standortkosten abgezogen und die erzielten Zinsgewinne auf dem Kapitalmarkt hinzugefügt werden. Diese ergeben sich, wenn das Investitionsbudget bei der Standorterrichtung nicht voll ausgeschöpft wird und somit ein übrig gebliebenes Restbudget für den Zeitraum der Planungsperiode auf dem Kapitalmarkt angelegt werden kann. Entsprechend kann der Verzinsungsfaktor v aus folgender Formel ermittelt werden, wobei z den durchschnittlichen Zinssatz p.a. auf dem Kapitalmarkt und T die Gesamtdauer der Planungsperiode in Jahren darstellt:

(50) $v = (1+z)^T - 1$

Bei der Gewinnmaximierung müssen einige Restriktionen berücksichtigt werden. Das Investitionsbudget, das Absatzmaximum an den verschiedenen Absatzorten und das Kapazitätsmaximum an den jeweiligen Standorten dürfen nicht überschritten werden. Der Grund für die Ausgrenzung der Lohnsumme im Investitionsbudget besteht darin, dass die Löhne über den gesamten Planungszeitraum hinweg anfallen und somit aus den laufend anfallenden Erlösen bezahlt werden können. Wichtig ist die Verknüpfung von Standortrealisierung und tatsächlich vorhandener Kapazität. Dies geschieht bei der Kapazitätsbedingung: wenn der Standort realisiert wird, dann ist ein positives Kapazitätsmaximum vorhanden. Ansonsten ergibt sich eine verfügbare Kapazität von null Einheiten (rechte Seite der Bedingung).

Das allgemeine Modell ist als einfaches Grundmodell zu verstehen, welches entsprechend der vorliegenden Problemstellung erweitert werden kann. So setzt es in dieser Form beispielsweise voraus, dass alle produzierten Güter auch verkauft werden. Ist dies nicht der Fall, wäre eine Modifikation hinsichtlich der Einführung einer Lagerhaltung denkbar.

2.   Das empirische Standortproblem

Dem Maschinenbau-Unternehmen, das einen Produktionsbetrieb verlagern wollte, wurden fünf geeignete Grundstücke in fünf deutschen Städten angeboten. Die Menge der potentiellen Standorte besitzt also fünf Elemente.

Für jedes Grundstück berechnete der Verfasser die relevanten Standortfaktoren Grundstückspreis, Erschließungskosten, Baukosten, Anschaffungskosten und Kapazität der Produktionsanlagen sowie die von der öffentlichen Hand zugesagte Investitionsförderung. Da das Lohnniveau in den einzelnen Städten verschieden war, wurde auch die Lohnsumme in die Überlegungen einbezogen.[15]

Die Transportkosten werden - für das vorliegende Lehrbuch vereinfacht - vom jeweiligen Standort zum Absatzschwerpunkt in der Bundesrepublik gerechnet, und der Transportkostensatz wird in DM/t ausgedrückt. Dadurch muss auch die Kapazität der Produktionsanlagen, der durchschnittliche Absatzpreis und der höchstmögliche Absatz von Maschinen-Einheiten auf Tonnen umgerechnet werden.

Die Kapazität und die Herstellungskosten der Produktionsstätten an den einzelnen Standorten hängen von der Grundstücksgröße und -beschaffenheit sowie von behördlichen Vorschriften ab. Standortunabhängige Kosten werden nicht im Modell berücksichtigt, so dass die Zielgröße nur als **Brutto**gewinn des Planungszeitraums von 10 Jahren angesehen werden kann.

Dem Unternehmen steht am Planungsbeginn ein fester Investitionsbetrag zur Verfügung, der in unserem Modell für Produktionsstätten oder zur langfristigen Anlage auf dem Kapitalmarkt eingesetzt werden kann. Die Zahlen in der Tab. 20 geben die Daten des empirischen Problems in der richtigen Größenordnung, jedoch aus Gründen der Übersichtlichkeit in zusammengefasster und abgerundeter Form wieder.

---

[15] Da dieses empirische Beispiel noch aus den Zeiten vor der Einführung des Euro stammt, erfolgt die Angabe der Währung in DM.

Tab. 20 Daten des gemischt-ganzzahligen Standortmodells

Standort Standortfaktor	I	II	III	IV	V
Grundstückskosten (Mio. DM)	26	22	7	4	10
Kosten der Gebäude und Anlagen (Mio. DM)	80	105	140	130	95
Produktionskapazität (Tsd. t pro Jahrzehnt)	60	80	100	90	70
Investitionszulage (Mio. DM)	0	0	14	12	9
Lohnsumme (Mio. DM pro Jahrzehnt)	520	600	800	640	480
Transportkosten (DM/t)	500	500	500	600	600

In der Planungsperiode (10 Jahre) können 120.000 t Produkte zu einem durchschnittlichen Preis von 15.000 DM pro t abgesetzt werden. Der zu Planungsbeginn zur Verfügung stehende Investitionsbetrag beläuft sich auf 330 Mio. DM, der durchschnittliche Zinssatz auf dem Kapitalmarkt für die nächsten 10 Jahre wird mit 9% p.a. angenommen, so dass ein Kapital in 10 Jahren den 1,37fachen Betrag an Zineszinsen erwirtschaftet. Durch diese konkrete Kapitalanlagemöglichkeit im Modell können wir auf eine Abzinsung der jährlichen Zahlungsströme (Löhne, Erlöse usw.) verzichten (vgl. Hansmann, Standortplanung 1974, S. 46) und den 10-Jahres-zeitraum als eine Periode auffassen.[16]

3. Das Modell

Bezeichnet man mit

$x_i(i = 1,...,5)$ die am Standort i produzierte und zum Absatzschwerpunkt transportierte Menge der Fertigprodukte (in t),

$u_i(i = 1,...,5)$ die Standortvariable des Standorts i, die den Wert Eins annimmt, wenn der Standort i gewählt wird und sonst den Wert Null aufweist,

R den Kapitalbetrag, der auf dem Kapitalmarkt zu 9% p.a. angelegt wird,

so kann man folgende **Zielfunktion** für den 10-Jahres-Zeitraum aufstellen (in DM):

$$
\begin{aligned}
Z = \; & 14.500x_1 + 14.500x_2 + 14.500x_3 + 14.400x_4 + 14.400x_5 \\
& - 626 \cdot 10^6 u_1 - 727 \cdot 10^6 u_2 - 933 \cdot 10^6 u_3 - 762 \cdot 10^6 u_4 \\
& - 576 \cdot 10^6 u_5 + 1,37R \quad \Rightarrow \; max!
\end{aligned}
$$

(43)

---

[16] Dynamische Aspekte sollen in diesem vereinfachten Modell nicht berücksichtigt werden.

Der Koeffizient von x_1 ergibt sich aus dem Absatzpreis von 15.000 DM/t abzüglich der Transportkosten von 500 DM/t = 14.500DM/t. Entsprechend sind die Koeffizienten der übrigen Variablen x_i berechnet worden.

Die Koeffizienten der Standortvariablen u_i setzen sich aus der Lohnsumme, den Grundstückskosten und den Gebäude-/Anlagekosten abzüglich der Investitionszulage zusammen.

Bei der Maximierung sind folgende Nebenbedingungen zu beachten:

Absatzbedingung

(44) $x_1 + x_2 + x_3 + x_4 + x_5 \leq 120.000$ [in t]

Investitionsbudgetbedingung

(45) $106 \cdot 10^6 u_1 + 127 \cdot 10^6 u_2 + 133 \cdot 10^6 u_3 + 122 \cdot 10^6 u_4 + 96 \cdot 10^6 u_5$

$+ R \qquad\qquad\qquad \leq 330 \cdot 10^6$ [in DM]

Kapazitätsbedingungen   [in t]

(46a) x_1 $\leq$ $60.000 u_1$

(46b) x_2 $\leq$ $80.000 u_2$

(46c) x_3 $\leq$ $100.000 u_3$

(46d) x_4 $\leq$ $90.000 u_4$

(46e) x_5 $\leq$ $70.000 u_5$

Das Modell wird von den **Nicht-Negativitäts-Bedingungen** abgeschlossen:

(47a) $x_i \geq 0$ $(i = 1,...,5)$

(47b) $R \geq 0$

(47c) $u_i = 0$ oder 1 $(i = 1,...,5)$

Das Modell ist mit fünf ganzzahligen und sechs reellen Variablen sowie sieben echten Nebenbedingungen so einfach, dass es durch systematisches Probieren ohne Computer gelöst werden kann. Bei größeren Problemen muss jedoch ein gemischt-ganzzahliger Lösungsalgorithmus angewendet werden, wie er etwa in Hansmann (Branch and Bound-Verfahren 1972) oder in Hansmann (Ganzzahlige Optimierung 1975) dargestellt ist.

Um dem Leser die Lösungsidee eines solchen Verfahrens nahe zu bringen und vor allem um die Lösungsschritte **nachvollziehbar** zu gestalten, wird im Folgenden ein Branch and Bound-Verfahren auf das vorliegende Beispiel angewendet, da dies noch ohne Computerunterstützung möglich ist.

4.   Numerische Lösung mit Branch and Bound

Neben den für Großrechner entwickelten gemischt-ganzzahligen Lösungsprogrammen (wie z.B. MPSX) gibt es seit einiger Zeit auch leistungsfähige Software für PC, vor allem das LINGO Softwarepaket, das an der Universität von Chicago entwickelt wurde (Schrage, LINGO 1998). Der Einsatz eines Softwarepakets ist jedoch nur sinnvoll, wenn der Lösungsalgorithmus verstanden wird. Dazu soll die folgende Demonstration des auch bei LINGO verwendeten Branch and Bound-Verfahrens dienen.

Schritt 1:
Das gemischt-ganzzahlige Optimierungsproblem (43) bis (47c) wird zunächst als reelles lineares Optimierungsproblem (LP) mit reellen Variablen x_i, R und u_i betrachtet und mit dem **Simplexalgorithmus**[17] gelöst. Als Ergebnis ergibt sich ein Zielfunktionswert von 956,39 Mio. DM. Die Standortvariablen haben folgende Werte:

$$u_1 = 0 \qquad u_2 = 0 \qquad u_3 = 0 \qquad u_4 = 0,556 \qquad u_5 = 1$$

Da die Variable u_4 nicht ganzzahlig ausfällt, ist die LP-Lösung noch nicht zulässig.

Schritt 2:
Wir spalten nun das Problem in zwei Subprobleme auf, indem die Variable u_4 einmal auf den Wert 0 und zum anderen auf den Wert 1 **fixiert** wird. Diese Verzweigung bezeichnet man als **branching**. Durch die Fixierung von u_4 auf 0 kann man x_4 streichen, da nach (46d) gelten muss: $x_4 \le 0$. In entsprechender Weise sind die Zielfunktion und die betroffenen Nebenbedingungen des Standortmodells bei jeder Fixierung anzupassen.

Schritt 3:
Beide Subprobleme werden mit der Simplexmethode gelöst und liefern folgende Ergebnisse:

Subproblem 1

Fixierte Variable: $u_4 = 1$ Zielfunktionswert = 947,74 Mio. DM

$$u_1 = 0 \qquad u_2 = 0 \qquad u_3 = 0 \qquad u_5 = 0,429$$

Subproblem 2

Fixierte Variable: $u_4 = 0$ Zielfunktionswert = 919,98 Mio. DM

$$u_1 = 0 \qquad u_2 = 0 \qquad u_3 = 0,5 \qquad u_5 = 1$$

Die Werte von u_3 bzw. u_5 zeigen, dass keine der beiden Lösungen zulässig ist. Beide Zielfunktionswerte sind kleiner als der Zielfunktionswert des Ausgangsproblems. Das resultiert daraus, dass durch Hinzufügen einer neuen Bedingung - hier $u_4 = 1$ bzw. $u_4 = 0$ - der Zielfunktionswert höchstens gleich bleiben kann, falls die Bedingung nicht „greift", sonst jedoch abnehmen muss. Das lässt den Schluss zu, dass durch weiteres Verzweigen eines bestimmten Astes, der z.B. durch $u_4 = 1$ definiert

---

[17] Der Simplexalgorithmus wird ausführlich bei der Produktionsplanung in Kap. 8 erläutert und anhand eines Beispiels demonstriert (vgl. S. 281 ff.).

ist, kein höherer Zielfunktionswert erzielt werden kann. Die Zielfunktionswerte der Subprobleme dienen daher als Obergrenzen (**upper bounds**) der noch nicht ganzzahligen Lösungen.

Schritt 4:

Wir verzweigen weiter vom Subproblem 1, das den höheren **upper bound** aufweist, indem wir die Variable u_5 auf den Wert 1 (Subproblem 3) bzw. den Wert 0 (Subproblem 4) **fixieren**. Die LP-Rechnung ergibt folgende Lösungen:

Subproblem 3

Fixierte Variable: $u_4 = 1$ $u_5 = 1$ Zielfunktionswert = 543,44 Mio. DM

$u_1 = 0$ $u_2 = 0$ $u_3 = 0$

Dies ist die erste **zulässige** Lösung, da alle Standortvariablen ganzzahlig sind. Der zugehörige Zielfunktionswert 543,44 Mio. DM dient nun als **lower bound** und **Abbruchkriterium**. Falls sich auf irgend einem Ast nach einer Verzweigung ein upper bound ergibt, der **kleiner** als 543,44 Mio. DM ist, kann die Suche auf diesem Ast eingestellt werden, da die Folge der (nicht-ganzzahligen) upper bounds monoton fällt (vgl. Schritt 3).

Subproblem 4

Fixierte Variable: $u_4 = 1$ $u_5 = 0$ Zielfunktionswert = 919,4 Mio. DM

$u_1 = 0$ $u_2 = 0$ $u_3 = 0,3$

Diese Lösung ist nicht zulässig, lässt aber durch ihren hohen upper bound erwarten, dass auf diesem Ast eine bessere zulässige Lösung gefunden werden kann als der gegenwärtige lower bound.

Schritt 5:

Wir verzweigen das Subproblem 4 durch Fixierung von u_3 auf die Werte 0 bzw. 1 und erhalten

Subproblem 5

Fixierte Variable: $u_4 = 1$ $u_5 = 0$ $u_3 = 1$ Zielfunktionswert = 145,75 Mio. DM

$u_1 = 0$ $u_2 = 0$ Zulässige Lösung, aber nicht optimal

Subproblem 6

Fixierte Variable: $u_4 = 1$ $u_5 = 0$ $u_3 = 0$ Zielfunktionswert = 916,09 Mio. DM

$u_1 = 0$ $u_2 = 0,375$

Diese Lösung ist noch nicht ganzzahlig, weist aber einen hohen upper bound auf, so dass von hier aus noch mal verzweigt wird.

Schritt 6:

Die Fixierung der Variablen u_2 des Subproblems 6 ergibt folgende Lösungen:

Subproblem 7

Fixierte Variable: $u_4 = 1$ $u_5 = 0$ $u_3 = 0$ $u_2 = 1$ Zielfunktionswert = 357,97 Mio. DM

$u_1 = 0$ Zulässige Lösung, kleiner als lower bound

Subproblem 8

Fixierte Variable: $u_4 = 1$ $u_5 = 0$ $u_3 = 0$ $u_2 = 0$ Zielfunktionswert = 868,35 Mio. DM

$u_1 = 0,5$

Diese Lösung ist noch nicht ganzzahlig, weist aber immer noch einen hohen upper bound auf, so dass von hier aus ein weiteres Mal verzweigt wird.

Schritt 7:
Die Fixierung der Variablen u_1 des Subproblems 8 ergibt folgende Lösungen:

Subproblem 9

Fixierte Variable: $u_4 = 1$ $u_5 = 0$ $u_3 = 0$ $u_2 = 0$ $u_1 = 1$

Zielfunktionswert = 485,74 Mio. DM Zulässige Lösung, kleiner als lower bound

Subproblem 10

Fixierte Variable: $u_4 = 1$ $u_5 = 0$ $u_3 = 0$ $u_2 = 0$ $u_1 = 0$

Zielfunktionswert = 818,96 Mio. DM

Diese Lösung ist ganzzahlig und liefert den bisher höchsten lower bound von 818,96 Mio. DM, den wir als Abbruchkriterium verwenden. Nur Äste mit upper bounds, die größer als dieser Wert sind, müssen noch weiter verfolgt werden. Falls solche nicht mehr existieren sollten, könnte das Verfahren hier beendet werden und der lower bound wäre die optimale Lösung. Leider zeigt das Subproblem 2 mit seinem Zielfunktionswert von 919,98 Mio. DM, dass das Verfahren noch weitergeführt werden muss.

Um den Überblick über den Fortgang des Verfahrens zu behalten, ist es zweckmäßig, den Lösungsprozess in der Form eines Entscheidungsbaums graphisch darzustellen, wobei die in Abb. 27 dargestellte Übereinkunft gelten soll.

Die rechteckigen Kästchen stellen die Subprobleme dar, nummeriert in der Reihenfolge ihrer Auswertung. Sie werden häufig als Knoten bezeichnet. In den Kästchen stehen der upper bound Z und die Werte der mit der Simplexmethode ermittelten Standortvariablen. Die Werte der x_i und R sind der Übersichtlichkeit wegen nicht mit aufgeführt. Die fixierten Variablen sind an den Ästen des Baumes abgetragen, um die Verzweigung zu dokumentieren. Aus Abb. 27 geht hervor, dass die optimale Lösung tatsächlich am Knoten 10 erreicht wird und den Zielfunktionswert 818,96 Mio. DM aufweist.

Aus Abb. 27 ist ersichtlich, dass die optimale Lösung zwar schon mit 10 Subproblemen gefunden wurde, aber noch weitere 14 Subprobleme durchgerechnet werden mussten, um die Optimalität **nachzuweisen**. Somit mussten insgesamt 25 LP-Probleme gelöst werden, um das Optimum zu finden.

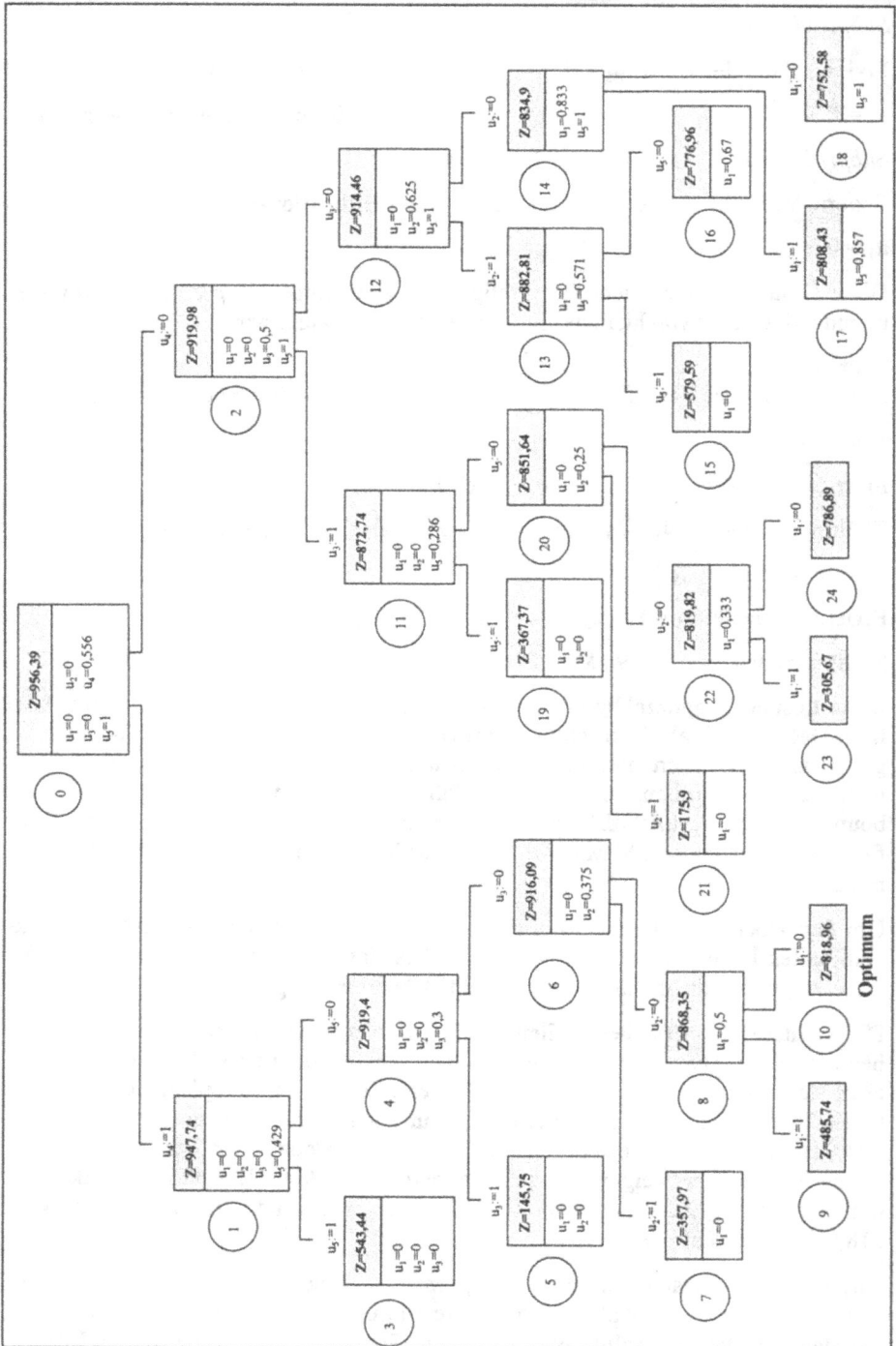

Abb. 27   Branch and Bound-Verfahren für das Standortmodell

Beachtet man, dass bei **vollständiger Enumeration** von fünf 0-1-Variablen und ihren Kombinationen $2^5 = 32$ LP-Probleme zu lösen wären, so erscheint das Branch and Bound-Verfahren mit seiner **begrenzten Enumeration** wenig effizient.

Obwohl sich bei größeren Problemen mit mehr ganzzahligen Variablen das Verhältnis von gerechneten LP-Problemen zur benötigten Anzahl bei vollständiger Enumeration verbessert (z.T. bis unter 1%), so muss doch gesagt werden, dass die Effizienz stark problemabhängig ist. Die lower bounds der LP-Probleme können bei manchen Problemen so schwach sein, dass unverhältnismäßig viele Knoten zusätzlich ausgewertet werden müssen, um die Optimalität eines lower bound nachzuweisen. Dies kann zu unzuträglich langen Rechenzeiten führen. In solchen Fällen begnügt man sich häufig mit einem guten lower bound, ohne seine Optimalität nachzuweisen. Das Verfahren ist dann kein Optimierungs-, sondern nur noch ein **heuristisches Verfahren**. Auch hier muss Exaktheit gegen Rechenaufwand abgewogen werden.

Die oben ausführlich dargestellten Regeln des Branch and Bound-Verfahrens sollen nun komprimiert als Algorithmus mit vier Schritten formuliert werden.

1) Ausgangslösung

Löse das gemischt-ganzzahlige Standortmodell mit der Simplexmethode, wobei alle Standortvariablen als reelle Variable in den Grenzen $0 \le u_i \le 1$ behandelt werden.

Der optimale Zielfunktionswert ist der upper bound.

2) Stop-Regel

Sind alle Standortvariablen ganzzahlig, so ist der upper bound eine zulässige Lösung und gilt als neues Abbruchkriterium (lower bound), falls er den alten lower bound übertrifft. Existiert kein weiterer Knoten mit einem upper bound, der größer als der lower bound ist, so beende das Verfahren, wobei der lower bound die optimale Lösung darstellt. Andernfalls gehe zu 3).

3) Branching

Erzeuge von dem nicht-ganzzahligen Knoten der letzten Verzweigung, der den höheren upper bound hat, zwei neue Knoten, indem eine ganzzahlige Variable einmal auf Null und einmal auf Eins fixiert wird. Hat die letzte Verzweigung zu ganzzahligen Knoten geführt, so verzweige von dem Knoten im Entscheidungsbaum, der den höchsten upper bound aufweist. Gehe zu 4).

4) Bounding

Passe das Standortmodell den fixierten Standortvariablen an und löse es mit der Simplexmethode. Benutze die Zielfunktionswerte als upper bounds. Gehe zu 2).

5.   Die Ergebnisse der Modellrechnung

Die optimale Lösung enthält nur ein Element: Standort IV. Die Kapazität an diesem Standort wird voll ausgelastet (x_4 = 90.000), jedoch wird die Absatzgrenze von 120.000 ME nicht erreicht.

Für die Sachinvestitionen werden 122 Mio. DM benötigt, so dass 208 Mio. DM auf dem Kapitalmarkt angelegt werden.

Der Bruttogewinn beträgt 818,96 Mio. DM.

Gegenüber dem Ansatz von Weber weist dieses Modell wichtige Verbesserungen auf:

- alle standortrelevanten Kosten- und Erlösgrößen werden berücksichtigt,
- die tatsächlichen Transportkosten gehen in das Modell ein, so dass keine Homogenität des Territoriums erforderlich ist,
- eine Standortspaltung ist möglich und
- einschränkende Nebenbedingungen (z.B. begrenztes Investitionsbudget) können einbezogen werden.

Kombiniert man ein solches ganzzahliges Standortmodell mit einer heuristischen Analyse der qualitativen Standortfaktoren, so basiert die strategische Standortentscheidung des Industriebetriebes auf einer soliden und tragfähigen Grundlage.

B. Die Produktionstechnologie

I.   Determinanten der industriellen Produktionsverfahren

Nach der strategischen Standortentscheidung hat der Betrieb das Produktionsverfahren zu bestimmen, mit dem die geplanten Erzeugnisse hergestellt werden sollen. Dabei verstehen wir unter dem Begriff „**Produktionsverfahren**"

> die Gesamtheit der naturwissenschaftlichen, technischen und organisatorischen Eigenschaften des Herstellungsablaufs von Gütern.

Diese Eigenschaften sollen im Folgenden betrachtet werden, um eine Grundlage für die Entscheidung über die Produktionstechnologie zu erarbeiten.

a)   Naturwissenschaftliche und technische Bestimmungsfaktoren

Die industrielle Produktion eines Gutes kann mit physikalischen, chemischen und biologischen Verfahren erfolgen. Nach von Kortzfleisch (Produktionsmethoden 1990, S. 148) unterteilen wir die **physikalische** Produktionsmethode in

- mechanische Produktion
  Hierunter fällt die Stoffgewinnung, die Stofftrennung und -zerkleinerung, das Mischen von Stoffen durch Rühren und der Transport von Stoffen (Beispiele: Schmiede, Walzwerk, Montage inkl. Schweißen und Löten);

- kalorische Produktion
  insbesondere Erhitzen, Verdampfen, Schmelzen und Kondensieren (Beispiele: Luftverflüssigung, Erdölraffinerieprozess);
- elektrotechnische Produktion
  Hierbei wird die Energie für die Stoffveränderung durch Elektrizität gewonnen (Beispiel: Trennung von Stoffen durch magnetische Kraftfelder, Elektrolyse).

Die **chemische** Produktionsmethode gliedert man in

- Stoffzerlegung, in der durch chemische Reaktionen Stoffe aufgespalten werden (z.B. bei der Wein- und Bierproduktion) und in die
- Stoffverbindung, z.B. Schwefelsäureherstellung.

Schließlich umfassen die **biologischen** Produktionsverfahren Mutationsprozesse bei der Pflanzenveredelung und die Verfahren der Tierzüchtung.

Gemeinsam ist allen drei Produktionsmethoden, dass die naturwissenschaftlichen Gesetze und Erkenntnisse einen unverschiebbaren Rahmen für die Entwicklung technischer Verfahren bilden, von dem im Folgenden auszugehen ist. Aufbauend auf den naturwissenschaftlichen Grundlagen kann man nach dem **Einsatz der Technik** drei Fertigungsarten unterscheiden (von Kortzfleisch, Produktionsmethoden 1990, S. 153 ff.):

- handwerkliche Fertigung
  insbesondere in kunstgewerblichen und individuellen Herstellungsverfahren;
- mechanisierte Fertigung
  die gekennzeichnet ist durch den Ersatz menschlicher Energie durch maschinelle Energie und die Verwendung von Werkzeugmaschinen;
- automatisierte Fertigung
  bei der die einzelnen Arbeitsgänge automatisch ablaufen und evtl. zusätzlich der Transport der durchlaufenden Produkte automatisiert wird (Fließfertigung).

b)   Das Produktionsvolumen

Neben den naturwissenschaftlichen und technischen Bestimmungsfaktoren spielt das Produktionsvolumen bei der Konzeption des Produktionsverfahrens eine große Rolle. Dabei ist vor allem entscheidend, ob von einer Produktart nur ein Stück nach den Wünschen des Abnehmers hergestellt wird oder eine sehr große Stückzahl gleicher Produkte für den anonymen Markt.

1.   Einzelfertigung

Dies ist die **typische Form der Auftragsfertigung,** bei der jedes produzierte Stück auf die Wünsche des Kunden zugeschnitten ist. Die spezielle Arbeitsvorbereitung muss sich mit den Konstruktions- und Terminplänen und Stücklisten auf jede neue Kundenbestellung einstellen, so dass die Ausführung des Produktionsprogramms mitunter schwierig werden kann. Der **Vorteil** der Einzelfertigung liegt vor allem in der Flexibilität des Produktionsprozesses, der sich auch besonderen Abnehmerwünschen anpassen kann und damit die Marktstellung des Industriebetriebs festigt. **Nachteilig** macht sich die geringe Zahl von Rationalisierungsmöglichkeiten bemerkbar, da Einzelstücke verschiedener Bauart der Anwendung von Normung und Typung der Bauteile enge Grenzen setzen.

2. Serienfertigung

Hierbei sind **größere, aber begrenzte Stückzahlen** von unterschiedlichen Produkten nacheinander oder parallel herzustellen. Werden zur Produktion der einzelnen Serien die gleichen Produktionsanlagen benutzt, so müssen sie entsprechend umgerüstet werden, was in der Regel mit besonderen Umrüstkosten verbunden ist. Der **Vorteil** der Serienfertigung liegt darin, dass innerhalb der Serien Normung und Typung angewandt werden können und somit ein Rationalisierungseffekt erreichbar ist. Demgegenüber sind die Umrüstkosten, die geringere Flexibilität im Vergleich zur Einzelfertigung und die Tatsache, dass nicht mehr alle Kundenwünsche erfüllt werden können, als **nachteilig** anzusehen.

3. Massenfertigung

Bei sehr **großem Produktionsvolumen** kann ein Betrieb von der Serienfertigung zur Massenfertigung übergehen, indem er nur noch ein Produkt in unbegrenzter Anzahl herstellt. Die Planung legt dabei der Produktion keinerlei Beschränkungen mehr auf, da für den anonymen Markt produziert wird. Von **Vorteil** bei der Massenfertigung ist, dass der Betrieb die Rationalisierungsmöglichkeiten, die durch die große Stückzahl gegeben sind, voll nutzen und niedrige Stückkosten erzielen kann (Beispiel: Halbleiter, Mikroprozessoren). Da keine Umrüstungen der Produktionsanlagen erforderlich sind, bietet sich in verstärktem Maße eine Automation des Produktionsprozesses an. **Nachteilig** an der Massenfertigung ist die mangelnde Flexibilität des Herstellungsprozesses, hervorgerufen durch den Einsatz von Spezialmaschinen. Ändert sich die Nachfrage durch Mode- oder Geschmackswandel, so kann dies zu einer existenziellen Gefahr für die Unternehmung werden und sehr kostenintensive Produktionsumstellungen erfordern.

Bei der Auswahl des Produktionsverfahrens ist also außer den naturwissenschaftlichen und technischen Rahmenbedingungen in gleichem Maße das geschätzte **Produktionsvolumen** als Kriterium für die strategische Entscheidung über die Produktionstechnologie zugrunde zu legen.

c)   Die Erfahrungskurve

Das Produktionsvolumen spielt auch für die **Kosten** der Produktion eine erhebliche Rolle. Schon 1925 wurde in den USA entdeckt, dass eine Erhöhung der **kumulierten** Produktionsmenge in vielen Fällen zu einer deutlichen Senkung der Produktionsstückkosten führte. Dieses Phänomen wurde auf die zunehmende **Erfahrung** bei der Beherrschung des Produktionsprozesses zurückgeführt, die mit größeren Stückzahlen verbunden ist. Daraus entwickelte sich die Theorie der **Erfahrungskurve**, die eine mathematische Funktion zwischen den Stückkosten und der kumulierten Produktionsmenge eines Produkts unterstellt. Bezieht man sich auf eine Produktgruppe und nimmt an, dass die Anbieter im Wettbewerb miteinander stehen und dadurch Stückkostensenkungen tendenziell an die Abnehmer weitergegeben werden, so besteht eine ähnliche Funktion zwischen dem **Marktpreis** und der ku-

mulierten Absatzmenge der Produktgruppe. Um den Wahrheitsgehalt der Theorie der Erfahrungskurve zu überprüfen, betrachten wir zunächst zwei Produktgruppen, von denen genügend Preis- und Mengendaten für eine **empirische** Analyse vorliegen. Anschließend werden die theoretischen Grundlagen der Erfahrungskurve, ihre strategischen Implikationen und die Grenzen ihrer Anwendbarkeit erörtert.

1. Empirische Analyse

Da Unternehmen aus Geheimhaltungsgründen so gut wie keine Daten über Stückkosten und zugehörige Produktionsmengen ihrer Produkte veröffentlichen, ist man auf die Analyse von Produktgruppen bzw. Branchen angewiesen. Henderson (Erfahrungskurve 1984) gibt eine Reihe von empirischen Beispielen, von denen zwei typische Produktgruppen, die **integrierten Schaltkreise** und die **Schwarz-Weiß-Fernseher** in den USA, betrachtet werden sollen.

Tab. 21   Absatz und Marktpreis integrierter Schaltkreise in den USA

Jahr	Kumulierte Absatzmenge (Mio. Stück)	Durchschnittspreis (in konstanten $)
1964	2,2	17,00
1965	11,7	7,51
1966	41,1	4,43
1967	109,7	2,83
1968	243,6	1,91
1969	497,2	1,30
1970	797,2	1,10
1971	1160,2	0,89
1972	1763,8	0,71

Quelle: Henderson, Erfahrungskurve 1984, S. 114

Abb. 28 zeigt die Entwicklung des Durchschnittspreises graphisch. Es lässt sich die Tendenz erkennen, dass der durchschnittliche Marktpreis mit zunehmender kumulierter Absatzmenge **nicht-linear** - wahrscheinlich hyperbolisch - fällt. Dabei ist es wichtig, den Marktpreis um inflationäre Einflüsse zu bereinigen, also in konstanten Dollars zu rechnen, um den Funktionszusammenhang möglichst klar zum Ausdruck zu bringen.

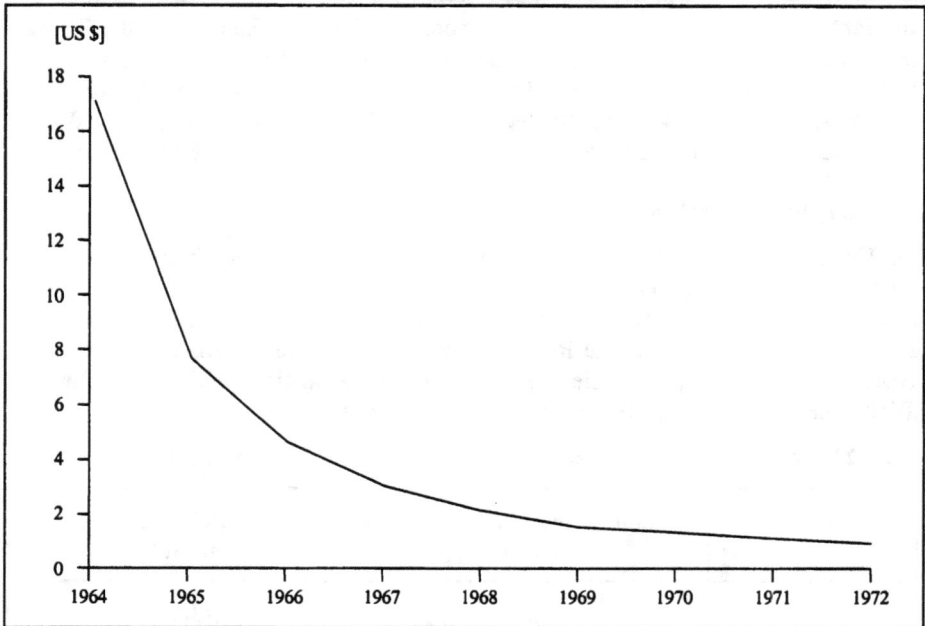

Abb. 28 Marktpreis integrierter Schaltkreise in den USA

Wir versuchen nun, den Daten eine Funktion anzupassen, die den Sachverhalt der Erfahrungskurve möglichst gut wiedergibt. Dabei ist jedoch darauf zu achten, dass mögliche andere Bestimmungsfaktoren des Marktpreises, wie z.B. das Konkurrenzverhalten im Rahmen des absatzpolitischen Instrumentariums, nicht von vornherein ausgeschlossen werden. Da hierüber nichts bekannt ist, wählen wir die folgende Funktion für unsere Analyse:

$$(48) \qquad P_t = \frac{a}{x_t^b} + c \cdot t + d + u_t \qquad\qquad (t = 1,...,T)$$

Hier bedeuten P_t und x_t Marktpreis und kumulierte Absatzmenge zum Zeitpunkt t und u_t eine Störvariable. a, b, c und d sind die zu schätzenden Parameter. Die Funktion enthält neben einem konstanten Basispreis d auch eine zeitliche Trendvariable t, die alle Einflüsse außerhalb der Erfahrungskurve berücksichtigen soll, falls solche vorhanden sind. Die Schätzung mit unserem nicht-linearen Schätzverfahren (Hansmann, Prognoseverfahren 1983) zeigt folgendes Ergebnis:

$$\hat{a} = 24{,}13 \qquad \hat{b} = 0{,}51 \qquad \hat{c} = -0{,}09 \qquad \hat{d} = 0{,}95$$
$$\hat{\sigma}_{\hat{a}} = 0{,}31 \qquad \hat{\sigma}_{\hat{b}} = 0{,}02 \qquad \hat{\sigma}_{\hat{c}} = 0{,}04 \qquad \hat{\sigma}_{\hat{d}} = 0{,}48$$
$$R^2 = 0{,}9998 \qquad\qquad\qquad\qquad\qquad DW = 2{,}19$$

Daraus resultiert die Prognosefunktion für den Marktpreis

$$(49) \qquad \hat{P}_t = \frac{24{,}13}{x_t^{0.51}} - 0{,}09 \cdot t + 0{,}95 \, ,$$

die die wahren Verhältnisse sehr genau abbildet ($R^2 = 0{,}9998$) und die Parameter liefert, die auf dem 99%-Niveau ($\hat{a}, \hat{b}$) oder knapp auf dem 95%-Niveau ($\hat{c}, \hat{d}$) **signifikant** sind. Darüber hinaus zeigt der Durbin-Watson-Koeffizient DW, dass **keine Autokorrelation** der Residuen u_t vorliegt, ein Indiz dafür, dass alle relevanten Einflüsse in der Funktion enthalten sind. Der Parameter $\hat{c} = -0{,}09$ deutet darauf hin, dass neben dem Effekt der Erfahrungskurve ein signifikant negativer zeitlicher Trend vorliegt, der als eine sich verschärfende Wettbewerbssituation mit Druck auf den Marktpreis gedeutet werden könnte. Die hohe Signifikanz der Parameter $\hat{a}$ und $\hat{b}$ deutet auf eine ausgeprägte Dominanz des Erfahrungskurveneffektes in der Preisentwicklung integrierter Schaltkreise hin. Dieses Ergebnis lässt sich durch die Verwendung der reinen Erfahrungskurve als Prognosefunktion unterstreichen:

$$(50) \qquad P_t = \frac{a}{x_t^b} + u_t$$

Die Schätzparameter erhalten nun folgende Werte:

$$\hat{a} \;\; = \;\; 24{,}52 \qquad \hat{b} \;\; = \;\; 0{,}469$$
$$\hat{\sigma}_{\hat{a}} \;\; = \;\; 0{,}22 \qquad \hat{\sigma}_{\hat{b}} \;\; = \;\; 0{,}005$$
$$R^2 \;\; = \;\; 0{,}9995 \qquad DW \;\; = \;\; 2{,}52$$

Wieder sind beide Parameter hoch signifikant, R^2 liegt nur wenig unter dem Wert der ersten Prognosefunktion, aber der Durbin-Watson-Koeffizient deutet auf eine **negative Autokorrelation** der Residuen als Folge des nicht mehr berücksichtigten zeitlichen Preistrends hin. Besonders interessant ist die relative Stabilität von $\hat{a}$ und $\hat{b}$ gegenüber dem ersten Ansatz. Es lässt sich deshalb festhalten, dass die Wirkung der Erfahrungskurve relativ gut durch die Funktion

$$(51) \qquad \hat{P}_t = \frac{24{,}52}{x_t^{0{,}469}}$$

zum Ausdruck kommt und damit für integrierte Schaltkreise empirisch bestätigt werden kann. Diese Funktion (51) ist in Abb. 29 gestrichelt wiedergegeben und lässt den Erfahrungskurveneffekt als wesentlichen Faktor erkennen.

Leider ist die Erfahrungskurve nicht immer so gut empirisch zu bestätigen, wie das folgende Beispiel der Preisentwicklung von **Schwarz-Weiß-Fernsehgeräten** in den USA zeigt (Henderson, Erfahrungskurve 1984, S. 132 f.). Die Zeitreihe umfasst die Periode von 1947 bis 1972, in der der Großhandelspreis von 374 $ auf knapp 57 $ (konstante Dollars) gefallen ist. Als beste Prognosefunktion erweist sich eine Kombination aus Erfahrungskurve und zeitlichem Trend ohne konstanten Basispreis d:

(52) $P_t = \dfrac{a}{x_t^b} + c \cdot t + u_t$

Die Parameter haben folgende optimalen Werte:

$$\hat{a} \;\; = \;\; 316{,}4 \qquad \hat{b} \;\; = \;\; 0{,}114 \qquad \hat{c} \;\; = \;\; -4{,}8$$

$$\hat{\sigma}_{\hat{a}} \;\; = \;\; 4{,}2 \qquad \hat{\sigma}_{\hat{b}} \;\; = \;\; 0{,}006 \qquad \hat{\sigma}_{\hat{c}} \;\; = \;\; 0{,}3$$

$$R^2 \;\; = \;\; 0{,}989 \qquad\qquad\qquad\quad DW \;\; = \;\; 1{,}16$$

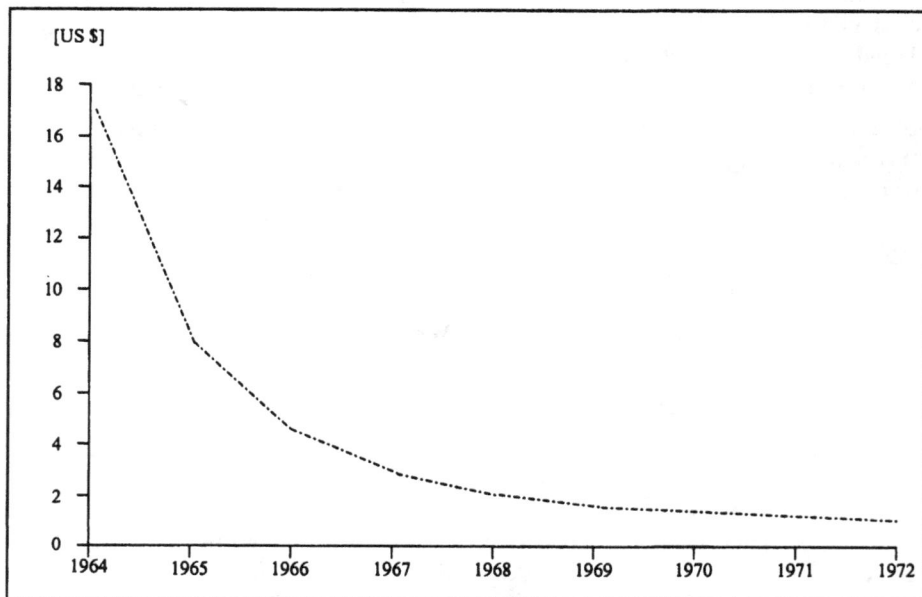

Abb. 29   Geschätzte Erfahrungskurve für integrierte Schaltkreise (Marktpreis)

Alle Parameter - auch der negative Trend - sind **hoch signifikant** (über 99%-Niveau) und das Bestimmtheitsmaß ist sehr gut. Der niedrige Durbin-Watson-Koeffizient DW deutet jedoch auf eine **positive Autokorrelation** der Residuen hin, die durch weitere, nicht bekannte Einflussgrößen verursacht sein könnte. Die Prognosefunktion

(53) $\hat{P}_t = \dfrac{316{,}4}{x_t^{0{,}114}} - 4{,}8 \cdot t$

ist sehr brauchbar und erreicht eine mittlere absolute Abweichung von den wahren Werten von 5,8 $. Versucht man nun, die Erfahrungskurve allein zu erfassen, indem man die Trendvariable eliminiert, ergeben sich folgende Werte für die Parameter:

$$\hat{a} \;\; = \;\; 296,2 \qquad \hat{b} \;\; = \;\; 0,205$$

$$\hat{\sigma}_{\hat{a}} \;\; = \;\; 14,4 \qquad \hat{\sigma}_{\hat{b}} \;\; = \;\; 0,015$$

$$R^2 \;\; = \;\; 0,841 \qquad DW \;\; = \;\; 0,24$$

Obwohl beide Parameter weiterhin signifikant sind, hat R^2 und damit die Erklärungskraft der Funktion deutlich abgenommen, was sich auch in einer viermal so hohen mittleren absoluten Abweichung von 24,8 $ zeigt. Der extreme Rückgang des Durbin-Watson-Koeffizienten ist ein starkes Indiz für die Vernachlässigung wichtiger Einflussfaktoren (hier des negativen Preistrends). Daraus ist der Schluss zu ziehen, dass die Verwendung der Prognosefunktion

$$(54) \qquad \hat{P}_t = \frac{296,2}{x_t^{0,205}} \, ,$$

die nur den Erfahrungskurveneffekt wiedergibt, problematisch ist und hier nicht empfohlen werden kann.

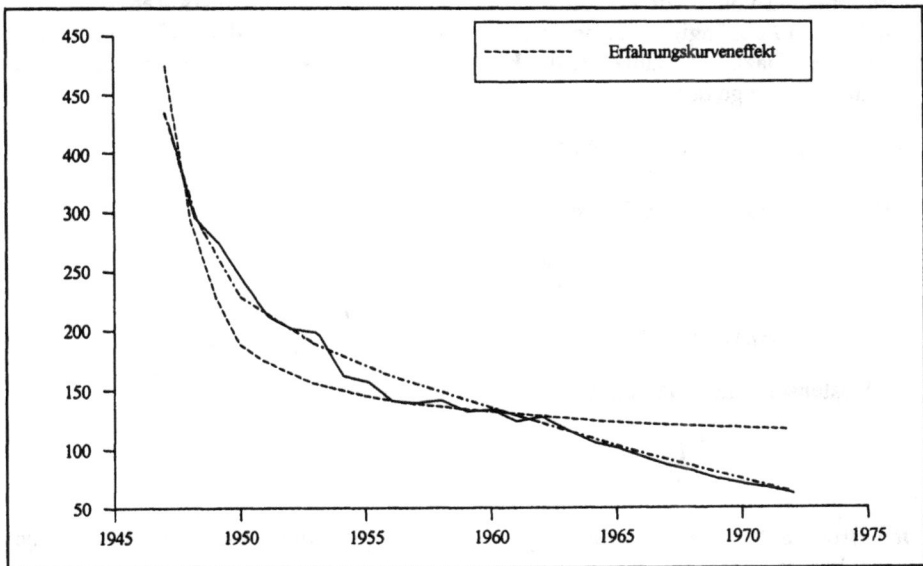

Abb. 30   Preisentwicklung von Schwarz-Weiß-Fernsehern in den USA

Abb. 30 zeigt beide Prognosefunktionen in einer Graphik. Die gestrichelte Linie gibt nur den Erfahrungskurveneffekt wieder, während die strichpunktierte Linie den negativen Preistrend durch die Konkurrenzsituation mit erfasst und sich wesentlich besser der wahren Zeitreihe (durchgezogene Linie) anpasst.

2.   Theoretische Begründung der Erfahrungskurve

Die empirische Analyse des vorangehenden Unterabschnitts soll nun zur Prüfung des theoretischen Erfahrungskurvenkonzepts herangezogen werden. In der Literatur wird die grundlegende These des Erfahrungskurvenkonzepts im Anschluss an Henderson meist folgendermaßen formuliert:

> „Die in der Wertschöpfung eines Produktes enthaltenen Kosten scheinen um 20-30% abzufallen mit jeder Verdoppelung der kumulierten Produkterfahrung im Industriezweig als Ganzes, wie auch beim einzelnen Anbieter." (Henderson, Erfahrungskurve 1984, S. 19)

Es ist zu erkennen, dass diese These der Kostenreduktion um einen **bestimmten Prozentsatz** bei **doppelter** kumulierter Produktionsmenge weiter geht als die von uns unterstellte „tendenzielle Abnahme der Stückkosten mit zunehmender kumulierter Produktionsmenge". Wir wollen deshalb das Erfahrungskurvenkonzept mit Hilfe einer empirischen Analyse überprüfen. Als Ausgangsgleichung dient (52) ohne Berücksichtigung der Störgröße u_t. Statt des Marktpreises P_t sollen nun die Stückkosten k_t betrachtet werden, für die jedoch nach Henderson die Erfahrungskurve gleichermaßen gilt:

$$(55) \qquad k_t = ax_t^{-b} + c \cdot t$$

Verdoppelung von x_t auf $2x_t$ soll - für beliebige t - zu einem **konstanten**, d.h. nicht von der Zeit t abhängigen Kostensenkungssatz $\Delta k_t / k_t$ führen, der im Folgenden abgeleitet sei. Dazu wird zunächst die Kostenänderung Δk_t bei doppelter kumulierter Produktionsmenge bestimmt.

$$(56) \qquad k_t - \Delta k_t = a(2x_t)^{-b} + ct$$

$$(57) \qquad \Delta k_t = k_t - 2^{-b} ax_t^{-b} - ct$$

$$= ax_t^{-b} + ct - 2^{-b} ax_t^{-b} - ct$$

$$= ax_t^{-b}\left(1 - 2^{-b}\right)$$

Der Kostensenkungssatz beträgt dann

$$(58) \qquad \frac{\Delta k_t}{k_t} = \frac{ax_t^{-b}}{k_t}\left(1 - 2^{-b}\right)$$

Den Bruch auf der rechten Seite kann man nach (55) durch $1 - ct/k_t$ ausdrücken, so dass folgendes Ergebnis erzielt wird:

$$(59) \qquad \frac{\Delta k_t}{k_t} = \left(1 - \frac{ct}{k_t}\right)\left(1 - 2^{-b}\right)$$

Der Kostensenkungssatz hängt somit **nicht** nur von der Produktionsmenge, sondern auch vom Zeitpunkt t und den über den Parameter c wirksamen Kosteneinflussgrößen, die nicht auf der kumulierten Produktionsmenge beruhen, ab. Nur wenn diese Einflussgrößen bewusst vernachlässigt werden, c also gleich Null gesetzt wird, ist das Erfahrungskurvengesetz streng erfüllt:

(60) $\quad \dfrac{\Delta k_t}{k_t} = 1 - 2^{-b}$

In diesem Fall ist der Kostensenkungssatz leicht über die empirische Schätzung des Parameters b zu ermitteln und stellt eine zeitliche Konstante dar. Für die Produktgruppe „Integrierte Schaltkreise" (vgl. S. 131 ff.) hatten wir $\hat{b}$ = 0,469 errechnet. Daraus ergibt sich ein Kostensenkungssatz

$$\frac{\Delta k_t}{k_t} = 1 - 2^{-0,469} = 0,278\,,$$

entsprechend **27,8%**. Die These Hendersons lässt sich in diesem Fall empirisch bestätigen.

Nicht so günstig liegt der Fall bei den **Schwarz-Weiß-Fernsehern**. Vernachlässigt man hier die Kosteneinflussgröße außer x_t, so ändert sich der Schätzparameter von 0,114 auf 0,205 und die Erklärungskraft der Funktion geht stark zurück (vgl. S. 133 ff.). Entscheidet man sich für $\hat{b}$ = 0,205, ergibt sich ein Kostensenkungssatz $\Delta k_t / k_t$ = 1-2$^{-0,205}$ = 0,132 also **13,2%**, gegenüber 7,5%, wenn $\hat{b}$ = 0,114 zugrunde gelegt wird. Diese Instabilität des Kostensenkungssatzes lässt hier die Anwendung der „reinen" Erfahrungskurve problematisch erscheinen. Auch aus einem weiteren Grund ist diese Schlussfolgerung gerechtfertigt. Man kann zeigen, dass der Schätzparameter a eine betriebswirtschaftliche Bedeutung hat und durch $k_o x_o^b$ gegeben ist, wenn nur die Wirkung der Erfahrungskurve unterstellt wird. Dies ergibt sich aus den drei Hypothesen des Erfahrungskurvenkonzeptes

(61) $\quad k_t = a x_t^{-b}$ $\qquad\qquad$ (Erfahrungskurve)

(62) $\quad x_t = 2^t x_0$ $\qquad\qquad$ (Verdopplung der Produktion)

(63) $\quad k_t = \left(1 - \dfrac{\Delta k_t}{k_t}\right)^t k_0$ $\qquad\qquad$ (Stückkostensenkung)

Hieraus folgt

(64) $\quad a = k_t x_t^b = \left(1 - \dfrac{\Delta k_t}{k_t}\right)^t k_0 \left(2^t x_0\right)^b$

und in Verbindung mit (60)

(65) $\quad a = 2^{-bt} k_0\, 2^{bt}\, x_0^b = k_0\, x_0^b\,.$

Man kann nun die Kompatibilität der beiden Parameter $\hat{a}$ und $\hat{b}$ prüfen, indem man a aus (65) errechnet und mit dem Schätzparameter $\hat{a}$ vergleicht. Bei den Schwarz-Weiß-Fernsehern beträgt die Anfangsmenge x_o = 0,185 sowie k_o = 374,42 \$ (x_t sind für die Rechnung in Einheiten von 10 Mio. Stck. gemessen). Mit $\hat{b}$ =

0,205 ergibt sich $a = 264,9$ mit erheblicher Abweichung zu $\hat{a} = 296,2$. Auch hieraus geht hervor, dass die „reine" Erfahrungskurve die Kostenentwicklung bei Schwarz-Weiß-Fernsehern **nicht adäquat** beschreibt im Gegensatz zu den integrierten Schaltkreisen, bei denen $a = 17 \cdot 2,2^{0,469} = 24,61$ ist (vgl. Tab. 21, S. 125) und Gleichung (51) (S. 127)) und damit nur unwesentlich von $\hat{a} = 24,52$ abweicht.

Aus dieser Analyse sind folgende Schlussfolgerungen zu ziehen:

- Die Hypothese der Erfahrungskurve ist nur dann richtig, wenn die **kumulierte Produktionsmenge** alle anderen Kosteneinflussgrößen so dominiert, dass diese ohne große Fehler vernachlässigt werden können (Beispiel: integrierte Schaltkreise). In diesen Fällen ist das Erfahrungskurvenkonzept voll anwendbar.

- Existieren neben der kumulierten Produktionsmenge **andere Kosteneinflussgrößen** von merklicher Bedeutung, so kann die „reine" Erfahrungskurve nicht verifiziert werden (Beispiel: Schwarz-Weiß-Fernseher). Das Erfahrungskurvenkonzept sollte dann nur heuristisch angewandt werden, z.B. in der Form, dass eine zunehmende kumulierte Produktionsmenge **tendenziell** zu einer Abnahme der Stückkosten führt.

Damit kann das Erfahrungskurvenkonzept in der strengen oder in der heuristischen Form als Erfahrungstatsache in die Überlegungen des strategischen Produktionsmanagements einbezogen werden. Es muss noch geklärt werden, welche betriebswirtschaftlichen Sachverhalte aus theoretischer Sicht dem Erfahrungsgesetz zugrunde liegen. Mit dieser Frage haben sich vor allem Kloock, Sabel und Schuhmann (Erfahrungskurve 1987) beschäftigt. Ihre Forschungen zeigen, dass sich der Erfahrungskurveneffekt aus mehreren Einzeleffekten zusammensetzt, die miteinander in Beziehung stehen. Als wichtigste seien hier genannt:

- **Lerneffekte**
  Sie sind das Ergebnis der besseren und schnelleren Verrichtung von Arbeitsgängen durch die Arbeitenden, wenn der Produktionsprozess aus der Anlaufphase in die durch Wiederholung der Arbeitsgänge gekennzeichnete Normalphase übergeht. Mit zunehmender (kumulierter) Produktion wird der Produktionsprozess immer besser beherrscht, so dass die **Ausschussquote** sinkt und die **Produktivität** auch durch Spezialisierung der Arbeitskräfte bei höherer Stückzahl ansteigt. Betroffen von den Lerneffekten sind sowohl die variablen Stückkosten (geringerer Materialverbrauch) als auch die fixen Kosten (niedrigere Vorgabe- und Maschinenzeiten pro Stück).

- **Kapazitätsauslastungseffekte**
  Sie treten durch verbesserte **Ausnutzung der Produktionsanlagen** auf. So konnte z.B. die echte Produktionszeit einer Produktionsanlage für Kunststoff-Folien von 66% (1976) auf 89% (1983) der Maschinenbetriebszeit gesteigert werden (vgl. Kloock, Sabel, Schuhmann, Erfahrungskurve 1987, S. 13), was einer beträchtlichen Kapazitätssteigerung und, falls die Marktnachfrage vorhanden ist, Produktionssteigerung entspricht. Darüber hinaus können die Hersteller der Produktionsanlagen die gewonnenen Erfahrungen des Anwenders aufnehmen und zur verbesserten Konstruktion ihrer Maschinen benutzen. Der damit realisierte **technische Fortschritt** wird als externer Kapazitätssteigerungseffekt bezeichnet,

da er häufig bei gleichen oder sinkenden Anschaffungskosten mit größerer Leistung der Maschinen verbunden ist.

- **Degressionseffekte**
Sie werden verursacht durch eine steigende **Betriebsgröße**, die es erlaubt, rationellere **Organisationsformen** der Fertigung (z.B. Ersatz der Werkstattfertigung durch Fließfertigung, vgl. S. 141 ff.) einzuführen und damit die variablen Stückkosten zu senken. Die damit verbundene höhere Fixkostenbelastung wird aufgrund der größeren kumulierten Produktionsmenge jedoch auf mehr Produkteinheiten verteilt, so dass insgesamt mit **sinkenden Stückkosten** gerechnet werden kann.

Diese drei Gruppen von Effekten wirken gemeinsam und führen im Ergebnis dazu, dass die Stückkosten mit zunehmender kumulierter Produktionsmenge abnehmen. Sind darüber hinaus weitere Kosteneinflussgrößen zu vernachlässigen, so kann das strenge Gesetz der Erfahrungskurve empirisch verifiziert und in die strategischen Überlegungen eingebunden werden.

II. Klassische Organisationsformen der Produktion

Innerhalb der naturwissenschaftlich-technischen Rahmenbedingungen und unter Beachtung der angestrebten Produktionsmenge ist die Organisationsform nach ökonomischen Gesichtspunkten zu wählen. In der Praxis haben sich vier klassische Formen herausgebildet, die im Folgenden einzeln analysiert werden.

a) Werkbankfertigung

Sie ist charakterisiert durch Einzelarbeit an Arbeitstischen, wobei die Betriebsmittel (z.B. ein Schraubstock) in Reichweite des Arbeiters angeordnet sind. Es gibt keinen zwangsläufigen Übergang zu anderen Arbeitsplätzen. Hergestellt werden meistens Einzelstücke oder kleine Serien.

Die Werkbankfertigung ist im Handwerk (z.B. Töpferei) sehr verbreitet und zeichnet sich durch große Flexibilität im Produktionsprogramm und relativ geringe Kapitalbindung aus. Für die Industrie ist sie als Organisationsform jedoch aufgrund ihrer geringen Produktivität untauglich und daher höchstens in Reparaturabteilungen vereinzelt anzutreffen.

b) Baustellenfertigung

Bei dieser Organisationsform werden Arbeitskräfte, Material und Betriebsmittel an den Standort des zu produzierenden Objekts herangebracht. Vor allem im Hoch- und Tiefbau ist die Baustellenfertigung verbreitet, aber auch beim Bau von Heizungsanlagen, Aufzügen und Kraftwerken.

Die menschliche Arbeit spielt hier eine wesentliche Rolle, so dass Rationalisierungsanstrengungen nur in begrenztem Ausmaß möglich sind (z.B. vorgefertigte Teile im Wohnungsbau). Die Produktivität ist nicht sehr hoch, und es treten häufig Probleme beim Transport der Betriebsmittel (z.B. Kräne) auf.

c)   Werkstattfertigung

Die Organisationsform ist gekennzeichnet durch die Zusammenfassung von gleichartigen Maschinen bzw. Arbeitsplätzen mit gleicher Verrichtung in Werkstätten als
abgeschlossene Einheiten. Das Produkt wandert gemäß der Ablaufplanung durch die
einzelnen Werkstätten, in denen Maschinen eine spezielle Verrichtung ausführen
(z.B. hobeln, fräsen, schmieden). **Werkzeugmaschinen** (einschließlich Arbeitstisch,
Gestellbauteile, Antriebe und Steuerungen) **verbinden** das Werkstück mit dem
Werkzeug und üben die Funktionen zur spanenden Bearbeitung des Werkstücks aus.

Man findet die Werkstattfertigung vor allem im Maschinenbau, in der elektro-
technischen und optischen Industrie sowie in der Gummiverarbeitung. Mitunter wird
sie in Teilbereichen mit der Fließfertigung kombiniert. Abb. 31 zeigt die typische
Struktur einer Werkstattfertigung. Dabei ist zu beachten, dass die Reihenfolge der
von den Produkten zu durchlaufenden Werkstätten je nach Art des Produktes variieren kann.

Neben den traditionellen handgesteuerten Werkzeugmaschinen, wie Bohr-, Fräs-,
Dreh- und Schleifmaschinen werden **NC-Werkzeugmaschinen** verwendet, bei denen die Verrichtung (bohren usw.) nicht mehr vom Menschen gesteuert, sondern mit
Hilfe eines Programms veranlasst wird. Die **numerische Steuerung** (**n**umerical
control) hat dieser Art Werkzeugmaschinen ihren Namen gegeben.

Die Werkstattfertigung zeichnet sich durch eine hohe qualitative und quantitative
Elastizität aus. Dabei versteht man unter qualitativer Elastizität die Fähigkeit, verschiedene Produkte mit den gleichen Maschinen herzustellen. Demgegenüber besagt
die quantitative Elastizität, dass die Stückkosten bei Abweichung von der optimalen
Produktionsmenge nur einen geringen Anstieg zeigen.

Die **Kapitalbindung** ist durch den geringeren Anteil der fixen Kosten nicht so hoch
wie bei der Fließfertigung. Durch die räumliche Zusammenfassung der Arbeitsplätze
lässt sich die Abgrenzung der Verantwortungsbereiche erleichtern. Außerdem
bestimmen die Arbeitskräfte das Arbeitstempo und können sich weitgehend mit ihrer Arbeit identifizieren. Die Nachteile der Werkstattfertigung ergeben sich vor allem aus folgenden Punkten:

- Die Transportwege zwischen den Werkstätten sind relativ lang, besonders wenn
  manche Werkstätten mehrmals durchlaufen werden müssen.
- Der Raumbedarf ist hoch.
- Es ist kaum möglich, alle Werkstätten gleichmäßig auszulasten und Engpässe zu
  verhindern.
- Der Produktionsablauf ist recht unübersichtlich und erfordert einen beträchtlichen Verwaltungsaufwand.
- Durch unterschiedliche Durchlaufzeiten ergeben sich Zwischenlager, die zu einer
  erhöhten Kapitalbindung in den Beständen führen.

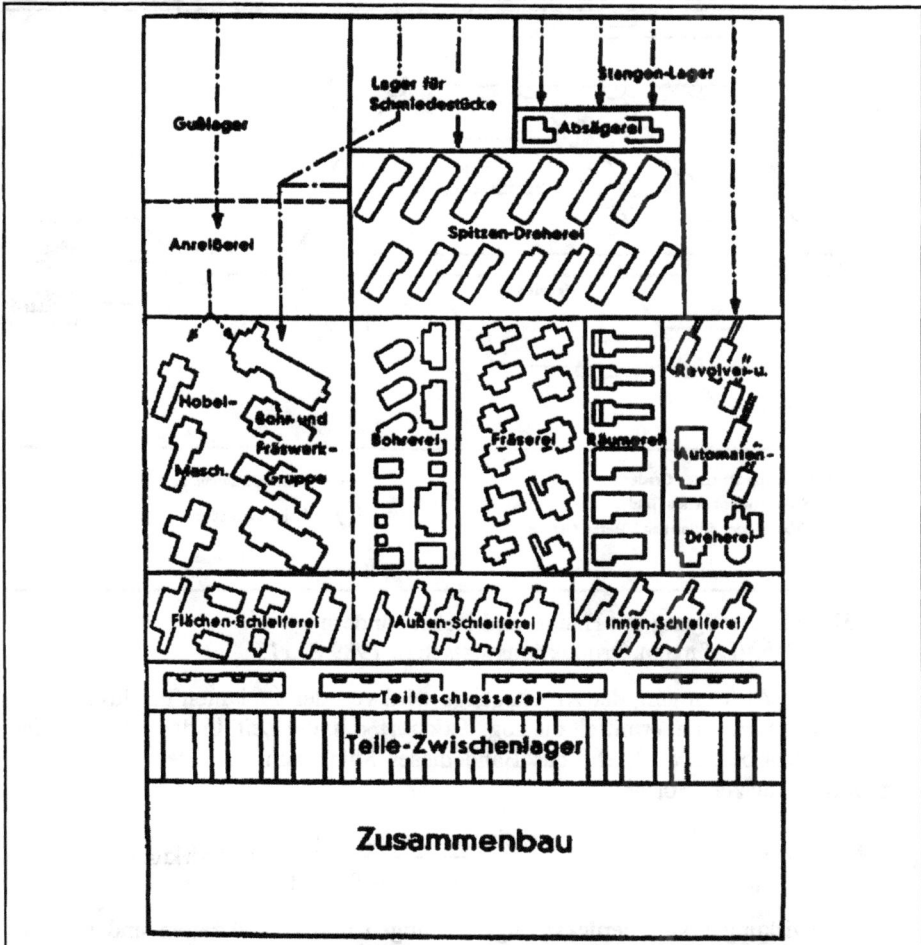

Abb. 31 Werkstattfertigung
Quelle: Kalveram, Industriebetriebslehre 1972, S. 286

d) Fließfertigung

Nach der Definition von Mäckbach/Kienzle (Fließarbeit 1926) ist die Fließfertigung eine

> „örtlich fortschreitende, zeitlich bestimmte, lückenlose Folge von Arbeitsgängen."

Der Produktionsprozess bestimmt also die Anordnung der Maschinen.

Die Fließstrecke kann linear, u-förmig oder kreisförmig sein. Eine Fließfertigung mit Haupt- und Nebenbändern zeigt Abb. 32. Diese komplizierte Fließstrecke ist wie ein Wasserleitungssystem aus mehreren Quellbändern zusammengesetzt, die in Bänder höherer Ordnung „einmünden", die sich ihrerseits mit dem Hauptband vereinigen.

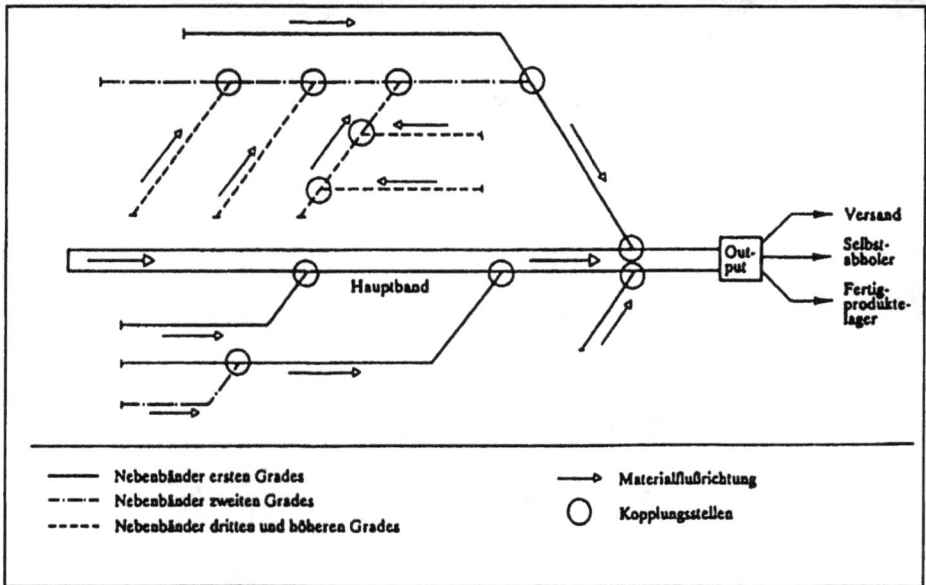

Abb. 32   Fließfertigung mit Haupt- und Nebenbändern
Quelle: Hahn/Laßmann, Produktionswirtschaft 1989 S. 115

Die zeitliche Abstimmung der Arbeitsgänge wird von der geplanten Produktion pro Schicht bestimmt. Man ermittelt die sog. **Taktzeit**, d.h. die Zeit, in der ein Stück des Produktes bearbeitet wird, ehe das Band dieses Stück zum nächsten Arbeitsplatz transportiert, aus der Formel

$$(66) \quad \text{Taktzeit } [\frac{ZE}{ME}] = \frac{\text{Arbeitszeit pro Schicht[ZE]}}{\text{Sollproduktion pro Schicht[ME]}} \cdot \text{Bandwirkungsfaktor} .$$

Der Bandwirkungsfaktor berücksichtigt Störungen und Ausfallzeiten und ist stets kleiner als eins. Beträgt die Arbeitszeit pro Schicht acht Stunden, die Sollproduktion 960 ME und wird mit Ausfallzeiten von 4% der Arbeitszeit gerechnet, so ergibt sich folgende Taktzeit:

$$\text{Taktzeit } [\frac{min}{ME}] = \frac{480[min]}{960[ME]} \cdot 0,96 = 0,48 [\frac{min}{ME}].$$

Dieser Taktzeit müssen alle Arbeitsgänge angepasst werden. Dazu gibt es nach Mellerowicz (Betriebswirtschaftslehre, Bd. 2, 1981, S. 341 ff.) folgende Möglichkeiten:

- Parallelschaltung von Arbeitsplätzen, falls die Arbeitszeit einzelner Arbeitsgänge ein Vielfaches der Taktzeit beträgt,
- Zerlegung eines zu langen Arbeitsganges in Teilarbeitsgänge von der Länge der Taktzeit,
- Zusammenfassung von zu kurzen Arbeitsgängen,
- Einsatz anderer Verfahren oder leistungsfähigerer Maschinen,
- Ausnutzung des unterschiedlichen Arbeitstempos der Arbeiter.

Lassen sich die Arbeitsgänge unter keinen Umständen in eine gemeinsame Taktzeit einpassen, so muss man die zeitliche Abstimmung fallen lassen und die Fließfertigung geht in die **Reihen- bzw. Straßenfertigung** (ohne Taktzwang) über, die jedoch ablaufplanerisch wesentlich schwieriger zu bewältigen ist. Die Fließfertigung findet als **zwangsläufige** Variante vor allem in der chemischen, der Mineralöl- und in der Brauindustrie Verwendung, als organisatorische Variante in der Fahrzeugindustrie, im Verlags- und Druckgewerbe sowie in der Süßwarenindustrie.

Im Bereich des strategischen Produktionsmanagements geht es nur um die **Entscheidung**, ob eine Fließfertigung oder eine andere Organisationsform eingerichtet werden soll und nicht um die operative **Gestaltung** der Fertigung, die im operativen Management (Teil III, S. 236 ff.) erörtert werden wird und Problemkomplexe wie z.B. Kanban oder Just-in-time-Produktion umfasst. Daher sind an dieser Stelle nur allgemeine Vor- und Nachteile der Fließfertigung gegeneinander abzuwägen.

Die **Vorteile** der Fließfertigung liegen auf folgenden Gebieten:

■ Es wird die geringste mögliche Durchlaufzeit der Produkte durch den Betrieb erreicht. Daher ist für Zwischenlager nur eine geringe Kapitalbindung erforderlich (Sicherheitspufferlager).
■ Der Produktionsablauf ist übersichtlich und erfordert wenig Aufwand für die spezielle Arbeitsvorbereitung und die Produktionssteuerung.
■ Es fallen niedrige innerbetriebliche Transportkosten an.
■ Alle Rationalisierungsmöglichkeiten können durch die weitgehende Zerlegung der Arbeitsgänge ausgenutzt werden.
■ Das Fließprinzip ermöglicht durch optimale Raumnutzung einen geringeren Raumbedarf als die Werkstattfertigung.

Diesen Vorzügen der Fließfertigung stehen folgende **Nachteile** gegenüber:

■ Die Einrichtung einer Fließstrecke erfordert einen erheblichen Kapitalbedarf.
■ Die Belastung mit fixen Kosten ist sehr hoch.
■ Die Fließfertigung weist nur eine geringe quantitative und qualitative Elastizität auf. Beschäftigungsschwankungen und Produktvariationen führen zu hoher Kostenbelastung.
■ Störungen an einzelnen Maschinen wirken sich häufig auf den ganzen Fließprozess aus.
■ Die psychische Belastung der Arbeitskräfte durch die eintönige Arbeit kann die Produktivität erheblich beeinträchtigen.

Traditionell ist eine Fließfertigung seit Henry Ford und seinem Model-T auf die Produktion eines einzelnen, immer gleichen Produktes beschränkt. In den Zeiten eines weltweiten Wettbewerbes sind jedoch Produkte rar geworden, die ohne jegliche Änderung ein Fließsystem allein auslasten könnten. Stattdessen ermöglicht es die zunehmende **Automatisierung von Rüstvorgängen**, mehrere Varianten eines Grundmodells auf einem gemeinsamen Fließsystem zu fertigen. So wird etwa die Mercedes C-Klasse durch die Auswahlmöglichkeit unterschiedlicher Ausstattungsoptionen (Klimaanlage, Schiebedach etc.) in theoretisch 2^{27} Modell-Varianten angeboten, die alle auf dem gleichen Fließsystem produziert werden (Röder/Tibken, Inter-Company Supply Chains 2006). Auf diese Weise können die Vorteile der

Fließfertigung genutzt werden und trotzdem den Kunden individuelle Produkte angeboten werden, wenn auch in vorab definierten Grenzen. Solche **flexiblen Fließfertigungen** werden auch als **Variantenfließfertigung** bezeichnet. Die Planungsprobleme, die sich aus dieser Produktionsform ergeben, sind sehr anschaulich bei Boysen (Variantenfließfertigung 2005) erläutert.

Eine weitere Produktionsform, welche einen Kompromiss zwischen den beiden reinen Organisationsformen der Fertigung erreichen will, ist die **Gruppen- oder Gemischtfertigung** (Mellerwowicz, Betriebswirtschaftslehre, Bd. 2, 1981, S. 371 ff.). Sie ist durch eine Zusammenfassung von Maschinen und Arbeitsplätzen für gleichartige Teilprozesse gekennzeichnet, die im Fließprinzip organisiert werden, während sonst Werkstattfertigung vorherrscht.

Diesen klassischen Organisationsformen stehen die modernen Formen der Produktion gegenüber, die sich seit dem Beginn der 80er Jahre langsam in der industriellen Praxis durchzusetzen beginnen und in Zukunft eine erhebliche Bedeutung erlangen werden. Sie sind unter dem Namen „**Fabrik der Zukunft**" bekannt geworden und zeichnen sich dadurch aus, dass sie die Vorteile der Werkstattfertigung mit denen der Fließfertigung verknüpfen, insbesondere

- **Flexibilität** der Produktion (Werkstattfertigung),
- **Integration** der Produktion (Fließfertigung).

Die Verbindung dieser beiden - scheinbar gegensätzlichen - Prinzipien gelingt nur durch intensive Computerunterstützung mit Hilfe von **integrierten Informationssystemen**, dem dritten Grundelement des industriellen Managements (vgl. Kapitel 2, S. 29 ff.).

III. Computergestützte Flexibilisierung der Fertigung

Die Flexibilisierung der Produktion mit Hilfe von computergestützten Informationssystemen kann in mehreren Stufen verwirklicht werden, die in der Praxis als selbständige Organisationsformen vorkommen. Sie reichen - je nach Produktionsprogramm und -volumen des Unternehmens - von einfachen Bearbeitungszentren im Rahmen der Werkstattfertigung bis zu flexiblen Transferstraßen der Fließfertigung.

a) Bearbeitungszentren

Ein Bearbeitungszentrum ist die erste Stufe der Weiterentwicklung einer numerisch gesteuerten (NC-) Werkzeugmaschine in Richtung Flexibilisierung. Obwohl die Definition in der Literatur nicht einheitlich ist, lassen sich die charakteristischen Merkmale doch hinreichend genau herausarbeiten. Wir legen hier und auch bei den folgenden Definitionen die Ausführungen von Scheer (Wirtschaftsinformatik 1998, S. 358 f.) und Geitner (CIM-Handbuch 1991, S. 349) zugrunde, die in der betrieblichen Praxis weitgehend übernommen worden sind. Danach ist das **Bearbeitungszentrum** eine NC-Werkzeugmaschine, die

- **mehrere Bearbeitungsoperationen** bei **einer** Aufspannung ausführen kann (z.B. bohren und fräsen) und
- über einen **automatischen Werkzeugwechsel** verfügt.

Durch den selbsttätigen Werkzeugwechsel ist der **Umrüstvorgang** zwischen zwei Arbeitsgängen in die Bearbeitung integriert und erlaubt damit eine kürzere Durchlaufzeit der Werkstücke. Gleichzeitig erhöht sich die Flexibilität, da verschiedene Bearbeitungsoperationen mit einer Maschine durchgeführt werden können.

b)   Flexible Fertigungszellen

Werden mehrere gleichartige Bearbeitungszentren zu einer Einheit zusammengefasst, die zusätzlich

- einen gemeinsamen **Werkstückspeicher** (Paletten) und ein **Transportsystem** aufweist sowie
- über eine **automatische Spann-** und **Beladestation** verfügt,

so bezeichnet man diese Einheit als **flexible Fertigungszelle**. Sie kann weitgehend selbständig arbeiten, wenn sie an ein automatisiertes Materialflusssystem angeschlossen ist. Man erkennt, dass hier der **Integrations**gedanke durch die Einbeziehung des Werkstücktransportes und der Maschinenbeladung in den automatischen Ablauf stärker realisiert wird, was natürlich höhere Anforderungen an die Computerunterstützung stellt.

c)   Flexible Fertigungssysteme

Sie stellen einen gewissen Endpunkt der Entwicklung in Richtung zunehmende Integration bei gleichzeitig hoher Flexibilität, die für mittlere Unternehmen mit Klein- und Mittelserienfertigung notwendig ist, dar. Ein flexibles Fertigungssystem (FFS) besteht aus

- mehreren verschiedenen und sich **ergänzenden** NC-Maschinen oder Bearbeitungszentren,
- einem vollautomatischen **Materialflusssystem**, das die Ver- und Entsorgung mit Werkstücken und den Werkzeugwechsel mit einschließt sowie
- einer **integrierten Rechnersteuerung**, an deren Spitze ein Leitrechner steht.

Der Leitrechner steuert alle notwendigen Funktionen, vom Werkzeugwechsel über den Werkstücktransport und die Werkstückeinspannung bis zum Einsatz der NC-Programme und der Qualitätsprüfung. Dadurch wird zum ersten Mal die Idee des Computer Integrated Manufacturing (CIM) deutlich, dem wir uns im Abschnitt IV. ausführlich widmen werden. Abb. 33 zeigt ein typisches flexibles Fertigungssystem für mechanische Fertigung.

Die flexiblen Fertigungssysteme vereinen die wichtigsten **Vorteile** von Werkstatt- und Fließfertigung. Sie können schnell und flexibel an Kundenwünsche fertigungstechnisch angepasst werden, indem die Reihenfolge der zu durchlaufenden Maschinen und die NC-Programme verändert werden. Darüber hinaus kommt der Integrationsvorteil einer Fließfertigung dadurch zum Tragen, dass alle vor der Montage stattfindenden Arbeitsgänge im FFS vollautomatisch und integriert ausgeführt werden können. Durch diese Integration von Arbeitsgängen kann die **Durchlaufzeit** der Werkstücke und damit die Kapitalbindung so stark verringert werden, dass sich solch ein FFS schon bei kleinen und mittleren Seriengrößen rentabel einsetzen lässt. Hinzu kommt eine erhebliche Verminderung der **Umrüstzeiten** und **-kosten**, da der automatische computergesteuerte Werkzeugwechsel die Umrüstvorgänge so in die Bearbeitungsfolge integriert, dass Maschinenstillstandszeiten weitgehend vermieden werden. Auch dieser Sachverhalt bewirkt eine geringere Durchlaufzeit der Produkte und eine Abnahme der **Kapitalbindung**.

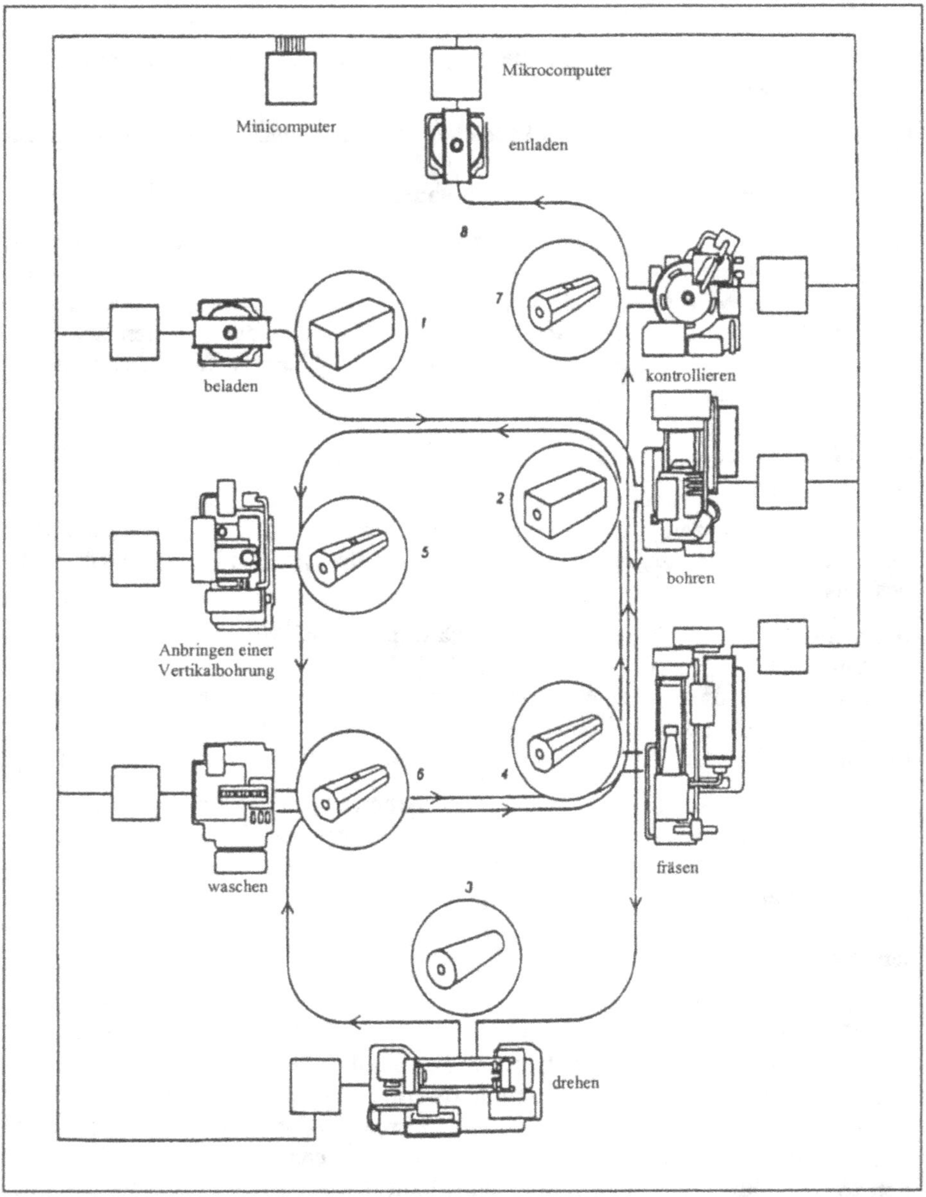

Abb. 33   Komponenten eines flexiblen Fertigungssystems
Quelle: Scheer, CIM 1990, S. 54

d)   Fertigungsinseln

Werden flexible Fertigungssysteme so ausgestaltet, dass

- ganze Teilefamilien oder Baugruppen **komplett** bearbeitet werden können,
- die dazu benötigten Ressourcen im System selbst verfügbar sind, so dass eine **autonome** Produktion möglich ist und
- die Betriebsmittel (möglichst) im Sinne des **Produktionsflusses** angeordnet sind,

so bezeichnet man diese Systeme als **Fertigungsinseln**. Infolge ihrer höheren Integration eignen sich Fertigungsinseln in erster Linie für die Großserienfertigung von größeren Unternehmen. Das integrierte Steuerungssystem einer Fertigungsinsel muss erhebliche Planungs- und Steuerungsfunktionen ausführen und bedarf daher eines anspruchsvollen Produktionsplanungs- und -steuerungssystems (vgl. hierzu Kapitel 7,D., S. 247 ff.).

e)   Flexible Transferstraßen

Diese Organisationsform geht von der traditionellen Fließfertigung aus, d.h.

- materialflussorientierte Reihenfolge der Bearbeitungsstationen und
- zeitliche Abstimmung der Arbeitsgänge (Taktzeit).

Diese höchstintegrierte Fertigung soll nun flexibel gestaltet werden, um sich wechselnden Produktionsaufträgen anpassen zu können. Dazu müssen die Bearbeitungsstationen schnell und kostengünstig **umgerüstet** werden können, was durch den automatischen Werkzeugwechsel gewährleistet wird. Darüber hinaus müssen aber auch das Transportsystem und der Materialfluss selbst flexibel an verschiedene Fertigungsaufträge angepasst werden können.

Abb. 34 zeigt die Grundkonzeption einer flexiblen Transferstraße. Der zentral eingesetzte Leitrechner DNC (= direct numerical control) überwacht und steuert die Bearbeitungsstationen, das Transportsystem sowie den gesamten Materialfluss.

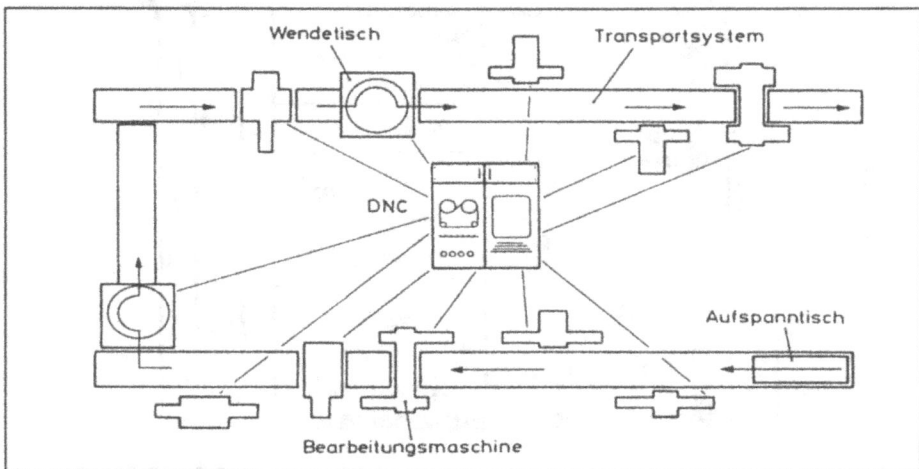

Abb. 34   Komponenten einer flexiblen Transferstraße
Quelle: Wiendahl, Betriebsorganisation 1989, S. 34

IV. Computer-Integrierte Fertigung (CIM)

a)   Überblick

In Anlehnung an Scheer (CIM 1990, S. 2) verstehen wir unter **Computer Integrated Manufacturing (CIM)**

> die integrierte Informationsverarbeitung für die **betriebswirtschaftlichen** und **technischen** Aufgaben der Produktion im Industriebetrieb.

Die einzelnen Komponenten und die Struktur der Computer-Integrierten Fertigung lassen sich sehr anschaulich in einer von Scheer entwickelten Graphik darstellen, die das Zusammenwachsen der betriebswirtschaftlichen und technischen Aufgaben verdeutlicht (Abb. 35).

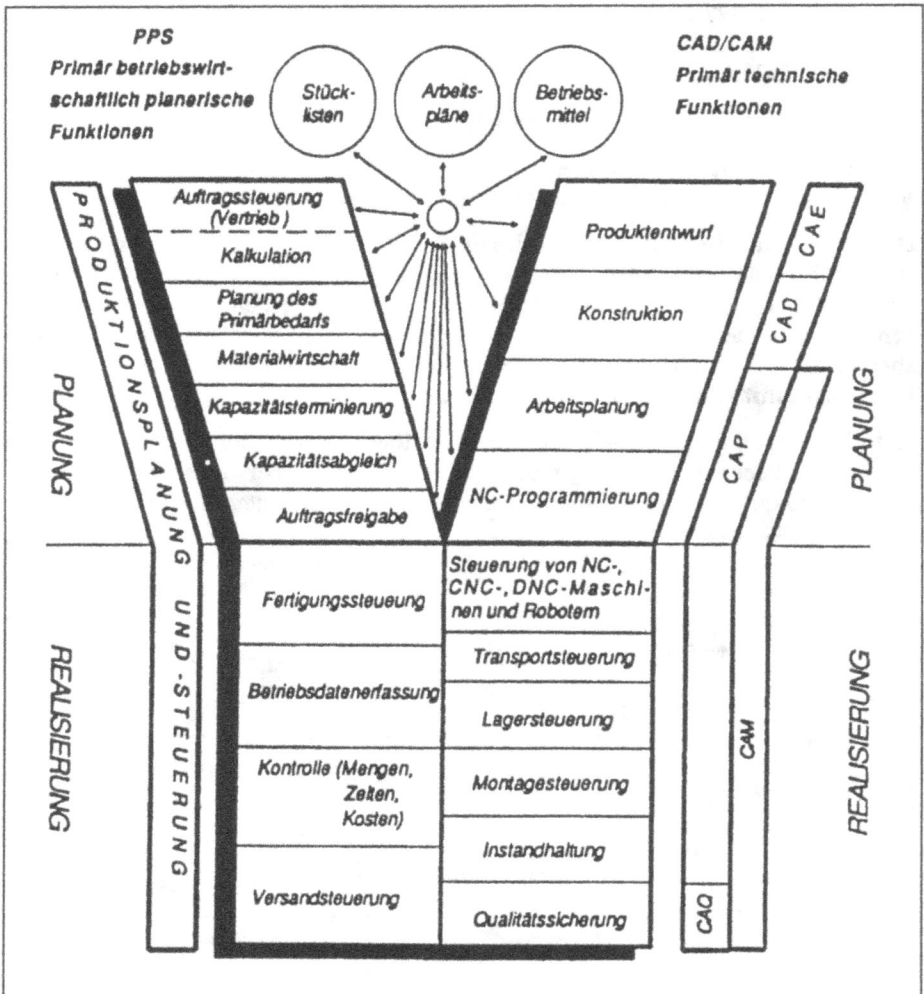

Abb. 35   Informationssysteme von CIM
Quelle: Scheer, CIM 1990, S. 2

Durch die **Computer-Integrierte Fertigung** (CIM) sollen nicht nur die o.a. technischen Produktionsvorgänge mit Hilfe des Computers verkettet und damit integriert werden, sondern auch die betriebswirtschaftlichen Funktionen des Produktionsprozesses, die bisher recht isoliert in der computergestützten Produktionsplanung und -steuerung (PPS) informationstechnisch abgebildet wurden, in diese Integration einbezogen werden, da nur so kürzere Durchlaufzeiten, geringere Umrüstkosten und damit niedrigere Kapitalbindung in der Fertigung erreichbar erscheinen.

b) Die CIM - Komponenten

1. Computer Aided Design (CAD)

Geht man von den technischen CIM-Komponenten aus, so bezieht sich die erste Stufe des Produktionsprozesses auf die Konstruktion des in Frage stehenden Produktes. Der traditionelle Konstruktionsentwurf am Reißbrett wurde in manueller Tätigkeit vom Zeichner erstellt. Gelingt es, einen großen Teil dieser Tätigkeit durch ein geeignetes Computerprogramm ausführen zu lassen, das gleichzeitig den Konstruktionsvorgang an einem graphikfähigen Bildschirm sichtbar macht, so kann ein erhebliches Rationalisierungspotential ausgeschöpft werden.

Die Entwicklung geeigneter Hard- und Software in den 80er Jahren ermöglichte diese **computergestützte Konstruktion (CAD)**, die sich in der betrieblichen Praxis immer mehr durchsetzt.

Unter CAD sei (Scheer, CIM 1990, S. 38) der **Entwurf** von Produkten mit computerunterstützter **Graphikerstellung** verstanden, der in diesen drei Phasen abläuft:

- Konzipierung
  Anforderungsanalyse, Erarbeitung von Lösungsvarianten, Bewertung der Lösungen
- Gestaltung
  Konkretisierung der Lösungen, maßstäblicher Entwurf, Aufstellung von Modellen
- Detaillierung
  Darstellung der verwendeten Einzelteile

Das Ergebnis der computergestützten Konstruktion ist der Detail-Entwurf des Produktes mit den zugehörigen Stücklisten und Fertigungsunterlagen, die nun von dem nachfolgenden CIM-Vorgang **Arbeitsplanung** weiterverarbeitet werden können.

2. Computer Aided Planning (CAP)

Hierunter versteht man die Erstellung von **Arbeitsplänen** zur Produktion eines Erzeugnisses auf der Basis geometrischer Daten von CAD (Konstruktionszeichnungen und Stücklisten) sowie weiterer technologischer Informationen über die Eigenschaften von Materialien und Baugruppen. Bei konventioneller Fertigung ohne NC-Maschinen besteht die Arbeitsplanung hauptsächlich aus folgenden Funktionen:

- Festlegung der Reihenfolge der Bearbeitungsoperationen,
- Zuordnung der Bearbeitungsoperationen zu Maschinen (Produktionsanlagen),

- Auswahl der Fertigungshilfsmittel, wie Vorrichtungen und Werkzeuge,
- Ermittlung der Vorgabezeit für die einzelnen Bearbeitungsoperationen.

Erfolgt die Fertigung auf modernen NC-Maschinen oder mit flexiblen Fertigungssystemen, so tritt an die Stelle des Arbeitsplans die **NC-Programmierung**. Für die Integration von CAD und CAP ist es daher besonders wichtig, dass die Geometriedaten der Konstruktion direkt in die NC-Programme von CAP übernommen werden können.

3.　Computer Aided Manufacturing (CAM)

Nach Erstellung der Arbeitspläne in CAP kann die eigentliche Fertigung beginnen. Die computergestützte Produktion ist die **automatisierte** und **rechnergesteuerte** Fertigung mit

- NC-Werkzeugmaschinen bzw. den darauf aufbauenden Organisationsformen der flexiblen Fertigungssysteme,
- Industrierobotern,
- automatisierten Lagersystemen und
- fahrerlosen Transportsystemen (FTS).

Die ursprünglichen mit Lochstreifen zu „fütternden" NC-Werkzeugmaschinen sind im Laufe der Zeit wesentlich verbessert und in Richtung **Rechnersteuerung** weiter entwickelt worden. Wird statt des Lochstreifens ein Mikrocomputer zur Eingabe und auch zur evtl. Änderung des NC-Programms verwendet, so spricht man von einer

computerized numerical control (**CNC**)-Maschine,

von denen mehrere durch einen **Leitrechner** verbunden werden können, der die Programme aller CNC-Maschinen aufnimmt und die einzelnen Maschinen entsprechend steuert. Ein solches Verbundsystem wird

direct numerical control (**DNC**)-System

genannt. NC-, CNC- und DNC-Maschinen können ihrerseits zu den verschiedenen Varianten der flexiblen Fertigungssysteme zusammengefügt werden, die ausführlich im III. Abschnitt dieses Kapitels (vgl. S. 144 ff.) behandelt worden sind.

Neben den computergestützten Werkzeugmaschinen sind in den 70er Jahren insbesondere in der Automobilindustrie Produktionsanlagen entwickelt worden, die in der Zukunft zu einer weitgehenden Automation des Produktionsprozesses geführt haben. Diese **Industrieroboter** genannten Automaten hatten einschneidende Umwälzungen der Produktions- und Ablaufplanung der Industriebetriebe sowie tief greifende Veränderungen von Zahl und Struktur der industriellen Arbeitsplätze zur Folge. Die Fachgemeinschaft Montage, Handhabung, Industrieroboter im Verband Deutscher Maschinen- und Anlagenbau (VDMA) definiert die Industrieroboter als

universell einsetzbare Bewegungsautomaten mit mindestens drei Achsen, deren Bewegungen ohne mechanischen Eingriff flexibel programmierbar sind und die mit Fertigungsmitteln wie Greifern oder Werkzeugen ausgerüstet werden können.

Diese Definition beschreibt die drei wesentlichen Kennzeichen der Industrieroboter

- mechanisches System,
- elektronische Steuerung,
- flexible Programmierung.

Industrieroboter werden heute in der Bundesrepublik Deutschland überwiegend in der Automobilindustrie, der Elektroindustrie und dem Maschinenbau eingesetzt.

Die Produktionsanlagen vom CAM (Werkzeugmaschinen und Industrieroboter) müssen ergänzt werden durch entsprechend automatisierte Lager- und Transportsysteme, um die in der Produktion vorhandenen Rationalisierungspotentiale voll ausschöpfen zu können. Diese innerbetriebliche **Logistik** beeinflusst entscheidend die Durchlaufzeit der Fertigungsaufträge und damit die Kapitalbindung, da ein großer Teil der Durchlaufzeit aus Liege- und Transportzeiten besteht. Insbesondere die **fahrerlosen Transportsysteme** (FTS), die über sog. Induktionsschleifen geführt werden, haben die Automatisierung im Transportbereich einen entscheidenden Schritt weitergebracht. Die Verbindung zu einem rechnergesteuerten Lagerverwaltungssystem würde es erlauben, einen Fertigungsauftrag auf seinem Weg durch die Produktion lückenlos zu verfolgen und gezielt zu steuern.

4.   Computer Aided Quality Ensurance (CAQ)

Die statistische Qualitätskontrolle stellt leistungsfähige statistische Verfahren zur Verfügung, um anhand von Stichproben eine hohe Qualitätssicherung zu gewährleisten, ohne eine kostenintensive Kontrolle aller produzierten Stücke vornehmen zu müssen (vgl. Rinne/Mittag, Qualitätssicherung 1995). Kennzeichen einer computergestützten Qualitätskontrolle ist die Integration der Kontrolle in den Fertigungsvorgang, so dass der Qualitätssicherungsplan praktisch dem Arbeitsplan von CAM entspricht. Der Qualitätssicherungsplan wird auf statistischer Grundlage vom Rechner erstellt und verwaltet. Dabei muss der Rechner auf eine Qualitätsdatenbank zugreifen können, die

- Qualitätsnormen und -standards,
- Prüfmerkmale,
- Fehlercodes und
- Stichprobentabellen

enthält. Das Steuerungsprogramm des Rechners löst die Prüfungsaktivitäten aus und greift während der Prüfung ständig auf die Qualitätsdatenbank zurück. Auf diese Weise ist eine automatische Kontrolle der bearbeiteten Werkstücke synchron zum Produktionsfortschritt realisierbar und damit die Qualitätssicherung in die Fertigung integriert.

5.   Produktionsplanung und -steuerung (PPS)

PPS stellt die betriebswirtschaftlich orientierte CIM-Komponente dar, die mit den technischen CIM-Vorgängen informationstheoretisch verkettet werden muss. Die wichtigsten Elemente der **Produktionsplanung** sind

- Planung des **Primärbedarfs** auf der Grundlage von Prognosen oder erteilten Aufträgen,
- Materialwirtschaft,
- Zeitwirtschaft
  mit Kapazitätsterminierung und -abgleich,

während die **Produktionssteuerung** die Elemente

- Feinterminierung
  mit Reihenfolgeplanung und Maschinenbelegung und
- Betriebsdatenerfassung

enthält. Als Bindeglied zwischen Produktionsplanung und -steuerung dient die **Auftragsfreigabe.**

Alle PPS-Komponenten werden im Rahmen der operativen Planung im Teil III (S. 236 ff. ausführlich behandelt, so dass an dieser Stelle die Aufzählung genügen möge.

c)   Die strategische Bedeutung von CIM

Der strategische Aspekt von CIM liegt vor allem in der Nutzung der modernen **Informationstechnologie,** die zu einer weitgehenden **Automatisierung** der Fertigung führt, ohne auf die **flexible** Anpassung an mögliche Bedarfsänderungen verzichten zu müssen. Die daraus resultierenden Vorteile betreffen sowohl die **Markt-** als auch die **Kostenseite** der Unternehmen.

1.   Der Einfluss von CIM auf die Marktsituation

Die Märkte der Industrieunternehmen sind heute einem starken Wandel der

- geographischen (z.B. Osteuropa),
- demographischen (Altersaufbau),
- soziographischen (Einkommensschichtung) und
- käuferverhaltensorientierten (Geschmackswandel)

Strukturen unterworfen. Diesem Strukturwandel Rechnung zu tragen, ist eine vordringliche Aufgabe des strategischen Managements. Insbesondere die durch CIM bewirkte **Flexibilität** der Fertigung (z.B. im Rahmen flexibler Fertigungssysteme) ermöglicht eine schnelle Reaktion auf

- Bedarfsverschiebungen,
- neue Produkte der Konkurrenz,
- Veränderung von Umweltschutzbestimmungen,
- neue Entwicklungen bei Normen und Standards und
- Entdeckung von Marktnischen.

Ein Industriebetrieb kann sich also mit der strategischen Entscheidung für CIM eine Option für sachgerechtes und schnelles Reagieren auf veränderte Marktbedingungen erwerben.

2. Relative Wettbewerbsvorteile durch CIM

Die durch CIM erzielbare Flexibilität **bewirkt** eine **kostengünstige** Produktion insbesondere durch

- Einsparung von **Umrüstzeiten** und **-kosten**, da der Werkzeugwechsel weitgehend ohne Stilllegung der Maschinen bewerkstelligt werden kann, und
- Senkung der **Zwischenlagerbestände** und damit Verminderung der Kapitalbindung, da durch die geringen Rüstkosten **kleinere Losgrößen** aufgelegt werden können.

Darüber hinaus führt auch die durch CIM erreichbare **Integration** zu einer **kostengünstigeren** Produktion, die sich vor allem auf folgende Bereiche erstreckt:

- Verminderung der **Durchlaufzeit** der **Fertigungsaufträge** infolge kürzerer Wartezeit zwischen den integrierten Arbeitsgängen,
- Einsparung von Arbeitskräften an den weitgehend automatisierten Maschinen,
- Vermeidung mehrfacher Datenerfassung und manueller Datenübergabe (z.B. zwischen PPS und CAD/CAM) durch Nutzung gemeinsamer Datenbanksysteme.

Schließlich erhöht die Integration auch die **Qualität** der **Produktion** (CAQ), da die Qualitätskontrolle automatisch im Verlauf des Fertigungsprozesses durchgeführt wird und schadhafte Werkstücke rechtzeitig vor der sonst notwendigen gesonderten Endkontrolle erkannt werden. Dies dürfte sich positiv auf die **Termintreue** und die Lieferzeit auswirken.

Alle drei Faktoren

- kostengünstigere Produktion,
- verbesserte Qualitätskontrolle und
- Termintreue

erhöhen die relativen Wettbewerbsvorteile des Unternehmens gegenüber seinen Konkurrenten erheblich und tragen zu einer stärkeren Marktstellung bei.

C. Informations- und Kommunikationstechnologie

Neben den klassischen Produktionsressourcen gewinnt der Faktor „Information" und die damit verbundene Technologie in einem Industriebetrieb immer mehr an Bedeutung. Mit Hilfe moderner Informations- und Kommunikationssysteme können betriebliche Abläufe effizienter bzw. kundenorientierter gestaltet und somit Wettbewerbsvorteile gegenüber der Konkurrenz erzielt werden. Aufgrund der hohen Dynamik des technologischen Fortschritts sind die Unternehmen jedoch gezwungen, sich fortlaufend mit neuen Entwicklungen auseinanderzusetzen. Im Folgenden sollen einige grundlegende Anwendungen der Informations- und Kommunikationstechnologie (IuK) beschrieben werden. Hierzu gehören das in der betriebswirtschaftlichen Praxis weit verbreitete Informationssystem SAP R/3 sowie die mySAP Business Suite, welche Anwendungen wie E-Commerce unterstützt.

I.   Das Informationssystem SAP R/3

a)   Grundlagen

Betriebliche Informationssysteme, die in der Literatur häufig auch als Enterprise Resource Planning (**ERP**)-**Systeme** bezeichnet werden, dienen der zeit- und sachgerechten Bereitstellung von entscheidungsrelevanten Informationen und setzen sich aus verschiedenen **Teilsystemen** zusammen. Entsprechend der betriebswirtschaftlichen Aufgabenstellung lassen sich allgemein

- Administrations-,
- Dispositions- und
- Planungssysteme

unterscheiden (vgl. Mertens, Informationsverarbeitung 1997, S. 11 ff.). Ursprung und gleichzeitig Kernbestandteil eines Informationssystems ist die **administrative Datenverarbeitung**, d.h. die Verarbeitung von Massenvorgängen. Ein Beispiel aus dem Bereich der Produktionsplanung ist die Stücklistenauflösung und die darauf aufbauende Materialdisposition (vgl. S. 288 f.). **Dispositionssysteme** werden zur kurzfristigen Steuerung von gut strukturierten Abläufen, wie z.B. der Bestellabwicklung, eingesetzt. Die Datenbasis der Dispositionssysteme bildet wiederum die Grundlage für **Planungssysteme**, mit deren Hilfe komplexere betriebswirtschaftliche Aufgaben bewältigt werden.

Seit Beginn der achtziger Jahre sind auf dem Gebiet der ERP-Systeme eine Reihe von **Standardsoftwarelösungen** entwickelt worden. Zu den bekanntesten Anbietern gehören SAP, Oracle Applications, PeopleSoft und Baan. Im Vergleich zur Individualsoftware, die speziell für ein Unternehmen und zumeist nur für einzelne Funktionen, wie die Finanzbuchhaltung, entwickelt wird, bieten standardisierte Informationssysteme vor allem den Vorteil, dass sich die verschiedenen Teilsysteme einfacher **integrieren** lassen und somit ganze **Geschäftsprozesse** unterstützt werden können. Da die betriebswirtschaftliche Standardsoftware ähnlich aufgebaut ist, soll im Folgenden am Beispiel von SAP R/3 die Grundstruktur und Implementierung eines integrierten Informationssystems beschrieben werden. In Abb. 36 ist die grundlegende Struktur des SAP R/3-Systems dargestellt.

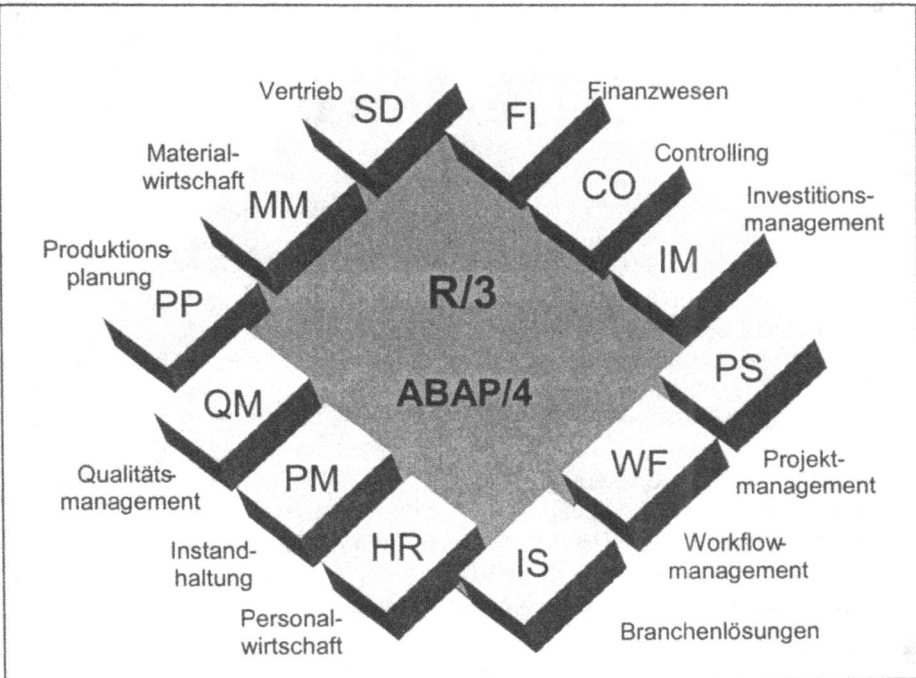

Abb. 36 Struktur des Informationssystems SAP R/3
Quelle: in Anlehnung an Keller/Teufel, SAP R/3 1998, S. 72

SAP R/3 wurde 1992 auf dem Markt eingeführt und zählt inzwischen zu den am weitesten verbreiteten ERP-Systemen. SAP steht als Synonym für Systeme, Anwendungen und Produkte in der Datenverarbeitung, während der Buchstabe R die Echtzeitverarbeitung (engl. Realtime) der Informationen hervorhebt. Im Unterschied zur Vorgängerversion R/2, die für Großrechner-Applikationen entwickelt wurde, basiert das System R/3 auf einer flexiblen **Client/Server-Architektur** (vgl. Scheer, Wirtschaftsinformatik 1998, S. 80). Darüber hinaus handelt es sich um ein **offenes System**, das auf unterschiedlichen Hardwareplattformen sowie mit verschiedenen Betriebssystemen und Datenbanksystemen eingesetzt werden kann.

b)   Module des SAP R/3-Systems

SAP R/3 setzt sich aus verschiedenen Anwendungsmodulen zusammen, die sowohl einzeln als auch in Kombinationen eingesetzt werden können. Zumeist wird jedoch das komplette System eingeführt, da eine nachträgliche Einbindung der Module sehr komplex und zeitaufwendig ist. Anschließend können die benötigten Funktionen und Geschäftsprozesse aktiviert und mit Hilfe des **Business Workflow (WF)-Moduls** an die speziellen Gegebenheiten des Unternehmens angepasst werden. Zusätzlich verfügt das R/3-System mit **ABAP/4** (Advanced Business Application Programming) über eine eigene Programmierumgebung, die zur unternehmensindividuellen Softwareentwicklung und zur Durchführung von Modifikationen genutzt werden kann. SAP R/3 gliedert sich in die Anwendungsbereiche Rechnungswesen, Personalwirtschaft und Logistik, welche in ihrer Gesamtheit die wesentlichen be-

triebswirtschaftlichen Abläufe und Vorgänge widerspiegeln. Innerhalb dieser Anwendungsbereiche gibt es verschiedene Systemkomponenten. Da diese bis zu zweimal im Jahr modifiziert werden, soll im Folgenden nur ein grober Überblick über
den Aufbau und Inhalt der wichtigsten Module gegeben werden (vgl. Keller, SAP
R/3 1999, S. 68 ff.):

- Rechnungswesen
  Zu den Hauptkomponenten eines betrieblichen Informationssystems zählt das
  Rechnungswesen, in dem die Geschäftsvorgänge eines Unternehmens wertmäßig erfasst und verbucht werden. Es liefert die Grundlage für alle unternehmensweiten Kontroll- und Dispositionsaufgaben und wird im SAP R/3-System
  durch die Module Finanzwesen, Investitionsmanagement und Controlling unterstützt. Dabei übernimmt das Modul **Finanzwesen (FI)** im Wesentlichen die
  Funktionen der Finanzbuchhaltung, wie z.B. die Erstellung des Jahresabschlusses oder die Debitoren- und Kreditorenbuchhaltung. Zudem ist dem Finanzwesen
  bei neueren Release-Ständen die Anlagenbuchhaltung zugeordnet, so dass sich
  das Modul **Investitionsmanagement (IM)** auf die buchhalterische und controllingorientierte Verwaltung von Investitionsprogrammen und einzelnen Investitionsmaßnahmen konzentriert. Des Weiteren kann mit Hilfe des Moduls **Controlling (CO)** ein einheitliches Berichtswesen aufgebaut werden. Im Vordergrund
  stehen hierbei das Gemeinkosten-, Produktkosten- und Vertriebs-Controlling.

- Personalwirtschaft
  Eine weitere Basiskomponente des SAP R/3-Systems ist die **Personalwirtschaft
  (HR)**, die sich in die Gebiete Personalplanung und -entwicklung sowie Personaladministration und -abrechnung untergliedert. Zum Bereich **Personalplanung
  und -entwicklung (HR-PD)** gehört u.a. das Organisationsmanagement, mit dessen Hilfe die Aufbauorganisation eines Unternehmens beschrieben und eine Personalkostenplanung durchgeführt werden kann. Außerdem ermöglicht das Modul
  eine Beschaffungs- und Einsatzplanung des Personals für einzelne Organisationseinheiten. Die **Personaladministration und -abrechnung (HR-PA)** umfasst
  dagegen die Gehaltsabrechnung sowie die Erfassung und Auswertung von Leistungslohndaten, die zur Ermittlung der Akkord-, Prämien- oder Zeitlöhne benötigt werden.

- Logistik
  Ferner unterstützt das SAP R/3-System mit einem umfangreichen Softwarepaket
  die Planung und Steuerung der Produktions- und Logistikaktivitäten eines Unternehmens. Den Schwerpunkt bilden hierbei die Teilsysteme Vertrieb, Materialwirtschaft und Produktionsplanung. Mittels des Moduls **Vertrieb (SD)** kann
  der Verkauf, der Versand und die Fakturierung der Aufträge abgewickelt werden. Daneben begleitet die **Materialwirtschaft (MM)** den gesamten Beschaffungsprozess eines Unternehmens von der Bedarfsplanung über den Einkauf bis
  zum Wareneingang. Das Modul **Produktionsplanung und -steuerung (PP)**
  umfasst die einzelnen Stufen eines PPS-Systems, die ausführlich in den Kapiteln
  7 und 8 (vgl. S. 239 ff.) beschrieben sind. Diese drei Basissysteme der Logistik
  können durch Module zum **Qualitätsmanagement (QM)**, **Projektmanagement
  (PS)** und zur **Instandhaltung (PM)** ergänzt werden.

Insgesamt betrachtet verfügt das R/3-System über ein sehr **umfangreiches Funktionsspektrum**, wobei die Stärken vor allem im Rechnungswesen liegen. Obwohl häufig die geringe Benutzerfreundlichkeit und die **hohen Einführungskosten** beklagt werden, hat sich das R/3-System in vielen Branchen als Standard durchgesetzt. Es ist jedoch zu beachten, dass die Einführung einer SAP Branchenlösung zu einer **Standardisierung der Geschäftsprozesse** führt, so dass sich mit dem Informationssystem kaum noch Wettbewerbsvorteile gegenüber der Konkurrenz erzielen lassen.

c)   Die mySAP Business Suite als neuere Entwicklung

Die Funktionalität von SAP R/3 fokussiert die Optimierung der **unternehmensinternen Prozesse**. Vor allem durch die Durchsetzung des Internet seit Mitte der 90er Jahre, die zu weit reichenden Veränderungen in den Geschäftsprozessen der Unternehmen führte, rücken die computer- und netzbasierte Integration und Optimierung **unternehmensübergreifender Prozesse** in den Mittelpunkt des Interesses. Um diesem Umstand Rechnung zu tragen, hat die SAP AG die internetbasierte Anwendung **mySAP Business Suite** entwickelt, die ursprünglich unter der Bezeichnung **mySAP.com** auf dem Markt eingeführt wurde.

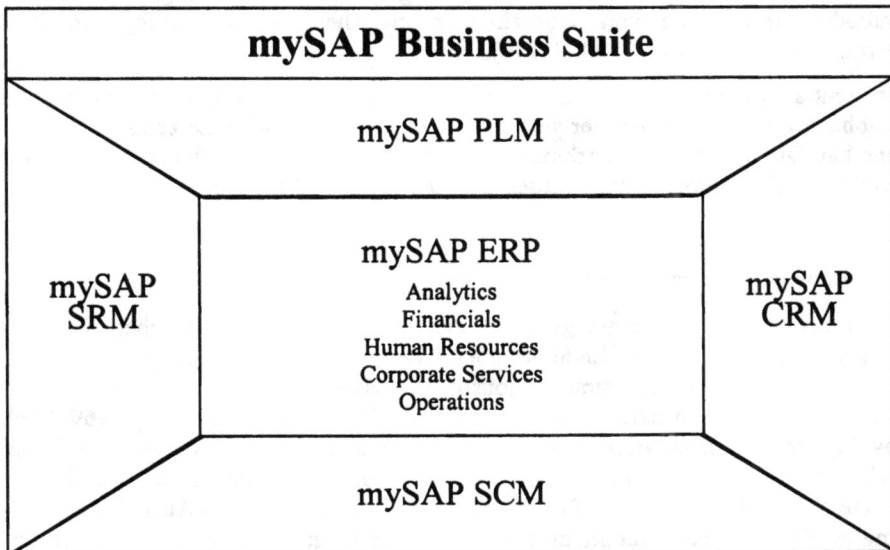

Abb. 37: Übersicht mySAP Business Suite
Quelle: SAP 2006

Abb. 37 gibt einen Überblick über die Applikationen von mySAP Business Suite. Das Kernmodul ist das mySAP ERP, welches die SAP R/3 Funktionalitäten integriert und erweitert. Daneben sind folgende Lösungen enthalten: Product Lifecycle Management (PLM); Customer Relationship Management (CRM), Supplier Relationship Management (SRM) sowie Supply Chain Management (SCM). Auf sämtliche Anwendungen kann über internetbasierte Technologien wie HTML-Formulare zugegriffen werden, wodurch ein plattformunabhängiger webbasierter Informationsaustausch ermöglicht wird.

So soll beispielsweise mit mySAP SCM eine erfolgreiche Verwaltung der gesamten Logistikkette ermöglicht werden. Kernstück ist das Modul **Advanced Planner & Optimizer (APO)** (vgl. ausführlich S. 388 ff.), welches verschiedene Werkzeuge für die strategische und operative Planung im Rahmen unternehmensübergreifender Absatz-, Beschaffungs- und Distributionsprozesse zur Verfügung stellt und damit das Supply Chain Management unterstützt (vgl. S. 227 ff.).

II. Electronic Commerce

Vor dem Hintergrund des steigenden Wettbewerbs im Zuge der Globalisierung sind die Unternehmen immer stärker gezwungen, neue Absatzmärkte und Absatzkanäle zu erschließen. Dabei liegt ein Schwerpunkt auf der Nutzung neuer Informations- und Kommunikationstechnologien für das Marketing und den Vertrieb der Produkte und Dienstleistungen.

a) Begriff und Grundlagen des E-Commerce

Unter **Electronic Commerce** - kurz E-Commerce - versteht man die Nutzung von Informations- und Kommunikationstechnologien zur Vorbereitung, Verhandlung und/oder Abwicklung von Transaktionen zwischen Wirtschaftssubjekten (vgl. Gerth, Online Marketing 1998, S. 136).

Das zentrale Medium des E-Commerce ist das **Internet**, ein weltweiter Verbund von unabhängigen Netzwerken, der weder einen Eigentümer noch eine zentrale Verwaltung hat. Die spezifischen Merkmale des Internet sind ein wesentliches Indiz für den Erfolg des E-Commerce und werden aus diesem Grund im Folgenden kurz dargelegt.

1. Entwicklung des Internet

Die Entstehung des Internet geht auf ein Projekt des amerikanischen Verteidigungsministeriums zurück. Ende der 60er Jahre gaben die Amerikaner den Auftrag zur Entwicklung eines Kommunikationsnetzes, das selbst im Kriegsfall bei Ausfall von Teilen der Infrastruktur funktionieren sollte. Die Umsetzung gelang 1969 durch das Prinzip der **paketorientierten Datenübertragung**. Dabei werden die Daten nicht mehr über eine direkte Leitung in einem Stück übertragen, sondern in Datenpakete aufgeteilt und einzeln über das Netzwerk versendet. Beim Ausfall einer Leitung werden die Pakete automatisch auf andere Leitungen übertragen. Die Inbetriebnahme des ersten Netzwerkes, das auf der paketorientierten Datenübertragung basiert (ARPANET), gilt als der Grundstein für die Entwicklung des Internet (vgl. Alpar, Kommerzielle Nutzung des Internet 1998, S. 14).

In der Folgezeit entstand eine Reihe weiterer öffentlicher und privater Netzwerke, die allerdings aufgrund von netzwerkspezifischen Werkzeugen nicht in der Lage waren, miteinander zu kommunizieren. Aus diesem Grund wurde in einem weiteren Forschungsprojekt ein gemeinsamer Übertragungsstandard für verschiedene Netzwerke entwickelt. Das so genannte **TCP/IP** (Transmission Control Protocol/Internet Protocol) bildet seitdem die Grundlage für die weltweite Internet-Kommunikation.

Die Basis für die Kommerzialisierung und das anschließende starke Wachstum des Internet bildete die Verbreitung des **World Wide Web** (WWW), das 1992 im europäischen Kernforschungszentrum CERN entwickelt wurde. Durch das WWW wurde die Darstellung von Texten und multimedialen Dateien wie Bildern, Animationen, Klangdateien und Videosequenzen ermöglicht. Darüber hinaus lassen sich **Hyperlinks** zu anderen Dokumenten integrieren. Dabei handelt es sich um Verweise, die sich hinter auf dem Bildschirm oder im Text farblich markierten oder unterstrichenen Worten, Zeilen, Bildern oder Symbolen befinden (**Hypermediafähigkeit**). Des Weiteren zeichnet sich das WWW durch eine hohe Anwenderfreundlichkeit aus (vgl. Alpar, Kommerzielle Nutzung des Internet 1998, S. 99). In der Folgezeit präsentierten sich immer mehr Unternehmen mit einer eigenen **Website** im Internet. Einer Studie des Department of Trade and Industry zufolge verfügten im Jahr 2004 82% der deutschen Unternehmen über eine Website. 39% der Onlineauftritte offerierten dabei direkte Bestellmöglichkeiten für ihre Kunden. 59% der Unternehmen nutzen das Internet für Beschaffungsaktivitäten (vgl. TNS Infratest, Monitoring Informationswirtschaft 2005). Insofern gilt die Entwicklung des WWW als einer der Auslöser für den Wandel des Internet von einer rein wissenschaftlichen zu einer kommerziellen Anwendung.

2. Merkmale des elektronischen Marktes

Im Wesentlichen unterscheidet sich das Internet von den traditionellen Vertriebswegen durch die folgenden Merkmale (vgl. Hünerberg, Online-Kommunikation, 1996):

- Unbegrenzte Verfügbarkeit
- Interaktivität
- Multifunktionalität
- Aktualität
- Transparenz

(i) Unbegrenzte Verfügbarkeit

Das Angebot eines Unternehmens im Internet steht Kunden und Geschäftspartnern 24 Stunden täglich und an jedem Ort der Welt zur Verfügung.

Daraus ergeben sich für die Unternehmen neue Zielgruppen. Zum einen durch die **globale Verfügbarkeit** des Angebots, zum anderen durch die **zeitlich unbegrenzte Zugangsmöglichkeit,** die eine bessere Marktabdeckung zur Folge hat. Des Weiteren ist damit die **Teilnahme am globalen Wettbewerb** auch für kleinere und mittlere Unternehmen möglich, die zuvor aufgrund der finanziellen Barrieren lediglich regional operierten. Allerdings darf dabei nicht vernachlässigt werden, dass diese Möglichkeiten auch allen anderen Unternehmen offen stehen. Die Konkurrenz auf den neuen und auf den bestehenden Märkten wird somit größer (z.B. für regionale Anbieter, die damit sogar in Existenznot geraten können). Zur Sicherung der Märkte sind daher insbesondere Maßnahmen der Kundenbindung erforderlich.

Für die Kunden besteht der Vorteil, dass sie ohne zeitliche und örtliche Einschränkungen Informationen abrufen oder einkaufen können. Gleichzeitig sparen sie Zeit dadurch ein, dass sie diese Tätigkeiten von zu Hause aus erledigen können.

(ii) Interaktivität

Die Kommunikation im Internet unterscheidet sich von der Kommunikation in den klassischen Medien vor allen Dingen durch die Hypermedialität (vgl. a)1., S. 158 f.) und die **Interaktivität**. Der Internet-Nutzer hat die Möglichkeit, Informationen gezielt auszuwählen und abzurufen, d.h. er kann selbst über den Zeitpunkt sowie Art, Umfang und Reihenfolge der Informationen bestimmen. Damit wandelt er sich vom passiven Informationsempfänger zum aktiven Informationssucher. Außerdem besteht die Möglichkeit, durch den Aufbau einer eigenen Website ohne hohe Kosten eigene Inhalte ins Netz zu stellen.

(iii) Multifunktionalität

Im Gegensatz zu den klassischen Medien, in denen Informationen einem Massenpublikum vermittelt werden und eine Antwortmöglichkeit nur sehr eingeschränkt besteht, erlaubt die Kommunikation über das Internet sowohl

- eine **Massenkommunikation**, d.h. die Bereitstellung standardisierter Informationen für die Gesamtheit der Nutzer,
- eine Übermittlung von Informationen an ausgewählte Zielgruppen (z.B. im Rahmen eines speziellen so genannten „Chatrooms", in dem Nutzergruppen über ein festgelegtes Thema diskutieren) und
- **die Individualkommunikation** mittels direkter Kommunikationsbeziehungen, die die Unternehmen über das Internet mit Geschäftspartnern und Kunden z.B. durch die Nutzung der **E-Mail** (Elektronische Post) aufbauen können.

Insgesamt können somit Marketinginstrumente gezielter eingesetzt und Angebote individuell gestaltet werden.

(iv) Aktualität

Die Unternehmen haben über das Internet die Möglichkeit, ihrem bestehenden Produktangebot unverzüglich neue Angebote hinzuzufügen bzw. je nach den Erfordernissen des Wettbewerbs Preise anzupassen oder Produktbeschreibungen zu verändern.

(v) Transparenz

Der elektronische Markt zeichnet sich gegenüber den klassischen Märkten durch eine deutlich höhere Preistransparenz aus. Dadurch besteht für die Betriebe grundsätzlich die Gefahr, dass es zu einem Preisverfall kommt. Allerdings ist auch die Leistungstransparenz größer und damit die Möglichkeit der Unternehmen, auf Qualitäts- oder besondere Servicemerkmale hinzuweisen, wodurch der reine Preisvergleich erschwert bzw. verhindert werden kann. Die Möglichkeiten der regionalen Preisdifferenzierung werden allerdings stark sinken. Entsprechend wird also der Markt für Unternehmen, die vorrangig die Strategie der Preisführerschaft verfolgen, enger. Dagegen können Unternehmen, die Differenzierung betreiben, durch das Internet noch stärker auf die differenzierenden Leistungen hinweisen (vgl. Gerth, Online Marketing 1998, S. 174).

b)   Formen des E-Commerce

Grundsätzlich werden zwei Formen des E-Commerce unterschieden:

- der Business-to-Business-Bereich (B2B) und
- der Business-to-Consumer-Bereich (B2C).

Abb. 38 zeigt, dass im Vergleich die zwischenbetriebliche Geschäftsabwicklung den weitaus größten Teil am Umsatz über das Internet ausmacht:

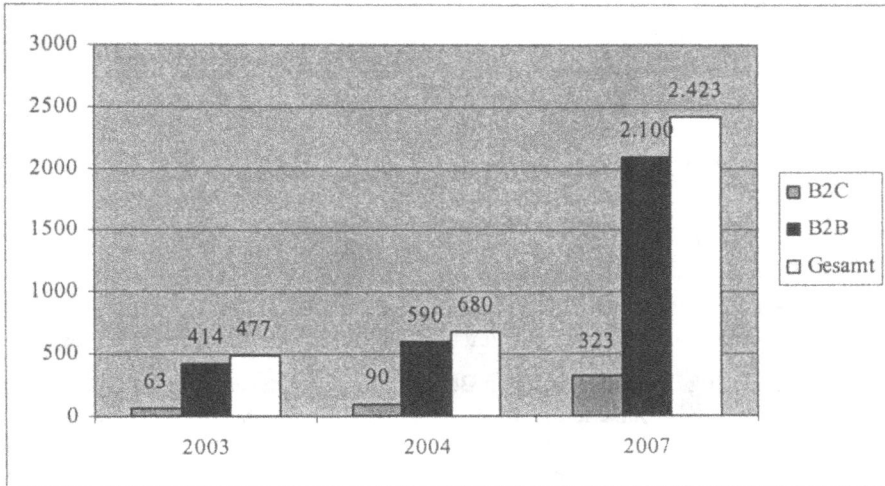

Abb. 38   B2B und B2C-Umsätze in Westeuropa (Angaben in Milliarden Euro; Werte für 2007 erwartete Größen)
Quelle: TNS Infratest, Monitoring Informationswirtschaft 2005

1.   Business-to-Business

Wie Abb. 38 veranschaulicht, wird dem Bereich des zwischenbetrieblichen Handels auch für die nächsten Jahre ein erhebliches Umsatzwachstum prognostiziert. Durch die Einbindung von Lieferanten und Abnehmern in die Informationssysteme über so genannte Extranets kann die Kommunikation erheblich erleichtert und die Preis- und Leistungstransparenz erhöht werden (vgl. Kotler, Marketing 1998, S. 1134).

Als Beispiel für eine erfolgreiche E-Commerce-Strategie gilt das Beschaffungssystem von General Electric (vgl. Clement/Peters/Preiß, Electronic Commerce 1998, S. 54 ff.):

GE hat die bestehenden und potentiellen zukünftigen Lieferanten seiner Geschäftseinheiten zunächst im Rahmen eines internen Beschaffungsmarktes eingebunden, wobei alle beteiligen Zulieferer sämtlicher Geschäftseinheiten in einem Wettbewerb um die Ausschreibungen aller Einheiten stehen. Dieser Wettbewerb wird über den elektronischen Marktplatz „TPNPost" organisiert. Leistungen, die regelmäßig und in einem kontinuierlichen Fluss benötigt werden, werden über standardisierte Verträge über den „TPNMart" elektronisch beschafft. Die Bezahlung erfolgt über ein automa-

tisiertes Cash-Management-System (TPNPayment System) und zur Prozessoptimierung können sich die teilnehmenden Lieferanten an die Beratungsleitung von
TPNRegister wenden. Abb. 39 verdeutlicht die vereinfachte Struktur des Beschaffungsmarktes:

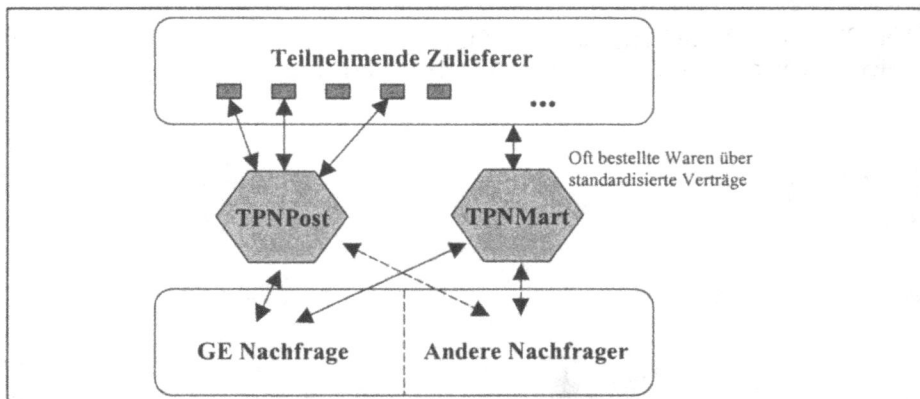

Abb. 39   E-Commerce bei GE zur Optimierung der Beschaffungsprozesse
Quelle: in Anlehnung an Clement/Peters/Preiß, Electronic Commerce, 1998, S. 55

Mit der Einrichtung des elektronischen Beschaffungsmarktes konnte GE die genannten Vorzüge des elektronischen Marktes ausnutzen (siehe a)2., S. 159 ff.), wie z.B.
hohe Preis- und Leistungstransparenz der potentiellen Anbieter, zeitunabhängige
Einsicht der Lieferanten in die Bestellanforderungen bzw. in den Status der Abwicklung einer Bestellung. Des Weiteren ergaben sich für GE folgende Vorteile:

- Bessere Ausnutzung der Einkaufsmacht, was zu **geringeren Preisen** und **höherer Qualität** führte,
- weltweite Einbeziehung von Zulieferern,
- **Reduzierung der Bearbeitungsdauer und -kosten** der Beschaffungsprozesse
  durch Standardisierung; die damit freigesetzten Ressourcen können z.B. eingesetzt werden, um weitere Zulieferer zu finden oder den Verhandlungsprozess zu
  optimieren

Die Vorteile für die Zulieferer sind u.a.:

- Kenntnis der Ausschreibungen,
- Beteiligung an globalen Zulieferungen und Produktentwicklungen, da durch
  frühzeitige Ausschreibungen der Bestellungen der Lieferant bereits in der Ent-
  wicklungsphase eingebunden werden kann.

Dieses Beispiel für eine Stufe der Wertschöpfungskette und die damit verbundene
Steigerung der Effizienz verdeutlicht, welche Vorteile sich im B2B-Bereich durch
eine Verknüpfung aller Prozesse der Wertschöpfungskette sowie der internen und
externen Geschäftsprozesse erzielen lassen. Allerdings wird auch deutlich, dass sich
das Potential nur dann ausschöpfen lässt, wenn den Maßnahmen eine **ganzheitliche**
und vom gesamten Unternehmen getragene **E-Commerce-Strategie** zugrunde

liegt[18]. Des Weiteren sind Mindestanforderungen wie Datensicherheit, Betriebsgarantie, Definition von Schnittstellen etc. von allen teilnehmenden Unternehmen zu erfüllen.

Generell gilt, dass Unternehmen mit dem Einsatz des E-Commerce im Business-to-Business-Bereich folgende strategische Ziele verfolgen:

- **Wettbewerbsvorteile** durch direkte Kundenbeziehungen,
- **Image-Effekte** durch eine frühzeitige Nutzung innovativer Technologien,
- **Kostensenkungen** durch Prozessoptimierung,
- Erschließung **neuer Märkte**.

2. Business-to-Consumer

Bei der geschäftlichen Verbindung zwischen Unternehmen und Endkunden über das Internet stehen die Funktionen Marketing und Vertrieb im Mittelpunkt. Dabei sind grundsätzlich zwei Arten zu unterscheiden:

- E-Commerce-Aktivitäten des **Handels** als Absatzmittler zwischen Unternehmen und Endkunden,
- E-Commerce-Aktivitäten der **Unternehmen**, d.h. der **Direktvertrieb** unter Umgehung des Handels.

Im Folgenden konzentrieren wir uns auf den Direktvertrieb der Unternehmen. Dabei ist zunächst hervorzuheben, dass der Hersteller durch die Ausschaltung des Zwischenhandels einen größeren Anteil an der Wertschöpfungskette der Distribution übernimmt und somit seine Vertriebskosten deutlich reduzieren kann. Ebenso kann der Kunde profitieren, indem durch die weitergegebenen Kostenvorteile sowie den Wegfall einer Absatzstufe die Preise sinken.

Besonders geeignet für den E-Commerce sind beispielsweise Soft- und Hardware, da Anbieter dieser Produkte im Internet die relevante Zielgruppe ansprechen. Ein erfolgreiches Beispiel ist der Computerhersteller Dell (www.dell.com), der seine Produkte ausschließlich direkt vertreibt. Grundlage des Erfolgs ist auch hier eine unternehmensweite E-Commerce-Strategie. Dell setzt das Internet sowohl zur Kommunikation als auch zur Distribution und Transaktion ein und nutzt dabei die Möglichkeiten des Mediums aus. So kann sich z.B. jeder Kunde seinen PC individuell am Bildschirm zusammenstellen. Darüber hinaus werden aber auch die Prozesse außerhalb von Marketing und Vertrieb eingebunden, indem z.B. der elektronische Auftragseingang automatisch die Produktion und den Einzug des entsprechenden Rechnungsbetrags auslöst.

Strategische Ziele, die die Unternehmen mit dem Direktvertrieb verfolgen und die zu relativen Wettbewerbsvorteilen führen sollen, sind auch im B2C-Bereich neben den in Abschnitt a)2., S. 159 ff. genannten u.a.

---

[18] D.h. sämtliche Prozesse der Wertschöpfungskette, z.B. Beschaffung, Forschung & Entwicklung, Marketing und Vertrieb, sind in die E-Commerce-Strategie eingebunden. Vgl. dazu auch den Abschnitt „Supply Chain Management" (S. 228 ff.).

- **Imagegewinn,**
- **Kostenersparnisse:** Insbesondere bei Industrieunternehmen, die durch weitgehende Konzentration auf die Online-Distribution auf viele physische Standorte verzichten, sowie durch die elektronische Auftragsabwicklung können erhebliche Kosten bei der Distribution eingespart werden.
- **Erhöhung der Kundenzufriedenheit** durch höhere Verfügbarkeit und bessere Serviceleistungen und damit eine stärkere Kundenbindung.

Insbesondere hinsichtlich der Kostenersparnis muss allerdings hinzugefügt werden, dass die Unternehmen zuvor ein funktionierendes Distributionssystem aufgebaut haben müssen, das erhebliche Kosten verursacht. Lediglich informationsbasierte und damit digitalisierbare Produkte wie Software, elektronische Zeitungen oder Musik können über das Netz ausgeliefert werden.

Bei einer Ausschöpfung aller Möglichkeiten des E-Commerce können bei informationsbasierten Produkten alle Phasen von der Information bis zur Auslieferung des Produktes vollständig über das Internet abgewickelt werden. Auf die meisten Industrieunternehmen trifft dies allerdings nicht zu, d.h. es ist in der Regel eine physische Transaktion erforderlich, damit der Kunde das Produkt erhält. Trotzdem bleiben die anderen Wettbewerbsvorteile, insbesondere die Erhöhung der Kundenzufriedenheit, bestehen.

c)   Entwicklung des E-Commerce

Ein wesentliches Indiz für die Nutzung und den Erfolg des E-Commerce ist die Zahl der Internet-Nutzer, da sie die potentiellen Kunden repräsentieren. Darüber hinaus ist zu untersuchen, welche Voraussetzungen erfüllt werden müssen, um den Umsatz durch E-Commerce zu steigern.

1.   Internet-Nutzung

Nach der jüngsten Erhebung der TNS Infratest nutzten im Februar 2005 35,2 Millionen Deutsche über 14 Jahren das Internet, was rund 55% der deutschen Bevölkerung entspricht. Knapp die Hälfte der Nutzer hatten innerhalb der letzten 12 Monate im Internet eingekauft (vgl. TNS Infratest, Monitoring Informationswirtschaft 2005). Der aktuellen Computer- und Technik-Analyse des Instituts für Demoskopie Allensbach folgend werden nach wie vor Bücher am häufigsten über das Netz gekauft, daneben gehören Bahn- und Flugtickets, Reisen, Computer Hard- und Software, CDs sowie Kleidung zu den beliebtesten Produkten (vgl. Institut für Demoskopie Allensbach, ACTA 2004).

Generell gibt es keine Einschränkungen, welche Produkte über das Internet abgesetzt werden können, allerdings eignen sich diejenigen Produkte und Dienstleistungen am besten, die selbsterklärend sind, d.h. beim Kauf keine umfangreiche Beratungsleistung erfordern.

Die Prognosen hinsichtlich des Wachstums der Internet-Nutzung und des Umsatzvolumens durch E-Commerce sind extrem optimistisch (vgl. Abb. 38, S. 161). Insbesondere im B2B-Bereich werden in den nächsten Jahren extreme Zuwächse erwartet. Es bleibt abzuwarten, inwiefern diese Erwartungen tatsächlich erfüllt werden. Eine wesentliche Barriere, welche diesen optimistischen Prognosen entgegenwirken könnte, liegt in den Sicherheitsbedenken, auf die im Folgenden Abschnitt eingegangen wird.

2. Erfolgsvoraussetzungen

Bei der Untersuchung der Erfolgsvoraussetzungen und der derzeitigen Hindernisse einer stärkeren E-Commerce-Nutzung ist zwischen unternehmensexternen und -internen Faktoren zu unterscheiden.

Unternehmensexterne Faktoren betreffen dabei vor allen Dingen die Nachteile des Mediums Internet, z.B. eine langsame Netzverbindung, ein derzeit noch begrenztes Marktpotential oder die **Sicherheitsbedenken** der Unternehmen und Internet-Nutzer. Insbesondere der letzte Aspekt schreckt nach wie vor viele Nutzer ab. Damit der Online-Vertrieb eine wirkliche Alternative zu den traditionellen Absatzwegen wird, müssen die folgenden Sicherheitsmerkmale gewährleistet sein (vgl. Heise, Online-Distribution 1996, S.135):

- **Vertraulichkeit**, d.h. Dritte haben keine Möglichkeit, die Transaktion zu verfolgen.
- **Integrität**, d.h. weder Verlust noch Veränderung der Daten auf dem Übertragungsweg.
- **Authentizität**, d.h. einwandfreier Nachweis des Absenders der Informationen.
- **Verbindlichkeit**, d.h. das Absenden oder Empfangen einer Information darf nicht nachträglich bestritten werden können.

Zu den unternehmensinteren Faktoren zählt u.a. die genannte konsequente Umsetzung einer ganzheitlichen E-Commerce-Strategie. Des Weiteren müssen die Unternehmen aufgrund der schnellen Markt- und Technologieentwicklung eine hohe Dynamik und Innovationsbereitschaft aufweisen. Mit zunehmendem Abbau der Restriktionen des E-Commerce (insbesondere der mangelnden Sicherheit der Zahlung) nutzen allerdings mehr und mehr Unternehmen das Internet für Marketing und Vertrieb, so dass **allein** durch Einsatz eines voll funktionsfähigen E-Commerce-Systems keine Wettbewerbsvorteile mehr erzielt werden können. Langfristig muss ein Unternehmen seinen Leistungsstandard im E-Commerce durch den Einsatz innovativer Marketing-Konzepte wie Customized oder Relationship Marketing weiter ausbauen.

D. Industrielles Umweltmanagement

Das starke Wachstum der Industrie seit dem 2. Weltkrieg hat zu einer erheblichen Belastung der Umwelt geführt. Dies gilt insbesondere für die Bundesrepublik Deutschland mit ihrer hohen Bevölkerungsdichte und der räumlichen Konzentration der industriellen Produktion. Seit Beginn der 70er Jahre ist die Umweltproblematik zunehmend in das öffentliche Bewusstsein und in die Gesetzgebung eingedrungen. Schlagworte wie Ozongefahr, Brent Spar und Feinstaub prägen die öffentliche Umweltdiskussion und sind Beleg für das gestiegene Umweltbewusstsein.

Da die industriellen Produktionsverfahren einen bedeutenden Anteil an der Umweltbelastung ausmachen, sollen die für dieses Lehrbuch wichtigsten Grundlagen des
Umweltschutzes und des Umweltmanagements von Unternehmen zusammengestellt
werden.

I. Das Sustainable Development der Agenda 21

Der Begriff Sustainable Development (nachhaltige Entwicklung) kommt aus dem
Bereich der Forstwirtschaft und bezeichnet die Bewirtschaftung eines Waldes, die
sich an der Bestandserhaltung orientiert: Innerhalb eines bestimmten Zeitraums sollen nur so viele Bäume geschlagen werden, wie innerhalb der gleichen Zeit nach-
wachsen können.

Populär wurde der Begriff Sustainable Development durch die UN-Konferenz für
Umwelt und Entwicklung 1992 in Rio de Janeiro und die dort auf Grundlage des
sog. Brundtlandberichts von 1987 hergeleiteten Handlungsaufträge für die Umwelt-
und Energiepolitik aller Staaten, die in der **Agenda 21** zusammengefasst sind
(Vereinte Nationen, Agenda 21 1992).

Die nachhaltige Entwicklung hat zum Ziel, in der Gegenwart nur so viel an natürlichen Ressourcen zu nutzen, dass auch Folgegenerationen noch ausreichend über
diese Ressourcen verfügen können. Der „natürliche" Kapitalstock soll konstant bleiben und die Menschheit nur von den „Zinsen" des Kapitalstocks leben.

Die nachhaltige Entwicklung wird durch vier **globale Problemkomplexe** aktuell in
hohem Maße gefährdet:

- das dynamische Weltbevölkerungswachstum,
- die Begrenztheit der natürlichen Ressourcen,
- die begrenzte Belastbarkeit des Ökosystems und
- die Armut großer Teile der Weltbevölkerung.

Daraus kann abgeleitet werden, dass eine nachhaltige Entwicklung die gleichzeitige
Beachtung

- ökonomischer,
- sozialer und
- ökologischer Belange

erfordert.

Diese drei **Bereiche der Nachhaltigkeit** sind als **gleichrangig** anzusehen. Positive
Effekte in einem Bereich dürfen nicht durch unverhältnismäßige negative Effekte in
einem anderen Bereich erzielt werden. Ein genereller Wachstumsverzicht stellt
demnach keine nachhaltige Lösung dar.

Der privaten Wirtschaft und damit indirekt dem industriellen Management wird in
der Agenda 21 eine hohe Bedeutung beigemessen, aber auch eine hohe Verantwortung übertragen. Um dies sichtbar zu machen, seien einige wesentliche Bestimmun-
gen aus Kapitel 30 der Agenda 21 zitiert:

„Role of Business and Industry":

(30.1) „Die Privatwirtschaft (...) spielt eine zentrale Rolle in der sozialen und wirtschaftlichen Entwicklung eines Landes";

(30.2) „Durch effizientere Produktionsprozesse, vorbeugende Strategien, saubere Produktionstechnologien und -verfahren während des gesamten Produktionskreislaufs (...) können Unternehmenspolitik und unternehmerisches Verhalten der Privatwirtschaft (...) entscheidenden Einfluss auf die Verminderung der Auswirkungen auf die Ressourcennutzung und die Umwelt nehmen";

(30.3) „Die Privatwirtschaft (...) soll die Rolle des Umweltmanagements als eine der höchsten Prioritäten und als Schlüsseldeterminante für eine nachhaltige Entwicklung anerkennen".

II. Ursachen der Umweltverschmutzung

Mit dem Begriff **Umwelt** wird ganz allgemein die spezifische Umgebung eines Systems oder einer Lebenseinheit, welche(s) mit dieser in wechselseitigen Beziehungen steht, bezeichnet. Bei der Betrachtung der für einen Betrieb relevanten Umwelt lassen sich zwei Umweltsegmente unterscheiden:

- Anthropogene Umwelt (vom Menschen geschaffen; synonym: Betriebliches Umfeld)
- Natürliche Umwelt

Entsprechend sollen als betriebliche Umweltauswirkungen alle Effekte und Veränderungen in natürlicher und anthropogener Umwelt, resultierend aus der Herstellung und Verwendung industrieller oder gewerblicher Produkte, bezeichnet werden. In der Praxis werden alle unmittelbaren Schnittstellen des Unternehmens mit der Umwelt betrachtet und Umweltauswirkungen im wesentlichen durch den umweltbeeinflussenden Ausstoß von Stoffen sowie den Verbrauch an natürlichen Ressourcen bestimmt. Als Umweltbelastungen werden dabei die nachteiligen Wirkungen bezeichnet.

Der Umfang und die Zunahme der Umweltbelastungen ist darauf zurückzuführen, dass die **Umweltgüter** (Luft, Flusswasser usw.) lange Zeit **freie Güter** waren und den Industriebetrieben unentgeltlich zur Verfügung standen.

Der „Nulltarif" der Umweltgüter führte zu einer extensiven Umweltnutzung seitens der Unternehmen, da die Kostenrechnung und die Wirtschaftlichkeit der Produktion nicht beeinträchtigt wurden. Die gesellschaftlichen Kosten der Umweltnutzung waren in den einzelwirtschaftlichen Kosten der Betriebe nur zu einem geringen Teil enthalten oder wurden sogar ganz vernachlässigt.

Die Lösung des Umweltproblems ist daher nur möglich, wenn

- die Umweltgüter nicht mehr als freie Güter angesehen werden können und
- der Unterschied zwischen einzelwirtschaftlichen und gesellschaftlichen Kosten beseitigt wird.

Dies sind die Aufgaben der staatlichen Umweltschutzpolitik, die in einer Vielzahl von Gesetzen und Verordnungen ihren Ausdruck findet.

III. Instrumente der Umweltschutzpolitik

Grundlage der staatlichen Umweltpolitik ist die grundgesetzliche Verankerung des Umweltschutzes (Art. 20a Grundgesetz):

„Der Staat schützt auch in Verantwortung für die zukünftigen Generationen die natürlichen Lebensgrundlagen im Rahmen der verfassungsmäßigen Ordnung durch die Gesetzgebung und nach Maßgabe von Gesetz und Recht durch die vollziehende Gewalt und Rechtsprechung".

Die staatliche Umweltpolitik basiert auf drei Prinzipien, die hierarchisch bzgl. deren Priorität angeordnet sind: Das sog. **Vorsorgeprinzip** stellt auf die Vermeidung von Umweltbelastungen ab. Gemäß dem **Verursacherprinzip** trägt der Verursacher der Umweltbelastung, d.h. in der Regel der Industriebetrieb, dessen Produkte oder Produktionsverfahren die Umwelt beeinträchtigen, die Umweltschutzkosten. Ergänzend wird vereinzelt das **Gemeinlastprinzip** angewandt, das die Kosten des Umweltschutzes der öffentlichen Hand, d.h. der Allgemeinheit aufbürdet. Die erhöhten Abschreibungsmöglichkeiten für bestimmte Umweltschutzinvestitionen nach § 7d des Einkommensteuergesetzes (EStG) sind hierfür ein Beispiel.

Die **Umweltschutz-Normen** für die Bundesrepublik Deutschland sind in den grundlegenden Umweltschutzgesetzen niedergelegt, die im Wesentlichen die Gebiete Luftreinhaltung, Lärmschutz, Gewässerschutz, Strahlenschutz, Abfallvermeidung und –beseitigung sowie die Behandlung gefährlicher Stoffe umfassen. Mit diesen Normen glaubt der Staat, die Umwelt vor weiteren gravierenden Schäden schützen zu können. Insbesondere die laufende Verringerung der Emissionsgrenzwerte gemäß der technologischen Entwicklung soll dies auch für die Zukunft sicherstellen.

Die **umweltpolitischen Instrumente** zur Umsetzung dieser Normen lassen sich in Preis-, Mengen- und Zertifikatssteuerung differenzieren (vgl. Seelbach/Dethloff, 1998, S, 32 ff.). Im Falle der **Preissteuerung** werden die bei der Produktion anfallenden Schadstoffeinheiten mit einem zu zahlenden Preis bewertet, der sich in Entsorgungskosten, Steuern oder Abgaben äußern kann. Bei der **Mengensteuerung** werden die Schadstoffmengen nicht über die Kostenseite mittelbar beeinflusst, sondern durch Mengenvorgaben direkt begrenzt. Bei der differenzierten Mengensteuerung werden für jeden Schadstoff getrennte Grenzen vorgegeben. Die globale Mengensteuerung hingegen ist weniger restriktiv, da die Gesamtschadstoffmenge begrenzt wird.

Bei der **Zertifikatssteuerung** werden die Unternehmen in der Regel mit einer Grundausstattung von Zertifikaten zur Emission einer bestimmten Anzahl an Schadstoffeinheiten ausgestattet. Übersteigen die gemessenen Emissionen eines Unternehmens das von seinen vorhandenen Zertifikaten abgedeckte Maß, beispielsweise als Folge einer Produktionssteigerung, müssen Papiere hinzugekauft werden. Braucht das Unternehmen hingegen weniger Zertifikate als es besitzt, kann es diese verkaufen.

Im Februar 2005 ist das **Kyoto-Protokoll** in Kraft getreten. Dieses verlangt eine Senkung der Emissionen der Industrieländer um durchschnittlich 5,2% bis 2012, um den menschlichen Beitrag zum Treibhauseffekt zu mindern. Zur Umsetzung der Reduktionsverpflichtungen einigten sich die EU-Umweltminister auf ein System zum europaweiten Handel mit CO_2-Emissions-Zertifikaten. Ende 2004 erhielt die deutsche Industrie vom Bundesumweltamt kostenlos so genannte Verschmutzungsrechte für insgesamt 1.497 Mio. Tonnen Co_2 zugeteilt. Dabei berechtigt ein Papier jeweils zum Ausstoß einer Tonne des Treibhausgases Kohlendioxyd. Seit März 2005 werden diese an der **Europäischen Energiebörse in Leipzig (EEX)** frei gehandelt. Ein Jahr nach Beginn des Handels werden die Papiere, die mit einem Ausgabekurs von 10,40 €/t CO_2 in den Markt gestartet sind, zu Preisen um 23 €/t CO_2 gehandelt.

IV. Umweltstrategien des Industriebetriebes

Für die Industriebetriebe ergeben sich innerhalb des gesetzlichen Rahmens gewisse Wahlmöglichkeiten, den Umweltschutz durchzuführen. Von diesen sog. Umweltstrategien sollen die wichtigsten nachstehend erläutert werden. Sie bilden die Grundlage der **ökologisch orientierten** Betriebswirtschaftslehre (vgl. z.B. Steger, Umweltmanagement 1988, 1993 und Seidel/Menn, Betriebswirtschaft 1988).

a) Umweltmanagement: Defensive und offensive Gestaltung

Die Umweltschutzmaßnahmen und -verordnungen der Bundesregierung mussten in den 70er Jahren häufig gegen den Widerstand betroffener Unternehmen durchgesetzt werden, da die den Unternehmen entstehenden Kosten (z.B. für Abgasfilter oder belastetes Abwasser) nicht immer über die Preise auf die Endverbraucher abgewälzt werden konnten. Die daraus resultierenden **betriebswirtschaftlichen** Verluste oder manchmal schon die **Erwartung** drohender Verluste führten allgemein zu einer **defensiven Umweltschutzpolitik** von Industrieunternehmen (vgl. Pieroth/Wicke, Umweltschutz 1988, S. 13 ff.), die folgendermaßen charakterisiert werden kann:

> Unternehmen verhalten sich gegenüber der Umweltschutzgesetzgebung so, dass sie immer nur gerade die jeweiligen vorgeschriebenen **Mindestanforderungen** erfüllen.

Das defensive Umweltschutzverhalten kann konkret dadurch zum Ausdruck kommen, dass Betriebe Umweltschutzanforderungen

- verzögert,
- durch **umweltbelastende** Substitutionen,
- durch Produktionseinschränkungen,
- durch Stilllegungen oder
- durch Standortwechsel

zu erfüllen suchen. Dieses „reaktive" Verhalten mag auf kurze Sicht dem Ziel der Kostenminimierung gerecht werden, es muss aber unter **strategischen** Gesichtspunkten eindeutig **abgelehnt** werden, da es die langfristige Sicherung der Unternehmensexistenz **nicht** gewährleistet.

Als Alternative stellt sich ein **offensives Umweltschutzmanagement** dar, das die vom Staat vorgegebenen Umweltschutzanforderungen nicht als lästige Pflicht sondern als betriebswirtschaftliche Herausforderung betrachtet, neue technologische Entwicklungen im Betrieb umzusetzen und damit den Produktionsprozess insgesamt zu verbessern. Der Umweltschutz muss zu einem betriebswirtschaftlichen Instrument werden, um langfristige Vorteile eines **umweltbewussten Verhaltens** für den Betrieb zu erzielen und zu erhalten.

Dies kann konkret erreicht werden durch (langfristig) kostensenkende Umweltschutzmaßnahmen, die mit Innovationen im Produkt- oder Produktionsprozessbereich integriert sind. Dabei haben sich folgende Maßnahmen in der Unternehmenspraxis bewährt (Pieroth/Wicke, Umweltschutz 1988, S. 23):

- Erfüllung bzw. Übererfüllung von Umweltschutzanforderungen durch Verbesserung der **Mess-, Steuerungs-** und **Regelungstechnik** insbesondere bei Heizungs- und Energieerzeugungsanlagen, wodurch gleichzeitig der Schadstoffausstoß **und** der Energieverbrauch gesenkt werden kann,
- Verbesserung der **Organisation** des **Betriebsablaufs** mit der Konsequenz, dass Abfallstoffe nicht der kostspieligen Entsorgung sondern der Wiederverwendung (Recycling) oder dem Verkauf zugeführt werden,
- umweltfreundliche **Beschaffung** von Roh-, Hilfs- und Betriebsstoffen, z.B. EDV-Papier und solches für internen Schriftverkehr aus Recycling-Papier, Kleber ohne halogenierte Kohlenwasserstoffe usw.,
- Eigenentwicklungen der betrieblichen **Forschungs- und Entwicklungsabteilung**, wenn bestimmte Werkstoffe auf dem Markt nicht umweltfreundlich zu erhalten sind; das dabei erworbene Know-how kann zu neuen Marktchancen führen,
- Investition von **Produktionsanlagen**, die nicht nur technologisch verbessert und damit kostensenkend, sondern darüber hinaus auch **umwelttechnisch** auf dem neuesten Stand sind und damit langfristig zu erwartende Umweltauflagen schon jetzt (kostengünstig) erfüllen.

Die Durchführung dieser Maßnahmen sollte - soweit möglich und sinnvoll - durch ein **offensives Umweltschutzmarketing** ergänzt werden, das die Kunden und die Öffentlichkeit in Informationsschriften, Werbebotschaften und auf Produktpackungen auf die Umweltfreundlichkeit bzw. -verträglichkeit

- der Produkte (inkl. Verpackung),
- der verwendeten Ausgangsstoffe und
- des Produktionsverfahrens

in anschaulicher und detaillierter Form hinweist.

Eine solche offensive Umweltpolitik kann in einer Zeit, in der das Umweltbewusstsein der Bevölkerung stark zunimmt, zu verbesserten Absatzchancen und dadurch zu relativen Wettbewerbsvorteilen führen, die die strategische Position des Unternehmens gegenüber seinen Konkurrenten entscheidend verbessern. Im nächsten Abschnitt wird versucht, aus diesen Erkenntnissen eine **umweltorientierte Unternehmensstrategie** abzuleiten.

b)   Entwicklung einer umweltorientierten Unternehmensstrategie

Steger (Umweltmanagement 1988) hat eine Portfolio-Matrix für die Marktchancen und die Risiken einer Umweltschutzpolitik entwickelt, aus der umweltorientierte Unternehmensstrategien abgeleitet werden können (vgl. Abb. 40).

Auf der Ordinate werden die Marktchancen des Unternehmens gemessen, die durch umweltfreundliche Produkte oder Produktionsverfahren gegeben sind. Die Abszisse enthält die Umweltrisiken des Unternehmens, die mit seinen wirtschaftlichen Aktivitäten verbunden sind. Das „indifferente" Feld wird in der weiteren Analyse vernachlässigt, da es nur Unternehmen betrifft, die kaum die Umwelt belasten und auf Märkten tätig sind, die ausgesprochen umweltfreundliche Produkte nicht honorieren.

Die Felder „defensiv" und „offensiv" entsprechen grob den Erörterungen des letzten Abschnitts. Bemerkenswert ist jedoch, dass Steger neben der offensiven Umweltpolitik eine **innovative** Umweltpolitik definiert, die dadurch gekennzeichnet ist, dass das Unternehmen große Umweltschutzinvestitionen vornehmen muss, um seine Risiken zu mindern, dadurch aber auch ein großes Marktpotential ausschöpfen kann.

Diese innovative Umweltpolitik wird kurzfristig mit hohen Investitionsausgaben verbunden sein, die sich jedoch langfristig, wenn der Markt hinreichend „umweltbewusst" ist, sehr wohl auszahlen können.

Um eine geeignete Unternehmensstrategie in Bezug auf den Umweltschutz zu definieren, muss die vom Unternehmen angewandte **Wettbewerbsstrategie** bekannt sein (vgl. S. 51 ff.).

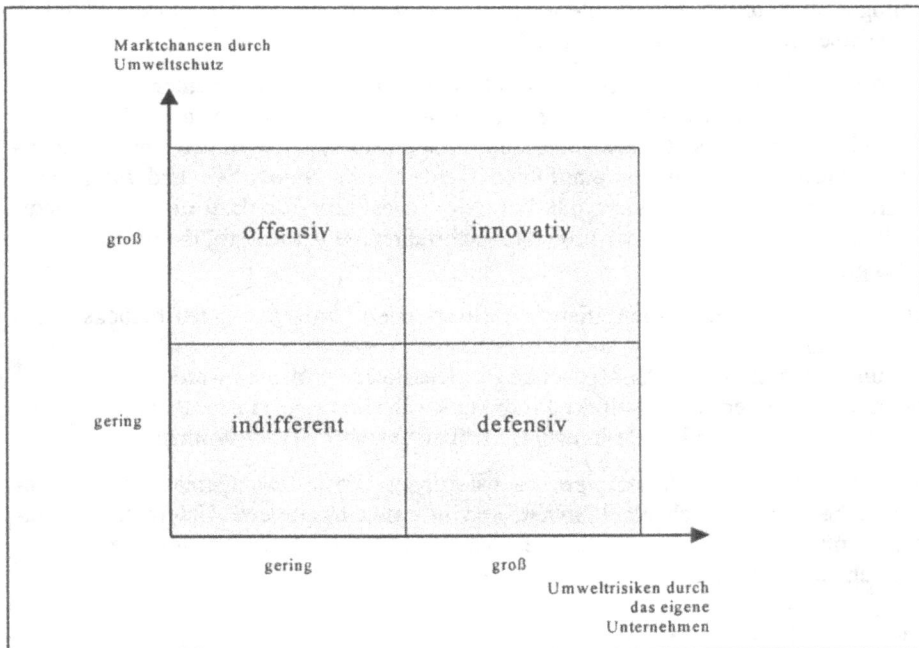

Abb. 40 Marktchancen/Umweltrisiken - Portfoliomatrix
Quelle: Eigene Darst. in Anlehnung an Steger, Umweltmanagement 1988, S. 151

Strebt das Unternehmen nach **Kostenführerschaft**, wirken sich Umweltschutzaktivitäten, die vornehmlich zu einer Kostenerhöhung führen, das Produkt aber unverändert lassen, wie z.B. der Einbau verbesserter Abgasfilter, eindeutig negativ aus.

Betreibt das Unternehmen hingegen eine **Differenzierungsstrategie**, so können höhere Umweltschutzkosten leichter an die Kunden weitergegeben werden, da wegen der besonderen Produktqualität ein größerer Preisspielraum besteht.

Neben der reinen Kostenerhöhung können Umweltschutzmaßnahmen auch zu einer Verminderung des Gebrauchsnutzens des Produktes führen. Ein Beispiel hierfür ist die Substitution des FCKW (= Fluorchlorkohlenwasserstoff), das die Ozonschicht der Atmosphäre angreift, in Sprayflaschen durch Butan, das nicht umweltschädigend aber brennbar ist und damit dem Produkt eine negative Gebrauchseigenschaft hinzufügt.

Diese Gebrauchsnutzenverminderungen treffen Unternehmen mit Differenzierungsstrategie oder gar Nischenstrategie sehr hart, da diese besonders auf die Qualität ihrer Produkte und damit auf die Gebrauchseigenschaften achten müssen, um ihr besonderes Image zu wahren.

Aus diesen Beispielen ist zu ersehen, dass die umweltorientierte Unternehmensstrategie nicht unabhängig von der Wettbewerbsstrategie gewählt werden darf. Nur in dem idealen Fall einer innovativen Umweltschutzinvestition, die gleichzeitig zu einem höheren Gebrauchsnutzen und zu einer (langfristig) kostengünstigeren Technologie führt, profitiert ein Unternehmen unabhängig von der Wettbewerbsstrategie von dieser umweltpolitischen Maßnahme.

In Anbetracht des wachsenden Umweltbewusstseins der Konsumenten und der zunehmenden technischen Möglichkeiten, umweltbelastende Stoffe in Produkten und Produktionsprozessen festzustellen, kann den Industrieunternehmen unter strategischen Gesichtspunkten nur empfohlen werden, eine **innovative** und **integrierte** Umweltstrategie anzuwenden, d.h. bei jeder Investition, die dazu dient, die herzustellenden Produkte und/oder Produktionsverfahren zu verbessern, darauf zu achten, dass gleichzeitig

- die bestehenden und langfristig zu erwartenden Umweltauflagen berücksichtigt werden,
- umweltbelastende Roh-, Hilfs- und Betriebsstoffe vermieden werden,
- die Umweltverträglichkeit des Produktionsverfahrens gewährleistet ist,
- Produkte und Werkstoffe umweltfreundlich entsorgt werden können.

Leider sind die Grundprinzipien des offensiven Umweltmanagements in der betrieblichen Praxis noch nicht hinreichend in umweltorientierte Unternehmensstrategien umgesetzt worden. Stattdessen herrschen **Normstrategien** vor, die im Folgenden Abschnitt näher untersucht werden sollen.

c)   Umweltorientierte Normstrategien

1.   Strategien der Schadstoffverteilung

Beschränken sich die gesetzlichen Vorschriften auf die Festlegung des Emissionsstroms und reglementieren nicht die insgesamt abgegebene Menge an Schadstoffen, so kann die **Verdünnungsstrategie** angewandt werden (Lange, Umweltschutz 1978, S. 137 f.). Dabei werden die anfallenden Schadstoffe so verdünnt an die Umwelt abgegeben, dass die Emissionswerte die vom Gesetz geforderten Grenzen nicht überschreiten (z.B. Bau höherer Schornsteine, um die Belastungen am Erdboden zu verringern).

Bei der **Konzentrationsstrategie** werden die Schadstoffe aus dem Trägermedium gefiltert, verdichtet und in konzentrierter Form abgelagert. Dies ist z.B. der Fall bei Müllverbrennungsanlagen, in denen der Müll zunächst verbrannt, die Asche verdichtet und anschließend endgelagert wird.

Beide Strategien lösen das Umweltproblem nicht endgültig, da sie die Schadstoffe zeitlich und räumlich verteilen oder nur das Trägermedium wechseln. Somit entsteht lediglich ein Zeitgewinn, bis schließlich die kritischen Immissionswerte erreicht werden.

Für die Zukunft müssen diese Schadstoffverteilungsstrategien jedoch unbedingt durch Strategien der **Schadstoffvermeidung** ergänzt werden, um das Umweltproblem langfristig zu lösen.

2.   Strategien der Schadstoffvermeidung

Diese Strategien sollten vom Industriebetrieb bereits bei der **Konzeption** der Produkteigenschaften angewendet werden. Die gewünschten Eigenschaften des Fertigproduktes bestimmen nämlich weitgehend

- die einzusetzenden **Rohstoffe** und **Zwischenprodukte**,
- das anzuwendende Produktionsverfahren.

Darüber hinaus bestehen zwischen dem Produktionsverfahren und dem Rohstoffeinsatz wechselseitige Abhängigkeiten, die zu beachten sind.

Grundsätzlich sollten die Produkteigenschaften so festgelegt werden, dass Produktionsverfahren einsetzbar sind, die es erlauben,

- Rohstoffe sparsam zu verwenden,
- den Einsatz knapper Rohstoffe so gering wie möglich zu halten,
- umweltschädliche durch umweltfreundliche Rohstoffe zu ersetzen,
- die Abfallmengen der Produktion zu minimieren,
- die Abfälle umweltverträglich zu gestalten bzw. ihre Wiederverwendung zu ermöglichen.

Eine weitere Strategie der Schadstoffvermeidung ist die Verlängerung der Produktlebensdauer. Hierdurch würde die Umweltbelastung, die auf die Herstellung - nicht auf die Verwendung - der Produkte entfällt, herabgesetzt.

Diese Strategie kann jedoch einerseits mit absatzpolitischen Zielsetzungen des Betriebes (z.B. bei modeabhängigen Artikeln) und andererseits mit dem gesamtwirtschaftlichen Ziel eines hohen Beschäftigungsstandes kollidieren, da eine allgemeine Verlängerung der Produktlebensdauer das industrielle Produktionsvolumen (pro Periode) vermindern würde.

3.   Das Recycling

Unter Recycling versteht man die Wieder- oder die Weiterverwendung von bei der
Produktion oder dem Verbrauch von Gütern entstehenden Abfällen (inkl. Verpackung).

Das Recycling ist eine Schadstoffvermeidungsstrategie besonderer Art, da es nicht
nur unter Umweltaspekten, sondern auch unter Wirtschaftlichkeitsgesichtspunkten
für Industriebetriebe interessant sein kann (Lange, Umweltschutz 1978, S. 193).

Bei der **Wiederverwendung** werden die Abfälle in die Produktionsprozesse zurückgeführt, aus denen sie stammen. Insbesondere Transportbehälter, wie Glasfla-
schen, Holz- und Kunststoffverpackungen können mehrfach benutzt werden. Auch
Papier aus der graphischen und Druckindustrie kann durch Aufbereitung zu etwa
einem Drittel wieder verwendet werden. Weitere Beispiele sind die Wiedergewin-
nung von Mineralöl aus Tankerreinigungsanlagen und die Rückführung einzelner
Metalle aus Autowracks in die Metallverarbeitung.

Die **Weiterverwendung** umfasst alle übrigen Produktionsprozesse, in denen die Abfälle eingesetzt werden können. Ein bekanntes Beispiel ist die Elektrizitäts- oder
Wärmeerzeugung in Müllverbrennungsanlagen. Auch die Nutzung der Abwärme
von Kraftwerken, die Herstellung von Bauplatten aus Abfallgips und von Ziegeln
aus Müll-Klärschlammkomposten (Strebel, Umwelt 1980, S. 123) sind hier zu nennen.

Die besondere Bedeutung des Recycling als Umweltstrategie liegt darin, dass der
Rohstoffeinsatz und damit die Umweltbelastung herabgesetzt werden kann, ohne das
Produktionsvolumen der Fertigprodukte zu verringern. Soll die Umweltproblematik
langfristig bewältigt werden, müssen Industriebetriebe und die öffentliche Hand gemeinsam weitere Anwendungsmöglichkeiten des Recycling erschließen und die übrigen Strategien der Schadstoffvermeidung verstärkt einsetzen. Das Kreislaufwirt-
schaftsgesetz versucht, besonders in diese Richtung zu wirken.

V.   Umsetzung der Umweltstrategien in den Industriebetrieben

Zur Veranschaulichung der Umweltproblematik und der Möglichkeiten, ihr auf der
Seite der Industriebetriebe gerecht zu werden, seien im Folgenden einige Beispiele
für betrieblichen Umweltschutz, die die wichtigsten Umweltfelder betreffen, dargestellt.

a)   Abfallwirtschaft

Da die Entsorgung der bei der Produktion entstehenden Abfälle relativ kostspielig
ist, entstand schon früh das Bestreben, diese Abfälle, soweit möglich, wieder im
Produktionsprozess zu verwenden (**innerbetriebliches Recycling**) oder sie so auf-
zubereiten, dass sie anderen Unternehmen als Einsatzstoffe in deren Produktionsprozessen angeboten werden können (**überbetriebliches Recycling**).

Zu den wichtigsten Wiederverwertungen im überbetrieblichen Recycling gehören

- die Wiederverwendung von **Eisenschrott** des Haus- und Sperrmülls,
- das Recycling von **Altglas** mit einer Verwertungsquote bei Behälterglas von 89,7% (2002) bei im Inland verwerteten 2,68 Mio. t,
- das zurückgeführte **Altpapier** mit einer Rücklaufquote von 72,2% als Anteil des Altpapieraufkommens am Papierverbrauch von 13,7 Mio. t (2002) und
- die fast 100%ige Wiederverwendung von **Altautos** in der Eisen- und Stahlindustrie.

Insbesondere durch die Einrichtung von **Abfallbörsen** hat das überbetriebliche Recycling einen großen Aufschwung genommen, da es betriebswirtschaftliche Vorteile in Form von Liquidationserlösen der abgebenden Betriebe und geringeren Beschaffungskosten der verwendenden Betriebe mit geringerer Umweltbelastung durch die Verminderung des zu entsorgenden Abfalls in idealer Weise verbindet. Hier ist durch den Einsatz moderner Informations- und Kommunikationstechnologien auch eine Kombination inner- und überbetrieblichen Recyclings möglich. Ein Beispiel ist der Aufbau einer **Reststoffbörse** bei der Henkel KGaA mit dem Primärziel der Einsparung von Entsorgungskosten. Die Reststoffbörse ist ein zentral organisierter Service zur Vermittlung von Reststoffen (Rohstoffe, Nebenprodukte, z.T. Fertigprodukte) an interne und externe Abnehmer. So wurde 1998 eine Umschlagmenge von insgesamt 3.264 t erreicht (Tab. 22). Die Reststoffbörse wird auf Basis einer Lotus-Notes Datenbank im Intranet des Unternehmens seit 1997 eingesetzt, die Erweiterung auf eine Internet-Anwendung für externe Abnehmer (zuvor telefonisch oder durch monatlichen Faxabruf) wurde im Januar 2000 aufgeschaltet (http://www.reststoffboerse.com).

Tab. 22 Reststoffbörse bei Henkel

		Abnehmer		
		External	Production (Henkel Holthausen + verbundene Unternehmen)	
Zulieferer	Production Henkel Holthausen	3169 t	46 t	3.215 t (98,5%)
	Affiliated companies	49 t	0 t	49 t (1,5%)
		3.218 t (98,5%)	46 t (1,5%)	3.264 t (100%)

Quelle: Henkel KGaA

Ein weiteres eindrucksvolles Beispiel für innerbetriebliches Recycling ist die Rückgewinnung von verwertbarem **Sand in Gießereien** aus dem beim Gießen stark mit Metallresten verschmutzten Altsand, der hohe Deponiekosten verursacht. Bei dem hier angewandten Recycling-Verfahren werden zunächst mit einem Magneten möglichst viele Metallteile aus dem Altsand entfernt, der anschließend erhitzt wird, um weitere Bestandteile zu lösen, und schließlich mit Druckkraft beschleunigt wird, damit die Quarzkörner durch gegenseitige Reibung so gereinigt werden, dass eine Wiederverwendung in derselben Qualität wie Neusand möglich ist.

Bei einem Unternehmen wie der KHD Humbold-Wedag AG kann mit diesem Verfahren 80% der jährlichen 15000 t Altsand in Neusandqualität zurückgewonnen werden.

b)   Luftreinhaltung

Dieser Umweltbereich ist Gegenstand des Bundes-Immissionsschutzgesetzes und der TA Luft, die als Primärmaßnahmen zur Luftreinhaltung die **Vermeidung** und **Minimierung** luftverunreinigender Stoffe vorschreiben. Dies soll durch Substitution von ungünstigen Einsatzstoffen oder durch prozesstechnische Maßnahmen, die die Entstehung luftverunreinigender Stoffe unterdrücken, geschehen. Ein Beispiel hierfür ist die NO_x(= Stickoxid)-arme Feuerung für Dampferzeuger.

Erst wenn diese Primärmaßnahmen ausgeschöpft sind, sollte das nachgeschaltete Verfahren der **Abgasreinigung,** eine sog. **end-of-the-pipe-Technologie,** zum Einsatz kommen, für die eine Reihe von wirksamen Techniken zur Verfügung steht. So sind z.B. für die **Entstaubung** Filteranlagen einsetzbar. Neben der Entstaubung ist die **Abscheidung gasförmiger Luftverunreinigungen** sehr wichtig, die durch Absorptionsverfahren, durch thermische oder katalytische Umwandlungsverfahren oder biologische Verfahren vorgenommen werden kann.

Da aber bei allen Verfahren zur Entsorgung von staub- und gasförmigen Luftverunreinigungen keine 100%ige Effizienz erreichbar ist und damit Restschadstoffe in die Umwelt gelangen, ist die nachträgliche Abgasreinigung kein umweltpolitisch ideales Verfahren. Ihr ist auf jeden Fall die Strategie der **Schadstoffvermeidung** durch Modifikation der Produktionsprozess-Technologie und der zu verwendenden Einsatzstoffe vorzuziehen.

c)   Wasserreinhaltung

Die grundlegenden Gesetze sind das **Wasserhaushaltsgesetz** (WHG) und das **Abwasserabgabengesetz** (AbwAG).

Im § 7a WHG ist vorgesehen, dass die Einleitung von Abwasser mit **gefährlichen Stoffen,** d.h. giftigen, langlebigen, anreicherungsfähigen, krebserzeugenden, fruchtschädigenden und erbgutverändernden Stoffen so gering gehalten werden muss, wie es nach dem **Stand der Technik** möglich ist. Damit ist das Prinzip, bei jedem technischen Fortschritt die erlaubten Grenzwerte neu anzupassen, also zu **dynamisieren,** auch bei der Wasserreinhaltung verwirklicht worden.

So war in der **Zellstoff-** und **Papierherstellung** der Fokus Ende der 80er Jahre auf die Umgestaltung des Produktionsprozesses zur Verringerung umweltgefährdender organischer **Chlorverbindungen** im Abwasser gerichtet. Mittlerweile kann die chlorfreie Bleichung als Standard bezeichnet werden (Abb. 41).

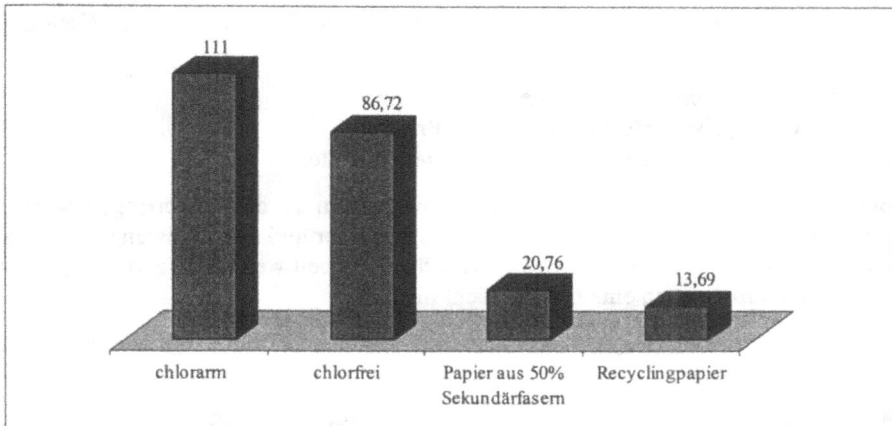

Säulendiagramm mit folgenden Werten:

Kategorie	Wert
chlorarm	111
chlorfrei	86,72
Papier aus 50% Sekundärfasern	20,76
Recyclingpapier	13,69

Abb. 41 Papiereinsatz der Druckerei nach Bleichmethode der Faserstoffe in 1000 Tonnen im Geschäftsjahr 2002 bei Mohndruck

Quelle: Mohndruck, Ökologische Betriebsbilanz 2003, S.22

Weitere Beispiele zur Reduzierung des Wasserverbrauchs bzw. der Abwassermenge finden sich bei Gege (Umweltmanagement 1997):

■ Kombination von Wasserkreislauf und Wärmetauscher für eine Wärmerückgewinnungsanlage in der Spritzgießerei Herdegen führt zu einem Rückgang des Wasserverbrauchs und der Abwassermenge um 224.000m³ (97%); allerdings bei einem erhöhten Strombedarf von 850.000 kWh: Rückführung des benötigten Kühlwassers in ein Sammelbecken, wo es durch die Wärmetauscher abgekühlt und so erneut zur Kühlung verwendet wird.

■ Weiterentwicklung einer Nanofiltrationsanlage (Querstromfiltration). Durch die damit verbundene Installation einer Abwasserreinigungsanlage konnte die Abwassermenge aus Hochdruckreinigung bei der Axel Springer Verlag AG am Standort Ahrensburg um 80% reduziert werden.

d) Lärmschutz

Der Lärm ist die Umweltbeeinträchtigung, die von vielen Menschen unmittelbar empfunden wird, vor allem am Arbeitsplatz, an Hauptverkehrsstraßen, Flughäfen oder in der Nachbarschaft von Gewerbegebieten. Die zulässigen Lärmemissionswerte sind in der TA Lärm geregelt und für verschiedene Gebiete (z.B. Kurorte, Krankenhäuser) sowie für verschiedene Zeiten (nachts, sonntags) sehr unterschiedlich.

Als Beispiel einer offensiven Umweltpolitik sei eine in der Nachbarschaft eines Wohngebietes gelegene **Schmiede** betrachtet, die wegen des hohen Lärmpegels einen älteren Schmiedehammer zu ersetzen hatte (vgl. Pieroth/Wicke Umweltschutz 1988, S. 216 ff.). Die vordergründig kostengünstigste Lösung war ein neuer schwingungsisoliert aufzustellender Schmiedehammer, der in Verbindung mit geräuschdämmenden Maßnahmen an der Produktionshalle die Lärmgrenzwerte eingehalten hätte.

Die langfristig orientierte, mit höheren Kosten behaftete Lösung des Geräusch-problems sah folgendermaßen aus:

- Ersatz des Hammers durch eine **Schmiedepresse,**
- **schwingungsisolierte** Aufstellung der Presse,
- **Neubau** einer geräusch- und wärmeisolierten Halle.

Bei dieser Lösung konnte die Geräuschemission um 15 dB(A) verringert werden, was nur noch einer Schall-Leistung von 3% der ursprünglichen Leistung entspricht. Damit wurde nicht nur der Lärmgrenzwert für Tagarbeit weit unterschritten, sondern es wurde nunmehr auch eine Nachtschicht möglich.

Darüber hinaus sind folgende betriebswirtschaftliche Vorteile mit dieser Lösung verbunden:

- Verbesserung des **Arbeitsablaufs** durch neue räumliche Organisation der Schmiedepresse und der Hilfsaggregate,
- Erhöhung der **Flexibilität** der Fertigung, da mit der Schmiedepresse eine größere Vielfalt von Produkten hergestellt werden kann,
- Vergrößerung der **Produktionskapazität** durch eine mögliche Nachtschicht,
- Senkung der Energiekosten durch **Wärmerückgewinnung** auf Grund der neuen wärmeisolierten Produktionshalle.

Dieses Beispiel zeigt sehr deutlich, dass eine **integrierte** Umweltschutzmaßnahme **gleichzeitig**

- die Umweltbelastung auf einem oder mehreren Umweltschutzfeldern erheblich senken,
- den Produktionsablauf verbessern und damit die Durchlaufzeit der Produkte vermindern und
- die Flexibilität der Fertigung erhöhen kann.

Das strategische Management sollte daher grundsätzlich versuchen, eine **offensive Umweltschutzpolitik** zu betreiben und die im Betrieb anzuwendenden Produk-tionsverfahren so zu konzipieren, dass die Ziele **Flexibilität** und **Integration** (vgl. S. 144 ff.) nicht nur in betriebswirtschaftlicher sondern auch in umweltpolitischer Hin-sicht gemeinsam verwirklicht werden können.

VI. Entscheidungsmodelle zum Umweltmanagement

a) Ein Produktionsmodell mit Umweltkomponenten

Um die Auswirkungen von Umweltstrategien quantitativ zu erfassen und dem Um-weltmanagement eine solide betriebswirtschaftliche Basis zu geben, wird im Fol-genden ein Produktionsmodell dargestellt, das möglichst alle typischen Umweltas-pekte, denen sich ein Industriebetrieb gegenübersieht, umfasst. Dieses Modell hat der Verfasser in seinem Beitrag „Umweltorientierte Produktionsplanung und -steuerung" in dem von ihm herausgegebenen Lehrbuch Umweltorientierte Betriebs-wirtschaftslehre entwickelt (Hansmann, Umweltorientierte Betriebswirtschaftslehre 1998, S. 100 ff.). Es wird im Folgenden wesentlich erweitert.

1. Die Modellkomponenten

Um auch Investitionsausgaben für Umweltschutzinvestitionen zu erfassen (z.B. für Abgasfilter), benötigen wir außer den reellen Variablen für die Produktmengen auch Binär-Variable, die nur die Werte Null und Eins annehmen können, je nachdem, ob eine Umweltschutzinvestition durchgeführt wird (1) oder nicht (0). Damit ist das Modell **gemischt-ganzzahlig** und bedarf zu seiner Lösung eines Verfahrens der ganzzahligen Optimierung.

Da wir weiterhin einen Planungszeitraum von einem Jahr zugrunde legen wollen, müssen die Investitionsausgaben auf die Nutzungszeit verteilt und anteilig durch ihre **Annuität** (Anschaffungsausgabe · Wiedergewinnungsfaktor) angesetzt werden. Statt des Deckungsbeitrags wird jetzt der sog. **Bruttogewinn**, d.h. Deckungsbeitrag abzüglich umweltbezogener Fixkosten, die sich aus den Annuitäten der Umweltinvestitionen ergeben, maximiert.

Generell müssen die Grenzwerte für Emissionen nach den technischen Anleitungen TA Luft und TA Lärm beachtet werden, wobei evtl. Investitionen von Abgasfiltern und Lärmschutzmaßnahmen erforderlich sind. Schließlich sollen auch der bei der Produktion entstehende Abfall und die Abwasserbelastung nicht vernachlässigt werden. Da es möglicherweise keinen Industriebetrieb gibt, bei dem alle genannten Umweltaspekte gleichzeitig relevant sind, wird das Modell für einen „fiktiven" Betrieb entwickelt.

Der im Modell abzubildende **Produktionsprozess** weist folgende Eigenschaften auf:

- Herstellung verschiedener **Produkte** in mehreren **Produktionsstufen**.
- Jedes Produkt kann mit mehreren **kostenverschiedenen Produktionsverfahren**, die die Umwelt unterschiedlich belasten, produziert werden. (Beispiel: In der Mineralölindustrie können verschiedene Rohöle mit unterschiedlichem Schwefelgehalt eingesetzt werden).
- Zur Verminderung der Abgasemissionen können **Investitionsausgaben** für **Filteranlagen** getätigt werden (Beispiele: Stahl- und chemische Industrie).
- Die **Produktionshallen** können so **schallisoliert** werden, dass sie den Grenzwert der TA Lärm für eine Nachtschicht unterschreiten (Beispiel: Schmiedepresse auf S. 178 f.).
- Das bei der Produktion entstehende **Abwasser** enthält Schadeinheiten, die mit einer Abgabe nach dem Abwasserabgabengesetz belegt sind.
- Die **Kapazität** der Produktionsanlagen kann nur durch zusätzliche **Nachtschichten**, nicht aber durch andere Investitionen erhöht werden.
- Erlöse, variable Kosten, Produktionskoeffizienten und das Absatzpotential haben dieselbe Bedeutung wie in **Standard**-Produktionsmodellen.
- Das Modell ist **gemischt-ganzzahlig** mit den Produktionsmengen als **reellen** Variablen und weiteren **Null/Eins**-Variablen. Diese geben an, ob eine Umweltschutz-Investition durchgeführt werden soll oder nicht.
- Das **Recycling** wird wegen seiner vielfältigen Möglichkeiten nicht mit einbezogen, da ein solches Modell einen erheblichen Zuwachs an Komplexität aufweisen würde. Stattdessen wird unterstellt, dass das Unternehmen über seine Recycling-Strategien bereits entschieden hat und nur noch die **Entsorgung** des endgültigen **Abfalls** das Produktionsprogramm beeinflusst.

2. Darstellung des Modells

Die nachstehend verwendeten **Symbole** haben folgende Bedeutung:

Indizes

z	Produkt
v	Produktionsverfahren (Technologie)
i	Produktionsstufe
j	Schadstoff

Variable

X_{zv} Produktionsmenge von Produkt z, die mit Hilfe des Verfahrens v in der Planperiode hergestellt wird

y Menge der Schadstoffeinheiten im Abwasser in der Planperiode

u_j Null/Eins-Variable der Umweltinvestition j
(j=1 Lärmisolierung, j=2, ..., J Filteranlagen)

Daten

p_z Preis für das Produkt z

k_{zv} variable Kosten pro Mengeneinheit des Produktes z, das mit dem Produktionsverfahren v hergestellt wird

q_{zv} Entsorgungskosten einer Einheit Produktionsabfall (Verschnitt, Ausschuss)

q Abwasserabgabe je Schadstoffeinheit

F_j Investitions-Annuitäten für Filter und Lärmisolierung (j=1 Lärm)

r_{zv} Produktionsabfall für eine Einheit des Produktes z beim Verfahren v

a_{izv} Produktionszeit pro Stück des Produktes z beim Verfahren v auf der Produktionsstufe i

Kap_i Kapazität in der Planperiode der Stufe i

ΔKap_i Zusatzkapazität durch Nachtschicht in der Planperiode

N_z Absatzpotential des Produktes z in der Planperiode

e_{jzv} Emissionsmenge des Schadstoffs j pro Einheit des Produktes z beim Verfahren v

E_j Grenzwert des Schadstoffs j in der Planperiode

Fil_j Durch einen Filter absorbierbare Schadstoffmenge von j in der Planperiode

w_{zv} Menge der Schadstoffeinheiten im Abwasser für ein Stück des Produktes z beim Verfahren v

G Bruttogewinn vor Abzug nicht umweltbezogener fixer Kosten in der Planperiode

Gemischt-ganzzahliges LP-Modell:

Zielfunktion

$$(67) \quad G = \sum_z p_z \sum_v X_{zv} - \sum_{zv} k_{zv} X_{zv} \ - \ \sum_{zv} q_{zv} r_{zv} X_{zv} \ - \ q \cdot y \ - \ \sum_j F_j u_j \Rightarrow max!$$

Erlöse	Variable Produktionskosten	Abfallentsorgungskosten	Abwasserabgabe	Umweltinvestitions-Annuitäten

Kapazitätsbedingungen

$$(68) \qquad \sum_{zv} a_{izv} X_{zv} \qquad \le \qquad Kap_i + \Delta Kap_i u_1 \qquad \text{für alle } i$$

Absatzbedingungen

$$(69) \qquad \sum_{v} X_{zv} \qquad \le \qquad N_z \qquad \text{für alle } z$$

Emissionsbedingungen

$$(70) \qquad \sum_{zv} e_{jzv} X_{zv} - Fil_j u_j \qquad \le \qquad E_j \qquad \text{für } j=2, \, ..., J$$

Abwassergleichung

$$(71) \qquad \sum_{zv} w_{zv} X_{zv} \qquad = \qquad y$$

Nicht-Negativitäts-Bedingungen

$$(72a) \qquad X_{zv} \qquad \ge \qquad 0 \qquad \text{für alle } z, v$$

$$(72b) \qquad y \qquad \ge \qquad 0$$

$$(72c) \qquad u_j \qquad = \qquad 0 \text{ oder } 1 \qquad \text{für alle } j$$

Das Modell zeigt, dass das gewinnoptimale Produktionsprogramm unter **Umweltgesichtspunkten** von folgenden Determinanten abhängt:

- Entsorgungskosten für Abfälle,
- Abwasserabgabe (an die Kommunen zu zahlende Gebühr),
- Umweltschutz-Investitionen (Schallisolierung und Abgasfilter),
- Emissions-Grenzwerte von TA Luft und TA Lärm.

Da die Zielsetzung des Unternehmens die Maximierung des Bruttogewinns ist, wird es **Umweltstrategien** wählen, die so beschrieben werden können:

- Die gesetzlich vorgegebenen Umweltvorschriften (Grenzwerte, Abgaben) werden bei der Planung des Produktionsprogramms eingehalten.
- Umweltschutz-Investitionen werden **nur** vorgenommen, wenn sie den Bruttogewinn erhöhen.

Von den bereits dargestellten staatlichen Instrumenten der Umweltpolitik (vgl. S. 168) sind in dem Modell sowohl die Preissteuerung als auch die Mengensteuerung berücksichtigt. Die zu entrichtende Abwasserabgabe entspricht einer Preissteuerung, da pro Schadstoffeinheit ein bestimmter Preis zu zahlen ist. Die Emissions-Grenzwerte hingegen spiegeln eine differenzierte Mengensteuerung wider, da für jeden Schadstoff ein individueller Grenzwert vorgegeben wird.

Im Folgenden soll in dem defensiven Umweltmodell auch die Zertifikatssteuerung über den Handel mit **CO$_2$-Emissionsrechten** berücksichtigt werden. Dabei wird angenommen, dass das Unternehmen über eine Grundausstattung an gratis zugeteilten Emissionsrechten verfügt. Außerdem besteht die Möglichkeit, Zertifikate zu einem bestimmten Kurs an der Europäischen Energiebörse Leipzig (EEX) zu erwerben bzw. zu verkaufen.

Dafür muss das Modell um folgende Variablen bzw. Daten ergänzt werden:

KR_{CO_2} zu kaufende Emissionsrechte in t CO_2

VR_{CO_2} zu verkaufende Emissionsrechte in t CO_2

$Rgratis_{CO_2}$ zugeteilte Gratisrechte in t CO_2

P_{CO_2} Kurs eines Emissionsrechtes an der EEX

Da wir in unserem Modell das Produktionsprogramm für einen Planungszeitraum von einem Jahr optimieren wollen, muss der Kurs eines Emissionsrechtes als prognostizierter Durchschnittswert zugrunde gelegt werden. Dies ist, wie bei allen börsennotierten Papieren, mit entsprechenden Prognoseschwierigkeiten verbunden. Um diese Schwierigkeiten abzumildern, bietet sich die Betrachtung verschiedener Szenarien an (z.B. Worst-Case-Szenario).

Die **Zielfunktion** muss zum einen um den Saldo von gekauften und verkauften Emissionsrechten, bewertet mit dem Preis pro Papier, ergänzt werden. Zum anderen sollen Filteranlagen für CO_2 explizit berücksichtigt werden:

$$(73) \qquad G = \ldots + P_{co_2}\left(VR_{co_2} - KR_{co_2}\right) - F_{co_2}u_{co_2} \ldots \quad \Rightarrow max!$$

Außerdem muss eine zusätzliche Nebenbedingung formuliert werden um sicherzustellen, dass der CO_2-Ausstoß mit den vorhandenen Emissionsrechten gedeckt werden kann.

CO_2-Bedingung

$$(74) \qquad \sum_{zv} e_{co_2 zv} X_{zv} - Fil_{co_2} u_{co_2} \leq Rgratis_{co_2} + KR_{co_2} - VR_{co_2}$$

Letztlich ist noch zu fordern, dass die Zertifikatskauf- und –verkaufszahlen nur ganzzahlig sein dürfen, da ein Zertifikat zur Emission von einer Tonne CO_2 berechtigt:

Nicht-Negativitäts- und Ganzzahligkeits-Bedingungen

$$(75a) \qquad KR_{co_2} \geq 0 \text{; } ganzzahlig$$

$$(75b) \qquad VR_{co_2} \geq 0 \text{; } ganzzahlig$$

b) Ein Modell für offensives Umweltmanagement

Das oben entwickelte Modell maximiert den Bruttogewinn unter Beachtung der geltenden Umweltvorschriften und ist damit im umweltpolitischen Sinne **defensiv**.

Ein **offensives** Umweltmanagement würde sich dadurch auszeichnen, dass die Unternehmung die **Emissionen** (Abluft, Abwasser, Abfälle und Lärm) **minimiert**, wobei ein vorgegebenes **Gewinnanspruchsniveau** A nicht unterschritten werden sollte.

Eine Modellformulierung in diesem Sinne stößt jedoch auf nicht zu unterschätzende Schwierigkeiten:

- Die **Lärmminimierung** ist nicht eindeutig, da die entsprechende Umweltinvestition F_1 zwar den Lärmpegel der Produktion tagsüber senkt, die nun mögliche Nachtschicht aber mit ihrer Lärmemission hinzukommt. Von daher soll im Folgenden die „Emission Lärm" nicht in der Zielfunktion berücksichtigt werden.
- Es wird ein **Gewichtungssystem** für die einzelnen Emissionstypen (Abluft, Abwasser und Abfälle) benötigt, das angibt, welche **relative Bedeutung** die Minimierung der einzelnen Emissionstypen haben soll. Wir müssen also **Umweltpräferenzen** subjektiv festlegen, die durch die Gewichtungsfaktoren g_j für die Schadstoffe $j = 2, ..., J$ in der Zielfunktion ausgedrückt werden.
- Da sowohl für die Abfälle die Entsorgungskosten q_{zv} als auch die Abwasserabgabe je Schadstoffeinheit q als „Marktpreise" vorliegen, sollen diese als Gewichte in der folgenden Zielfunktion angesetzt werden.
- Bei der Festlegung des Gewichtungsfaktors g_{CO_2} kann man sich an dem Kurs der Zertifikate an der EEX orientieren. Dabei muss jedoch berücksichtigt werden, dass dieser „Marktpreis" durch Angebot und Nachfrage entsteht und damit nicht unbedingt den Schädlichkeitsgrad der Emissionen widerspiegelt.

Zielfunktion beim offensiven Umweltmanagement

Umweltbelastung:

$$(76) \qquad U = \sum_{j=2}^{J} g_j \left(\sum_{zv} e_{jzv} X_{zv} - Fil_j u_j \right) + g_{co_2} \left(e_{co_2 zv} X_{zv} - Fil_{co_2} u_{co_2} \right)$$

$$\text{Abluft} \qquad\qquad\qquad \text{CO}_2\text{-Emissionen}$$

$$+ q \cdot y \qquad\qquad + \sum_{zv} q_{zv} r_{zv} X_{zv} \quad \Rightarrow \quad min!$$

$$\text{Abwasser} \qquad\qquad\qquad \text{Abfall}$$

Bei der Minimierung dieser Zielfunktion sind die Nebenbedingungen des defensiven Modells weiterhin zu beachten:

Kapazitätsbedingungen

$$(77) \qquad \sum_{zv} a_{izv} X_{zv} \qquad\qquad \leq \qquad\qquad Kap_i + \Delta Kap_i u_1 \qquad\qquad \text{für alle } i$$

Absatzbedingungen

$$(78) \qquad \sum_v X_{zv} \qquad\qquad \leq \qquad N_z \qquad\qquad \text{für alle } z$$

Emissionsbedingungen

$$(79) \qquad \sum_{zv} e_{jzv} X_{zv} - Fil_j u_j \qquad \leq \qquad E_j \qquad\qquad \text{für } j=2, ..., J$$

CO$_2$-Bedingung

$$(80) \qquad \sum_{zv} e_{co_2 zv} X_{zv} - Fil_{co_2} u_{co_2} \leq Rgratis_{co_2} + KR_{co_2} - VR_{co_2}$$

Abwassergleichung

$$(81) \qquad \sum_{zv} w_{zv} X_{zv} \qquad\qquad = \qquad y$$

Nicht-Negativitäts- und Ganzzahligkeits-Bedingungen

$$(82a) \qquad X_{zv} \qquad\qquad \geq \qquad 0 \qquad\qquad \text{für alle } z, v$$

$$(82b) \qquad y \qquad\qquad \geq \qquad 0$$

$$(82c) \qquad u_j \qquad\qquad = \qquad 0 \text{ oder } 1 \qquad\qquad \text{für alle } j$$

$$(83a) \qquad KR_{co_2} \geq 0 \text{ ; ganzzahlig}$$

$$(83b) \qquad VR_{co_2} \geq 0 \text{ ; ganzzahlig}$$

Hinzu kommt die **neue Nebenbedingung**, dass der Bruttogewinn G (ausgedrückt durch die Zielfunktion des vorigen Modells unter Berücksichtigung der Erlöse bzw. Kosten aus dem Emissionshandel) ein bestimmtes Anspruchsniveau A mindestens erreichen soll:

$$(84) \qquad G = \sum_z p_z \sum_v X_{zv} - \sum_{zv} k_{zv} X_{zv} - \sum_{zv} q_{zv} r_{zv} X_{zv} - q \cdot y - \sum_j F_j u_j$$
$$+ P_{co_2} \left(VR_{co_2} - KR_{co_2} \right) - F_{co_2} u_{co_2} \geq A$$

Die numerische Lösung dieses „offensiven" Umweltmodells hängt natürlich entscheidend von den Gewichtungsfaktoren g_j, q_{zv} und q ab. Außer den subjektiven Umweltpräferenzen müssen diese Faktoren die unterschiedlichen **Maßeinheiten** der Emissionen, nämlich Schadstoffeinheiten für Abluft und Abwasser, kg für Abfall und € Investitionsausgabe für Lärmschutz widerspiegeln. Dieses **mehrdimensionale** Gewichtungsproblem ist hoch komplex und zeigt die Schwierigkeiten, die auftauchen können, wenn Unternehmen tatsächlich ein offensives Umweltmanagement betreiben wollen.

Eine Möglichkeit zur Bestimmung von Gewichtungsfaktoren liegt in der Anwendung des **Dualitätstheorems der linearen Optimierung** (vgl. Hansmann, Umweltorientierte Betriebswirtschaftslehre 1998, S. 112 ff.). Aufgrund der Dualitätstheorie, insbesondere des Satzes über den komplementären Schlupf, hat eine ausgeschöpfte Restriktion eine Schlupfvariable mit dem Wert Null. Im Dualproblem gehört zu dieser Schlupfvariable eine echte Variable mit positivem Wert (der sog. **Dualwert**), den man als Opportunitätskosten der Schlupfvariablen interpretieren kann (vgl. (Domschke/Drexl, Operations Research 1995, S. 37 f.). In unserem defensiven Modell

> ist der Dualwert der Betrag, um den der Gewinn steigen würde, wenn der Grenzwert einer Emissionsrestriktion um eine Einheit erhöht würde, d.h. wenn das Unternehmen eine Einheit des betreffenden Schadstoffes zusätzlich in die Außenwelt abgeben dürfte.

Schöpft das Unternehmen mit seinem Produktionsprogramm den Emissionsgrenzwert nicht aus, ist der Gewinnzuwachs (Dualwert) gleich Null, da eine zusätzlich erlaubte Emissionseinheit das Programm nicht ändern würde. Tritt der gegenteilige Fall ein, dass die Restriktion das Produktionsprogramm einschränkt, so wird der Gewinn zunehmen, wenn eine weitere Emissionseinheit abgegeben werden kann. Die Dualwerte spiegeln somit in gewisser Weise das Ausmaß wider, in dem das Produktionsprogramm und damit der Gewinn durch die staatlich festgelegten Grenzwerte „reglementiert" wird.

Wenn man davon ausgeht, dass der Gesetzgeber mit Festlegung der staatlichen Grenzwerte den Grad der Schädlichkeit der Emission eines Schadstoffes approximieren will, lässt sich auch eine Verbindung von „Schädlichkeitsgrad" und Dualwert konstruieren:

> Je höher die Schädlichkeit einer Emission, desto niedriger wird der durch den Staat festgelegte Massenstrom (Grenzwert) pro Jahr sein (gesellschaftspolitisches Ziel) und umso höher ist der durch den Dualwert ausgedrückte Gewinnentgang des Unternehmens (betriebswirtschaftliche Konsequenz). Ein hoher Dualwert weist also in der Regel auf einen hohen Schädlichkeitsgrad der Emission hin.

Durch diese Verbindung von „Schädlichkeitsgrad" und Gewinnentgang sind die Dualwerte grundsätzlich als Gewichtungsfaktoren im offensiven Umweltmodell geeignet. Dabei müssen jedoch drei wesentliche Probleme beachtet werden:

- Die Schädlichkeit einer Umweltbelastung hängt eher von der Immission des Schadstoffes in schutzwürdige Objekte (Menschen, Tiere, Pflanzen) als von der Emission des Schadstoffes durch eine Produktionsanlage ab. Emissionsgrenzwerte sind also nur „Ersatzgrößen" für nicht eindeutig bestimmbare Immissionsschäden.
- Die staatlich festgelegten Emissionsgrenzwerte sind Durchschnittswerte. Sie berücksichtigen weder die spezifischen Belange eines Unternehmens noch die unterschiedliche regionale Konzentration von Industriebetrieben.
- Die Dualwerte hängen vom optimalen Produktionsprogramm des Unternehmens ab und können sich bei veränderten Daten sprunghaft ändern, auch wenn die Umweltrestriktionen konstant bleiben. Mit Hilfe einer Sensitivitätsanalyse kann

jedoch die Entwicklung näher untersucht und die Grenzen festgestellt werden, innerhalb derer die Dualwerte gültig sind.

VII. Erfassung der Umweltauswirkungen und Bewertung der Umweltleistungen des Unternehmens

a)   Die Ökobilanz

Aufgabe der **Ökobilanz** ist es, die durch den betrieblichen Transformationsprozeß verursachten Umwelteinwirkungen transparent zu machen, um

- der Unternehmensführung als Informationsgrundlage und
- internen und externen Anspruchsgruppen als Informationsinstrument zur Übermittlung des ökologischen Stands des Unternehmens

zu dienen.

Der Ansatz der Ökobilanz ist sehr umfassend konzipiert, um alle ökologischen Auswirkungen unternehmerischer Tätigkeit zu erfassen und zu bewerten. Als Datengrundlage werden die betrieblichen Stoff- und Energieflüsse herangezogen. Auf oberstem Abstraktionsniveau ist die Ökobilanz eine Input-Output-Analyse auf Unternehmensebene und ermöglicht auf diese Weise einen quantitativen Überblick über die im Unternehmen eingesetzten Stoffe und die verbrauchte Energie. Output sind dabei flüssige, feste und gasförmige Emissionen, Lärm sowie die hergestellten Produkte (Tab. 23).

b)   Bewertung der betrieblichen Umweltleistungen durch Umwelt-Auditing

Umwelt-Auditing ist ein Managementinstrument, das einer systematischen, dokumentierten, periodischen und objektiven Beurteilung dient. Der Begriff **Audit** ist etymologisch auf das lateinische Wort audire (hören) zurückzuführen. Heutzutage steht der Begriff allgemein für Prüfung bzw. Überprüfung und erfährt eine Erweiterung zu einer international gültigen Bezeichnung für betriebswirtschaftliche Prüfungen. So soll unter einem Audit

> die Überprüfung der Wirksamkeit von Maßnahmen innerhalb eines Systems mittels Soll-Ist-Vergleich, deren Dokumentation und Auswertung sowie die Berücksichtigung der so gewonnenen Erfahrungen im auditierten System verstanden werden (Clausen 1993, S. 27).

Umweltaudits sollen so zu einer kontinuierlichen Verbesserung der betrieblichen Umweltschutzleistungen beitragen.

Tab. 23   Input-Output-Übersicht der BSH-Fertigungsstandorte

Input-Ströme	2004	
A Anlagegüter		
I. Boden	**4.237.977**	m²
1. überbaute Fläche	1.708.228	m²
2. unbebaute Fläche	2.529.749	m²
II. Bebauungsgrad	40	%
B Umlaufgüter		
I. Stoffe mit Umweltrelevanz		
1. Betriebsstoffe	2.955	t
II. Energie	**836.460**	MWh
1. Elektrische Energie	398.050	MWh
2. Leichtes Heizöl	5.982	MWh
3. Gas	332.611	MWh
4. Sonstige (Fernwärme, Holz etc.)	99.817	MWh
III. Wasser	**1.786.530**	m³
1. aus dem öffentlichen Netz	1.117.334	m³
2. aus eigener Förderung	669.196	m³
Output-Ströme	**2004**	
A Produkte		
I. Produkte (Tonnage)	1.009	Tsd. t
II. Produkte (Anzahl)	33.093	Tsd.Stck.
III. Verpackungen	66.181	t
B Abfälle	**89.739**	t
I. Abfälle zur Beseitigung	9.828	t
davon gefährliche Abfälle	2.088	t
II. Abfälle zur Verwertung	79.911	t
III. Verwertungsanteil	89	%
C Abwasser	**1.490.974**	m³
I. davon Direkteinleitung	666.959	m³
II. davon Indirekteinleitung	824.015	m³
D Dampf-/gasförmige Emission		
I. Organische Stoffe	**110**	t
1. flüchtige organische Stoffe (VOC)	110	t
II. Anorganische Stoffe	**59.859**	t
1. Stickstoffoxide	67	t
2. Kohlendioxid	59.792	t

Quelle: BSH Bosch und Siemens Hausgeräte GmbH, Umweltbericht 2004

1.   Environmental Management and Audit Scheme (EMAS)

Ziel der „Verordnung (EWG) Nr. 1836/93 des Rates vom 29. Juni 1993 über die freiwillige Beteiligung gewerblicher Unternehmen an einem Gemeinschaftssystem für das Umweltmanagement und die Umweltbetriebsprüfung" (**EG-Öko-Audit, EMAS**) ist die Förderung der kontinuierlichen Verbesserung des betrieblichen Umweltschutzes.

Die bis zur Attestierung der betrieblichen Umweltleistung erforderlichen Verfahrensschritte sind in Tab. 24 aufgeführt:

Tab. 24   Verfahrensschritte EMAS-Verordnung

1	Festschreibung der betrieblichen Umweltpolitik mit den Mindestanforderungen • Einhaltung der relevanten rechtlichen Rahmenbedingungen • Angemessene kontinuierliche Verbesserung des betrieblichen Umweltschutzes • Anwendung des Standes der Technik
2	Erste Umweltprüfung
3	Aufbau eines Umweltprogramms und eines Umweltmanagementsystems
4	Umweltbetriebsprüfung
5	Anpassung der Ziele des Unternehmens
6	Umwelterklärung
7	Umweltbegutachtung
8	Umwelt-Audit-Teilnahmeerklärung

Abbildung 42 zeigt das Ablaufschema von EMAS graphisch auf:

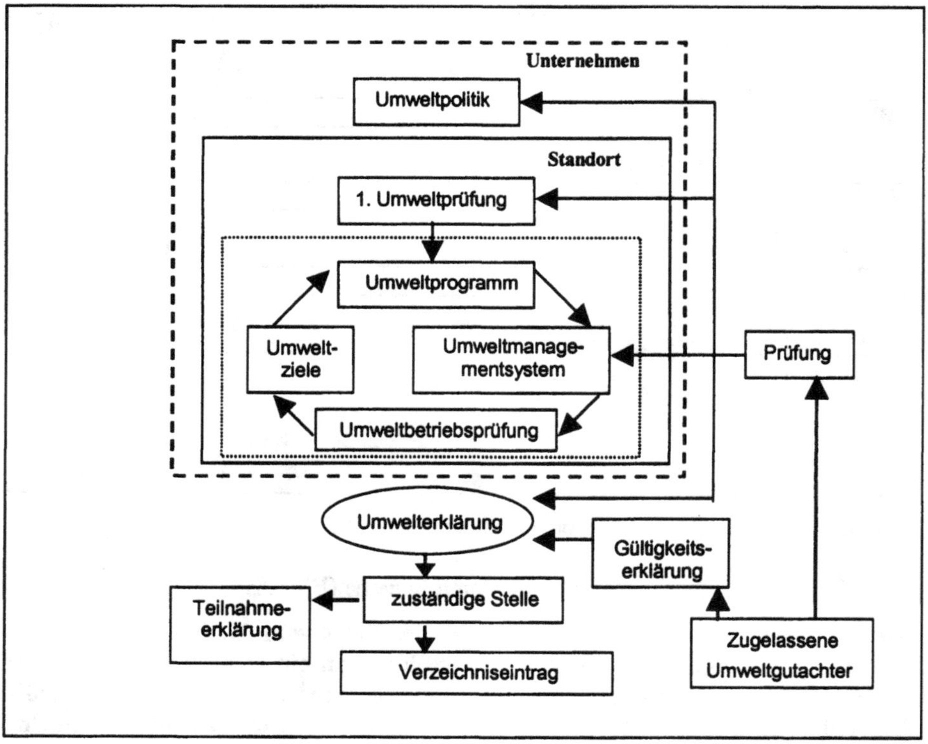

Abb. 42   Ablaufschema EMAS-Verordnung
Quelle: Eigene Darstellung in Anlehnung an Waskow, Umweltmanagement 1997, S. 53

2. ISO 14001

Die Normenreihe **ISO 14000 ff.**, zu der die Norm ISO 14001 gehört, wurde von der „International Organization for Standardization" (ISO) entwickelt und bezieht sich auf die Ausgestaltung des betrieblichen Umweltmanagements. Während bei der EMAS-Verordnung die kontinuierliche Verbesserung der Umweltleistung als Ziel definiert ist, soll bei der ISO 14001 die Verbesserung des Umweltmanagementsystems überprüft werden.

Inhaltlich gliedert sich die Norm ISO 14001, die seit dem 16. April 1997 gemäß Artikel 12 der EMAS-Verordnung von der Kommission der Europäischen Union anerkannt und die Übereinstimmung der Anforderungen dieser Norm mit denen der EMAS-Verordnung bestätigt ist, in fünf Phasen (Abb. 43).

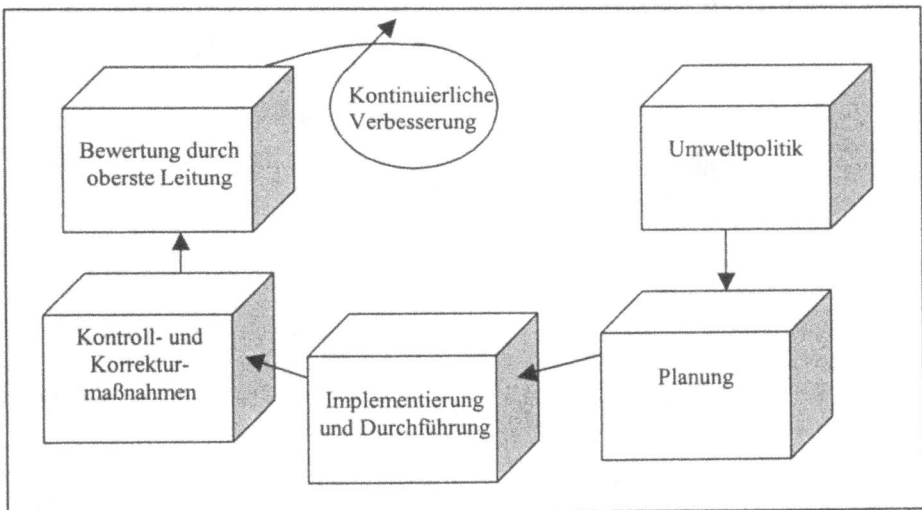

Abb. 43   Umweltmanagementsystem nach ISO 14001
Quelle: Eigene Darstellung

Die wichtigsten Anforderungen an das Umweltmanagementsystem aus der ISO 14001 sind im Folgenden wiedergegeben:

- Verantwortung der Unternehmensleitung für die gesamte Umweltpolitik (inkl. Dokumentation) und die Organisation des Umweltmanagementsystems,
- Einhaltung aller gesetzlichen Umweltschutzforderungen,
- Dokumentation des Umweltmanagementsystems,
- Ermittlung und Planung der Arbeitsabläufe und Tätigkeiten mit bedeutenden Umweltauswirkungen,
- Einführung von Verfahren zur Notfallvorsorge,
- Erarbeitung von Verfahrensanweisungen[19] über die regelmäßige Überwachung von Arbeitsabläufen und Tätigkeiten mit bedeutenden Umweltauswirkungen,

---

[19] Eine Verfahrensanweisung ist die dokumentierte, festgelegte Art und Weise eine Tätigkeit auszuführen.

- Erstellung von Verfahrensanweisungen für die Behandlung und Untersuchung von Abweichungen sowie für die Veranlassung von Korrektur- und Vorsorgemaßnahmen,
- Dokumentation und Ablage von umweltbezogenen Aufzeichnungen,
- Interne Umweltaudits und Dokumentation der Ergebnisse und
- Schulung der Mitarbeiter.

Das Normensystem ISO 14000 ff. baut auf einer langjährigen Normierungserfahrung der ISO auf. Dementsprechend ist eine Verzahnung mit anderen Normensystemen, vor allem im Bereich der Qualitätssicherung (ISO 9000 ff.; vgl. S. 222 ff.), gegeben, die bei EMAS nicht festzustellen ist. Insbesondere die Ähnlichkeit der Ablauffolge zum herkömmlichen Planungs- und Controllingkreislauf sollte den Umgang mit der ISO 14001 erheblich erleichtern und eine Integration in das bisherige Managementsystem vereinfachen.

6. Kapitel: Strategische Organisationsentscheidungen

In den vorigen Kapiteln wurden Komponenten des strategischen Managements **mit Blick auf die** Produktionsfunktion eines Industriebetriebes dargestellt. Die Elemente der Produktionsfunktion, Produkte und Produktionsfaktoren, müssen jedoch miteinander verknüpft und auf das Zielsystem des Unternehmens ausgerichtet werden. Dies ist die Aufgabe der **Organisation, der** die Gestaltungsfunktion des Aufbaus und des Ablaufs der Unternehmensprozesse zufällt. Strategische Organisationsaspekte sind Gegenstand dieses Kapitels, wobei nicht beabsichtigt ist, die Gesamtheit der Erkenntnisse der betriebswirtschaftlichen Organisationslehre wiederzugeben. Dies muss den speziellen Organisations-Lehrbüchern (z.B. Frese, Grundlagen der Organisation 2005; Bühner, Organisationslehre 2004; Kieser/Walgenbach, Organisation 2003) vorbehalten bleiben.

A. Die Organisationsstruktur

I. Grundlagen

a) Der Organisationsbegriff

Etymologisch geht der Begriff „Organisation" auf das griechische Wort órganon (Werkzeug, Instrument, Organ) zurück und bedeutet „Zusammenführung von Organen zu einem lebensfähigen Ganzen." In betriebswirtschaftlicher Sicht ist damit die **Verknüpfung** der Produktionsfaktoren zu einem zielgerichteten System gemeint, das in der Lage ist, Produktionsprogramme zu realisieren. Bezieht man sich auf die **Tätigkeit** des „Verknüpfens", so folgt daraus der **instrumentelle** Organisationsbegriff (das Organisieren), betrachtet man dagegen das **Ergebnis** des „Verknüpfens", so entsteht der **institutionelle** Organisationsbegriff (das organisierte System).

b) Merkmale von Organisationen

Über die Definition hinaus haben Kieser/Walgenbach Merkmale erarbeitet, die jede Organisation aufweist und die daher zu einer weiteren inhaltlichen Charakterisierung solcher Systeme dienen können.

Organisationen sind danach soziale Gebilde, die

- auf **Dauer** angelegt sind,
- **Ziele** verfolgen,
- **Mitglieder** haben, deren **Aktivitäten** auf die Ziele auszurichten sind, und
- eine formale **Struktur** aufweisen (Kieser/Walgenbach, Organisation 2003, S. 6).

Zum Inhalt der Merkmale sind folgende Hinweise angebracht:

Da jede Organisation von Menschen gestaltet wird, die individuelle Ziele verfolgen, müssen diese Ziele nach festgelegten Regeln in ein konsistentes Zielsystem der Organisation transformiert werden. Welche individuellen Ziele sich dabei stärker durchsetzen, hängt von der Machtposition der Beteiligten und den angewandten Regeln (Einstimmigkeit, Mehrheitsentscheidung usw.) ab.

Die **formale Struktur** einer Organisation ist das Gesamtwerk von Regeln, durch die das Zusammenwirken der Organisationsmitglieder und ihre Ausrichtung auf das Zielsystem der Organisation gesteuert wird. Im nächsten Abschnitt werden die Elemente der formalen Organisationsstruktur näher analysiert.

II. Die Elemente der Organisationsstruktur

Die **Regeln** zur Beschreibung der formalen Struktur einer Organisation können in drei Gruppen untergliedert werden:

- Arbeitsteilung,
- Koordination,
- Kompetenzverteilung.

Hierdurch lassen sich äußeres Gefüge und ablaufende Prozesse einer Organisation hinreichend genau charakterisieren.

a) Arbeitsteilung

Die Mitglieder einer Organisation arbeiten gemeinsam an Aufgaben, die der Erfüllung des Organisationszieles dienen. In erwerbswirtschaftlichen Organisationen (=Unternehmen) bestehen diese Aufgaben in der Beschaffung der Produktionsfaktoren, der Produktion von Gütern bzw. Dienstleistungen und in der Vermarktung dieser Leistungen mit dem Ziel der Gewinnerzielung. Schon Adam Smith hat 1776 gezeigt, dass die Produktivität der Arbeit steigt, wenn die Mitglieder der Organisation die Aufgaben untereinander aufteilen und sich auf Teilaufgaben **spezialisieren**. Die Arbeitsteilung und die damit verbundene Spezialisierung ist auch heute noch ein Merkmal jeder Organisation und damit ein wichtiges Element ihrer formalen Struktur.

Bei der Diskussion der **Erfahrungskurve** (S. 130 ff.) wurde deutlich, dass durch **wiederholte** Erfüllung einer Teilaufgabe ein Lerneffekt wirksam wird, der zu höherer Geschicklichkeit, kürzerer Ausführungszeit und damit steigender Produktivität führt. Diese Vorteile der Arbeitsteilung stoßen natürlich an Grenzen, wenn die Arbeit durch überhöhte Spezialisierung zu monoton wird und von den Organisationsmitgliedern nur widerwillig oder lustlos, mit der Folge sinkender Qualität, durchgeführt wird. Das **Ausmaß** der Spezialisierung muss daher immer wieder überdacht werden, während die Arbeitsteilung an sich als Grundelement der Organisationsstruktur unstrittig ist.

Die Regeln für die formale Organisationsstruktur legen fest, wie die Gesamtaufgabe im Wege der Arbeitsteilung in Teilaufgaben zerlegt wird. Jede so definierte Teilaufgabe ist eine **Stelle**, die einem Mitglied der Organisation auf Dauer oder vorübergehend (z.B. beim Projektmanagement) übertragen wird.

Durch Zusammenfassung von Stellen mit **gleichartigen** Aufgaben entsteht eine **Abteilung**, an deren Spitze eine Stelle besonderer Art angesiedelt wird, die sich durch

- Entscheidungs- und Weisungsbefugnis und
- Verantwortung für die Abteilung

auszeichnet. Diese Stelle nennt man **Instanz**.

Größere Organisationen erfordern zusätzlich die Zusammenfassung von Abteilungen zu **Hauptabteilungen**, die ihrerseits zu **Bereichen** integriert werden können. Auf diese Weise entsteht eine **Hierarchie**, die das typische Kennzeichen von Unternehmen ist. Abb. 44 zeigt diese hierarchische Organisationsstruktur.

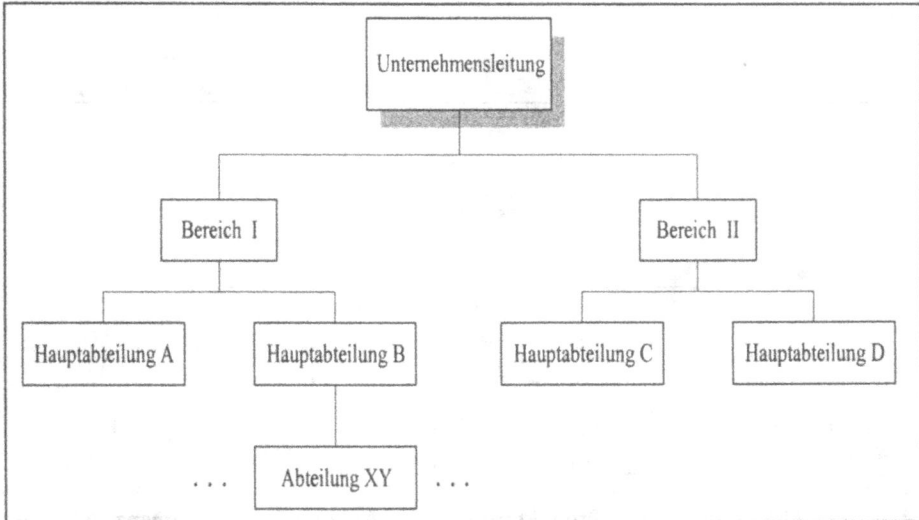

Abb. 44 Unternehmenshierarchie

Die **Gliederung** der Organisation in Abteilungen und Bereiche, d.h. die Zerlegung der Gesamtaufgabe des Unternehmens, kann **inhaltlich** nach verschiedenen Gesichtspunkten vorgenommen werden. Die bekanntesten Prinzipien der Abteilungsbildung sind

- das Verrichtungsprinzip und
- das Objektprinzip.

Beim Verrichtungsprinzip werden die Stellen zusammengefasst, die ähnliche **Funktionen** (= Verrichtungen) ausüben, z.B. Marketingaktivitäten für alle angebotenen Produkte. Im Gegensatz dazu stehen bei der Objektgliederung **Produkt-** oder **Dienstleistungsgruppen** im Vordergrund. Hier werden alle Stellen zusammengefasst, die in der Herstellung **und** dem Vertrieb einer Produktgruppe (z.B. Medizintechnik bei der Siemens AG) mitwirken. Die Abb. 45 und 46 zeigen Beispiele für die beiden Prinzipien der Abteilungsbildung. Darüber sind weitere Möglichkeiten zur Gliederung der Organisation denkbar, wie z.B. nach **Erdteilen** bzw. nach regionalen oder nationalen Aspekten.

```
                    ┌─────────────────────────┐
                    │   Unternehmensleitung   │
                    └─────────────────────────┘
                                 │
        ┌──────────────┬─────────┴────────┬──────────────┐
   ┌─────────┐    ┌─────────┐       ┌─────────┐    ┌─────────┐
   │Beschaffung│  │Produktion│       │Marketing│    │Verwaltung│
   └─────────┘    └─────────┘       └─────────┘    └─────────┘
```

```
                         ┌─────────────────────────┐
                         │   Unternehmensleitung   │
                         └─────────────────────────┘
                                      │
                ┌─────────────────────┴──────────────────────┐
          ┌──────────┐                              ┌──────────────────┐
          │ Bereiche │                              │ Zentralabteilungen│
          └──────────┘                              └──────────────────┘
```

| Energie-technik | Anlagen-technik | Medizin-technik | Verkehrs-technik | Halb-leiter | Finanzen | Personal | Produktion Logistik |

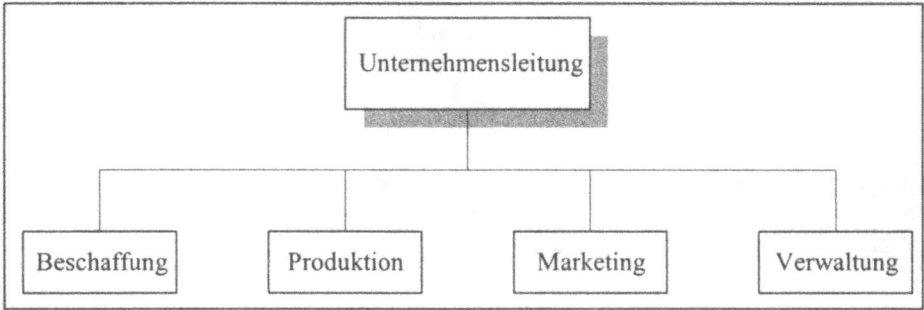

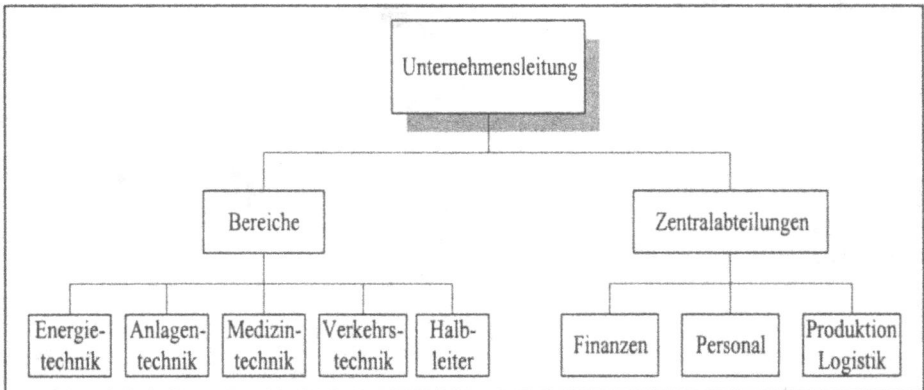

Abb. 46   Gliederung nach Produktgruppen in Anlehnung an Siemens AG Geschäftsbericht 1992

Betrachtet man die organisatorische Gestaltung der größeren Unternehmen in den letzten 20 Jahren, so lässt sich eine Tendenz in der Abteilungsbildung zugunsten des **Objektprinzips** feststellen, wobei auf manchen Hierarchieebenen durchaus das Verrichtungsprinzip angewandt wird. Eine generelle Aussage über die „Optimalität" der Prinzipien ist nicht möglich, so dass für jede Organisation individuell analysiert werden muss, nach welchen Gesichtspunkten die Gesamtaufgabe in Teilaufgaben untergliedert und die Abteilungsbildung vorgenommen werden soll. Das Ergebnis dieser Analyse hängt u.a. von Bestimmungsfaktoren ab, die auf S. 199 kurz vorgestellt werden.

b)   Koordination

Die Gliederung der Gesamtaufgabe des Unternehmens in Teilaufgaben und deren Durchführung im Wege der **Arbeitsteilung** führt nur dann zu einer hohen Produktivität, wenn die Organisationsmitglieder, die die Teilaufgaben bearbeiten, so auf das Zielsystem des Unternehmens **ausgerichtet** sind, dass die Ergebnisse der Teilaufgaben in der richtigen Weise zu einem Gesamtergebnis zusammengesetzt, d.h. **integriert** werden können. Diese Integration der dezentralen Arbeitsleistung ist Aufgabe der **Koordination**, dem zweiten Hauptelement der Organisationsstruktur.

Die Koordination der Stellen und Abteilungen sowie der dort zu leistenden Arbeit kann mit verschiedenen **Koordinationsmechanismen** erreicht werden (Kieser/Walgenbach, Organisation 2003, S. 108):

- Koordination durch persönliche Weisungen,
- Koordination durch schriftliche Verfahrensrichtlinien,
- Koordination durch Planung,
- Koordination durch Selbstabstimmung.

Die **persönliche Weisung** ist die traditionelle Form der Koordination, die eine Instanz gegenüber den ihr unterstellten Organisationsmitgliedern ausübt. Bei Koordinationsproblemen zwischen gleichberechtigten Instanzen koordiniert die übergeordnete Instanz ebenfalls durch persönliche Weisung. Hieraus ergibt sich ein möglicher Nachteil dieses Koordinationsmechanismus bei Unternehmen mit vielen Hierarchieebenen: Der „Instanzenzug" (Dienstweg) ist lang und die Koordination wird **zeitaufwendig**.

Diesem persönlichen Koordinationsmechanismus stehen die formalen und daher häufig etwas starren Mechanismen gegenüber. Bei der Koordination durch **schriftliche Verfahrensrichtlinien** wird z.B. der Ablauf einer Investitionsentscheidung wie folgt schriftlich festgelegt:

Der Investitionsantrag wird in der Produktionsabteilung formuliert und begründet. In der Investitionsabteilung werden die relevanten Daten (Kosten- und Erlösgrößen, Laufzeit) geprüft und evtl. weitere Informationen aus dem Vertriebs- und Finanzbereich eingeholt. Anschließend berechnet die Investitionsabteilung die Zahlungsreihe des Investitionsprojekts sowie den Kapitalwert, den internen Zins und die Amortisationsperiode und legt den Antrag mit einer eigenen Stellungnahme dem Vorstand vor.

Dieser Koordinationsmechanismus funktioniert besonders gut in sich wiederholenden Entscheidungssituationen. Er ist weniger effizient bei neuartigen Koordinationsproblemen, wie z.B. Produktinnovationen, und in Situationen, die durch häufige Störungen des normalen Ablaufs, wie z.B. in der Produktionssteuerung, gekennzeichnet sind.

Die Koordination durch **Planung** beruht nicht auf starren Verfahrensrichtlinien im Einzelfall, sondern auf **grundsätzlichen Regelungen**, die für die verschiedenen Situationen konkretisiert werden. Das System der **Produktionsplanung und - steuerung** (PPS) (vgl. 7. Kapitel, S. 239 ff.) ist ein in jedem Industriebetrieb einsetzbares Beispiel für die Koordination durch Planung, das die gesamte logistische Kette von der Beschaffung bis zum Vertrieb umfasst. Die einzelnen **Planwerte**, wie Produktionsprogramm, Materialbedarf, Kapazitätsbeanspruchung und Belegungszeiten, werden jedoch individuell nach den Erfordernissen des Marktes und dem unternehmerischen Zielsystem festgelegt oder davon abgeleitet. Daher ist nur das „Planungsgerüst" starr, während die Inhalte an die Erfordernisse des Unternehmens angepasst werden können.

Die flexibelste Koordination ist die **Selbstabstimmung**. Durch Bildung von **Koordinations-Ausschüssen** innerhalb oder zwischen Abteilungen wird versucht, das Koordinationsproblem auf der gleichen Hierarchieebene zu lösen, ohne dass Instanzen höherer Ebenen eingreifen müssen. Dieses Vorgehen verkürzt den Dienstweg und damit die „Koordinationszeit" erheblich, kann aber andererseits durch langwierige Diskussionen oder gar Entscheidungsunfähigkeit der Ausschüsse zu einer ineffizienten Koordination führen.

Neben diesen in der Praxis sehr wichtigen Koordinationsmechanismen gibt es auch eine Koordination über **interne Lenk-** bzw. **Verrechnungspreise,** wobei versucht wird, den Angebots- und Nachfragemechanismus von Märkten innerhalb des Unternehmens zur Koordination zu nutzen, und die Koordination durch **Unternehmenskultur** (vgl. 3. Kapitel, S. 37), bei der die Organisationsmitglieder durch verbindliche Normen so aufeinander abgestimmt werden, dass ein weiterer Koordinationsmechanismus überflüssig wird. Für weitere Einzelheiten hierzu sei auf die Literatur verwiesen (z.B. Kieser/Walgenbach, Organisation 2003, S. 115 ff).

c)   Leitung und Kompetenzverteilung

Das Leitungssystem einer Organisation kann graphisch durch **Organigramme** dargestellt werden, die die Verteilung der Kompetenzen und die Weisungsbeziehungen zwischen den Instanzen der einzelnen Hierarchieebenen widerspiegeln. Beruhend auf dem Gedanken, dass die Verantwortung auf allen Ebenen möglichst klar und eindeutig geregelt werden und eine Instanz nur Weisungen von **einer** anderen Instanz entgegen nehmen sollte, entwickelte sich Ende vorletzten Jahrhunderts das **Einliniensystem** als traditionelles Leitungssystem.

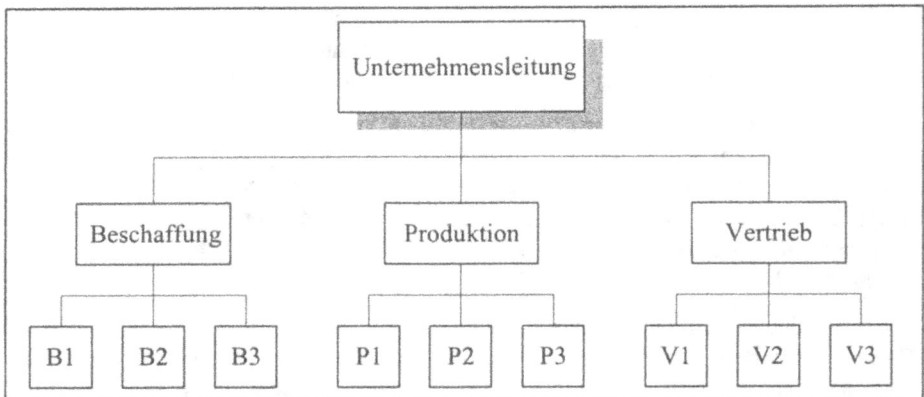

Abb. 47   Einliniensystem

Dem **Vorteil** der Eindeutigkeit der Kompetenzverteilung und Unterstellung steht in diesem System der lange Instanzenzug gegenüber. Hat die Vertriebsabteilung V1 ein Koordinationsproblem mit der Produktionsabteilung P3, so kann ein möglicher Konflikt nur über die Unternehmensleitung gelöst werden, was mühsam und zeitaufwendig ist. Um diesen **Nachteil** zu vermeiden, hat **Taylor** 1911 das **Mehrlinien-** oder **Funktionsmeistersystem** vorgeschlagen.

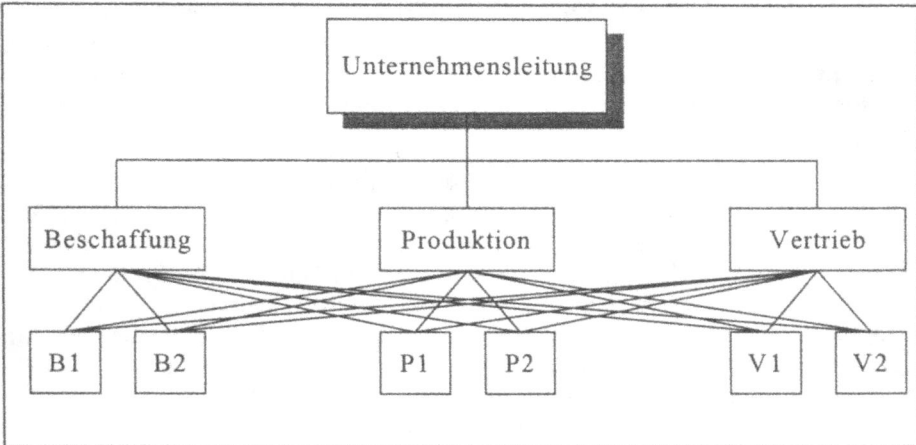

Abb. 48   Mehrliniensystem

Hier sind die Abteilungen der dritten Hierarchieebene (B1, B2, ..., V2) gleichzeitig
drei Instanzen der zweiten Hierarchieebene unterstellt. Damit wollte Taylor die
Sachkenntnis dieser Instanzen besser nutzen und darüber hinaus einen kürzeren In-
stanzenweg realisieren. Es liegt aber auf der Hand, dass diese Vorteile mit der nicht
mehr eindeutigen Zuordnung der Verantwortung und mit der Gefahr von Kompe-
tenzstreitigkeiten erkauft werden müssen.

Da weder das Ein- noch das Mehrliniensystem als „optimal" anzusehen ist, sind im
Laufe der Zeit Modifikationen entwickelt worden, die die **Vorteile beider Systeme**
verbinden sollen:

- das Stab-Linien-System,
- das Produktmanagement,
- das Projektmanagement.

Im **Stab-Linien-System** werden den Instanzen Stellen ohne Weisungsbefugnis zugeordnet, die vor allem Informations- und Entscheidungsvorbereitungsaufgaben erfüllen. So informiert die **Marktforschungsabteilung** die Instanz **Vertrieb** über die
möglichen Auswirkungen von Nachfrageveränderungen oder Maßnahmen der Konkurrenz auf den eigenen Absatz, ohne selbst Marketing-Entscheidungen zu treffen.
Zur Erfüllung dieser Aufgabe darf sie auch Informationen (z.B. Produktions- und
Kostendaten) von anderen Abteilungen des Unternehmens einholen. Damit ist die
Marktforschung eine typische **Stabsstelle**, die in eindeutiger Verantwortung der Instanz Vertrieb zugeordnet ist, aber die Sachkenntnis anderer Instanzen zur Informa-
tionsbeschaffung und -bewertung direkt nutzen kann. Mit Hilfe der Stäbe wird also
versucht, das schwerfällige Einliniensystem zu überwinden, ohne die Eindeutigkeit
der Weisungsbefugnis aufzugeben.

Eine Weiterentwicklung in Richtung einer **verteilten** Verantwortung und Auflocke-
rung der Verrichtungsgliederung ist das **Produktmanagement**. Man erkannte insbesondere bei großen Unternehmen mit breit gefächertem Produktionsprogramm, dass
die Abteilungsbildung nach dem Verrichtungsprinzip (Beschaffung, Produktion,

Vertrieb usw.) nicht in der Lage war, die spezifischen Probleme der einzelnen Produkte angemessen zu lösen. Demgegenüber kann ein Produktmanager, der nur für eine Produktgruppe verantwortlich ist, die spezifischen Marktgegebenheiten auf der Vertriebs- und Einkaufsseite, aber auch F&E-Probleme „seiner" Produkte im Allgemeinen besser überblicken.

Es stellt sich nun die Frage, wie der Produktmanager in die Organisation einzubauen ist und welche Entscheidungsbefugnis er erhalten soll. Neben der Möglichkeit, das Produktmanagement in eine Funktion (z.B. Marketing) zu integrieren, diskutieren Kieser/Walgenbach (Organisation 2003, S. 155) die **funktionsübergreifende** Einordnung des Produktmanagements mit fachlich begrenzter Entscheidungs- und Weisungsbefugnis. Eine solche Konstruktion ist auch als **Matrixorganisation** bekannt. Ihr Organigramm ist in der folgenden Abb. 49 wiedergegeben. Die gestrichelten Linien deuten eine eingeschränkte Weisungsbefugnis der Produktmanager gegenüber den Funktionen an, **soweit** die eigene Produktgruppe betroffen ist. Um keine Konflikte aus diesen Beziehungen entstehen zu lassen, müssen die Weisungsbefugnisse und die Kompetenzverteilung zwischen Funktionen und Produktmanagement eindeutig definiert sein, was in der Praxis hin und wieder zu Schwierigkeiten führt.

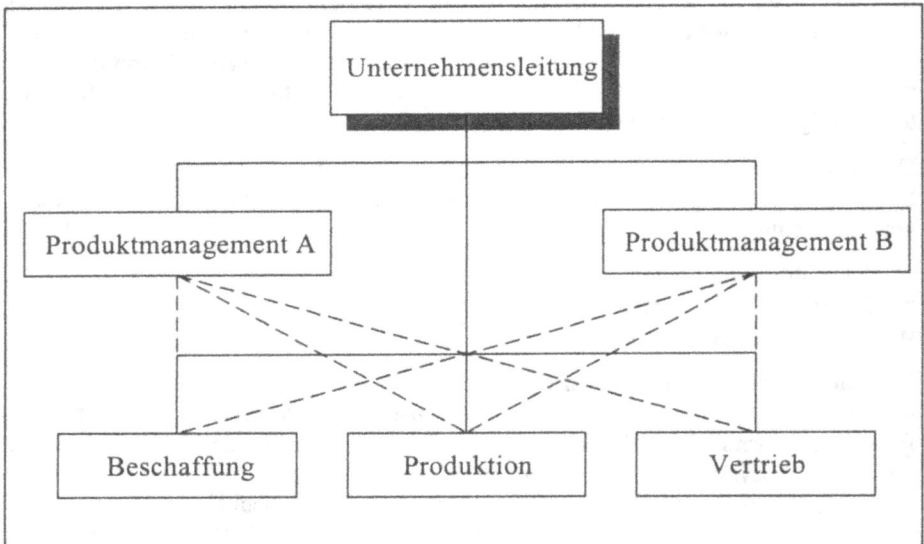

Abb. 49   Funktionsübergreifendes Produktmanagement
Quelle: Verändert nach Kieser/Walgenbach, Organisation 2003, S. 155.

Eine sehr ähnliche Problemsituation wie beim Produktmanagement ergibt sich bei dem immer wichtiger werdenden **Projektmanagement**. „Projekte sind umfangreiche, aber zeitlich begrenzte Aufgaben" (Kieser/Walgenbach, Organisation 2003, S. 148) und können strategische Entscheidungen wie Standortwahl, Aufbau einer computerintegrierten Fertigung oder eine Produktinnovation betreffen. Auch hier lautet das zentrale Problem, mit welchen Kompetenzen der Projektmanager ausgestattet werden sollte, um seine zeitlich befristete Aufgabe effizient erfüllen zu können. Dabei hat sich in der Praxis das **Matrix-Projekt-Management** weitgehend durchgesetzt, das den Projektmanager in die Lage versetzt, für das Projekt benötigte Ressourcen (Personal, Material, Produktionsanlagen) direkt bei den Funktionen anzufordern, wobei ihm eine begrenzte Weisungsbefugnis zusteht. Mögliche **Kompetenzkonflikte** mit den Funktionsmanagern müssen durch eine langfristige gemeinsame Planung oder durch Koordinationsausschüsse gelöst werden.

Damit haben wir die konstituierenden Elemente der Organisationsstruktur

- Arbeitsteilung,
- Koordination und
- Leitung/Kompetenzverteilung

als allgemeine und überall anwendbare Prinzipien einer Organisation kennen gelernt. Darüber hinaus gibt es jedoch noch Faktoren, die die konkrete Ausgestaltung einer Organisationsstruktur maßgeblich beeinflussen. Allerdings ist die Organisationslehre ist zu der Auffassung gelangt, dass es keine Organisationsstruktur gibt, die für alle Unternehmen gleichermaßen adäquat ist. Vielmehr hängt die **geeignete** Ausgestaltung der Organisation von bestimmten Determinanten ab, die für die „Situation" des Unternehmens maßgebend sind. Die wichtigsten dieser Bestimmungsfaktoren sind in Anlehnung an Kieser/Walgenbach (Organisation 2003, S. 207 ff.) die folgenden:

- das Produktionsprogramm,
- die Unternehmensgröße,
- die Technologie in Produktion und Verwaltung,
- der Grad der Internationalisierung des Unternehmens.

Damit sind die **Elemente** und die **Bestimmungsfaktoren** der Organisationsstruktur als Grundlage strategischer Organisationsentscheidungen beschrieben. Aufbauend auf diesen klassischen Konzepten der Organisationslehre haben sich in jüngerer Zeit neue Organisationssichtweisen, sog. „Managementphilosophien" herausgebildet, die teilweise auf japanische Ideen zurückgehen, vor allem aber Versuche sind, die durch hohe Löhne und Lohnnebenkosten ungünstige **Kostenstruktur** europäischer und amerikanischer Unternehmen **nachhaltig** zu verbessern. Das wichtigste Kennzeichen dieser neuen Organisationssichtweise ist die Verlagerung des Schwerpunktes von der bisher betrachteten **Aufbauorganisation** zur **Prozessorganisation** mit dem Ziel, die Geschäftsprozesse des Unternehmens durch Reorganisation kostengünstiger zu gestalten (**Business Process Reengineering**). Dies ist Gegenstand des nächsten Abschnitts.

B. Strategische Prozessorganisation

I. Die Entdeckung der Prozesse

Obwohl die deutsche Organisationslehre schon relativ frühzeitig zwischen Aufbau- und Ablauforganisation unterschieden hat (z.B. Nordsieck, Grundlagen der Organisationslehre 1934, und Kosiol, Organisation der Unternehmung 1962), lag doch der Schwerpunkt der Erörterungen auf der im letzten Abschnitt behandelten Organisationsstruktur (**Aufbauorganisation**). Betrachtet man jedoch die unternehmerische **Wertschöpfung** genau, so wird sie nicht von den einzelnen Stellen und Abteilungen erzeugt, sondern beruht auf den in den Abteilungen ablaufenden Prozessen. Die **Abwicklung** eines Kundenauftrags quer durch alle Funktionen (Marketing, Produktion, Einkauf) führt zum Erlöseingang und damit zur Rückkehr der eingesetzten Geldmittel und zur Erwirtschaftung eines Überschusses. Es kommt also darauf an, diesen Prozess auf seine Effizienz und Kostenwirkung zu überprüfen. Dies ist das Ziel der Prozessorganisation.

Etymologisch kommt das Wort **Prozess** vom lateinischen Wort procedere fortschreiten, ablaufen und dessen Partizip Perfekt processus Ablauf, Vorgang. Auf dieser Kernbedeutung aufbauend sei folgende Definition gegeben:

> Ein Prozess ist eine Menge von zeitorientierten und funktional verknüpften Tätigkeiten, die einen gemeinsamen Zweck erfüllen.

Die **Kundenauftragsbearbeitung** z.B. ist ein umfangreicher Prozess, der die Tätigkeiten

- Entgegennahme und Bearbeitung der Kundenanfrage,
- Kalkulation des Angebotspreises,
- Ermittlung des möglichen Liefertermins,
- Verfolgung des Auftrags in Produktion und Beschaffung,
- Erstellung der Versanddokumente und
- Rechnungsstellung

umfassen kann. Die Tätigkeiten sind **funktional** miteinander verknüpft und zeitlich entweder

- sequentiell (Kalkulation **nach** Kundenanfrage) oder
- parallel (Angebotspreis **gleichzeitig** mit Liefertermin)

angeordnet. Alle Tätigkeiten sollen gemeinsam den Zweck erfüllen, den Kundenauftrag ordnungsgemäß durchzuführen und fristgerecht abzuwickeln.

Es muss betont werden, dass die Definition des Begriffs „Prozess" **rekursiv** ist, da die einzelnen **Tätigkeiten**, wie z.B. die Kalkulation, selbst wieder Prozesse sein können, die aus elementaren Tätigkeiten zusammengesetzt sind. Eine solche Definition hat den Vorteil, dass der Begriff „Prozess" auf Tätigkeiten unterschiedlichen Ausmaßes und Komplexitätsgrades angewandt werden kann und eine Hierarchisierung (Hauptprozesse, Unterprozesse, Teilprozesse usw.) erlaubt. Zum Beispiel enthält der Hauptprozess „Produktion" u.a. den Teilprozess „Umrüstung einer Produktionsanlage". Auch alle Komponenten von CIM, wie CAD, CAP (vgl. S. 149 ff.) und die Stufen der Produktionsplanung und -steuerung (PPS) können als Prozesse aufgefasst und die zugrunde liegenden Tätigkeiten analysiert werden.

Die **prozessorientierte** Sichtweise hat gegenüber dem traditionellen Ansatz einige bedeutende Vorzüge aufzuweisen:

- Die Unternehmensprozesse verlaufen **horizontal** und damit quer zur vertikalen hierarchischen Organisationsstruktur. Dadurch können Tätigkeiten in den unterschiedlichen Funktionen Marketing, Produktion oder Einkauf miteinander verknüpft und auf den gemeinsamen Zweck Kundenzufriedenheit ausgerichtet werden. Die damit einhergehende verstärkte **Kundenorientierung** ist ein bedeutender **relativer Wettbewerbsvorteil**.

- Die Unternehmensprozesse können im Hinblick auf ihre Tätigkeiten analysiert werden, wobei besonders die **zeitliche** und die **funktionale Verknüpfung** im Mittelpunkt des Interesses stehen. Hier verbergen sich in der Regel erhebliche zeitliche Reserven und brachliegende Ressourcen (Rationalisierungspotentiale), deren Nutzung die Wettbewerbsposition des Unternehmens stärken kann.

- Die Zerlegung der Unternehmensprozesse in Teilprozesse mit immer kleineren Einheiten ermöglicht die Anwendung der **modernen Informationstechnologie** zur graphischen Darstellung der Prozessstruktur, zur Analyse der Prozessbeziehungen und zur Bestimmung der Prozessparameter (z.B. Durchlaufzeiten der Objekte). Ein bekanntes Softwareprodukt für diese Aufgabe ist das von Scheer entwickelte **ARIS-Toolset** (Scheer, ARIS 1998). Aufbauend auf dem Entity-Relationship-Model (vgl. S. 30 ff.) erlaubt dieses Werkzeug eine umfassende Beschreibung und Analyse der Unternehmensprozesse und ihres Zusammenwirkens.

Aufgrund dieser Vorzüge ist die Betrachtung der Organisationsprozesse eine wichtige Ergänzung zur klassischen Sichtweise der Organisationsstruktur. Insbesondere wenn es darum geht, die kritischen Erfolgsfaktoren

- Kosten
- Zeit
- Qualität
- Flexibilität

eines Unternehmens zu verbessern, sollten **zunächst** die Prozesse optimiert und dann nach dem Prinzip „Structure follows processes" die Organisationsstruktur angepasst werden. Die wichtigsten Methoden zur Optimierung von Prozessen, die sich in Wissenschaft und Praxis herausgebildet und als „Managementphilosophien" durchgesetzt haben, werden in den nächsten Abschnitten im Einzelnen dargestellt.

II.   Business Process Reengineering (BPR)

a)   Die Prinzipien von BPR

Das erste explizite Plädoyer für eine radikale Reorganisation von Geschäftsprozessen erschien 1990 von Michael **Hammer** in der Harvard Business Review (Hammer, Reengineering Work 1990, S. 104 ff.). Er hatte in praktischen Unternehmensberatungsprojekten die Erfahrung gemacht, dass eine nachträgliche Verbesserung der Effizienz von Geschäftsprozessen häufig nur **marginalen** Erfolg in Bezug auf die kritischen Wettbewerbsfaktoren Kosten, Qualität, Zeit aufweist. Daher schlägt er vor, die Prozesse nicht zu verbessern, sondern sie vollständig neu zu **entwerfen** (redesign) und neu zu **gestalten** (reengineer). Diese radikale Reorganisation möglichst vieler Geschäftsprozesse ist auch das Credo seines 1994 mit James **Champy** veröffentlichten Buches „Reengineering the Corporation", in dem versucht wird, den Erfolg dieser Vorgehensweise und ihre Überlegenheit gegenüber traditionellen Methoden empirisch nachzuweisen. In diesem Buch findet sich die grundlegende Definition von BPR:

Business Process Reengineering ist

„the fundamental rethinking and radical redesign of business processes to achieve dramatic improvements in critical, contemporary measures of performance, such as cost, quality, service, and speed" (Hammer/Champy, Reengineering 1994, S. 32).

Durch grundsätzliches Umdenken und völligen Neuentwurf der Geschäftsprozesse sollen die kritischen Erfolgsfaktoren „dramatisch" und nicht nur marginal verbessert werden.

Wenn auch die Euphorie über den neuen Ansatz inzwischen etwas gedämpft ist und er den Erfordernissen der Praxis angepasst werden musste, so sind die grundlegenden **Prinzipien** zum gesicherten Bestand der Industriebetriebslehre geworden (Starr, Operations Management 1996, S. 860 ff.). Sie können in einer Folge von Schritten beschrieben werden:

- Identifizierung der **Kernkompetenzen** des Unternehmens,
- Feststellung der für die Kernkompetenzen unabdingbaren **Kernprozesse**,
- Durchführung einer detaillierten **Prozessanalyse**,
- **Auswahl** neu zu **strukturierender** Prozesse,
- Festlegung des durch das Reengineering zu erreichenden **Mindest-Anspruchsniveaus** für kritische Erfolgsfaktoren,
- **Reengineering** der Prozesse.

Diese Grundsätze sind für jedes Unternehmen anwendbar, während die konkrete Vorgehensweise sehr von den Umständen des einzelnen Unternehmens abhängt.

Die Identifizierung der Kernkompetenzen und Kernprozesse sowie die Festlegung des Anspruchsniveaus lassen sich in der Regel ohne großen Aufwand durchführen. Dagegen erfordern die **Prozessanalyse**, die Auswahl der **neu** zu **strukturierenden Prozesse** und das **process reengineering** selbst erhebliche Anstrengungen, die nur durch

- konsequente Unterstützung der Unternehmensleitung,
- Bildung von Reengineering-Teams (Projektmanagement) und
- Überzeugung der an den Prozessen Beteiligten

zum Erfolg führen können. Zu ähnlichen Ergebnissen gelangt eine Studie zum BPR in deutschen Unternehmen, die am Institut des Verfassers durchgeführt wurde (Hansmann/Höck, Business Process Reengineering 1998; vgl. auch Hess/Schuller, Business Process Reengineering 2005). Zusätzlich wurden dort noch die Quantifizierung der eigenen Ziele sowie die Neustrukturierung der Einkaufsprozesse als Erfolgsfaktoren erkannt. Auf wichtige Einzelheiten dieses „Reengineering-Prozesses" sei im Folgenden eingegangen.

b)   Die Vorgehensweise von BPR

Ziel des Business Process Reengineering ist die konsequente Orientierung an den Wünschen und Erwartungen der **Kunden**, die durch eine nennenswerte Verbesserung der kritischen Erfolgsfaktoren Qualität, Kosten, Zeit und Flexibilität des Produktionsprogramms gefördert werden soll. Die **existierenden Prozesse** Auftragsabwicklung, Beschaffung der benötigten Ressourcen, Produktion, Distribution usw. sind also kritisch daraufhin zu analysieren, ob sie das gesteckte Ziel erreichen oder ob die Erfolgsfaktoren zu wünschen übrig lassen.

Da Prozesse aus zeitlich orientierten und funktional verknüpften Tätigkeiten bestehen (vgl. S. 200) muss die **Prozessanalyse** Aufschluss über folgende Fragen geben:

- Sind alle ausgeführten Tätigkeiten eines Prozesses **erforderlich**?
- Können einzelne Tätigkeiten qualitativ **verbessert** oder bei gleicher Qualität **beschleunigt** werden?
- Können Tätigkeiten **zusammengefasst** und kann damit die Anzahl der **Schnittstellen**, die im Allgemeinen mit Wartezeiten der zu bearbeitenden Objekte verbunden sind, verringert werden?

Eine solche Prozessanalyse spürt in der Regel eine große Zahl überflüssiger, verbesserungs- und/oder verkürzungsfähiger sowie integrierbarer Tätigkeiten auf und vermag so den Ansatz für eine Neugestaltung von Prozessen zu liefern. Als **Beispiel** sei die Reorganisation des **Rüstprozesses** eines Maschinenbauunternehmens angeführt (Hansmann, Just in Time-Produktion 1996, Sp. 830): Im **ersten Schritt** wurden sämtliche Rüstvorgänge (Tätigkeiten) durch Videoaufnahmen dokumentiert und im Einzelnen kritisch analysiert. Dabei ergaben sich überflüssige Tätigkeiten, aber auch solche, die beschleunigt oder integriert werden konnten. Im **zweiten Schritt** konnten durch eine andere Anordnung der Rüstwerkzeuge verschiedene Tätigkeiten entfallen; zudem konnten das Anklemmen der zu bearbeitenden Produktteile und das Justieren der Maschinen beschleunigt werden. Insgesamt ergab sich eine Verkürzung des Rüstprozesses **um** etwa 80%. Ein solches Ergebnis kann im Sinne vom Hammer tatsächlich als „dramatisch" angesehen werden.

Eine ebenfalls erhebliche Verkürzung insbesondere von Rüstprozessen ist durch den Einsatz **flexibler Fertigungssysteme** (vgl. S. 145 ff.) möglich. Hier werden in großem Ausmaß Produktionstätigkeiten (Arbeitsgänge) wie Bohren, Fräsen, Schleifen usw. so **integriert**, dass der Werkzeugwechsel automatisch vorgenommen werden kann. Dadurch entfallen manuelle Rüsttätigkeiten und die Anzahl der Schnittstellen wird stark reduziert. Diese **Umgestaltung** des **Produktionsprozesses** mit dem Ergebnis erheblich verminderter Durchlaufzeiten erfordert jedoch

- relativ hohe **Investitionsausgaben** für die computergestützten flexiblen Fertigungssysteme,
- eine komplizierte **Produktionssteuerung**.

Fast alle praktischen Beispiele zeigen, dass erfolgreiches BPR ohne den Einsatz moderner **Informations-** und **Kommunikationstechnologie** (IuK) nicht möglich ist. Das gilt vor allem für die **Modellierung** der umzugestaltenden Prozesse, der wir uns im nächsten Abschnitt zuwenden. Es muss aber betont werden, dass die Informationstechnologie nur ein **Hilfsmittel** für BPR darstellt, um den **kreativen** organisatorischen Ideen der Prozessumgestaltung zum Erfolg zu verhelfen.

Zum Abschluss dieses Abschnitts seien daher einige sich aus durchgeführten BPR-Projekten ergebende **heuristische** Regeln angegeben, die für eine kreative Umgestaltung von Prozessen wichtig sein können (Starr, Operations Management 1996, S. 863 ff.):

- Kritische **Analyse** der Tätigkeiten (Warum? und Warum so?).
- Konzentration auf die **Gestaltung** einer Tätigkeit, nicht auf die Ausführung.
- Suche nach radikal anderen **Lösungsansätzen.**
- Organisation der Prozesse in Bezug auf das **Ergebnis**, nicht auf die Tätigkeiten.
- Nutzung verteilter **Ressourcen** als ob sie zentral verfügbar wären (durch Computer-Vernetzung).
- Ansiedlung der **Qualitätskontrolle** bei denjenigen, die den Prozess ausführen.
- Einmalige **Datenerfassung** zur Verminderung der Datenredundanz.
- Erstmalige Implementierung eines neu gestalteten Prozesses in einem **Pilot-Projekt** oder einem kleineren Teil des Produktionssystems.

c)   Modellierung der Geschäftsprozesse

1.   Die Komponenten eines Geschäftsprozesses

In Abschnitt I. (S. 199 ff.) wurde ein Prozess **allgemein** als eine Menge von zeit-orientierten und funktional verknüpften Tätigkeiten definiert, die einen gemeinsamen Zweck erfüllen. Für eine computergestützte Modellierung bedarf diese Definition der Angabe der grundlegenden **Prozesskomponenten**. In der Literatur (z.B. Keller/Meinhardt, Business process reengineering 1994, S. 38) hat sich folgende Beschreibung eines Geschäftsprozesses (Synonym für Prozess) durchgesetzt:

Ein **Geschäftsprozess** umfasst die für die Bearbeitung eines Objektes (Schriftstück, Kundenauftrag, Produkt, Reparaturleistung usw.) benötigten

- Tätigkeiten   (**Was** ist zu tun?)
- Organisationseinheiten   (**Wer** soll etwas tun?)
- Daten   (**Welche** Informationen sind nötig?)
- auslösende Ereignisse   (**Wann** ist etwas zu tun?)

Diese vier Komponenten eines Geschäftsprozesses sowie die zeitliche Orientierung und funktionale Verknüpfung der Tätigkeiten lassen sich graphisch darstellen:

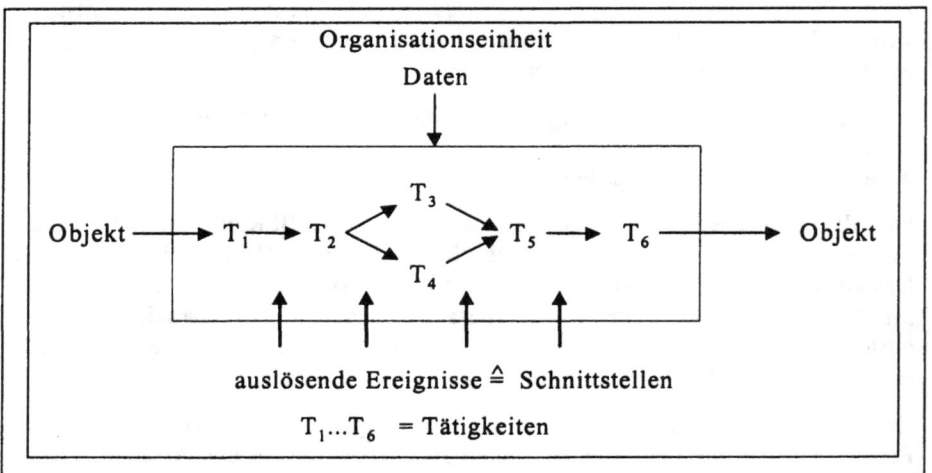

Abb. 50   Komponenten eines Geschäftsprozesses

Der Geschäftsprozess in Abb. 50 umfasst sechs z.T. parallele bzw. sukzessive Tätigkeiten, die durch sechs Schnittstellen miteinander verknüpft sind. An den Schnittstellen müssen Ereignisse, die die nächste Tätigkeit auslösen, lokalisiert werden. Solche Ereignisse werden in der angelsächsischen Literatur **Trigger** genannt. Durch eine geeignete Definition dieser Trigger lassen sich die Wartezeiten der Objekte an den Schnittstellen in vielen Fällen erheblich verkürzen. Es ist daher nahe liegend, die auslösenden Ereignisse zur Grundlage einer computergestützten Modellierung von Geschäftsprozessen zu machen.

2. Das Modell der Ereignisgesteuerten Prozessketten (EPK)

Das EPK-Modell liegt der von Scheer entwickelten „Architektur integrierter Informationssysteme" (ARIS) (Scheer, Wirtschaftsinformatik 1998, S. 4 ff.) zugrunde, die sich in der Praxis bei der Modellierung von Geschäftsprozessen stark durchgesetzt hat. Auch das SAP R/3-Referenzmodell baut auf der EPK-Methode auf (Keller/Meinhardt, Business Process Reengeneering 1994, S. 38 ff.), die daher hier näher beschrieben werden soll.

In Abb. 51 sind zunächst die graphischen Symbole der Geschäftsprozess-Komponenten und ihre verbale Erklärung wiedergegeben:

Komponente	Symbol	Erklärung
Ereignis	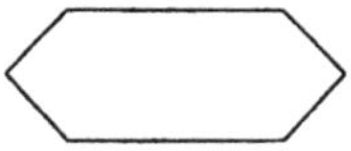	Ein eingetretener Zustand, der eine Tätigkeit auslöst (Trigger)
Tätigkeit		auch Funktion oder Vorgang genannt
Organisationseinheit	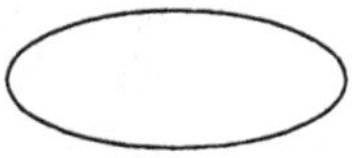	Element der Organisationsstruktur
Daten		Sie bilden Zustände oder Objekte der realen Welt ab
Verknüpfungen	 X$_{or}$ ∧ ∨	logische Verbindungen von Ereignissen und Tätigkeiten (exklusives oder; und; oder)
Prozeßwegweiser	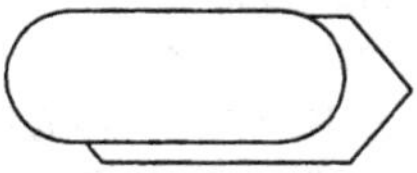	Er zeigt die Verbindung zu einem anderen Prozeß

Abb. 51 Graphische Symbole des EPK-Modells
Quelle: Verändert aus Keller/Meinhardt 1994, S. 41 f.

Mit diesen Symbolen lassen sich beliebig umfangreiche Geschäftsprozess-Ketten entwickeln, darstellen und anschließend analysieren. Als Beispiele seien die ereignisgesteuerten Prozessketten einer **Wareneingangsbearbeitung** und einer damit verbundenen **Produktionsdurchführung** angeführt. Die Abb. 52 zeigt deutlich die

Funktionsweise der Ereignisse (Trigger). Das Eintreffen der Ware löst in der Wareneingangsstelle die Tätigkeit „Ware prüfen" aus, die mit Hilfe der Daten „Bestellung" und „Lieferschein" durchgeführt wird. Die Prüfung führt zu den **drei** Ereignissen „Ware freigegeben, gesperrt oder abgelehnt" (exklusives oder: X_{or}), die dann weitere Vorgänge wie „Qualitätsprüfung" oder den Übergang zur Fertigungsdurchführung auslösen.

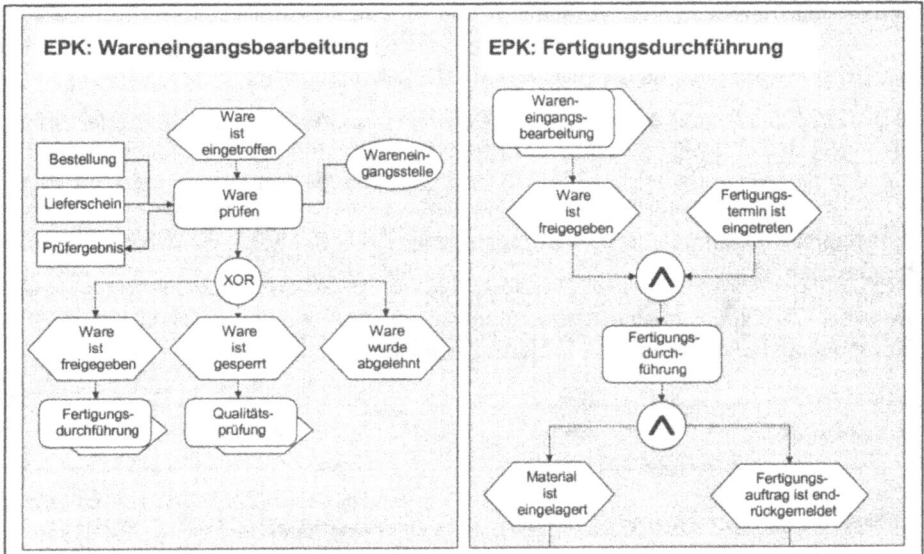

Abb. 52 Ereignisgesteuerte Prozessketten
Quelle: Keller/Meinhardt 1994, S. 42.

Auf diese Weise kann man theoretisch alle Prozesse des Unternehmens gedanklich zu Prozessketten verbinden und ihre zeitlichen sowie funktionalen Verknüpfungen graphisch darstellen. Das Softwareprodukt **ARIS-Toolset** leistet dies und ermöglicht darüber hinaus auch die Berücksichtigung von Bearbeitungszeiten der einzelnen Prozesse und anderer Parameter, die zur betriebswirtschaftlichen **Analyse** herangezogen werden können. Es liegt auf der Hand, dass mit diesem DV-gestützten Instrumentarium eine **effiziente Neugestaltung** von Geschäftsprozessen geplant und mit Hilfe einer Simulation auch in Bezug auf die kritischen **Erfolgsfaktoren** Kosten, Qualität und Zeit getestet werden kann. Dies scheint auch der Grund dafür zu sein, dass die EPK-Methode relativ weit verbreitet bei den Vorhaben zum Business Process Reengineering ist. Sie bildet eine gute **Ergänzung** zu den kreativen Rethinking- und Redesignkonzepten von Hammer und Champy.

III. Virtuelle Unternehmen

a)   Begriff und Konzept

Die Entwicklung der Prozessorganisation sowie die durch die Informations- und Kommunikationstechnologie ermöglichte detaillierte Analyse der einzelnen Unternehmensprozesse hat in den 90er Jahren einen neuen Organisationstyp hervorgebracht, der zunehmend an Bedeutung gewinnt: das **virtuelle Unternehmen** (vgl. Hansmann/Ringle, Kennzeichnung des Kooperationskonzeptes 2004; Ringle, Kooperation in Virtuellen Unternehmungen 2004). Der Begriff „virtuell" leitet sich von lat. virtus (Mannhaftigkeit, innewohnende oder potentielle Kraft) ab. Seine heutige Bedeutung betont den „potentiellen" Aspekt, d.h. ein virtuelles Unternehmen ist nur der Möglichkeit nach, aber nicht tatsächlich vorhanden; es verhält sich und wirkt nach außen wie ein traditionelles Unternehmen, ohne es tatsächlich zu sein.

Was ist es nun wirklich? Wie fast immer in der Betriebswirtschaftslehre gibt es in der Literatur eine Fülle verschiedener Definitionen (z.B. Davidoff/Malone, Virtual Corporation 1992; Mertens/Faisst, Virtuelle Unternehmen 1995; Specht/Kahmann, Virtuelle Unternehmen 2000), aus denen man jedoch einige gemeinsame charakteristische Merkmale herausfiltern kann. Ein **virtuelles Unternehmen** ist

> ein **Netzwerk** rechtlich und wirtschaftlich **selbständiger** und in der Regel geographisch **verteilter** Unternehmen, die ihre **Kernkompetenz** einbringen, um **gemeinsam** Kundenbedürfnisse zu befriedigen und nach außen als **einheitliches** Unternehmen auftreten. Das Netzwerk ist **prozessorientiert** aufgebaut und verwendet in besonderem Maße die moderne **Informations-** und **Kommunikationstechnologie** (IuK) zur Koordination und Integration seiner Aktivitäten.

Keine einheitliche Meinung findet sich in der Literatur bezüglich der **zeitlichen** Begrenzung eines virtuellen Unternehmens. Während in Specht/Kahmann (Virtuelle Unternehmen 2000, S. 56) kein temporäres Merkmal erwähnt wird, beschreiben Mertens/Faisst (Virtuelle Unternehmen 1995, S. 65 f.) vier **Lebensphasen** eines virtuellen Unternehmens:

- Anbahnung und Partnersuche,
- Vereinbarungen (z.B. Projektmanagement),
- Durchführung/Leistungserstellung,
- Auflösung bzw. Rekonfiguration.

Man kann den **temporären** Aspekt eines virtuellen Unternehmens am besten in die Definition integrieren, wenn man davon ausgeht, dass die Mitglieder des Netzwerks längerfristig partnerschaftlich verbunden bleiben, konkrete Kundenaufträge hingegen von einer jeweils wechselnden Teilmenge von Mitgliedern mit den geeignetsten Kernkompetenzen wahrgenommen werden (Ringle, Integration 2005).

b)   Zielsetzung des virtuellen Unternehmens

Virtuelle Unternehmen im strengen Sinn unserer Definition sind in der Praxis noch relativ selten anzutreffen (zu Fallstudien virtueller Unternehmen vgl. z.B. Bickhoff et al., Mit Virtuellen Unternehmen zum Erfolg 2003). Einige Firmen, wie z.B. die **Puma** AG, die Micro Compact SA (**Smart**-Hersteller) oder die Star Alliance (Mitglied Deutsche **Lufthansa**), entwickeln sich jedoch in diese Richtung und erfüllen schon einige Kriterien (zu unterschiedlichen Typen virtueller Unternehmen vgl. Ringle, Virtuelle Unternehmung 2004). Die Zielsetzung der ein Netzwerk bildenden Unternehmen ist eindeutig die **Erhöhung** der **Kundenzufriedenheit**. Man hofft, dass der Organisationstyp „Virtuelles Unternehmen" ähnlich wie BPR (vgl. S. 201 ff.)

■ die Kundenwünsche besser bezüglich **Qualität, Zeit** und **Kosten** zu befriedigen gestattet und

■ eine schnellere Anpassung an sich **wandelnde Kundenwünsche** (höhere Flexibilität) erlaubt (Ringle/Hansmann/Boysen, Partizipation an Virtuellen Unternehmungen 2005).

In der Tat lässt sich zeigen, dass diese Zielsetzung und ihre Komponenten von virtuellen Unternehmen erreicht werden kann:

■ Die **Qualität** der für den Kunden erbrachten Leistung wird dadurch gefördert, dass die Unternehmen des Netzwerks ihre jeweilige **Kernkompetenz** einbringen, der Kunde aber ein ganzheitliches Produkt erhält.

■ Infolge des **prozessorientierten** Netzwerks und der intensiven Nutzung der **IuK-Technologie** kann die Leistungserstellung **beschleunigt** und **kostengünstiger** durchgeführt werden.

■ Die Mitglieder des Netzwerks sind durch ihre Selbständigkeit **innovationsfreudiger** und anpassungsfähiger. Darüber hinaus kann das Netzwerk immer wieder **neu konfiguriert** werden und erreicht dadurch eine hohe Flexibilität.

Es lasst sich nachweisen (Hansmann/Ringle, Erfolgsmessung und Erfolgswirkung 2005), dass eine erfolgreiche Zusammenarbeit in virtuellen Unternehmen besonders von den vier Erfolgsfaktoren Organisation, Produkt, partnerschaftliche Qualität der Mitglieder und Kommunikation abhängt. Unternehmen, die ein Virtuelles Unternehmen gründen oder ihr bestehendes verbessern wollen, sollten

■ im Bereich **Organisation** vor allem eine eindeutige Verantwortung der Partner, eine gleichgewichtige Machtverteilung im Netzwerk sowie eine hohe Personalqualifikation anstreben,

■ im Bereich **Produkt** auf eine ausgeprägte Segmentierfähigkeit und hohe Individualisierung der Produkte achten,

■ im Bereich **partnerschaftliche Qualität** vor allem den Aufbau von Vertrauen und Verlässlichkeit sowie exzellente Kernkompetenzen der Partner gewährleisten und schließlich

■ im Bereich **Kommunikation** einen effektiven Koordinator als fokales Unternehmen installieren, die Kommunikation offen, transparent und respektvoll gestalten sowie die Informations- und Kommunikationstechnologie intensiv und umfassend nutzen.

Virtuelle Unternehmen, die diese Strategien anwenden, haben eine große Chance, ihre Kooperation zum Erfolg zu führen und eine höhere Kundenzufriedenheit zu erzeugen als ihre traditionellen Wettbewerber. Ob ihnen dies auch tatsächlich gelingt, hängt von der Lösung des Koordinationsproblems ab, das die Effizienz des Netzwerks und damit des virtuellen Unternehmens maßgeblich bestimmt.

c)   Das Koordinationsproblem in virtuellen Unternehmen

Nach unserer obigen Definition ist das virtuelle Unternehmen ein Netzwerk recht-
lich und wirtschaftlich **selbständiger** Unternehmen. Die Zusammenarbeit und **gemeinsame** Leistungserstellung für die Kunden kann also nicht durch **hierarchische**
Koordinationsmechanismen, wie persönliche Weisungen oder Verfahrensrichtlinien
(vgl. S. 195 f.) koordiniert werden. Andererseits kommt auch die Koordination über
Marktpreise in reiner Form nicht in Frage, da diese Standardform für Austauschbe-
ziehungen selbständiger Unternehmen ein Netzwerk überflüssig werden lässt.

Das virtuelle Unternehmen steht sozusagen zwischen den Polen der hierarchischen
und der Marktkoordination. Hat das Netzwerk eine horizontale Struktur, d.h. stehen
die Mitglieder auf derselben Stufe der Wertschöpfungskette, könnte ein begrenzter
Preiswettbewerb als Koordinationsmechanismus sinnvoll sein, bei dem häufigeren
Fall der vertikalen Struktur (Zulieferer-System, vgl. auch Supply Chain Management, S. 227 ff.) ist nur die Koordination durch **Selbstabstimmung** (S. 195) geeignet.

Der Vorteil der Selbstabstimmung ist der weitgehende Verzicht auf Richtlinien und
vertragliche Regelungen, was die Transaktionskosten der Koordination senkt.
Nachteilig ist die Gefahr, dass die Mitglieder sich wegen unterschiedlicher **Ziele**
oder Auffassungen nicht einigen oder sich nicht an Abmachungen halten. Beides
erhöht wiederum die Transaktionskosten. Soll die Koordination durch Selbstabstimmung in virtuellen Unternehmen erfolgreich sein, so sind folgende **Voraussetzungen** zu erfüllen:

■ Die Mitglieder der virtuellen Unternehmen müssen eine unternehmensethisch
   fundierte **Unternehmenskultur** als koordinierende Klammer aufweisen, die ohne weitergehende Regelung von allen als verbindlich angesehen wird.
■ Es muss ein auf positiven Erfahrungen beruhendes **Vertrauen** zwischen den
   Mitgliedern des Netzwerkes herrschen, das sich normalerweise nur bei länger-
   fristigen Partnerschaften entwickelt.

Diese beiden Voraussetzungen verhindern ein **opportunistisches Verhalten** von
Mitgliedern, sich auf Kosten anderer Mitglieder eine bessere Position im virtuellen
Unternehmen zu erobern und wirken darüber hinaus der Inkonsistenz individueller
Ziele der einzelnen Partner entgegen. Sind diese Voraussetzungen erfüllt, so kann
das Koordinationsproblem in virtuellen Unternehmen gelöst und das Konzept des
virtuellen Unternehmens erfolgreich im Hinblick auf die Kundenorientierung umgesetzt werden. Virtuelle Unternehmen sind mit Blick auf das nachfolgende Kapitel
hervorragend geeignet, die verschiedenen neueren Management-Philosophien miteinander unternehmensübergreifend zu verbinden. Aus diesem Grund lässt sich ein
virtuelles Unternehmen als integratives Konzept für das **Management des Wandels**
auffassen (Hansmann/Ringle, Zur Eignung von Virtuellen Unternehmungen 2006).

C. Neuere Management-Philosophien

Ein Unternehmen systematisch neu auszurichten und entsprechend zeitgemäßer An-forderungen zu gestalten, stellt eine komplexe und lang andauernde Aufgabe dar. Es ist daher nicht erstaunlich, dass immer wieder **Strategien** von Wissenschaft und Praxis vorgeschlagen werden, die schnell und auf direktem Weg die wirtschaftliche Situation eines Unternehmens deutlich verbessern sollen. Neben vielen kurzlebigen Vorschlägen haben zwei „**Philosophien**" eine größere Bedeutung erlangt, die sich dadurch auszeichnen, dass sie mit wenig formalem und DV-Aufwand erhebliche Veränderungen im Unternehmen zu bewirken vermögen. Sie sind eng miteinander verknüpft, sollen aber hier aus didaktischen Gründen getrennt dargestellt werden:

- **Lean Management** und
- **Total Quality Management**.

Beide Strategien stammen ursprünglich aus Japan, sind jedoch auf Grund theoreti-scher Analysen und praktischer Anwendungen im Westen erheblich modifiziert worden. Daneben hat in letzter Zeit auch das **Supply Chain Management** vor allem in der Unternehmenspraxis an Bedeutung gewonnen. Dieses aus der Logistik stam-mende Konzept zeichnet sich im Gegensatz zu den anderen Management-Konzepten durch seinen unternehmensübergreifenden Ansatz aus (siehe III., S. 227 ff.).

I. Lean Management

a) Begriff

Der Begriff Lean Production wurde 1988 von John **Krafzic**, einem Mitarbeiter der Studie des **Massachusetts Institute of Technology** (MIT) über die „zweite Revolu-tion in der Autoindustrie" geprägt und wird häufig als „schlanke Produktion" über-setzt (Womack, Zweite Revolution 1994, S. 19). Eine Produktion ist **schlank**, wenn sich kein **überflüssiges** „Fett" in der Form von

- Personalreserven,
- Lagerbeständen,
- Hierarchien oder
- Bearbeitungsprozessen

angesammelt hat. Es ist heute üblich geworden, über den Bereich der Produktion hinaus alle Funktionsbereiche eines Unternehmens unter diesem Aspekt zu analy-sieren und dann von „**Lean Management**" zu sprechen, wenn das ganze Unterneh-men auf unnötigen Ballast beim Einsatz der Produktionsfaktoren abgeklopft wurde. Damit liegt folgende betriebswirtschaftliche Definition nahe:

> **Lean Management** ist der **sparsame** und **zeiteffiziente** Einsatz der Produktionsfaktoren
>
> - Betriebsmittel,
> - Personal,
> - Werkstoffe,
> - Planung und Organisation
>
> bei allen Unternehmensaktivitäten.

Die Definition lässt erkennen, dass die Idee des Lean Management eigentlich nicht neu ist, sondern weitgehend den Forderungen des seit mehr als 200 Jahren formulierten **ökonomischen Prinzips** entspricht. Neu sind in der Tat die starke Betonung der **zeitlichen** Effizienz sowie die aus der Definition abgeleiteten Ziele und konkret anzuwendenden Umsetzungsstrategien von Lean Management, die im nächsten Abschnitt betrachtet werden.

b)   Ziele und Strategien von Lean Management

Die Hauptziele des Lean Management beziehen sich auf folgende Maßstäbe: **Produktivität** der Produktionsfaktoren, **Qualität** der Produkte, **Flexibilität** des Produktionsapparates. Eine Optimierung dieser Größen soll durch die folgenden Strategien und organisatorischen Maßnahmen erreicht werden.

1.   Hohe Produktivität der Produktionsfaktoren

Die Produktivität wird gemessen durch den Quotienten aus der Ausbringungsmenge des Produktes pro Periode und dem mengenmäßigen Einsatz eines Produktionsfaktors. Diese Relation kann verbessert werden, wenn es gelingt, bei gleicher Ausbringungsmenge (Output) den Einsatz einzelner oder aller Produktionsfaktoren zu senken, z.B. durch

- Abbau von überflüssigen **Lagerbeständen**,
- Abbau nicht ausgelasteter **Kapazitäten** (inkl. Personal),
- Streichung von **Hierarchieebenen** und
- Verkürzung der **Durchlaufzeiten** der Produkte durch das Just-in-Time-Prinzip (vgl. 9. Kapitel, S. 376 ff.) oder BPR-Maßnahmen (vgl. S. 201 ff.).

In empirischen Untersuchungen (Womack, Zweite Revolution 1994, S. 85) wird deutlich, dass in vielen Unternehmen Produktivitätsreserven von 50% und mehr stecken, die mit Hilfe dieser Strategien aufgedeckt werden können.

2.   Hohe Qualität der Produkte

Dieses Ziel wird vor allem mit der im nächsten Abschnitt abgehandelten Philosophie des **Total Quality Managements (TQM)** verfolgt, so dass hier nur folgende globalen Strategien erwähnt werden sollen:

- Verbesserung des Produktionsprozesses durch **ständige Qualitätskontrolle**,
- sofortige **Nacharbeitung** defekter Produkte oder Produktteile; keine Tolerierung von **Ausschuss** in Produktion und Beschaffung,
- enge Zusammenarbeit mit den Zulieferfirmen,
- Verbesserung der **Produktentwicklung**.

Eine Erhöhung der Produktqualität hat nicht nur positive Wirkungen auf das Absatzpotential des Unternehmens, sondern führt auch zu erheblichen **Kosteneinsparungen**, da die teure Nachbearbeitung fertig produzierter aber defekter Produkte sowie die Reklamationen von Händlern und Konsumenten bzw. die Einlösung der Garantieverpflichtungen entfallen. Die Kosteneinsparungen führen ihrerseits zu einem geringeren Einsatz an Produktionsfaktoren und dienen damit dem Lean Management.

3.   Hohe Flexibilität des Produktionsapparates

Flexibilität bedeutet die Fähigkeit, ein breites Spektrum von Produktmengen oder Produktvarianten kostengünstig und zeiteffizient herstellen zu können. Dieses Ziel kann vor allem durch **flexible Arbeitszeit** und damit Nutzung **temporärer Kapazitäten** (vgl. nächsten Abschnitt) und in seinem qualitativen Aspekt durch Einführung **flexibler Fertigungssysteme** oder der job rotation zur Erweiterung des Mitarbeiter-Know-hows erreicht werden.

c)   Abbildung des Lean Management Konzeptes in einem Produktionsmodell

Zur tieferen theoretischen Durchdringung von Lean Management und seinen Wirkungen auf Produktivität, Qualität und Flexibilität soll im Folgenden ein strategisches Produktionsmodell entwickelt werden, das die Ziele und die organisatorischen Maßnahmen des Lean Management Konzeptes sowie ihre Auswirkungen anschaulich zu beschreiben gestattet. Dazu gehören auch einige operative Aspekte, die in das strategische Modell integriert werden. Einen ähnlichen Weg beschreitet Reese (Lean Production-Modell 1993, S. 92 ff.), doch unterscheiden sich beide Modelle in der Struktur, und das hier vorgelegte Modell weist einen höheren Detaillierungsgrad auf.

1.   Die Zielfunktion

Wir gehen aus von der Definition, dass Lean Management der **sparsame** und **zeiteffiziente** Einsatz der Produktionsfaktoren ist, und dieser Einsatz daher bei einer gegebenen Produktionsmenge mit strategischen Maßnahmen **minimiert** werden sollte. Als strategisch zu beeinflussende Produktionsfaktoren kommen bei der Produktion vor allem

■   der Produktionsapparat und seine Kapazität,
■   das an den Produktionsanlagen arbeitende Personal und
■   die Organisation des Produktionsprozesses

in Betracht. Da die Organisation als qualitativer Faktor nur mittelbar in die Analyse eingehen kann, liegt es nahe, die Ausgaben für den **Produktionsapparat** und den damit verbundenen **Personaleinsatz zu minimieren**. Um auch das Ziel der Flexibilität zu berücksichtigen, werden die Personalkosten in einen fixen Teil, der die Normalarbeitszeit abdeckt, und in einen variablen Teil für temporären zusätzlichen Personaleinsatz (z.B. Wochenendarbeit bei hoher Nachfrage) unterteilt. Damit lautet die Zielfunktion (Z):

$$(85) \qquad Z = \sum_i m_i (A_i + P_i) \qquad + \qquad \sum_{qi} k_{qi}\, t_{qi} \qquad \Rightarrow \quad min!$$

Anschaffungs- und   Personalkosten
Personalkosten für die   für die temporäre
Normalkapazität   Kapazität

Die verwendeten Symbole haben folgende Bedeutung:

- m_i ist eine ganzzahlige Variable und gibt die Anzahl der Produktionsanlagen an, die das Unternehmen vom Typ i (z.B. CNC-Maschinen, flexible Fertigungssysteme usw.) zu investieren gedenkt. Dies zeigt den strategischen Charakter des Modells, da der Planungszeitraum der (durchschnittlichen) Nutzungszeit der Produktionsanlagen entspricht.

- A_i sind die Anschaffungskosten für eine Anlage des Typs i und P_i die zugehörigen fixen Personalkosten für die normale Arbeitszeit, gerechnet über den gesamten Planungszeitraum.

- Zur Berücksichtigung der Flexibilität wird der Planungszeitraum in q Teilperioden eingeteilt, um die temporäre Kapazität variabel zu erfassen. t_{qi} ist die zusätzliche Produktionszeit der Anlagen des Typs i in der Teilperiode q, gemessen in Zeiteinheiten (z.B. Stunden pro Monat), und k_{qi} sind die variablen Personalkosten pro Zeiteinheit (ZE). Im Gegensatz zu m_i ist t_{qi} eine reelle Variable.

Die **Minimierung der Zielfunktion Z** verwirklicht das **Lean Management Prinzip** insoweit als ein „schlanker" Produktionsapparat und möglichst geringe Personalkosten angestrebt werden. Allerdings erfordert diese Politik die Beachtung von Absatz-, Kapazitäts- und Durchlaufzeitbedingungen, die im nächsten Abschnitt erläutert werden.

2. Die Nebenbedingungen

Im Gegensatz zu klassischen Produktionsmodellen (vgl. S. 273 ff.) tritt in der Zielfunktion (85) **keine** Produktionsmengen-Variable x auf, da es hier **nicht** um die Bestimmung eines optimalen Produktionsprogramms geht. Trotzdem wird natürlich die Produktionsmenge über die Nebenbedingungen im Modell berücksichtigt. Wir definieren sie aber zur Vereinfachung hier etwas anders als gewohnt:

- x_{qz} ist eine Null/Eins-Variable, die angibt, ob das Unternehmen den Produktionsauftrag des Kunden z in der Teilperiode q ausführt oder nicht. Dabei kann der Produktionsauftrag aus einer Produkteinheit aber auch aus einer Vielzahl von Produkteinheiten (einem Los) bestehen.
- Die Zeit, die zur Bearbeitung des Produktionsauftrages und zum Umrüsten auf dem Anlagentyp i benötigt wird, ist der Produktionskoeffizient b_{iz}.
- Die normale Kapazität einer Anlage des Typs i in der Teilperiode q beträgt T_{qi} [ZE].
- Die maximale temporäre Kapazität durch längere Maschinenlaufzeiten (z.B. an Wochenenden) ist mit dem Symbol TT_{qi} [ZE] gekennzeichnet.

Damit lauten die **Kapazitätsbedingungen**

(86a) $\qquad \sum_z b_{iz} x_{qz} \leq m_i T_{qi} + t_{qi}$ \hfill für alle q, i

(86b) $\qquad t_{qi} \qquad \leq \quad TT_{qi}$ \hfill für alle q, i

Die Ungleichungen (86a) und (86b) sagen aus, dass die Bearbeitungs- und Rüstzeiten für alle angenommenen Produktionsaufträge auf den Maschinen des Anlagentyps i in der Teilperiode q nicht größer sein dürfen als die in q verfügbare normale und temporäre Kapazität dieser Anlagen.

Absatzbedingungen

Eine Minimierung der Zielfunktion (85) ist nur sinnvoll, wenn ein bestimmtes Mindest-Produktionsprogramm fest vorgegeben wird, sonst könnte man die Kapazität auf Null herunter fahren. Wir nehmen an, dass das Mindest-Produktionsprogramm aus den Kundenaufträgen besteht (Teilmenge Z^*), die in der Teilperiode q auf Grund von Verträgen oder absatzpolitischen Überlegungen unbedingt ausgeführt werden sollen.

$$(87a) \qquad x_{qz} \qquad = 1 \qquad\qquad \text{für alle } q, z \in Z^*$$

Kann das Unternehmen die Nachfrage der Kunden zwischen den Teilperioden verschieben, ergibt sich eine zeitliche Flexibilität im Sinne von Lean Management und (87a) wird durch (87b) ersetzt.

$$(87b) \qquad \sum_q x_{qz} \quad = N_z \qquad\qquad \text{für alle } z \in Z^*$$

Hier bedeutet N_z die Anzahl der Aufträge des Kunden z, die im gesamten Planungszeitraum, aber nicht in bestimmten Teilperioden ausgeführt werden müssen.

Durchlaufzeitbedingungen

Normalerweise wird das Unternehmen mit den Kunden **Lieferfristen** vereinbaren, was im Modell durch die Vorschrift, dass die Durchlaufzeit als Summe von b_{iz} (Bearbeitungs- und Rüstzeit), tr_{iz} (Transportzeit) sowie w_{iz} (Wartezeit vor einer Anlage) nicht größer sein darf als LF_z (Lieferfrist), ausgedrückt wird.

$$(88) \qquad \sum_i (b_{iz} + tr_{iz} + w_{iz})\, x_{qz} \leq LF_z \qquad\qquad \text{für alle } q, z$$

Falls die Ungleichung nicht erfüllt ist, kann der entsprechende Kundenauftrag nicht ausgeführt werden ($x_{qz} = 0$).

Das Modell wird durch die **Nicht-Negativitäts-Bedingungen**

$$m_i = 0, 1, 2, \ldots, \qquad t_{qi} \geq 0, \qquad x_{qz} = 0 \text{ oder } 1 \qquad\qquad \text{für alle } q, i, z$$

abgerundet.

3. Organisatorische Maßnahmen zur Verbesserung der Modellparameter

Das oben dargestellte Modell ist so gewählt, dass einerseits ein zu hoher Detaillierungsgrad, der den Blick auf die Hauptstrukturen verstellen würde, vermieden wird, andererseits aber alle Lean-Management-Aspekte anschaulich erläutert werden können. Wichtig für Lean Management ist hier **nicht** die Ermittlung optimaler Werte für die Variablen m_i, t_{qi} und x_{qz} unter der gegebenen Konstellation der Modellparameter, sondern gerade umgekehrt die **Verbesserung** der **Modellparameter** zur Optimierung des gesamten Produktionssystems im Hinblick auf die Ziele Produktivität, Qualität und Flexibilität.

Die **Produktivität** lässt sich vor allem über die Modellparameter b_{iz} und w_{iz} aber auch über P_l beeinflussen. Gelingt es z.B., die Bearbeitungs- und Rüstzeiten (b_{iz}) für einen Produktionsauftrag entscheidend zu senken, so kann nach (86a) ein gegebenes Produktionsprogramm $\overline{x}_{qz}$ mit weniger Maschinenkapazität und/oder weniger Personaleinsatz gefertigt werden, was direkt zu einer „schlankeren" Produktion führt. Die Bearbeitungs- und Rüstzeiten (b_{iz}) können gesenkt werden durch

- **Business Process Reengineering** (BPR) der Bearbeitungs- und Rüstprozesse mit dem Ziel, die Durchlaufzeiten zu verkürzen,
- Einsatz **flexibler Fertigungssysteme**, die nur noch minimale Rüstzeiten aufweisen,
- **Integration** von Teilprozessen und einzelnen Arbeitsgängen durch CIM-Aktivitäten zur Vermeidung von Schnittstellen.

Die Wartezeiten (w_{iz}) der Produktionsaufträge vor den einzelnen Produktionsanlagen lassen sich durch eine verbesserte Organisation der **Maschinenbelegung** (vgl. S. 349 ff. im operativen Management), durch Abbau von Hierarchieebenen oder durch Integration aufeinander folgender Produktionsstufen mit Hilfe der automatisierten Fertigung reduzieren. Die daraus resultierende Verkürzung der Durchlaufzeiten der Produktionsaufträge führt zu einem Abbau von Zwischenlagerbeständen und erhöht dadurch die Produktivität. Im Zuge des arbeitssparenden technischen Fortschritts benötigen moderne Produktionsanlagen weniger Personal, so dass P_l durch entsprechende Investitionen abnimmt und die (Arbeits-)Produktivität des Systems verbessert wird.

Es soll nun anhand des Modells gezeigt werden, dass auch die **Qualität** durch organisatorische Maßnahmen des Lean Management verbessert werden kann. Die Neugestaltung der Bearbeitungs- und Rüstprozesse mit BPR ermöglicht den Einbau ständiger Qualitätskontrollen auf jeder Produktionsstufe und damit eine Senkung von b_{iz}, da die **Nachbearbeitungszeit** für defekte Stücke, die in diesem Parameter enthalten ist, weitgehend entfällt. Darüber hinaus wird im Modell kein Ausschuss berücksichtigt, sondern es werden nur funktionstüchtige Produkteinheiten erfasst (Qualitätserfordernis des Lean Management).

Schließlich wird die **Flexibilität** im Modell durch den Einbau temporärer Kapazität in die Zielfunktion und die Kapazitätsbedingung (86b) sowie durch die eventuelle Verschiebung von Kundenaufträgen in andere Teilperioden gemäß (87b) berücksichtigt. Voraussetzung für eine erhöhte Flexibilität ist allerdings, dass dieser organisatorische Spielraum durch die Einführung der **flexiblen Arbeitszeit** mit Personalkosten k_{qi} ohne Überstundenzuschläge auch tatsächlich genutzt werden kann.

Damit wurde gezeigt, dass die **Lean-Management-Ziele** Produktivität, Qualität und Flexibilität mit Hilfe der organisatorischen Verbesserung der Modellparameter erreicht werden können. Das Modell selbst enthält keine explizite Aussage über die Deckungsbeiträge (d_z) der einzelnen Kundenaufträge z. Es muss deshalb angenommen werden, dass sie generell positiv sind, auch wenn die temporäre Personalkapazität eingesetzt wird. Eine andere Möglichkeit zur **Berücksichtigung der Deckungsbeiträge** besteht darin, die Zielfunktion (85) um den Term

$$+ \sum_{qz} (1 - x_{qz}) d_z$$

zu erweitern. Verzichtet das Unternehmen in der Teilperiode q auf einen bestimmten Kundenauftrag z ($x_{qz} = 0$), so wird der entgangene Deckungsbeitrag d_z als „Opportunitätskosten" wirksam, während bei Erledigung des Auftrags ($x_{qz} = 1$) keine Opportunitätskosten entstehen. Die Absatzbedingung (87a) muss nun so verändert werden, dass die Kundenaufträge nicht mehr fest vorgegeben sind:

(87a') x_{qz} $\leq$ 1   für alle q und z

Durch diese Erweiterung können die gewinnträchtigen Kundenaufträge realisiert und damit das Ziel der Gewinnmaximierung mit berücksichtigt werden.

d)   Die Grenzen von Lean Management

In der Unternehmenspraxis ist Lean Management in der jüngsten Vergangenheit leider etwas ins Zwielicht gerückt, und zwar aus zwei Gründen:

■   Der Begriff degenerierte zum **Schlagwort** und wurde mehr und mehr zum Synonym für „Personal- und Kapazitätsabbau".

■   Die propagandistische Verbreitung des Konzepts weckte Hoffnungen auf ein „Allheilmittel", die weitgehend enttäuscht worden sind, da die **Grenzen** von Lean Management nicht gesehen wurden.

Da Idee und Konzept der Lean-Management-Philosophie grundsätzlich richtig sind, sollen an dieser Stelle auch die Unzulänglichkeiten beschrieben werden, um einer falschen Anwendung in der Praxis vorzubeugen.

1.   Einseitige Kostenbetrachtung

Das Modell zum Lean Management minimiert die Kapazitäts- und Personalkosten für ein bestimmtes Auftragsvolumen. Es vernachlässigt daher in seiner ursprünglichen Form die **absatzpolitische** Seite und konzentriert sich zu sehr auf Kostenentlastungen. Das mag in Zeiten rückläufiger Konjunktur auch sinnvoll sein, kann aber auf mittlere Sicht zu einer übertriebenen Personalreduktion führen, so dass der Personalbestand zum **Engpass** wird, wenn die Nachfrage im Zuge einer Konjunkturerholung ansteigt (Beispiel: Toyota in der zweiten Hälfte der 80er Jahre). Darüber hinaus kann ein übertriebener Personalabbau einen erhöhten **Arbeitsstress** beim verbleibenden Personal nach sich ziehen, der sich in einer verschlechterten **Arbeitsqualität** niederschlägt und damit das zweite Ziel des Lean Management gefährdet.

2.   Unzureichende Risikobetrachtung

Die Minimierung des Personal- und Kapazitätsbestandes sowie der weitgehende Abbau der Lagerbestände in Folge der Verkürzung der Durchlaufzeiten kann ein Unternehmen so „schlank" machen, dass es keinerlei Reserven für unvorhersehbare **Störungen** in Produktion, Distribution und Beschaffungslogistik aufweist. Solche

Störungen können nicht nur durch (recht seltene) Naturkatastrophen oder Streiks verursacht werden, sondern auch durch defekte Produktionsanlagen, Lieferverzögerungen von Bauteilen seitens der Zulieferer usw. Gegen solche Risiken kann man sich nur mit **Sicherheitsbeständen** von Produkten bzw. Halbfabrikaten schützen, die jedoch der „reinen" Lean-Management-Lehre widersprechen.

3.   Fehlende Umweltbetrachtung

Die Minimierung der Durchlaufzeiten und Lagerbestände erfordert ein **rechtzeitiges** Anliefern der von außen bezogenen Einzelteile und Materialien nach dem **Just-in-Time-Prinzip** (vgl. hierzu Einzelheiten S. 376 ff.). Das bedeutet im Regelfall, dass von den Zulieferern **häufiger kleinere** Mengen zum Produzenten transportiert werden müssen, was die Auslastung der Speditionsfahrzeuge ungünstig beeinflusst. Die Verkehrsdichte insbesondere im Straßenverkehr sowie Häufigkeit und Dauer von Staus nehmen dadurch zu, so dass unnötige **Emissionen** verursacht werden. Diese und andere Umweltbeeinträchtigungen werden aber bisher vom Lean-Management-Konzept nicht beachtet.

Hiermit sind die wichtigsten Grenzen von Lean Management aufgezeigt. Um das - im Grundsatz - richtige Prinzip erfolgreich anwenden zu können, sollte der Ansatz so weiterentwickelt werden, dass das Ziel Senkung der Anlagen- und Personalkapazität durch die Ziele Risikominimierung und Umweltschonung sowie absatzpolitische Ziele ergänzt wird. Weiter müssen die Interdependenzen zwischen den Zielen klar beachtet und die Ziele selbst behutsam gegeneinander ausbalanciert werden.

II.   Total Quality Management (TQM)

a)   Begriff und Zielsetzung

Der Begriff Qualität ist in diesem Lehrbuch schon häufig verwendet worden. Angefangen bei der empirischen Bedeutung der Produktqualität im Rahmen des PIMS-Programms (S. 47 ff.) über die Nutzenkategorien eines Produktes (S. 55 f.) bis zum Lean Management und seinem Ziel einer hohen Qualität (S. 211 ff.) waren Qualitäts-Aspekte Gegenstand der Betrachtung. In dem vorliegenden Abschnitt bilden jedoch die **Qualität** und ihr **Management** im Rahmen des gesamten Unternehmens den **Kern** der Untersuchung. Es wird sich herausstellen, dass die Entscheidungen über die Qualität der angebotenen Produkte und Dienstleistungen einen zentralen Teil des strategischen Managements ausmachen.

Der Begriff **Qualität** ist nicht leicht zu definieren. Starr (Operations Management 1996, S. 116) weist darauf hin, dass der **Produzent** meistens unter Qualität eines Produktes die Erfüllung vorgegebener Spezifikationen oder Normen versteht, während der **Konsument** den Grad der Erfüllung seiner an das Produkt gestellten Anforderungen oder Erwartungen als Qualität ansieht. Demgegenüber versucht das Deutsche Institut für Normung beide Aspekte zusammenzufassen und definiert **Qualität** als

„Gesamtheit von **Eigenschaften** und **Merkmalen** eines Produktes o- der einer Dienstleistung, die sich auf deren Eignung zur Erfüllung festgelegter und vorausgesetzter **Erfordernisse** beziehen." (DIN ISO 8402, Qualitätsmanagement 1993)[20]

Bei dieser Definition ist positiv hervorzuheben, dass der Qualitätsbegriff **mehrdimensional** gesehen wird (Eigenschaften/Merkmale) und auf bestimmte, nicht nur vom Produzenten festzulegende, Erfordernisse abstellt. Leider ist aber die **Kundenorientierung** als Basis der Qualität nicht explizit erwähnt. Die von den Kunden ausgehenden Wünsche müssen jedoch der Ausgangspunkt für die Entwicklung der Eigenschaften des Produktes sein. Je besser die Produkteigenschaften auf diese Wünsche abgestimmt sind, umso höher wird die Qualität des Produktes eingestuft. Die Qualitätsdimensionen (Eigenschaften) werden im nächsten Unterabschnitt näher untersucht.

Zuvor soll aber noch das Wesen des **Total Quality Management (TQM)** und seine strategische Bedeutung herausgearbeitet werden. Da TQM sprachlich amerikanischen Ursprungs ist, soll zunächst die Definition von Starr (Operations Management 1996, S. 114) angeführt werden:

„TQM is a management strategy that requires a company-wide systems approach to quality."

Hier wird also TQM als eine **Strategie** aufgefasst, deren Kern ein das ganze Unternehmen umfassender, systemorientierter Ansatz im Hinblick auf die Qualität ist. Ein systemorientierter Ansatz berücksichtigt nicht nur die Auswirkungen des Qualitätsmanagements auf einen Funktionsbereich (z.B. Produktion), sondern auf alle Bereiche des Unternehmens. Die das ganze Unternehmen - und damit sämtliche Mitarbeiter - betreffende Ausrichtung aller Aktivitäten auf Qualität ist auch im europäischen Bereich unbestritten das Wesen des Total Quality Management. Den weiteren Betrachtungen soll daher eine eigene, etwas detailliertere Definition, die auch Elemente von DIN ISO 8402 Nr. 3.7 aufgreift, zugrunde gelegt werden:

TQM ist ein Qualitätsmanagement, das

- die Qualität in den **Mittelpunkt** aller **Unternehmensaktivitäten** stellt,
- auf der Teilnahme aller **Mitarbeiter** des Unternehmens beruht und
- durch **Zufriedenstellen** der **Kunden** einen langfristigen Geschäftserfolg anstrebt.

Hier ist die Kundenorientierung explizit mit in die Definition einbezogen worden, da dies bei der DIN ISO 8402-Definition der Qualität nicht erfolgte.

Die **strategische Bedeutung** von TQM ergibt sich aus der empirisch gewonnenen Erkenntnis des PIMS-Programms, dass die Produktqualität ein wesentlicher **relativer Wettbewerbsvorteil** mit starken Auswirkungen auf den Geschäftserfolg, gemessen durch den Return on Investment (ROI), ist (vgl. S. 47 f.). Es ist daher nur konsequent, der Qualität innerhalb des strategischen Managements einen zentralen

---

[20] DIN = Deutsches Institut für Normung; ISO = International Standardization Organization.

Platz zuzuweisen und ein explizites Qualitätsziel, wie es in der obigen TQM Definition enthalten ist, zu formulieren. Die Verfolgung eines solchen Zieles hat drei strategische Vorteile:

- Stellt das Unternehmen seine Kunden mit der angebotenen Produktqualität zufrieden, kann sich dieser relative Wettbewerbsvorteil in einem höheren **Marktanteil** und/oder einer **verbesserten Gewinnsituation** niederschlagen.
- Eine hohe Qualität der angebotenen Produkte und Dienstleistungen bewirkt in der Regel eine ausgeprägte **Kundentreue**, die eine offensive Handhabung des absatzpolitischen Instrumentariums (besonders der Preispolitik) erlaubt.
- Hohe Produktqualität führt zu **Kosteneinsparungen** bei der Nacharbeitung defekter Produkte und bei der Garantiegewährung.

Damit ist die Bedeutung von TQM für das strategische Management deutlich geworden. Die Durchführung bedarf jedoch der klaren Unterstützung des Topmanagements und der aktiven Mitwirkung aller Mitarbeiter des Unternehmens.

b)   Die Ausdehnung des Qualitätsgedankens auf alle Funktionsbereiche

1.   Dimensionen der Qualität

Das Wort Qualität leitet sich vom lateinischen qualitas Beschaffenheit, Zustand ab, wobei die Beschaffenheit eines Produktes schon relativ früh durch seine **Eigenschaften** beschrieben wurde. Die für den potentiellen Käufer bedeutsamen Eigenschaften oder Merkmale eines Produktes sind in die Definition von DIN ISO 8402 eingeflossen und werden heute häufig als **Dimensionen** der Qualität bezeichnet.

Obwohl naturgemäß für jedes einzelne Produkt spezifische Qualitätsdimensionen wichtig sein können, hat die BWL versucht, **typische** Dimensionen der Qualität zu erarbeiten, die für die Mehrzahl der Produkte bedeutsam sind. Eines der detailliertesten Systeme von Qualitätsdimensionen findet sich bei Starr (Operations Management 1996, S. 120 f.), der zunächst zwischen **funktionalen** und **konzeptionellen** (nicht-funktionalen) Eigenschaften von Produkten unterscheidet. Dies entspricht der Einteilung in **Grund-** und **Zusatznutzen**, die in diesem Lehrbuch bei der Produktbeurteilung auf S. 55 f. verwendet wird. Im Bereich der **funktionalen** Produkteigenschaften ergeben sich die folgenden elf Dimensionen der Qualität, jeweils erläutert am Beispiel des Geschirrspülers:

- Hauptzweck des Produktes: Säubern und Trocknen aller Geschirrteile.
- Einhaltung der vorgegebenen technischen Standards: Wassertemperatur, Wassermenge, Spülgeräusch, Spülzeit, Energieverbrauch, Sauberkeitsgrad, Trocknungsgrad.
- Zuverlässigkeit des Produktes: Realisierung des Hauptzwecks und Einhaltung der Standards bei längerem Gebrauch.
- Haltbarkeit des Produktes, z.B. bei extremer Belastung.
- Erwartete Nutzungsdauer.
- Wartungskosten und Wartungshäufigkeit.
- Reparaturkosten und Reparaturzeit.
- Garantiebestimmungen.
- Sicherheit beim Gebrauch des Produktes.

- Gebrauchskomfort, z.B. optische oder akustische Signale am Ende von Spül- und Trockenzeit.
- Benutzerfreundlichkeit, z.B. Übersichtlichkeit des Bedienfeldes und der Programmtasten, verständliche Gebrauchsanleitung.

Diese die Funktion des Produktes direkt berührenden Eigenschaften werden ergänzt durch folgende **nicht-funktionale**, aber dennoch wichtige Eigenschaften (Zusatznutzen):

- Aufmachung des Produktes, z.B. gefällige Form, Farbe und Abmessungen des Geschirrspülers.
- ästhetisches Design, z.B. der Tür, des Tastenfeldes oder des Geschirrkorbs.
- Befriedigung des Selbstwertgefühls des Nutzers, z.B. Markenprestige, Anzahl der Waschprogramme, Dekor, Preis.
- Angebot von Produktvarianten zur Erfüllung spezifischer Kundenwünsche.

Diese 15 Qualitätsdimensionen dürften das „Qualitätsspektrum" der meisten Produkte hinreichend abdecken. Das zu lösende Problem besteht nun in der **Messung** der Eigenschaften und in der Verknüpfung dieser Messungen zu einem „Qualitätsbild". Einige der **funktionalen** Eigenschaften, wie die Einhaltung der technischen Standards (Normen) oder die Wartungskosten sind **quantitativ** erfassbar und damit objektiv zu bestimmen. Andere funktionale Dimensionen (Gebrauchskomfort, Benutzerfreundlichkeit, Garantiebestimmungen) und **alle** nicht-funktionalen Dimensionen sind nur **qualitativ** durch Kundenbefragungen zu erheben und haben damit einen subjektiven Charakter. Darüber hinaus müssen die Qualitätsdimensionen nach ihrer Bedeutung **gewichtet** werden, so dass ein Scoring-Modell (vgl. S. 91 ff.) zur Ermittlung eines Gesamt-Qualitäts-Index angebracht ist. Ein solches Modell kann natürlich nur für ein konkretes Produkt individuell konstruiert werden, so dass wir uns hier auf die Angabe der 15 Qualitätseigenschaften beschränken wollen.

2. Quality Function Deployment (QFD)

Sind die oben analysierten Qualitätsdimensionen durch Messung und Kundenerhebung bestimmt worden, können sie anschließend auf weitere Funktionsbereiche des Unternehmens übertragen werden. Dieser Prozess der Ausdehnung des Qualitätsgedankens auf **alle Funktionsbereiche** wird Quality Function Deployment genannt und stammt ursprünglich aus Japan (Chase/Aquilano, Production 1995, S. 175 f.).

Der Prozess beginnt mit der Erhebung der **Kundenwünsche** bezüglich der Qualitätsdimensionen durch die **Marketingabteilung**. Die **Forschungs- und Entwicklungsabteilung** (F&E) versucht nun, technische Lösungen zur Erfüllung dieser Kundenwünsche zu entwickeln. Im Idealfall geschieht dies durch ein gemeinsames **Team** aus Marketing- und F&E-Mitarbeitern. Die gefundenen technischen Lösungen werden dann mit der **Einkaufsabteilung** abgestimmt, die ihrerseits die geeigneten Einzelteile zur Beschaffung auswählt. Die **Produktionsabteilung** bestimmt schließlich unter Berücksichtigung der F&E-Ergebnisse und der Qualität der zu beschaffenden Einzelteile den geeigneten Produktionsprozess, um die Produkte mit den von den Kunden gewünschten Eigenschaften herzustellen. Auf diese Weise werden die **Qualitätsforderungen** des Kunden vom Marketing an alle folgenden

Funktionsbereiche „weitergereicht" und so auf das gesamte Unternehmen ausgedehnt. Damit ist der Forderung des Total Quality Management Rechnung getragen.

Bezieht man auch noch die **Zulieferer** in diesen Prozess ein und durchläuft die obigen Schritte nicht sukzessive, sondern mit gegenseitiger Rückkoppelung der einzelnen Funktionsbereiche, so nennt man diesen Vorgang auch **simultaneous engineering**, eine Form des **Projektmanagements**, die insbesondere bei der Entwicklung neuer Produkte angewandt wird. Hier wird wieder deutlich, welche herausragende Bedeutung der ganzheitliche Qualitätsgedanke in allen Funktionsbereichen des Unternehmens hat.

c)   Die qualitätsbezogenen Kosten

Um ein hohes Qualitätsniveau der Produkte zu erreichen und zu erhalten, müssen vor allem zwei Arten von Kosten aufgewendet werden:

- **Inspektionskosten**
  zur ständigen Überprüfung der Produkteigenschaften, aber auch des Produktionsprozesses,
- Kosten zur **Vermeidung** von **Produktionsfehlern**,
  z.B. Fehleranalyse, Konstruktionsänderungen des Produktes, Personaltraining, Änderung des Produktionsprozesses.

Da in der Realität kein Unternehmen eine vollständig fehlerlose Qualität seiner Produkte erreichen wird, müssen noch weitere Kostenarten in Betracht gezogen werden:

- **Interne Fehlerkosten**
  durch defekte Produkte oder Produktteile, die repariert, nachgebessert oder gar verschrottet werden müssen,
- **externe Fehlerkosten**
  durch defekte Produkte, die verkauft wurden: Reparatur oder Neulieferung im Rahmen der Garantie, Kundenärger, Verlust von Goodwill.

Diese vier qualitätsbezogenen Kosten müssen bei den strategischen Entscheidungen über das Qualitätsniveau sorgfältig mit in die Analyse einbezogen werden, da sie nach amerikanischen empirischen Untersuchungen 15 bis 20% des **Umsatzes** ausmachen können (Chase/Aquilano, Production 1995, S. 178).

Damit haben wir die wichtigsten Komponenten des Total Quality Management,

- Qualitätsdimensionen,
- Ausdehnung des Qualitätsgedankens auf alle Funktionen,
- qualitätsbezogene Kosten,

eingehend dargestellt und ihre gegenseitige Verknüpfung sichtbar werden lassen. Zur Beurteilung des Qualitätsmanagements konkreter Unternehmen sind inzwischen Systeme entwickelt worden, die diese Komponenten enthalten und die Unternehmen einer eingehenden Qualitätsprüfung unterziehen.

d)　　Beurteilungssysteme des Qualitätsmanagements

1.　　Die Normenreihe ISO 9000 ff.

Zur Erhöhung der Qualität von Produkten und Dienstleistungen hat die International Organization for Standardization (ISO) 1987 eine Normenreihe mit den Nummern 9000-9004 erlassen, die inzwischen von mehr als 100 Ländern, darunter auch der Bundesrepublik Deutschland, als nationale Normvorschrift anerkannt wird. Ziel dieses Normenwerks ist es, **Modelle für Qualitätsmanagement-Systeme** zur Verfügung zu stellen, die zur **Qualitätssicherung** in Design/Entwicklung, Beschaffung, Produktion, Montage, Wartung und Endprüfung des Produktes dienen sollen. Unternehmen, die Qualitätsmanagement-Systeme nach diesen Normen entwickeln, können von einer autorisierten Stelle (z.B. TÜV) ein **Zertifikat** mit der Dokumentation erhalten, dass ihr Qualitätsmanagement den in ISO 9000 ff. niedergelegten Forderungen entspricht. Diese so genannte **Zertifizierung** kann, wenn sie überall anerkannt wird, eine Basis des **Vertrauens** zwischen Lieferanten und Kunden schaffen. Der Inhalt der Normenreihe gliedert sich wie folgt:

- ISO 9000 und 9004: Zwei Leitfäden zur Anwendung von ISO 9001-9003
- ISO 9001　　　　： Modell zur Qualitätssicherung und Darlegung des Qualitätsmanagements in Design, Entwicklung, Produktion, Montage und Wartung
- ISO 9002　　　　： wie 9001, aber ohne Design und Entwicklung
- ISO 9003　　　　： Modell zur Qualitätssicherung bei der Endprüfung

Die umfassendste und für die **Industrie** wichtigste Norm ist **ISO 9001** in Verbindung mit dem Leitfaden ISO 9000-1 und dem zugrunde liegenden Begriffssystem ISO 8402.

Können Industriefirmen einer zertifizierenden Stelle, z.B. dem TÜV, durch schriftliche Dokumentation (Handbücher) nachweisen, dass sie ein Qualitätsmanagement-System auf der Grundlage von 20 in ISO 9001 niedergelegten **Forderungen** an die **Qualitätssicherung** errichtet haben, bekommen sie ein **Zertifikat**, das drei Jahre gültig ist und das sie bei ihren Kunden und Lieferanten als „vertrauensbildende Maßnahme" bezüglich der Qualitätssicherung verwenden können. Die wichtigsten der 20 Qualitätsforderungen aus ISO 9001 sind im Folgenden wiedergegeben:

- Verantwortung der **Unternehmensleitung** für die gesamte Qualitätspolitik (inkl. Dokumentation) und die Organisation des Qualitätsmanagements,
- Einführung und Dokumentation eines **Qualitätsmanagement-Systems** mit detaillierten schriftlichen Verfahrensanweisungen,
- Dokumentation der **Produktmerkmale** und Steuerung des **Produktdesigns** durch Verfahrensanweisungen,
- Erarbeitung von Verfahrensanweisungen zur **Beurteilung** der **Qualität** der von den **Zulieferern** angebotenen Materialien,
- Kennzeichnung und **Rückverfolgbarkeit** von Produkten und Produktteilen,
- Erarbeitung von Verfahrensanweisungen zur Planung und Durchführung der **Produktionsprozesse** (Erfüllung der Normen, Überwachung der Prozessparameter, Instandhaltung der Produktionseinrichtungen usw.),

- Erstellung von Verfahrensanweisungen zur **Prüfung** von Materialien, zur **Beurteilung** fehlerhafter Produkte und zur **Beseitigung** von Fehlerursachen,
- Dokumentation und Ablage von **Qualitätsaufzeichnungen**,
- interne **Qualitäts-Audits** und Dokumentation der Ergebnisse,
- **Schulung** der Mitarbeiter und
- Anwendung von Methoden der **statistischen Qualitätskontrolle.**

Diese Übersicht zeigt, dass vor allem schriftlich fixierte **Verfahrensanweisungen** sowie eine ausgedehnte **Dokumentation** im Mittelpunkt von ISO 9001 stehen. Es wird dort die Ansicht vertreten, dass ein extern überprüfbares und konsistentes Qualitätsmanagementsystem die beste Voraussetzung für ein hohes Qualitätsniveau bietet. Auf quantifizierbare Qualitätsforderungen, wie Fehler- und Ausschussquoten oder maximale Fertigungstoleranzen, wird wegen mangelnder Verallgemeinerungsfähigkeit dagegen verzichtet.

Obwohl die Normenreihe ISO 9000 ff. im In- und Ausland viele Befürworter hat, müssen für eine Beurteilung unter wissenschaftlichen wie praktischen Gesichtspunkten die unbestreitbaren Vorzüge sorgfältig gegen vorhandene Unzulänglichkeiten abgewogen werden. Folgende **Vorzüge** kann man ISO 9000 ff. attestieren:

- Die **systematische Vorgehensweise** bei der Erarbeitung und Dokumentation der Verfahrensanweisungen und der Qualitätshandbücher zwingt die Beteiligten zu einer klaren gedanklichen Durchdringung der die Qualität beeinflussenden Geschäftsprozesse und ermöglicht so das Erkennen von Schwachstellen und Qualitätsproblemen.
- Die Zertifizierung bietet einen geeigneten Rahmen für eine **kontinuierliche** Qualitätsüberwachung.
- Zertifizierte Unternehmen haben strategische **Wettbewerbsvorteile.**
- Durch die Qualitäts-Verantwortung der **Unternehmensleitung** wird das **Quality Function Deployment** (S. 220) ermöglicht und damit ein wichtiger Schritt zum TQM getan.
- Die Beweisführung im Rahmen des **Produkthaftungsgesetzes** wird durch die Zertifizierung erleichtert.

Die folgenden **Unzulänglichkeiten** bzw. **Gefahren** können jedoch nicht übersehen werden:

- Es wird nicht die Qualität des Produktes zertifiziert, sondern nur die **Einhaltung** des vom Unternehmen selbst festgelegten **Qualitätsniveaus**. Daher kann auch ein minimaler Qualitätsstandard zertifiziert werden.
- Die Unternehmen laufen Gefahr, statt kundenorientiert **normorientiert** zu denken.
- Die schriftlich fixierten Verfahrensanweisungen und Dokumentationen bergen die Gefahr einer **Bürokratisierung**, die die Flexibilität bei der Weiterentwicklung der Produktionsprozesse hemmt.
- Die Qualität der **Zertifizierungsstellen** und ihre Branchenkenntnisse hinsichtlich der zu zertifizierenden Unternehmen können nicht immer gewährleistet werden.
- Die **Anforderungen** für die Erteilung des Zertifikats können sich in den ISO-Mitgliedsländern sehr unterscheiden.

Trotz dieser ernstzunehmenden Gefahren kann festgehalten werden, dass die Zertifizierung nach ISO 9000 ff. ein wichtiger Schritt zu einem höheren Qualitätsniveau in der Wirtschaft und eine **notwendige Voraussetzung** für das Total Quality Management darstellt. Ob ISO 9000 ff. auch **hinreichend** für TQM ist, d.h. die angebotenen Produkte die Kunden auch wirklich zufrieden stellen, hängt weitgehend von der „inhaltlichen" Gestaltung der die Qualität erzeugenden Prozesse ab und kann nicht von den Zertifizierungsstellen sondern nur von den Kunden beurteilt werden.

e)   Kontinuierliche Verbesserungs-Prozesse (KVP)

In den letzten Abschnitten ist klar geworden, dass das Ideal des Total Quality Management ein Fernziel ist, das nur durch ununterbrochene Anstrengungen zur **Qualitätsverbesserung** auf allen Unternehmensebenen erreichbar erscheint. Man kann zwar einen Produktionsprozess z.B. durch BPR völlig neu gestalten, muss ihn dann aber **kontinuierlich** weiterentwickeln, um qualitativ auf der Höhe des Wettbewerbs zu bleiben.

Diese Strategie der **kontinuierlichen Verbesserung** ist in Japan unter dem Namen „KAIZEN" begründet worden und wird heute in allen Industrieländern von einer wachsenden Zahl von Unternehmen angewandt. Wir können im Anschluss an Chase/Aquilano (Production 1995, S. 180) einen **kontinuierlichen Verbesserungs-Prozess** (KVP) als Prozess definieren, bei dem Mitarbeiter aus verschiedenen Funktionsbereichen, als **Team** organisiert, versuchen, **laufende** Verbesserungen für

■ Produktionsmethoden,
■ Arbeitseffizienz,
■ Materialausbeute und
■ Nutzung der Produktionsanlagen

zu erarbeiten und umzusetzen. Von motivierten Mitarbeitern effizient durchgeführte KVP können im Laufe der Zeit nicht nur erhebliche **Kosteneinsparungen**, sondern auch nennenswerte **Qualitätsverbesserungen** herbeiführen und damit im Sinne von TQM wirken.

Um KVP konkret durchzuführen, sind zahlreiche „Werkzeuge" entwickelt worden, die von einfachen Heuristiken und Daumenregeln bis zur komplexen statistischen Qualitätskontrolle reichen. Ein typischer KVP wird in der Regel in folgenden Schritten ausgeführt:

1. **Auswahl** des zu verbessernden **Problembereichs**
Ein Problembereich kann ein einzelner Geschäftsprozess, eine Prozesskette oder gar ein ganzer Funktionsbereich (z.B. Vertrieb) sein. Wichtig ist die **Dringlichkeit** des Problems, da die Verbesserungs-Teams nicht gleichzeitig an allen Schwachstellen des Unternehmens arbeiten können.

2. **Analyse** der **Ist-Situation** des zu verbessernden Problembereichs
Hier sind die Methoden des Business Process Reengineering (BPR) ein geeignetes Werkzeug, um die Struktur eines Prozesses, seine Schnittstellen sowie die Warte- und Durchlaufzeiten zu erheben.

3. Entwicklung und Umsetzung von **Verbesserungs-Maßnahmen**

Solche Maßnahmen umfassen veränderte Arbeitsabläufe (z.B. bei Rüstprozessen), Zusammenfassung von Arbeitsgängen zur Beseitigung von Schnittstellen, neue Arbeitstechniken, Einführung der Gruppenarbeit zur Erhöhung der Mitarbeitermotivation, flexible Arbeitszeit zur besseren Nutzung der Produktionsanlagen und Verwendung von Materialien mit verbesserten Eigenschaften.

4. **Wirkungsanalyse** der umgesetzten Verbesserungs-Maßnahmen

Es sind erneut Daten über die „veränderten" Prozesse zu erheben, um die Wirkung der Maßnahmen kontrolliert erfassen zu können. Dabei muss sichergestellt werden, dass die ermittelten Veränderungen auch tatsächlich durch die getroffenen Maßnahmen und nicht durch externe Parameter bewirkt wurden.

5. Endgültige **Implementierung** und **Standardisierung** der Maßnahmen

Sind die den Problembereich bildenden Prozesse tatsächlich verbessert worden, so werden die Verbesserungs-Maßnahmen endgültig implementiert. Um sie auch in anderen Unternehmensbereichen im Sinne von TQM anwenden zu können, müssen sie evtl. verallgemeinert werden und sollten darüber hinaus im Interesse einer effizienten Anwendung standardisiert werden.

6. **Rücksprung** zu 1.

Kontinuierliche Verbesserungsprozesse erreichen definitionsgemäß kein Endziel, sondern suchen sich einen anderen Problembereich oder beginnen einen neuen Verbesserungsversuch, falls die unter Punkt 3. ergriffenen Maßnahmen keinen Erfolg hatten.

Dieser aus sechs Schritten bestehende typische KVP konzentriert sich auf die Prozesse des Unternehmens und zieht nur **interne Vergleiche** bei der Beurteilung einer Verbesserung heran. Das Unternehmen ist jedoch gut beraten, die Effizienz seiner Prozesse auch **extern** durch Vergleich mit anderen Unternehmen seiner Branche und darüber hinaus zu überprüfen.

Ein Instrument für diesen Vergleich ist **Benchmarking**. Dies Wort leitet sich ab von engl. benchmark, einem Holzstab mit Markierungen zur Messung einer Referenzgröße (z.B. Wasserstand). Ein solcher markierter Stab erhielt später die übertragene Bedeutung „Vergleichsmaßstab" oder „Standard".

> **Benchmarking** im betriebswirtschaftlichen Sinne ist also der Vergleich des eigenen Unternehmens mit den als **Vergleichsmaßstab** dienenden **besten** Wettbewerbern und/oder **exzellenten** Unternehmen außerhalb oder innerhalb der eigenen Branche hinsichtlich der Produktionsprozesse, Produkte, Funktionsbereiche oder anderer Unternehmenscharakteristika.

Diese Definition lässt erkennen, dass Benchmarking nicht nur bei der Qualitätsverbesserung sondern auch bei anderen unternehmerischen Teilzielen, wie Kostensenkung, Produktivitätserhöhung oder Verminderung der Durchlaufzeiten anwendbar ist. Doch gerade beim Streben nach kontinuierlicher Verbesserung bedarf das Unternehmen eines externen Vergleichsmaßstabs, um jederzeit den **absoluten** Abstand zu den besten Firmen zu kennen.

Das **Benchmarking** im Zusammenhang mit einem kontinuierlichen Verbesserungs-prozess kann in vier Schritten beschrieben werden (ähnlich Chase/Aquilano, Produc-tion 1995, S. 183 ff.):

1. **Auswahl** der zu verbessernden Prozesse (wie KVP)

2. **Bestimmung** der **Unternehmen**, die diese Prozesse **am besten** realisieren
Hierfür kommen z.B. die Gewinner des **Baldrige Award** in Betracht, die im Be-reich des Total Quality Management führend sind. Aber auch durch Studien von Unternehmensberatungen und Verbänden lassen sich erstklassige Unternehmen finden.

3. **Kontaktaufnahme** mit den Vergleichs-Unternehmen
Dies sollte auf der Top-Management-Ebene geschehen, um die Genehmigung für Mitarbeiter-Interviews, Videoaufzeichnungen von Abläufen, Analysen von Pro-zessen u.ä. zu erhalten.

4. **Analyse** und **Vergleich** der eigenen und fremden Prozesse

Es müssen zunächst die **Strukturen** der Prozesse sorgfältig analysiert werden, ob ein Vergleich überhaupt zulässig ist. Ist dies der Fall, sind die **Prozessergeb-nisse** an Hand festgelegter **Maßstäbe**, wie Fehlertoleranzen, Anteil defekter Stü-cke, Anteil der Nachbearbeitungszeit an der Durchlaufzeit, Termineinhaltung usw., zu überprüfen und zu vergleichen.

Ein gut durchgeführtes Benchmarking, in dem neue Erkenntnisse über die **Lücken** zwischen dem eigenen Unternehmen und dem exzellenten Vergleichsunternehmen und über deren **Ursachen** gewonnen wurden, kann einen „neuen" kontinuierlichen Verbesserungsprozess in Gang setzen, der wieder einen Schritt näher zum Total Quality Management hinführt.

f)   Statistische Qualitätskontrolle

Die Qualität der hergestellten Produkte kann quantitativ durch eine Reihe von Maß-zahlen, wie Gewicht, Größe, Volumen, Zugfestigkeit oder auch durch den Anteil defekter Stücke, gemessen werden. Da jeder Produktionsprozess ein **stochastischer** Prozess ist, schwanken die gemessenen Werte der Maßzahlen im Zeitablauf. Eine **qualitative Beurteilung** eines Produktionsprozesses ist daher nur mit **statistischen** Methoden angemessen durchzuführen. Das gilt für alle Maßnahmen im Rahmen von TQM und hat sich auch in Forderung 20 von ISO 9001 niedergeschlagen.

Das Gebiet der **statistischen Qualitätskontrolle**, das sich mit diesem Problemkreis beschäftigt, ist so weit ausgedehnt, dass es hier nicht abgehandelt werden kann. Es soll nur mit einem kleinen **Beispiel** die typische Vorgehensweise verdeutlicht wer-den. Wegen weiterer Einzelheiten sei auf die einschlägigen Lehrbücher (z.B. Uhl-mann, Statistische Qualitätskontrolle 1982) hingewiesen. Es wird ein Produktions-prozess betrachtet, mit dem nach Länge und Durchmesser genormte Schrauben gefertigt werden. Weichen die Werte für Länge und Durchmesser einer Schraube um einen bestimmten Prozentsatz von der Norm ab, so gilt sie als **defekt** und wird dem Ausschuss zugeordnet. Das Unternehmen strebt im Sinne des TQM eine **Aus-schussquote** von 5% an. Zur Prüfung dieses Wertes werden viermal täglich Stichproben von je 50 Schrauben entnommen und die Anzahl defekter Stücke festgestellt. Dabei ergibt sich an einem Tag folgendes Bild:

Nr. der Stichprobe	Anzahl defekter Stücke	Ausschussquote (%)
1	2	4
2	3	6
3	1	2
4	4	8

Es soll nun mit Hilfe dieser Ergebnisse festgestellt werden, ob der Produktionsprozess stabil ist und eine Ausschussquote von 5% angenommen werden kann. Zunächst ergibt sich aus der statistischen Methodenlehre, da das Ergebnis der Prüfung einer Schraube nur die Werte „defekt = 1" und „nicht defekt = 0" annehmen kann, dass diese Zufallsvariable einer **Binomialverteilung** unterliegt. Als Summe von binomial verteilten Zufallszahlen ist die Anzahl der defekten Stücke in der Gesamtstichprobe (10) und auch die Ausschussquote (10/200) nach dem zentralen Grenzwertsatz **normal verteilt** und kann als eine Approximation der wahren Werte des Produktionsprozesses angesehen werden.

Damit gilt als erwartete Ausschussquote $p = 5\%$. Um ein Konfidenzintervall für p zu konstruieren, benötigt man die Standardabweichung s der Ausschussquote p, bezogen auf eine Stichprobe mit der Anzahl n. Sie lautet aufgrund der Binomialverteilung für jede Teilstichprobe:

$$s = \sqrt{\frac{p(1-p)}{n}} = \sqrt{\frac{0,05 \cdot 0,95}{50}} = 0,031 = 3,1\%$$

Geht man approximativ zur Normalverteilung über, so liegen 95% der Ausschussquoten im Bereich von $p \pm 1,96 \cdot s$, was in unserem Fall zu einem **Konfidenzintervall** von 5% ± 6,08%, also mit den Grenzen **0%** und **11,08%**, führt. Alle tatsächlich ermittelten Ausschussquoten der vier Teilstichproben liegen im Konfidenzintervall. Die Annahme einer Ausschussquote des Produktionsprozesses von 5% kann also nicht zurückgewiesen werden, sondern ist mit den Stichprobenergebnissen verträglich. Der Produktionsprozess kann als stabil mit dem **vorgegebenen Qualitätsniveau** von 5% defekter Stücke angesehen werden.

In ähnlicher Weise lassen sich andere Parameter eines Produktionsprozesses, wie Zug- und Druckfestigkeit oder auch die Bearbeitungszeit eines Stückes, statistisch überprüfen. Fallen Stichprobenergebnisse aus dem Konfidenzintervall heraus, so ist der Produktionsprozess nicht stabil und muss im Sinne von TQM neu justiert oder gar reorganisiert werden.

III. Supply Chain Management

a) Begriff und Zielsetzungen

Der Begriff **Supply Chain** stammt aus der Logistik und beinhaltet alle Beschaffungs-, Produktions-, Lager- und Transportaktivitäten vom Zulieferer der Rohmaterialien bis zum (End-)Kunden (vgl. Stadtler, Supply Chain Management 2005, S. 9 ff.; Ballou, Business Logistics 1999, S. 6). Dementsprechend wird unter einer Versorgungskette auch die Gesamtheit aller Geschäftsprozesse verstanden, die zur Befriedigung der Nachfrage nach Produkten und Dienstleistungen erforderlich sind. In Abb. 53 ist die vereinfachte Struktur einer Supply Chain dargestellt, im Regelfall handelt es sich jedoch um ein komplexes **Produktions- und Logistiknetzwerk** mit vielfältigen kosten- und kapazitätsmäßigen Verflechtungen.

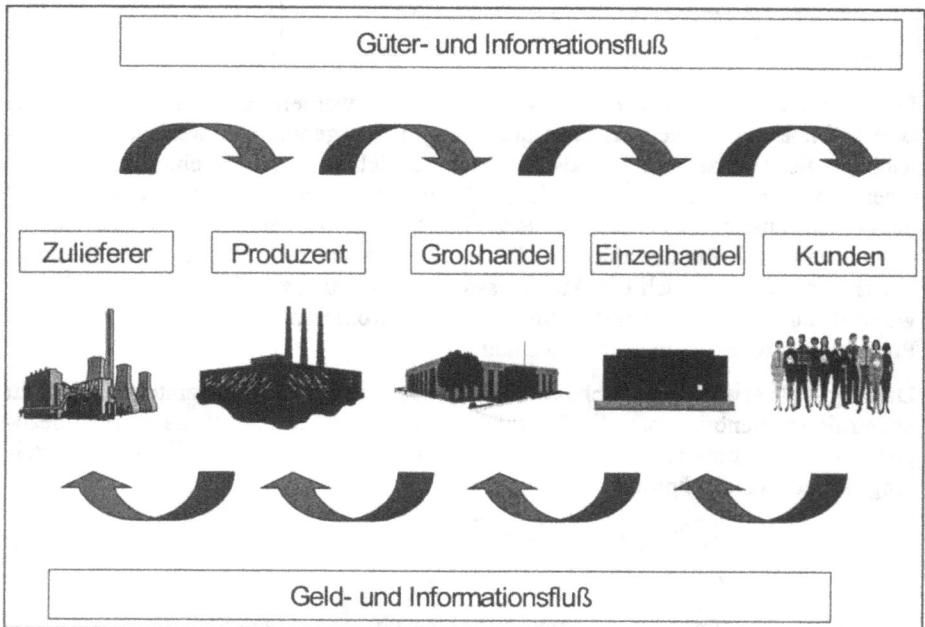

Abb. 53   Aufbau einer Supply Chain

Das **Supply Chain Management** (SCM) umfasst die Planung, Durchführung und Kontrolle aller Geschäftsaktivitäten innerhalb einer Supply Chain mit dem Ziel, die

- Produktivität,
- Qualität und
- Flexibilität,

der gesamten Wertschöpfungskette zu steigern. Im Unterschied zu den vorangegangenen Management-Konzepten beruht das Supply Chain Management auf einem **unternehmensübergreifenden Strategieansatz**, wobei die Ziele und Methoden des Business Process Reengineering, Lean und Total Quality Management auf die komplette Lieferkette übertragen werden. Nachdem sich viele Unternehmen in den letzten Jahren auf die Optimierung der innerbetrieblichen Geschäftsprozesse konzentriert haben, wird nun eine **effiziente Ausgestaltung** des gesamten Güter-, Geld- und Informationsflusses angestrebt. Die Nachteile einer isolierten Planung und Steuerung des Warenflusses lassen sich anschaulich anhand des Bullwhip-Effektes (Lee, Bullwhip Effect 1997, S. 93 ff.) aufzeigen.

Der **Bullwhip-Effekt** beschreibt ein in der Praxis häufig beobachtetes Phänomen, dass die Schwankungen in den Auftragseingängen von der Handelsstufe über den Produzenten bis zum Zulieferer zunehmen, obwohl die Verkäufe an den Endkonsumenten relativ konstant verlaufen (vgl. Abb. 54). Dies hat zur Folge, dass vor allem die Produktionsbetriebe gezwungen sind, hohe Kapazitätsreserven und Sicherheitsbestände vorzuhalten, um termingerecht liefern zu können.

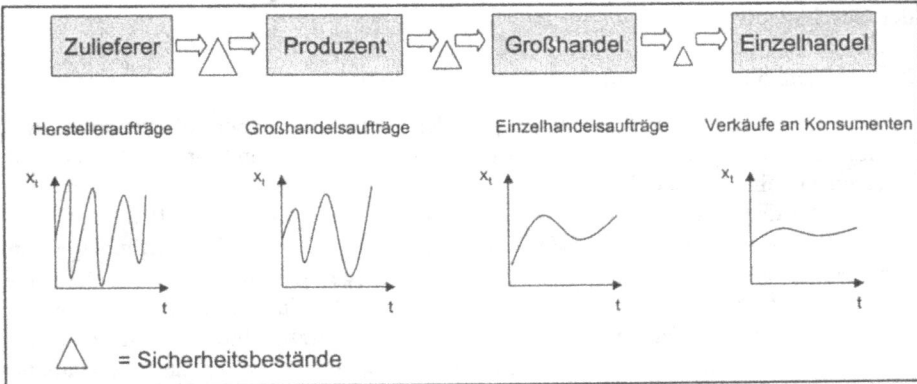

Abb. 54 Der Bullwhip-Effekt

Die zunehmende Variabilität der Auftragseingänge ist im Wesentlichen auf den **begrenzten Informationsstand** der einzelnen Supply Chain-Mitglieder zurückzuführen sowie auf **längere Bestellzyklen,** die zu einer Bündelung der Aufträge auf der jeweiligen Stufe führen (vgl. Just-in-Time-Beschaffung, S. 319 ff.). Durch eine unternehmensübergreifende **Koordination der Logistikkette** ließen sich die überschüssigen Lagerbestände und nicht genutzten Kapazitäten reduzieren und gleichzeitig die Lieferzeiten der Produkte verkürzen.

b) Voraussetzungen

1. Partnerschaft

Eine wesentliche Voraussetzung für das Funktionieren einer Supply Chain ist die mittel- bzw. langfristige **partnerschaftliche Kooperation** der Mitglieder. Traditionell sind Unternehmen bestrebt, ihre eigene Wettbewerbsposition auszubauen und möglichst wenige Informationen weiterzuleiten. Je nach Marktmacht werden mit den Lieferanten kurzfristige Rahmenverträge abgeschlossen, in denen lediglich grobe Abnahmemengen festgeschrieben sind. Für die gesamte Wertschöpfungskette bedeutet dies, dass die Planungsdaten mit großen Unsicherheiten behaftet sind und Investitionen nicht aufeinander abgestimmt werden. **Relative Wettbewerbsvorteile** gegenüber anderen Wertschöpfungsketten lassen sich nur erreichen, wenn innerhalb der Supply Chain eine hohe Transparenz und Bereitschaft zur Zusammenarbeit vorliegt. Grundsätzlich kann im Rahmen des Supply Chain Managements zwischen

- horizontaler und
- vertikaler

Kooperationsform unterschieden werden.

Eine **horizontale Kooperation** bezieht sich auf Unternehmen, die auf der gleichen Stufe in der Wertschöpfungskette stehen. Ziel einer solchen Kooperation ist es, durch Spezialisierung oder Größeneffekte Kosteneinsparungen zu erzielen. Darüber hinaus besteht die Möglichkeit, einzelne Spitzen in der Kapazitätsauslastung auszugleichen. Demgegenüber bezieht sich eine **vertikale Kooperation** auf Unternehmen in aufeinander folgenden Stufen der Versorgungskette. Im Vordergrund stehen die Standardisierung der Schnittstellen sowie die Offenlegung und Verschlankung der Geschäftsprozesse.

2.   Informations- und Kommunikationstechnologie

Eine weitere wichtige **Voraussetzung** ist der Einsatz moderner Informations- und Kommunikationssysteme, die einerseits einen automatisierten Datenaustausch und andererseits eine ganzheitliche **Planung** und **Steuerung** der Supply Chain ermöglichen. Unter dem **elektronischen Datenaustausch** (engl. Electronic **Data** Interchange, **EDI**) versteht man den Transfer von strukturierten Daten auf der Grundlage von vereinbarten Nachrichtenstandards. Auf diesem Wege können sowohl Geschäftsdaten als auch technische Informationen, wie z.B. CAD-Zeichnungen (vgl. S. 149 f.), zwischen den Unternehmen ausgetauscht werden. Zusätzlich bietet das **Internet** eine einheitliche Plattform für den weltweiten Datenaustausch, so dass zunehmend **elektronische Beschaffungsmärkte** (vgl. E-Commerce, S. 158 f.) entstehen.

Neben einem automatisierten Datenaustausch sind unternehmensübergreifende Planungs- und Informationssysteme nötig, die eine zentrale Koordination der Supply Chain unterstützen. **Supply Chain Informationssysteme**, wie z.B. der Advanced Planner & Optimizer (APO) von SAP, bauen auf konventionellen PPS-Systemen (vgl. S. 251 f.) auf und unterscheiden zwischen einer strategischen und einer operativen Ebene. Zu den Aufgaben der **strategischen Planung** gehört die Festlegung der Supply Chain-Struktur, die Auswahl der beteiligten Unternehmen, die Planung der Produktions- und Lagerstandorte sowie Entscheidungen über die einzusetzenden Transportmittel.

Im Rahmen der **operativen Planung** erfolgt die Bedarfs- und Vertriebsplanung sowie eine Distributions-, Produktions- und Beschaffungsplanung. Die operativen Planungsmodule werden auch als **Advanced Planning Systems** (APS) bezeichnet. Um eine hohe Aktualität der Pläne zu gewährleisten, beruhen Advanced Planning Systems auf einem **inkrementellen Planungsansatz**. Ausgehend von einem bestehenden Plan mit z.T. fixierten Entscheidungen werden Planänderungen, wie die Einlastung eines neuen Kundenauftrages oder Lieferverzögerungen, **unverzüglich** und unter Berücksichtigung aller relevanten Interdependenzen und Restriktionen in der Supply Chain vorgenommen.

c)   Referenzmodell für das Supply Chain Management

Die Implementierung des Supply Chain Management setzt ein einheitliches Prozessverständnis der beteiligten Firmen voraus. Als Grundlage für die Prozessmodellierung dient oftmals das vom Supply Chain Council (SCC) - einem Verbund von mehr als 300 Unternehmen - entwickelte **Supply-Chain-Operations-Reference-Model** (SCOR). Im Rahmen des SCOR-Modells werden die grundlegenden Geschäftsprozesse einer Versorgungskette beschrieben sowie Best Practice-, Benchmark- und Softwareinformationen zur Verfügung gestellt. Das SCOR-Modell unterscheidet vier **Kerngeschäftsprozesse**, die sich auf allen Stufen der Wertschöpfung wieder finden (vgl. Abb. 55):

- **Planen** - umspannt die gesamte Logistikkette und enthält die bereits angesprochenen Planungs- und Steuerungsfunktionen eines Supply Chain-Informationssystems, wie z.B. die Lieferantenbewertung oder die langfristige Kapazitäts- und Ressourcenplanung.
- **Beschaffen** - umfasst u.a. den Erwerb, den Erhalt und die Prüfung der Materialien sowie die Lagerung und Ausgabe der Ware.
- **Produzieren** - beginnt mit der Anforderung und dem Erhalt der Rohmaterialien, gefolgt vom Herstellen und Testen der Produkte sowie der Freigabe, Verpackung und Zwischenlagerung der Güter.
- **Liefern** - beinhaltet die Auftrags-, Lager- und Transportverwaltung.

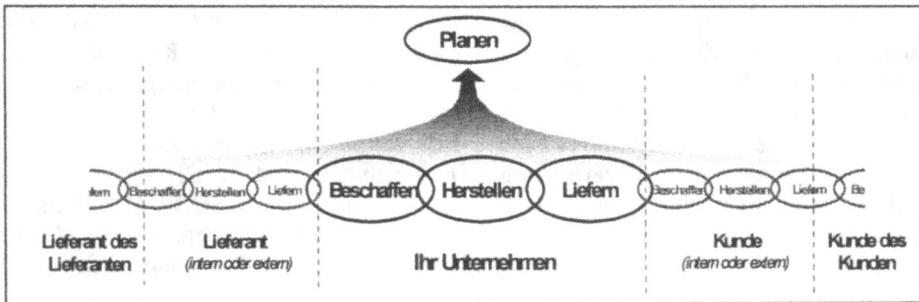

Abb. 55   Kerngeschäftsprozesse des Supply Chain Management
Quelle: Supply Chain Council, SCOR-Modell

Anhand dieser vier Prozesse lassen sich - ähnlich wie beim **Business Process Reengineering** (vgl. S. 201 ff.) - die Stärken und Schwächen eines Unternehmens sowie die Schnittstellen innerhalb der Supply Chain identifizieren. Gemäß dem SCOR-Referenzmodell sollte die Neugestaltung einer Supply Chain in **3 Stufen** erfolgen, die einen unterschiedlichen **Detaillierungsgrad** aufweisen.

Zunächst werden auf der höchsten Ebene der **Umfang** und **Inhalt** der Supply Chain Management-Aufgaben eines Unternehmens definiert. Als Basis dienen die bereits erwähnten Kerngeschäftsprozesse Planen, Beschaffen, Herstellen und Liefern. Des Weiteren werden auf dieser Ebene die Leistungsziele festgelegt. Anschließend erfolgt die **Konfiguration** der Supply Chain, wobei zwischen den Prozesstypen **Planung, Ausführung** und **Infrastruktur** differenziert wird. Zu diesem Zweck werden die vier Kernprozesse in 19 **Prozesskategorien** unterteilt, die an die speziellen Gegebenheiten und Strategien eines Unternehmens angepasst werden können. Beispielsweise umfasst der Prozess **Liefern** die Kategorien

■ Lieferung planen,	**Planung**

■ lagerhaltige Produkte liefern,	
■ auftragsspezifische Produkte liefern,	**Ausführung**
■ auftragsspezifisch entwickelte Produkte liefern und	

■ Infrastruktur liefern,	**Infrastruktur**

die - falls vorhanden - beim Aufbau einer Supply Chain zwischen den beteiligten Firmen abgestimmt werden müssen. Die Prozesskategorien bilden somit die Grundlage für eine erste **Prozessanalyse** und **Auswahl** der neu zu strukturierenden Abläufe.

Zum Abschluss werden auf der **Gestaltungsebene** die ausgewählten Prozesskategorien weiter verfeinert. Zur detaillierten Darstellung der Teilprozesse können die bereits vorgestellten EPK-Modelle (vgl. S. 205 ff.) verwendet werden. Darüber hinaus liefert das SCOR-Modell für jeden Teilprozess ein **Kennzahlengerüst** mit dessen Hilfe die angestrebten Mindestanspruchsniveaus der **Erfolgsfaktoren** Kosten, Qualität und Zeit festgelegt werden können. Ein einheitliches Kennzahlensystem bietet den Vorteil, dass die Geschäftsprozesse unternehmensübergreifend kontrolliert und gesteuert werden können. Zudem werden vom SCOR-Modell für die einzelnen Prozesselemente **Best Practice-Informationen** und ein Katalog von Mindestanforderungen an **Softwaresysteme** zur Verfügung gestellt. Die vierte Ebene, d.h. die **Implementierung** der geplanten Veränderungen, ist im SCOR-Modell nicht weiter ausgeführt. Das Supply Chain Council bietet lediglich verschiedene **Trainingsmodule** an, in denen der Umgang mit dem SCOR-Modell geschult wird.

Die grundlegenden Ideen des Supply Chain Managements sind in der Logistik bereits seit längerem bekannt, so dass nicht unbedingt von einer neuen Management-Philosophie gesprochen werden kann. Hervorzuheben ist jedoch die konsequente Umsetzung des Konzeptes in der Unternehmenspraxis. Vor allem die Fortschritte auf dem Gebiet der Informationstechnologie haben dazu geführt, dass die Unternehmen ihre Geschäftsaktivitäten einfacher aufeinander abstimmen können.

D. Management des Wandels

In diesem Abschnitt soll versucht werden, die **unabhängig** voneinander entstandenen und entwickelten Konzepte Business Process Reengineering, Lean Management, Total Quality Management, Supply Chain Management, kontinuierliche Verbesserungsprozesse und Benchmarking unter einem **einheitlichen** theoretischen Blickwinkel zu betrachten und als Mosaiksteine zu einem übergeordneten organisatorischen Konzept zusammenzufügen.

Um Gemeinsamkeiten der o.a. Konzepte zu finden, ist eine sorgfältige Analyse der Ziele und Kernaussagen ratsam. Im Mittelpunkt des **Business Process Reengineering** stehen die **Verbesserung** und **Beschleunigung** der **Unternehmensprozesse** mit dem Ziel der engeren **Kundenorientierung**. Der Ansatz ist dynamisch, da die Abläufe und damit die **zeitlichen** Komponenten im Vordergrund des Interesses stehen und man bewusst **Veränderungen**, nicht aber ein statisches Gleichgewicht der Organisationsstruktur anstrebt.

- **Lean Management** verändert die Organisationsstruktur ebenfalls durch „Verschlankung" und hofft, damit eine Beschleunigung der Unternehmensprozesse (Lagerabbau, Verminderung der Durchlaufzeiten) und eine flexiblere Nutzung des Produktionsapparates zu erreichen.

- Das **Total Quality Management** stellt die Qualität in den Mittelpunkt aller Unternehmensaktivitäten, beeinflusst aber indirekt durch Vermeidung von Ausschuss und Nachbearbeitung defekter Produkte auch die Produktivität und die Durchlaufzeiten (ISO 9000 ff.).

- Das **Supply Chain Management** verfolgt die gleichen Ziele der zuvor genannten Management-Konzepte. Allerdings handelt es sich hierbei um einen unternehmensübergreifenden Strategieansatz.

- Die **kontinuierlichen Verbesserungsprozesse** tragen den dynamischen Veränderungsaspekt bereits im Namen und eignen sich zur Produktivitätssteigerung genauso wie zur Qualitätserhöhung und zur stärkeren Flexibilisierung der Unternehmensprozesse.

- Schließlich rundet das **Benchmarking** diese Sichtweise ab, indem es auch unternehmensexterne Aspekte durch den **dynamischen Vergleich** des eigenen Unternehmens mit den **jeweils besten** Unternehmen in die Betrachtung einbezieht.

Diese Gegenüberstellung der einzelnen Konzepte zeigt, dass die **Veränderung** des gegenwärtigen **Zustands** das grundlegende Prinzip und der gemeinsame Kern aller Konzepte ist. Hervorgerufen wird dieses Streben nach Veränderung durch die konsequente Ausrichtung aller Unternehmensaktivitäten an den **Kundenwünschen**, die keine Konstanten sind, sondern sich rasch in viele Richtungen ändern können und das Unternehmen zu schnellen Reaktionen zwingen, um im Wettbewerb zu bestehen.

Fassen wir die einzelnen Konzepte unter Beachtung ihrer gegenseitigen Beziehungen zu einem Unternehmenskonzept zusammen, so können wir dieses neue Konstrukt **Management des Wandels** nennen, da der Wandel bei den einzelnen Unternehmensprozessen und Funktionsbereichen im Mittelpunkt der Betrachtung steht. Die Abb. 56 soll die Wirkungen der Konzepte auf die **Veränderungen** der strategischen Variablen und deren Einfluss auf das Hauptziel und die Unterziele beim Management des Wandels verdeutlichen.

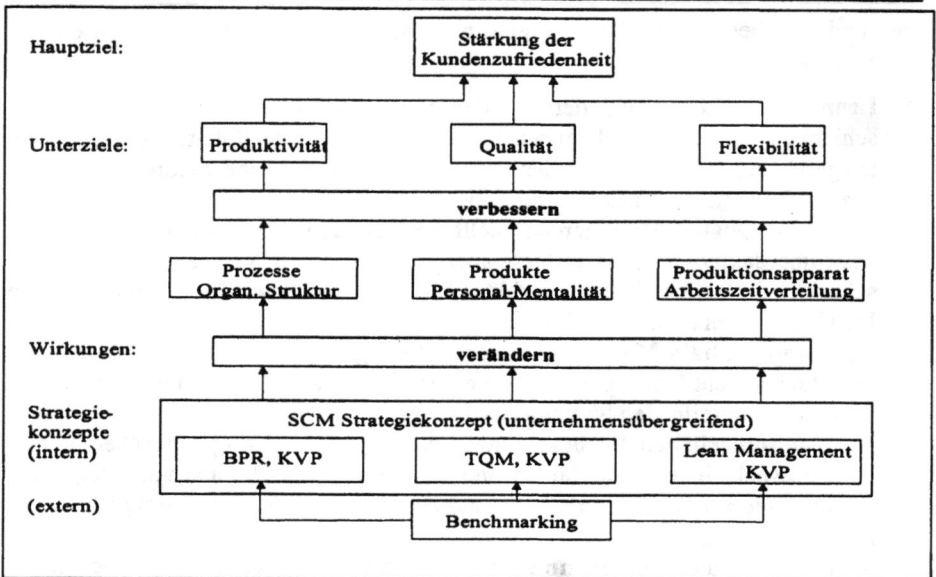

Abb. 56   Strukturelemente im Management des Wandels

Die über die gesamte Breite gezeichneten Kästen „verändern" und „verbessern" sollen andeuten, dass auch Querverbindungen möglich sind. So kann man zum Beispiel mit Businesss Process Reengineering (BPR) auch eine Veränderung von Produkten oder des Produktionsapparates bewirken und mit veränderten Prozessen nicht nur eine Verbesserung der Produktivität, sondern evtl. auch der Produktqualität und der Flexibilität erreichen. Die eingezeichneten Pfeile geben nur die „Hauptwirkungen" an. Das Benchmarking ist die Grundlage, da es alle internen Strategiekonzepte und ihre Wirkungen durch Vergleich mit anderen Unternehmen überprüft. Auf der Grundlage von Abb. 56 lässt sich nun das Management des Wandels abschließend definieren:

Management des Wandels ist ein Teil des strategischen Managements, das

- eine **Stärkung** der Kundenzufriedenheit über eine **Verbesserung** von Produktivität, Qualität und Flexibilität anstrebt,
- diese Ziele durch eine **Veränderung** der strategischen Variablen Produkte, Prozesse, Organisationsstruktur, Mitarbeitermentalität und Arbeitsbedingungen zu erreichen sucht und
- dazu strategische, die Variablen beeinflussende Konzepte, wie BPR, Lean Management, TQM, SCM, KVP und Benchmarking anwendet.

Es liegt auf der Hand, dass die langfristige **Existenzsicherung** des Unternehmens nur gelingt, wenn die sich schnell **wandelnden Kundenanforderungen** immer wieder erfüllt werden können. Das Management des Wandels stellt die dazu benötigten **strategischen Instrumente** zur Verfügung und kann wesentlich dazu beitragen, die sich aus einer stetig wandelnden Welt ergebenden Gewinnpotentiale des Unternehmens zu erschließen und gleichzeitig die Risiken zu reduzieren. Mit diesen Ausführungen schließen wir die **Analyse des strategischen Managements** und seiner **Elemente**

- Produktionsprogramm,
- Technologie,
- Umwelt und
- Organisation

ab und betrachten im nächsten Kapitel die innerhalb des erarbeiteten strategischen **Rahmens** zu treffenden Entscheidungen des **operativen** Managements.

Teil III: Operatives Management im Industriebetrieb

7. Kapitel: Grundlagen des operativen Produktionsmanagements

A. Der strategische Rahmen für das operative Management

Durch die in Teil II des vorliegenden Lehrbuchs behandelten strategischen Entscheidungen wird für den Industriebetrieb ein **langfristiger** Rahmen geschaffen, innerhalb dessen sich das **Betriebsgeschehen** vollziehen soll. Die **kurz- bis mittelfristigen** Entscheidungen, die dieses Betriebsgeschehen regeln, bilden den Inhalt des **operativen** Managements, das in den folgenden Kapiteln ausführlich und detailliert erörtert wird. Aus methodischen Gründen ist es jedoch unerlässlich, die Nebenbedingungen des operativen Managements in der Gestalt des strategischen Rahmens für jedes Unternehmen individuell genau zu spezifizieren, da eine Vermischung beider Planungsebenen zu schwerwiegenden Managementfehlern führen kann. Wir werden daher die wichtigsten Komponenten des strategischen Rahmens noch einmal kurz rekapitulieren.

I. Das langfristige Produktionsprogramm

Eine der wichtigsten strategischen Entscheidungen eines Industrieunternehmens ist die Festlegung der

- **Märkte**, auf denen das Unternehmen tätig werden will,

und damit verbunden der

- **Produktfelder**, die den Schwerpunkt der wirtschaftlichen Aktivität des Unternehmens bilden sollen.

Aus der Prognose der Marktattraktivität und der potentiellen Nachfrage bei den gewählten Produktfeldern ergibt sich unter Berücksichtigung der dem Unternehmen zur Verfügung stehenden Ressourcen das **langfristige Produktionsprogramm** nach Art und Menge, wobei es sich natürlich bei einem Zeitraum bis zu 10 Jahren nur um eine grobe Schätzung der zu produzierenden Mengen handeln kann. Die geeignete Maßgröße für eine solche Schätzung sind **durchschnittliche Jahreswerte** oder Vielfache davon.

Das langfristige Produktionsprogramm, insbesondere die Produktarten und -varianten, ist **nach** der strategischen Entscheidung für das operative Management fest vorgegeben und damit eine nicht veränderbare Größe. Entscheidungen über Produktinnovationen oder eine Eliminierung von Produkten aus dem Produktionsprogramm sind daher nicht Gegenstand des operativen Managements. Vielmehr ist es die Aufgabe der operativen Planung, das Gewinnpotential, das im langfristigen Produktionsprogramm angelegt ist, möglichst gut auszuschöpfen.

II. Die betrieblichen Ressourcen

Im Rahmen des strategischen Managements hat die Unternehmensleitung neben den Entscheidungen über Märkte und Produktfelder Entscheidungen über die Ressourcen zu treffen, mit deren Hilfe das langfristige Produktionsprogramm realisiert werden soll. Auf der Basis des dem Unternehmen zur Verfügung stehenden Eigen- und Fremdkapitals betreffen die strategischen Entscheidungen die Bereiche

- **Standort,**
- **Produktionskapazität** (Anlagen und Personal),
- Produktions**technologie** und
- **Organisation.**

Ein strategisches Optimum kann hierbei nur erreicht werden, wenn diese vier Entscheidungsvariablen **simultan** mit dem langfristigen Produktionsprogramm festgelegt werden. Dies ist eine Aufgabe, die nur die Unternehmensleitung aus der unternehmerischen Gesamtschau bewältigen kann.

Zur Entscheidungsvorbereitung bieten sich - zuweilen - Planungsmethoden an, wie wir sie im 5. Kapitel bei der Wahl des betrieblichen Standorts anhand eines Beispiels aus der Unternehmenspraxis behandelt haben (vgl. S. 118 ff.). Mit diesem Standortmodell wurden nicht nur die betrieblichen Standorte sondern durch deren Wahl auch die gesamte Produktionskapazität und das auf 10 Jahre projektierte Produktionsprogramm (in Einheiten eines Standardprodukts) gewinnoptimal geplant. Darüber hinaus war damit auch das Produktionsverfahren, das von den Gebäude- und Anlagekosten an den einzelnen Standorten abhing, determiniert. Damit sind die **strategischen Variablen** Produktionsprogramm, Standort, Verfahren und Kapazität festgelegt und für die mittel- und kurzfristige Planung als Eckdaten vorgegeben.

Unabhängig von der Methodik der strategischen Planung ist es eine Erfahrungstatsache, dass die strategischen Variablen durch drei Merkmale gekennzeichnet sind: Entscheidungen über diese Variablen

- verursachen einen **hohen Kapitaleinsatz,**
- führen zu einer **langfristigen Kapitalbindung,**
- sind nur unter **hohen Kosten** zu korrigieren.

Es ist demnach nahe liegend, einmal getroffene Entscheidungen über strategische Variable nicht ohne Not zu revidieren. Daraus folgt, dass sie bei mittel- bis kurzfristiger Betrachtung nicht Gegenstand der Planung sein können, sondern für das operative Management **vorgegebene Rahmenbedingungen** darstellen. Eine solche hierarchische Vorgehensweise ist geeignet, den komplizierten Planungsprozess eines Unternehmens zu entflechten und dadurch erheblich zu erleichtern.

B. Entscheidungsobjekte des operativen Managements

I. Kennzeichen operativer Entscheidungen

Nach der Festlegung der strategischen Variablen: langfristiges Produktionsprogramm, Standort, Produktionsverfahren und Kapazität ist das operative Management gehalten, das Betriebsgeschehen so ablaufen zu lassen, dass das Unternehmen unter Beachtung der strategischen Vorgaben einen angemessenen Gewinn erwirtschaftet.

Auf der Grundlage dieser Zielsetzung ist nun zu prüfen, welche operativen Entscheidungen das Betriebsgeschehen regeln und wie sie allgemein charakterisiert werden können. Dazu ist es zweckmäßig, die Kennzeichen der strategischen Entscheidungen aus dem vorhergehenden Abschnitt heranzuziehen und die operativen Entscheidungen als **Komplement** zu definieren.

Operative Entscheidungen sind charakterisiert durch

- **begrenzten Kapitaleinsatz,**
- **kurzfristige** (< 3 Monate) oder **mittelfristige** (< 1 Jahr) **Bindung** der eingesetzten Mittel,
- relativ **flexible Korrigierbarkeit** mit **niedrigen Kosten.**

Eine typische operative Entscheidung ist die Festlegung des Absatzpreises eines vom Unternehmen hergestellten Konsumgutes, z.B. der Preis für bleifreies Superbenzin an einer Tankstelle. Diese Entscheidung erfordert geringen oder keinen Kapitaleinsatz und bindet das Unternehmen nur kurzfristig. Wurde die Nachfrage falsch (z.B. zu hoch) eingeschätzt, so kann die Entscheidung schnell korrigiert und der Preis gesenkt werden. Die durch die Korrektur verursachten Kosten sind der Absatzausfall aufgrund des zu hohen Preises und die Kosten der Preisumstellung.

Etwas anders ist die Situation, wenn das Unternehmen durch Vertrag oder Preisliste länger an den einmal gewählten Absatzpreis gebunden ist. Hier treten bei einer Fehlentscheidung höhere Kosten auf, doch kann man davon ausgehen, dass Preislisten im Allgemeinen nur eine Gültigkeit von **maximal** einem Jahr haben (Touristikreisen, Automobile, Möbel o.ä.) und damit eine angemessene Korrigierbarkeit gewährleistet ist.

Eindeutig strategischen Charakter hat die Preisfestsetzung bei Großprojekten wie Schiffen, Flugzeugen oder Bauten, deren Ausführungszeit mehrere Jahre betragen kann. Hier ist der vereinbarte Preis nur schwer nachträglich zu korrigieren, so dass eine sich als zu niedrig herausstellende Preisfestsetzung, z.B. aufgrund von Wechselkursänderungen bei Dollarfakturierung, erhebliche Nachteile für das in dem Auftrag gebundene Kapital bewirken kann.

Mit diesen Beispielen soll gezeigt werden, dass bestimmte Entscheidungen nicht per se strategisch oder operativ sind, sondern es in erster Linie auf

- Fristigkeit,
- Kapitalbindung und
- Korrigierbarkeit

ankommt. Mit Hilfe dieser Kriterien können tatsächliche Entscheidungen eines Unternehmens mit der bei einer anwendungsorientierten Wissenschaft überhaupt möglichen Genauigkeit in die Kategorien strategisch bzw. operativ eingeordnet werden.

Aus diesem Grund wird auch im vorliegenden Lehrbuch die zum Teil in der Literatur zu findende Einteilung des Managements in strategisches, taktisches und operatives Management (vgl. z.B. Zäpfel, Taktisches Produktions-Management 1989) nicht übernommen. Die Abgrenzung des taktischen Managements zu beiden anderen Kategorien gestaltet sich äußerst schwierig. So werden z.B. Produktinnovationen dem taktischen Management zugeordnet (Zäpfel, Taktisches Produktions-Management 1989, S. 9), obwohl die Entscheidung über ein neues Produkt (und nicht nur über eine Variante) durch den benötigten Produktions- und/oder Vertriebsapparat einen hohen Kapitaleinsatz nach sich ziehen und das Unternehmen langfristig binden **kann**. Ein Beispiel hierfür ist der Eintritt namhafter deutscher Zeitschriftenverlage mit **neuen** Zeitschriften in den britischen, französischen und US-amerikanischen Markt während der 80er Jahre. Diese Maßnahmen wurden von den Unternehmensleitungen - in Übereinstimmung mit der hier vertretenen Definition - eindeutig als strategische Entscheidungen betrachtet und den operativen Entscheidungen Preisfestsetzung, Werbemaßnahmen, Druck und Vertrieb gegenübergestellt.

Aus diesen **Zweckmäßigkeit**serwägungen heraus werden wir, um die Abgrenzungsschwierigkeiten zu minimieren, die „taktischen" Entscheidungen nicht als eigenständige Kategorie betrachten, sondern gemäß der o.a. Kriterien dem strategischen oder operativen Management zuordnen.

II.   Anwendungsbereiche des operativen Managements

Nach Kennzeichnung der operativen Entscheidungen sollen nun die wichtigsten betrieblichen **Funktionsbereiche** herangezogen werden, um beispielhaft typische Fragestellungen aus dem operativen Management zu erläutern.

a)   Die Produktion

Sie ist der für das industrielle Management immer noch bedeutendste Funktionsbereich und wird auch in den folgenden Kapiteln die Hauptrolle spielen. Typische operative Entscheidungen regeln folgende Sachverhalte:

- **Das mittelfristige Produktionsprogramm**
  Hierbei werden die zu produzierenden **Mengen** der **Produkte** oder - falls eine Vielzahl von Produkten angeboten wird - **Produktgruppen** für den Zeitraum eines Jahres grob festgelegt, ohne die verschiedenen Varianten eines Produktes näher zu spezifizieren. In diesem Sinne plant die Automobilindustrie ihre Jahresproduktion auf der Basis ihrer Grundmodelle (z.B. Opel Vectra) und nicht der vom einzelnen Kunden gewünschten Variante (Schiebedach, Klimaanlage o.ä.).

- **Das kurzfristige Produktionsprogramm**
  Es enthält die genauen Mengen aller Produktvarianten und zwar sowohl der Endprodukte als auch der selbst herzustellenden Baugruppen gemäß Stückliste[21]. Der Planungszeitraum bewegt sich in der Regel zwischen einer Woche und einem Monat, vereinzelt wird auch ein Quartal zugrunde gelegt.

- **Das Beschaffungsprogramm für die Fremdteile**
  Für die fremd zu beziehenden Einzelteile und Materialien sind die Bestellmengen festzulegen und den Zulieferern entsprechende Beschaffungsaufträge zu erteilen. Bei Just-in-Time-Produktion, z.B. im Automobilbau, können die Beschaffungsfristen extrem kurz sein und unter einem Tag liegen.

- **Die Produktionsdurchführung**
  Ihr Gegenstand ist die Freigabe der Produktionsaufträge für die Produktion sowie die Steuerung der Aufträge in zeitlicher und räumlicher Sicht durch die Produktionsanlagen (Maschinenbelegung). Die Planung erfolgt hier in der Regel wöchentlich, kann aber bei bestimmten Produktionsprozessen auch täglich nötig werden.

Alle hier aufgeführten Entscheidungen gehören eindeutig zum operativen Management, da sie relativ rasch korrigiert werden können und keine langfristige Bindungswirkung für das Unternehmen nach sich ziehen. Das gilt auch für das mittelfristige Produktionsprogramm, da die hier zugrunde gelegten Mengen nur grobe Anhaltspunkte sind und durch die kurzfristige Programmplanung ohnehin verändert werden können.

b)   Der Absatz

Auf dem Gebiet des Absatzes gibt es neben strategischen Entscheidungen, wie dem Aufbau eines Vertriebsnetzes (z.B. der Aufbau des Tankstellennetzes der Mineralölunternehmen in den neuen Bundesländern) eine Fülle operativer Entscheidungen, die insbesondere das **absatzpolitische Instrumentarium** betreffen:

- Preis- und Konditionenpolitik,
- Variationen in der Produktgestaltung, z.B. Einführung von Varianten (Metallic-Lackierung),
- Werbepolitik, z.B. Entscheidungen über Werbeaufwand, Werbeträger und Werbemedien.

Auch diese Entscheidungen zeichnen sich durch eine rasche Korrigierbarkeit ohne allzu hohe Kosten aus und führen nur zu relativ kurzfristiger Kapitalbindung.

c)   Die Finanzierung

Im Gegensatz zu der langfristigen Kapitalbeschaffung aus strategischen Gründen (Kapitalerhöhung einer AG, Begebung einer Obligation) sind es die kurzfristigen Formen der Fremdfinanzierung, wie z.B. Kontokorrent- oder Lieferantenkredit, die den Gegenstand operativer Entscheidungen im Finanzbereich bilden. Sie dienen in erster Linie der Umsatzfinanzierung und der Liquiditätsbeschaffung.

---

[21]   vgl. hierzu im einzelnen Kapitel 8, Abschnitt B.II., S. 271 ff.

In den folgenden Kapiteln des vorliegenden Lehrbuchs werden wir uns ausschließlich mit den operativen Entscheidungen in der Produktion beschäftigen, da
die Gebiete Absatz und Finanzierung Gegenstand der **Allgemeinen** Betriebswirtschaftslehre sind, deren Kenntnis für die **spezielle** Betriebswirtschaftslehre „Industriebetriebslehre" vorauszusetzen ist.

C. Operative Planungsmethoden in der Produktion

Nachdem der Gegenstand des operativen Managements im vorausgehenden Abschnitt definiert worden ist, müssen nun die Methoden betrachtet werden, die in
Wissenschaft und Praxis entwickelt wurden, um eine effiziente operative Planung zu
ermöglichen. Im Kapitel 2, Abschnitt B, S. 25 ff. haben wir als wichtigste Planungsmethoden im Industriebetrieb

- Optimierungsmethoden und
- heuristisch-evolutive Methoden

kennen gelernt. Es wird sich hier herausstellen, dass ein starker Gegensatz zwischen
Theorie und Praxis in Bezug auf die Anwendung der einen oder anderen Methode
besteht. Während sich die theoretische Literatur vorwiegend mit Optimierungsmethoden beschäftigt[22], wendet die Unternehmenspraxis ganz überwiegend heuristische Methoden an. Dieser Diskrepanz soll im Folgenden etwas genauer
nachgegangen werden. Dabei ist zwischen zwei Ansätzen zu unterscheiden, die bei
der operativen Planung eine Rolle spielen:

- der Simultanplanung und
- der Sukzessivplanung.

I.   Simultanplanung des Produktionsprozesses

a)   Interdependenzen im Produktionsbereich

Wie in Abschnitt B.II. dieses Kapitels gezeigt (vgl. S. 242 ff.), wird der Produktionsbereich durch die Entscheidungen über das mittel- und kurzfristige **Produktionsprogramm**, das **Beschaffungsprogramm** für Fremdteile und die **Produktionsdurchführung** gekennzeichnet. Zwischen diesen Problemkomplexen gibt es vielfältige Interdependenzen, die es geraten erscheinen lassen, alle den Produktionsbereich betreffenden operativen Maßnahmen **simultan** zu planen, da sie
untereinander abhängig sind. Die wichtigsten Interdependenzen lassen sich folgendermaßen verdeutlichen:

> 1. Das gewinnmaximale Produktionsprogramm hängt vom Absatzpreis und den
>   variablen Kosten der Produkte ab. Die variablen Kosten enthalten:

---

[22] Dies zeigt jeder Blick in die Zeitschriften des Operations Research, wie OR-Spektrum,
      Management Science usw. sowie auch in manche betriebswirtschaftliche Zeitschriften.

- Kosten für die fremdzubeziehenden Teile,
- Umrüstkosten, die durch die Losgrößen bestimmt sind und
- Kapitalbindungs- und Lagerkosten, die von den Bestellmengen der Fremdteile, den Losgrößen der eigengefertigten Teile und der Maschinenbelegung (Wartezeiten der Produktionsaufträge) abhängen.

Man kann also das gewinnmaximale Produktionsprogramm erst planen, wenn über die Bestellmengen und die Losgrößen sowie die Maschinenbelegung entschieden ist. Dies zeigt den Einfluss der Produktionsdurchführung und der Beschaffungsplanung auf die Programmplanung.

2. Die optimalen Losgrößen, Bestellmengen und Maschinenbelegungen können nur errechnet werden, wenn das Produktionsprogramm nach Art und Menge feststeht. Hieran erkennt man die Abhängigkeit der Beschaffungsplanung und der Produktionsdurchführung von der Programmplanung.

Diese gegenseitigen Einflüsse kennzeichnen ein **interdependentes** System, das nur **simultan** einer optimalen Lösung zugeführt werden kann. Hierfür wurden von der Theorie Optimierungsmethoden entwickelt, die im nächsten Abschnitt erläutert werden.

b)   Abbildung des Produktionsprozesses in einem Optimierungsmodell

Die Produktionsprogrammplanung ist schon in den 50er Jahren ein bevorzugtes Anwendungsgebiet der linearen Optimierung geworden. Ab 1960 versuchte man, die Losgrößenplanung simultan mit der Programmplanung durchzuführen. Dies gelingt nur auf der Basis **nicht-linearer ganzzahliger Optimierungsmodelle**, die z.T. linearisiert werden müssen (Adam, Produktionsmanagement 1998; Preßmar, Losgrößenanalyse 1974; Preßmar, Losgrößenpolitik 1977). Die dabei auftretende Zahl von reellen und ganzzahligen Variablen übersteigt die Rechenkapazität damaliger und heutiger Computer erheblich. Berücksichtigt man darüber hinaus die Produktionsdurchführung, so müssen die **Arbeitsgänge** der Fertigungsaufträge als Variable in das Modell eingehen. Bei praxisnahen Fragestellungen würde ein solches Modell - grob gerechnet - über 5 Millionen Produktionsvariablen und etwa 3 Millionen Nebenbedingungen enthalten (Scheer, Wirtschaftsinformatik 1998, S. 522); eine Größenordnung, die weit jenseits der numerischen Lösbarkeit ist. Daher steht in der Literatur die **Formulierung** simultaner Produktionsplanungsmodelle im Vordergrund (sehr detailliert in Kistner/Steven, Produktionsplanung 1993, S. 231-253), während die praktische Anwendbarkeit solcher Modelle bis heute gering geblieben ist. Die Optimierungsmodelle haben jedoch durch ihre klare mathematisch-logische Struktur die gedankliche Durchdringung der komplexen Vorgänge im Produktionsbereich wesentlich erleichtert und bestimmte Einsichten in den Produktionsprozess überhaupt erst ermöglicht.

Die Struktur eines linearen gemischt-ganzzahligen Optimierungsmodells ist geeignet, die tatsächlichen Beziehungen im Produktionsbereich angemessen abzubilden, so dass der **didaktische Wert** von Optimierungsmodellen sehr hoch einzuschätzen ist. Wir werden daher im Folgenden von solchen Modellen Gebrauch machen, wenn

- bestimmte Produktionsstrukturen und betriebliche Sachverhalte dadurch präzise und kompakt erklärt werden können und damit für den Leser gut zu durchschauen sind oder

- die Größe des praktischen Problems eine **numerische** Auswertung des Modells zulässt, z.B. bei der **Grobplanung** des mittelfristigen Produktionsprogramms.

Die didaktische Eignung der Optimierungsmodelle darf jedoch nicht über ihre **Unzulänglichkeiten** hinwegtäuschen, die bisher eine stärkere Verbreitung dieser Methoden in der Unternehmenspraxis verhindert haben:

- Viele praktische Problemstellungen führen zu Modellgrößen, die numerisch auch auf den heutigen leistungsfähigen Computern nicht zu bewältigen sind.

- Der Aufbau der Datenmatrix ist durch den großen Datenumfang so komplex, dass Dateneingabe und -pflege hohe Kosten verursachen.

- Können praktische Problemstellungen unter Einsatz großer Computerkapazität und langer Rechenzeit tatsächlich gelöst werden, so verliert die optimale Lösung schnell an Aktualität, wenn wichtige Daten, wie Absatzpreise der eigenen Produkte oder Preise der bezogenen Bauteile, raschen Veränderungen unterworfen sind. In solchen Fällen wird die häufige numerische Auswertung zu kostspielig.

- Das komplexe lineare Optimierungsmodell hat für den Benutzer den Charakter einer black box. Er kann die Plausibilität der optimalen Lösung nur schwer nachprüfen und neigt daher zu Misstrauen gegenüber der vom Computer generierten Lösung.

Diese Unzulänglichkeiten der linearen Optimierung in Bezug auf die praktische Anwendbarkeit[23] haben in Theorie und Praxis dazu geführt, dass die Simultanplanung weitgehend aufgegeben und stattdessen versucht wurde, die Komplexität der Produktionsplanung durch die gedankliche Aufspaltung des Produktionsprozesses in Teilbereiche, die nacheinander zu planen sind, zu verringern. Dies ist der Gegenstand des nächsten Abschnitts.

II. Aufspaltung des Produktionsprozesses in Teilbereiche

Grundlage dieser gedanklichen Zerlegung ist das Prinzip der **Sukzessivplanung**, das darin besteht, die einzelnen Planungsschritte in chronologischer Reihenfolge vorzunehmen mit der Maßgabe, dass die Ergebnisse eines Planungsschrittes für den nachfolgenden Schritt **Datum** sind. Es wird dabei von einer **Hierarchie** der Planungsebenen ausgegangen, ähnlich dem Verhältnis von strategischer zu operativer Planung. Dies führt zu dem theoretischen Ansatz der hierarchischen Planung.

a) Hierarchische Planung mit Optimierungsmethoden

Die hierarchische Produktionsplanung versucht, die Schwierigkeiten der Simultanplanung zu vermeiden, indem sie

---

[23] Teilweise sind diese Unzulänglichkeiten durch leistungsstärkere Computer (sowohl auf der Mainframe- als auch auf der PC-Ebene) und durch die Entwicklung von Matrixgeneratoren, die Daten direkt einer Datenbank entnehmen, verringert worden, so daß in Zukunft eine verstärkte Anwendung von Optimierungsmethoden erwartet werden kann.

- die hierarchische Struktur des Produktionsprozesses ausnutzt, um **abgegrenzte Teilprobleme** zu definieren,
- die Teilprobleme **sukzessiv** mit Optimierungsmethoden löst und
- im Wege der **rollierenden** Planung eine nachträgliche Berücksichtigung der Interdependenzen anstrebt.

Diese Planungsmethode ist hauptsächlich von **Hax** und **Meal** (zusammenfassend dargestellt in Hax/Candea, Production 1984) entwickelt und im deutschen Sprachraum von **Kistner** und **Steven** sowie **Stadtler** (Kistner/Steven, Produktionsplanung 1993; Stadtler, Produktionsplanung 1988) weiterentwickelt worden.

Die hierarchische Planung erfolgt in der Regel in drei Schritten:

1. Zunächst wird das mittelfristige Produktionsprogramm auf der Basis eines linearen Optimierungsmodells geplant. Dazu werden die Endprodukte zu **Produktgruppen**, die ähnliche Absatz- und Kostenstrukturen aufweisen, zusammengefasst und damit der Komplexitätsgrad des Planungsproblems reduziert. Losgrößen oder Beschaffungsmengen von Bauteilen werden bei diesem Planungsschritt nicht berücksichtigt.

2. In der nächsten Planungsebene werden die in Schritt 1. errechneten Mengen der Produktgruppen auf **Produktfamilien**, die Produkte mit ähnlichen Umrüstkosten enthalten, verteilt und ihre zugehörigen **Losgrößen** mit Hilfe der dynamischen Optimierung oder des Lagrange-Ansatzes errechnet.

3. Im letzten Planungsschritt werden die Produktionsmengen der Produktfamilien auf die einzelnen **Produkte** verteilt, wobei die endgültigen Losgrößen und, was bei Hax und Meal noch nicht berücksichtigt wird, auch die **Reihenfolge** der Lose auf den Produktionsanlagen, also die **Maschinenbelegung**, determiniert werden.

Die notwendige Rückkoppelung zwischen den hierarchischen Ebenen zur Berücksichtigung der Interdependenzen erfolgt über die **rollierende Planung**. Sie besagt, dass die Produktionsplanung zwar für alle Teilperioden (z.B. Monate) des Planungszeitraums (z.B. Jahr) durchgeführt wird, aber nur für die erste Teilperiode **verbindlich**, für die restlichen Teilperioden vorläufig ist. So können Inkonsistenzen zwischen den hierarchischen Planungsstufen, die in der ersten Teilperiode bemerkt werden, zu Beginn der zweiten Teilperiode beseitigt werden, wenn das Planungssystem unter Beachtung dieser neuen Informationen wieder gestartet wird. Der Planungszeitraum wird dabei um eine Teilperiode hinausgeschoben und „rollt" gleichsam über die Zeitachse.

Die hierarchische Produktionsplanung ist ein sehr zweckmäßiges und wissenschaftlich befriedigendes Verfahren, um die o.a. Unzulänglichkeiten der Simultanplanung zu mildern, so dass wir in den Kapiteln 8 und 9 einen ähnlichen Weg einschlagen werden. Dabei muss jedoch die dritte Planungsstufe (Endproduktprogrammplanung und Produktionsdurchführung) wesentlich verbessert werden. Darüber hinaus ist zu prüfen, ob und in welcher Weise heuristische Ansätze die angeführten Optimierungsmethoden bei praxisrelevanten Problemstellungen ersetzen können, um eine bessere Akzeptanz in der Unternehmenspraxis zu erreichen.

b)   Sukzessivplanung mit heuristisch-evolutiven Methoden

In der Praxis sind computergestützte Produktionsplanungs- und -steuerungssysteme
(PPS) bei vielen großen und mittleren Industrieunternehmen realisiert. Diese Systeme verwenden wegen des komplexen Planungsproblems konsequent die Sukzessivplanung mit heuristischen Methoden (z.B. SAP-R/3). Auch in Teilplanungs-
schritten werden keine Optimierungsalgorithmen verwendet. Damit wird bewusst
auf die Suche nach der optimalen Lösung verzichtet und im Interesse der Praktikabi-
lität ein **„Suboptimum"** hingenommen.

Dies zeigt deutlich die oben angesprochene Diskrepanz zwischen Theorie und Praxis
in der Produktionsplanung. Da sich die Standard-PPS-Systeme de facto in der Praxis
durchgesetzt haben, kann der Brückenschlag zwischen Theorie und Praxis nur gelingen, wenn die Theorie die Methodologie dieser PPS-Systeme als Basis übernimmt,
d.h. von einer Sukzessivplanung mit heuristischen Methoden ausgeht. Dieser Ein-
stieg „von unten" wird im vorliegenden Lehrbuch aus folgenden Gründen für sach-
gerecht gehalten:

■   Die Verständigung zwischen Theorie und Praxis wird erleichtert, wenn beide
    Seiten dieselben Planungsprinzipien und -systeme benutzen, da begriffliche und
    methodologische Missverständnisse vermieden werden.

■   Die Studierenden der Industriebetriebslehre sollten mit den Planungssystemen
    gründlich vertraut gemacht werden, die sie beim Eintritt in die betriebliche Pra-
    xis als Standard vorfinden.

■   Auf der **Basis** der Standard-Planungssyteme der Praxis können dann **Optimie-
    rungsmethoden** auf einzelnen Planungsstufen **integriert** werden, wenn sie
    EDV-technisch realisierbar sind und numerische Ergebnisse liefern, die in die
    Praxis umgesetzt werden können. Eine solche Verbesserung der Standardsyste-
    me hat eine höhere Chance, von der Praxis akzeptiert zu werden als ein völlig
    anders gearteter Planungsansatz.

Diese Vorgehensweise entspricht dem Konzept einer EDV-orientierten Betriebswirtschaftslehre wie sie von **Scheer** vorgeschlagen wurde (Scheer, Betriebswirtschaftslehre 1990) und wird die Grundlage der in den Kapiteln 8 und 9 entwickelten
Produktionsplanung und -steuerung sein. Zuvor sollen aber im nächsten Abschnitt
die wichtigsten Elemente computergestützter Produktionsplanungs- und steuerungs-
systeme erörtert werden.

D. Computergestützte Produktionsplanungs- und steuerungssysteme

I.   Material Requirements Planning als Vorläufer der PPS-Systeme

Die heute in der Praxis vorzufindenden Produktionsplanungs- und -steuerungs-
systeme (**PPS-Systeme**) haben als Kernstück die Planung der Materialwirtschaft, für
die in den 60er Jahren von O. Wight und I. Orlicky die ersten computergestützten
Planungssysteme unter dem Namen „**Material Requirements Planning**" (MRP)
entwickelt wurden (zusammenfassend dargestellt in Orlicky, Material Requirements

Planning 1975). Diese MRP-Systeme gehen von einem fest vorgegebenen **Primärbedarf** an Enderzeugnissen aus, setzen also die Bestimmung des Produktionsprogramms nach Art und Menge voraus.

Aus dem vorgegebenen Primärbedarf ermitteln die MRP-Systeme den Bedarf an untergeordneten Baugruppen, Einzelteilen und Rohstoffen nach **Menge** und **Zeitpunkt** und fassen diesen Bedarf zu Losgrößen zusammen. Die dazu benötigten **Stücklisten** sind in einer Datenbank gespeichert und werden zur **Bedarfsauflösung** herangezogen.

Die Einzelheiten zur Materialbedarfsplanung werden in Kapitel 8, Abschnitt C., S. 284 ff. besprochen. An dieser Stelle ist nur festzuhalten, dass die MRP-Systeme insofern eine neue Entwicklung innerhalb der Produktionsplanung eingeleitet haben als sie

- die **Bedarfsauflösung** für alle Endprodukte computergestützt vornehmen,
- die Erzeugnisstruktur (Stücklisten) mit einem **Datenbanksystem** verwalten, und
- den Bedarf der untergeordneten Teile nicht nur mengenmäßig sondern auch **zeitorientiert** für jede Teilperiode ermitteln.

Der Bruttobedarf an Baugruppen, Einzelteilen usw. wird vom MRP-System mit dem verfügbaren Lagerbestand verglichen und in einen Nettobedarf transformiert. Unter Berücksichtigung der Produktionszeit werden daraus Produktionsaufträge generiert, die ihrerseits auf den nachfolgenden Stufen zu Bedarfen untergeordneter Teile führen können. Abb. 57 gibt das typische zeitorientierte Planungsschema von MRP für eine Baugruppe „Mikrowelleneinheit" mit untergeordnetem Bauteil „Transformator" wieder.

Durch die strukturelle **und** zeitliche Verkettung dieser Planungsschemata innerhalb eines Datenbanksystems kann die gesamte Materialwirtschaft mit MRP geplant werden.

			1	2	3	4	5	6
Mikrowellenein-heit	Bruttobedarf			20		10		40
Produktionszeit = 2 Tage	Geplanter Lagerzugang		20					
	Lagerbestand	10	30	10	10	20	20	0
Losgröße = 20	Produktionsaufträge			20		20		

Tag

			↓		↓		

			1	2	3	4	5	6
Transformator	Bruttobedarf			20		20		
Produktionszeit = 1 Tag	Geplanter Lagerzugang							
	Lagerbestand	5	5	0	15	10	10	10
Losgröße = 15	Produktionsaufträge		15	15	15			

Abb. 57   Zeitorientiertes MRP-Planungsschema[24]

Nachdem MRP-Systeme von den großen EDV-Herstellerfirmen in den 70er Jahren von den USA ausgehend auf dem Markt angeboten wurden und sich in der Praxis in relativ kurzer Zeit durchgesetzt hatten, lag es nahe, auch andere mit der Materialbedarfsplanung verbundene Bereiche der Produktionsplanung in ähnlicher Form computergestützt zu planen und zu einem Gesamtsystem zu integrieren. Die Bemühungen erfolgten in zwei Richtungen: Einmal zur vorgelagerten Planungsstufe Produktionsprogrammplanung (einschließlich Absatzprognose und Kundenauftragsverwaltung), zum anderen zu den nachgelagerten Planungsstufen Kapazitäts- und Zeitplanung sowie zur Produktionssteuerung. Das Ergebnis dieser Bemühungen war zunächst das von O. Wight entwickelte **MRP2-Konzept (= Manufacturing Resources Planning)**[25], das sich durch folgende Charakteristika auszeichnet:

- Integration aller Teilbereiche der Produktionsplanung und -steuerung zu einer **logistischen Kette** durch einen den Materialfluss bewegenden Informationsfluss,
- Anwendung des Prinzips der **Sukzessivplanung** und damit der gedanklichen Hierarchisierung des Produktionsprozesses.

Aus diesem Konzept heraus sind die heutigen PPS-Systeme entstanden und haben sich durch den Einsatz von Standardsoftware in den Industrieunternehmen verbreitet. Die Darstellung der Grundstruktur dieser PPS-Systeme ist Gegenstand des nächsten Abschnitts.

---

[24] Die Losgrößen und Produktionszeiten sind hier als vorgegeben angenommen worden.

[25] Die Ziffer 2 weist auf den Unterschied zu Material Requirements Planning (MRP) hin.

II. Die Struktur heutiger PPS-Systeme

Voraussetzung jeglicher Produktionsplanung und -steuerung ist eine Datenbank, die die für den Produktionsbereich wichtigen **Grunddaten** enthält. Dazu gehören

- **Stammdaten** der Baugruppen, Teile und Rohstoffe mit Informationen über Teilenummern, Produktionszeiten, Stückkosten, Lagerbeständen usw.. Diese sog. **Teiledaten** sind für jedes Teil in einem Datensatz zusammengefasst;
- **Erzeugnisstrukturdaten**, die die Stücklisten enthalten und angeben, mit welcher Menge Teile in übergeordnete Baugruppen oder Endprodukte eingehen;
- **Kapazitätsdaten**, die die zur Verfügung stehende Zeit der Maschinengruppen und des Personals enthalten;
- **Arbeitspläne** mit Informationen über die zur Produktion der Baugruppen nötigen Arbeitsgänge einschließlich der Maschinen, auf denen ein Teil bearbeitet werden muss und der zugehörigen Bearbeitungs- und Rüstzeiten.

Auf der Basis dieser **Grunddatenverwaltung** werden die Teilbereiche der Produktion sukzessive so geplant, dass ein logischer Ablauf mit

- steigendem **Detaillierungsgrad** der Planung und
- abnehmender **Fristigkeit** der Planung

entsteht. In Abb. 58 ist diese logische Struktur der Produktionsplanung und -steuerung wiedergegeben.

Produktionsprogrammplanung
(aus Absatzprognose und Kundenaufträgen)

Materialbedarfsplanung
(Stücklisten, Losgrößen, Bestellmengen)

Zeit- und Kapazitätsplanung
(Durchlaufterminierung, Kapazitätsabgleich)

Produktionssteuerung
(Auftragsfreigabe, Maschinenbelegung, Betriebsdatenerfassung)

Abb. 58 Struktur eines PPS-Systems

Der Detaillierungsgrad ist bei der Produktionsprogrammplanung noch relativ **grob** (auf der Basis von Produktgruppen oder -familien) und **verfeinert** sich in Richtung zur Produktionssteuerung bis hinunter zum **Produktionsauftrag,** der die Montage einer ganz speziellen Produktvariante oder einer Baugruppe aber auch die Beschaffung eines Einzelteils beinhalten kann.

Gleichzeitig sinkt die Fristigkeit der Planung von etwa einem Jahr bei der groben Produktionsprogrammplanung bis auf Wochen- oder Tagebasis für die Produktionssteuerung. Im Folgenden sollen die einzelnen Planungsstufen etwas näher dargestellt werden.

a)   Produktionsprogrammplanung

Dieser erste Planungsschritt bestimmt das **grobe Produktionsprogramm** (engl. master production schedule)[26] auf der Basis von

- eingegangenen **Kundenaufträgen** (bei Auftragsfertigung),
- **Prognosen** des zukünftigen Absatzes (bei Serien- bzw. Massenfertigung).

Selbstverständlich gibt es auch Unternehmen mit Mischfertigung, die neben festen Kundenaufträgen auch für den anonymen Markt produzieren und somit auf Absatzprognosen angewiesen sind.

Die Prognose des Absatzpotentials sollte auf der Grundlage von **Produktgruppen** erfolgen, da erfahrungsgemäß der Prognosefehler bei aggregierten Zeitreihen kleiner ist als bei den zugrunde liegenden einzelnen Produkten oder gar Produktvarianten.

Während die Kundenauftragsverwaltung von den Standard-PPS-Systemen gut unterstützt wird, fällt der Prognoseteil ziemlich bescheiden aus. So verfügen die fortgeschrittenen PPS-Systemmodule MM und PP von R/3 der SAP AG nur über die verschiedenen Varianten der **exponentiellen Glättung und Saisonmodelle** als Prognosemethoden. Anspruchsvolle Prognosetechniken wie sie z.B. in (Hansmann, Prognoseverfahren 1983) dargestellt sind, werden von keiner Standard-PPS-Software unterstützt.

Bedenkt man, dass von der Genauigkeit der Absatzprognose die Ergebnisse aller nachfolgenden Planungsstufen abhängen, weil auf Grund der Sukzessivplanung das Absatz- und Produktionsprogramm den Material- und Kapazitätsbedarf determiniert, so sollte auf die erste Planungsstufe mehr Sorgfalt verwendet werden als die herkömmliche PPS-Software es erlaubt. Wir werden daher im 8. Kapitel, Abschnitt B., S. 263 ff. außer der exponentiellen Glättung weitere Prognoseverfahren vorstellen, um die Prognose des Absatzpotentials auf eine sichere Grundlage zu stellen.

Hat man das Absatzpotential der einzelnen Produktgruppen mit Hilfe eines Prognoseverfahrens für den Planungszeitraum von einem Jahr ermittelt und auf die Monate gemäß eines Saisoneinflusses oder anderer Kriterien verteilt, so kann man es nun mit den vorhandenen Produktionskapazitäten (Ressourcen) und dem vorhandenen Lagerbestand abstimmen. Reichen Kapazität und Lagerbestand nicht aus, um alle Absatzwünsche zu befriedigen, so sollte das Produktionsprogramm die Pro-

---

[26] Die anglo-amerikanischen Begriffe der einzelnen Planungsstufen sind zum Verständnis der amerikanischen Lehrbücher zur Industriebetriebslehre wichtig, vgl. z.B. Vollmann/ Berry/Whybark, Manufacturing Planning 1992; Fogarty/Blackstone/Hoffmann, Production 1991; Starr, Operations Management 1996.

duktgruppen enthalten, die die unternehmerische Zielsetzung am besten erfüllen und gleichzeitig kapazitativ zulässig sind. Die Ermittlung eines solchen Produktionsprogramms ist Gegenstand des Abschnitts B. II. im 8. Kapitel, S. 271 ff.. Das Ergebnis der Produktionsprogrammplanung wird als **Primärbedarf** an Erzeugnissen bezeichnet, der den weiteren Planungsstufen vorgegeben wird.

b)   Materialbedarfsplanung

Aufgabe der Materialbedarfsplanung (engl. material requirements planning) ist die Bestimmung des Bedarfs an

- **selbsterstellten** Baugruppen sowie an
- **fremdzubeziehenden** Teilen

zur **Erfüllung** des **Primärbedarfs**, der sich aus den Kundenaufträgen und/oder Absatzprognosen aller Enderzeugnisse sowie Ersatzteilen ergibt und mit Hilfe der Produktionsprogrammplanung auf der vorhergehenden Planungsstufe festgelegt wurde. Es wird also nicht nur der Bedarf von „Materialien" geplant - wie es der Name nahe legen würde - sondern der Bedarf aller - auch der kompliziertesten - Teile, die in die Enderzeugnisse oder in die verkaufsfähigen Ersatzteile eingehen.

Die Aufgabe der Materialbedarfsplanung erstreckt sich auf mehrere aufeinanderfolgende Schritte:

1.   Verwaltung der Stücklisten

Für jedes Erzeugnis lässt sich eindeutig angeben, aus welchen Baugruppen und Einzelteilen es besteht und wie viele Mengeneinheiten davon benötigt werden, um eine Mengeneinheit des Erzeugnisses zu produzieren. Diese Erzeugnisstrukturdaten nennt man zusammenfassend die **Stückliste** des Produkts. Sie muss zunächst angelegt, in einer Datenbank gespeichert und dann ständig aktualisiert werden (z.B. bei verändertem Produktionsprozess). Diese Stücklistenverwaltung kann bei größeren Industrieunternehmen mit Tausenden von Erzeugnissen (inkl. Varianten) ein erhebliches EDV-technisches Problem darstellen. Sie ist aber nicht nur für die PPS, sondern auch für die betriebliche Kostenrechnung (Kalkulation) von großer Bedeutung.

2.   Bedarfsauflösung

Anhand der Stücklisten wird nun der Primärbedarf mit Hilfe mathematischer Verfahren aufgelöst und die Sekundärbedarfe an Baugruppen und Einzelteilen bestimmt. Dies muss - wie wir von MRP wissen (vgl. S. 248 f.) - **zeitorientiert** erfolgen, d.h. der Sekundärbedarf muss gegenüber dem Primärbedarf eine **Vorlaufverschiebung** aufweisen, die die **Durchlaufzeit** der Teile (= Bearbeitungs-, Transport- und Lagerzeit) berücksichtigt.

Da die Bedarfsauflösung sehr aufwendig ist, beschränken sich viele Unternehmen darauf, den Bedarf nur für wertvolle Komponenten in dieser Form zu planen und billige bzw. weniger wichtige Teile (z.B. Schrauben oder Nägel) **verbrauchsgesteuert** zu disponieren, d.h. den Bedarf aus den Werten der Vergangenheit zu **extrapolieren**, (z.B. mit der exponentiellen Glättung). Wir werden im 8. Kapitel, Abschnitt C., S. 292 ff. beide Methoden eingehend erörtern.

3.   Losgrößen- und Bestellmengenbestimmung

Aufgrund der Bedarfsauflösung ist bekannt, welche Mengen der einzelnen Komponenten in bestimmten Teilperioden produziert oder beschafft werden müssen, um den Primärbedarf zu befriedigen. Diese Mengen werden nun zu **Produktionsaufträgen (Losen)** und zu **Einkaufsaufträgen (Bestellungen)** zusammengefasst.

Die mit den Losen bzw. Bestellungen verbundenen Umrüst- bzw. Bestellkosten können so erheblich sein, dass es sich lohnt, die Bedarfe mehrerer Teilperioden gemeinsam zu produzieren (beschaffen). Dabei ist die Losgröße (Bestellmenge) zu suchen, die einen Ausgleich zwischen den Umrüst- / Bestellkosten und den durch die Bedarfszusammenfassung entstehenden Lagerkosten ermöglicht (vgl. dazu die Losgrößenverfahren im einzelnen, 8. Kapitel, Abschnitt C., S. 299 ff.).

4.   Bedarfsverfolgung

Durch die Zusammenfassung der einzelnen Bedarfe in verschiedenen Teilperioden und für verschiedene Endprodukte geht die Beziehung zwischen einem Kundenauftrag und den dafür benötigten Einzelteilen (Komponenten) verloren. Bei einer Terminüberschreitung für ein Los eines Teils kann z.B. nicht mehr festgestellt werden, welche Kundenaufträge davon betroffen sind. Das ist jedoch bei reiner Auftragsfertigung unerlässlich. Auch aus anderen Gründen kann es wünschenswert sein, die Beziehungen zwischen Kundenauftrag und Sekundärbedarf aller Stufen lückenlos verfolgen zu können. Dies gilt insbesondere für die Automobilindustrie mit ihrer **kundenindividuellen Fertigung**, die es erfordert, jederzeit über den Fortschritt des Kundenauftrags Auskunft geben zu können.

In den Standard-PPS-Systemen wird daher zumeist eine **einstufige** Bedarfsverfolgung realisiert, die Übertragungen von einer Produktionsstufe zur nächsten durch das Festhalten des Bedarfsverursachers ermöglicht.

Erheblich datenaufwendiger und informationstechnisch schwieriger ist die **mehrstufige** Bedarfsverfolgung, die bei jedem Fertigungs- oder Beschaffungsauftrag den Zusammenhang mit den Kundenaufträgen mitführt (wegen Einzelheiten vgl. Scheer, Wirtschaftsinformatik 1998, S. 167 ff.). Obwohl dieses Verfahren ideal wäre, müssen die Informationskosten der Bedarfsverfolgung gegen ihren Nutzen sorgfältig abgewogen werden.

Mit der Bedarfsverfolgung ist die Materialbedarfsplanung abgeschlossen. Es ist nun bekannt, in welchen Teilperioden die ermittelten Produktionsaufträge (Lose) aller Komponenten produziert und die fremdzubeziehenden Mengen beschafft werden sollen. Durch die Produktionsaufträge entsteht ein Bedarf an Produktionskapazität, der nun mit den vorhandenen Ressourcen abgestimmt werden muss.

c)   Zeit- und Kapazitätsplanung

Die Bedarfsauflösung innerhalb der Materialbedarfsplanung erfolgt zeitorientiert, d.h. es wurden für die Produktion der einzelnen Komponenten **Durchlaufzeiten** angesetzt, die zu einer Vorverlegung des Starttermins der Komponenten führen (Vorlaufverschiebung).

Diese Durchlaufzeiten sind jedoch zu grob und dienen nur als Planwerte der Materialbedarfsplanung. Zur Ermittlung des konkreten Kapazitätsbedarfs muss nun innerhalb der Zeit- und Kapazitätsplanung (engl. capacity requirements planning)

- eine genaue Durchlaufterminierung der einzelnen **Arbeitsgänge**, die zur Fertigung einer bestimmten Komponente durchzuführen sind, mit Start- und Endterminen erfolgen,
- auf der Basis dieser Terminierung die konkrete **Kapazitätsbelastung** der Produktionsanlagen ermittelt und
- bei Kapazitätsüberlastung ein **Kapazitätsabgleich** vorgenommen werden.

Ausgangspunkt dieses Planungsschrittes ist der **Arbeitsplan**, der die zur Produktion eines Teils oder einer Baugruppe auszuführenden **technischen Verfahrensschritte** enthält (Scheer, Wirtschaftsinformatik 1998, S. 223 ff.). Dabei ist die Beziehung zwischen den Entitytypen Teil und Arbeitsplan vom Typ n:m, da sowohl für ein Teil mehrere Arbeitspläne möglich sind (technische Alternativen) als auch für ähnliche Teile in verschiedenen Stücklisten ein Arbeitsplan bestehen kann.

Ein technischer Verfahrensschritt eines Arbeitsplanes definiert einen **Arbeitsgang**, der einer **Betriebsmittelgruppe** zugeordnet wird, auf der er technisch auszuführen ist.

Für jeden einzelnen Arbeitsgang sind nun die **Rüstzeit** der Betriebsmittelgruppe auf den Arbeitsgang, die **Ausführungszeit** des Arbeitsganges und die **Übergangszeit** zum nächsten Arbeitsgang, die im wesentlichen aus der Transport- und der Wartezeit vor dem nächsten Arbeitsplatz besteht, möglichst genau zu ermitteln.

Mit diesen Zeiten hat man die Basis zur Berechnung der Durchlaufzeiten aller Fertigungsaufträge (Lose) von Baugruppen und Teilen. Dies geschieht häufig mit Hilfe der **Netzplantechnik**. Aufgrund der Stückliste und der Bedarfsverfolgung sind Vorgänger und Nachfolger jedes Fertigungsauftrages bekannt. Als Vorgangsdauer eines Auftrags verwendet man die Durchlaufzeiten für alle Arbeitsgänge dieses Auftrags.

Die Anwendung der Netzplantechnik ermöglicht die Berechnung von frühesten und spätesten Start- und Endterminen der Aufträge sowie der zugehörigen **Pufferzeiten**[27].

Im Anschluss an die Durchlaufterminierung kann man nun die Kapazitätsbelastung der Betriebsmittelgruppen in einer Übersicht darstellen, wie Abb. 59 zeigt.

Aus Abb. 59 geht hervor, dass die ohne Beachtung der verfügbaren Kapazität durchgeführte Durchlaufterminierung zu einer Kapazitätsüberlastung in den Teilperioden 1, 4, 5 und 6 und damit zu einer unzulässigen Lösung führt. Um Kapazitätsangebot und -nachfrage in Übereinstimmung zu bringen und damit den Engpass zu beseitigen, ist ein **Kapazitätsabgleich** durch folgende Maßnahmen erforderlich (Scheer, Wirtschaftsinformatik 1998, S. 246 f.):

---

[27] vgl. 8. Kapitel, Abschnitt C., S. 328 ff.

- Einführung von **Überstunden** und **Zusatzschichten** in den kritischen Teilperioden,

- Verlagerung von Arbeitsgängen auf **andere Betriebsmittelgruppen**, die technisch dazu in der Lage sind oder

- Verlagerung von Arbeitsgängen in **andere Teilperioden**, in denen die Betriebsmittelgruppe kein Engpass ist (in Abb. 59 die Teilperioden 2, 3 und 7).

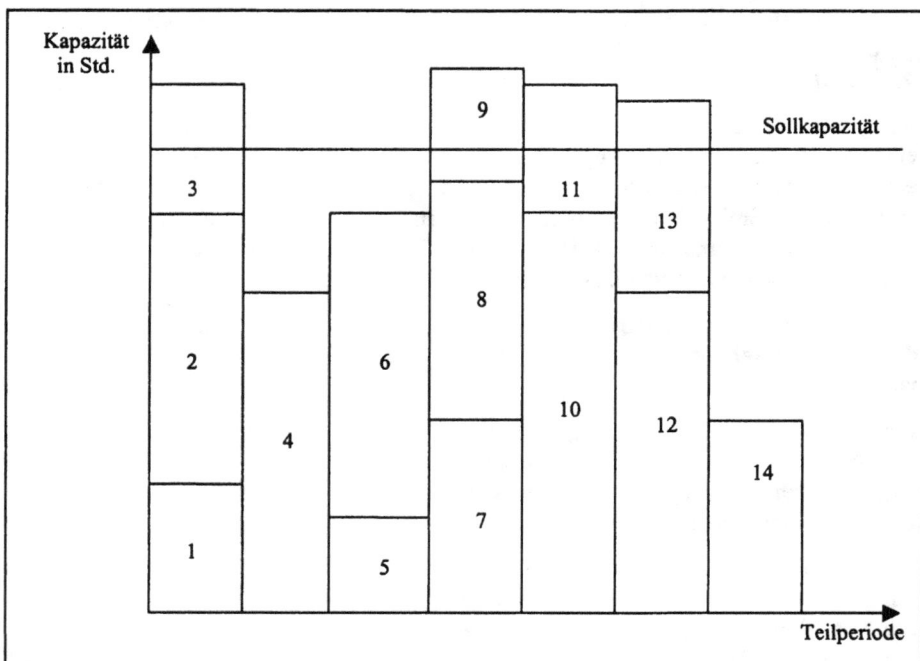

Abb. 59 Kapazitätsbelastung einer Fräsmaschinengruppe

Die letzte Maßnahme hat, da sie in andere Teilperioden eingreift, Auswirkungen auf das gesamte Netz der Produktionsaufträge. Wegen der zeitlichen Interdependenzen innerhalb des Auftrags-Netzwerks muss der Kapazitätsabgleich bei zeitlichen Verschiebungen der Arbeitsgänge **simultan** erfolgen. Dazu verwendete man früher mathematisch aufwendige Algorithmen in der PPS-Software (z.B. Brankamp, Terminplanungssystem 1973 und IBM (Hrsg.), CLASS), die aber den Nachteil aufwiesen, wegen der langen Rechenzeiten nur in größeren zeitlichen Abständen zum Einsatz zu kommen und deren Lösungen rasch obsolet wurden.

In fortgeschrittenen PPS-Systemen (z.B. das Modul PP - R/3 von SAP) verwendet man daher vorwiegend die **Dialogverarbeitung**, unterstützt von **Simulationsmodellen**. Sie erlauben dem Planer, die Auswirkungen von Arbeitsgangverschiebungen mit Hilfe der Simulation zu erkennen und aufgrund dieser Informationen Kapazität zuzuteilen. Dabei kann er auch **Auftragsprioritäten** verwenden, die sich aus

- dem spätesten Endtermin eines Auftrags,
- seiner Pufferzeit,

- der Anzahl der übergeordneten Aufträge oder
- dem Wert des Auftrags

ergeben können. Mit dem erfolgreich durchgeführten Kapazitätsabgleich ist die Produktions**planung** abgeschlossen und wir wenden uns dem „S" der PPS-Systeme, also der Produktions**steuerung** (Durchführung der Produktion) zu.

d)   Produktionssteuerung

Werden die bisher erarbeiteten Planvorgaben in konkrete „Durchsetzungsaktivitäten" (Zäpfel, Strategisches Produktions-Management 1989, S. 194) umgesetzt, gelangt man von der Produktionsplanung in die Produktionssteuerung, d.h. von der **Planungs-** in die **Realisierungsphase**. Sie ist die letzte Ebene der PPS-Systeme und besteht aus den Bereichen

- Auftragsfreigabe,
- Maschinenbelegung/Feinterminierung,
- Betriebsdatenerfassung.

1.   Auftragsfreigabe

Die **Auftragsfreigabe** (engl. order release) verbindet die Produktionsplanung mit der Produktionssteuerung. Alle in der Produktionsplanung ermittelten Werte wie Produktions- und Beschaffungsmengen von Endprodukten, Baugruppen und Einzelteilen, Belegungszeiten von Betriebsmittelgruppen usw. sind **Planwerte**, die den Industriebetrieb nicht binden. Sie sind auf der Basis eines relativ groben Zeitrasters (Monat bis Jahr) und grob geschätzter Informationen entstanden und damit anfällig für aktuelle Änderungen (z.B. Stornierung von Aufträgen).

Mit der Auftragsfreigabe wird nun die „echte" Produktion angestoßen, für deren Steuerung es einer feineren Terminierung (Wochen- bis zu Stundenbasis) und genauerer Daten bedarf.

Die traditionelle Aufgabe der Auftragsfreigabe umfasst zwei Schritte:

- Am Anfang jeder Teilperiode (Tag oder Woche) werden die Aufträge ermittelt, deren **Starttermin** gemäß der Zeit- und Kapazitätsplanung in diese Teilperiode fallen.
- Für diese Aufträge wird geprüft, ob die **benötigten Ressourcen** wie Arbeitskräfte, Material, Werkzeuge und NC-Programme für die Betriebsmittel zur Produktionsdurchführung **tatsächlich** vorhanden sind oder bis zum Starttermin zur Verfügung gestellt werden können.

Diejenigen Aufträge, die diesen beiden Kriterien genügen, werden in traditionellen PPS-Systemen freigegeben und der Produktionssteuerung zum Zwecke der Maschinenbelegung überstellt.

In den 80er Jahren erkannte man jedoch, dass sich nach der Auftragsfreigabe in vielen Betrieben hohe Bestände vor den einzelnen Produktionsanlagen (Betriebsmittelgruppen) aufbauten, die die Kapitalbindung unnötig vergrößerten (Kettner/ Bechte, Fertigungssteuerung 1981).

Zur Reduktion dieser Bestände wurde von **Kettner/Bechte** und **Wiendahl** das Verfahren der **belastungsorientierten Auftragsfreigabe** entwickelt (vgl. Wiendahl, Fertigungssteuerung 1989). Es dient insbesondere dem Ziel der Durchlaufzeitminimierung der Aufträge und damit auch der geringeren Kapitalbindung.

Die belastungsorientierte Auftragsfreigabe fügt den o.a. Freigabekriterien ein drittes hinzu:

> Ein Auftrag wird nur dann freigegeben, wenn er unter Berücksichtigung einer vorgegebenen Belastungsschranke der Produktionsanlagen eine große Chance hat, in der Teilperiode bearbeitet zu werden.

Würde er dagegen nur die Warteschlange vor den Betriebsmitteln vergrößern und damit den Werkstattbestand erhöhen, wird er noch nicht freigegeben. Dabei kann die Belastungsschranke über 100% festgesetzt werden, um im Interesse einer hohen Kapazitätsauslastung einen Ausgleich für in der Planung zu hoch eingeschätzte Durchlaufzeiten zu ermöglichen. Fortschrittliche PPS-Systeme (z.B. System PP von SAP) unterstützen die belastungsorientierte Auftragsfreigabe in ihrer Software. Wegen der Bedeutung des Ansatzes werden wir im 9. Kapitel, Abschnitt C., S. 371 ff. eine Weiterentwicklung des Verfahrens vorstellen.

2.   Maschinenbelegung/Feinterminierung

Nach der Freigabe müssen die Aufträge den Betriebsmitteln endgültig zugeordnet und anschließend gefertigt werden. Die hierzu erforderliche Terminierung ist sehr kurzfristig (Tage oder Stunden, manchmal Minuten) und muss auf der Basis von **Arbeitsgängen** erfolgen, die die eigentliche Bezugsgröße für die Maschinenbelegung und damit für die anfallenden **Rüstkosten** sind.

Als Zielsetzung der Maschinenbelegung (engl. scheduling) kommen vor allem die Minimierung der Auftrags-Durchlaufzeiten oder der Rüstkosten in Betracht. Die Verfolgung dieser Ziele kann zu einer erneuten **Losbildung** führen, z.B. die Zusammenfassung ähnlicher Arbeitsgänge **verschiedener** Aufträge, um Rüstkosten zu sparen.

Andererseits ist es auch denkbar, Arbeitsgänge zu **splitten,** d.h. die Hälfte eines Loses auf Maschine A und die andere Hälfte gleichzeitig auf Maschine B zu fertigen, um die Durchlaufzeit eines Auftrags zu vermindern. Dadurch werden neue **Arbeitsgangfolgen** gebildet (engl. sequencing), die nun auf die Betriebsmittel zu verteilen sind. Die daraus resultierende zeitliche Belegung der Betriebsmittel kann im Prinzip mit exakten Verfahren der Optimierungsrechnung durchgeführt werden (Seelbach, Ablaufplanung 1975), doch ist der Rechenaufwand bei realistischen Größenordnungen so enorm, dass praktische Anwendungen fehlen.

Stattdessen wird die **Maschinenbelegung** in der Praxis mit heuristischen Methoden durchgeführt, insbesondere mit Hilfe von **Prioritätsregeln** (vgl. Hansmann / Kleeberg, Job Shop Scheduling 1989). Dabei wird aus der Warteschlange vor einem Betriebsmittel der Auftrag als erster eingesteuert, der z.B. die kürzeste Bearbeitungszeit aufweist oder der die meisten Produktionsstufen zu durchlaufen hat. In der Literatur sind mehrere Dutzend solcher Regeln entwickelt und in der Praxis getestet worden, doch hat sich bisher keine Regel als generell überlegen erwiesen. Im 9. Kapitel, Abschnitt B., S. 354 ff. werden die Prioritätsregeln eingehend analysiert.

An dieser Stelle bleibt festzuhalten, dass die Standard-PPS-Systeme die zeitliche Maschinenbelegung mittels

■ Zusammenstellung von Arbeitsgangfolgen durch Raffen und Splitten von Arbeitsgängen und

■ Durchführung dieser Arbeitsgangfolgen auf den vorgesehenen Betriebsmitteln nach bestimmten Prioritätsregeln

implementiert haben.

3.   Betriebsdatenerfassung

Die Feinterminierung der Arbeitsgangfolgen auf den Betriebsmitteln ist die Hauptfunktion der Fertigungssteuerung. Der Produktionsfluss lässt sich aber nur dann wirkungsvoll steuern, wenn eine ständige **Rückmeldung** der tatsächlichen Gegebenheiten im Werkstattbereich gewährleistet ist. Störungen im Fertigungsprozess, wie Ausfall von Maschinen, Werkzeugbruch oder Fabrikationsfehler bewirken sofort eine Abweichung der Soll- von den Ist-Terminen, die die weitere Steuerung empfindlich stören kann. Ihre sofortige Rückmeldung ermöglicht es der Fertigungssteuerung, die Soll-Termine anderer Arbeitsgänge so zu ändern, dass die Übereinstimmung zwischen Soll und Ist nach Art eines **Regelkreises** wiederhergestellt wird.

Ein solches System von **aktuellen Rückmeldungen** bezeichnet man als **Betriebsdatenerfassungssystem** (engl. production data capturing system), das insbesondere folgende Daten enthalten sollte (Scheer, Wirtschaftsinformatik 1998, S. 343 f.):

■ **auftragsbezogene** Daten: z.B. Start- und Endtermine von Arbeitsgängen, produzierte Mengen,

■ **betriebsmittelbezogene** Daten: Laufzeiten, Störungen, Wartezeiten,

■ **Materialdaten**: Entnahmen, Zugänge, Reservierungen,

■ **Werkzeugdaten**: Entnahmen, Bruch, Zugang, Einsatzort und -zeit,

■ **Mitarbeiterdaten**: Anwesenheit, Leistung, Materialverbrauch.

Werden diese Daten aktuell und sorgfältig erfasst, kann nicht nur die Feinterminierung schnell auf unvorhersehbare Entwicklungen reagieren, sondern darüber hinaus gehen diese Daten in die Nachkalkulation, die Lohnrechnung, die Qualitätssicherung und die Instandhaltungsplanung ein.

Mit der Betriebsdatenerfassung ist die Darstellung der Struktur heutiger PPS-Systeme abgeschlossen. In den nächsten beiden Kapiteln werden wir alle Teilkomplexe der Produktionsplanung und -steuerung anhand eines aus der Unternehmenspraxis stammenden Beispiels eingehend analysieren, um dem Leser die Philosophie, die Methodik und die EDV-technische Umsetzung von PPS als dem Kernstück der industriellen Produktion nahe zu bringen. Vorab soll jedoch eine neuere Entwicklung im Bereich der computergestützten Planungssysteme aufgegriffen werden, die sog. Advanced Planning Systeme.

III. Advanced Planning Systeme (APS)

Seit Mitte der 1990er Jahre hat sich auch in der Praxis die Erkenntnis durchgesetzt, dass komplexe Produktionsstrukturen nicht mehr allein mit den herkömmlichen PPS-Systemen gesteuert werden können. Dementsprechend wurde der Bedarf der Praxis nach weitergehender Planungsunterstützung aufgegriffen und Computersysteme entwickelt, die unter dem Namen Advanced Planning Systeme (APS) bekannt geworden sind. Das bekannteste Softwaresystem ist dabei SAP-APO von der SAP AG. Für das Entstehen dieser weiterführenden Planungssysteme können vor allem zwei Gründe genannt werden:

■ Seit der Entwicklung der PPS-Systeme in den 1960er Jahren hat es in den Bereichen der Informationstechnik und der Optimierungsverfahren umfangreiche Weiterentwicklungen gegeben. Da die PPS-Systeme historisch aus den MRP-Systemen zur Bedarfsverwaltung hervorgegangen sind, liegt ihr Schwerpunkt mehr in der Datenverwaltung und der Erfassung der Betriebsabläufe als in der Planung. Seitdem sind jedoch leistungsfähige Optimierungsverfahren wie etwa die Akzeptanz- und die Ameisenalgorithmen entwickelt worden, die es Unternehmen ermöglichen, komplexe Unternehmensabläufe nicht nur zu verwalten, sondern auch zu optimieren. Solche weiterführenden Optimierungsverfahren waren ein Anlass für die Entwicklung der APS.

■ Das Konzept des Supply Chain Managements hat die Praxis dafür sensibilisiert, dass es nicht länger ausreicht, einzelne Produktionsstätten zu optimieren. Vielmehr erzwingen die häufig weltweit verteilten Produktionsstätten, eine übergeordnete Koordination der gesamten Wertschöpfungskette. Die herkömmlichen PPS-Systeme zielen allein auf die Steuerung einzelner Produktionsstätten und können dementsprechend diesem Anspruch nicht gerecht werden. Die Algorithmen der APS sind u.a. darauf ausgelegt, die Warenströme entlang der gesamten Wertschöpfungskette zu optimieren.

Obwohl die APS in diesem Sinne gegenüber den PPS-Systemen sicherlich als „fortgeschritten" bezeichnet werden können, stellen sie kein Substitut für bestehende PPS-Systeme dar. Vielmehr werden diese zur Datenhaltung und Erfassung der Betriebsabläufe auf der Ebene einzelner Produktionsstätten beibehalten. Die APS dienen allein der Planung und greifen auf die Datenbestände der bestehenden PPS-Systeme zu. Anschließend erfolgt die Planung unter zu Hilfenahme von Optimierungsverfahren und zuletzt werden die Ergebnisse der Planung etwa in Form von Fertigungsaufträgen wieder in die PPS-Systeme zurück übertragen.

Wie dieses Zusammenspiel im Einzelnen von Statten geht und welche Funktionalitäten die APS bereithalten, ist Gegenstand des Kapitels 10. Vorab soll jedoch die Beschreibung der PPS-Systeme erfolgen, da diese nach wie vor die Basis, sowohl für die Steuerung einzelner Betriebsstätten, als auch der APS darstellen.

8. Kapitel: Produktionsplanung

A. Beschreibung des industriellen Praxisbeispiels

In diesem und dem folgenden Kapitel soll nun die Produktionsplanung und -steuerung (PPS) auf der Basis eines computergestützten PPS-Standardsystems zusammen mit weitergehenden betriebswirtschaftlichen Aspekten detailliert analysiert werden. Es erscheint dabei zweckmäßig, diese Erörterung anhand eines konkreten **Beispiels** aus der **industriellen Praxis** vorzunehmen, da hierdurch die Materie einen anschaulichen Hintergrund erhält, der das Verständnis der angesprochenen Probleme erleichtern dürfte.

Bei der Auswahl eines geeigneten Beispiels mussten Kompromisse zwischen **gegenläufigen Zielen** gemacht und Randbedingungen berücksichtigt werden. Primäres Ziel ist die durchlaufende Verwendung **eines** Beispiels für alle Stufen der PPS einschließlich der betriebswirtschaftlichen Erweiterungen. Dazu ist nur ein umfangreiches Beispiel eines **komplexen** Produktionsprozesses geeignet. Dem steht jedoch das didaktische Ziel entgegen, ein **übersichtliches** Beispiel zu wählen, um den Leser nicht mit zu vielen Details zu überfrachten sondern die grundlegenden Strukturen offen zu legen. Hinzu kommt das Problem, ein Unternehmen zu finden, das zur Veröffentlichung seiner Daten bereit ist und mit dem das Institut des Verfassers auf dem Gebiet der PPS zusammenarbeitet (einschließlich der Erstellung entsprechender Software).

Als Kompromiss wurde die Produktion von **Luftbefeuchtungssystemen** eines **mittelständischen Industrieunternehmens** gewählt, dessen Produktionsprozess relativ einfach und überschaubar ist, aber trotzdem eines computergestützten PPS-Systems bedarf. Es werden aber nicht alle Komponenten der PPS unterstützt, so dass wir an manchen Stellen, z.B. bei der Absatzprognose, ergänzend andere Beispiele aus der Unternehmenspraxis heranziehen werden.

Die veröffentlichten Daten des Unternehmens wurden so verändert, dass ein direkter Rückschluss auf das Unternehmen nicht möglich ist, die grundlegenden Strukturen jedoch erhalten geblieben sind.

I.   Das Produkt und seine Komponenten

Luftbefeuchtungsanlagen haben sich insbesondere im Druckereigewerbe durchgesetzt, da das Papier bei Druckvorgängen und bei der Lagerung eine bestimmte Feuchtigkeit aufweisen muss. Traditionelle Luftbefeuchtungseinrichtungen bergen jedoch gesundheitliche Risiken für die Belegschaft, da sich in den Geräten im abgestandenen Wasser Pilze und Sporen stark vermehren und mit dem Gebläse in die Raumluft abgegeben werden. Darüber hinaus begünstigen die druckereispezifischen Papier- und Puderstäube das Wachstum der Pilzkolonien erheblich.

Ausgangspunkt einer Neuprodukt-Entwicklung ist daher ein **Wasserbehandlungs-system**, das die Mineralien und organische Bestandteile (Keime, Sporen) zu fast 100% aus dem Wasser entfernt und mit Membranfiltern „**Reinwasser**" erzeugt.

Dieses gereinigte Wasser wird fein vernebelt, ohne mit der staubbehafteten Raum-luft in Berührung gekommen zu sein.

Das Luftbefeuchtungssystem wird in einer Vielzahl von **Produktvarianten** produ-ziert, die sich durch verschiedene Leistungsstufen, Abmessungen, Durchlaufkapazi-täten, Druckerhöhungsstufen und Reinwasserspeicher unterscheiden. Das System besteht in seiner umfangreichsten Ausstattung, die nicht bei allen Produktvarianten erforderlich ist, aus folgenden Komponenten, die als **Baugruppen** im Sinne der PPS anzusehen sind:

- Installationsschiene,
- Filterkonsole,
- Wasserenthärter,
- Wasserentsalzungsanlage (Umkehrosmose),
- Druckerhöhungsgerät,
- Vernebler,
- Reinwasserspeicher,
- Expansionsspeicher und
- Verschneidearmatur für Mischwasser.

Diese Baugruppen bestehen ihrerseits aus **Unterbaugruppen** und Einzelteilen, wie Rohrleitungen, Filter, Absperrventilen, Netzwasseranschlüssen, Zapfstellen, Ionen-austauscher, Membranen, Zeitschaltuhren sowie einer Vielzahl von Sensoren, Schal-tern und Steckern.

II. Der Produktionsprozess

Der betrachtete Industriebetrieb wendet die mechanische Technologie und die syn-thetische Stoffverwertung in der Organisationsform Werkstattfertigung an. Die Pro-duktion erfolgt in Einzel- und Kleinserienfertigung direkt für den Endabnehmer zum größten Teil auf Bestellung (Auftragsfertigung), aber auch auf Vorrat. Damit ist er ein typischer Vertreter der **Klasse 3** unserer Cluster-Betriebstypologie (Kapitel 1, Abschnitt B.II, S. 8 ff.), d.h. der **Investitionsgüterindustrie**.

Der Produktionsprozess kann dadurch charakterisiert werden, dass Einzelteile fremdbezogen und in Werkstattfertigung zu Baugruppen und Enderzeugnissen (Pro-duktvarianten) montiert werden. Als Arbeitsgänge sind neben der Montage Bohren, Fräsen, Lackieren, Schleifen, Prüfen und versandfertiges Verpacken von Bedeutung. Die Produktionsplanung für diesen Produktionsprozess soll nun den weiteren Be-trachtungen zugrunde gelegt werden.

B. Produktionsprogrammplanung

Die erste Aufgabe der Produktionsplanung und -steuerung ist die Ermittlung des **mittelfristigen** Produktionsprogramms für die Planperiode auf der Basis von erteilten bzw. erwarteten **Kundenaufträgen** oder - bei der Produktion für den anonymen Markt - auf der Grundlage von **Absatzprognosen.** Die Länge des Planungszeitraums von einem halben bis einem Jahr deutet schon darauf hin, dass es sich hier nur um relativ grobe Werte handeln kann, da sowohl „erwartete" Kundenaufträge als auch Prognosen über einen Zeitraum von einem Jahr einen beträchtlichen Unsicherheitsgrad aufweisen.

I. Absatzplanung

a) Kundenaufträge

Die Absatzplanung eines Unternehmens mit **Auftragsfertigung** beruht auf den herein genommen Kundenaufträgen. Obwohl auch feste Kundenaufträge im Laufe des Kalenderjahres noch storniert werden können[28], ist der Auftragsbestand ein geeigneter Indikator für den zukünftigen Absatz. Bei reiner Auftragsfertigung ist der Absatz also relativ sicher zu schätzen.

Schwieriger ist die Situation, wenn von den Kunden nur ein grober jährlicher „Absatzrahmen" zugesagt wird, innerhalb dessen sich der tatsächliche Abruf bewegen soll. Dieses Verfahren wird insbesondere von den Automobilfirmen gegenüber ihren Zulieferern angewandt. Der tatsächliche Absatz lässt sich hierbei erst in wesentlich kürzeren Zeitabschnitten (meistens monatlich) ermitteln, so dass schon eine **Extrapolation** von Vergangenheitswerten erforderlich ist, um das jährliche Absatzvolumen zu prognostizieren.

Noch unsicherer wird die Absatzplanung, wenn - wie im Flugzeugbau üblich - über fest bestellte Maschinen hinaus „**Optionen**" auf weitere Maschinen ohne Abnahmegarantie ausgesprochen werden, so dass das Flugzeugbauunternehmen mit **Wahrscheinlichkeiten** operieren muss, um den zukünftigen Absatz in den Griff zu bekommen.

Man erkennt an diesen Beispielen, dass selbst bei Auftragsfertigung keine sichere Absatzplanung möglich ist, sondern sich Unsicherheiten ergeben, die die Anwendung von **Prognoseverfahren** erforderlich machen. Dies wird im nächsten Abschnitt geschehen.

An dieser Stelle bleibt festzuhalten, dass nur bei reiner Auftragsfertigung die fest erteilten Kundenaufträge den Absatzplan bilden, der unter Beachtung von Lagerbeständen und Produktionskapazitäten in das Produktionsprogramm transformiert wird. Vorläufige Aufträge, Optionen oder gar die Produktion für den „anonymen" Markt erfordern zwingend, das jährliche Absatzvolumen durch Anwendung von Prognoseverfahren verlässlich zu schätzen.

---

[28] Die dadurch evtl. entstehenden Schadensersatzansprüche des Unternehmens sollen hier nicht weiter verfolgt werden.

b)   Prognose des zukünftigen Absatzes

Die Bestimmung des Absatzpotentials ist die Aufgabe der Absatzprognose im Rahmen der PPS. Hierfür gibt es eine Reihe von Prognoseverfahren, die ausführlich in (Hansmann, Prognoseverfahren 1983) dargestellt sind. Von diesen Verfahren hat vor allem die **exponentielle Glättung** (z.T. erweitert um **Saisoneinflüsse**), Eingang in die Software der Standard-PPS-Systeme gefunden (vgl. SAP R/3, Modul Demand Planning 1997, S. 12 f.). Wir werden daher zunächst dieses Prognoseverfahren erläutern und damit eine Absatzprognose für das Praxisbeispiel durchführen. Anschließend wird an einem anderen praktischen Beispiel gezeigt, wie die **multiple Regression** zur Absatzprognose herangezogen werden kann.

1.   Prognosen auf der Grundlage der exponentiellen Glättung

(i)   Die Prognosegleichungen

Die exponentielle Glättung basiert auf zwei Überlegungen (Hansmann, Prognoseverfahren 1983, S. 28):

■ Der aktuelle Prognosefehler wird in bestimmtem Maße für die zukünftige Prognose verwendet,

■ das Gewicht der vergangenen Zeitreihenwerte für die Prognose soll mit zunehmendem „Alter" der Werte abnehmen.

Bezeichnet man mit x_t den Zeitreihenwert zum Zeitpunkt t und mit $\hat{x}_t$ den Prognosewert zum Zeitpunkt t, so ergibt sich der Prognosefehler e_t zu

$$(89)\qquad e_t = x_t - \hat{x}_t \qquad\qquad \text{für } t = 1,...,T.$$

Nach der ersten Überlegung wird nun der Prognosewert des folgenden Zeitpunktes $t + 1$ so bestimmt, dass der aktuelle Prognosewert $\hat{x}_t$ um einen Bruchteil α des Prognosefehlers korrigiert wird, also

$$(90)\qquad \hat{x}_{t+1} = \hat{x}_t + \alpha\, e_t = \hat{x}_t + \alpha\left(x_t - \hat{x}_t\right) \qquad (0 < \alpha \leq 1).$$

Durch Umformulieren von (90) erhält man die Prognosegleichung der exponentiellen Glättung für eine Zeitreihe ohne Trend

$$(91)\qquad \hat{x}_{t+1} = \alpha\, x_t + \left(1-\alpha\right)\hat{x}_t \qquad (0 < \alpha \leq 1).$$

Es kann gezeigt werden, dass diese Prognoseformel die zweite Überlegung ebenfalls beinhaltet, d.h., dass die Zeitreihenwerte x_t, x_{t-1}, x_{t-2} usw. mit **exponentiell** abnehmendem Gewicht in die Prognose eingehen.

Schreibt man (91) für die Zeitpunkte $t - 1$ und $t - 2$

$$(92a)\qquad \hat{x}_t = \alpha\, x_{t-1} + \left(1-\alpha\right)\hat{x}_{t-1}$$

$$(92b)\qquad \hat{x}_{t-1} = \alpha\, x_{t-2} + \left(1-\alpha\right)\hat{x}_{t-2}$$

und setzt beide Ausdrücke nacheinander in (91) ein, so ergibt sich

(93) $\qquad \hat{x}_{t+1} = \alpha x_t + \alpha(1-\alpha)x_{t-1} + \alpha(1-\alpha)^2 x_{t-2} + (1-\alpha)^3 \hat{x}_{t-2}.$

Dies zeigt schon die exponentielle Struktur der Gewichtung. Durch rekursives Einsetzen von $\hat{x}_{t-1}$ $(i = 0, 1, \ldots\ldots t - 1)$ erhält man die allgemeine Form

$$(94) \qquad \hat{x}_{t+1} = \alpha \sum_{i=0}^{t-1} (1-\alpha)^i x_{t-i} + (1-\alpha)^t \hat{x}_1 \qquad (0 < \alpha \le 1),$$

in der $\alpha(1-\alpha)^i$ das Gewicht des Zeitreihenwertes x_{t-i} darstellt. Bei großem Zeitreihenumfang konvergiert das Restglied $(1-\alpha)^t \hat{x}_1$ gegen Null und kann daher vernachlässigt werden.

Für die konkrete Prognose benötigt man einen Wert für den Glättungsparameter α. In der Praxis gilt als Faustregel, α zwischen 0,1 und 0,3 zu wählen. Differenziertere Möglichkeiten der Wahl von α sind in (Hansmann, Prognoseverfahren 1983, S. 39 ff.) beschrieben.

Der Vorteil der exponentiellen Glättung ist ihre einfache Handhabung. Man benötigt lediglich den letzten Prognosewert und den neuesten Zeitreihenwert, um eine neue Prognose zu erstellen.

(ii) Die Berücksichtigung von Trend und Saison

Ist in der zu prognostizierenden Zeitreihe ein Trend vorhanden, so muss die obige einfache exponentielle Glättung durch ein Trendmodell ersetzt werden. Die Prognosegleichung lautet hierfür

$$(95) \qquad \hat{x}_{t+m} = \hat{a}_t + \hat{b}_t \cdot m \qquad (m = 1, 2, \ldots),$$

wobei $\hat{a}_t$ den konstanten Grundwert und $\hat{b}_t$ den linearen Trendwert, d.h. den Anstieg pro Periode wiedergibt.

$\hat{a}_t$ und $\hat{b}_t$ können aus den Glättungsoperatoren 1. Ordnung

$$(96) \qquad \hat{S}_t^1 = \alpha \sum_{i=0}^{t-1} (1-\alpha)^i x_{t-i}$$

und 2. Ordnung

$$(97) \qquad \hat{S}_t^2 = \alpha \sum_{i=0}^{t-1} (1-\alpha)^i \hat{S}_{t-i}^1$$

ermittelt werden, wie in Hansmann (Prognoseverfahren 1983, S. 34 ff.) ausführlich gezeigt wird. Die Bestimmungsgleichungen lauten

$$(98a) \qquad \hat{a}_t = 2\hat{S}_t^1 - \hat{S}_t^2$$

(98b) $\hat{b}_t = \dfrac{\alpha}{1-\alpha}\left(\hat{S}_t^1 - \hat{S}_t^2\right).$

Die Gleichungen (96) und (97) lassen die Verwandtschaft des Trendmodells mit der einfachen exponentiellen Glättung erkennen.

Auch eine saisonbehaftete Zeitreihe kann mit der exponentiellen Glättung prognostiziert werden. Nimmt man das Trendmodell (95) als Basis, so werden nun die Prognosewerte mit einem **Saisonfaktor** $\hat{s}_t$ multipliziert.

(99) $\hat{x}_{t+m} = \left(\hat{a}_t + \hat{b}_t \cdot m\right)\cdot \hat{s}_t$ (m = 1,2,...)

Der Saisonzyklus umfasse L Perioden. Dann sind L Saisonfaktoren zu berechnen; am einfachsten geschieht dies mit dem Verfahren von Winters (Forecasting 1960), das neben anderen Saisonverfahren in (Hansmann, Prognoseverfahren 1983, S. 46 ff.) dargestellt ist. Danach errechnet man den Saisonfaktor der Periode t aus dem Saisonfaktor des vorigen Saisonzyklus ($t - L$), korrigiert um einen Bruchteil γ des Schätzfehlers:

(100) $\hat{s}_t = \hat{s}_{t-L} + \gamma\left[\dfrac{x_t}{\hat{a}_t} - \hat{s}_{t-L}\right]$ $(0 < \gamma < 1)$

(iii) Anwendung auf das Praxisbeispiel

Da eine Absatzprognose am günstigsten auf der Basis von Produkt**gruppen** zu erstellen ist (vgl. Kapitel 7, S. 252 f.), fassen wir alle verschiedenen Varianten von Luftbefeuchtungssystemen zusammen und gelangen so zu **aggregierten** Absatzzahlen für den Zeitraum Januar 1998 bis Juli 1999. Diese 19 monatlichen Werte sind in Tab. 25 wiedergegeben.

Tab. 25   Monatlicher Absatz von Luftbefeuchtungssystemen

Jahr	Monat 1	2	3	4	5	6	7	8	9	10	11	12	Σ
1998	15	13	24	20	42	33	23	24	3	8	14	2	221
1999	22	9	6	18	38	32	26						151

Für eine Prognose ist die Datenbasis zwar etwas dürftig, doch ist dies eine für die Unternehmenspraxis typische Situation.

Die Daten geben keinen Anhaltspunkt für einen Trend der Absatzreihe, eher deutet sich ein Saisoneinfluss an. Versuchsweise wird zunächst das **konstante** Modell der **exponentiellen Glättung** angewandt, wobei der Parameter α den Wert 0,3 erhält.

Die Ergebnisse der ex-post-Prognose dieses Modells sind in Abb. 60 zusammen mit der tatsächlichen Absatzreihe wiedergegeben.

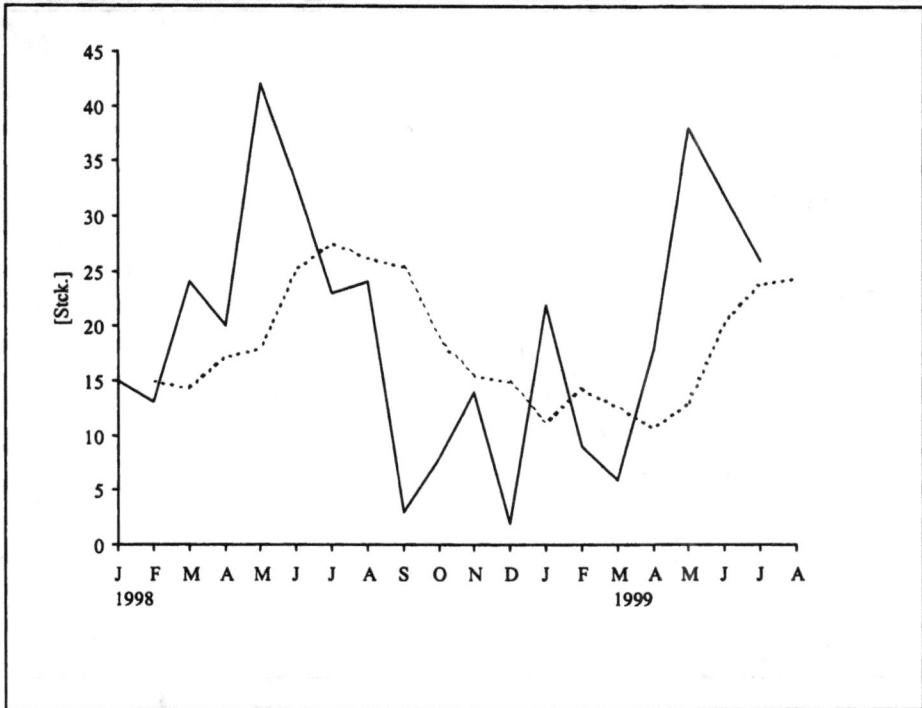

Abb. 60 Prognose (gestrichelt) mit der exponentiellen Glättung (konstantes Modell)

Die Abbildung zeigt, dass die Prognosereihe der wahren Reihe nur unvollkommen folgt. Dies bestätigen auch die ermittelten Kriterien der **Prognosegüte**.

Die mittlere absolute Abweichung (**mean absolute deviation, MAD**) der Prognose von den Zeitreihenwerten ist mit 9,4 relativ hoch, insbesondere wenn man sie auf den Mittelwert der Absatzreihe (19,6) bezieht. Dies bedeutet einen durchschnittlichen Prognosefehler von fast 50% und weist das konstante Modell als **unbrauchbar** aus.

In Anbetracht der Saisonfigur erscheint ein **Saisonverfahren** Erfolg versprechender. Wir benutzen das oben kurz dargestellte **multiplikative** Saisonverfahren, modifiziert durch einen Ansatz von **Lewandowski,** der bei stark schwankendem saisonalen Absatz die Saisonfaktoren entsprechend dem Absatzvolumen gewichtet (vgl. Lewandowski, Prognosesysteme 1974, S. 113 ff.).

Abb. 61 zeigt, dass das saisonale Muster der wahren Reihe recht gut in der ex-ante-Prognose 8/1999 bis 8/2000 widergespiegelt wird.

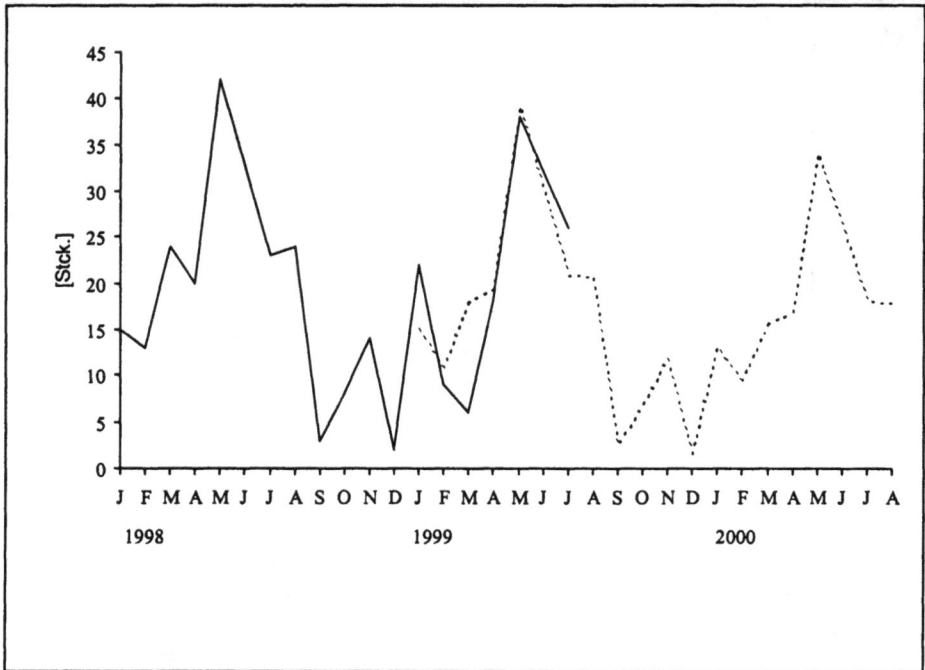

Abb. 61   Prognose (gestrichelt) mit dem Saisonverfahren von Lewandowski

Durch die Anwendung des Saisonverfahrens vermindert sich die mittlere absolute Abweichung (MAD) von 9,4 auf 4,3, was einem durchschnittlichen Prognosefehler von knapp 22% entspricht. Damit hat sich das Saisonmodell als bestes innerhalb der Gruppe der exponentiellen Glättungsverfahren herausgestellt. dass der Prognosefehler mit 22% immer noch recht hoch ausfällt, liegt zum einen an der Kürze der Datenbasis, zum andern aber auch daran, dass die exponentielle Glättung ein **univariates** Zeitreihenverfahren ist, das außer der **Zeit** keinen weiteren **kausalen** Faktor zur Prognose des Absatzes heranzieht. Dies beeinträchtigt natürlich die Prognosegüte.

In Tab. 26 sind die prognostizierten Werte des Absatzes von Luftbefeuchtungssystemen als ex-post-Prognosen von Januar bis Juli 1999 und als ex-ante-Prognosen von August 1999 bis August 2000 wiedergegeben. Sie werden später der Bestimmung des Produktionsprogramms zugrunde gelegt.

Tab. 26   Prognostizierte monatliche Absatzzahlen von Befeuchtungssystemen (Zahlen gerundet)

Jahr \ Monat	1	2	3	4	5	6	7	8	9	10	11	12	Σ
1999	15	11	18	19	39	30	21	21	3	7	12	2	198
2000	13	10	16	17	34	26	18	18					152

Damit ist die Absatzprognose im Rahmen der Standard-PPS-Systeme abgeschlossen. Bevor wir jedoch zur Produktionsprogrammplanung übergehen, soll im nächsten Abschnitt gezeigt werden, welche Prognosemethode angewendet werden sollte, wenn man konkrete Faktoren, die den Absatz beeinflussen, berücksichtigen will.

2. Prognosen mit der multiplen Regressionsrechnung

Die im letzten Abschnitt besprochenen Prognoseverfahren verwenden zur Prognose nur die historischen Werte der Zeitreihe selbst. Hängt jedoch der Absatz eines Produktes auch von einzelnen konkreten Faktoren ab, so müssen auch diese zur Prognose herangezogen werden. Man verwendet in diesem Fall die **multiple Regressionsrechnung**, um den Einfluss der externen Faktoren auf den zu prognostizierenden Absatz zu messen. An einem in der Praxis durchgeführten Prognosebeispiel, das in (Hansmann, Spektral- und Regressionsanalyse 1980, S. 231 ff.) vollständig beschrieben ist, sei diese Art der Prognose kurz skizziert.

Zu prognostizieren war die verkaufte Auflage (also der Absatz) einer deutschen Publikumszeitschrift. Es lagen 234 Zeitreihenwerte der verkauften Auflage aus den Jahren 1975-1979 vor. Nach sorgfältiger Analyse der Zeitreihenstruktur wurden folgende Faktoren ermittelt, die einen statistisch gesicherten signifikanten Einfluss auf den Absatz der Zeitschrift hatten:

1. Ein leicht ansteigender linearer Gesamttrend des Absatzes,

2. ein jährlicher Saisonzyklus mit höherem Absatz im Winterhalbjahr,

3. die Neuerscheinung einer Konkurrenzzeitschrift während des Erhebungszeitraums,

4. eine auflagensteigernde Themenfolge im redaktionellen Teil der Zeitschrift,

5. die auflagensenkende Wirkung der Sommer- und Weihnachtsferien,

6. zwei periodisch alle 14 Tage bzw. vier Wochen erscheinende Heftbeilagen mit verkaufsfördernder Wirkung.

Mit diesen Faktoren wurde ein multiples Regressionsmodell aufgestellt, dessen Ergebnisse in Tab. 27 wiedergegeben sind.

In dieser Tabelle bedeuten $\hat{b}$ die geschätzten Regressionskoeffizienten und $\hat{\sigma}(\hat{b})$ ihre Standardabweichungen. F ist der empirische und F(95%) der auf dem 95%-Signifikanzniveau ermittelte theoretische Wert der F-Verteilung. Falls F > F(95%), ist der Einfluss des Regressors auf den Absatz signifikant.

Die Regressoren 3. bis 8. sind durch binäre Variable dargestellt. So hat z.B. der Regressor „Weihnachtsferien" während dieser Ferien den Wert 1, sonst den Wert Null. Der Saisonzyklus (2. Regressor) ist durch eine Kosinus-Funktion angenähert.

Tab. 27   Regressionsmodell des Absatzes einer Publikumszeitschrift

Regressor	$\hat{b}$	$\hat{\sigma}\left(\hat{b}\right)$	F	F(95%)
1. Trend	0,721	0,023	986,96	3,88
2. Saison	20,477	1,323	239,60	3,88
3. Konkurrenzprodukt	-46,460	3,383	188,59	3,88
4. Spezielle Themenfolge	3,511	3,343	100,47	3,88
5. Sommerferien	-27,769	3,393	66,99	3,88
6. Weihnachtsferien	-26,716	3,533	57,20	3,88
7. Heftbeilage I	5,792	1,062	29,75	3,88
8. Heftbeilage II	11,718	2,841	17,01	3,88
Konstante	235,762	1,935	-	-

Bestimmtheitsmaß R^2	= 0,96
Standardprognosefehler	= 11,80
Anzahl der Zeitreihenwerte	= 234
Durbin-Watson-Koeffizient	= 1,41
MAD der Prognose	= 8360 Stück
MAD in % der letzten Auflage	= 2,4%

Der zukünftige Absatz der Zeitschrift (in Tsd. Stck.) wird nun prognostiziert, indem man die zukünftigen Werte der Regressoren mit den Koeffizienten der $\hat{b}$-Spalte multipliziert und diese Produkte zu der Konstanten von 235,762 addiert:

(101) $\hat{x}_t =$ 235,762 + 0,721 Trend$_t$ + 20,477 Saison$_t$

- 46,46 Konkurrenzprodukt$_t$

+ 3,511 Themenfolge$_t$ - 27,769 Sommerferien$_t$

- 26,716 Weihnachtsferien$_t$ + 5,792 Heftbeilage I$_t$

+ 11,718 Heftbeilage II$_t$

Mit diesem Modell können 96% der Absatzschwankungen erklärt werden ($R^2 = 0,96$), so dass die Schätzungen mit einem sehr niedrigen Schätzfehler von 2,4% (MAD) behaftet sind. Alle Regressoren haben einen signifikanten Einfluss auf den Absatz der Zeitschrift. Der Durbin-Watson-Koeffizient zeigt eine leichte positive Autokorrelation, die jedoch die Prognose nicht beeinträchtigt. Wegen weiterer statistischer Einzelheiten sei auf die Literatur verwiesen (vgl. Hansmann, Spektral- und Regressionsanalyse 1980 oder Schneeweiß, Ökonometrie 1990).

Der geringe Prognosefehler von 2,4% zeigt, dass multivariate Prognoseverfahren den Absatzverlauf dann besser schätzen, wenn konkrete Einflussfaktoren ermittelt und - das ist natürlich entscheidend - ihrerseits prognostiziert werden können. In Anbetracht der Tatsache, dass unzulängliche Absatzprognosen wegen des Sukzessivplanungskonzepts der PPS-Philosophie die Ergebnisse aller PPS-Stufen direkt beeinträchtigen und dadurch Fehler entstehen können, die im Verlauf des PPS-Prozesses nicht mehr zu beseitigen sind, ist es ratsam, den Prognose-Modul der Standard-PPS-Systeme um zusätzliche Prognosemethoden zu erweitern. Um den Benutzer bei der Anwendung von komplexen Prognosemethoden, wie z.B. Box-Jenkins-Verfahren oder der multiplen Regression nicht mit statistischen Details zu überfordern, ist der Einsatz von **Expertensystemen,** die die Auswahl des im Hinblick auf die Struktur der Absatzzahlen geeignetsten Prognoseverfahrens selbst vornehmen, Erfolg versprechend. Der Prototyp für ein solches Expertensystem ist am Institut des Verfassers entwickelt worden (Hansmann/Zetsche, Expert System 1989).

In diesem Lehrbuch werden wir uns jedoch auf die in heutigen PPS-Systemen implementierte exponentielle Glättung beschränken und für unser Praxisbeispiel die in Tab. 25 (S. 266) wiedergegebenen monatlichen Absatzprognosewerte in die **Absatzplanung** übernehmen und sie anschließend unter Beachtung von **Kapazitätsrestriktionen** und **Lagerbeständen** zur Ermittlung des gewinnoptimalen Produktionsprogramms heranziehen.

II.   Die Bestimmung des Produktionsprogramms

a)   Ermittlung des Produktionsplans aus Kundenaufträgen und Absatzprognosen

Die traditionellen PPS-Systeme ermitteln den Primärbedarf aus den nach Art und Termin festen bzw. erwarteten Kundenaufträgen. Wird zusätzlich zur Kundenauftragsfertigung für den anonymen Markt produziert, so werden die - meist vom Vertrieb erstellten - Absatzprognosen dem Bedarf hinzugefügt. Besteht das Absatzprogramm aus einer Vielzahl von Produkten oder Produktvarianten, sollten diese zu **Produktgruppen** zusammengefasst werden, da Absatzprognosen auf der Basis von aggregierten Produktgrößen in der Regel mit geringeren Prognosefehlern behaftet sind als solche von einzelnen Produkten oder gar Varianten.

Der **Primärbedarf** enthält neben den **Enderzeugnissen** bzw. Erzeugnisgruppen auch die verkaufsfähigen **Ersatzteile,** die sich ihrerseits wieder aus Kundenaufträgen und Prognosen rekrutieren. Damit ergibt sich für den Primärbedarf folgende Gleichung:

Primärbedarf pro Periode	=	feste Kundenaufträge
	+	erwartete Kundenaufträge
	+	sonstige prognostizierte Absatzmengen

Als nächster Schritt wird nun ermittelt, ob der geplante Primärbedarf mit

- der verfügbaren **Produktionskapazität** und
- den beschaffbaren **Materialmengen**

produziert werden kann. Da es sich hier um eine **Grobplanung** handeln soll, ist es zweckmäßig, die benötigten Materialien zu Material**gruppen** und die Betriebsmittel zu Betriebsmittel**gruppen** zu aggregieren.

Grundlage für die Errechnung des Kapazitätsbedarfs sind die in der PPS-Grunddatenverwaltung vorhandenen **Arbeitspläne, Arbeitsgänge** und **Betriebsmitteldaten**. Der Entwurf für die Datenstruktur des Kapazitätsbedarfs ist ausführlich in (Scheer, Wirtschaftsinformatik 1998, S. 235 ff.) dargestellt. Aus den Arbeitsplänen lässt sich für jedes Enderzeugnis und seine untergeordneten Teile und Baugruppen ein **Kapazitätsprofil** errechnen, das angibt, wie viele Kapazitätseinheiten einer Betriebsmittelgruppe für eine Einheit des/der Endprodukt(s)/gruppe erforderlich sind. Die Kapazitätsprofile müssen nun mit den verfügbaren Kapazitätseinheiten der Betriebsmittelgruppen zeitorientiert in Übereinstimmung gebracht werden. Als Ergebnis erhält man den mit den **verfügbaren Ressourcen** abgestimmten **Produktionsplan**, der im angelsächsischen Sprachraum **Master Production Schedule** genannt wird und als Dateninput in die PPS-Systeme eingeht.

Der Produktionsplan wird in deutschen Standard-PPS-Systemen als **Primärbedarf** ohne weiteren Zusatz bezeichnet, obwohl man streng genommen von einem mit den Ressourcen abgestimmten Primärbedarf sprechen müsste.[29]

An dem in dieser Form innerhalb der Standard-PPS-Systeme ermittelten Produktionsplan (Primärbedarf) muss aus **betriebswirtschaftlicher** Sicht zweifache **Kritik** geübt werden.

1. Falls die Produktionskapazitäten[30] für alle Kundenaufträge und prognostizierten Absatzzahlen ausreichen, wird der gesamte Primärbedarf produziert, ohne zu prüfen, ob die **Deckungsbeiträge** der Enderzeugnisse überhaupt einen angemessenen Beitrag zur Deckung der fixen Kosten liefern. Es werden also keine betriebswirtschaftlichen Kriterien für die Auswahl der zu produzierenden Erzeugnisse benutzt.

2. Bei **knappen Produktionskapazitäten** können nicht alle Kundenaufträge zeitgerecht ausgeführt bzw. die prognostizierten Absatzpotentiale nicht ausgeschöpft werden. Es bestehen nun **kapazitive Verflechtungen** zwischen den Endprodukten. Eine Auswahl der zu fertigenden Produkte und die Bestimmung der entsprechenden Produktionsmengen lassen sich aber nun nicht mehr sukzessiv in der Reihenfolge der zeitlichen Prioritäten der Absatzmengen durchführen, sondern erfordern einen **simultanen** Ansatz auf der Basis betriebswirtschaftlicher Größen wie Erlösen, variablen Kosten oder Deckungsspannen, die mit der Kapazitätsbelastung der einzelnen Produkte verknüpft werden müssen. Ein solcher Simultanansatz ist in Standard-PPS-Systemen nicht realisiert.

---

[29] Aus der Sicht der Materialbedarfsplanung als Keimzelle der PPS-Systeme war die Bezeichnung Primärbedarf selbsterklärend und wurde daher beibehalten.

[30] Die Möglichkeiten der Materialbeschaffung werden im Folgenden nicht mehr ausdrücklich erwähnt, sondern als gegeben betrachtet.

Einfache Lösungsansätze für diesen Problemkreis hat der Verfasser in Hansmann, Umweltorientierte BWL (1998, S.84 ff.) im Rahmen der Deckungsbeitragsanalyse mit und ohne Kapazitätsbeschränkungen dargestellt. Sie könnten ohne weiteres in PPS-Systeme implementiert werden.

In Anbetracht der Entwicklung zu immer leistungsfähigerer Hardware, auch auf der PC-Ebene, wird die Anwendung von Optimierungsmethoden nach Meinung des Verfassers zunehmen, so dass es zweckmäßig erscheint, die Produktions-programmplanung innerhalb von PPS-Systemen mit **aggregierten** Größen auf der Basis der **linearen Optimierung** durchzuführen, da inzwischen auch geeignete Soft-ware zur Erstellung der LP-Matrix (**Matrixgeneratoren**) aus der Datenbasis der PPS-Systeme existiert (Scheer, Betriebswirtschaftslehre 1990, S. 154 ff.). Im nächs-ten Abschnitt werden die LP-Ansätze, die zur Grobplanung unseres Praxisbeispiels eingesetzt wurden, vorgestellt.

b)   Das aggregierte Produktionsprogramm auf der Grundlage der linearen Optimierung

1.   Definition der Erzeugnisgruppen

Bei der Absatzprognose sind alle Varianten des Luftbefeuchtungssystems zu einem Produkt zusammengefasst worden, für das ein monatliches **Absatzpotential** ge-schätzt wurde (Tab. 26, S. 268). Es soll nun ein halbjährliches Produktions-programm auf der Basis von Deckungsbeiträgen und unter Berücksichtigung von Absatz- und Kapazitätsrestriktionen bestimmt werden. Dazu ist es vorteilhaft, die einzelnen Luftbefeuchtungs-Varianten zu **Produktgruppen** zusammenzufassen, die sich durch folgende Merkmale auszeichnen:

■   ähnliche Erlös- und Kostenstruktur,
■   ähnliche zeitliche Beanspruchung der Produktionsanlagen.

Bei diesem Vorgehen kann man 5 Produktgruppen (= Luftbefeuchter-Typen) identi-fizieren, die sich nach Leistungsstufen, Druckerhöhungsstufen und der Größe des Reinwasserspeichers unterscheiden. Sie sind in der folgenden Tabelle mit ihren **De-ckungsspannen** (= Absatzpreis - variable Kosten pro Stück) wiedergegeben.

Tab. 28   Produktgruppen des Luftbefeuchter-Systems

Produktgruppe	Deckungsspanne [DM/Stck.]
1	17.982
2	24.134
3	45.500
4	56.450
5	68.490

Da das Beispiel aus der Praxis stammt, sind die historischen DM-Beträge nicht in Euro umgerechnet worden.

2.   Die Absatz- und Kapazitätsrestriktionen

Zur halbjährlichen Produktionsprogrammplanung geht man einerseits von den bereits fest hereingenommenen **Kundenaufträgen** als Mindestabsatz und andererseits vom prognostizierten **Absatzpotential** als oberer Absatzgrenze aus.

Für den Zeitraum August 1999 bis Januar 2000, der als Planungszeitraum zugrunde gelegt wird, zeigt Tab. 26 (S. 268) ein Absatzpotential von 58 Luftbefeuchtungs-Systemen, die sich nach den langjährigen Erfahrungen des Unternehmens etwa so auf die Produktgruppen verteilen werden, wie Tab. 29, die auch die im Absatzpotential **enthaltenen** festen Kundenaufträge wiedergibt, zeigt.

Tab. 29   Prognostiziertes Absatzpotential und feste Kundenaufträge für den Zeitraum 8/1999 bis 1/2000

Produktgruppe	Absatzpotential	davon feste Kunden- aufträge
1	11	5
2	17	8
3	5	1
4	11	6
5	14	9
Summe	58	29

Da die festen Kundenaufträge auf jeden Fall ausgeführt werden müssen, sollten sich die zu produzierenden Mengen der einzelnen Produktgruppen jeweils zwischen der unteren und der oberen Grenze bewegen. Eine genaue Bestimmung der Produktionsmengen erfordert zusätzlich die Kenntnis der zur Verfügung stehenden **Produktionskapazitäten**.

Der Produktionsprozess der Luftbefeuchtungs-Systeme kann in vier aufeinander folgende **Produktionsstufen** unterteilt werden, deren Kapazität in **Maschinenstunden** gemessen wird. Die Kapazität einer Produktionsstufe ergibt sich durch Multiplikation der Anzahl **Produktionsanlagen** mit der in einem halben Jahr zur Verfügung stehenden **Produktionszeit** (= Betriebszeit - Wartungszeit - durchschnittliche Reparaturzeit - durchschnittliche Rüstzeit).

Da auf dieser relativ groben Planungsebene noch keine Losgrößen und Reihenfolgen der Produktgruppen ermittelt werden können, sind die „echten" Rüstzeiten noch nicht bekannt und müssen daher durch Erfahrungswerte bzw. „Durchschnitte" vergangener Rüstzeiten ersetzt werden. Aufgrund der Sukzessivplanungs-Philosophie können die wahren Rüstzeiten erst im nächsten Abschnitt bei der Materialbedarfsplanung (vgl. S. 284 ff.) ermittelt werden. Die im nächsten Halbjahr zur Verfügung stehenden Produktionszeiten aus Tab. 30 sind daher nur als grobe Richtwerte der Produktionskapazität anzusehen, die innerhalb der Planung des Produktionsprogramms jedoch ihren Zweck mit ausreichender Genauigkeit erfüllen.

Tab. 30 Halbjährliche Produktionskapazität in Maschinenstunden

Produktionsstufe	Kapazität in [Std.]
I	900
II	900
III	1800
IV	900

Für die Formulierung eines **Produktionsplanungsmodells** der **linearen Optimierung** werden außer den Deckungsspannen der Produktgruppen, dem Absatzpotential und der Produktionskapazität die einzelnen **Produktionskoeffizienten** benötigt, die angeben, wie hoch die **zeitliche Beanspruchung** einer Produktionsstufe i (i = I, II, III, IV) für die **Bearbeitung eines Stückes** der Produktgruppe j (j = 1,...,5) ist. Auch bei diesen Werten kann es sich auf der groben Planungsebene nur um Erfahrungswerte der Vergangenheit handeln, da die genaue **Maschinenbelegung** erst bei der **Produktionssteuerung** (9. Kapitel, S. 339 ff.) festgelegt wird.

Tab. 31 Produktionskoeffizienten in [Std./Stck.]

Produktionsstufe \ Produktgruppe	1	2	3	4	5
I	5	9	10	17	26
II	7	11	12	20	30
III	11	18	21	35	54
IV	4	4	5	7	10

Mit den in den Tab. 28 bis 31 angegebenen Daten kann ein Produktionsplanungsmodell der linearen Optimierung (LP) formuliert und anschließend mit dem Simplex-Algorithmus, der in den LP-Software-Paketen, wie z.B. LINGO oder CPLEX realisiert ist, numerisch gelöst werden.

3. Formulierung des LP-Produktionsplanungsmodells

Es ist zweckmäßig, das Modell zunächst mit allgemeinen Symbolen aufzustellen, um die Struktur des Problems klar zu erkennen. Die benutzten Symbole haben dabei folgende Bedeutung:

x_j	=	Produktionsmenge der Produktgruppe j	(j = 1,...,5)
d_j	=	Deckungsspanne der Produktgruppe j	(j = 1,...,5)
$AMAX_j$	=	Absatzpotential der Produktgruppe j	(j = 1,...,5)
$AMIN_j$	=	Feste Kundenaufträge der Produktgruppe j	(j = 1,...,5)
Kap_i	=	Kapazität der Produktionsstufe j	(i = 1,...,4)

a_{ij} =   Zeitverbrauch für eine Einheit der Produktgruppe j ($j = 1,...,5$) bei der Bearbeitung in der Produktionsstufe i ($i = 1,...,4$) (Produktionskoeffizient)

Die Größen x_j bezeichnet man als **Variable** des Modells, die so zu bestimmen sind, dass die vorgegebene Zielsetzung unter Beachtung der Absatz- und Kapazitätsrestriktionen möglichst gut erfüllt wird. Die übrigen Größen heißen **Daten** des Modells. Sie sind aus der Datenbank des PPS-Systems in geeigneter Form zu entnehmen und müssen bei großen Problemen mit Hilfe eines **Matrix-Generators** in das Modell eingegeben werden.

In Übereinstimmung mit Theorie und Praxis legen wir als **Zielsetzung** fest, das Produktionsprogramm mit dem größten **Bruttogewinn** im Planungszeitraum (hier: Halbjahr) auszuwählen. Bruttogewinn ist der Gewinn vor Abzug der **fixen Kosten** für die Produktionskapazität, insbesondere **Abschreibungen** und kalkulatorische **Kapitalverzinsung**. Da die fixen Kosten bei konstantem Produktionsapparat ein fester, vom Produktionsprogramm unabhängiger Betrag sind, können sie nachträglich vom Bruttogewinn abgezogen werden, ohne die Optimierung zu berühren.

Es genügt also, die Summe der **Deckungsbeiträge** (= Erlöse – variable Kosten) der Produktgruppen zu maximieren, um das **optimale Produktionsprogramm** zu bestimmen.

Zielfunktion

(102)   Bruttogewinn $$Z = \sum_{j=1}^{5} d_j \, x_j \Rightarrow max!$$

Dabei sind folgende Restriktionen (Nebenbedingungen) zu beachten:

Absatzbedingungen

(103) $x_j \le AMAX_j$ ($j = 1,...,5$)   Absatzpotential

(104) $x_j \ge AMIN_j$ ($j = 1,...,5$)   feste Kundenaufträge

Kapazitätsbedingungen

(105) $\sum_{j=1}^{5} a_{ij} \, x_j \le Kap_i$ ($i = 1,...,4$)   Produktionsstufen

Nicht-Negativitäts-Bedingungen

(106) $x_j \ge 0$ ($j = 1,...,5$)

Das Modell umfasst für das Luftbefeuchtungs-System fünf Variable und 14 echte Nebenbedingungen und ist damit ein recht kleines Modell. Dies beruht auf der technisch möglichen Zusammenfassung der Produkte zu fünf Gruppen und der Arbeitsgänge zu vier Produktionsstufen. Durch diese **Aggregation**, die leider aus technischen Gründen nicht immer möglich ist, bleibt das Modell für unser Praxisbeispiel überschaubar und numerisch leicht zu lösen.

Nach der allgemeinen Modellformulierung soll nun das konkrete Modell mit den Daten der Tab. 28 bis 31 aufgestellt werden.

Zielfunktion

(107) $Z = 17.982\, x_1 + 24.134\, x_2 + 45.500\, x_3 + 56.450\, x_4 + 68.490\, x_5 \Rightarrow max!$

Restriktionen

Absatzbedingungen

(108) $x_1 \quad \leq \quad 11$

(109) $x_2 \quad \leq \quad 17$

(110) $x_3 \quad \leq \quad 5$ Absatzpotential

(111) $x_4 \quad \leq \quad 11$

(112) $x_5 \quad \leq \quad 14$

(113) $x_1 \quad \geq \quad 5$

(114) $x_2 \quad \geq \quad 8$

(115) $x_3 \quad \geq \quad 1$ feste Kundenaufträge

(116) $x_4 \quad \geq \quad 6$

(117) $x_5 \quad \geq \quad 9$

Kapazitätsbedingungen

(118) $5x_1 + 9x_2 + 10x_3 + 17x_4 + 26x_5 \leq 900$

(119) $7x_1 + 11x_2 + 12x_3 + 20x_4 + 30x_5 \leq 900$

(120) $11x_1 + 18x_2 + 21x_3 + 35x_4 + 54x_5 \leq 1800$

(121) $4x_1 + 4x_2 + 5x_3 + 7x_4 + 10x_5 \leq 900$

Mit Hilfe der Simplex-Methode lassen sich die optimalen Produktionsmengen der Produktgruppen für das nächste halbe Jahr bestimmen.

4.   Numerische Lösung des Produktionsplanungsmodells

Die numerische Auswertung erfolgte mit dem LP-Software-Paket LINGO. Das Ergebnis zeigt die folgende Tabelle 32.

Tab. 32   Das optimale Produktionsprogramm (LP-Lösung)

Produktgruppe	Produktionsmenge pro Halbjahr [ME]	
	exakt	gerundet
1	11,00	11
2	11,18	11
3	5,00	5
4	11,00	11
5	14,00	14

Der zugehörige **Bruttogewinn** beträgt **2,275 Mio. DM.**

Tab. 32 lässt erkennen, dass alle festen Kundenaufträge ausgeführt werden können und darüber hinaus das Absatzpotential aller Produktgruppen mit Ausnahme von Gruppe 2 ausgeschöpft wird. Der Grund liegt in der Produktionsstufe II, deren Kapazität in diesem Beispiel zum Engpass wird.

Die Produktionsstufen I, III und IV sind bei diesem Produktionsprogramm nicht ausgelastet, was man durch Einsetzen der optimalen x_j-Werte in (118) bis (121) nachprüfen kann.

Bemerkenswert ist, dass man auf Anhieb nicht erkennt, warum gerade bei Produktgruppe 2 das Absatzpotential nicht ausgeschöpft wird. Sie hat weder die kleinste Deckungsspanne noch belastet sie die Produktionsanlagen am stärksten (vgl. die Produktionskoeffizienten). Erst durch das Zusammenspiel von Deckungsspannen, Kapazitäts- und Absatzgrenzen sowie den Produktionskoeffizienten kommt diese gewinnoptimale Lösung zustande. Die Interdependenzen zwischen diesen Größen erfordern eine **simultane** Bestimmung der zu produzierenden Mengen, die durch den **Simplex-Algorithmus** zieladäquat geleistet wird.

Um einen Einblick in die „black box" des Simplex-Algorithmus zu ermöglichen und den zugrunde liegenden mathematischen „Mechanismus" zu verstehen, wird das Modell im nächsten Abschnitt auf zwei Variable und drei Restriktionen verkleinert. Dadurch ist eine graphische und eine einfache rechnerische Lösung möglich, die die Funktionsweise der Simplexmethode erläutert.

c)   Vereinfachung des Modells

Wir betrachten im Folgenden nur die Produktgruppen 1 und 2 sowie die im letzten Abschnitt als **Kapazitätsengpass** identifizierte Produktionsstufe II. Dies ist als Ausschnitt aus dem realen Produktionsprozess aufzufassen, wobei die Interdependenzen mit den übrigen Produktgruppen willkürlich zerschnitten werden. Für beide Produktgruppen wird die Produktionsstufe II 231 Stunden im Halbjahr reserviert.[31]

---

31 Angemessen wäre aufgrund der Produktionskoeffizienten etwa 25% der Gesamtkapazität von 900 Stunden, also 225 Stunden. Um möglichst ganze Zahlen zu erhalten, wurde die nächste Zahl gewählt, die durch 7 und 11 teilbar ist.

Damit ergibt sich das folgende vereinfachte Modell:

Zielfunktion

$$(122) \quad Z \quad = \quad 17.982\, x_1 \quad + \quad 24.134\, x_2 \quad \Rightarrow \quad max!$$

Absatzbedingungen

$$(123) \quad x_1 \quad \geq \quad 5$$

$$(124) \quad x_1 \quad \leq \quad 11$$

$$(125) \quad x_2 \quad \geq \quad 8$$

$$(126) \quad x_2 \quad \leq \quad 17$$

Kapazitätsbedingung

$$(127) \quad 7\, x_1 \quad + \quad 11\, x_2 \quad \leq \quad 231$$

1. Graphische Lösung

Bei nur **zwei Variablen** kann man die optimale Lösung graphisch ermitteln, indem man den Raum der **zulässigen** Lösungen, die alle **Nebenbedingungen erfüllen**, in der Ebene der Produktmengen, d.h. in einem x_1/x_2 - Koordinatensystem abbildet. Jede x_1/x_2 - Kombination, die die Nebenbedingungen einhält, liegt innerhalb eines Polygons, das durch folgende Geraden gebildet wird:

$$(128) \quad x_1 \quad = \quad 5$$

$$(129) \quad x_1 \quad = \quad 11$$

$$(130) \quad x_2 \quad = \quad 8$$

$$(131) \quad x_2 \quad = \quad 17$$

$$(132) \quad x_2 \quad = \quad 21 \quad - \quad 7/11\, x_1$$

Abb. 62 zeigt den zulässigen Bereich des Modells als schraffierte Fläche.

Das zulässige Polygon wird durch die **Eckpunkte** P_1 (5;8), P_2 (11;8), P_3 (11;14), P_4 (6 2/7; 17) und P_5 (5;17) definiert.

Man kann allgemein zeigen, dass die optimale Lösung in einem Eckpunkt oder auf der Verbindungslinie zweier benachbarter Eckpunkte liegen muss (Dantzig, Lineare Programmierung 1966, S. 181 ff.).

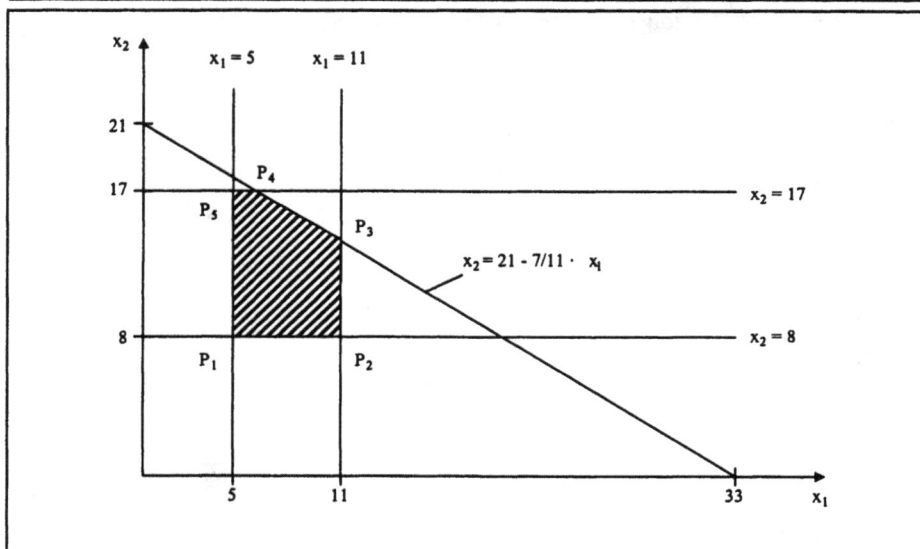

Abb. 62   Zulässiger Bereich des Produktionsplanungsmodells

Dieser Gedankengang lässt sich nachvollziehen, wenn man die Zielfunktion in der Form von **Isogewinnlinien** in die Graphik einzeichnet. Eine Isogewinnlinie ergibt sich, wenn ein fester Gewinnbetrag Z_0 in (122) eingesetzt und die Gleichung nach x_2 aufgelöst wird.

$$(133) \qquad x_2 = \frac{Z_0}{24.134} - \frac{17.982}{24.134} x_1$$

Setzt man z.B. $Z_0 = 0$ ein, ergibt sich die Isogewinnlinie

$$(134) \qquad x_2 = -0{,}745 \, x_1,$$

die durch den Koordinatenursprung verläuft. Bei positiven Werten von Z_0 verschiebt sich die entsprechende Isogewinnlinie **parallel** zu (134) nach **rechts oben** (vgl. Abb. 63). Der Gewinn ist auf der Isogewinnlinie am höchsten, die gerade noch den zulässigen Bereich **berührt**, was in der Regel in einem Eckpunkt der Fall ist. Nur wenn die Steigung der Isogewinnlinie der Steigung einer Nebenbedingung entspricht, besteht die optimale Lösung aus allen (gewinngleichen) Punkten der Nebenbedingung einschließlich der benachbarten Eckpunkte.

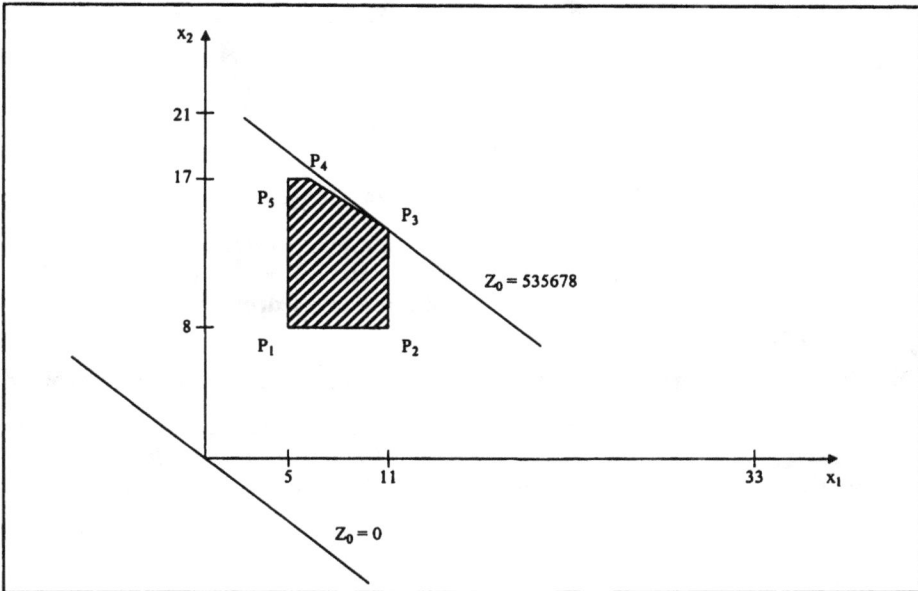

Abb. 63   Optimale Lösung des Produktionsplanungsmodells

Aus Abb. 63 geht hervor, dass der höchste Gewinn Z_0 = 535.678 im Punkt P_3 mit den Koordinaten $x_1 = 11$ und $x_2 = 14$ erreicht wird.

Das optimale Produktionsprogramm dieses vereinfachten Modells besteht aus 11 Stück von Produktgruppe 1 und 14 Stück von Produktgruppe 2, deren Absatzpotential von 17 Stück nicht ausgenutzt werden kann, weil die Produktionsstufe II im Punkt P_3 ausgelastet ist. Im Punkt P_4 würde die Produktgruppe 2 ihr Absatzpotential zu Lasten der Produktgruppe 1 ausschöpfen, was aber offensichtlich zu einem geringeren Gewinn (Z_0 = 523.307,71) führt.

2.   Rechnerische Lösung

Die graphische Lösung ist nur bei zwei Variablen möglich. Um einen kleinen Einblick in den **Simplex-Algorithmus** zu gewinnen, der bei beliebiger Variablenzahl angewendet werden kann und das Standard-Verfahren für lineare Optimierungsmodelle geworden ist, wird nun unser vereinfachtes Modell rechnerisch gelöst. Dabei werden keine **Schemata**, wie z.B. das Simplextableau, benutzt, sondern die zugrunde liegenden Gedanken anhand von Gleichungen erläutert.

Ausgangspunkt ist das Ungleichungssystem (122) bis (127) von S. 279, wobei wir von vornherein annehmen, dass die festen Aufträge für die Produktgruppen 1 und 2 auf jeden Fall ausgeführt werden, so dass die Ungleichungen (123) und (125) nicht weiter explizit zu betrachten sind. Die übrigen Ungleichungen wandeln wir durch Einfügen von **nicht-negativen (!) Schlupfvariablen** in Gleichungen um und erhalten das Gleichungssystem

(135) x_1 + S_1 =   11

(136) x_2 + S_2 =   17

(137) $7x_1$ + $11x_2$ + S_3 =   231

zusammen mit der Zielfunktion

(138) Z = $17.982\,x_1$ + $24.134\,x_2$.

Das Gleichungssystem (135) bis (138) besteht aus drei Gleichungen und fünf Variablen und ist damit unterbestimmt. Es ist lösbar, wenn zwei Variable mit festen Werten versehen werden, denn dann kann man die restlichen **drei** Variablen mit Hilfe der **drei** Gleichungen bestimmen.

Die „festen" Variablen nennt man **Nicht-Basisvariable**, die übrigen **Basisvariable**.

Als **Ausgangslösung** weisen wir den Variablen x_1 und x_2 die festen Kundenaufträge $x_1 = 5$ und $x_2 = 8$ zu (Punkt P_1 in Abb. 63) und lösen das Gleichungssystem nach den Basisvariablen S_1, S_2 und S_3 auf, wobei die Gewinnfunktion mitgeführt wird.

(139) S_1 =   11   - x_1

(140) S_2 =   17   - x_2

(141) S_3 =   231   - $7x_1$ - $11x_2$

(142) Z = $17.982\,x_1$ + $24.134\,x_2$

Die Lösung lautet $S_1 = 6$, $S_2 = 9$, $S_3 = 108$, $x_1 = 5$, $x_2 = 8$, $Z = 282.982$.

Aus (142) geht hervor, dass der Bruttogewinn erhöht werden kann, wenn mehr Stücke von beiden Produktgruppen erzeugt werden. Da die Simplexmethode sich nur durch die Eckpunkte des zulässigen Bereiches bewegt, muss man sich für eine Variable entscheiden (P_2 oder P_5 in Abb. 63). Aufgrund der höheren Deckungsspanne wählen wir x_2. Da die Variablen S_2 und S_3 nicht negativ werden dürfen, kann man x_2 nach (140) maximal auf den Wert 17 erhöhen, nach (141) auf $(231 - 7 \cdot 5) / 11 = 17{,}82$.

Der kleinere Wert ist die stärkere Restriktion und bewirkt, dass nun S_2 Null und damit zu einer Nicht-Basisvariablen wird, während x_2 in die Basis eintritt.

Das Gleichungssystem (139) bis (142) wird nun so umgeordnet, dass alle Basisvariablen wieder links vom Gleichheitszeichen stehen.

(143) S_1 =   11   – x_1

(144) x_2 =   17   – S_2

(145) S_3 =   231   –   7 x_1 – $11(17 - S_2)$

         =   44   –   7 x_1 +   11 S_2

(146) Z = 17.982 x_1 + $24.134(17 - S_2)$

         = 410.278 + 17.982 x_1 – 24.134 S_2

Die zugehörige Lösung lautet $S_1 = 6$, $x_2 = 17$, $S_3 = 9$, $x_1 = 5$, $S_2 = 0$, $Z = 500.188$.

Das Absatzpotential von Produktgruppe 2 ist ausgeschöpft (Schlupfvariable $S_2 = 0$) und von der Kapazität sind noch 9 Stunden zu verplanen ($S_3 = 9$). Die Lösung entspricht dem Punkt P_5 in Abb. 63 auf S.281.

(146) zeigt, dass der Bruttogewinn durch Erhöhung von x_1 noch gesteigert werden könnte, da das Vorzeichen des **Koeffizienten positiv** ist. Nach (143) kann x_1 höchstens den Wert 11 annehmen, nach (145) jedoch nur den Wert 44/7. Dann ist die Produktionskapazität ausgeschöpft und S_3 wird Null.

Wir nehmen S_3 aus der Basis und x_1 hinein und formen (143) bis (146) so um, dass wieder alle Basisvariablen links vom Gleichheitszeichen stehen.

$$(147) \qquad x_1 = \frac{44}{7} + \frac{11}{7} S_2 - \frac{1}{7} S_3$$

$$(148) \qquad x_2 = 17 - S_2$$

$$(149) \qquad S_1 = 11 - \left(\frac{44}{7} + \frac{11}{7} S_2 - \frac{1}{7} S_3\right)$$

$$= \frac{33}{7} - \frac{11}{7} S_2 + \frac{1}{7} S_3$$

$$(150) \qquad Z = 410.278 + 17.982 \left(\frac{44}{7} + \frac{11}{7} S_2 - \frac{1}{7} S_3\right) - 24.134 \, S_2$$

$$= 523.307{,}71 + 4123{,}43 \, S_2 - 2568{,}86 \, S_3$$

Die zugehörige Lösung lautet $x_1 = 6 \, 2/7$, $x_2 = 17$, $S_1 = 33/7$, $S_2 = 0$, $S_3 = 0$, $Z = 523.307{,}71$.

Die Produktionskapazität ist nunmehr ausgeschöpft ($S_3 = 0$), genauso wie das Absatzpotential von Produktgruppe 2 ($S_2 = 0$). Die Lösung entspricht dem Punkt P_4 in Abb. 63 auf S. 281.

Die Gewinngleichung (150) zeigt noch einen positiven Koeffizienten von S_2. Dies bedeutet, dass der Gewinn erhöht werden kann, wenn S_2 positiv wird, d.h. das Absatzpotential der Produktgruppe 2 zugunsten einer stärkeren Produktion von Gruppe 1 **nicht** ausgeschöpft wird. Offensichtlich lohnt sich eine Umverteilung der Produktionsmengen in Richtung Gruppe 1. Nach (148) kann S_2 höchstens den Wert 17 annehmen, nach (149) nur den Wert 3, da S_1 dann Null wird.

Wir nehmen S_2 statt S_1 in die Basis und formen (147) bis (150) entsprechend um.

$$(151) \qquad S_2 = 3 - \frac{7}{11} S_1 + \frac{1}{11} S_3$$

$$(152) \qquad x_1 = \frac{44}{7} + \frac{11}{7} \left(3 - \frac{7}{11} S_1 + \frac{1}{11} S_3\right) - \frac{1}{7} S_3$$

$$= 11 - S_1$$

$$(153) \quad x_2 \quad = \quad 17 \quad - \quad (3 - \frac{7}{11} S_1 + \frac{1}{11} S_3)$$

$$= \quad 14 \quad + \quad \frac{7}{11} S_1 \quad - \frac{1}{11} S_3$$

$$(154) \quad Z \quad = 523.307{,}71 + 4123{,}43 \, (3 - \frac{7}{11} S_1 + \frac{1}{11} S_3) - 2568{,}86 \, S_3$$

$$= 535.678 \quad - \quad 2624 \, S_1 \quad - \quad 2194 \, S_3$$

Die zugehörige Lösung lautet $S_2 = 3$, $x_1 = 11$, $x_2 = 14$, $S_1 = 0$, $S_3 = 0$, $Z = 535.678$.

Diese Lösung entspricht dem Punkt P_3 in Abb. 63 auf S. 281. Sie ist die **Optimallösung**, da in der Gewinngleichung (154) nur noch negative Koeffizienten auftreten. Durch Erhöhung von S_1 und S_3 kann der Gewinn nicht mehr gesteigert werden.

Wie nicht anders zu erwarten war, haben wir dieselbe Optimallösung $x_1 = 11$, $x_2 = 14$, $Z = 535678$ erhalten wie in der graphischen Analyse. Im Unterschied dazu kann man dieses Rechenverfahren auf eine (theoretisch) beliebige Zahl von Variablen und Restriktionen anwenden. Es ist die Grundlage der Simplexmethode[32] und lässt sich nach geeigneter Schematisierung der einzelnen Rechenschritte programmieren.

Die numerische Auswertung großer Modelle kann jedoch in der Praxis daran scheitern, dass durch die **beschränkte Stellenzahl** jedes Computers bei den vielen Divisionen, die während des Rechenverfahrens durchzuführen sind, **Rundungsfehler** auftreten, die sich gegenseitig verstärken und dadurch zu falschen Lösungen oder unangemessen hoher Rechenzeit führen. Dies ist auch ein Grund für die spärliche Verbreitung der linearen Optimierung in der Unternehmenspraxis.

Kleine Modelle wie unser Luftbefeuchtungssystem, aber auch Modelle bis zu 1000 Variablen und/oder Restriktionen sind jedoch heute selbst auf PC mit Pentium-IV-Prozessor in angemessener Zeit lösbar, so dass die grobe Produktionsprogrammplanung mit Hilfe der linearen Optimierung durchgeführt werden sollte, um mehr betriebswirtschaftliche Kriterien zur Auswahl der geeigneten Produkte zur Verfügung zu haben als die Standard-PPS-Systeme es bei der Bestimmung des Primärbedarfs erlauben.

C. Materialbedarfsplanung

Nach der mittelfristigen Planung des Produktionsprogramms folgt nun gemäß dem sukzessiven Vorgehen der PPS-Systeme die Planung des Materialbedarfs (material requirements planning). Hier ist die Frage zu beantworten, **welche Mengen** von

---

[32] Auf Verfeinerungen, wie z.B. die revidierte Simplexmethode, sei hier nicht weiter eingegangen.

Einzelteilen zu beschaffen und **welche Mengen** von **Baugruppen** zu fertigen sind, um die gewünschte Stückzahl der Endprodukte produzieren zu können. Darüber hinaus ist festzulegen, **wann** die erforderlichen Teile zu beschaffen bzw. zu fertigen sind, um die Endprodukte **termingemäß** fertig stellen zu können. Die Materialbedarfsplanung hat also **zeitorientiert** zu erfolgen.

Grundbausteine der Materialwirtschaft sind die **Stücklistenverwaltung**, sowie die **Auflösung** und **Verfolgung** des **Materialbedarfs**, die im Folgenden analysiert werden.

I.   Stücklistenverwaltung

Für jedes Erzeugnis der industriellen Produktion lässt sich eindeutig angeben, aus welchen Baugruppen und Einzelteilen es besteht und wie viele Mengeneinheiten davon benötigt werden, um eine Einheit des Erzeugnisses zu produzieren. Diese Erzeugnisstrukturdaten bilden die **Stückliste** des Produkts.

a)   Darstellung der Stückliste als Gozintograph

In Übereinstimmung mit der Praxis wird jedes auch noch so komplizierte Teil als **Einzelteil** bezeichnet, wenn es als Ganzes fremdbezogen, d.h. nicht im Unternehmen zusammengebaut wurde. Werden Einzelteile im Unternehmen montiert, so entsteht eine **Baugruppe**, die ihrerseits für das Endprodukt oder höherstufige Baugruppen verwendet wird. Man kann somit für jedes Endprodukt einen Erzeugnisbaum konstruieren, wie Abb. 64 in allgemeiner Form zeigt.

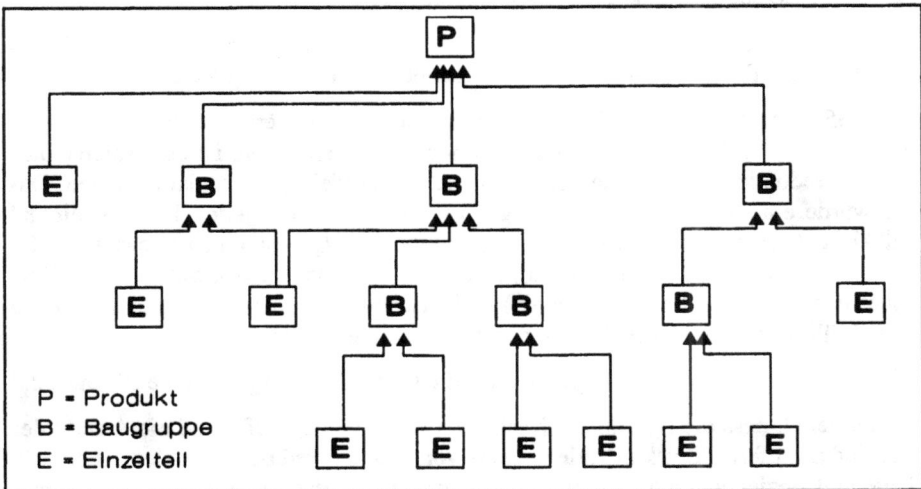

Abb. 64   Allgemeine Darstellung eines Erzeugnisbaumes

Für die Luftbefeuchtungssysteme lassen sich in gleicher Weise Erzeugnisbäume konstruieren, die für das vorliegende Lehrbuch aus Gründen der Übersichtlichkeit etwas vereinfacht sind und nur die wichtigsten Strukturbeziehungen enthalten. Abb. 65 zeigt die Erzeugnisbäume der Systeme 1 und 2.

Die benutzten Symbole haben folgende Bedeutung:

P1   Luftbefeuchtungsgrundsystem (LBS)

P2   LBS mit mehrfacher Verneblung des Reinwassers

B1   Vernebler

E1   Osmose-Anlage zur Entsalzung des Leitungswassers

E7   Ventilsteuerung

E8   Pumpe

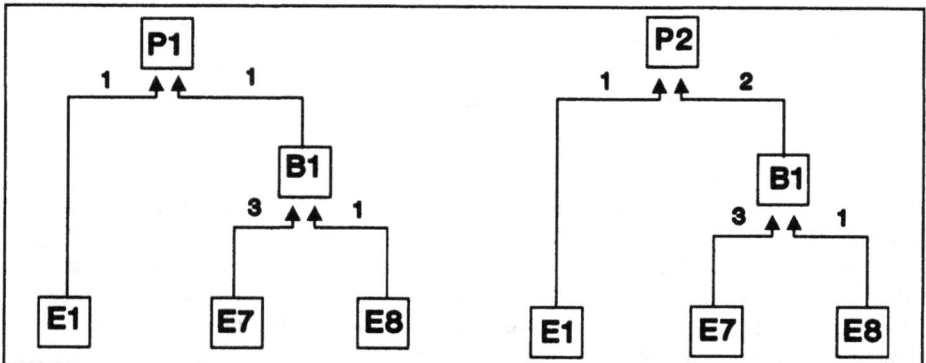

Abb. 65 Erzeugnisbäume von Luftbefeuchtungssystemen

An die Strukturbeziehungen ist jeweils die Menge des untergeordneten Teils geschrieben, die für eine Einheit des übergeordneten Teils benötigt wird.

Abb. 65 enthält insgesamt 10 Kästchen (Teile) und 8 Verbindungspfeile (Strukturbeziehungen). Da alle Teile in beide Endprodukte eingehen, ist eine solche Darstellung redundant und würde beim Abspeichern zuviel Speicherplatz belegen. Daher wurde eine kompakte Darstellungsform entwickelt, die **jedes Teil** nur einmal enthält und unter dem Namen **Gozintograph** bekannt geworden ist (Vazsonyi, Planungsrechnung 1962). Vazsonyi prägte diesen Begriff scherzhaft, indem er die Vorgehensweise auf den (nicht existenten) italienischen Mathematiker Zeparzat Gozinto zurückführte, dessen Name für „the part that goes into" steht.

Die Abb. 66 zeigt den Gozintographen für die Luftbefeuchtungssysteme P1 und P2.

Man erkennt, dass die Anzahl der Kästchen (Teile) von 10 auf 6 und die Anzahl der Verbindungspfeile (Strukturbeziehungen) von 8 auf 6 reduziert worden sind. Alle Teile und Beziehungen treten nur noch einmal auf, so dass jede Redundanz vermieden wird.

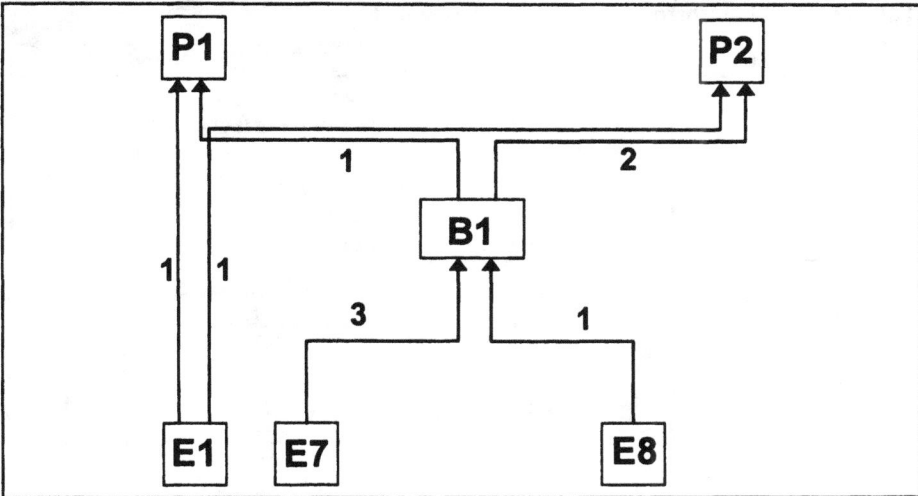

Abb. 66 Gozintograph für zwei Luftbefeuchtungssysteme

Da die Stücklisten EDV-technisch verwaltet werden müssen, ist im nächsten Schritt der Gozintograph in ein Datenmodell zu transformieren und anschließend in ein konkretes Datenbanksystem zu überführen.

b) Übertragung in ein relationales Datenmodell

Der Gozintograph besteht in der Sprache des Entity-Relationship-Modells (ERM) aus dem Entity-Typ „Teile", zu dem alle Produkte, Baugruppen und Einzelteile gehören und dem Beziehungstyp „Struktur", der alle Beziehungen zwischen den Teilen umfasst.[33]

Entitytyp und Beziehungstyp werden im relationalen Datenmodell durch jeweils eine Relation abgebildet:

R. TEILE (Teile-Nr., Bezeichnung, ...),

R. STRUKTUR (Oberteil-Nr., Unterteil-Nr., Menge, ...).

Die unterstrichenen Schlüssel-Attribute identifizieren jedes Teil und jede Beziehung eindeutig. In Tab. 32 ist der Gozintograph von Abb. 66 im Relationenmodell dargestellt.

---

[33] vgl. die allgemeinen Ausführungen zum Entity-Relationship-Modell in Teil I, 2. Kapitel, S. 30 ff.

Tab. 32   Stücklistenstruktur im Relationenmodell

R. TEILE	TEILE-NR.	BEZEICHNUNG
	P1	Luftbefeuchtungssystem
	P2	LBS mit mehrfacher Verneblung
	B1	Vernebler
	E1	Osmose-Anlage
	E7	Ventilsteuerung
	E8	Pumpe

R. STRUKTUR	OBERTEIL-Nr.	UNTERTEIL-NR.	MENGE
	P1	E1	1
	P1	B1	1
	P2	E1	1
	P2	B1	2
	B1	E7	3
	B1	E8	1

Hiermit ist die Struktur der Datensätze für die Stücklistenverwaltung in einem Datenbanksystem gegeben. Nach Eintrag der Sätze in ein konkretes Datenbanksystem (z.B. DB2 von IBM) können die Stücklisten verwaltet und ausgewertet werden, um z.B. den Bedarf der Baugruppe B1 für die gewünschten Produktionsmengen von P1 und P2 zu ermitteln.

c)   Stücklistenauflösung mit einem Datenbanksystem

Mit Hilfe der zu einem Datenbanksystem gehörenden **Datenbankabfragesprache** ist es möglich, die Stücklisten so aufzulösen, dass der Bedarf an Einzelteilen und Baugruppen, die zur Realisierung des geplanten Produktionsprogramms gefertigt oder beschafft werden müssen, numerisch ermittelt werden kann.

Die Datenbankabfragesprache SQL (structured query language) des Datenbanksystems DB2 von IBM ermöglicht eine Stücklistenauflösung mit drei Schlüsselwörtern (Scheer, Wirtschaftsinformatik 1998, S. 105), nämlich

- **select** :   auszuwählende Attributfelder,
- **from** :   Relationen, die die Attribute enthalten,
- **where** :   Auswahlkriterien.

Die Stücklistenauflösung des Luftbefeuchtungssystems P2 kann mit Hilfe eines SQL-Statements, das aus einem rekursiv arbeitenden Programm aufgerufen wird, wie folgt durchgeführt werden:

0) Setze <Menge> := 1, <Teile_Nr> := „P2"

1) Setze die SQL-Parameter @Menge = <Menge> und @Teile_Nr = <Teile_Nr> und führe aus:

select	Teile_Nr, Bezeichnung, @Menge * Menge
from	Teile, Struktur
where	OberTeil_Nr = @Teile_Nr
and	UnterTeil_Nr = Teile_Nr

2) Falls die Ergebnistabelle <u>nicht leer</u> ist, hole für <u>jeden</u> Datensatz in der Ergebnistabelle die Werte der Spalten **Teile_Nr** und **Menge**

3) Setze <Menge> := **Menge**, <Teile_Nr> := **Teile_Nr**; fahre mit Punkt 1) fort

Das System verknüpft nun die Entities aus den Relationen Teile und Struktur und wählt diejenigen aus, die der „where"-Bedingung entsprechen. Als Ergebnis der Abfrage erhält man aus dem ersten Durchlauf die ersten beiden Zeilen der Tab. 33. Der wiederholte Aufruf des SQL-Statements für das **Teil B1** mit der Menge gleich 2 liefert die letzten beiden Zeilen für E7 und E8.

Tab. 33   Ergebnis der Stücklistenauflösung

Teile-Nr.	Bezeichnung	Menge
E1	Osmose-Anlage	1
B1	Vernebler	2
E7	Ventilsteuerung	6
E8	Pumpe	2

Auf diese Weise kann die Stücklistenverwaltung effizient mit einem Datenbanksystem durchgeführt werden.

d)   Besondere Stücklistenstrukturen

Bevor wir uns im nächsten Abschnitt der Bestimmung des Gesamtbedarfs der Teile für die Produktion der gewünschten Endprodukt-Mengen (Bedarfsauflösung) zuwenden, sollen noch kurz einige besondere Stücklistenstrukturen untersucht werden, die in der Praxis Bedeutung erlangt haben.

1.   Variantenstücklisten

Besteht das Produktionsprogramm des Unternehmens hauptsächlich aus fertigungstechnisch ähnlichen **Produktvarianten**, wie z.B. in der Automobilindustrie (Grundmodell mit unterschiedlicher Sonderausstattung), so lässt sich die Stücklistenverwaltung durch Einführung einer **Gleichteilestückliste** für die Einzelteile und Baugruppen, die in alle Varianten eingehen, erheblich vereinfachen.

Die hier betrachteten Luftbefeuchtungssysteme P1 und P2 sowie vor allem P3, P4 und P5 können ebenfalls als Varianten eines Grundmodells angesehen werden. Da für P1 und P2 der Gozintograph in Abb. 66 schon die einfachste Form darstellt, sei die Variantenstückliste für P3, P4 und P5 als Beispiel angegeben. Die Einzelteile E2 und E3 gehen in alle Varianten, die Teile E5 und E6 in alle Baugruppen ein. Sie werden deshalb zu Gleichteile-Baugruppen GL1 und GL2 zusammengefasst (vgl. Scheer, Wirtschaftsinformatik 1998, S. 121). Abb. 67 zeigt den resultierenden Gozintograph.

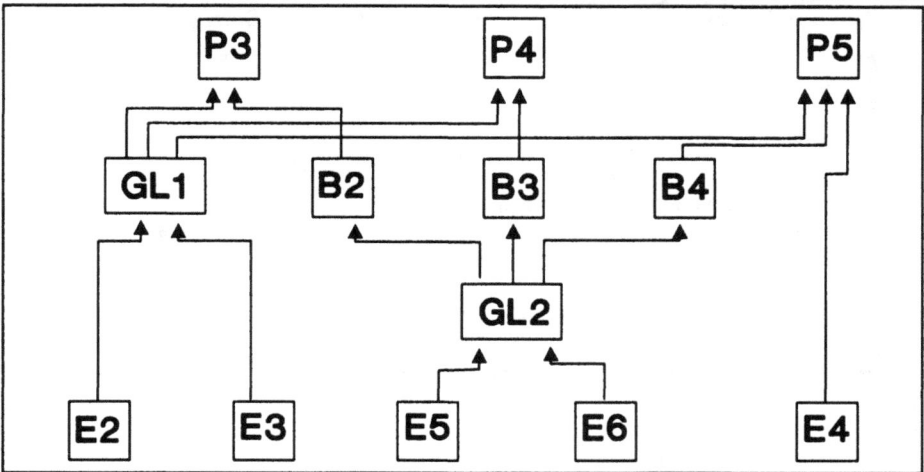

Abb. 67   Gozintograph einer Gleichteilestückliste

Die benutzten Symbole haben folgende Bedeutung:

P3   LBS[34] mit Wasserenthärtung und einfacher Verneblung

P4   LBS mit Wasserenthärtung, mehrfacher Verneblung und Osmose-Anlage

P5   LBS mit Wasserenthärtung, einfacher Verneblung und Reinwasserspeicher

B2   Wasserentkalker 1 ⎤

B3   Wasserentkalker 2 ⎬   Unterschiede in Kapazität und Leistung

B4   Wasserentkalker 3 ⎦

E2   Osmose-Anlage (höhere Leistung als E1)

E3   elektronischer Vernebler

E4   Reinwasserspeicher

E5   Wasserenthärtungssystem

E6   Expansionsspeicher

GL1   fiktive Gleichteile-Baugruppe 1

GL2   fiktive Gleichteile-Baugruppe 2

Durch die Einführung der Gleichteile-Stückliste können 2 Strukturbeziehungen (von 16) eingespart werden, allerdings erhöht sich die Anzahl der Teile um 2 (GL1 und GL2).

Voraussetzung dieser Stücklistenverwaltung ist eine zeitliche Konstanz der Gleichteile, da sonst der Änderungsaufwand zu groß wird. Über weitere Verfahren der Variantenstücklisten informiert Scheer (Wirtschaftsinformatik 1998, S. 118 ff.).

---

[34] LBS = Luftbefeuchtungsgrundsystem mit Osmose-Entsalzungsanlage (entspricht P1)

2. Zyklen

Die bislang dargestellte Stücklistenverwaltung eignet sich für die **mechanische Produktion** (synthetische Stoffverwertung mit Montagevorgängen), da hier der Gozintograph **zyklenfrei** aufgestellt werden kann.

Vornehmlich in der **chemischen** Industrie treten jedoch im Produktionsablauf häufig **Zyklen** auf, weil ein End- oder Zwischenprodukt zu einem gewissen Anteil in der vorgelagerten Produktionsstufe als Einsatzstoff verwendet wird. Daraus entsteht ein zyklischer Gozintograph.

Im Relationenmodell führt dies aber nur zu der Konsequenz, dass das End- oder Zwischenprodukt in der Relation STRUKTUR als Ober- **und** Unterteil auftritt, wie aus Tab. 34 hervorgeht.

Tab. 34   Zyklische Produktstruktur

R. STRUKTUR	Oberteil-Nr.	Unterteil-Nr.	Menge
	P	B	1
	B	P	0,3

Im übrigen lässt sich die Stücklistenverwaltung in gleicher Weise durchführen wie bei der mechanischen zyklenfreien Produktion.

II.   Bedarfsauflösung

Auf der Grundlage der Stücklistenverwaltung kann nun der **Gesamtbedarf** an Baugruppen und Einzelteilen für die in der Produktionsprogrammplanung festgelegten Mengen der einzelnen Endprodukte zeitorientiert bestimmt werden. Diesen Vorgang nennt man **Bedarfsauflösung**. Er beginnt mit der Einteilung der Teile entsprechend ihrer Bedeutung durch die ABC-Analyse.

a)   ABC-Analyse

In modernen Industriebetrieben werden sehr viele verschiedene Materialarten zur Produktion benötigt. Es ist keine Seltenheit, dass mehr als tausend verschiedene Bauteile, die in die Endprodukte eingehen, beschafft und gelagert werden müssen.

Da eine detaillierte Planung der Bedarfsmengen aller benötigten Materialien zu viel Zeitaufwand und Kosten verursachen würde, ist man in der Praxis dazu übergegangen, nur den Bedarf der Materialien mit **hohem Verbrauchswert** (gemessen in DM pro Jahr) detailliert anhand von Stücklisten zu planen und sich bei den geringwertigen Materialien mit der Extrapolation der gegenwärtigen Bedarfsmengen zu begnügen.

Zumeist werden die Materialien in drei **Verbrauchsgruppen** eingeteilt:

Gruppe A: hoher Verbrauchswert   (DM/Jahr)

Gruppe B: mittlerer Verbrauchswert   (DM/Jahr)

Gruppe C: niedriger Verbrauchswert   (DM/Jahr)

Die nach dieser Einteilung benannte ABC-Analyse (Taff, Distribution 1968, S. 108 ff.) sei an einem Beispiel erläutert.

Wir betrachten vier Materialarten, deren Verbrauchswerte in Tab. 35 wiedergegeben sind.

Tab. 35   Daten des Beispiels zur ABC-Analyse

Materialart	Verbrauch (ME/Jahr)	Verbrauchswert (DM/Jahr)	Wertanteil in %	Rangziffer
1	10000	2000	1,9	4
2	500	50000	46,7	1
3	1000	15000	14,0	3
4	100	40000	37,4	2

Aus Tab. 35 entwickeln wir durch Kumulierung der Wertanteile und Ordnung der Materialarten nach ihrer Bedeutung (Rangziffer) die Tab. 36, mit der die Materialarten in die Verbrauchsgruppen eingeordnet werden können. Dabei ist eine gewisse Willkür in der Abgrenzung der Gruppen nicht zu vermeiden.

Tab. 36   Gruppierung der Materialarten bei der ABC-Analyse

Materialart	Rangziffer	Kumulierter Wertanteil in %	Gruppe	Wertanteil je Gruppe in %
2	1	46,7	A ⎤	84,1
4	2	84,1	A ⎦	
3	3	98,1	B	14,0
1	4	100,0	C	1,9

Aus Tab. 36 geht hervor, dass die 600 ME der Materialarten 2 und 4 84% des Materialverbrauchswertes und die 11000 ME der restlichen Materialien nur 16% des Materialverbrauchswertes darstellen. Es genügt daher, nur den Bedarf der Materialien 2 und 4 detailliert zu planen, um Verwaltungskosten einzusparen. Beide Materialarten werden der Gruppe A zugeordnet.

In der Praxis plant man meistens die A- und B-Materialien im einzelnen mit Stücklistenauflösung und die C-Materialien durch Extrapolation der Vergangenheitswerte. Dies ist Gegenstand des nächsten Abschnitts.

b)   Arten der Disposition

1.   Verbrauchsgesteuerte Disposition

Bei dieser Dispositionsart wird der Bedarf an Teilen anhand des **Verbrauchs** der Vergangenheit durch eine Prognose geschätzt. Dieses Verfahren sollte jedoch nur angewandt werden, wenn

- der Teile-Verbrauch in der Vergangenheit relativ stabil war und damit eine fundierte Prognose zulässt und
- der Verbrauchswert der Teile niedrig ist, damit der unvermeidliche Prognosefehler nicht zu hohen Kosten führt.

Aus diesen Gründen wird die verbrauchsgesteuerte Disposition vornehmlich bei C-Teilen durchgeführt. Für die hier benötigten Prognosen können alle in Abschnitt B.I., S. 264 ff. dargestellten kurzfristigen Prognoseverfahren

- exponentielle Glättung,
- Saisonverfahren,
- Trendextrapolation (4. Kapitel, S. 75 ff.) und
- multiple Regression

eingesetzt werden, auf die hier nicht noch einmal eingegangen wird.

Die wichtigen A- und B-Teile mit hohem Verbrauchswert werden aus Sicherheitsgründen - trotz des höheren Rechenaufwandes - im Allgemeinen **bedarfsgesteuert** disponiert.

2.   Bedarfsgesteuerte Disposition

Bei dieser Dispositionsart wird der Bedarf eines Teils gemäß der Stückliste aus den Bedarfen seiner übergeordneten Teile abgeleitet. Dabei ist darauf zu achten, dass ein Teil nicht mehrmals bei der Bedarfsauflösung vorkommt, sondern nur jeweils einmal gezählt wird. Dazu muss jedes Teil **eindeutig** einer **Dispositionsstufe** zugeordnet werden. Der Gozintograph der Abb. 68, der hier noch mal wiedergegeben ist, zeigt die drei Dispositionsstufen an, wobei die Endprodukte immer die höchste Dispositionsstufe aufweisen.

In Anlehnung an Scheer (Wirtschaftsinformatik 1998, S. 135) kann man die Dispositionsstufe eines Teils definieren als

> die um 1 erhöhte Zahl der **Beziehungspfeile**, die von den **Einzelteilen** auf dem **längsten** Weg im Gozintographen zu dem **betrachteten Teil** führen.

Durch diese Definition wird sichergestellt, dass jedes Teil bei der Bedarfsauflösung nur einmal erfasst wird, wenn man von der Endproduktstufe 3 bis zur Dispositionsstufe 1 fortschreitet.

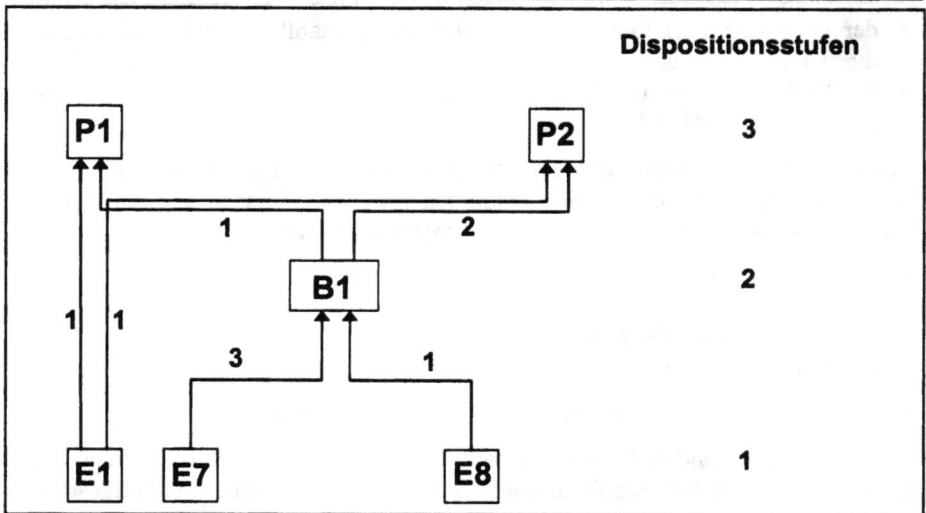

Abb. 68   Gozintograph mit Dispositionsstufen

Nach diesen Vorarbeiten sind wir in der Lage, die **Bedarfsauflösung zeitorientiert,** d.h. unter Beachtung der für jedes Teil geltenden **Durchlaufzeit,** vorzunehmen. Dazu bedienen wir uns des Schemas der Brutto-Netto-Rechnung, dem Kernstück des Material Requirements Planning (vgl. das MRP-Konzept im 7. Kapitel, Abschnitt D.I., S. 248 ff.).

c)   Brutto-Netto-Rechnung

Ausgangspunkt der Brutto-Netto-Rechnung ist der in der Produktionsprogrammplanung festgelegte **Primärbedarf** der Endprodukte und der Baugruppen, die auch als Ersatzteile verkauft werden. Er kann ergänzt werden durch einen **Zusatzbedarf,** der meistens pauschal als Prozentsatz des Primärbedarfs angesetzt wird und ein Äquivalent für eine evtl. **Ausschussproduktion** darstellt.

Dem Primärbedarf steht auf den nachfolgenden Dispositionsstufen der von ihm **abgeleitete** Bedarf an Baugruppen und Einzelteilen gegenüber, der **Sekundärbedarf** genannt wird. Auch auf diesen Stufen können durch Ausschussproduktion Zusatzbedarfe entstehen.

Der **Bruttobedarf** eines Teils ergibt sich nun durch Zusammenfassung dieser Bedarfe für jede Periode.

Bruttobedarf	=	Primärbedarf
	+	Sekundärbedarf
	+	Zusatzbedarf

Wurden Produktionsaufträge für übergeordnete Teile bereits freigegeben und die dafür erforderlichen untergeordneten Teile **reserviert,** so erhöhen diese Reservierungen den Bruttobedarf.

Um den **Nettobedarf** zu erhalten, ist dem Bruttobedarf (plus den Reservierungen) der **verfügbare Lagerbestand** gegenüberzustellen. Dieser ergibt sich aus dem **Lageranfangsbestand** (abzüglich **Sicherheitsbestand**) plus **geplantem Lagerzugang** durch in der betrachteten Periode eintreffende offene Bestellungen oder fertig gestellte Aufträge dieses Teils.

Damit ergibt sich der Nettobedarf eines Teils in einer Periode aus der Formel

Nettobedarf	=	Bruttobedarf
	+	Reservierungen
	-	Lageranfangsbestand
	+	Sicherheitsbestand
	-	geplanter Lagerzugang

Die Nettobedarfe der einzelnen Perioden werden anschließend zu **Losen** zusammengefasst, die als **Produktionsaufträge** in der Zeit- und Kapazitätswirtschaft weiter geplant werden.

Die Verfahren zur Ermittlung der **Losgröße** werden ausführlich in Unterabschnitt d) S. 299 ff. behandelt, so dass wir im Folgenden Beispiel der Brutto-Netto-Rechnung für die beiden Produkte P1 und P2 des Luftbefeuchtungssystems die errechneten Losgrößen als vorgegeben ansehen.

Zur Durchführung der Brutto-Netto-Rechnung benötigen wir zunächst den **Primärbedarf** der Produkte P1 und P2 für die Monate August 1999 bis Januar 2000 (Planungszeitraum). Das mit der linearen Optimierung berechnete **optimale Produktionsprogramm** (vgl. Tab. 32 auf S. 278) besteht aus 11 Einheiten P1 und 11 Einheiten P2 für das gesamte Halbjahr. Diese Mengen werden gemäß dem voraussichtlichen Bedarf folgendermaßen auf die einzelnen Monate verteilt.

Tab. 37 Monatsprimärbedarf für P1 und P2

Produktgruppe	Aug.99	Sept.99	Okt.99	Nov.99	Dez.99	Jan.2000	Summe
P1	4	1	1	2	0	3	11
P2	3	1	2	3	0	2	11

Um den **Bruttobedarf** zu bestimmen, ist zu diesem Primärbedarf der Sekundärbedarf und der Zusatzbedarf hinzuzufügen. Da die Endprodukte definitionsgemäß keinen Sekundärbedarf haben und darüber hinaus bei der Montage der Luftbefeuchtungssysteme kein nennenswerter Ausschuss auftritt, entspricht in unserem Beispiel der Primärbedarf für P1 und P2 dem Bruttobedarf dieser Produkte. Analog besteht der Bruttobedarf der Baugruppe B1 und der Einzelteile E1, E7 und E8 aus dem jeweiligen Sekundärbedarf, da wir den Verkauf dieser Teile als Ersatzteile hier vernachlässigen.

Zum Nettobedarf gelangt man auf die oben beschriebene Weise, wobei Reservierungen für bereits freigegebene Aufträge aus Gründen der Vereinfachung nicht vorkommen. Ferner ist bei der Brutto-Netto-Rechnung zu berücksichtigen, dass die

Montage der Baugruppen meistens am Beginn der Montage der Endprodukte abgeschlossen sein muss.

Es kann aber auch vorkommen, dass manche Baugruppen erst bei späteren Arbeitsgängen der Endmontage benötigt werden und daher eine **Vorlaufzeit** haben.
Dies ist die Zeitspanne, die sie **nach** Beginn der Endmontage bereitstehen müssen.
Um nun zu berechnen, in welcher Bedarfsperiode (Monat) die Baugruppen fertig
gestellt werden müssen, subtrahiert man von der Bedarfsperiode des Endprodukts
seine **Durchlaufzeit**, d.h. die Endmontagezeit einschließlich aller Wartezeiten vor
den einzelnen Arbeitsgängen, und addiert anschließend die **Vorlaufzeit** der Baugruppe:

Bedarfsperiode der Baugruppe	=	Bedarfsperiode des Endprodukts
	−	Durchlaufzeit des Endprodukts
	+	Vorlaufzeit der Baugruppe

Die Differenz der beiden Bedarfsperioden wird **Vorlaufverschiebung** der Baugruppe genannt. Dieselbe Rechnung wird auch für alle untergeordneten Teile bis zur
Einzelteil-Ebene durchgeführt, so dass man die Vorlaufverschiebung allgemein errechnet als

Vorlaufverschiebung eines Teils	=	Durchlaufzeit des übergeordneten Teils
	−	Vorlaufzeit des Teils

Sind Durchlauf- und Vorlaufzeiten kleiner als die Bedarfsperioden (z.B. Tage statt
ganzer Monate), so muss die Vorlaufverschiebung gerundet werden, da die Brutto-
Netto-Rechnung die Bedarfsperiode als kleinste Zeiteinheit verwendet.

Für die Produktion der Luftbefeuchtungssysteme P1 und P2 (vgl. Abb. 63, S. 281)
hat die Baugruppe B1 (Vernebler) eine Durchlaufzeit von 0,6 Monaten und das dazu
benötigte Einzelteil E8 (Pumpe) eine Vorlaufzeit von 0,2 Monaten. Daraus ergibt
sich die Vorlaufverschiebung von E8 als 0,6 − 0,2 = 0,4, abgerundet: Null. Demgegenüber hat das Einzelteil E7 keine Vorlaufzeit und weist daher eine Vorlaufverschiebung von einem Monat auf (0,6 aufgerundet auf 1). Die durch die Rundun-
gen entstehenden Ungenauigkeiten müssen auf dieser Stufe des Planungsprozesses
hingenommen werden. Die folgende Tabelle gibt die (gerundeten) Vorlaufverschiebungen für den Produktionsprozess von P1 und P2 wieder.

Tab. 38   Vorlaufverschiebungen des Beispiels

Teil	-	übergeordnetes Teil	Vorlaufverschiebung
B1	-	P1	0
B1	-	P2	1
E7	-	B1	1
E8	-	B1	0
E1	-	P1	0
E1	-	P2	1

Mit den Vorlaufverschiebungen, den Produktionskoeffizienten (Abb. 68) und dem
monatlichen Primärbedarf für die Endprodukte P1 und P2 (Tab. 37) stehen alle Da-

ten zur Verfügung, um die **Bedarfsauflösung** mit dem **Brutto-Netto-Rechnungs-Schema** von **MRP**, das in jedem PPS-System implementiert ist, durchzuführen. Die folgenden Tabellen 39 und 40 zeigen diesen Prozess für die Teile P1, P2, B1 und E1 im einzelnen.

Tab. 39 Brutto-Netto-Rechnung (Dispositionsstufe 3)

	Produkt	P1						P2						
Nr.	Monat 1999 - 2000	8	9	10	11	12	1	7	8	9	10	11	12	1
1	Primärbedarf	4	1	1	2	0	3	3	1	2	3	0	2	
2	+ Sekundärbedarf	0	0	0	0	0	0	0	0	0	0	0	0	
3	+ Zusatzbedarf	0	0	0	0	0	0	0	0	0	0	0	0	
4	= Bruttobedarf	4	1	1	2	0	3	3	1	2	3	0	2	
5	Lageranfangsbestand	0	0	0	0	0	0	0	0	0	0	0	0	
6	+ Lagerzugang	0	0	0	0	0	0	0	0	0	0	0	0	
7	- Sicherheitsbestand	0	0	0	0	0	0	0	0	0	0	0	0	
8	- Reservierungen	0	0	0	0	0	0	0	0	0	0	0	0	
9	= verfüg. Lagerbestand	0	0	0	0	0	0	0	0	0	0	0	0	
10	4 − 9 = Nettobedarf	4	1	1	2	0	3	3	1	2	3	0	2	
11	Losbildung	5	0	3	0	0	3	4	0	2	3	0	2	
B1 Dispositionsstufe 2														
12	Vorlaufverschiebung	0						1						
13	Produktionskoeffizient	1						2						
14	Sekundärbedarf	5	0	3	0	0	3	8	0	4	6	0	4	
E1 Dispositionsstufe 1														
15	Vorlaufverschiebung	0						1						
16	Produktionskoeffizient	1						1						
17	Sekundärbedarf	5	0	3	0	0	3	4	0	2	3	0	2	

Tab. 40   Brutto-Netto-Rechnung (Dispositionsstufe 2)

Nr.	Produkt / Monat 1999 – 2000	B1 7	8	9	10	11	12	1	E1 7	8	9	10	11	12	1
1	Primärbedarf	0	0	0	0	0	0	0	0	0	0	0	0	0	0
2	+ Sekundärbedarf	8	5	4	9	0	4	3	4	5	2	6	0	2	3
3	+ Zusatzbedarf	0	0	0	0	0	0	0	0	0	0	0	0	0	0
4	= Bruttobedarf	8	5	4	9	0	4	3	4	5	2	6	0	2	3
5	Lageranfangsbestand	8	0	0	0	0	0	0	4	0	0	0	0	0	0
6	+ Lagerzugang	0	0	0	0	0	0	0	0	1	0	0	0	0	0
7	- Sicherheitsbestand	0	0	0	0	0	0	0	0	0	0	0	0	0	0
8	- Reservierungen	0	0	0	0	0	0	0	0	0	0	0	0	0	0
9	= verfüg. Lagerbestand	8	0	0	0	0	0	0	4	1	0	0	0	0	0
10	4 – 9 = Nettobedarf	0	5	4	9	0	4	3	0	4	2	6	0	2	3
11	Losbildung	0	9	0	9	0	7	0	0	6	0	6	0	5	0
E7 Dispositionsstufe 1															
12	Vorlaufverschiebung		1							-					
13	Produktionskoeffizient		3							-					
14	Sekundärbedarf	27	0	27	0	21	0			-					
E8 Dispositionsstufe 1															
15	Vorlaufverschiebung		0							-					
16	Produktionskoeffizient		1							-					
17	Sekundärbedarf		9	0	9	0	7	0		-					

Zu den Tabellen sind noch folgende Hinweise zu geben: Die Rechnung setzt im August 1999, dem Beginn der Planungsperiode ein. Da über die Produktion im Juli 1999 nicht mehr rückwirkend entschieden werden kann, wird hier angenommen, dass die infolge der Vorlaufverschiebung im Juli bereitzustellenden Mengen von B1 und E1 durch Lagerbestände abgedeckt werden, die in der Zeile 9 „verfügbarer Lagerbestand" enthalten sind.

Die Losgrößen und Bestellmengen wurden mit einem Verfahren berechnet, das im nächsten Unterabschnitt ausführlich erörtert wird.

d)   Bestimmung der Losgrößen von Produkten und Baugruppen

In den PPS-Systemen sind verschiedene Verfahren zur Losgrößenbestimmung implementiert, die überwiegend **heuristischer** Natur sind. Vereinzelt kommen in fortgeschrittenen PPS-Systemen aber auch exakte Optimierungsverfahren aus dem Bereich der **dynamischen Optimierung** vor, so z.B. im System R/3 SAP AG (SAP, System R/3, Modul PP 1997, S. 4-21).

Meistens handelt es sich bei den exakten Verfahren um den **Wagner-Whitin-Algorithmus** (Wagner/Whitin, Lot Size Model 1958) dessen Funktionsgleichung daher im Folgenden ebenfalls dargestellt wird, obwohl der Rechenaufwand des Verfahrens beträchtlich ist. Zunächst werden aber die Bestimmungsfaktoren der Losbildung einer näheren Betrachtung unterzogen.

1.   Determinanten der Losbildung

Ausgangspunkt der Analyse ist der Nettobedarf eines Produktes oder einer Baugruppe in der Brutto-Netto-Rechnung (vgl. Tab. 39). Bei einem Mehrproduktunternehmen erfordert die Umstellung der Produktion von einem Produkt zu einem anderen in der Regel **Rüstkosten**, die sich zusammensetzen aus

- Material- und Lohnkosten für die Reinigung der Produktionsanlagen,
- Lohnkosten für das Justieren der Anlagen und für das Anbringen spezieller Ausrüstungsteile,
- Werkzeugwechselkosten,
- Anlaufkosten zu Beginn der Produktion, z.B. erhöhter Ausschuss und
- entgangene produktive Zeit, während der die Anlage still steht.

Entscheidend ist, dass diese Rüstkosten bei jedem Produktwechsel auftreten, **unabhängig** von der produzierten **Menge** des Produkts.

In den PPS-Systemen wird unterstellt, dass Rüstkosten in jeder Bedarfsperiode anfallen, in der das Produkt produziert wird. Dies ist realistisch, da in jeder Periode im Allgemeinen mehrere Produkte zu produzieren sind. In unserem Beispiel trifft dies schon für die Produkte P1 und P2 (außer im Dezember) zu, wie die Zeile Nettobedarf in Tab. 39 zeigt, ganz abgesehen von den Produkten P3 bis P5, die nicht weiter aufgeführt sind. Man kann also davon ausgehen, dass in jeder Bedarfsperiode Produktionsumstellungen und damit verbunden Rüstkosten auftreten, wenn die Produktionsmengen gleich den Bedarfsmengen sind.

Produziert man jedoch in einer Periode den Bedarf für **mehrere** zukünftige Perioden als geschlossenen Posten (= Los), so fallen die Umrüstkosten nur in dieser Periode an. Die produzierten Mengen müssen jedoch bis zu ihrer jeweiligen Bedarfsperiode **gelagert** werden, wodurch zusätzliche **Lagerkosten** entstehen.

Umrüst- und Lagerkosten sind also die beiden - entgegengesetzt wirksamen - Determinanten der Losbildung. Durch Minimierung der Summe beider Kostenarten über den gesamten Planungszeitraum (hier: Halbjahr) oder - dazu äquivalent - pro Monat kann die **optimale Losgröße** bestimmt werden.

2. Die klassische Losformel

Das Problem der optimalen Losgröße wurde 1915 von Harris und im deutschen
Sprachraum 1929 von Andler (Andler, Losgröße 1929) erstmals untersucht, so dass
die im Folgenden abzuleitende Losformel häufig als **Andler-Formel** bezeichnet
wird.

Wir verwenden folgende Symbole:

A = Losauflagekosten bzw. Umrüstkosten [DM bzw. Eur]

B_t = Nettobedarf des Produkts oder der Baugruppe in Periode t [ME/Monat]

B = Durchschnittsbedarf pro Bedarfsperiode [ME/Monat]

lk = Lagerkostensatz [DM bzw. Eur/(ME · Monat)][35]

x = Losgröße [ME]

y = Losauflagehäufigkeit in der Bedarfsperiode [Monat^{-1}]

K = Gesamtkosten [DM bzw. Eur/Monat]

Andler nahm nun aus Vereinfachungsgründen an, dass der Gesamtbedarf des Planungszeitraums (Halbjahr) **gleichmäßig** auf die einzelnen Bedarfsperioden (Monate) aufgeteilt werden kann, so dass es genügt, mit dem Durchschnittsbedarf

$$B = \sum_{t=1}^{6} \frac{B_t}{6}$$ zu rechnen. Dann ergeben sich die **Rüstkosten pro Monat** durch

Multiplikation der Rüstkosten pro Umrüstung mit der Losauflage-Häufigkeit pro
Monat:

(155)   Rüstkosten = $A \cdot y$ = $\dfrac{A \cdot B}{x}$.

Bei der Berechnung der Lagerkosten unterstellt Andler einen linearen Lagerabgang
des Loses und eine sofortige Wiederaufnahme der Produktion, wenn das Lager ge-
räumt ist. Unter diesen Prämissen liegt im Durchschnitt die **Hälfte** des Loses auf
Lager, wie Abb. 69 zeigt.

Damit ergeben sich die **Lagerkosten pro Monat** durch Multiplikation der halben
Losgröße mit dem Lagerkostensatz pro Monat:

(156)   Lagerkosten = $\dfrac{x}{2} \cdot lk$

---

[35] Eine nähere Aufschlüsselung der Komponenten dieses Satzes findet man in Unterabschnitt e) S. 315 ff.

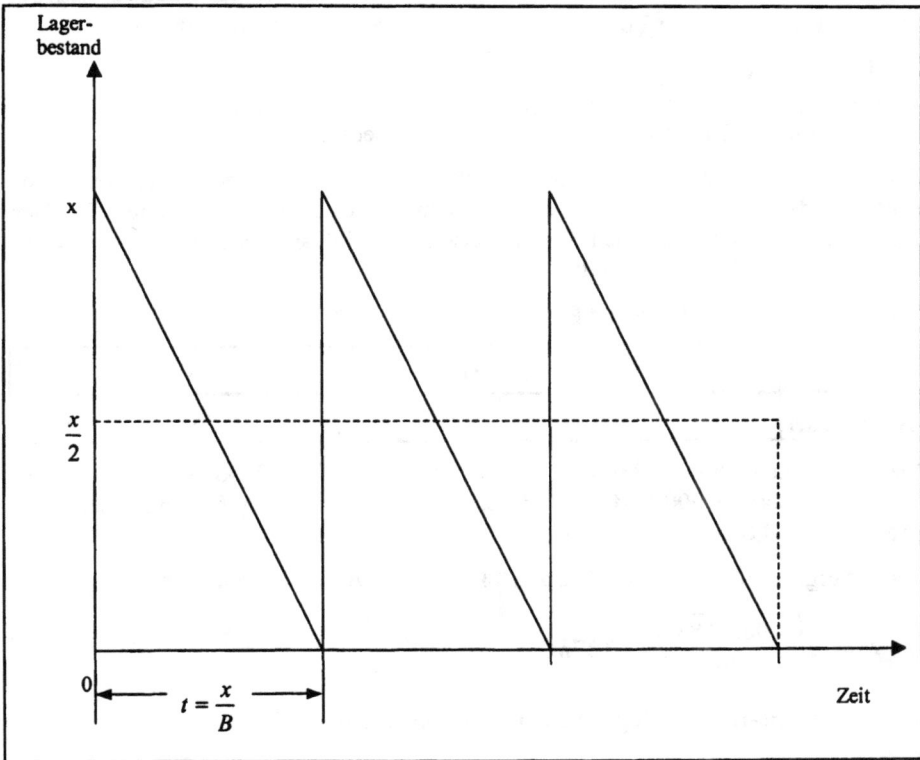

Abb. 69 Entwicklung des Lagerbestandes bei linearem Lagerabbau

Die Losgröße x ist nun so zu bestimmen, dass die gesamten Kosten K **minimiert** werden.

$$(157) \qquad K = \frac{A \cdot B}{x} + \frac{x}{2} \, lk \;\Rightarrow\; min! \qquad\qquad \text{[DM bzw. Eur/ZE]}$$

Nullsetzen der 1. Ableitung ergibt

$$(158) \qquad \frac{dK}{dx} = -\frac{AB}{x^2} + \frac{lk}{2} = 0 ,$$

woraus die gewünschte Losgröße folgt:

$$(159) \qquad x_{opt} = \sqrt{\frac{2AB}{lk}} \; \text{[ME]} \qquad\qquad \text{(\textbf{Andler-Formel})}$$

Da die zweite Ableitung $2\,AB\,/\,x^3$ für $x > 0$ positiv ausfällt, minimiert x_{opt} tatsächlich die Gesamtkosten.

Die Kritik an der Andler-Formel kann an verschiedenen Prämissen ansetzen:

- linearer Lagerabgang,
- sofortige Neuproduktion bei Lagerräumung,
- keine Berücksichtigung variierenden Periodenbedarfs.

Die letzte Prämisse ist zweifellos die für die Anwendung des Verfahrens einschränkendste. Wir untersuchen diesen Sachverhalt an unserem Produkt P1. Der Nettobedarf in den einzelnen Bedarfsperioden ergibt sich aus der Brutto-Netto-Rechnung der Tab. 41 wie folgt:

Tab. 41 Nettobedarf Produkt P1

Monat	8	9	10	11	12	1
Nettobedarf	4	1	1	2	0	3

Der Durchschnittsbedarf B pro Monat beträgt 11/6 = 1,83 ME. An Rüstkosten fallen für das Produkt P1 900 DM an, und der Lagerkostensatz beläuft sich auf 290 DM pro Monat und Stück.

Daraus ergibt sich eine optimale Losgröße nach der Andler-Formel von

$$x_{opt} = \sqrt{\frac{2 \cdot 900 \cdot 1,83}{290}} = 3,37 ME$$

Die Losauflage-Häufigkeit pro Monat errechnet sich aus

$$y = \frac{1,83}{3,37} = 0,54$$

Rundet man diesen Wert sowie die Losgröße auf zulässige Werte, so empfiehlt die Andler-Formel, jeden zweiten Monat ein neues Los der Größe $x = 3$ von Produkt P1 zu produzieren. Diese Lösung ist jedoch **unzulässig**, da der Periodenbedarf im August 1999 mit 4 ME nicht gedeckt wird. Wir müssen also die Lösung nachträglich korrigieren, um die Periodenbedarfe befriedigen zu können.

Tab. 42 Korrigierte Losgrößen nach der Andler-Formel

Monat	8	9	10	11	12	1
Nettobedarf	4	1	1	2	0	3
Losgröße	5	0	3	0	3	0

Diese korrigierte Lösung kann aber nicht mehr optimal sein, da die Produktion von 3 ME im Dezember, die erst im Januar benötigt werden, nur überflüssige Lagerkosten verursacht.

Wir können also feststellen, dass die Andler-Formel bei **unterschiedlichem Bedarf** in den einzelnen **Bedarfsperioden** (Monaten) nicht adäquat ist, da sie zu unzulässigen Losgrößen führt, die nachträglich dem zeitlichen Bedarfsmuster angepasst werden müssen. Dadurch geht aber die Eigenschaft der „Optimalität" verloren.

Damit beschränkt sich der Anwendungsbereich der klassischen Losformel auf gleiche Periodenbedarfe während des Planungszeitraums, verbunden mit einem kontinuierlichen, linearen Lagerabgang.

Im Hinblick auf die später zu erörternden heuristischen Verfahren besitzt die Andler-Formel jedoch die folgenden drei nützlichen Eigenschaften: Die **Andler-Losgröße**

- minimiert die **Gesamtkosten pro Zeiteinheit** (Halbjahr oder Monat),
- minimiert die **Stückkosten**,
- gleicht die **Rüstkosten** gerade mit den **Lagerkosten** aus.

Um dies zu zeigen, seien neben den Symbolen von S. 300 noch die Länge eines **Losauflage-Zyklus**

$$(160) \qquad j = \frac{1}{y} = \frac{x}{B} \qquad [ZE]$$

und die Anzahl der Bedarfsperioden (Monate) im Planungszeitraum (Halbjahr) T eingeführt.

Dass die Andler-Losgröße die Gesamtkosten pro Monat minimiert, wurde mit der Ableitung auf S. 301 gezeigt. Durch Multiplikation von (157) mit T werden die Gesamtkosten auf den Planungszeitraum (Halbjahr) bezogen. Die optimale Losgröße ist jedoch von T unabhängig, da es beim Nullsetzen der 1. Ableitung (158) wegfällt.

Dividiert man die Kosten pro Losauflage-Zyklus durch die Losgröße x, erhält man die Stückkosten k.

$$(161) \qquad K_{zyklus} = A + \frac{x\,lk}{2} \cdot \frac{x}{B}$$

$$(161a) \qquad k = \frac{K}{x} = \frac{A}{x} + \frac{x\,lk}{2B}$$

1. Ableitung gleich Null gesetzt:

$$(162) \qquad \frac{dk}{dx} = -\frac{A}{x^2} + \frac{lk}{2B} = 0$$

Hieraus ergibt sich sofort die optimale Losgröße (159).

Schließlich zeigt man die dritte Eigenschaft der Andler-Formel, die Gleichheit von Rüst- und Lagerkosten bei x_{opt}, durch Einsetzen von (159) in (155) und (156).

Diese Eigenschaften sind die Grundlage der im übernächsten Abschnitt zu behandelnden heuristischen Losgrößenverfahren der Standard-PPS-Systeme. Zuvor soll aber ein auf der **Dynamischen Programmierung** beruhendes Optimierungsverfahren eingehend dargestellt werden.

3.   Der Wagner-Whitin-Algorithmus

Dieses Optimierungsverfahren (Wagner/Whitin, Lot Size Model 1958) geht von einem **variablen Periodenbedarf** aus und ist damit realitätsnäher als die klassische
Andler-Formel. Auf der Grundlage des **Bellman**'schen **Optimalitätsprinzips** zeigen
die Autoren, dass nur zwei Strategien in jeder Bedarfsperiode optimal sein können:

■   in einer Bedarfsperiode wird nichts produziert oder
■   es wird der **gesamte** Bedarf dieser Periode und evtl. weiterer zukünftiger Perio-
    den produziert.

Durch diesen Sachverhalt vereinfacht sich die Suche nach der optimalen Lösung mit
Hilfe der Dynamischen Programmierung erheblich, so dass wir den Algorithmus an
Hand des Nettobedarfs des Luftbefeuchtungssystems P1 ausführlich analysieren
können. Wir gehen dazu, wie bei der Andler-Formel, von Tab. 41 aus, die den Nettobedarf von P1 enthält.

Die **fundamentale Rekursionsbeziehung** des Wagner-Whitin-Algorithmus (Wag-
ner/Whitin, Lot Size Model 1958, S. 92 und Scheer, Wirtschaftsinformatik 1998, S.
152) lautet:

$$(163) \qquad K_j \ = \ Min \ [\ \underset{1 \leq i < j}{Min} \ [\ A + lk \ \sum_{t=i+1}^{j} B_t \ (t - i) + K_{i-1} \ ] \ ; A + K_{j-1} \ ]$$

Dabei bedeutet K_j die minimalen Gesamtkosten (Rüst- und Lagerkosten), wenn Produktion und Lagerhaltung bis zur Bedarfsperiode j optimal geplant werden. Diese
Planung kann, beginnend bei Periode 1, **vorwärts schreitend** bis zur letzten Periode
durchgeführt werden. Nach den Sätzen der Dynamischen Programmierung findet
man mit Hilfe der zweifachen Minimumbildung innerhalb der Rekursionsbeziehung
tatsächlich das Optimum für den Planungszeitraum.

Die durch das Semikolon getrennten Terme der Rekursionsbeziehung (163) geben
die beiden oben beschriebenen optimalen Strategien wieder. Der linke Term berechnet die Rüst- und Lagerkosten, wenn der Bedarf der Periode j in einer früheren Periode i erstellt wird, während der rechte Term angibt, dass in Periode j ein neues Los
aufgelegt wird, das den Bedarf der Periode j deckt.

Wir planen nun den Nettobedarf von P1 mit dem Wagner-Whitin-Algorithmus. Dabei setzen wir voraus, dass das Lager im Juli 1999 leer ist und der Bedarf des Mo-
nats Februar 2000, der außerhalb des betrachteten Planungszeitraums liegt, ebenfalls
- da nicht bekannt - mit Null angesetzt werden darf. Der Nettobedarf pro Monat (vgl.
S. 302) ist noch einmal in Tab. 43 zusammengestellt.

Tab. 43   Nettobedarf für Produkt P1

Monat	Aug.99	Sept.99	Okt.99	Nov.99	Dez.99	Jan.2000
Periode	1	2	3	4	5	6
Nettobedarf	4	1	1	2	0	3

Die Rüstkosten (A) betragen 900 DM, die Lagerkosten (lk) pro Stück und Monat 290 DM.

Gemäß unseren Voraussetzungen ist $K_0 = 0$, weil die Juli-Kosten nicht betrachtet werden.

Die Rekursion für die erste Periode ($j = 1$) lautet:

(164) $\qquad K_1 = Min \, [\, \underset{1 \le i < 1}{Min} \, [undefiniert \ da \ 1 \le i < 1 \ nicht \ erfüllt]; \, A + 0]$

Damit ist die Strategie ohne Minimierung klar: Der Bedarf der Periode 1 ($B_1 = 4$) wird in Periode 1 produziert, wobei DM 900 an Rüstkosten anfallen.

(165) $\qquad K_1 = 900 \qquad x_1 = 4$

Nun werden die Perioden 1 und 2 zusammen betrachtet. Die Rekursionsformel lautet:

(166) $\qquad K_2 = \, Min \, [\, \underset{1 \le i < 2}{Min} \, [\, A + lk \cdot B_2 + K_0 \,] \, ; \, A + K_1]$

mit eingesetzten Daten

(167) $\qquad K_2 = Min \, [900 + 290 + 0 \, ; \, 900 + 900]$

(168) $\qquad K_2 = 1190 \qquad x_1 = 5$

Es ist also vorteilhafter, die Bedarfe beider Perioden zusammenzufassen und mit einem Los ($x_1 = 5$) zu produzieren.

Die Betrachtung der ersten drei Perioden führt zu folgender Rekursionsbeziehung:

(169) $\qquad K_3 = Min \, [\, \underset{1 \le i < 3}{Min} \, [A + lk \, (B_2 + 2B_3) + K_0 \, ; \, A + lk B_3 + K_1] \, ; \, A + K_2]$

$$\qquad\qquad\qquad\qquad\qquad i = 1 \qquad\qquad\qquad i = 2$$

(170) $\qquad K_3 = Min \, [\, \underset{1 \le i < 3}{Min} \, [\qquad 1770 \, ; \qquad 2090 \quad] \, ; \quad 2090]$

(171) $\qquad K_3 = 1770 \qquad x_1 = 6$

Auch bei der Betrachtung von 3 Perioden ist es vorteilhafter, den Gesamtbedarf von 6 ME allein in der ersten Periode zu produzieren.

Ab 4 Perioden wird die Darstellung der Rekursionsbeziehung unübersichtlich, da die Minimierung des linken Terms nun für $i = 1,2,3$ durchgeführt werden muss. Wir können uns aber die Tatsache zunutze machen, dass wir nur die Lagerkosten für den Bedarf B_4 zusätzlich berechnen müssen und im Übrigen auf die Ergebnisse der vorangehenden Iteration zurückgreifen können.[36]

---

[36] Für $i = 3$ muß natürlich neu gerechnet werden, da diese Periode in der vorhergehenden Iteration nicht vorkommt. Der Wert ergibt sich aus $A + lk \cdot B_4 + K_2$ gemäß der Rekursionsbeziehung.

$$(172) \quad K_4 = Min \left[\underset{1 \leq i < 4}{Min} \begin{cases} i=1| & 1770 + 290 \cdot 3B_4 & = 3510 \\ i=2| & 2090 + 290 \cdot 2B_4 & = 3250 \\ i=3| & 900 + 290 \cdot B_4 + 1190 & = \mathbf{2670} \end{cases} ; 900+1770 \right]$$

$$(173) \quad K_4 = 2670 \quad x_1 = 6 \text{ und } x_4 = 2 \text{ oder } x_1 = 5 \text{ und } x_3 = 3$$

Es ergeben sich also zwei **äquivalente** Lösungen, weil gilt:

$$(174) \quad A + lk \cdot B_4 + K_2 = A + K_3$$

Aus (168) für K_2 und (171) für K_3 erhält man die jeweilige Produktion $x_1 = 5$ bzw. $x_1 = 6$ für das erste Los. Die linke Seite von (174) beschreibt die Produktion eines zweiten Loses in Periode 3 ($x_3 = 3$), die rechte Seite die Produktion eines zweiten Loses in Periode 4 ($x_4 = 2$).

Schreiten wir bis zur 5. Periode voran, gilt folgende Rekursionsgleichung:

$$(175) \quad K_5 = Min \left[\underset{1 \leq i < 5}{Min} \begin{cases} i=1| & 3510 + 290 \cdot 4B_5 & = 3510 \\ i=2| & 3250 + 290 \cdot 3B_5 & = 3250 \\ i=3| & 2670 + 290 \cdot 2B_5 & = \mathbf{2670} \\ i=4| & 900 + 290 \cdot B_5 + 1770 & = \mathbf{2670} \end{cases} ; 900+2670 \right]$$

$$(176) \quad K_5 = 2670 \quad x_1 = 5 \text{ und } x_3 = 3 \quad \textbf{oder} \quad x_1 = 6 \text{ und } x_4 = 2$$

Da $B_5 = 0$, verändern sich die Lösungen nicht.

Schließlich wird die 6. und letzte Periode in den Optimierungsprozess einbezogen. Die Rekursionsgleichung lautet hierfür:

$$(177) \quad K_6 = Min \left[\underset{1 \leq i < 6}{Min} \begin{cases} i=1| & 3510 + 290 \cdot 5B_6 & = 7860 \\ i=2| & 3250 + 290 \cdot 4B_6 & = 6730 \\ i=3| & 2670 + 290 \cdot 3B_6 & = 5280 \\ i=4| & 2670 + 290 \cdot 2B_6 & = 4410 \\ i=5| & 900 + 290 \cdot B_6 + 2670 & = 4440 \end{cases} ; \mathbf{900+2670} \right]$$

$$(178) \quad K_6 = 3570 \qquad\qquad x_6 = 3$$

Es wird also in der letzten Periode noch ein Los $x_6 = 3$ aufgelegt, um den Bedarf dieser Periode zu decken. Die kostengleichen Lose der Vorperioden bleiben bestehen, so dass der Wagner-Whitin-Algorithmus zwei **äquivalente optimale** Lösungen ermittelt hat:

1. Lösung: $x_1 = 5$ $x_3 = 3$ $x_6 = 3$ $K = 3570$

2. Lösung: $x_1 = 6$ $x_4 = 2$ $x_6 = 3$ $K = 3570$

Man erkennt, dass - im Gegensatz zur klassischen Losgröße - weder die Lose noch die Losauflage-Zyklen gleich sind.

Trotz der Optimierungseigenschaft des Wagner-Whitin-Algorithmus sind einige Kritikpunkte nicht zu übersehen.

- Vielfach wurde der Algorithmus als zu rechenaufwendig angesehen. Vor dem Hintergrund steigender Computerleistung und verbesserter Lösungsverfahren (vgl. Federgruen/Tzur, Lot Sizing 1991) erscheint dieser Einwand jedoch fraglich.

- Schwerwiegender ist der Einwand, dass der Algorithmus nicht in der Lage ist, über den Planungszeitraum „hinauszudenken". Die abgeleiteten Losgrößen sind nur unter der Voraussetzung optimal, dass der **Bedarf im Februar 2000** (Periode 7) **Null** ist. Andernfalls würde ein vorliegender Bedarf die Optimierung im Januar 2000 (Periode 6) beeinflussen und möglicherweise zu anderen Losgrößen im Planungszeitraum führen. Da in der Praxis häufig eine „**rollierende**" **Planung** durchgeführt wird, d.h. man plant im Juli 1999 für den Planungszeitraum August 1999 bis Januar 2000 und einen Monat später für September 1999 bis Februar 2000 usw. verliert der Wagner-Whitin-Algorithmus rasch seine Optimalitätseigenschaft, da diese auf einem fest umrissenen Planungszeitraum beruht.

Vor allem der letztere Einwand rechtfertigt die Behandlung einiger **heuristischer Verfahren**, die in PPS-Systemen implementiert sind (vgl. Vollmann/Berry/Whybark, Manufacturing Planning 1992, S. 443 ff. und Fogarty/Hoffmann/Blackstone, Production 1991, S. 261 ff.) im nächsten Abschnitt.

4. Heuristische Verfahren

Die in diesem Abschnitt zu behandelnden heuristischen Verfahren versuchen, bestimmte Optimalitätseigenschaften der Andler-Losgrößenformel auf den Fall variabler Periodenbedarfe zu übertragen und damit eine befriedigende - nicht unbedingt optimale - Lösung mit erheblich geringerem Rechenaufwand als der Wagner-Whitin-Algorithmus zu erreichen.

(i) Die gleitende wirtschaftliche Losgröße

Dieses Verfahren geht von der auf S. 303 mit den Gleichungen (161) und (162) bewiesenen Tatsache aus, dass die klassische Losgröße auch die **Stückkosten k minimiert**. Im Falle des variablen Periodenbedarfs sind die Stückkosten definiert durch

$$(179) \qquad k_{ij} = \frac{A + lk \sum\limits_{t=i}^{j} B_t \, (t-i)}{\sum\limits_{t=i}^{j} B_t},$$

wenn man in Periode i die Produktion beginnt und alle Bedarfe bis Periode j in einem Los gemeinsam produziert.

Die **Entscheidungsregel** lautet nun: Suche die Periode j_{opt}, bei der k_{ij} sein Minimum annimmt.

Man kann (179) auf (161a) zurückführen, wenn man

- eine sehr große Zahl sehr kleiner Bedarfsperioden unterstellt, d.h. wie bei der klassischen Losgröße üblich, von der diskreten zur **kontinuierlichen** Betrachtung übergeht, die es auch erlaubt, bei $i = 0$ zu beginnen und
- gleiche Periodenbedarfe B unterstellt, die zusammen den Bedarf des Planungszeitraums ergeben.

Dann erhalten wir aus (179)

$$(180) \qquad k_{oj} = \frac{A + lk \cdot B \int\limits_0^j t \cdot dt}{j \cdot B} = \frac{A + lk \cdot B \cdot \frac{1}{2} j^2}{j \cdot B}$$

und unter Beachtung von (160)

$$(181) \qquad k_{oj} = \frac{A + lk \cdot B \cdot \frac{1}{2} \cdot \frac{x^2}{B^2}}{\frac{x}{B} \cdot B} = \frac{A}{x} + \frac{x \cdot lk}{2B}$$

Mit dieser Gleichung, die (161a) entspricht, kann nun x_{opt} und über (160) die Länge des Losauflagezyklus j bestimmt werden. Für den Rest des Planungszeitraums wird dieser Zyklus beibehalten.

Diese Ableitung zeigt sehr deutlich das Wesen eines echten heuristischen Verfahrens, das den Ausführungen im 2. Kapitel, Abschnitt B.II. (S. 27 f.) entspricht:

Es wird eine Heuristik entworfen, die

- dem realen Problem angepasst ist (hier: diskrete Bedarfsperioden mit variablem Bedarf),
- sich auf ein Optimierungsverfahren zurückführen lässt, wenn die Prämissen diesem Verfahren angepasst werden und
- wenig Rechenaufwand erfordert.

Zur Veranschaulichung des Verfahrens werden nun die Losgrößen für das Produkt P1 mit dem Verfahren der gleitenden wirtschaftlichen Losgröße bestimmt. Die Rüstkosten (A) betragen wieder 900 DM, die Lagerkosten (lk) pro ME und Monat wieder 290 DM.

Zunächst wird geprüft, welche Periodenbedarfe in Periode 1 produziert werden sollten. Die Anwendung von Gleichung (179) ergibt folgende Tabelle:

Tab. 44   Gleitende wirtschaftliche Losgröße (Periode 1)

Produktionsperiode i	Bedarfsperiode j	Stückkosten k_{ij}
1	1	900 / 4 = **225**
	2	(900 + 290 · 1)/5 = 238

Wegen der Konvexität der klassischen Los-Kostenfunktion können wir - bei nicht so stark schwankendem Bedarf - die Berechnung in der Periode beenden, für die gilt

$k_{ij} < k_{ij+1}$,

da nun steigende Stückkosten zu erwarten sind.

Wir produzieren also nur den Bedarf der Periode 1 in dieser Periode und überlegen nun, welche Bedarfe in Periode 2 zu produzieren sind. Das Ergebnis zeigt Tab. 45.

Tab. 45 Gleitende wirtschaftliche Losgröße (Periode 2)

Produktions-periode i	Bedarfsperiode j	Stückkosten k_{ij}
	2	$900/1 = 900$
	3	$(900+290{\cdot}1)/2 = 595$
2	4	$(900+290(1+2{\cdot}2))/4 = \mathbf{587,5}$
	5	$(900+290(1+2{\cdot}2+0{\cdot}3))/4 = \mathbf{587,5}$
	6	$(900+290(1+2{\cdot}2+0{\cdot}3+3{\cdot}4))/7 = 832,9$

Nach Tab. 45 wird also der Bedarf der Perioden 2, 3 und 4 in Periode 2 hergestellt. Da in Periode 5 kein Bedarf anfällt, verändern sich die minimalen Stückkosten k_{ij} natürlich nicht, wenn auch diese Periode (formal) mit einbezogen wird.

Damit ist die Rechnung beendet, da die nächste Produktionsperiode $i = 6$ ist, in der natürlich nur der eigene Bedarf produziert wird.

Die mit dem Verfahren der **gleitenden wirtschaftlichen Losgröße** errechnete Lösung lautet vollständig:

$x_1 = 4$ $x_2 = 4$ $x_6 = 3$ $K = 4150$

Die mit dem Wagner-Whitin-Algorithmus ermittelte optimale Lösung von $K = 3570$ ist somit verfehlt worden. Die Gründe dafür sind folgende:

- Die **Stückkosten** sind stark vom jeweiligen **Bedarf** in den einzelnen Perioden abhängig, so dass der Divisor in (179) großen **Schwankungen** unterliegt.
- Die **Interdependenzen** zwischen den Bedarfsperioden, die von Wagner und Whitin durch K_{i-1} und K_{j-1} während des ganzen Verfahrens berücksichtigt werden, sind hier **zerschnitten**. Die Optimierung in Tab. 45 ist unabhängig von Tab. 44.

Durch dieses **sukzessive** Vorgehen bei der Lösung eines komplexen Problems besteht immer die Gefahr einer **suboptimalen** Lösung, die in Kauf genommen werden muss, wenn man den Rechenaufwand entscheidend senken will.

(ii)   Der Stückperiodenausgleich

Dieses Verfahren - engl. part period balancing - beruht auf der Tatsache, dass im Optimum der klassischen Losgröße die Rüstkosten gleich den Lagerkosten sind, was auf S. 303 gezeigt wurde.

Bei diskreten Bedarfsperioden resultiert daraus die Gleichung

$$(182) \qquad A = lk \cdot \sum_{t=i}^{j} B_t \left(t - i \right),$$

die jedoch wegen der Ganzzahligkeit im Allgemeinen nicht erfüllt ist. Daher arbeitet man mit Ungleichungen und fasst alle Bedarfe bis zur Periode j zusammen, für die gilt

$$(183) \qquad A \geq lk \cdot \sum_{t=i}^{j} B_t \left(t - i \right) \quad und \quad A < lk \cdot \sum_{t=i}^{j+1} B_t \left(t - i \right).$$

Die Rechnung vereinfacht sich durch Division von (183) durch lk. Dann stehen auf beiden Seiten Ausdrücke mit der Dimension [ME $\cdot$ ZE], die dem Verfahren seinen Namen gegeben haben.

Wenden wir das Verfahren auf die Losgrößenplanung für Produkt P1 an, so muss geprüft werden ($j = 1,2,...,$), wann die Bedingungen

$$\frac{A}{lk} = 3{,}1 \geq \sum_{t=i}^{j} B_t \left(t - i \right) \quad und \quad 3{,}1 < \sum_{t=i}^{j+1} B_t \left(t - i \right)$$

erfüllt sind. Dies ist für $j = 3$ der Fall.

$$3{,}1 > \sum_{t=1}^{3} B_t \left(t - 1 \right) = 3 \quad und \quad 3{,}1 < \sum_{t=1}^{4} B_t \left(t - 1 \right) = 9$$

Also wird der Bedarf für die Perioden 1 bis 3 in einem Los in der Periode 1 produziert.

Für die Planung der Perioden 4 bis 6 ist das Vorgehen analog.

$$3{,}1 > \sum_{t=4}^{4} B_t \left(t - 4 \right) = 0 \quad und \quad 3{,}1 < \sum_{t=4}^{6} B_t \left(t - 4 \right) = 6$$

Hieraus folgt ein Los von 2 ME in der 4. Periode ($B_4 = 2$) und ein erneutes Los für den Bedarf $B_6 = 3$ in der 6. Periode[37].

---

[37] Durch den Bedarfsausfall in der 5. Periode ist das Optimierungskriterium (183) (formal) nicht mehr richtig und müßte für diesen Fall durch $A < lk \sum_{t=i}^{j+2} B_t \left(t - i \right)$ ersetzt werden.

Das Verfahren des Stückperiodenausgleichs findet also hier die optimale Lösung des Wagner-Whitin-Algorithmus.

$$x_1 = 6 \qquad x_4 = 2 \qquad x_6 = 3 \qquad K = 3570$$

(iii) Das Silver-Meal-Verfahren

Dieses Verfahren wurde von Silver und Meal 1973 veröffentlicht (Silver/Meal, Heuristic Lot Size 1973) und beruht auf der Minimierung der Kosten pro Monat wie die Andler-Formel. Die Kostengröße wird berechnet, indem man die Kosten pro Losauflagezyklus durch die Zykluslänge dividiert:

$$(184) \qquad K_{ij} = \frac{A + lk \cdot \sum\limits_{t=i}^{j} B_t \, (t - i)}{j - i + 1}$$

Wir wenden das Verfahren auf das Produkt P1 in der gleichen tabellarischen Form an wie bei der gleitenden wirtschaftlichen Losgröße (vgl. S. 307 f.). Tab. 46 zeigt das Ergebnis des ersten Planungsschritts.

Tab. 46 Silver-Meal-Verfahren (Periode 1)

Produktions-periode i	Bedarfsperiode j	Kosten pro Monat K_{ij}
1	1	900/1 = 900
	2	(900+290·1)/2 = 595
	3	(900+290(1+1·2))/3 = **590**
	4	(900+290(1+1·2+2·3))/4 = 877,5

Das Minimum wird erreicht, wenn die Bedarfe der Perioden 1 bis 3 in einem Los in der 1. Periode produziert werden. Auch hier brechen wir die Auswertung ab, wenn $K_{ij} < K_{ij+1}$, obwohl bei ungünstigem Bedarfsverlauf lokale Minima auftreten können (Tempelmeier, Material-Logistik 1999, S. 161 ff.; Knolmayer, Lot Sizing Heuristics 1987, S. 268).

Die nächste Produktionsperiode ist Periode 4. Ob Bedarfe zu einem Los zusammengefasst werden, zeigt Tab. 47.

Tab. 47 Silver-Meal-Verfahren (Periode 4)

Produktions-periode i	Bedarfsperiode j	Kosten pro Monat K_{ij}
4	4	900/1 = 900
	5	(900+290·0·1)/2 = **450**
	6	(900+290(0·1+2·3)/3 = 880

Das kostenminimale Los enthält also nur den Bedarf B_4, da B_5 ohnehin Null ist. Für die 6. Periode wird ein eigenes Los aufgelegt. Damit hat der Silver-Meal-Algorithmus in unserem Beispiel die **optimale Lösung**

$$x_1 = 6 \qquad x_4 = 2 \qquad x_6 = 3 \qquad K = 3570 \text{ gefunden.}$$

Es ist sehr schwierig, die dargestellten heuristischen Verfahren hinsichtlich ihrer **Effizienz** zu vergleichen, da jede Simulationsstudie von konkreten Beispielen ausgeht, deren Struktur das Ergebnis eines Verfahrensvergleichs beeinflussen kann. Es gibt aber Anhaltspunkte dafür, dass der **Stückperiodenausgleich** im allgemeinen zu **besseren** Lösungen führt als die **gleitende wirtschaftliche Losgröße**.

Betrachtet man jedoch alle heuristischen Verfahren vor dem Hintergrund einer **rollierenden Planung**, so haben **Zoller** und **Robrade** gezeigt, dass das **Silver-Meal-Verfahren** insbesondere für sporadischen Bedarf, der für mehrstufige Produktionsprozesse typisch ist, **sehr effizient** ist (Zoller/Robrade, Dynamische Losgrößenplanung 1987, S. 219 ff.).[38] Dies unterstützt Knolmayer (Lagerhaltungsheuristiken 1985).

Wahrscheinlich zahlt es sich aus, **mehrere** heuristische Verfahren in ein PPS-System zu implementieren und nach den Kriterien

- Bedarfsstruktur (sporadisch oder regelmäßig),
- Prognosesicherheit der zu schätzenden Bedarfe und
- Länge des rollierenden Planungszeitraums

die geeigneten Verfahren auf Grund der Anwendungserfahrungen auszuwählen. Der Wagner-Whitin-Algorithmus sollte jedoch immer Bestandteil eines PPS-Systems sein, um mit seiner Optimalitätseigenschaft einen objektiven Maßstab für die Güte der heuristischen Verfahren zu haben.

5. Mehrstufige Losgrößenmodelle

Die im vorigen Abschnitt dargestellten Verfahren behandeln das Problem optimaler Losbildung **isoliert** für jede einzelne Produktions- bzw. **Dispositionsstufe**, ohne die Interdependenzen zwischen den Stufen zu beachten. Die Brutto-Netto-Rechnung zeigt jedoch, dass die Zusammenfassung mehrerer Periodenbedarfe zu einem Los auf irgendeiner Dispositionsstufe die Periodenbedarfe **aller untergeordneten Stufen** und damit auch deren Losbildung beeinflusst.

Diese Stufeninterdependenzen werden von den im praktischen Einsatz befindlichen PPS-Systemen zerschnitten. Da die Losbildung generell als **Vorproduktion** späterer Bedarfe anzusehen ist, führt das Sukzessiv-Planungssystem dazu, dass sich diese Vorproduktion auf den untergeordneten Stufen immer weiter in Richtung Gegenwart verschiebt, so dass die Produktionskapazität in den gegenwartsnahen Perioden überbeansprucht werden kann. Dies muss dann in der nachgelagerten PPS-Komponente „Zeit- und Kapazitätsplanung" wieder entzerrt werden, wodurch die kostenminimale Losbildung hinfällig wird.

---

[38] Auch das hier nicht dargestellte Verfahren von Groff (Lot Sizing Rule 1979) ist dafür zu empfehlen.

Diesem Dilemma versucht man in der betriebswirtschaftlichen Theorie durch Entwicklung von **mehrstufigen Losgrößenmodellen** zu entkommen, die die Losbildung **simultan** für alle Produkte und für alle **Stufen** des Produktionsprozesses planen und damit die Interdependenzen berücksichtigen.

Ein solches mehrstufiges Mehrprodukt-Losgrößenmodell kann allgemein folgendermaßen formuliert werden:

Zielfunktion

$$(185) \quad K = \sum_{tzw} (A_{tzw} \, u_{tzw} + lk_{tzw} \, L_{tzw} + k_{tzw} \, x_{tzw}) \implies min!$$

Lagerbilanzgleichungen der Endprodukte

$$(186) \quad L_{t-1,z\overline{w}} + x_{tz\overline{w}} - B_{tz} = L_{tz\overline{w}} \qquad \text{für alle } t, z$$

Lagerbilanzgleichungen der Baugruppen/Einzelteile

$$(187) \quad L_{t-1,zw} + x_{tzw} - \sum_{w' \in O_w} \sum_{t'=t}^{T} a_{tt'zww'} \, x_{t'zw'} = L_{tzw} \qquad \text{für alle } t, z, w$$

Kapazitätsbedingungen der Produktionsstufen

$$(188) \quad \sum_{zw} (c_{tzwi} \, x_{tzw} + tr_{tzwi} \, u_{tzw}) \leq C_{ti} \qquad \text{für alle } t, i$$

Rüstbedingungen

$$(189) \quad x_{tzw} \leq M \, u_{tzw} \qquad \text{für alle } t, z, w$$

$$(190) \quad u_{tzw} = 0 \text{ oder } 1 \qquad \text{für alle } t, z, w$$

Nicht-Negativitäts-Bedingungen

$$(191) \quad x_{tzw} \text{ und } L_{tzw} \geq 0 \qquad \text{für alle } t, z, w$$

Die verwendeten Symbole haben folgende Bedeutung:

Indizes

t Periodenindex

z Produktindex

w Baugruppen/Einzelteile $\overline{w}$: Endprodukt

i Produktionsstufenindex

Daten

O   Menge der Oberteile einer Baugruppe oder eines Einzelteils

A   Rüstkosten pro Umrüstung [GE]

lk Lagerkostensatz [GE/(ME · ZE)]

k variable Produktionskosten pro Stück [GE/ME]

B Periodenbedarf eines Produktes [ME]

a zeitorientierter (= die Vorlaufverschiebung berücksichtigender) Produktionskoeffizient

M große Zahl

c Bearbeitungszeit eines Teils [ZE]

tr Rüstzeit eines Teils [ZE]

C Kapazität einer Produktionsanlage [ZE]

Variable

u Rüstvariable (0/1-Variable)

L Lagerbestand [ME]

x Losgröße [ME]

Das Modell minimiert die Summe aus Rüst-, Lager- und Produktionskosten für den
in Bedarfsperioden eingeteilten Planungszeitraum.

Im Unterschied zu unserem groben Produktionsplanungsmodell in Abschnitt B.II.,
S. 275 ff. benötigen wir hier einen Periodenindex t, um die zeitorientierte Bedarfsauflösung modellieren zu können, und zwei Indizes z und w zur Darstellung der
Produktstruktur. Da alle untergeordneten Teile (Baugruppen bzw. Einzelteile) in
mehrere übergeordnete Teile, z.B. in verschiedene Endprodukte, eingehen können,
benötigen wir eine **eindeutige** Zuordnung der Teile, wie sie die Relation „Struktur"
auf S. 287 f. vornimmt. Dies wird durch die Doppelindizierung z und w erreicht. $z =$
1 und $w = 7$ bedeutet z.B. das Einzelteil E7, das in P1 eingeht. Die letzte Montage-
stufe für ein Endprodukt wird mit $\overline{w}$ bezeichnet, um die Gleichungen (186) und
(187) aufeinander abstimmen zu können.

Der **Produktionskoeffizient** a muss einmal die Beziehungen zwischen den Teilen
(Oberteil/Unterteil) und zum anderen die Vorlaufverschiebungen berücksichtigen.
Geht man davon aus, dass $x_{t'zw'}$ die Produktionsmenge des Oberteils w' darstellt, die
in der Periode t' fertig gestellt wird, dann bedeutet $a_{tt'zww'}$ die Menge des Unterteils
w, die für eine Einheit des Oberteils w' benötigt und wegen der **Vorlaufverschiebung** (Durchlaufzeit von w') bereits in Periode t fertig gestellt sein muss. Die
Differenz $t' - t$ stellt die Vorlaufverschiebung dar.

Die Produktionskosten $k_{tzw}\,x_{tzw}$ können entfallen, wenn k_{tzw} in jeder Periode gleich
groß ist. Da aber in der ersten Produktionsstufe Materialkosten enthalten sind, die
von den - evtl. zeitlich schwankenden - Einstandspreisen abhängen und infolge einer
flexiblen Arbeitszeit die Lohnkosten pro Stück nicht in jeder Periode gleich sein
müssen, sind die Produktionskosten hier mit einbezogen worden.

Ein kurzer Blick auf die Dimensionen des Modells zeigt eine erhebliche Komplexität. Nimmt man eine Jahresplanung mit 12 Teilperioden t, 5 Produkte z und pro
Produkt 20 Teile w an, so ergeben sich bereits maximal $12 \cdot 5 \cdot 20 = 1200$ binäre

Rüstvariable u und 2400 reelle Variable x und L. Da aber in der Unternehmenspraxis die Anzahl der Endprodukte und Baugruppen/Einzelteile im allgemeinen wesentlich größer ist, erscheint eine praktische Anwendung dieses Modells und seine numerische Lösung mit einem Verfahren der ganzzahligen Optimierung für die überschaubare Zukunft ausgeschlossen.[39]

Auf Grund dieser Schwierigkeiten bei der exakten Lösung von mehrstufigen Losgrößenmodellen sind in der betriebswirtschaftlichen Literatur **heuristische** Verfahren entwickelt worden, die die Losgrößenentscheidungen auf den einzelnen Produktionsstufen dadurch abstimmen wollen, dass sie die **Veränderung** der **Rüst-** und **Lagerkosten** in unteren Produktionsstufen, die durch Veränderung der Losgröße in einer oberen Stufe verursacht werden, berücksichtigen. Tempelmeier (Material-Logistik 1999, S. 283 ff.) berichtet ausführlich über mehrere dieser Verfahren der **Kostenanpassung**, die auf einer Schätzung und Überwälzung der Kosten der einzelnen Stufen beruhen. Insbesondere das Verfahren von **Heinrich** (Heinrich/Schneeweiß, Multi-Stage Lot Sizing 1986 und Heinrich, Losgrößenplanung 1987) ist nach den Erfahrungen der Autoren mit vielen Simulationsexperimenten unterschiedlicher Produktstrukturen in der Lage, gegenüber den einstufigen Losgrößenverfahren der PPS-Systeme erhebliche Kosteneinsparungen zu erzielen, so dass zu hoffen ist, dass es in absehbarer Zeit in Standard-PPS-Systemen implementiert wird.

Die Bedeutung von Losgrößenverfahren wird jedoch in Zukunft abnehmen, da die **Rüstkosten** und -zeiten bei modernen computergesteuerten Produktionsanlagen, insbesondere den flexiblen Fertigungssystemen[40], durch **automatischen Werkzeugwechsel** tendenziell sinken, so dass die Produktion weitgehend dem zeitlichen Bedarf folgen wird (Just-in-Time-Prinzip) und durch kleine Losgrößen eine Reduzierung der Lagerkosten ermöglicht wird (vgl. hierzu Abschnitt e) 4. S. 318 f., und Just-in-Time-Produktion in Kapitel 9 auf S. 376 ff.). Von diesem Gesichtspunkt aus erscheint die Beschäftigung mit hochkomplizierten Losgrößenmodellen nicht mehr so gerechtfertigt wie es in den 70er Jahren der Fall war.

e)   Planung der Bestellmengen von Einzelteilen

1.   Ziele und Kosten der Lagerhaltung

In den meisten industriellen Unternehmen ist es nicht möglich, den Produktionsprozess von der Beschaffung über die Herstellung bis zum Absatz der Produkte ohne die Lagerung von Rohstoffen, Halb- und Fertigfabrikaten durchzuführen. Da jede Lagerhaltung Kosten verursacht und Kapital bindet, müssen im Bereich der Lagerwirtschaft ständig operative Entscheidungen getroffen werden, um die zeitliche und örtliche Bereitstellung des Produktionsfaktors „Werkstoffe" zu gewährleisten und gleichzeitig die Lagerwirtschaft an der globalen Zielsetzung des Unternehmens auszurichten.

---

[39]   Bei bestimmter Produktionsstruktur kann man die Indizes z und w zu einem Teile-Index zusammenfassen. Doch begrenzt auch hier die große Anzahl der Teile in praktischen Produktionsprozessen die Anwendbarkeit, so daß keine Erfahrungen aus der Praxis vorliegen.

[40]   vgl. die Ausführungen zu CIM im 5. Kapitel, S. 148 ff.

Bevor aus der Unternehmenszielsetzung konkrete Ziele für die Lagerpolitik abgeleitet werden, sind zunächst einige grundlegende Begriffe zu definieren.

Wir verstehen unter einem **Lagerbestand**

> Güter, die noch nicht, vorübergehend nicht oder nicht mehr am Produktionsprozess teilnehmen (Materialien, Halb- und Fertigfabrikate, Handelswaren).

Mit Grochla (Materialwirtschaft 1978, S. 13) definieren wir **Material** als

> Sachgüter, die im Betriebsprozess eingesetzt werden und damit die Eignung zur weiteren Verwendung verlieren.

Wie oben dargelegt, müssen die konkreten Ziele der Lagerpolitik aus der globalen Unternehmenszielsetzung abgeleitet werden. Auf Grund dieser globalen Zielvorstellungen werden zunächst die Absatz- und Produktionsmengen der einzelnen Produkte geplant. Für die Lagerpolitik gilt - daraus abgeleitet - das primäre Ziel, die Lieferbereitschaft des Unternehmens mengenmäßig und zeitlich zu gewährleisten. Wir nennen dieses Ziel kurz: **Sicherung der Lieferbereitschaft.**

Ein zweites Ziel der Lagerpolitik ergibt sich aus dem ökonomischen Prinzip und aus dem Unternehmensziel Gewinnmaximierung. Da im Lagerbereich keine Erträge anfallen, sind die lagerpolitischen Entscheidungen so zu treffen, dass die Beschaffungs- und Lagerkosten des Materials für das vorgegebene Produktions- und Absatzvolumen minimiert werden[41]. Wir nennen dieses Ziel kurz: **Minimierung der Beschaffungs- und Lagerkosten.**

Neben diesen beiden wichtigen Zielen der Lagerpolitik kann es bei manchen Unternehmen noch das **Spekulationsziel** geben. Dabei versucht man, die Preisveränderungen auf den Beschaffungsmärkten für Spekulationsgewinne auszunutzen. Wegen der erheblichen Risiken - insbesondere auf den internationalen Rohstoffmärkten - ist das Spekulationsziel jedoch für viele Unternehmen nicht angebracht.

Geht man von der Zielsetzung Kostenminimierung im Beschaffungs- und Lagerbereich aus, so sind zunächst die Kosten der Lagerhaltung im Einzelnen zu erfassen und auf ihren lagerbestandsfixen oder -variablen Charakter zu untersuchen.

Folgende wichtige Kostenarten der Lagerhaltung sind zu unterscheiden (Mellerowicz, Betriebswirtschaftslehre, Bd. 2; 1981, S. 180 f.):

(i)   Raumkosten

Sie umfassen im Wesentlichen

- Abschreibungen auf Lagergebäude und Inventar,
- Verzinsung für das in Lagergebäuden und Inventar investierte Kapital,
- Versicherungen gegen Feuer und Diebstahl,

---

[41] Dieses nur den Beschaffungs- und Lagerbereich betreffende "Subziel" vernachlässigt die Interdependenzen zu anderen Unternehmensbereichen und kann daher mit dem Globalziel "Gewinnmaximierung" durchaus in Konflikt stehen. Dies ist jedoch bei sukzessiver praxisnaher Planung unvermeidlich.

- Heizungs- bzw. Kühlungs- und Beleuchtungskosten,
- Instandhaltungskosten.

(ii) Lagerbestandskosten

- Zinsen für das in den Beständen gebundene Kapital,
- Versicherung der Bestände,
- Verderb, Schwund und Güteminderung der Bestände.

(iii) Güterbehandlungskosten

- Transport der Gütermengen,
- Pflege der Bestände.

(iv) Personalkosten für die Lagerverwaltung

Die Raumkosten sind vollständig unabhängig von den Bestandsmengen, also in unserer Betrachtung bestandsfix, während die Lagerbestandskosten und die Güterbehandlungskosten im Großen und Ganzen variablen Charakter haben. Demgegenüber sind die Personalkosten der Lagerverwaltung überwiegend bestandsfix.

2. Besonderheiten des Beschaffungswesens

Nach unserer Definition von S. 285 sind Einzelteile solche Teile, die von anderen Unternehmen **beschafft** werden, also auf der untersten Dispositionsstufe des Produktionsprozesses angesiedelt sind. Statt der Rüstkosten treten hier **fixe Bestellkosten** auf, die bei jeder Bestellung unabhängig von der beschafften Menge anfallen. Ihnen gegenüber stehen die mit der gelagerten Menge variierenden Lagerkosten.

Damit haben wir formal dieselben gegenläufigen Kostenbeziehungen wie bei der Bestimmung der Losgröße, so dass sämtliche beschriebenen Verfahren ohne Einschränkungen anwendbar sind.

Trotzdem sind zwei wichtige Unterschiede zu beachten, die eingehend erörtert werden müssen:

- Die Losgrößen können vom Unternehmen autonom bestimmt werden, während die Bestellmengen von den **Lieferbedingungen** der Lieferanten, z.B. der Lieferzeit, entscheidend abhängen, die wiederum Ergebnis von **Verhandlungen** sein können.
- Das Problem der **Planungsunsicherheit** tritt schärfer hervor, wenn fremde Entscheidungsinstanzen (Lieferanten) zu berücksichtigen sind. Nicht vorhersehbare **Lieferverzögerungen** bringen **stochastische** Elemente in die Planung, die evtl. über **Sicherheits-Lagerbestände** abgefangen werden müssen.

Diese beiden zusätzlichen Aspekte erfordern eine Erweiterung der Lösungsverfahren über die zunächst darzustellende deterministische Bestellplanung hinaus.

3.   Deterministische Bestellpolitik

Wie schon oben erwähnt, sind sowohl die klassische Andlerformel als auch die dynamischen Verfahren (Wagner-Whitin-Algorithmus bzw. Heuristiken) für die Bestellpolitik geeignet, wenn man für die Größe A statt der Rüstkosten nun die fixen Bestellkosten pro Bestellung einsetzt. Die **klassische „optimale" Bestellmenge** bei konstantem Periodenbedarf B wird dann auch durch Gleichung (159) berechnet:

$$(159) \qquad x_{opt} = \sqrt{\frac{2AB}{lk}} \quad [ME] \qquad \textbf{(Andler-Formel)}$$

A =   fixe Bestellkosten pro Bestellung.

Entsprechend gelten auch die Formeln für den Wagner-Whitin-Algorithmus (163) und die beschriebenen heuristischen Verfahren. In der Brutto-Netto-Rechnung für die Luftbefeuchtungssysteme P1 und P2 (vgl. S. 297, 298) wurden die angegebenen Bestellmengen für die Einzelteile E1, E7 und E8 mit dem Wagner-Whitin-Algorithmus berechnet.

Die betriebswirtschaftliche Theorie hat sich nicht mit dieser deterministischen Bestellpolitik begnügt sondern Situationen mit

- stochastisch variierenden **Periodenbedarfen** und
- stochastischer **Lieferzeit**

betrachtet. Insbesondere Arrow, Harris und Marschak (Inventory Policy 1951) haben den Fall des stochastischen Periodenbedarfs bei periodischer Überwachung mit den Hilfsmitteln der **stochastischen dynamischen Optimierung** behandelt. Die dafür nötigen Lösungsverfahren sind außerordentlich komplex und gehen über den Rahmen dieses Lehrbuchs hinaus. Sie sind prägnant und kompakt von Bartmann und Beckmann (Lagerhaltung 1989, S. 142 ff. und S. 210 ff.) beschrieben.

Um den Komplexitätsgrad der Lösungsansätze herabzusetzen, sind eine Reihe von Spezialfällen analysiert worden. Schneeweiß (Lagerhaltungssysteme 1981, S. 103) beschreibt Modelle mit kontinuierlicher Überprüfung und/oder stationärem stochastischen Periodenbedarf und Hansmann (Industriebetriebslehre 1987, S. 164 ff.) ein Modell mit stochastisch variierendem Bedarf während der Lieferzeit.

Alle diese Modelle sind innerhalb der Materialwirtschaft eines PPS-Systems nicht einschlägig, da ein „stochastischer Bedarf" bei **bedarfsgesteuerter Disposition** innerhalb eines **PPS-Systems** in der **Planung** nicht vorkommt. Die Bedarfsmengen der Einzelteile werden - wie wir bei der Brutto-Netto-Rechnung gesehen haben - allein von den Losgrößenentscheidungen bei den übergeordneten Teilen und dem gewünschten Produktionsprogramm bestimmt. Ein stochastischer Bedarf kann nur durch **Maschinenausfälle** oder Ausschuss-Produktion induziert werden. Hiergegen wappnet man sich jedoch durch Planung eines Zusatzbedarfs oder durch Flexibilität in der kurzfristigen Produktionssteuerung (vgl. 9. Kapitel, S. 339 ff.).

Es erscheint daher gerechtfertigt, auf die Modelle mit stochastischer Nachfrage im Rahmen eines PPS-Systems zu verzichten.

Demgegenüber darf die **stochastische Lieferzeit**, die sich in der Praxis immer wieder in der Form von **Lieferverzögerungen** bemerkbar macht, nicht vernachlässigt werden. Insbesondere bei einer **Just-in-Time-Beschaffungspolitik** sind Lieferverzögerungen sehr gefährlich, da sie die Produktion vieler übergeordneter Produktionsstufen zum Erliegen bringen können. Wie man sich gegen solche stochastischen Einflüsse schützen kann, wird im nächsten Abschnitt analysiert.

4. Just-in-Time-Beschaffung

(i) Planungsphilosophie

Das **Just-in-Time-Prinzip** (**JIT**) besagt, dass die zur Produktion eines Teils benötigten Unterteile genau zum richtigen Zeitpunkt am Ort der Produktion zur Verfügung stehen, ohne auf Lagerbestände zurückgreifen zu müssen. Innerhalb des Betriebes bedeutet dies, dass die Losgrößen der untergeordneten Teile genau dem zeitorientierten Bedarf der übergeordneten Teile entsprechen.

Die Philosophie entstand in den späten 70er Jahren, als durch hohe Inflationsraten in den Industrieländern die Zinssätze für Fremdkapital stark anstiegen und damit das in den Lagern gebundene Kapital hohe Lagerkosten verursachte[42]. Da gleichzeitig durch die Entwicklung der computergestützten Produktion die Bedeutung der Rüstkosten tendenziell abnahm (vgl. S. 315), war es folgerichtig, dass die Praxis das Ziel „Lagerkostensenkung" vorrangig verfolgte. Die Zusammenfassung von Bedarfen zum Zwecke der Rüstkosteneinsparung lief diesem Ziel zuwider, da der Lagerbestand durch eine solche Losgrößenpolitik wuchs.

Die in diesem Buch abgeleiteten Losgrößenformeln zeigen die Richtigkeit der praktischen Losgrößenpolitik. Die Andler-Formel (Gleichung (159)) führt bei sinkenden Rüstkosten A und steigendem Lagerkostensatz lk zu kleineren Losgrößen im Fall konstanten Periodenbedarfs. Aber auch die periodenorientierten heuristischen Losverfahren und der Wagner-Whitin-Algorithmus gehen in die gleiche Richtung. Setzt man z.B. in der Rekursionsbeziehung (163) A gleich Null, ist der rechte Term (hinter dem Semikolon) von (163) immer Null und es wird in jeder Bedarfsperiode ein neues Los aufgelegt, d.h. **bedarfssynchron produziert** und damit JIT realisiert.

In der Realität müssen jedoch zwei Sachverhalte berücksichtigt werden:

- die Rüstkosten A sind größer als Null,
- eine lagerbestandslose Fertigung kann durch unvorhergesehene Ereignisse, wie Maschinenstörungen auf unteren Produktionsstufen zur vorübergehenden Einstellung der Produktion auf übergeordneten Stufen mit hohen Kosten führen.

Dadurch ist die Just-in-Time-Produktion nicht generell sinnvoll, sondern nur in Produktionsprozessen mit hoher **Fertigungsdisziplin** und **-sicherheit** sowie relativ **niedrigen Rüstkosten**, wie es in manchen stark automatisierten Produktionsbereichen der Automobilindustrie der Fall ist.

---

[42] Der Zinssatz für gebundenes Kapital ist in vielen Industriebetrieben die wichtigste Komponente des Lagerkostensatzes lk.

Führt die Just-in-Time-Produktion tatsächlich zu einer Kostenreduktion durch Abbau der Lagerbestände, dann ist es nahe liegend, den JIT-Gedanken über das Unternehmen hinaus auf die Beziehungen zu den **Lieferanten** der Einzelteile auszudehnen, falls die fixen Bestellkosten gegenüber den Lagerkosten nicht ins Gewicht fallen. Diese **Just-in-Time-Beschaffung** hätte zur Folge, dass ein größeres Wareneingangslager für den Produzenten entbehrlich wäre. Könnte man darüber hinaus auf eine umfangreiche Qualitätsprüfung der gelieferten Einzelteile verzichten und diese direkt zur gewünschten Zeit an den Produktionsort, z.B. an das Fließband, liefern lassen, so wäre man dem JIT-Ideal sehr nahe gekommen.

Um diese Vorstellungen zu verwirklichen, bedarf es eingehender Verhandlungen mit den entsprechenden Zulieferern, da diese letztlich ihre Produktion an den Bedarfsrhythmus des Kundenbetriebes anpassen und darüber hinaus eine gleich bleibende Qualität der gelieferten Ware garantieren müssen.

Auf Grund ihrer starken Marktmacht haben die Automobilhersteller eine Just-in-Time-Beschaffung gegenüber einigen ihrer Zulieferer durchsetzen können. Beispiele hierfür sind die Beschaffung der Sitze für Mercedes-Modelle in Bremen oder der Stoßfänger für VW-Modelle in Emden.

Im Vergleich zur **JIT-Produktion**, die weitgehend über die Fertigungsdisziplin und die Organisation des eigenen Produktionsprozesses gesteuert werden kann, ist die **JIT-Beschaffung** mit einem wesentlich **höheren Risiko** behaftet, da **Lieferverzögerungen** durch

- Produktionsschwierigkeiten beim Lieferanten oder
- Störungen der Transportbeziehungen (durch Witterungsbedingungen, Straßenverhältnisse usw.)

nicht ausgeschlossen werden können. Darüber hinaus kann eine zu schlechte Qualität der gelieferten Ware die eigene Produktion in Schwierigkeiten bringen.

Die Vorlaufverschiebung für die Bestellung bzw. den Abruf der Einzelteile hängt also hier von der tatsächlichen **Lieferzeit** ab, die aus einem **deterministischen Anteil**, der zugesagten bzw. ausgehandelten Lieferzeit, und einem **stochastischen Anteil**, der durch Störungen verursacht wird, besteht. Im nächsten Abschnitt wird dargelegt, wie man sich gegen solche Lieferstörungen absichern kann.

(ii)   Berücksichtigung einer stochastischen Lieferzeit

Wir gehen von der zwischen Zulieferer und Abnehmer vertraglich festgelegten Liefer- bzw. Abrufzeit für ein bestimmtes Teil aus und nennen diese Größe t. Die zufälligen Abweichungen von dieser geplanten Lieferzeit werden durch die Zufallsvariable e_t ausgedrückt, die einer noch näher zu spezifizierenden Verteilung gehorcht. Dann ist die **effektive Lieferzeit** t_{eff} gegeben durch

(192) $t_{eff} = t + e_t$

Könnte man die Zufallsvariable e_t vernachlässigen, so würde das abrufende Unternehmen genau die mit den Losgrößenformeln berechnete **optimale Bestellmenge**

t ZE vor dem Bedarfszeitpunkt des Teils abrufen, so dass kein Lagerbestand beim abrufenden Unternehmen entsteht.

Infolge der stochastischen Komponente der effektiven Lieferzeit wird jedoch die Lieferung manchmal zu spät kommen und dadurch zu **Fehlmengen** beim abrufenden Unternehmen führen. Diesem Fehlmengenrisiko kann das Unternehmen durch Aufbau eines **Sicherheitsbestandes** begegnen.

Die Berechnung eines optimalen Sicherheitsbestandes unter Berücksichtigung der stochastischen Einflüsse lässt sich nur dann durchführen, wenn die Höhe der **Fehlmengenkosten** bekannt ist, da dann eine Abwägung zwischen Lager- und Fehlmengenkosten stattfinden kann.

In der Praxis sind die Fehlmengenkosten häufig nicht genau genug bezifferbar, um eine solche Optimierung zu ermöglichen. Stattdessen setzt man eine **Fehlmengenwahrscheinlichkeit** fest, die langfristig nicht überschritten werden darf. Sie ist definiert als Wahrscheinlichkeit, dass eine Fehlmenge **auftritt**, unabhängig von der Höhe des Defizits.

Die komplementäre Wahrscheinlichkeit ist auch unter dem Namen **Servicegrad**[43] bekannt.

$$(193) \qquad \text{Servicegrad } \alpha \ = \ \frac{\text{rechtzeitige Lieferungen einer Periode}}{\text{gesamte Lieferungen einer Periode}}$$

Setzt man z.B. $\alpha = 0{,}99$, dann darf eine von 100 Lieferungen verzögert sein.

Wir berechnen nun den Sicherheitsbestand s, der der gewünschten Fehlmengenwahrscheinlichkeit entspricht.

Dividiert man den Lagerbestand (L) zum Zeitpunkt der neuen Bestellung, d.h. zu Beginn der Lieferzeit, durch den Periodenbedarf B, so erhält man die Anzahl Perioden, in denen das Lager noch Bestände enthält[44]. In der Praxis ist hierfür auch der Begriff „**Reichweite des Lagers**" gebräuchlich. Ist diese Zeitspanne kleiner als die effektive Lieferzeit, tritt eine Fehlmenge auf:

$$(194) \qquad t + e_t \ > \ \frac{L}{B} \quad \Rightarrow \quad \textit{Fehlmenge}$$

Für ein festes L ist die Fehlmengenwahrscheinlichkeit gegeben durch (Bartmann/ Beckmann, Lagerhaltung 1989, S. 51):

$$(195) \qquad W_{\textit{Fehlmenge}} = W \, (\, e_t > \frac{L}{B} - t) = 1 - F \, (\frac{L}{B} - t)$$

wobei F die Verteilungsfunktion der Zufallsvariablen e_t ist. Wir verbinden nun (195) mit dem vorgegebenen Servicegrad α und erhalten

---

[43] Genau genommen ist dies der Servicegrad α. Daneben gibt es auch den Servicegrad β, der die Höhe einer Fehlmenge bewertet (vgl. Silver/Peterson, Inventory Management 1985 und Robrade, Lagerhaltungsmodelle 1991).

[44] Dabei ist ein linearer Lagerabgang angenommen.

(196) $1 - \alpha = 1 - F(\dfrac{L}{B} - t)$

Um hieraus L errechnen zu können, muss die Verteilungsfunktion F bekannt sein. In der Praxis wird häufig angenommen, dass es viele unabhängige Ursachen für eine Störung der Lieferzeit gibt und somit e_t als **normalverteilt** mit $\mu = 0$ und der Standardabweichung σ_t angesehen werden kann:

(197) $\alpha = N(\dfrac{L}{B} - t)$ (N = Normalverteilungsfunktion)

Nach Standardisierung dieser Normalverteilung durch Division der Klammer durch σ_t erhalten wir

(198) $\alpha = N_{(0;1)} (\dfrac{L}{B\sigma_t} - \dfrac{t}{\sigma_t})$ ($N_{(0;1)}$ = Standard-Normalverteilung)

Das α-Quantil der Standardnormalverteilung e_α muss nun gleich der Klammer in (198) sein, so dass man für L folgenden Ausdruck findet:

(199) $L = e_\alpha B\sigma_t + Bt$

Da Bt der Bedarf während der **erwarteten** Lieferzeit ist, den man bei deterministischer Lieferzeit genau auf Lager hätte, beschreibt der Term $e_\alpha B\sigma_t$ den Lagerbestand, der für den stochastischen Anteil der Lieferzeit vorgesehen ist, also den **Sicherheitsbestand**, der dem vorgegebenen Servicegrad α entspricht.

(200) $s = e_\alpha B\sigma_t$ (**Sicherheitsbestand**)

Obwohl dieser Ansatz streng genommen nur für einen konstanten Periodenbedarf B gilt, wollen wir ihn auf das Einzelteil E1 (Osmose-Anlage) unseres Luftbefeuchtungsbeispiels anwenden, da die optimalen Bestellmengen recht ähnlich sind. Aus der Brutto-Netto-Rechnung der Tab. 40 auf S. 298 geht hervor, dass wir im August 1999 einen Bedarf von 4 Stück und im September von 2 Stück haben, der nach Anwendung des Wagner-Whitin-Algorithmus zu einer Bestellmenge von 6 ME zusammengefasst wird. Nehmen wir nun an, dass die Lieferzeit einen Monat mit einer Standardabweichung σ_t von einem halben Monat beträgt und ein Servicegrad von 90% erreicht werden soll, so lässt sich der Sicherheitsbestand mit folgender Rechnung ermitteln:

Das 90%-Quantil der Normalverteilung ist $e_{90\%} = 1{,}2816$; als **Zeiteinheit** verwenden wir **2 Monate** gemäß der optimalen Bestellmenge. Dann gilt

$s = 1{,}2816 \cdot 6 \cdot \dfrac{1}{4} = 1{,}92$ [ME]

Es müssen also 8 ME Anfang Juli bestellt werden, von denen 2 ME ständig auf Lager liegen. Dieser Sicherheitsbestand würde uns allerdings bei einer Lieferverzögerung im Juli noch nichts nützen, sondern erst bei den künftigen Bestellungen im Oktober (6 ME) und Dezember (5 ME), wenn er physisch aufgebaut worden ist.

In unserem Fall sind die Bestellmengen und die Bestellzyklen relativ konstant im Planungszeitraum, so dass das Verfahren ohne Bedenken angewandt werden kann. Bei stark schwankenden Bestellmengen besteht jedoch die Gefahr suboptimaler Lösungen, da der Periodenbedarf B nach Gleichung (200) die Höhe des Sicherheitsbestandes direkt beeinflusst und somit der Sicherheitsbestand selbst schwankt und - was noch unangenehmer ist - der tatsächlichen Entwicklung hinterherhinkt. Man behilft sich in diesem Fall mit dem Ansatz eines durchschnittlichen Periodenbedarfs.

Das Verfahren ist ebenfalls anwendbar, wenn Lieferfrist und typische Lieferstörung viel kleiner als die im PPS-System verwendete Bedarfsperiode sind, und das abrufende Unternehmen auf Grund sehr geringer fixer Bestellkosten häufig während der Bedarfsperiode abruft, also das JIT-Prinzip realisiert. In diesem Fall liegen viele Lieferzyklen pro Bedarfsperiode vor und der Bedarf in der Lieferzeit kann als **konstanter** Bruchteil des Periodenbedarfs angesetzt werden.

Am Beispiel der **Automobilindustrie** sei dies kurz demonstriert. Automobilfirmen schließen mit ihren Zulieferern häufig Rahmenverträge für ein Jahr ab, die die groben Abnahmemengen festlegen. Im PPS-System werden daraus voraussichtliche monatliche Bedarfe errechnet. Aufgrund der EDV-technischen Abwicklung der einzelnen Lieferabrufe treten nur sehr **geringe fixe Bestellkosten** auf, so dass die Automobilfirmen an einer Minimierung der Lagerkosten durch häufige Abrufe interessiert sind (JIT-Prinzip). Das führt dazu, dass immer nur der Bedarf während der meist kurzen Lieferfrist abgerufen wird, so dass ein Auffanglager entbehrlich ist. Allerdings verursacht dann jede Lieferverzögerung eine Produktionseinschränkung, die durch einen Sicherheitsbestand verhindert werden soll.

Unterstellen wir eine monatliche PKW-Produktionsmenge von 3300 ME, so besteht der monatliche Bedarf für ein Einzelteil, wie z.B. ein Armaturenbrett, ebenfalls aus 3300 ME. Bei 22 Arbeitstagen und Ein-Schicht-Betrieb werden also täglich 150 Armaturenbretter benötigt. Der angestrebte Servicegrad soll 99% betragen, da die Konsequenzen von Fehlmengen schwerwiegend sind.

Nehmen wir zunächst eine Lieferfrist von einem Tag an, deren zufällige Schwankung durchschnittlich einen halben Tag ausmacht (gemessen durch σ_t), so ist die Bestellmenge (= Bedarf während der Lieferzeit)

$$B \cdot t = \frac{3300}{22} = 150 ME$$

Darüber hinaus sollte ein Sicherheitsbestand von

$$s = e_{99\%} B \, \sigma_t = 2{,}3263 \cdot \frac{3300}{22} \cdot \frac{1}{2} = 174{,}47 ME$$

also etwas mehr als **ein Tagesbedarf** bestellt und langfristig gelagert werden.

Vereinzelt sind die Lieferbedingungen des Zulieferers noch günstiger, weil er vielleicht in der Nähe des Automobilwerks produziert und Transportrisiken vernachlässigbar sind. Dadurch sei es nun möglich, eine Lieferzeit von 4 Stunden (halber Tag) mit einer durchschnittlichen Abweichung von einer Stunde (σ_t) zu garantieren.

Dann beträgt die Bestellmenge 3300/44 = 75 ME plus den nötigen Sicherheitsbestand für die Lieferfrist von

$$s = 2,3263 \cdot \frac{3300}{44} \cdot \frac{1}{4} = 43,62\ ME.$$

Der benötigte Sicherheitsbestand, um einen Servicegrad von 99% aufrechtzuer-
halten, sinkt also auf nur noch 30% eines Tagesbedarfes. Das ist schon fast der Ide-
alzustand der Just-in-Time-Philosophie, der in der Praxis nur bei wenigen Einzelteilen bisher erreicht worden ist.

Halten wir zum Schluss fest, welche Bedingungen der Zuliefererbetrieb erfüllen
muss, um eine weitgehende JIT-Beschaffung des abrufenden Betriebes zu ermöglichen:

- Vollständige Synchronisation der Produktion des Zulieferers mit dem Produk-
tionsrhythmus des abrufenden Unternehmens,
- Aufbau enger Kommunikationsbeziehungen bis zur Integration der PPS-Systeme,
- hohe Qualität der gelieferten Einzelteile, da keine weitere Qualitätskontrolle erfolgt,
- stabiler, wenig störanfälliger Produktionsprozess des Zulieferers oder Aufbau
eines Fertigwarenlagers für die JIT-Teile.

Diese Bedingungen implizieren für den Zulieferer

- **Einschränkung** seiner ökonomischen **Autonomie**,
- erhebliche **Kosten** zur Sicherung der **Lieferbereitschaft**.

Diese Nachteile müssen durch Vorteile für den Zulieferer ausgeglichen werden,
wenn eine JIT-Beschaffung überhaupt zustande kommen soll. Das geschieht in erster Linie über die **Preisverhandlungen** der Partner bezüglich des Zulieferprodukts
aber auch über die langfristigen Abnahmegarantien, die dem Zulieferer eine kontinuierliche Beschäftigung sichern. Die Schwierigkeiten bei der Anwendung von JIT-
Strategien lassen sich deutlich an den ersten Serien neu eingeführter Modelltypen
mehrerer Automobilhersteller ablesen, die gezeigt haben, dass auch bei der JIT-
Philosophie eine deutliche Lücke zwischen theoretisch Wünschbarem und praktisch
Erreichbarem klafft.

Weitere Einzelheiten zu Problemen der JIT-Produktion bringen Wildemann, (Just-
in-Time 1992) und Fandel/Zäpfel ((Hrsg.): Production 1991, S. 237 ff.).

III. Bedarfsverfolgung

Im vorigen Abschnitt wurde mit der Bedarfsauflösung des Produktionsprogramms in
Baugruppen und Einzelteile sowie der Bestimmung optimaler Losgrößen und Bestellmengen ein Kernstück der Produktionsplanung eingehend erörtert. Dabei ist
deutlich geworden, dass durch die Auflösung der Kundenaufträge und insbesondere
durch die Zusammenfassung des Bedarfs an Teilen für verschiedene Kundenaufträge
in Losen (= Fertigungsaufträge) die **Beziehungen** zwischen **Kunden-** und **Ferti-**

gungsaufträgen verloren gehen. Es kann nicht mehr festgestellt werden, welches Einzelteil oder welche Baugruppe zu einem konkreten Kundenauftrag gehört.

Bei Firmen, die für den anonymen Markt produzieren, mag diese Kenntnis nicht unbedingt nötig sein, doch gibt es eine Reihe von Unternehmen, die bei ihren Produkten auf die **individuellen Wünsche** ihrer **Kunden** eingehen wollen (oder müssen). Für sie ist die **Verfolgung** des Bedarfs über alle Stufen des Produktionsprozesses wichtig.

Darüber hinaus ist es auch bei **Mängelrügen** des Fertigproduktes interessant zu wissen, welche Baugruppen bzw. welche Arbeitsgänge dafür verantwortlich sind.

Schließlich werden die Fertigungsaufträge in der Produktionssteuerung häufig den Produktionsanlagen mit Prioritätsziffern zugewiesen, die Informationen über den dem Kunden zugesagten **Liefertermin** enthalten. Dies bedingt ebenfalls die Kenntnis, zu welchem Kundenauftrag ein bestimmter Fertigungsauftrag gehört und macht damit eine Bedarfsverfolgung unabdingbar.

Zwei Arten einer solchen Bedarfsverfolgung haben sich herausgebildet,

- die **einstufige** Bedarfsverfolgung verbindet jeweils zwei benachbarte Dispositionsstufen,
- die **mehrstufige** Bedarfsverfolgung bezieht alle Stufen des Produktionsprozesses ein.

Während der Datenaufwand beim zweiten Verfahren wesentlich größer ist, muss beim ersten Verfahren erheblich länger gesucht werden, um die Beziehung zwischen Fertigungs- und Kundenauftrag über alle Stufen hinweg zu verfolgen. Wir werden die einstufige Bedarfsverfolgung etwas näher erörtern und auf die mehrstufige nur kurz eingehen (vgl. dazu Scheer, Wirtschaftsinformatik 1998, S. 167 ff.).

a)   Einstufige Bedarfsverfolgung

In der Brutto-Netto-Rechnung werden die Kundenaufträge zum Primärbedarf zusammengefasst[45] und anschließend in Sekundärbedarfe untergeordneter Teile transformiert. Um festzuhalten, welcher Auftrag welchen Sekundärbedarf verursacht hat, benötigt man zwei Relationen für die Verknüpfung: **Kundenauftrag** und **Bedarfsableitung**

R. AUFTRAG (Kunden-Nr., Teile-Nr., Periode, Menge, ...)

R. BEDARFSABLEITUNG ((übergeordneter) Auftrag-Nr., Periode, (untergeordneter) Bedarf-Nr., Periode, Menge, ...)

Auf diese Weise ist es möglich, die Bedarfsursache über die Produktionsstufen nach unten zu verfolgen. Auf der anderen Seite muss natürlich auch der umgekehrte Weg beschritten werden können, d.h. es muss festgehalten werden, welcher Produktionsauftrag welchen Bedarf deckt. Dies geschieht mit der Relation **Bedarfsdeckung**.

R. BEDARFSDECKUNG (Bedarf-Nr., Periode, Auftrag-Nr., Periode, Menge, ...)

---

[45] Die aus Absatzprognosen resultierenden Produktionsmengen sollen hier nicht betrachtet werden.

Durch diese Relation kann man z.B. erkennen, ob ein Los (= Fertigungsauftrag) den
Bedarf einer oder mehrerer Perioden deckt.

Wir wollen das Vorgehen an unserem Luftbefeuchtungsbeispiel demonstrieren. 2
Kundenaufträge à 1 ME von Produkt P2 sollen in Periode 10 fertig gestellt sein. Das
ergibt die Kundenauftrags-Relation der Tab. 48.

Tab. 48   Ermittlung des Primärbedarfs für P2

R.KUNDENAUFTRAG	Kunden-Nr.	Teile-Nr.	Periode	Menge
	101	P2	10	1
	102	P2	10	1
	Primärbedarf	P2	10	2

Für diesen Primärbedarf werden pro Stück P2 zwei ME der Baugruppe B1 benötigt
(vgl. Abb. 68, S. 294), und zwar gemäß Tab. 38, S. 296 mit einer Vorlaufverschiebung von einer Periode.

Die einstufige Bedarfsverfolgung, die hier nur beispielhaft die Beziehung zwischen
P2 und B1 abbilden soll, läuft dann unter Einbeziehung der Relationen Bedarf und
Fertigungsauftrag nach Tab. 49 ab.

Tab. 49   Einstufige Bedarfsverfolgung für P2

R. BEDARF	Teile-Nr.	Periode	Menge	Bemerkungen	
	P2	10	2	Primärbedarf	
	B1	9	4	Übertragung von P2	
R. FERTIGUNGSAUFTRAG	Teile-Nr.	Periode	Menge	Bemerkungen	
	P2	10	2	Übertragung Primärbedarf	
	B1	8	9	Ein Los für Perioden 8+9	
R. BEDARFSDECKUNG	Bedarf-Nr.	Periode	Auftrag-Nr.	Periode	Menge
	P2	10	P2	10	2
	B1	9	B1	8	4
	B1	8	B1	8	5
R. BEDARFSABLEITUNG	Auftrag-Nr.	Periode	Bedarf-Nr.	Periode	Menge
	P2	10	B1	9	4

Hier zeigt die Relation BEDARFSDECKUNG, dass der Bedarf von 2 ME P2 in Periode 10 durch den Produktionsauftrag (= Montage) P2 in Periode 10 gedeckt wird.
Der Bedarf von 4 ME der Baugruppe B1 in Periode 9 wird hingegen von dem **Produktionsauftrag** B1 in Periode 8 gedeckt, der 9 ME als optimale **Losgröße** (vgl.
Tab. 40 auf S. 298) umfasst und auch den Bedarf von 5 ME von B1 in Periode 8
deckt.

In ähnlicher Weise gibt die Relation BEDARFSABLEITUNG an, dass der (übergeordnete) Auftrag P2 in Periode 10 zu einem Bedarf der Baugruppe B1 von 4 ME in Periode 9 führt.

Entwickelt man dieses System über alle Dispositionsstufen weiter, so lässt sich jeder Bedarf durch eine Reihe von Datenbankzugriffen (= Abfragen) verfolgen. Da jede Abfrage Zeit kostet, kann eine einstufige Bedarfsverfolgung sehr zeitaufwendig werden.

b)   Mehrstufige Bedarfsverfolgung

Die Anzahl der Datenbankzugriffe kann stark verringert werden, wenn man die in der Relation KUNDENAUFTRAG (vgl. Tab. 48) enthaltenen Attribute Kunden-Nr., Teil-Nr. und Periode der Auftragserteilung in den Relationen BEDARFSDECKUNG und BEDARFSABLEITUNG als Attribute mitführt. Diese Relationen sehen dann wie folgt aus:

R. BEDARFSDECKUNG (Kunden-Nr., Teil-Nr., Periode, Bedarf-Nr., Bedarfsperiode, Produktionsauftrag-Nr., Produktionsperiode, Menge)

R. BEDARFSABLEITUNG (Kunden-Nr., Teil-Nr., Periode, Produktionsauftrag-Nr., Produktionsperiode, (untergeordneter) Bedarf-Nr., Bedarfsperiode, Menge).

Nun kann man auf jeder Dispositionsstufe des Produktionsprozesses sofort erkennen, zu welchem Kundenauftrag - identifiziert durch Kunden-Nr., Teil-Nr. und Periode - ein bestimmter Produktionsauftrag, z.B. ein Los einer Baugruppe, einen Bezug hat. Dadurch wird es in der Automobilindustrie möglich, einen Kunden über den genauen Fertigungszustand seines bestellten PKW zu informieren. Man erkauft allerdings diese „aktuelle" Kundeninformation mit einer wesentlich umfangreicheren Datenhaltung, da die zusätzlichen Attribute auf allen Dispositionsstufen verfügbar sein müssen. Die mehrstufige Bedarfsverfolgung erkauft somit gegenüber der einstufigen Verfolgung höhere Geschwindigkeit durch zusätzlichen Speicherbedarf.

Mit der Analyse der Bedarfsverfolgung ist die Materialwirtschaft abgeschlossen und wir können zur nächsten Stufe der Produktionsplanung im Rahmen von PPS, der Kapazitäts- und Zeitwirtschaft, übergehen.

D. Zeit- und Kapazitätsplanung

In dieser Stufe der Produktionsplanung werden die in der Materialbedarfsplanung errechneten zeitorientierten Losgrößen und Bestellmengen der zur Verfügung stehenden Kapazität gegenübergestellt, um die Durchführbarkeit der geplanten Produktion zu überprüfen. Hierzu ist aber eine genauere Terminierung erforderlich als es bisher mit der grob geschätzten Durchlaufzeit der Produktionsaufträge möglich war. Dies gelingt mit der Einführung von **Arbeitsgängen** und ihrer Zuordnung zu **Betriebsmittelgruppen**, da die Komponenten der Durchlaufzeit: Rüst-, Bearbeitungs-, Transport- und Wartezeiten nicht vom Produktionsauftrag als Ganzem bestimmt werden, sondern von den auf konkreten Betriebsmitteln durchgeführten Arbeitsgängen für diesen Auftrag. Wir wenden uns daher zunächst der Abbildung dieser neuen Elemente im relationalen Datenmodell zu.

I. Erweiterung der Datenmodelle

Ausgehend von der Stücklistenstruktur, die durch den Entitytyp TEIL und den Beziehungstyp STRUKTUR definiert ist (vgl. S. 287), muss nun die konkrete Herstellung eines Teils modelliert werden. Die dazu nötigen Produktionsschritte sind in einem **Arbeitsplan** niedergelegt und basieren auf den technisch möglichen **Fertigungsverfahren**, wie Bohren, Fräsen, Schleifen, Montieren usw..

Die Beziehung zwischen einem Arbeitsplan und einem technischen Verfahren heißt **Arbeitsgang** und kann durch folgende Relation ausgedrückt werden:

R. ARBEITSGANG (Arbeitsplan-Nr., Verfahrens-Nr., Bezeichnung, ...)

Nun muss als nächstes der Arbeitsgang einer **Betriebsmittelgruppe**[46] zugeordnet werden. Diese wichtige Relation **Arbeitsgangzuordnung** enthält neben den Schlüsselattributen Arbeitsplan-Nr., Verfahrens-Nr. und Betriebsmittelgruppen-Nr. auch Informationen über

- die **Rüstzeit** für die Umrüstung der Betriebsmittelgruppe auf den Arbeitsgang,
- die **Bearbeitungszeit** des Arbeitsganges,
- die **Transport-** und **Wartezeiten** zu/vor dem nächsten Arbeitsgang sowie
- Angaben, ob der Arbeitsgang für den vorliegenden Produktionsauftrag auf mehrere Betriebsmittel der Gruppe aufgeteilt werden kann (**Splittingschlüssel**).

Mit diesen Informationen lässt sich die **Durchlaufzeit** der Produktionsaufträge auf der Arbeitsgangebene viel präziser bestimmen als bei der Materialbedarfsplanung, so dass wir auf dieser Basis eine realitätsnahe Durchlaufterminierung und Kapazitätsplanung durchführen können, wie es im nächsten Abschnitt gezeigt wird.

Dabei wird die Durchlaufterminierung zunächst ohne Berücksichtigung der Kapazität durchgeführt. Eventuell auftretende Kapazitätsengpässe müssen **nachträglich** durch einen **Kapazitätsabgleich** beseitigt werden.

II. Durchlaufterminierung

Die zeitliche Planung der einzelnen Fertigungsaufträge kann vorteilhaft mit dem Instrumentarium der **Netzplantechnik** durchgeführt werden, deren Grundlagen hier kurz skizziert werden sollen.

a) Grundlagen der Netzplantechnik

Die etwa seit 1958 entwickelten Varianten der Netzplantechnik heißen CPM (= Critical Path Method), MPM (= Metra Potential Method) und PERT (= Program Evaluation Review Technique). Sie sind heute weitgehend DIN-genormt und un-

---

[46] Eine Betriebsmittelgruppe besteht aus einer Reihe gleichartiger Betriebsmittel (Maschinen).

terscheiden sich vor allem in den Zeitschätzungen der Arbeitsgänge. Wir werden uns im weiteren Verlauf auf MPM stützen.

Zunächst muss die **Struktur** des Produktionsprozesses in einem Netz abgebildet werden. Dazu wird der Prozess in **Vorgänge** zerlegt. Ein **Vorgang** ist ein Teil des Produktionsprozesses mit zeitlich definierbarem Anfang und Ende (DIN 69900).

Für die Konstruktion von MPM-Netzen gibt es folgende Grundregeln:

- Ein Vorgang wird durch einen **Knoten** in der Form eines Rechtecks dargestellt.
- Ein Pfeil beginnt in einem Knoten und endet in einem anderen Knoten. Er gibt einen zeitlichen Mindestabstand zweier aufeinander folgender Vorgänge an.
- Müssen mehrere Vorgänge abgeschlossen sein, bevor ein weiterer beginnen kann, so führen Pfeile von den Vorgängern zum nachfolgenden Knoten.
- In einem Netzplan dürfen keine Zyklen auftreten.

Mit diesen Grundregeln lässt sich die Struktur des Produktionsprozesses in einem **Netzplan** abbilden. Für die **Durchlaufterminierung** benötigen wir auch die **Dauer** jedes einzelnen Vorgangs, die aus den Komponenten der Durchlaufzeit eines Teils errechnet wird. Weiterhin interessieren bei der Netz-Zeitplanung

- die Zeitreserven der einzelnen Vorgänge, die sog. **Pufferzeiten**, die sich aus den frühest- und spätestmöglichen Anfangs- und Endterminen der Vorgänge ergeben sowie
- die kürzestmögliche **Gesamtdurchlaufzeit** eines Produkts.

Wir bezeichnen einen Vorgang ohne Zeitreserve (Pufferzeit = Null) als **kritischen Vorgang** und die Folge der kritischen Vorgänge als **kritischen Weg**. Die zeitliche Länge des kritischen Weges ist gleich der Summe der Rüst-, Bearbeitungs-, Transport- und Wartezeiten des Produktes während seines Produktionsprozesses.

Um die Zeitreserven (Pufferzeiten) der Vorgänge zu ermitteln, müssen die Anfangs- und Endtermine bekannt sein. Sie lassen sich nach folgenden Vorschriften berechnen (vgl. Hansmann, Industriebetriebslehre 1987, S. 184 f., Scheer, Wirtschaftsinformatik 1998, S. 241):

Frühester Anfangstermin des Vorgangs i (FA_i):

$FA_i = Max\ [FE_h]$ ($h \in$ Menge der direkten Vorgänger von i)

Frühester Endtermin des Vorgangs i (FE_i):

$FE_i = FA_i + D_i$ ($D_i =$ Vorgangsdauer von i)

Spätester Endtermin des Vorgangs i (SE_i):

$SE_i = Min\ [SA_k]$ ($k \in$ Menge der direkten Nachfolger von i)

Spätester Anfangstermin des Vorgangs i (SA_i)

$SA_i = SE_i - D_i$

Gesamtpufferzeit des Vorgangs i (GPZ_i):

$GPZ_i = SE_i - FE_i$

Dies ist der Zeitraum, um den die Vorgangsdauer D_i maximal erhöht werden kann, ohne dass sich der ganze Produktionsprozess verlängert. Ein Vorgang mit $GPZ = 0$ ist **kritisch**.

Freie Pufferzeit des Vorgangs i (FPZ_i):

$$FPZ_i = \underset{k}{Min}\ [FA_k - FE_i] \quad (k \in \text{Menge der direkten Nachfolger von } i)$$

Dies ist der Zeitraum, um den die Vorgangsdauer D_i erhöht werden kann, wenn alle direkten Nachfolger-Vorgänge zum frühestmöglichen Anfangstermin beginnen.

Falls ein Vorgang keinen direkten Vorgänger hat, so gilt die erste Periode des Planungszeitraums als frühester Anfangstermin, beim Fehlen eines Nachfolgers ist die Bedarfsperiode des Primärbedarfs der späteste Endtermin.

Mit diesen zeitlichen Definitionen der Netzplantechnik können wir nun die Durchlaufterminierung eines konkreten Produktionsprozesses in Angriff nehmen.

b)　　Durchlaufterminierung für das Luftbefeuchtungssystem mit der
　　　Netzplantechnik

Wir gehen aus von dem auf S. 286 f. dargestellten Produktionsprozess der Luftbefeuchtungssysteme P1 und P2 und betrachten als einfaches Beispiel den Bedarf von P1 im Oktober und von P2 im November 1999. Aus der Brutto-Netto-Rechnung (vgl. S. 294) geht hervor, dass 3 ME von P1 im Oktober (= Periode 10) und 3 ME von P2 im November (= Periode 11) benötigt werden. Mit Hilfe der Vorlaufverschiebung von Tab. 38 auf S. 296 ergibt sich in Periode 10 ein Bedarf von 9 ME der Baugruppe B1, 6 ME des Einzelteils E1 und 9 ME des Einzelteils E8. Bereits in Periode 9 müssen 27 ME von Einzelteil E7 beschafft werden.

Aufgrund der Arbeitsgang- und Betriebsmittelzuordnung ist es nun möglich, die Durchlaufzeit der Fertigungsaufträge aus ihren Komponenten Rüstzeit, Bearbeitungszeit sowie Nachbearbeitungs-, Transport- und Wartezeit präziser zu ermitteln als in der Materialbedarfsplanung. In der folgenden Tab. 50 sind diese Zeiten wiedergegeben.

Tab. 50   Ermittlung der Durchlaufzeiten in der Zeitplanung (Monate)

| Los/Periode | Betriebs-mittelgruppe | Belegungszeit | | Nachbearbeitungs-/ | Durchlaufzeit |
		Rüstzeit	Bearbeitungszeit	Transport-/Wartezeit	bzw. Lieferzeit
Periode 11					
3 ME P2	1	0,1	3 · 0,1	0,4	0,8
Periode 10					
3 ME P1	1	0,05	3 · 0,05	0,2	0,4
9 ME B1	2	0,07	9 · 0,07	0,9	1,6
6 ME E1	-	-	-	-	0,5
9 ME E8	-	-	-	-	0,7
Periode 9					
27 ME E7	-	-	-	-	1,0

Mit diesen neu errechneten Durchlaufzeiten können wir nun einen **zeitorientierten Netzplan** des Produktionsprozesses aufstellen und die charakteristischen Größen, wie Anfangs-/Endtermin und die Pufferzeiten errechnen. Zweckmäßigerweise bietet sich hier ein **Vorgangs-Netzplan** an, wobei die Vorgänge wie folgt definiert werden:

Ein Vorgang ist die Fertigung eines Loses einer Baugruppe oder eines Endproduktes mit der **Durchlaufzeit** als **Vorgangsdauer** bzw. die Beschaffung einer Einzelteil-Menge mit der **Lieferzeit** als **Vorgangsdauer**.

Wir können alle einen Vorgang charakterisierenden Informationen in einem „Vorgangs-Kasten" zusammenfassen:

Teil-Nr.	Bedarfsperiode	FE_i	SE_i	GPZ_i
Vorgangsdauer	Produktionsmenge	FA_i	SA_i	FPZ_i

Die Vorgänge werden durch Pfeile verbunden, an die die weitergegebene Menge des entsprechenden Teils an ein übergeordnetes Teil geschrieben wird.

Entsprechend den auf S. 329 f. angegebenen Formeln der Netzplantechnik werden zunächst in einer **Hinrechnung** die frühesten Anfangs- und Endtermine aller Vorgänge berechnet und anschließend in einer **Rückrechnung** die spätesten Termine.

Aus diesen Größen lassen sich dann die Pufferzeiten ermitteln. Dabei ist unterstellt, dass die Bedarfe jeweils am **Ende** der Periode anfallen. Das Ende der Periode 11 wird somit als 12,0 ausgedrückt usw. Abb. 70 zeigt das Ergebnis.

| E1 | 10 | 8,5 | 10,6 | 2,1 | 3 | P1 | 10 | 11,0 | 11,0 | 0 |
| 0,5 | 6 | 8,0 | 10,1 | 2,1 | 3 | 0,4 | 3 | 10,6 | 10,6 | 0 |

| E7 | 9 | 9,0 | 9,0 | 0 |
| 1,0 | 27 | 8,0 | 8,0 | 0 |

27

| B1 | 10 | 10,6 | 10,6 | 0 |
| 1,6 | 9 | 9,0 | 9,0 | 0 |

9

| E8 | 10 | 8,7 | 9,0 | 0,3 |
| 0,7 | 9 | 8,0 | 8,3 | 0,3 |

6

| P2 | 11 | 11,4 | 12,0 | 0,6 |
| 0,8 | 3 | 10,6 | 11,2 | 0,6 |

3

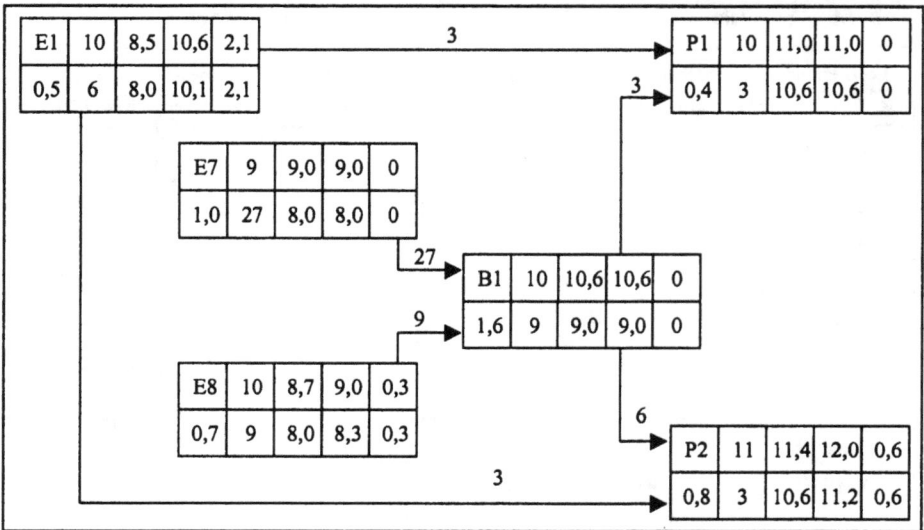

Abb. 70 Durchlaufterminierung für P1 und P2 mit der Netzplantechnik

Die Abbildung zeigt, dass die Vorgänge „Beschaffung von E7", „Produktion von B1" und „Produktion von P1" über keine Pufferzeit verfügen und damit **kritisch** sind. Eine Verzögerung auf dem kritischen Weg E7 - B1 - P1 führt unweigerlich dazu, dass der Bedarf von P1 am Ende der Periode 10 nicht mehr rechtzeitig gedeckt werden kann.

Demgegenüber haben die Vorgänge E1, E8 und P2 zeitliche Reserven, so dass z.B. das Produkt P2 noch rechtzeitig fertig gestellt werden könnte, wenn im gesamten Beschaffungs- und Produktionsprozess eine Verzögerung von 0,6 Monaten eintreten würde.

Die in Abb. 70 wiedergegebene Durchlaufterminierung berücksichtigt jedoch keine **kapazitativen Beschränkungen,** so dass noch nicht bekannt ist, ob die Betriebsmittelgruppen (hier: BMGR 1 und 2 als Montagearbeitsplätze) die verlangten Mengen zur gewünschten Zeit überhaupt produzieren können. Es muss also in jedem auf der Sukzessivplanung basierenden PPS-System auf die Durchlaufterminierung noch eine Kapazitätsbelastungsprüfung folgen.

III. Kapazitätsabgleich

Das Verfahren der Kapazitätsüberprüfung beginnt mit der Erstellung einer **Kapazitätsbelastungsübersicht.** Falls sich dabei herausstellt, dass bestimmte Kapazitäten (Betriebsmittelgruppen) durch Überlastung zu **Engpässen** werden, sind Maßnahmen zu planen, die diese Engpässe nachträglich beseitigen, um mit diesem Kapazitätsabgleich sicherzustellen, dass das geplante Produktionsprogramm auch zeitlich und kapazitativ realisiert werden kann.

a)   Kapazitätsbelastungsübersicht

Für jede Betriebsmittelgruppe wird eine Belastungsübersicht angelegt. In unserem Beispiel werden die Endprodukte P1 und P2 auf demselben Montagearbeitsplatz (BMGR 1) zusammengebaut, während die Baugruppe B1 an dem Verneble und Entkalker-Montageplatz (BMGR 2) gefertigt wird.

Für die Monate 8/1999 bis 1/2000 errechnet sich die Belastung von BMGR 1 aus Tab. 39 auf S. 297 und den Belegungszeiten der Tab. 50 in der Zeiteinheit „Monate". Sie ist in der folgenden Abb. 71 wiedergegeben.

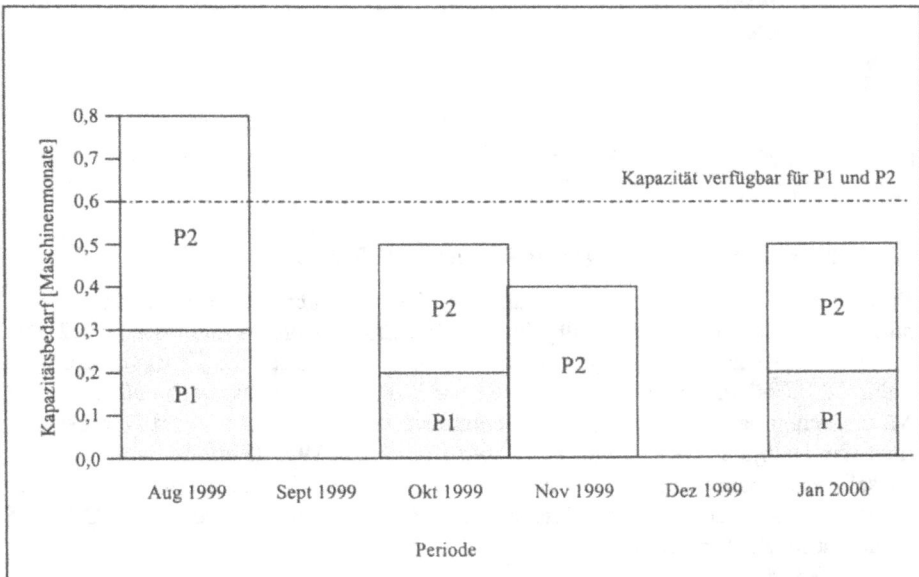

Abb. 71   Kapazitätsbelastungsübersicht der BMGR 1 für P1 und P2

Abb. 72 zeigt die Belastungsübersicht für die Betriebsmittelgruppe 2, verursacht durch die Produktion der in beide Endprodukte P1 und P2 eingehenden Baugruppe B1.

An beiden Abbildungen erkennt man die extrem schwankende zeitliche Belastung der Kapazitäten. Infolge der Losgrößenermittlung werden die Bedarfe so zusammengefasst, dass die Betriebsmittelgruppen fast in jedem zweiten Monat überhaupt nicht benutzt werden.

Durch diese ungleiche Kapazitätsauslastung ist die Gültigkeit der LP-Lösung der Produktionsprogrammplanung (vgl. S. 273 ff.) nicht mehr gewährleistet, da diese implizit davon ausgeht, dass die halbjährlich verfügbare Kapazität **gleichmäßig** auf die einzelnen Monate verteilt wird.

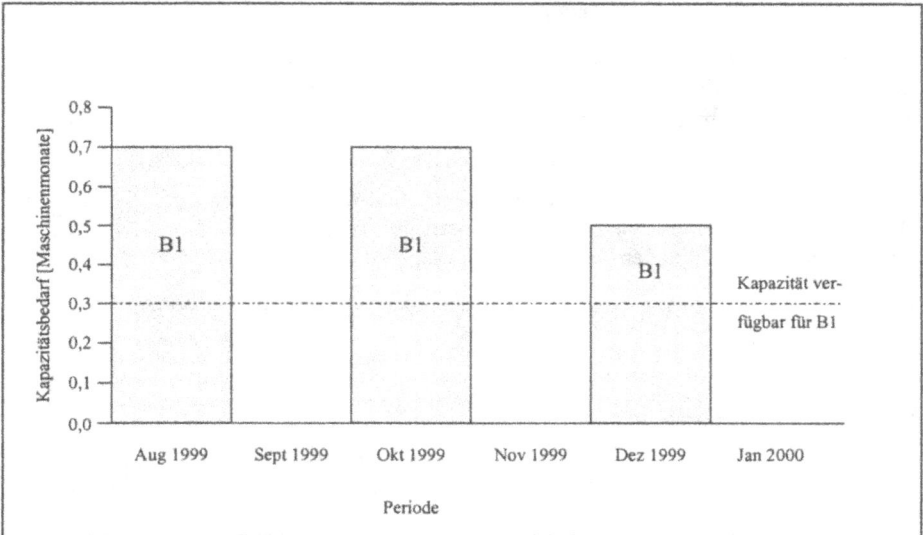

Abb. 72 Kapazitätsbelastungsübersicht der BMGR 2 für B1

So stehen z.B. in der Produktionsstufe III, die der Endmontage der Produkte entspricht[47], 1800 Stunden pro Halbjahr, d.h. 300 Stunden pro Monat oder kurz 2 Maschinenmonate zur Verfügung. Davon werden etwa 70% für die Fertigung der Produkte P3 bis P5 benötigt[48]. Für P1 und P2 sind dann noch 30% von 2
Maschinenmonaten, d.h. 0,6 Maschinenmonate verfügbar. Dies ist im Durchschnitt
über das Halbjahr ausreichend, nicht aber im August 1999 (Periode 8), in dem 0,8
Maschinenmonate nach Abb. 71 benötigt werden. Hier tritt also schon der erste **Kapazitätsengpass** auf, falls die Belegung der BMGR 1 mit den Produkten P3 bis P5
nicht erst im September beginnt.

Für die Betriebsmittelgruppe 2 stehen pro Halbjahr 900 Maschinenstunden (Produktionsstufe II auf S. 277), d.h. 150 Stunden oder ein **Maschinenmonat** im Durchschnitt pro Periode zur Verfügung. Davon entfallen 30% auf die Baugruppe B1, die
restlichen 70% auf B2 bis B4.[49] Die Baugruppe B1 darf daher nur 0,3 Maschinenmonate im Halbjahres-Durchschnitt verbrauchen. Die Zeitplanung für B1 ist nur
dann realisierbar, wenn die Baugruppen B2 bis B4 zufällig in den Monaten September, November und Januar gefertigt werden. Solch eine nahtlose Kapazitätsauf-
teilung ist jedoch in der Regel nicht möglich, so dass ein echter Kapazitätsabgleich
nötig wird.

---

[47] die Stufe IV umfaßt Endkontrolle und Verpackung.

[48] Die detaillierte Planung für die Produkte P3, P4 und P5 ist hier nicht im einzelnen dargestellt.

[49] Die detaillierte Planung für die Baugruppen B2 bis B4 ist hier nicht im Einzelnen dargestellt.

b) Behandlung von Kapazitätsengpässen

In unserem Beispiel ist die Betriebsmittelgruppe 2 im August 1999 um 40% überlastet, da außer der Baugruppe B1 auch die Baugruppen B2 und B3 mit insgesamt 0,7 Maschinenmonaten eingeplant werden müssten.

Da die Baugruppe B1 gemäß Abb. 70 ein **kritischer Vorgang** ist, sind zunächst Möglichkeiten der Kapazitätsanpassung zu suchen, die eine Verschiebung von B1 vermeiden, da sonst die Endprodukte P1 und P2 direkt betroffen wären und nicht mehr rechtzeitig fertig gestellt werden könnten.

Maßnahmen zur kurzzeitigen Kapazitätserweiterung (ohne Investitionen) sind vor allem die schon von Gutenberg (Betriebswirtschaftslehre 1983, S. 361 ff.) vorgeschlagenen Anpassungsarten

- **intensitätsmäßige** Anpassung, bei der versucht wird, durch erhöhte Leistungsabgabe der Betriebsmittel und/oder Beschleunigung des Montageprozesses eine Kapazitätserhöhung zu erreichen,
- **zeitliche** Anpassung, die durch Überstunden, flexible Arbeitszeit (Wochenende) oder Mehrschichtbetrieb die Betriebsmittel länger nutzt,
- **quantitative** Anpassung, die durch Aktivieren gleichartiger, jedoch vorübergehend stillgelegter Betriebsmittel die Kapazität zu erhöhen trachtet.

Jede dieser Maßnahmen ist erfahrungsgemäß mit einer **überproportionalen** Erhöhung der **Produktionskosten** verbunden, die insbesondere aus der Intensitätssteigerung über das optimale Leistungsniveau hinaus, aus Überstunden und Wochenendarbeit sowie aus der Benutzung kostenungünstiger Betriebsmittel resultiert.

Das Unternehmen muss prüfen, ob

- die Anpassungsmaßnahmen technisch und organisatorisch durchführbar sind,
- sie den Kapazitätsengpass der Betriebsmittelgruppe beseitigen und
- die zusätzlichen Kosten gegenüber der verzögerten Fertigstellung aller übergeordneten Teile gerechtfertigt sind.

Fällt diese Prüfung positiv aus, so kann der Kapazitätsengpass beseitigt werden, ohne die zeitliche Struktur des Netzplans zu ändern. Im anderen Fall bleibt nur die Möglichkeit, B1 ganz oder teilweise[50] in den September 1999 zu **verschieben**, in dem die Kapazität der BMGR 2 nicht ausgelastet ist.

Die Verschiebung eines Arbeitsganges in Folgeperioden hat normalerweise Auswirkungen auf das ganze Auftragsnetz, die sorgfältig untersucht werden müssen.

Würde z.B. der Arbeitsgang „Montage Baugruppe B1" von Periode 10 in Periode 11 verschoben, so wäre P1, da es auf dem kritischen Weg liegt (vgl. Abb.70), um einen Monat verspätet, erst am Ende der Periode 11 fertig gestellt. Aber auch die Herstellung von P2 verzögert sich um 0,4 Monate, da die Pufferzeit von 0,6 Monaten nicht ausreicht, um die einmonatige Verspätung von B1 auszugleichen.

In der betrieblichen Praxis ist jedoch die Zahl der Arbeitsgänge, die simultan geplant werden müssen, so groß, dass die resultierenden Netzpläne außerordentlich komplex

---

[50] z.B. durch Splitting des Loses.

werden und die durch Verschiebung von Arbeitsgängen erforderlichen Strukturänderungen nicht mehr manuell durchgeführt werden können.

Es sind daher computergestützte Verfahren entwickelt worden, die den Kapazitätsabgleich durchführen und in PPS-Software integriert wurden (vgl. Brankamp, Terminplanungssystem 1973 und Mertens, Informationsverarbeitung, Bd.1., 1997). Obwohl diese Verfahren alle **heuristischer** Natur sind, haben sie - vor allem wegen der äußerst komplexen Problemstruktur - keine überzeugenden Ergebnisse geliefert.

Um den Komplexitätsgrad des Kapazitätsausgleichs herabzusetzen, benutzen einige Verfahren **einfache Prioritätsregeln** für die Reihenfolge der Aufträge, die um die knappe Kapazität eines Engpasses konkurrieren. Solche Prioritätsregeln können sich beziehen auf

- die **Auftragsgröße** (gemessen in Menge oder Wert),
- die **Termintreue** gegenüber bestimmten Kunden,
- die mit dem Auftrag verbundenen **Pufferzeiten**,
- den **spätesten Endtermin** des Auftrags.

Da auch diese auf Prioritätsregeln basierenden Kapazitätsabgleichsverfahren noch nicht befriedigen können, wird von Scheer (Wirtschaftsinformatik 1998, S. 248) vorgeschlagen, den (menschlichen) Disponenten stärker in die Planung einzubeziehen und das komplexe Problem auf dem Wege **dialogorientierter interaktiver** Planung, ggfs. auf der Basis eines **Simulationsmodells**, anzugehen. So kann das Programm dem Disponenten z.B. eine Kapazitätszuteilung für die konkurrierenden Aufträge am Bildschirm vorschlagen, die er auf Grund seiner vielfältigen Erfahrungen ändern kann, wobei die Konsequenzen der Änderung bezüglich des Netzplans und der Kosten durch die Simulation sichtbar werden. Auch der Einsatz von **Expertensystemen**, die das heuristische Wissen vieler Disponenten zusammenfassen, könnte bei diesem umfangreichen Problemkomplex vorteilhaft sein.

c)   Das System OPT

Im letzten Abschnitt ist deutlich geworden, dass die Bedarfsauflösung und Losbildung der Materialwirtschaft in der nachfolgenden Zeit- und Kapazitätsplanung häufig durch die nachträgliche Beseitigung der Engpässe korrigiert werden muss. Eine **Simultanplanung** beider Bereiche würde diesen Nachteil nicht aufweisen, doch wurde schon daraufhin gewiesen, dass auf Grund des großen Datenvolumens moderner Industriebetriebe diese Simultanplanung in der Regel nicht effizient durchgeführt werden kann.

Das in den USA sehr bekannt gewordene System OPT (Fox, OPT 1983) versucht, diese Verbindung von Material- und Kapazitätswirtschaft planerisch herzustellen. Obwohl das angewendete Planungsverfahren bisher nicht im Einzelnen veröffentlicht worden ist, lassen sich die Grundprinzipien von OPT kurz skizzieren.

- Zunächst wird auf der Basis des Primärbedarfs, der Stücklisten und der Kapazitäten ein vorläufiges **Auftragsnetz** auf Arbeitsgangebene gebildet. Dieses wird zerlegt in ein Teilnetz, dessen Arbeitsgänge **Engpasskapazitäten** berühren, und in ein Teilnetz der „**nicht-kritischen**" Arbeitsgänge.

- Danach werden in einer **Vorwärtsterminierung** die Arbeitsgänge geplant, die die **Kapazitätsengpässe** belasten. Um Rüstzeiten an den Engpässen zu minimieren, werden hier **größere Lose** gebildet als nach den Losverfahren üblich. Arbeitsgänge, die nicht mehr eingeplant werden können, werden in die Zukunft verschoben.

- Die nicht-kritischen Arbeitsgänge werden **rückwärts terminiert**, d.h. zeitlich so nahe wie möglich an die kritischen Arbeitsgänge angeschlossen und mit **kleinen Losgrößen** versehen, um die Durchlaufzeit zu reduzieren.

- Hauptproblem des OPT-Verfahrens ist die Tatsache, dass die Kapazitätsengpässe nicht von vornherein bekannt sind, sondern u.a. von der nachfolgenden Terminierung abhängen und daher im ersten Schritt des Verfahrens geschätzt werden müssen. Dadurch muss der Ablauf der Planung u.U. mehrmals wiederholt werden, ohne dass eine Konvergenz der Lösungen garantiert werden kann.

Da der mathematische Algorithmus des Systems OPT nicht veröffentlicht wurde, ist eine fundierte Beurteilung des Verfahrens nicht möglich, doch äußern sich amerikanische Anwenderfirmen im wesentlichen positiv. In Anbetracht der Tatsache, dass

- befriedigende Kapazitätsabgleich-Verfahren bisher noch nicht zur Verfügung stehen und
- die simultane Planung von Material-, Zeit- und Kapazitätswirtschaft prinzipiell betriebswirtschaftlich sinnvoll ist,

verdient die Weiterentwicklung von OPT, soweit sie der Öffentlichkeit zugänglich gemacht wird, die Beachtung der Betriebswirtschaftslehre.

Damit haben wir alle Stufen der Produktions**planung**

- Programmplanung,
- Materialbedarfsplanung und
- Zeit- und Kapazitätsplanung

eingehend analysiert und wenden uns nun der **Realisierung** der geplanten Produktion, dem „S" der PPS-Systeme, d.h. der **Produktionssteuerung** zu.

9. Kapitel: Produktionssteuerung

A. Auftragsfreigabe

I. Funktion der Auftragsfreigabe

Die Auftragsfreigabe hat die Funktion einer „Drehscheibe" zwischen der Produktionsplanung und der Produktionssteuerung. Die geplanten Losgrößen, Bestellmengen, Fertigungsaufträge und Arbeitsgänge werden nun in die Wirklichkeit umgesetzt. Wird ein Fertigungsauftrag freigegeben, so tritt er in den Produktionsbereich, z.B. in eine Werkstatt oder ein flexibles Fertigungssystem ein, und es werden konkrete Aktivitäten zu seiner Bearbeitung angestoßen.

Die Auftragsfreigabe übernimmt von der Durchlaufterminierung und Kapazitätsplanung alle bisher ermittelten und gespeicherten Auftragsdaten, wie die Zuordnung zu Betriebsmittelgruppen, die geplante Durchlaufzeit der zugehörigen Arbeitsgänge sowie früheste/späteste Anfangs- und Endtermine.

Nun folgt als **klassische Hauptaufgabe** der Auftragsfreigabe die Prüfung, ob sämtliche benötigten **Ressourcen** zur Durchführung des Produktionsauftrags **verfügbar** sind. Diese Prüfung bezieht sich auf

- die benötigten **Einzelteile** und **Baugruppen** gemäß Arbeitsplan und Stückliste,
- die **Betriebsmittelgruppen**, die für die Durchführung der **Arbeitsgänge** vorgesehen sind,
- das erforderliche **Personal** für Bearbeitung und Transport der Produktionsaufträge und
- die zur Produktion benötigten **Informationen**, wie Arbeitspläne, NC-Programme usw..

Bei der **statischen Auftragsfreigabe** wird ein Produktionsauftrag nur dann freigegeben, wenn diese Prüfung uneingeschränkt positiv ausfällt, d.h. wenn alle benötigten Ressourcen tatsächlich am Produktionsort vorhanden sind.

Im Gegensatz dazu wird ein Auftrag bei der **dynamischen Auftragsfreigabe** schon freigegeben, wenn zwar noch nicht alle Ressourcen verfügbar sind, man aber durch Simulation der im nächsten Abschnitt zu besprechenden Feinterminierung und Maschinenbelegung **erwarten** kann, dass die Ressourcen jeweils zu **Beginn** der sie benötigenden **Arbeitsgänge** zur Verfügung stehen. Da die Produktionsaufträge verschiedener Produktionsstufen in der Regel zeitlich verknüpft sind, führt die dynamische Auftragsfreigabe zu einer früheren Freigabe übergeordneter Aufträge und soll damit zu einer Verkürzung der Durchlaufzeiten der Produkte beitragen. Allerdings erfordert sie eine **zeitgenaue** Simulation des Produktionsprozesses, um sicherzustellen, dass die Arbeitsgänge nicht aus Mangel an Ressourcen verzögert werden.

Bei beiden Varianten der Auftragsfreigabe werden **datentechnisch** aus den schon bekannten Relationen Fertigungsauftrag, Arbeitsplan, Arbeitsgang und Arbeitsgangzuordnung im Wege der Spezialisierung die entsprechenden Relationen **freigegebener** Fertigungsauftrag, Arbeitsplan usw. entwickelt, die die Verbindung zu den entsprechenden Produktionseinrichtungen (Werkstätten, Bearbeitungszentren usw.) herstellen und für die Reservierung der Ressourcen sorgen.

Die „klassische" Funktion der Auftragsfreigabe wird seit einiger Zeit nicht mehr als hinreichend empfunden. Man möchte über die Verfügbarkeitsprüfung hinaus die Auftragsfreigabe stärker als Instrument zur Steuerung der Produktion einsetzen. Dieser Auffassung werden wir uns im nächsten Abschnitt anschließen.

II.   Belastungsorientierte Auftragsfreigabe

a)   Unzulänglichkeiten in der klassischen Produktionssteuerung

Nachdem in den 70er Jahren in vielen Firmen computergestützte PPS-Systeme installiert worden waren, konnte man bald feststellen, dass die in sie gesetzten Erwartungen z.T. nicht erfüllt wurden. Insbesondere die Produktionssteuerung zog die Kritik auf sich (vgl. Wiendahl, Fertigungssteuerung 1989). Es wurde nämlich festgestellt, dass viele Fertigungsaufträge lange vor den jeweiligen Betriebsmitteln warten mussten und damit ein erheblicher - und kostspieliger - Bestand an unfertigen Erzeugnissen in den Werkstätten zu beobachten war. Die dadurch stark ansteigende Durchlaufzeit der Kundenaufträge führte häufig zu Terminüberschreitungen bei der Lieferung, die die Disponenten zu einem Verhalten veranlassten, das als **„Fehlerkreis der Fertigungssteuerung"** (Kettner/Jendralski, Fertigungssteuerung 1979, S. 410 ff.) bekannt geworden ist:

Infolge der Terminüberschreitungen werden

- die geplanten Durchlaufzeiten erhöht,
- die Aufträge früher freigegeben,
- die Warteschlangen vor den Betriebsmitteln dadurch länger,
- die tatsächlichen Durchlaufzeiten größer und demzufolge
- die Termine häufiger überschritten.

Dieses System tendiert also dazu, seine Situation selbsttätig zu verschlechtern, wenn es nicht an einer Stelle extern aufgebrochen wird.

Hier setzen **Bechte**, **Kettner** und **Wiendahl** mit ihrem Vorschlag an, bei der Auftragsfreigabe nicht nur auf die Verfügbarkeit von Material, Personal und Betriebsmitteln zu achten, sondern auch auf die **Belastung** der Betriebsmittel durch andere Aufträge. Ein Auftrag sollte nur dann für die Werkstatt freigegeben werden, wenn er dort auch bearbeitet werden kann und nicht nur die Bestände vor den Betriebsmitteln vergrößert.

Diese Auftragsbestände lassen sich durch die Auftragsfreigabe steuern, mit dem Ziel der Reduzierung von Auftragsdurchlaufzeiten und Terminüberschreitungen. Dies ist das Prinzip der **belastungsorientierten Auftragsfreigabe**, die von Bechte, Kettner und Wiendahl entwickelt wurde (Bechte, Auftragsfreigabe 1980; Kettner/Bechte, Fertigungssteuerung 1981; Wiendahl, Fertigungssteuerung 1989), und deren Elemente nun analysiert werden. Ein ähnliches Verfahren wurde von Adam entwickelt (Adam, Produktionsdurchführungsplanung 1990, S. 822 ff.).

b)   Das Trichtermodell

Man kann sich eine Werkstatt, ein Bearbeitungszentrum oder ganz allgemein eine Betriebsmittelgruppe als einen **Trichter** vorstellen, in den die ankommenden Produktionsaufträge (gemessen mit ihrem Inhalt an Arbeits- bzw. Maschinenstunden) hineinfließen, als Bestand vor der Bearbeitung warten und nach der Bearbeitung als abgefertigte Aufträge die Betriebsmittelgruppe verlassen, wie Abb. 73 zeigt.

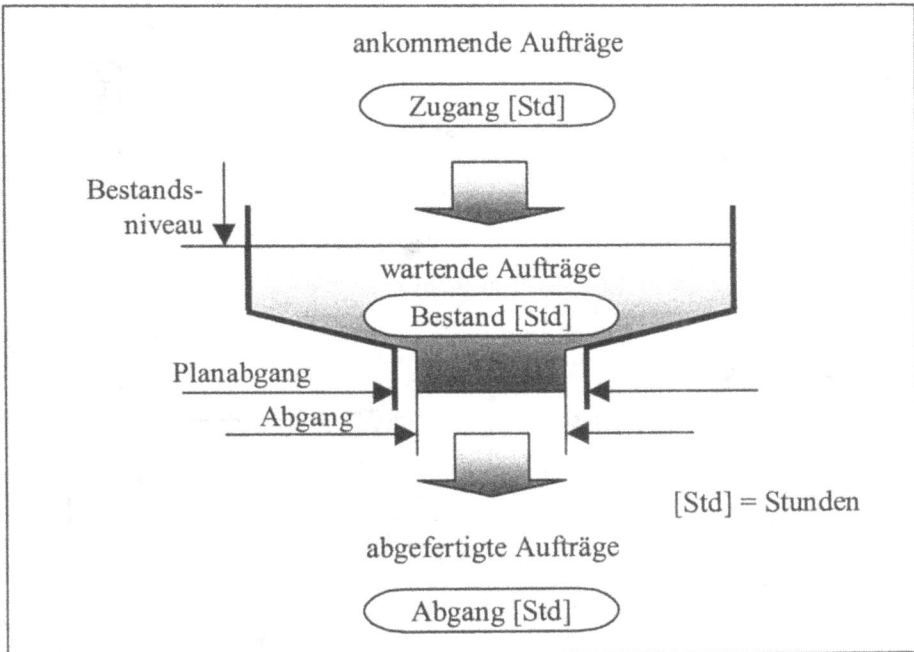

Abb. 73   Trichtermodell einer Betriebsmittelgruppe
Quelle: Wiendahl, Fertigungssteuerung 1988, S. 63

Unter der Voraussetzung, dass die Kapazität der Produktionsanlagen kurzfristig nicht verändert werden kann, lässt sich der Bestand an wartenden Aufträgen nur über den **Zugang**, d.h. durch die Auftragsfreigabe steuern.

Dazu ist es zweckmäßig, die Zusammenhänge zwischen Zugang, Abgang, Bestand und Durchlaufzeit in einem Zeitdiagramm zu veranschaulichen.

Der Arbeitsinhalt (in Std.) der zu- und abfließenden Aufträge wird in Abb. 74 **kumuliert** gegenüber der Zeit in Arbeitstagen [AT] aufgetragen. Dann gibt der **vertikale** Abstand zwischen der Zugangs- und Abgangskurve den jeweiligen **Bestand** (in Std.) an, während der **horizontale** Abstand zwischen den beiden Kurven der **Durchlaufzeit** (in AT) entspricht, sofern die Reihenfolge der Aufträge nicht verändert wird (sog. first-come-first-serve-Regel).

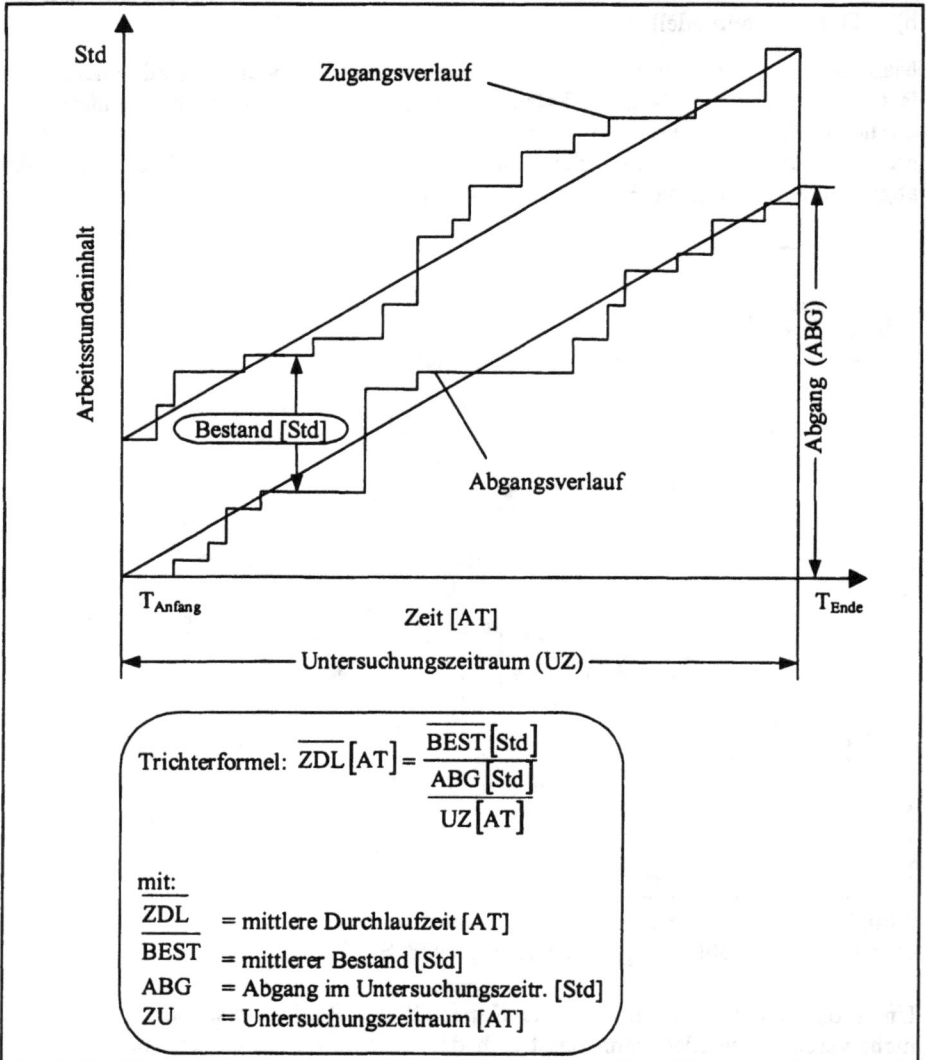

The figure shows a diagram with axis labeled "Std" (vertical) and "Arbeitsstundeninhalt" along vertical axis. Contains "Zugangsverlauf", "Bestand [Std]", "Abgangsverlauf", "Abgang (ABG)". Horizontal axis labeled "Zeit [AT]" with T_{Anfang} and T_{Ende}. Below: "Untersuchungszeitraum (UZ)".

$$\overline{ZDL}[AT] = \frac{\overline{BEST}[Std]}{\dfrac{ABG[Std]}{UZ[AT]}}$$

Trichterformel:

mit:

$\overline{ZDL}$ = mittlere Durchlaufzeit [AT]

$\overline{BEST}$ = mittlerer Bestand [Std]

ABG = Abgang im Untersuchungszeitr. [Std]

ZU = Untersuchungszeitraum [AT]

Abb. 74   Zeitlicher Zusammenhang der Größen des Trichtermodells
Quelle: Wiendahl, Fertigungssteuerung 1988, S. 63

Der in der „Trichter-Formel" enthaltene Quotient ABG/UZ (= Abgang pro Arbeitstag) ist eine auf den Arbeitstag bezogene **Leistungsgröße**. Dividiert man den mittleren Bestand durch die tägliche Leistung, erhält man in der Tat die mittlere Durchlaufzeit in Arbeitstagen. Die Formel zeigt, dass bei gleicher Leistung die mittlere Durchlaufzeit dem mittleren Bestand proportional ist. Durch die Steuerung des Bestandes über die Auftragsfreigabe lässt sich also die Durchlaufzeit der Aufträge beeinflussen. Mit welchen Entscheidungsparametern Bechte, Kettner und Wiendahl dies bewerkstelligen wollen, wird im nächsten Unterabschnitt dargelegt.

c)   Die Bestimmung der Kapazitätsbelastung

Das Vorgehen der belastungsorientierten Auftragsfreigabe vollzieht sich in drei Schritten:

- Festlegung der **dringlichen** Aufträge,
- Bestimmung der **Kapazitätsbelastung**,
- **Freigabe** der Aufträge.

Der erste Schritt gehört eigentlich noch zur Durchlaufterminierung. Ausgehend vom spätesten Endtermin eines Auftrags wird durch Subtraktion der geplanten Durchlaufzeit der **Starttermin** des Auftrags errechnet. Nur solche Aufträge gelten als **dringlich**, deren Starttermin in die Planungsperiode fällt.

Im zweiten Schritt des Verfahrens, bei der Bestimmung der Kapazitätsbelastung, werden die wichtigen Entscheidungsparameter **Belastungsschranke** und **Einlastungsprozentsatz** zugrunde gelegt, deren Definition aus Abb. 75 hervorgeht.

Die linke Seite der Abb. 75 zeigt aus Gründen der Übersichtlichkeit „idealisierte" lineare Zugangs- und Abgangskurven, entspricht aber im übrigen Abb. 74.

Die Kapazität der gezeigten Betriebsmittelgruppe während der Planperiode entspricht dem **Planabgang** AB (= mittlere Leistung pro Arbeitstag · Arbeitstage pro Planperiode). Da man jedoch nicht von vornherein weiß, ob eine Betriebsmittelgruppe einen Kapazitätsengpass darstellt, sollte man nach Wiendahl **mehr** Aufträge einlasten als der Kapazität entspricht, um sicher zu gehen, dass die Betriebsmittelgruppe nicht irgendeinmal ohne Aufträge leer läuft. Als Folge ergibt sich dann ein „gewollter" **mittlerer** Bestand vor der Bearbeitung in Höhe von MB, mit dessen Hilfe das System gesteuert werden kann. Die Summe aus Kapazität und Bestand ist die sog. **Belastungsschranke**, bis zu deren Erfüllung Aufträge freigegeben und **eingelastet** werden:

Belastungsschranke BS   =   geplanter Auftragsabgang AB in der
                                       Planperiode

                             +   geplanter mittlerer Bestand MB

Um einen Prozentsatz der Kapazitätseinlastung als Steuerungsparameter zu erhalten, wird die Belastungsschranke auf die Kapazität (= Auftragsabgang AB in der Planperiode) bezogen:

$$(201) \quad Einlastungsprozentsatz = \frac{Belastungsschranke\,(BS) \cdot 100}{geplanter\,Auftragsabgang\,(AB)}$$

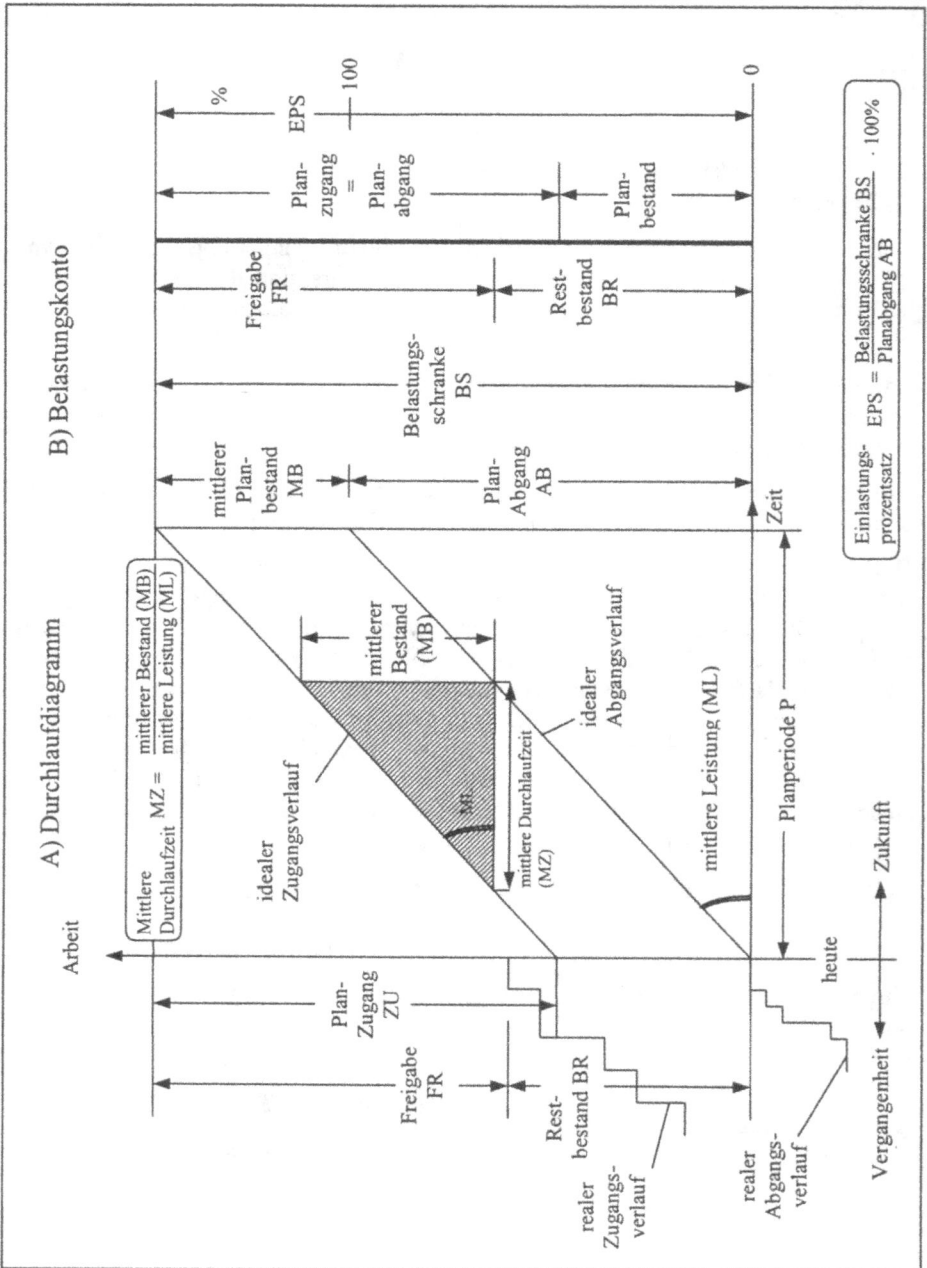

Abb. 75   Belastungsschranke und Einlastungsprozentsatz
Quelle: Wiendahl, Fertigungssteuerung 1988, S. 76

Legt man z.B. eine Kapazität von 200 Arbeitsstunden in der Planperiode zugrunde und strebt einen mittleren Auftragsbestand vor der Betriebsmittelgruppe von 50 Arbeitsstunden an, so kann man Aufträge bis zur Belastungsschranke von 250 Arbeitsstunden einlasten. Der Einlastungsprozentsatz beträgt dann 125%.

Nach Festlegung des gewünschten Einlastungsprozentsatzes ist nun im dritten Schritt über die Freigabe der Aufträge zu entscheiden. Dazu muss bekannt sein, welche Betriebsmittel ein bestimmter Auftrag **während** der **Planperiode** durchläuft, damit er dort eingelastet werden kann.

Die durchlaufenen Betriebsmittel sind aber **abhängig** vom Einlastungsprozentsatz, wie sich folgendermaßen zeigen lässt:

Nimmt man z.B. einen Einlastungsprozentsatz von 100% für alle Betriebsmittel an, d.h. keine Kapazitätsüberlastung, so ist damit zu rechnen, dass ein Auftrag die in der Planperiode vorgesehenen Betriebsmittel entsprechend seiner geplanten Durchlaufzeit erreicht und die volle Kapazität beansprucht.

Beträgt der Einlastungsprozentsatz jedoch z.B. 200%, so wartet vor jeder Produktionsanlage ein mittlerer Bestand pro Periode, der genauso groß wie die Kapazität ist. Die Wahrscheinlichkeit, dass ein Auftrag eine Produktionsanlage belastet, ist jetzt nur noch 50%, da im Durchschnitt jeder zweite Auftrag warten muss. Damit braucht der Auftrag auch nur zu 50% eingelastet zu werden, was der „erwarteten" Kapazitätsbelastung entspricht.

Betrachtet man nun die Betriebsmittel, die ein Auftrag hintereinander in der Folge seiner Arbeitsgänge durchlaufen muss, im statistischen Sinne als unabhängig voneinander, so lässt sich die **Wahrscheinlichkeitsüberlegung** verallgemeinern:

Das erste Betriebsmittel wird nach erfolgter Auftragsfreigabe **sicher** erreicht, also beansprucht der Auftrag die Kapazität mit seinem **vollen Arbeitsinhalt.** Das zweite Betriebsmittel wird mit einer Wahrscheinlichkeit von 0,5 erreicht, das dritte nur dann, wenn das zweite in der Planperiode durchlaufen wurde (Wahrscheinlichkeit = 0,5), **und** der Auftrag beim dritten Betriebsmittel zum Zuge kommt (Wahrscheinlichkeit = 0,5), d.h. also insgesamt mit einer Wahrscheinlichkeit von $0,5 \cdot 0,5 = 0,25$.

Damit ergibt sich die Wahrscheinlichkeit, dass ein Auftrag auf dem n-ten aufeinander folgenden Betriebsmittel während der Planperiode bearbeitet wird, zu $0,5^{(n-1)}$.

Für einen beliebigen Einlastungsprozentsatz kann man nun den **erwarteten** Kapazitätsbedarf des Betriebsmittels j für den Auftrag i angeben.

$$(202) \quad Kapazitätsbedarf_{ij} = Durchführungszeit_{ij} \cdot \cfrac{1}{\left(\cfrac{Einlastungsprozentsatz}{100} \right)^{ij}}$$

Nach diesem Verfahren wird nun die erforderliche Kapazität für jeden Auftrag ermittelt. Die Auftragsfreigabe erfolgt dann nach der Regel:

Ein Auftrag wird freigegeben, wenn sein erwarteter Kapazitätsbedarf bei keinem Betriebsmittel die Belastungsschranke während der Planperiode überschreitet.

Der reziproke Einlastungsprozentsatz wird also zur Abwertung des Kapazitätsbedarfs eines Auftrags auf den folgenden Betriebsmittelgruppen verwendet und ist
daher **der** Steuerungsparameter der Auftragsfreigabe schlechthin.

d)   Beispielhafte Darstellung

Zum besseren Verständnis soll die oben dargestellte Auftragsfreigabe nachfolgend
an einem einfachen Beispiel veranschaulicht werden.

Ein Unternehmen möchte für die nächste Planperiode (5 Werktage) einen Freigabelauf durchführen. Der Vorgriffshorizont wurde auf zwei Wochen (10 Werktage)
festgelegt. Zum jetzigen Zeitpunkt (t=0) stehen 6 Produktionsaufträge zur Disposition, deren späteste Starttermine der nachfolgenden Tabelle zu entnehmen sind.

Tab. 51   Späteste Starttermine

Auftragsnummer	1	2	3	4	5	6
Starttermin	5	3	15	9	11	7

Geordnet nach ihrer Dringlichkeit ergibt sich, dass die Aufträge 2, 1, 6 und 4 für die
betrachtete Planperiode zu berücksichtigen sind, während die nichtdringlichen Aufträge 3 und 5 (der späteste Starttermin liegt über der Terminschranke von 10) bis
zum nächsten Freigabelauf verschoben werden. Ob nun alle als dringlich identifi-
zierten Aufträge tatsächlich zur Produktion freigegeben werden, wird jedoch erst im
zweiten Planungsschritt entschieden.

Das Unternehmen produziert in Werkstattfertigung auf drei Betriebsmitteln in einem
2-Schichtbetrieb von jeweils 5 Stunden. Der Planabgang in der betrachteten Planperiode beträgt somit 50 Stunden (5 Tage in 2 Schichten zu jeweils 5 Stunden) für alle
Betriebsmittel. Der geplante mittlere Bestand soll ebenfalls 50 Stunden betragen,
was einem Einlastungsprozentsatz von $EPS = 100/50 = 200\%$ entspricht. Es sind ferner folgende geplante Durchführungszeiten und Arbeitsgangfolgen zu Berücksichtigen:

Tab. 52   Geplante Durchführungszeiten und Arbeitsgangfolgen

Auftrag	Betriebsmittel			Arbeitsgänge		
	A	B	C	1	2	3
2	15	12	16	A	B	C
1	24	27	22	B	C	A
6	-	17	28	B	C	-
4	13	16	20	A	B	C

Die geplanten Durchführungszeiten werden nun entsprechend des gewählten EPS
abgewertet, um die tatsächlich anzusetzenden Kapazitätsbedarfe der Aufträge zu
ermitteln. Dies wird beispielhaft für Auftrag 2 durchgeführt:

Der erste Arbeitsgang wird auf Betriebsmittel A gefertigt, die anzusetzende Kapazität ergibt sich aus:

$$(203) \qquad \text{Kapazitätsbedarf}_{21} = \text{Durchführungszeit}_{21} \cdot \frac{1}{\left(\dfrac{\text{EPS}}{100}\right)^0} = 15$$

Da der Auftrag 2 das Betriebsmittel A (1. Arbeitsgang) sicher erreichen wird, muss also die volle Durchführungszeit angesetzt werden.

Der Auftrag erreicht das Betriebsmittel B im 2. Arbeitsgang nicht mit Sicherheit, sondern nur wenn der noch zu erstellende Maschinenbelegungsplan den ersten Arbeitsgang auf Betriebsmittel A rechtzeitig einlastet. Die anzusetzende Kapazitätsbelastung beträgt daher (EPS ist gleich 200%):

$$(204) \qquad \text{Kapazitätsbedarf}_{22} = 12 \cdot \frac{1}{\left(\dfrac{200}{100}\right)^1} = 6$$

Die Kapazitätsbelastung des letzten Arbeitsganges auf Betriebsmittel C wird noch stärker abgewertet, da beide Arbeitsgänge 1 und 2 innerhalb der Planperiode fertig gestellt werden müssen, damit sich eine Belastung des Betriebsmittels ergibt:

$$(205) \qquad \text{Kapazitätsbedarf}_{23} = 16 \cdot \frac{1}{\left(\dfrac{200}{100}\right)^2} = 4$$

Wertet man analog die Durchführungszeiten der anderen Aufträge ab, so ergeben sich folgende anzusetzenden Kapazitätsbedarfe.

Tab. 53   Kapazitätsbedarfe

Auftrag	Betriebsmittel		
	A	B	C
2	15	6	4
1	6	27	11
6	-	17	14
4	13	8	5

Die Aufträge werden nun in der Reihenfolge der Dringlichkeit auf den Betriebsmitteln eingelastet. Ein Auftrag wird dann freigegeben, wenn die Belastungsschranke bei keinem der beanspruchten Betriebsmittel überschritten wird. Dabei sind natürlich eventuelle Restbestände an den Betriebsmitteln, die in der vorangegangenen Planperiode noch nicht bearbeitet wurden, zu berücksichtigen. In diesem Beispiel befinden sich an den Betriebsmitteln A, B und C noch Restbestände in Höhe von 63,

48 und 54 Maschinenstunden. Die Belastungsschranke ergibt sich als Summe des Planabgangs (50) und des geplanten mittleren Bestandes (ebenfalls 50) und beträgt damit 100 Maschinenstunden.

Die beanspruchte Kapazität lässt sich übersichtlich in einem Belastungsdiagramm darstellen:

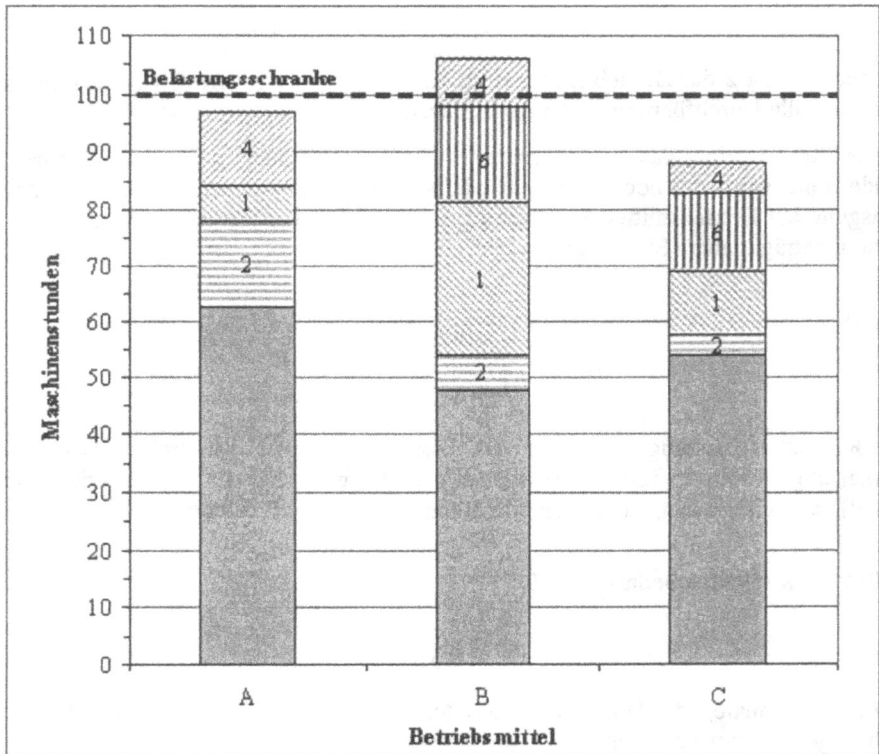

Abb. 76   Belastungsdiagramm

Wie aus der Abbildung leicht ersichtlich ist, würde eine Einlastung von Auftrag 4 an Betriebsmittel B die Belastungsschranke überschreiten. Auftrag 4 wird somit zusammen mit den nicht dringlichen Aufträgen 3 und 5 auf die nächste Planperiode verschoben und steht dann erneut zur Disposition. Abschließend freigegeben werden die Aufträge 2, 1 und 6.

e)   Kritische Würdigung des Ansatzes

Die belastungsorientierte Auftragsfreigabe stellt zweifellos einen Fortschritt in der modernen Produktionsplanung und -steuerung dar. Sie belegt durch empirische Befunde die Unzulänglichkeit klassischer PPS-Systeme für die Steuerung des Werkstattbestandes und entwickelt einen eigenen Ansatz, die Durchlaufzeit der Aufträge durch geeignete Steuerung dieses Bestandes zu verkürzen.

Der **Hauptvorteil** des Verfahrens ist die **heuristische** Vorgehensweise, nur solche Aufträge freizugeben, die eine realistische Chance haben, während der Planperiode auch bearbeitet zu werden.

Weiterhin ist die Steuerung mit nur zwei zusammenhängenden Parametern (Belastungsschranke und Einlastungsprozentsatz) und die einfache Berechnung des „wahrscheinlichen" Kapazitätsbedarfs für die EDV-technische Umsetzung des Verfahrens und damit für die Implementierung in bestehende PPS-Systeme sehr vorteilhaft, so dass es nicht überraschend ist, dass die belastungsorientierte Auftragsfreigabe in moderne PPS-Software (z.B. System R/3 von SAP) Eingang gefunden hat.

Vom betriebswirtschaftlichen Standpunkt muss aber darauf hingewiesen werden, dass die durch das Verfahren angestrebte Reduzierung der Werkstattbestände nur dann zu einer effektiven **Verminderung** der **Kapitalbindung** führt, wenn für die nicht freigegebenen Aufträge auch noch keine Ressourcen bereitstehen. Über diese wird aber bereits in der Materialbedarfsplanung (Losgrößen und Bestellmengen) entschieden, so dass entsprechende Beschaffungsaufträge schon ausgelöst sein können. Daher ist eine **stärkere Verzahnung** der Auftragsfreigabe mit den vorangehenden PPS-Stufen geboten.

Ein Kritikpunkt am Verfahren ergibt sich aus der fehlenden Betrachtung von **Engpassbetriebsmitteln**. Wie wir auf S. 371 ff. sehen werden, ist es günstiger, unterschiedliche Belastungsschranken für Engpass- und Nicht-Engpass-Betriebsmittel zu verwenden und auch die Berechnung des Kapazitätsbedarfs zu modifizieren. Diese **engpassorientierte Auftragsfreigabe** zeigt aber erst ihre volle Wirkung, wenn sie mit der nächsten PPS-Stufe „Maschinenbelegung" **integrativ** verknüpft wird (vgl. Hansmann/Kleeberg, Job Shop Scheduling 1989), der wir uns nun zuwenden.

B. Feinterminierung und Maschinenbelegung

I. Ablaufplanerische Zielkonflikte in der Produktionssteuerung

a) Die einzelnen Zielgrößen

Für die Produktionssteuerung sehen wir das Produktionsprogramm nach Art und Menge und die Größe der Fertigungsaufträge als fest vorgegeben an. Unter diesen Voraussetzungen ist folgende globale Zielsetzung sinnvoll:

> Kostenminimale Ausführung der Fertigungsaufträge unter Beachtung vorgegebener Fertigstellungstermine.

Diese Zielfunktion erweist sich in der Praxis häufig als nicht genügend **operational**, da die genauen Einflüsse unterschiedlicher Ablaufpläne auf die Kosten des Produktionsvollzugs nicht immer erfassbar sind. Daher wurden für die Produktionssteuerung operationale Ersatzziele entwickelt, die als Näherungen für das globale Ziel gelten können und die im Folgenden erörtert werden.

1. Minimierung der Durchlaufzeit aller Aufträge

Diese Zielsetzung beruht auf der Überlegung, dass die in den Produkten steckenden Kosten möglichst schnell durch Verkaufserlöse wieder hereingeholt werden sollen. Je kürzer die Durchlaufzeit der Aufträge ausfällt, umso schneller kann der Erlöseingang erwartet werden. Insbesondere die **Kapitalbindungskosten** können also durch die Minimierung der Durchlaufzeit vermindert werden. Die **Durchlaufzeit** eines Auftrages ist definiert als die

> Summe der Bearbeitungs-, Transport- und Wartezeiten auf allen Produktionsstufen.

Im Allgemeinen werden die Bearbeitungs- und Transportzeiten als technisch determiniert und damit vorgegeben unterstellt, so dass die Minimierung der Wartezeiten vor den einzelnen Maschinen das eigentliche Problem darstellt. Man muss dabei jedoch beachten, dass eine minimale Wartezeit nicht immer minimale Lagerkosten bedeutet, da der Lagerkostensatz pro Auftrag und Produktionsstufe unterschiedlich ist. Äquivalent zu der obigen Zielsetzung ist die Minimierung der mittleren Durchlaufzeit pro Auftrag, die sich durch Division durch die Anzahl der Aufträge ergibt.

2. Minimierung der Zykluszeit

Diese Zielsetzung kommt in der angloamerikanischen Literatur häufig vor (z.B. Conway/Maxwell/Miller, Scheduling 1967) und ist darauf ausgerichtet, den Auftragsbestand **en bloc** möglichst schnell durchlaufen zu lassen. Die **Zykluszeit** ist nur definiert für den Fall, dass alle Aufträge gleichzeitig bereitstehen, als die

> Zeit zwischen dem Eintreffen der Aufträge und der Beendigung des letzten Arbeitsganges am gesamten Auftragsbestand (Seelbach, Ablaufplanung 1975, S. 15).

Anders ausgedrückt: Die Zykluszeit ist gleich der längsten Durchlaufzeit eines Auftrages. Ihre Minimierung soll ebenfalls die Kapitalbindungskosten senken.

3. Minimierung ablaufbedingter Maschinenstillstandszeiten

Die **Belegungszeit** einer Maschine (Produktionsanlage) ist die

> Summe aller Bearbeitungs-, Rüst- und Stillstandszeiten.

Da die Bearbeitungszeiten fest vorgegeben sind und die Rüstzeiten höchstens von der Bearbeitungsreihenfolge abhängen können, minimieren kleinstmögliche Stillstandszeiten auch die Belegungszeit der Maschine. Ist dieses Ziel ökonomisch sinnvoll?

Falls genügend Kapazität auf allen Produktionsstufen vorhanden ist, um die vorgegebenen Liefertermine einhalten zu können, sind Stillstandszeiten grundsätzlich **irrelevant**, da durch ihre Vermeidung keine zusätzlichen Erlöse entstehen und die fixen Kosten der Produktionsanlagen durch die Produktionssteuerung nicht beeinflusst werden können. Nur wenn die Maschinen während einer **Leerzeit** nicht abgeschaltet werden, verursachen sie vermeidbare **Leerkosten**, die zu minimieren wären.

Besteht hingegen auf einer Produktionsstufe ein **Kapazitätsengpass**, würde jede Stillstandszeit zur Lieferverzögerung mit Erlösentgang führen, so dass eine Minimierung der Stillstandszeiten des **Engpasses** dann eine durchaus sinnvolle ökonomische Zielsetzung ist.

4. Einhaltung der Ablieferungstermine

Dieses Ziel ist manchmal nur erreichbar, wenn kostenungünstige Änderungen im Ablaufplan oder bei der intensitätsmäßigen Anpassung der Maschinen durchgeführt werden. Wegen seiner hohen Bedeutung in der betrieblichen Praxis wird dieses Ziel häufig auch als strikte Nebenbedingung formuliert.

b) Das Dilemma der Produktionssteuerung

Die vier erörterten ablaufplanerischen Ziele können gegenläufig wirken und damit einen Zielkonflikt auslösen. Gutenberg erkannte diesen Zielkonflikt zwischen den Zielen Minimierung der Durchlaufzeit und Minimierung der Maschinenstillstandszeit und gab ihm den Namen „**Dilemma der Ablaufplanung**" (Gutenberg, Betriebswirtschaftslehre 1983, S. 216).

Wir wollen den Zielkonflikt an einem einfachen **Beispiel** demonstrieren.

Drei gleichzeitig freigegebene Aufträge (A, B, C) werden an vier Maschinen (1, 2, 3, 4) bearbeitet. Die technisch vorgegebene Reihenfolge der Maschinen, die als Produktionsstufen aufzufassen sind, ist $1 \rightarrow 2 \rightarrow 3 \rightarrow 4$ (im engl. Sprachgebrauch „identical routing" genannt). Weiter wird vorausgesetzt, dass die Reihenfolge der Aufträge bei allen Maschinen gleich sein muss.

Für diese Planungssituation gibt es 3! = 6 mögliche Reihenfolgen. Die Produktionszeiten auf den einzelnen Maschinen (in Tagen) sind aus Tab. 54 zu ersehen.

Tab. 54 Bearbeitungszeiten der Aufträge auf den einzelnen Maschinen (in Tagen)

Auftrag / Maschine	A	B	C
1	1	2	1
2	2	1	1
3	3	2	3
4	2	1	2
Σ	8	6	7

Mit Hilfe des Balkendiagramms von **Gantt** kann man die Ablaufplanung graphisch darstellen. Abb. 77 zeigt den Ablaufplan bei Minimierung der Gesamtdurchlaufzeit der Aufträge.

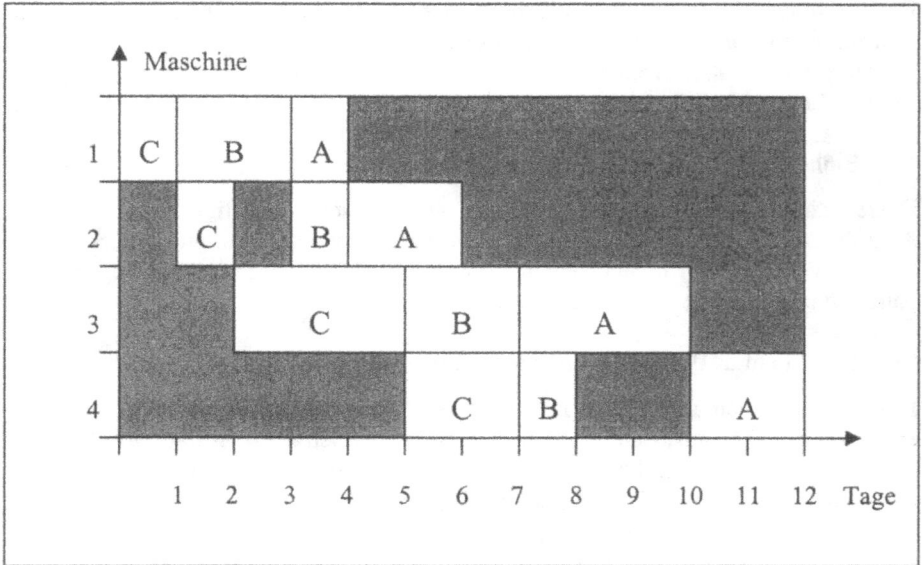

Abb. 77   Ablaufplan bei Minimierung der Gesamtdurchlaufzeit

Die Gesamtdurchlaufzeit beträgt 27 Tage, die gesamte Maschinenstillstandszeit 27 Tage. Die optimale Reihenfolge der Aufträge lautet C - B - A.

Minimiert man die gesamte Maschinenstillstandszeit, so ergibt sich der Ablaufplan von Abb. 78.

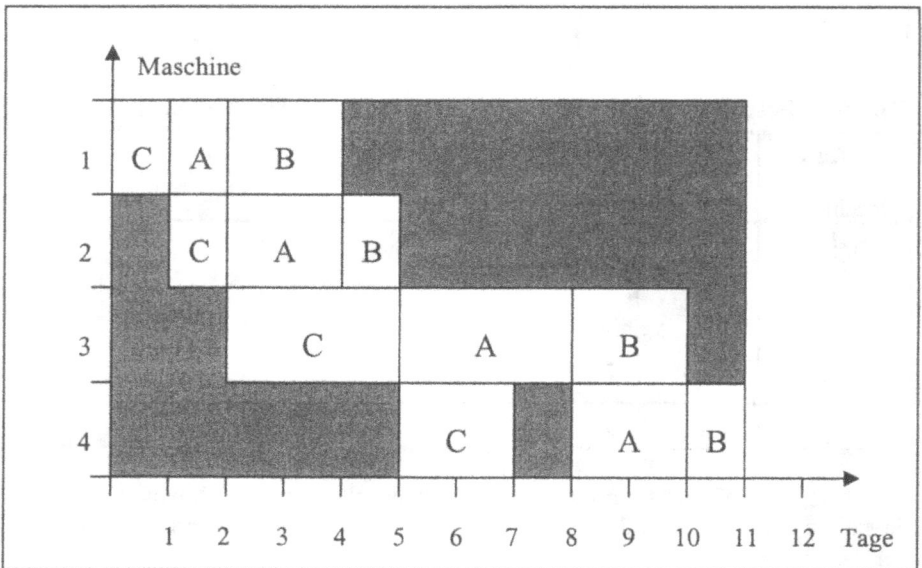

Abb. 78   Ablaufplan bei Minimierung der gesamten Maschinenstillstandszeit

Die Gesamtdurchlaufzeit der Aufträge beträgt nun 28 Tage, die Maschinenstillstandszeit 23 Tage. Die optimale Reihenfolge der Aufträge lautet C - A - B.

Die beiden unterstellten ablaufplanerischen Zielsetzungen haben also in diesem Beispiel zu verschiedenen Reihenfolgen mit unterschiedlichen Durchlauf- und Stillstandszeiten geführt. Damit wurde gezeigt, dass Zielkonflikte in der Produktionssteuerung möglich sind.

II. Reihenfolgebildung der Produktionsaufträge

Durch die unterschiedlichen ablaufplanerischen Zielsetzungen müssen die in der Materialwirtschaft gebildeten Produktionsaufträge (Lose) einer Revision unterzogen werden, um zu prüfen, ob sie den Zielen der Produktionssteuerung entsprechen.

Strebt der Industriebetrieb **minimale Durchlaufzeiten** der Aufträge an, so kann es günstig sein, die in der Materialwirtschaft gebildeten Lose aufzuspalten und Teillose parallel auf verschiedenen Betriebsmitteln zu fertigen (**Lossplitting**).

Damit werden die Aufträge in eine neue Reihenfolge gebracht, die auch als **Arbeitsgangsequenz** oder kurz **Sequenz** bezeichnet wird.

Eine Sequenz entsteht auch durch **Raffung** der Lose für einen Arbeitsgang, d.h. durch Zusammenfassung mehrerer Lose und ihre einheitliche Fertigung auf einem Betriebsmittel. Diese Maßnahme kann zweckmäßig sein, wenn Rüstkosten gespart werden sollen oder das Ziel **Minimierung** von **Stillstandszeiten** angestrebt wird. Eine Raffung führt aber häufig zu einer verfrühten Fertigstellung mancher Arbeitsgänge mit höherer Wartezeit vor den folgenden Produktionsstufen und damit höherer Durchlaufzeit. Hier wird das „Dilemma der Ablaufplanung" erneut deutlich.

Die neu gebildeten Sequenzen, die wir aus Gründen der Kontinuität wieder Produktionsaufträge nennen, sind nun den einzelnen Betriebsmittelgruppen terminlich so zuzuordnen, dass die Ziele der Produktionssteuerung möglichst gut erfüllt werden.

III. Die Maschinenbelegung

Das Grundproblem der Maschinenbelegung besteht in der terminlichen Zuordnung von mehreren Produktionsaufträgen zu einzelnen Maschinen bzw. Betriebsmittelgruppen, welche die zugehörigen Arbeitsgänge durchführen. Je nach Zielsetzung und Eigenschaften der Aufträge und verwendeten Maschinen, entstehen immer leicht unterschiedliche Maschinenbelegungsprobleme. Eine Übersicht über die umfangreiche Literatur zu diesem Themengebiet findet sich etwa bei Domschke/Scholl/Voß (Produktionsplanung 1997, S. 279ff.). Eine wichtige Unterscheidung der Maschinenbelegungsprobleme besteht darin, wie viele Produktionsstufen die Aufträge zu durchlaufen haben:

■ Bei **Ein-Maschine-Problemen** müssen die Aufträge lediglich eine Produktionsstufe durchlaufen. Dementsprechend ist die Auftragsreihenfolge für lediglich eine Maschine zu bestimmen.

■ Gemeinhin müssen Aufträge mehrere Produktionsstufen durchlaufen, dementsprechend ist der in der Praxis übliche Fall ein **Mehr-Maschinen-Problem**.

Zunächst werden die Mehr-Maschinen-Probleme behandelt.

a)   Maschinenbelegung im Mehr-Maschinen-Fall

Bei Mehr-Maschinen-Problemen müssen n Aufträge m Maschinen zugeordnet werden. Dies bedeutet, dass $(n!)^m$ mögliche Reihenfolgen zu analysieren sind, um eine zielangemessene Maschinenbelegung zu finden. Es liegt auf der Hand, dass bei realistischen Größenordnungen von n und m kein Verfahren der kombinatorischen Optimierung, wie z.B. Branch and Bound, in der Lage ist, die numerische Optimallösung zu finden.

Bei der praktischen Produktionssteuerung der Industriebetriebe werden daher einfache **Prioritätsregeln** benutzt, um die Reihenfolge der Aufträge zur Produktion auf den einzelnen Betriebsmittelgruppen festzulegen.

1.   Die wichtigsten Prioritätsregeln

Folgende Prioritätsregeln werden in der Industrie am häufigsten angewendet:

- Kürzeste Operationszeit (engl. shortest processing time / SPT-Regel). Der Auftrag mit der kürzesten Bearbeitungszeit (= Operationszeit) auf der jeweiligen Betriebsmittelgruppe wird als erster dort bearbeitet. Entsprechend werden die übrigen Aufträge angeordnet.
- Längste Operationszeit (engl. longest processing time / LPT-Regel)
- Längste Wartezeit (first come, first served / FCFS-Regel). Der Auftrag mit der längsten Wartezeit wird als erster bearbeitet.
- Kürzester Fertigstellungstermin (engl. earliest due date / EDD-Regel)
- Kleinste Schlupfzeit (engl. smallest **slack** / SLACK-Regel). Der Auftrag mit der kleinsten Differenz zwischen der Zeit bis zum vorgegebenen Fertigstellungstermin und der Summe der Bearbeitungszeiten aller noch nicht abgeschlossenen Operationen wird als erster bearbeitet.
- Größte bzw. kleinste Summe der noch ausstehenden Bearbeitungszeiten (engl. most/least work remaining / MWKR/LWKR-Regel)
- Größte Gesamtbearbeitungszeit eines Auftrages (engl. total **work** / TWORK-Regel)
- Geringste Umrüstkosten (engl. smallest set-up costs / SSC-Regel)

Alle Prioritätsregeln sind heuristisch aus **einzelnen** Zielen der Ablaufplanung (Minimierung der Durchlauf-, Zyklus- oder Stillstandzeit sowie der Terminüberschreitung) abgeleitet und erfüllen dementsprechend die übrigen Ziele unterschiedlich gut.

Da es jedoch kein **analytisches** Verfahren gibt, um die Güte einer Prioritätsregel zu beurteilen, bleiben zwei Möglichkeiten des Vorgehens:

- Anwendung einer gewichteten Kombination verschiedener Prioritätsregeln,
- Gütetest einiger Prioritätsregeln mit Hilfe der Simulation.

Die erste Möglichkeit wird bei Anwender-Software, z.B. im IBM-CAPOSS-E System (Mertens, Informationsverarbeitung 1997, Bd.1, S. 180 f.) realisiert. Dabei muss jedoch das Problem der geeigneten Wahl der Gewichte gelöst werden. Darüber hinaus ist nicht sicher, ob die benutzte **lineare** Kombination der Gewichte problemangemessen ist.

Wir wollen im Folgenden auf die zweite Möglichkeit näher eingehen und in einer Simulation einige Prioritätsregeln daraufhin testen, wie sie die Ziele der Produktionssteuerung erfüllen.

2.   Anwendungsbeispiel

Der bisher in diesem Buch zugrunde gelegte Produktionsprozess von „Luftbefeuchtungssysteme" ist als Beispiel für die Maschinenbelegung weniger geeignet, da hier die Reihenfolge der zu durchlaufenden Produktionsstufen technisch determiniert und für alle Fertigungsaufträge gleich ist. Somit sind die Freiheitsgrade der Ablaufplanung erheblich eingeschränkt. Im Folgenden soll deshalb ein anderes Beispiel verwendet werden, das unterschiedliche Maschinenfolgen für die einzelnen Aufträge enthält. Ein solcher Produktionsprozess ist z.B. typisch für den Maschinenbau, bei dem die Fertigungsaufträge in verschiedenen Werkstätten bearbeitet werden.

Das vorliegende Maschinenbelegungsproblem (vgl. Fischer/Thompson, Job-Shop Scheduling Rules 1963) besteht aus 6 Aufträgen, die auf 6 Produktionsstufen zu bearbeiten sind. Die Maschinenfolge und die Bearbeitungszeiten der freigegebenen Aufträge sind wie folgt verteilt:

Tab. 55   Reihenfolge der von den Aufträgen zu durchlaufenden Maschinen

Auftrag	Maschinenfolge (M)					
A	M3	M1	M2	M4	M6	M5
B	M2	M3	M5	M6	M1	M4
C	M3	M4	M6	M1	M2	M5
D	M2	M1	M3	M4	M5	M6
E	M3	M2	M5	M6	M1	M4
F	M2	M4	M6	M1	M5	M3

Tab. 55   Bearbeitungszeiten in ZE (Zeiteinheiten)

Auftrag	Produktionsstufe					
	M1	M2	M3	M4	M5	M6
A	3	6	1	7	6	3
B	10	8	5	4	10	10
C	9	1	5	4	7	8
D	5	5	5	3	8	9
E	3	3	9	1	5	4
F	10	3	3	3	4	9

Auf der Grundlage dieser Daten sollen die in der Praxis häufig angewandten Heuristiken

- „Kürzeste Operationszeit" (SPT-Regel)
- „Längste Wartezeit" (FCFS-Regel)

veranschaulicht werden.

Bei Anwendung der **SPT-Regel**, die sich aus der Zielgröße „Minimierung der mittleren Durchlaufzeit" ableitet, ergibt sich folgende Belegung der Produktionsstufen:

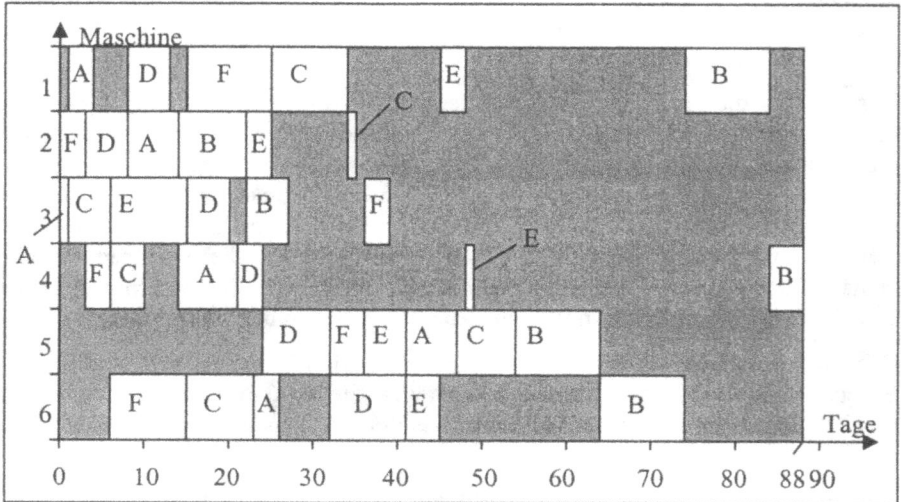

Abb. 79   Gantt-Diagramm bei Anwendung der SPT-Regel

Der mit der SPT-Regel erzeugte Maschinenbelegungsplan ist gekennzeichnet durch eine

Mittlere Durchlaufzeit pro Auftrag	von	53,00 ZE
Zykluszeit	von	88,00 ZE
Mittlere Maschinenstillstandszeit	von	54,83 ZE (▓).

Bei Verwendung der **FCFS-Regel**, ergibt sich dagegen das folgende **Gantt-Diagramm**:

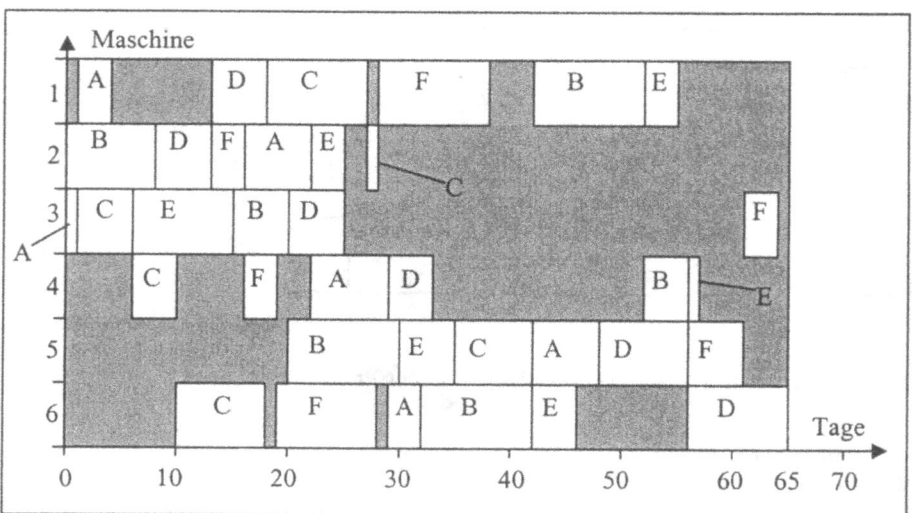

Abb. 80   Gantt-Diagramm bei Anwendung der FCFS-Regel

Die FCFS-Regel führt zu folgenden Ergebnissen:

Mittlere Durchlaufzeit pro Auftrag	von	55,16	ZE
Zykluszeit	von	65,00	ZE
Mittlere Maschinenstillstandszeit	von	31,83	ZE (■).

Der direkte Vergleich zwischen den beiden Prioritätsregeln zeigt, dass in diesem Beispiel die SPT-Regel eine etwas niedrigere mittlere Durchlaufzeit pro Auftrag erreicht. Auf der anderen Seite erfüllt die FCFS-Regel die beiden anderen Zielgrößen deutlich besser als die SPT-Regel, so dass auch in diesem Beispiel das **Dilemma der Ablaufplanung** deutlich wird. Die Zielsetzung Termineinhaltung wurde hier nicht beachtet, da die Termine in diesem Beispiel nur willkürlich hätten festgesetzt werden können und somit keine Aussagen erlaubt gewesen wären.

3. Maschinenbelegung mit Akzeptanzalgorithmen

Aus dem o.a. Beispiel wird das Praxisproblem deutlich, eine allgemeingültige Prioritätsregel für die Produktionssteuerung festzulegen. Darüber hinaus haben zahlreiche Simulationsuntersuchungen gezeigt, dass die mit Hilfe von Prioritätsregelverfahren erzeugten Maschinenbelegungspläne z.T. erheblich verbessert werden können. Im Folgenden soll deshalb ein neues Verfahren zur Ablaufplanung vorgestellt werden (vgl. Hansmann/Höck, Production Control 1997), das auf dem Einsatz von **Akzeptanzalgorithmen** beruht. Das Grundprinzip der Akzeptanzalgorithmen stammt aus der Physik und wurde erstmals Mitte der 80er Jahre auf betriebswirtschaftliche Problemstellungen übertragen (vgl. Kirkpatrick/Gelatt/Vecchi, Optimization 1983; Cerney, Thermodynamical Approach 1985).

Bei diesem Ansatz werden auf der Grundlage einer Ausgangslösung in einem **iterativen Verbesserungsprozess** neue Lösungsvorschläge generiert, die unter bestimmten Bedingungen als Grundlage für eine weitere Lösungssuche akzeptiert werden. Im Gegensatz zu den bereits bekannten Verbesserungsverfahren werden während des Verfahrensablaufes gelegentlich auch Ergebnisverschlechterungen in Kauf genommen, um einem lokalen Optimum zu entgehen und die Wahrscheinlichkeit, die optimale Lösung zu finden, zu erhöhen (vgl. Abb. 81). Stellt man sich den Lösungsraum eines Optimierungsproblems als eine Gebirgslandschaft vor, so muss der Algorithmus in der Lage sein, aus der Hochebene über eine Bergkette zu „klettern", um in ein tiefer gelegenes Tal zu gelangen.

Verfügen die Akzeptanzalgorithmen über „unendlich viel" Rechenzeit, so finden sie die optimale Lösung. Für praktische Problemstellungen werden die Aktzeptanzalgorithmen jedoch als **Heuristik** angewandt und deshalb mit Hilfe einer Abbruchbedingung beendet.

Das Verfahren der Akzeptanzalgorithmen zeichnet sich im Vergleich zu anderen OR-Methoden dadurch aus, dass es relativ einfach strukturiert ist und ohne problemspezifische Verfahrensschritte zu guten bis sehr guten Ergebnissen führt. Dies erklärt auch die schnelle Verbreitung dieser Heuristik auf allen Feldern des Produktions- und Logistikmanagements (Programmplanung, Tourenplanung etc.).

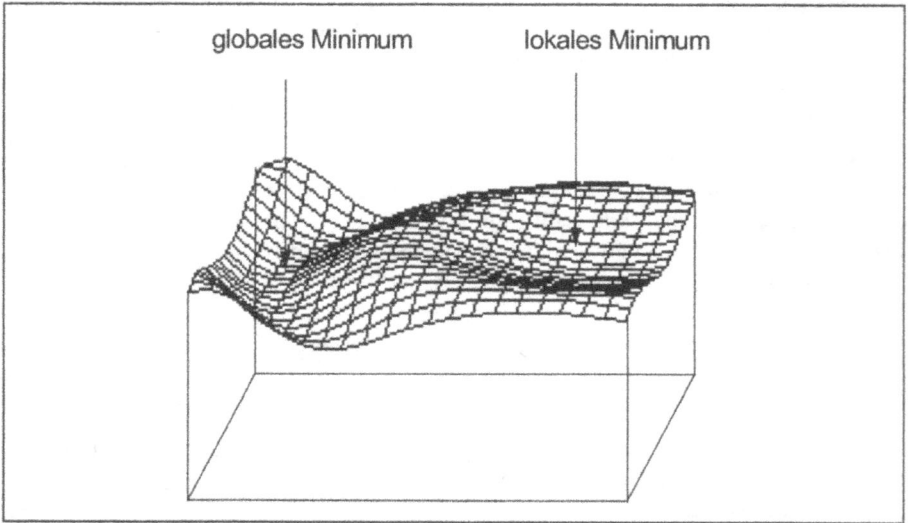

Abb. 81 Lösungsraum eines Optimierungsproblems

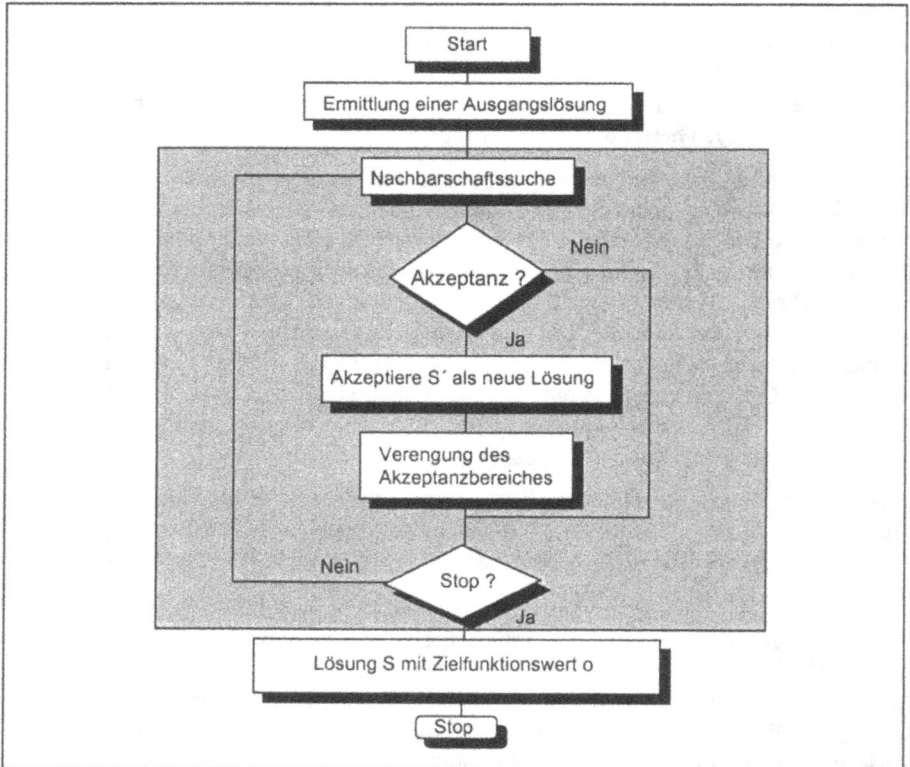

Abb. 82 Verfahrensablauf der Akzeptanzalgorithmen

Grundsätzlich lässt sich der **Verfahrensablauf von Akzeptanzalgorithmen** in drei Abschnitte unterteilen (vgl. Abb. 82):

■ Ermittlung einer Ausgangslösung
Zur Ermittlung einer Ausgangslösung für ein Maschinenbelegungsproblem können die bereits dargestellten **Prioritätsregeln** eingesetzt werden. Man startet demnach mit einer guten heuristischen Lösung, die anschließend noch verbessert wird. Es können aber auch zufällig erzeugte Belegungspläne als Basis für die Akzeptanzalgorithmen gewählt werden.

■ Nachbarschaftssuche
Entscheidend für die Effizienz der Akzeptanzalgorithmen ist die so genannte Nachbarschaftssuche. Unter der lokalen Nachbarschaft einer Lösung versteht man die Menge aller Lösungen S' $\in$ NS, die von der Lösung S aus durch **einen definierten Übergang** (engl. transition mechanism) erreicht werden können. Im Rahmen der Maschinenbelegung besteht z.B. die Möglichkeit, die ursprünglich mit Hilfe einer Prioriätsregel erzeugte **Auftragsreihenfolge auf einer Maschine** zu verändern. Zu diesem Zweck wählt man einen beliebigen Auftrag im Gantt-Diagramm sowie die dazugehörigen Aufträge in der Warteschlange, die zum gleichen Zeitpunkt auf einer Maschine gefertigt werden können. Durch eine zufällige Vertauschung dieser Aufträge erhält man eine neue Reihenfolge auf der betrachteten Maschine (s. Abb. 83), wobei der restliche Auftragsbestand wiederum mit der alten Prioritätsregel eingeplant werden kann.

Inwieweit diese neue Lösung als Grundlage für eine weitere Nachbarschaftssuche dient, ist von den Akzeptanzbedingungen abhängig.

■ Akzeptanzbedingungen
Mit Hilfe der Akzeptanzbedingungen wird die **Nachbarschaftssuche** der Akzeptanzalgorithmen **gesteuert**. Genau wie bei den konventionellen Verbesserungsverfahren werden auch hier alle Ergebnisverbesserungen als neue Basislösungen akzeptiert, um eine ziellose Suche im Lösungsraum zu vermeiden. Darüber hinaus werden in Grenzen auch Verschlechterungen des Zielfunktionswertes in Kauf genommen, so dass die Nachbarschaftssuche nicht in einem lokalen Optimum endet.

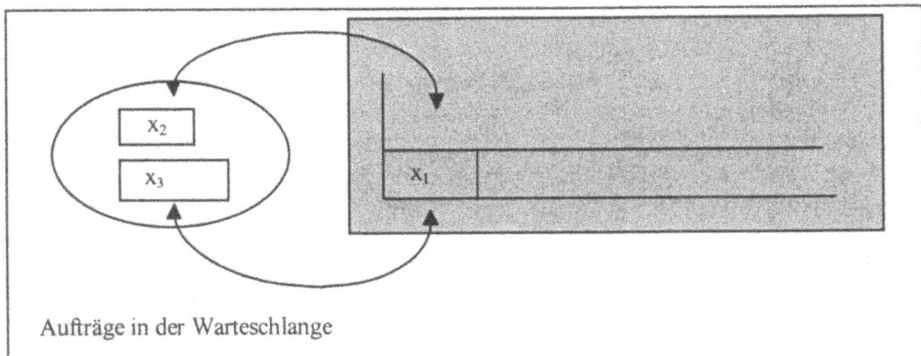

Aufträge in der Warteschlange

Abb. 83 Nachbarschaftssuche bei der Maschinenbelegung

Eine einfache und gleichzeitig sehr effiziente Methode zur Begrenzung der Nachbarschaftssuche ist die Vorgabe eines **Schwellenwertes** (engl. threshold), der im Laufe des Verfahrens kontinuierlich abgesenkt wird (vgl. Dueck/Scheuer, Threshold Accepting 1990). In Abb. 84 ist der Ablauf dieses **Threshold Accepting-Algorithmus** für ein Minimierungsproblem dargestellt. Dabei müssen sowohl der Schwellenwert (T) als auch die **Sinkrate** (0 < Sk < 1) zu Beginn des Verfahrens festgelegt werden. Nach jeder Vertauschung wird nun überprüft, ob eine Ergebnisveränderung (Δ) eingetreten ist. Liegt diese unterhalb des Schwellenwertes, wird der neue Maschinenbelegungsplan für die weitere Lösungssuche zugrunde gelegt und der Akzeptanzbereich für die nachfolgende Nachbarschaftssuche verkleinert. Dieser Prozess wird solange wiederholt, bis keine Ergebnisverbesserung mehr zu erwarten ist.

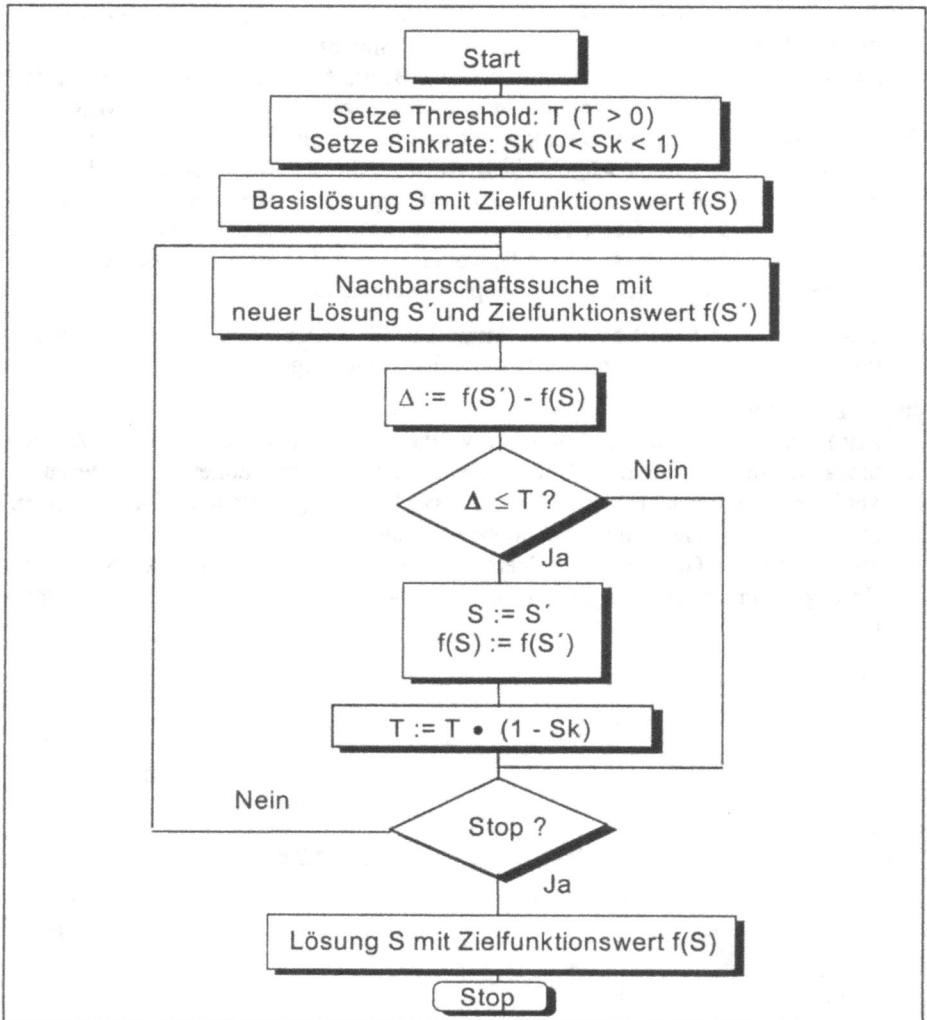

Abb. 84 Verfahrensablauf des Threshold Accepting-Algorithmus

4. Verfahrensschritte des Akzeptanzalgorithmus bei der Maschinenbelegung

Der Threshold Accepting-Algorithmus soll nun auf das zuvor dargestellte Beispiel einer Maschinenbelegung angewandt werden (vgl. S. 355 f.). Möchte man z.B. die **Zykluszeit** bzw. die Auslastung der Betriebsmittel verbessern, so erreicht dies der Akzeptanzalgorithmus bereits nach wenigen Iterationen (vgl. Tab. 57). In einem ersten Verfahrensschritt sind der Schwellenwert sowie die Sinkrate für den Simulationslauf festzulegen. Dies ist gleichzeitig der schwierigste Schritt, da die Lösungsgüte des Verfahrens von der Parametereinstellung abhängt und keinerlei Methoden zur **Bestimmung der optimalen Steuerungsparameter** existieren. Aus diesem Grund simuliert man zumeist mehrere Parametereinstellungen oder benutzt eine **Faustregel**, die besagt, dass der Threshold zwischen 1% bis 5% der Ausgangslösung und die Sinkrate zwischen 0,01 und 0,1 liegen sollte. Dementsprechend werden im Verfahrensablauf nur kleinere Ergebnisverschlechterungen zugelassen und der Akzeptanzbereich langsam verengt. Aus den Ergebnissen der Prioritätsregeln wird deutlich, dass die Zykluszeit im betrachteten Anwendungsbeispiel großen Schwankungen (65 ZE und 88 ZE) unterworfen ist. Infolgedessen setzen wir den Anfangswert des Thresholds auf 3,0 ZE und die Sinkrate auf 0,1, um den Lösungsraum weiträumig abzudecken.

Tab. 57 Iterationen des Threshold Accepting-Verfahrens

Setze Threshold	=	3,0		
Setze Sinkrate	=	0,1		
Ausgangslösung	=	SPT-Regel		
Iteration	Tauschperiode	Aufträge	Zykluszeit	Threshold
1	35	F ⇔ C	91	3,0
2	0	F ⇔ B	68	2,7
3	40	F ⇔ C	74	2,4
4	8	E ⇔ B	56	2,4
5	0	B ⇔ F	88	2,2
6	27	A ⇔ D	55	2,2
Abbruch		[akzeptierte Lösungen sind fett gedruckt]		

Zu Beginn wird eine **Ausgangslösung** mit Hilfe der SPT-Regel erzeugt. Ausgehend von diesem Belegungsplan werden die zufällig ausgewählten Aufträge F und C auf der Maschine 5 vertauscht (vgl. Abb. 85). Wie jedoch leicht zu erkennen ist, führt diese Vertauschung zu einer Verschlechterung der Ausgangslösung um 3 ZE, weil der Fertigungsauftrag C erst in der Periode 35 auf der Maschine 2 beendet ist und alle nachfolgenden Aufträge sich entsprechend verschieben. Da die Ergebnisverschlechterung jedoch innerhalb des Akzeptanzbereiches liegt, wird diese neue Lösung für die weitere Nachbarschaftssuche zugrunde gelegt und der Schwellenwert auf 2,7 ZE verkleinert.

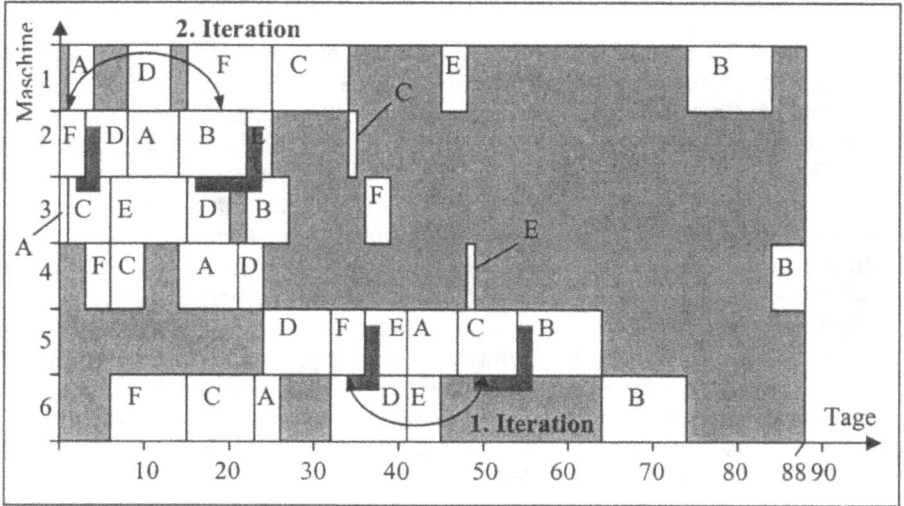

Abb. 85 1. und 2. Iteration des Threshold Accepting-Algorithmus

Bereits nach der zweiten Iteration wird diese Lösung allerdings wieder verworfen, da in der vorgelagerten Periode 0 der Auftrag F auf der Maschine 2 ausgewählt wurde. Zum gleichen Startzeitpunkt wie F können die Produktionsaufträge D oder B eingeplant werden, wobei hier der Auftrag B gewählt wurde. Das Vorziehen des Auftrages B auf der Maschine 2 führt zu einer erheblichen Verbesserung der Zykluszeit von 23 ZE (vgl. Abb. 86). Im Anschluss werden die restlichen Aufträge mit der SPT-Regel eingeplant und der Akzeptanzbereich um den Faktor 0,9 auf 2,4 ZE gesenkt.

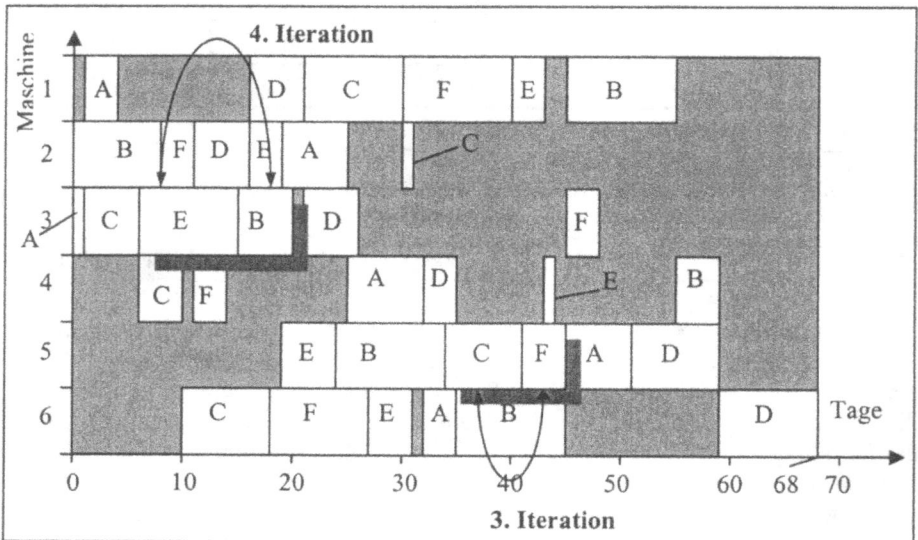

Abb. 86 3. und 4. Iteration des Threshold Accepting-Algorithmus

In der dritten Iteration wurde der Versuch unternommen, die Aufträge C und F auf der Maschine 5 zu vertauschen. Aufgrund der Tatsache, dass der vorangegangene Arbeitsgang des Auftrages F erst in der Periode 40 auf Maschine 1 beendet wird, kommt es zu einer Ergebnisverschlechterung von 6 ZE, die außerhalb des Akzeptanzbereiches (2,4 ZE) liegt. Die nachfolgende Nachbarschaftssuche basiert deshalb wieder auf dem **alten Belegungsplan** mit der Zykluszeit 68. Anschließend werden die Aufträge E und B auf der Maschine 3 ausgetauscht, welches wiederum die Zykluszeit deutlich verbessert (56 ZE), so daß der Schwellenwert für die zukünftige Nachbarschaftssuche auf den Wert 2,2 reduziert werden kann (vgl. Abb. 87).

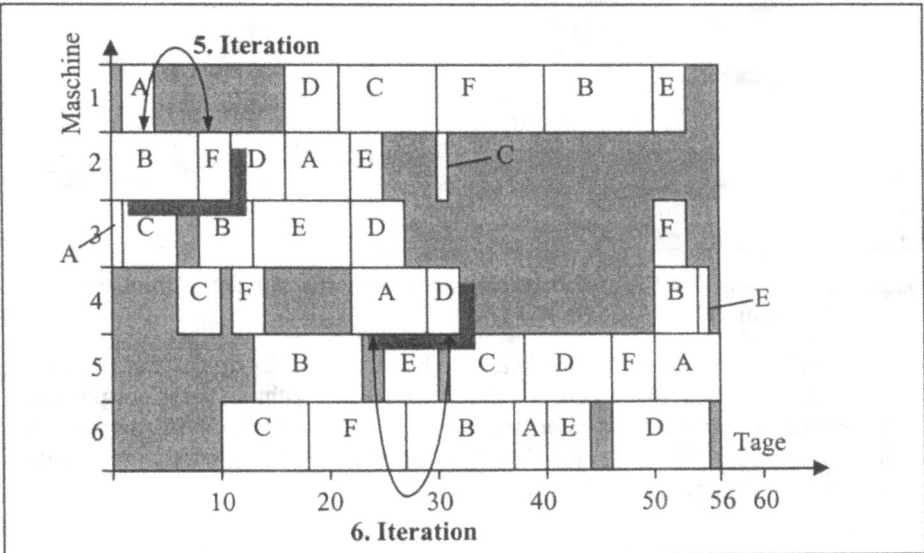

Abb. 87 5. und 6. Iteration des Threshold Accepting-Algorithmus

Auf der Grundlage dieser Lösung wurden zwei weitere Vertauschungen vorgenommen. Zum einen wurden die Aufträge B und F auf der Maschine 2 wieder zurückgetauscht, welches zu einer erheblichen Ergebnisverschlechterung von 32 ZE führt. Deshalb wurde diese Lösung verworfen und in der darauf folgenden Iteration die Auftragsreihenfolge von A und D auf der Maschine 4 verändert. (vgl. Abb. 88) Somit konnte die Zykluszeit nochmals geringfügig auf 55 ZE verbessert werden.

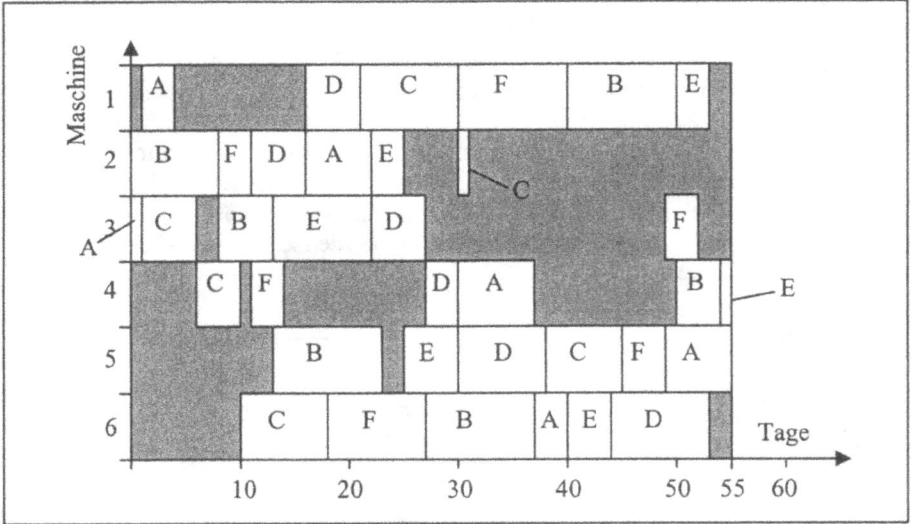

Abb. 88 Lösung des Threshold Accepting-Verfahrens bei der Minimierung der Zykluszeit

Nachdem über mehrere Iterationen keine Verbesserung der Lösung gefunden wurde, konnte das Verfahren abgebrochen werden. Dieser Algorithmus kann entsprechend mit weiteren Prioritätsregeln oder anderen Zielgrößen durchgeführt werden (vgl. Abb. 89). In beiden Fällen ist eine Neueinstellung der Steuerungsparameter erforderlich, um den Verfahrensablauf zu optimieren.

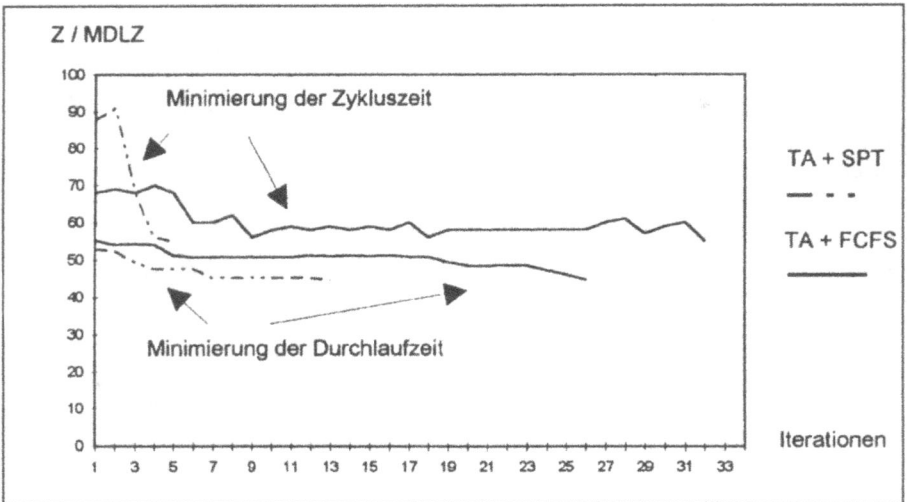

Abb. 89 Akzeptierte Zielfunktionswerte verschiedener Threshold Accepting- und Prioritätsregel-Kombinationen

Das Beispiel zeigt anschaulich, dass **unabhängig von der angewandten Prioritäts-regel** die Ergebnisse der Maschinenbelegung erheblich verbessert werden konnten. Je nach zugrunde gelegter Zielfunktion wurde durch den Einsatz des Threshold Accepting-Verfahrens die Zykluszeit auf 55 ZE bzw. die mittlere Durchlaufzeit auf 44,50 ZE gesenkt. Dabei ist zu beachten, dass es sich aufgrund der zufälligen Vertauschung um ein **stochastisches Verbesserungsverfahren** handelt, so dass i.d.R. mehrere Simulationsläufe mit unterschiedlichen Parameterkonstellationen notwendig sind. Vorteilhaft ist jedoch, dass sich dieser Ansatz auf beliebige Zielfunktionen und Ablaufprobleme übertragen lässt.

b)   Maschinenbelegung im Ein-Maschinen-Fall

Im Ein-Maschinen-Fall gilt es, die Bearbeitungsreihenfolge von n Aufträgen auf einer einzelnen Maschine bzw. Betriebsmittelgruppe festzulegen. Ein in der Praxis häufig anzutreffendes Beispiel ist etwa eine Verpackungsmaschine in einem Fertigwarenlager, die von Aufträgen nach dem Eingehen von Kundenbestellungen vor der Auslieferung durchlaufen werden muss. Ebenso kann man eine komplette Fließfertigung, obwohl sie eigentlich aus mehreren Maschinen besteht, aufgrund der starren Kopplung der Stationen als einen Ein-Maschinen-Fall betrachten.

Bei n Aufträgen besteht auch im Ein-Maschinen-Fall mit n! möglichen Reihenfolgen eine enorme Kombinatorik. Dementsprechend kann auch dieses Problem in praxisrelevanter Größenordnung nicht mehr exakt gelöst werden. Als Heuristik soll stattdessen ein sog. **Ameisenalgorithmus** präsentiert werden. Bevor dies geschieht, werden jedoch zunächst die unterschiedlichen Zielsetzungen im Falle nur einer zu durchlaufenden Maschine untersucht.

1.   Minimierung der Durchlaufzeit

Zunächst soll betrachtet werden, wie die **Gesamtdurchlaufzeit** minimiert werden kann, also die Zeit die für jeden Auftrag vom Zeitpunkt seiner Freigabe bis zur endgültigen Fertigstellung summiert über alle n Aufträge anfällt. Obwohl n! mögliche Bearbeitungsreihenfolgen der Aufträge bestehen, lässt sich dieses Problem sehr einfach lösen, indem die Aufträge nach der **SPT-Regel** (Shortest-Processing-Time) eingelastet werden. Dass dieses Vorgehen immer optimal sein muss, lässt sich an folgendem Beispiel aufzeigen (siehe Abb. 90).

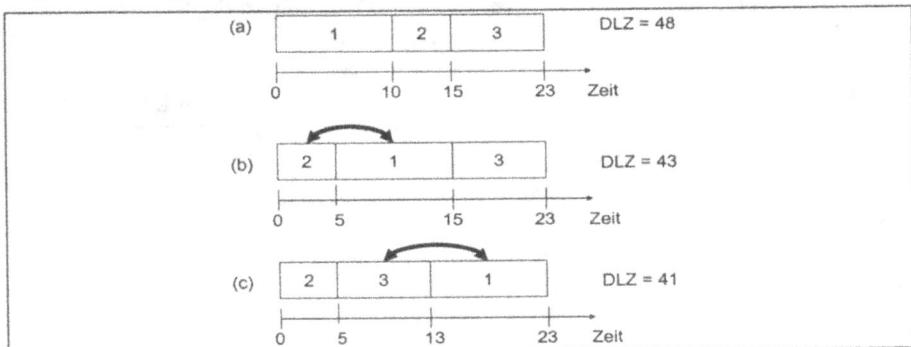

Abb. 90   Minimierung der Durchlaufzeit mit der SPT-Regel

Den Ausgangspunkt bildet Ablaufplan a mit einer Gesamtdurchlaufzeit (DLZ) von 48 ZE, der nicht nach Maßgabe der SPT-Regel gebildet wurde. Tauscht man nun die beiden Aufträge 1 und 2 (Ablaufplan b), so verringert sich die DLZ um 5 ZE. Wenn man den Auftrag mit der kürzeren Bearbeitungszeit nach vorne tauscht, ist dieser früher beendet als der längere in der vorderen Position. Der zweite Auftrag endet in beiden Fällen a und b nach 15 ZE unabhängig von der Reihenfolge der Aufträge. Somit tritt in jedem Fall eine geringere DLZ ein, wenn der kürzere Arbeitsgang nach vorn getauscht wird. Die DLZ lässt sich weiter reduzieren, wenn in einem weiteren Tausch (Ablaufplan c) wiederum der kürzere Auftrag mit dem längeren die Position tauscht.

Somit ist es immer sinnvoll, so lange kürzere und längere Aufträge die Plätze tauschen zu lassen, bis sie ihrer Länge nach aufsteigend sortiert sind. So eine Sortierung wird aber gerade durch die SPT-Regel vorgenommen, so dass dieses Vorgehen immer zur optimalen Lösung führt.

2.   Minimierung der Zykluszeit

Die Zykluszeit bestimmt sich anhand des letzten fertig gestellten Auftrags. Unabhängig von der Reihenfolge der Aufträge ist die Beendigung des letzten Auftrags immer gleich der Summe der Bearbeitungszeiten aller Aufträge, wie in Abb. 90 deutlich wird. Bezogen auf die Zykluszeit entsteht somit im Ein-Maschinen-Fall überhaupt **kein Reihenfolgeproblem**.

Dieses ändert sich, wenn zusätzlich zu den Bearbeitungszeiten der Aufträge **reihenfolgeabhängige Rüstzeiten** auftreten. In der Praxis kommt dieses Problem häufig dann vor, wenn die Maschinen beim Wechsel der Aufträge gereinigt werden müssen. So müssen die Sprühpistolen in einem Paint-Shop der Automobilindustrie wesentlich länger und gründlicher gereinigt werden, wenn von einer dunklen Farbe wie Schwarz auf eine helle Farbe umgestellt wird als andersherum. Ähnliches gilt für Schleifmittelhersteller bei Schleifpapieren unterschiedlicher Körnung.

Da die Bearbeitungszeiten der Aufträge konstant sind, reicht eine Betrachtung der reihenfolgeabhängigen Rüstzeiten aus, um eine Minimierung der Zykluszeit zu erlangen. Es ist die Auftragsreihenfolge zu finden, welche die Gesamtsumme der reihenfolgeabhängigen Rüstzeiten minimiert.

Interessanterweise lässt sich dieses Produktionsproblem durch die Vertauschung einiger Begriffe in eines der bekanntesten Optimierungsprobleme transformieren: das **Travelling Salesman Problem**. Beim Travelling Salesman Problem muss ein Handlungsreisender eine vorgegebene Menge an Kunden besuchen. Dabei gilt es, die kürzeste Rundreise durch alle Kundenorte zu bestimmen. Ersetzt man nun Kunden durch Aufträge, Rundreise durch Fertigungsfolge und Entfernung zwischen den Kundenorten mit den Rüstzeiten, so wird die Äquivalenz der Probleme deutlich ersichtlich.

Im Weiteren soll zur Lösung des beschriebenen Problems ein Ameisenalgorithmus vorgestellt werden.

3.   Grundidee des Ameisenalgorithmus

Der Ameisenalgorithmus bezieht sowohl seinen Namen als auch seine Grundidee aus einer Analogie zur Natur: der **Futtersuche von Ameisen**. Ameisen errichten Ameisenstraßen zwischen ihrem Bau und einer Futterquelle stets in (beinahe) direkter Verbindung. Diese Fähigkeit verwundert, wenn man bedenkt, dass Ameisen zwar Augen haben, ihre bodennahe Position aber einen Überblick über ihre Umgebung verhindert. Stattdessen befähigen die folgenden zwei Mechanismen Ameisen, den kürzesten Weg zu finden:

■ Ameisen besitzen eine Drüse am Hinterleib, mit der sie auf ihrem Weg einen chemischen Lockstoff namens „**Pheromon**" (Kunstwort aus den griechischen Wörtern pherein = übertragen und horman = erregen) absondern können.

■ Eine Ameise trifft bei der Wegentscheidung eine **Wahrscheinlichkeitsauswahl**, wobei die Auswahlwahrscheinlichkeit der Alternativen proportional zur Stärke der Markierung mit Pheromon ausfällt: Ein stärker markierter Weg wird auch mit höherer Wahrscheinlichkeit von den Ameisen gewählt.

Um zu verdeutlichen, wie diese beiden Mechanismen eine Ameisenkolonie in die Lage versetzen, den kürzesten Weg zu finden, wozu eine einzelne Ameise allein nie imstande wäre, soll folgendes **Gedankenexperiment** dienen (vgl. Boysen, Ameisenalgorithmen 2005):

■ Zwischen Ameisenhaufen und Futterquelle befindet sich ein Hindernis, das die Ameisen weder überschauen noch übersteigen können. Ihnen verbleibt entweder der längere Weg A, für den eine Ameise eine Zeiteinheit (ZE) benötigt, oder der kürzere Weg B, der in einer halben ZE zu durchlaufen ist. Pro ZE begeben sich jeweils zwei Ameisen auf die Futtersuche.

■ Starten zum Zeitpunkt Null zwei Ameisen, so finden sie, am Hindernis angekommen, auf Grund fehlender Pheromonmarkierung keinerlei Orientierung. Wir nehmen an, dass eine der Ameisen den längeren Weg A und die andere den kürzeren Weg B einschlägt.

■ Ist eine ZE vergangen und zwei weitere Ameisen stehen vor dem Hindernis, so finden sie folgende Situation vor: Die Ameise, die Weg A eingeschlagen hat, erreicht gerade die Futterquelle. Dementsprechend ist Weg A einmal durchlaufen und mit einer Pheromoneinheit markiert. Dagegen hat die andere Ameise auf Weg B bereits nach einer halben ZE die Futterquelle erreicht und ist zum Zeitpunkt Eins auf dem kürzeren Weg in die Kolonie zurückgekehrt. Weg B ist mithin zweimal durchlaufen und doppelt markiert. Zwei weitere Ameisen werden mit höherer Wahrscheinlichkeit den kürzeren Weg B einschlagen, weil dieser stärker mit Pheromon gekennzeichnet ist.

■ In der Folgezeit verstärkt sich die Pheromonintensität, und es entsteht eine neue Ameisenstraße auf dem kürzeren Weg B; kaum eine Ameise wird noch den längeren Weg A einschlagen.

Bei der Wegfindung spielt die Wahrscheinlichkeitsauswahl eine wichtige Rolle. Würden alle Ameisen dem stärker markierten Pfad folgen, so könnte die zufällige Wegsuche zu Beginn dazu führen, dass die Ameisen einen suboptimalen Weg wählen, der nicht auf Grund seiner Güte zur Ameisenstraße wurde, sondern weil er am stärksten markiert ist. Wählen beide Ameisen im Gedankenexperiment zu Beginn

Weg A, so entstünde die Straße auf dem längeren Weg, da keine Ameise mehr Weg B beschreiten würde. Weichen dagegen zufällig manche Ameisen vom stärker markierten Weg ab, so erfolgt die Untersuchung weiterer Wege, die möglicherweise Abkürzungen erlauben. Solche Abkürzungen werden mittels der Pheromonspur zurückgemeldet, weshalb ihnen anschließend weitere Ameisen folgen. Auf diese Weise können **lokale Optima** überwunden werden. Über das Pheromon speichern die Ameisen ihre Wegerfahrung für die Nachfolger, so dass die Pheromonspur die Rolle eines kollektiven Gedächtnisses (Gehirn) der Kolonie einnimmt. Dieses Vorgehen der Natur wird durch die Ameisenalgorithmen nachgebildet.

4.   Der Ameisenalgorithmus in der Maschinenbelegung

Der Ablauf des Ameisenalgorithmus soll anhand eines Beispiels aus der Zigarettenindustrie verdeutlicht werden: Ein Zigarettenproduzent muss in der nächsten Schicht vier Lose unterschiedlicher Zigarettensorten fertigen. Dazu müssen die Tabaksorten in einem großen Kessel aus ihren Inhaltstoffen zusammengemischt werden. Folgende vier Lose müssen gefertigt werden: leichter Tabak parfümiert (LP) und unparfümiert (LU) sowie schwerer Tabak parfümiert (SP) und unparfümiert (SU). Nach der Fertigung der Lose muss die Mischanlage für die nächste Schicht grundgereinigt werden (G). Die reihenfolgeabhängigen Umrüstzeiten sind in Tab. 58 festgehalten. Aus dieser Rüstzeit-Matrix r kann über die Angabe der Indizes r_{ij} die Umrüstzeit von Tabaksorte i nach j abgefragt werden.

Tab. 58   Rüstzeiten für die Kesselreinigung

nach	LP	LU	SP	SU	G
LP	-	11	2	8	18
LU	2	-	0	1	14
SP	13	25	-	14	25
SU	6	9	3	-	18
G	0	0	0	0	-

Zur Erklärung des Ameisenalgorithmus müssen analog zu seinen natürlichen Vorbildern folgende Elemente beschrieben werden:

- der Ablauf der **sukzessiven Festlegung** der Umrüstreihenfolge analog zur Wegsuche der Ameisen,
- die Regel, nach der die nächste Tabaksorte der Umrüstreihenfolge entsprechend einer **Wegentscheidung** festgelegt wird und
- die Markierung der erzeugten Reihenfolge analog der **Pheromonablage**.

Eine bestimmte Umrüstreihenfolge lässt sich in einem Vektor π festhalten. Dabei ist vorab bekannt, dass der Ausgangs- und Endzustand der Rüstreihenfolge jeweils die Grundreinigung (G) ist. Dementsprechend lassen sich diese Elemente vorab im **Reihenfolgevektor** fixieren: $\pi = \{G,-,-,-,-,G\}$. Die verbleibenden freien Positionen (-) in der Reihenfolge werden nun von vorn nach hinten sukzessive vom Ameisenalgorithmus mit den alternativen Tabaksorten gefüllt. Dabei ist zu beachten, dass bereits an einer vorigen Reihenfolgeposition fixierte Tabaksorten nicht mehr für die Auswahl bereitstehen.

An der ersten freien Reihenfolgeposition ist noch keine der Tabaksorten fixiert, dementsprechend stehen alle vier zur Auswahl. Aus der Alternativenmenge wird eine Tabaksorte entsprechend einer Auswahlregel ausgewählt und an der ersten noch freien Position festgeschrieben. Für die nächste Reihenfolgeposition verbleiben noch drei Tabaksorten. Die Menge der noch einplanbaren Tabaksorten wird jeweils in der Menge POS festgehalten. Dieses Vorgehen wird fortgeführt bis der Reihenfolgevektor komplett gefüllt ist. Das sukzessive Füllen des Reihenfolgevektors von vorn nach hinten entspricht der Wegsuche einer einzelnen Ameise, die an jeder Weggabelung sukzessive entscheidet, wohin sie sich wendet.

Eine Ameise richtet sich bei ihrer Entscheidung an einer Weggabelung nach dem Pheromon, welches auf den Wegen liegt. Diese Entscheidung wird für die virtuellen Ameisen nachgebildet, indem jeder Alternative $j \in POS$ der aktuellen Auswahlentscheidung an der Reihenfolgeposition i eine Auswahlwahrscheinlichkeit P entsprechend folgender Formel zugeordnet wird:

$$(206) \qquad P(\pi_i = j) = \frac{\tau_{\pi_{i-1}j} / r_{\pi_{i-1}j}}{\sum_{k \in POS} \tau_{\pi_{i-1}k} / r_{\pi_{i-1}k}} \qquad \forall i = 2,...,n; \; j \in POS$$

Dabei repräsentiert τ eine Pheromon-Matrix, die an der Position $\tau_{\pi\text{-}1j}$ das virtuelle Pheromon festhält, welches für die Abfolge der Tabaksorten an der vorigen Reihenfolgeposition π-1 und der aktuell zu bewertenden j in der Vergangenheit abgelegt wurde.

Zusätzlich wird den virtuellen Ameisen eine Art **Sehkraft** zugestanden. Diese Sehkraft ist eine Prioritätsregel, welche die Ameise mit einer höheren Wahrscheinlichkeit viel versprechende Lösungen auswählen lässt. In unserem Falle scheinen vor allem solche Wechsel der Tabaksorten günstig, die weniger Rüstzeit hervorrufen. Dementsprechend wird der Pheromonwert τ durch die Rüstzeit r der aktuellen Auswahl geteilt, um kurze Rüstzeiten zu bevorzugen. Abb. 91 verdeutlicht die Berechnung der Auswahlwahrscheinlichkeiten in unserem Beispiel für eine Pheromon-Matrix, die im Laufe des Verfahrens bereits gefüllt wurde.

Sind für alle alternativen Tabaksorten der Menge POS die Auswahlwahrscheinlichkeiten P berechnet, so erfolgt die endgültige Auswahl der festzuschreibenden Sorte mittels einer **Monte-Carlo-Auswahl**, die proportional zur jeweiligen Auswahlwahrscheinlichkeit eine Zufallsauswahl trifft. In unserem Beispiel wird in der Abb. 91 somit mit 62,4% Wahrscheinlichkeit die Tabaksorte SU an die vierte Reihenfolgeposition gesetzt, Sorte LP nur zu 37,6%. Damit wird die Wahrscheinlichkeitsauswahl bei der Wegentscheidung der realen Ameisen nachgebildet. Auf diese Weise folgt man weitgehend den Erfahrungen der Vorgänger, aber es wird auch immer wieder nach Abkürzungen gesucht.

Reihenfolgevektor

$$\pi = \boxed{\text{G} \mid \text{SP} \mid \text{LU} \mid ? \mid - \mid \text{G}}$$

einplanbare Tabaksorten

POS = {LP,SU}

Bewertung LP
$$\tau_{LU,LP} \, / \, r_{LU,LP} = 0{,}47 \, / \, 2 = 0{,}235$$

nach von	LP	LU	SP	SU	G
LP	-	0,52	0,41	0,67	0,45
LU	0,47	-	0,59	0,39	0,48
SP	0,56	0,27	-	0,45	0,38
SU	0,61	0,37	0,54	-	0,36
G	0,49	0,55	0,58	0,51	-

Pheromon-Matrix τ

Bewertung SU
$$\tau_{LU,SU} \, / \, r_{LU,SU} = 0{,}39 \, / \, 1 = 0{,}39$$

Auswahlwahrscheinlichkeit LP
$$P(\pi_4 = LP) = 0{,}235 \, /(0{,}235 + 0{,}39) \cdot 100 = 37{,}6\%$$

Auswahlwahrscheinlichkeit SU
$$P(\pi_4 = SU) = 0{,}39 \, /(0{,}235 + 0{,}39) \cdot 100 = 62{,}4\%$$

nach von	LP	LU	SP	SU	G
LP	-	11	2	8	18
LU	2	-	0	1	14
SP	13	25	-	14	25
SU	6	9	3	-	18
G	0	0	0	0	-

Rüstzeit-Matrix r

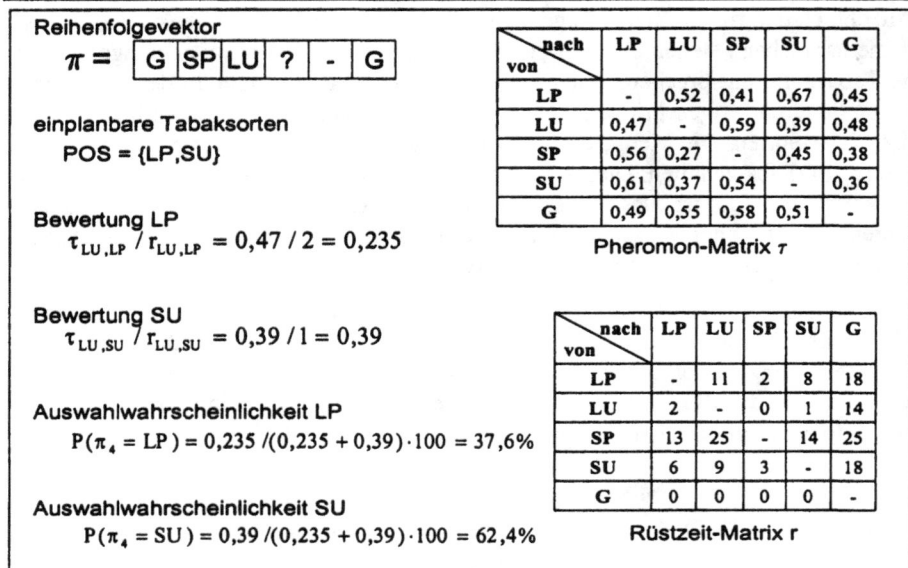

Abb. 91 Bestimmung der Auswahlwahrscheinlichkeiten

Ist eine komplette Rüstreihenfolge bestimmt, so soll die Erfahrung der virtuellen Ameise für ihre Nachfolger in der Pheromon-Matrix festgehalten werden. Jede Abfolge von Tabaksorten, die Teil einer fertigen Reihenfolge ist, wird dabei mit Pheromon markiert. Alle nicht ausgewählten Abfolgen erhalten kein Pheromon. Dabei muss gewährleistet werden, dass gute Lösungen ihre Lösungselemente stärker mit Pheromon kennzeichnen als schlechte. Dementsprechend erfolgt die Pheromonablage durch die Addition des Kehrwertes des Zielfunktionswertes F(π) der Reihenfolge zum bisherigen Pheromonwert. Dieses Vorgehen wird durch Abb. 92 verdeutlicht.

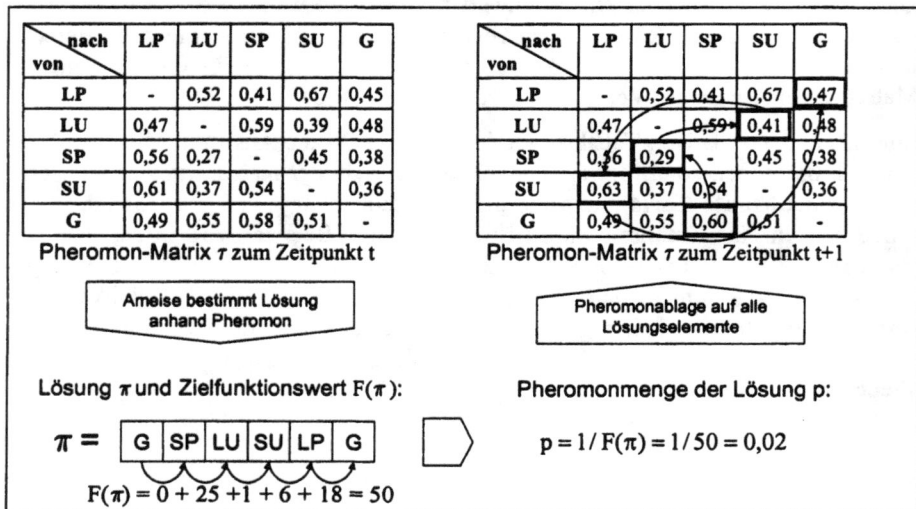

nach von	LP	LU	SP	SU	G
LP	-	0,52	0,41	0,67	0,45
LU	0,47	-	0,59	0,39	0,48
SP	0,56	0,27	-	0,45	0,38
SU	0,61	0,37	0,54	-	0,36
G	0,49	0,55	0,58	0,51	-

Pheromon-Matrix τ zum Zeitpunkt t

nach von	LP	LU	SP	SU	G
LP	-	0,52	0,41	0,67	0,47
LU	0,47	-	0,59	0,41	0,48
SP	0,56	0,29	-	0,45	0,38
SU	0,63	0,37	0,54	-	0,36
G	0,49	0,55	0,60	0,51	-

Pheromon-Matrix τ zum Zeitpunkt t+1

Ameise bestimmt Lösung
anhand Pheromon

Pheromonablage auf alle
Lösungselemente

Lösung π und Zielfunktionswert F(π):

$$\pi = \boxed{\text{G} \mid \text{SP} \mid \text{LU} \mid \text{SU} \mid \text{LP} \mid \text{G}}$$

$$F(\pi) = 0 + 25 + 1 + 6 + 18 = 50$$

Pheromonmenge der Lösung p:

$$p = 1 \, / \, F(\pi) = 1 \, / \, 50 = 0{,}02$$

Abb. 92 Pheromonablage des Ameisenalgorithmus

Die Abfolge von Wegbestimmung und Pheromonabgabe wird für eine vorab festgelegte Anzahl an Iterationen wiederholt und die beste Reihenfolge, die während dieser Iterationen gefunden wurde, ist die Lösung des Ameisenalgorithmus. Auf diese Weise bestimmen die Ameisen schnell die optimale Lösung für unser Beispiel π = {G,LP,SP,SU,LU,G} mit einer minimalen Rüstzeit von 39 ZE.

Die Anwendung der Ameisenalgorithmen beschränkt sich nicht auf die beschriebene Problemstellung oder das Travelling Salesman Problem. Vielmehr können sie sehr flexibel auf alle Arten von kombinatorischen Optimierungsproblemen angewendet werden. Am Institut des Verfassers wurden sie auch bei der Abstimmung von Montagebändern in der Automobilindustrie eingesetzt (vgl. Boysen/Fliedner, Fließbandabstimmung 2006).

C. Integration von Auftragsfreigabe und Maschinenbelegung

Die Systeme der Produktionsplanung und -steuerung folgen - wie schon mehrfach betont - dem Prinzip der **Sukzessivplanung**, da das Datenvolumen in einem Industriebetrieb für die von der betriebswirtschaftlichen Theorie bereitgestellten **Simultanplanungsmodelle** zu groß ist.

Auf der anderen Seite legt es der im Rahmen von CIM entwickelte **Integrationsgedanke** nahe, auf allen Ebenen der PPS zu prüfen, ob die gemeinsame Planung von zwei oder mehreren aufeinander folgenden Planungsstufen durchführbar und zweckmäßig ist. So versucht z.B. das **System OPT**, die Materialbedarfsplanung mit der Kapazitätsplanung zu verknüpfen (vgl. S. 336 f.).

In ähnlicher Weise haben Erfahrungen des Verfassers gezeigt, dass durch die **integrierte** Behandlung von Auftragsfreigabe, Feinterminierung und Maschinenbelegung kürzere Durchlaufzeiten der Fertigungsaufträge und eine höhere Termintreue erreicht werden kann. Im Folgenden wird der integrative Algorithmus und die Ergebnisse seiner Anwendung auf ein Industriebeispiel dargestellt.

I.   Beschreibung des Verfahrens der engpassorientierten Steuerung (EOS)

Das Verfahren EOS beruht auf umfangreichen Simulationsuntersuchungen der Fertigungssteuerung von Zuliefererunternehmen der Automobil- und der Maschinenbauindustrie und besteht aus der Verknüpfung

- einer engpassorientierten Auftragsfreigabe mit
- geeigneten Prioritätsregeln der Maschinenbelegung.

Die engpassorientierte Auftragsfreigabe ist eine Weiterentwicklung der belastungsorientierten Auftragsfreigabe (vgl. S. 340 ff.) und weist folgende Kennzeichen auf (Hansmann/Kleeberg, Job Shop Scheduling 1989, S. 10 ff.):

1. Belastungsschranken werden nur für die Betriebsmittelgruppen festgelegt, die in der Zeit- und Kapazitätsplanung als **Engpässe** identifiziert wurden.

2. Die Einlastungsprozentsätze werden für jede Engpass-Betriebsmittelgruppe **individuell** gemäß ihrer Belastung in der Kapazitätsplanung festgelegt.

3. Die Wahrscheinlichkeit dafür, dass ein Produktionsauftrag Kapazität beansprucht, wird nicht schematisch durch eine Potenz des reziproken Einlastungsprozentsatzes (S. 345) ausgedrückt. Sie hängt vielmehr davon ab,

   ■ wie viel Kapazität jeder einzelne Arbeitsgang eines Auftrags an der ihm zugeordneten Betriebsmittelgruppe beansprucht und

   ■ wie viel Betriebsmittelgruppen der Auftrag durchlaufen muss, bevor er die jeweils betrachtete Gruppe erreicht.

Die Wahrscheinlichkeit, dass ein Auftrag innerhalb der Planperiode eine bestimmte Betriebsmittelgruppe erreicht, lässt sich somit folgendermaßen berechnen:

$$(207) \qquad p_{ij} = \frac{T - \sum\limits_{k=i}^{j-1} BZ_k}{T} \cdot \frac{n - (j-i)}{n}, \quad \text{falls} \quad \sum\limits_{k=i}^{j-1} BZ_k \leq T$$

$$(208) \qquad p_{ij} = 0, \quad \text{falls} \quad \sum\limits_{k=i}^{j-1} BZ_k > T \quad \text{für alle} \quad \begin{array}{l} i = 1, ..., n\text{-}1 \\ j = i + 1, ..., n \end{array}$$

$$(209) \qquad p_{ii} = 1, \qquad\qquad\qquad\qquad\qquad \text{für alle} \quad i = 1, ..., n$$

Erläuterung:

i = Betriebsmittelgruppe, an der sich der Auftrag zum Betrachtungszeitpunkt befindet

j = Betriebsmittelgruppe, die erreicht werden soll

n = Anzahl noch zu durchlaufender Betriebsmittelgruppen

T = Länge der Planperiode

BZ_k = Bearbeitungszeit des Auftrags auf Betriebsmittelgruppe k
(Restbearbeitungszeit bei bereits begonnenen Arbeitsgängen eines Auftrags)

Die Planbelastung einer Betriebsmittelgruppe durch einen Arbeitsgang ergibt sich demnach durch Multiplikation des tatsächlichen Kapazitätsbedarfs mit dem berechneten Wahrscheinlichkeitsfaktor p_{ij}.

4. Die Aufträge, deren „wahrscheinlicher" Kapazitätsbedarf die Belastungsschranke der Betriebsmittelgruppen nicht überschreitet, werden in der **Reihenfolge** eingelastet, dass immer der Auftrag mit dem frühesten Soll-Start-Termin zunächst freigegeben wird.

Das Verfahren der **engpassorientierten Auftragsfreigabe** kann bei der Maschinenbelegung mit anderen Prioritätsregeln oder Kombinationen von Regeln verknüpft werden. In unseren Simulationsstudien haben sich vor allem drei Prioritätsregeln für die Verknüpfung bewährt:

- die Kürzeste-Operationszeit-Regel (SPT-Regel),
- die Regel der kleinsten Summe noch ausstehender Bearbeitungszeiten (LWKR-Regel),
- die Regel der kleinsten Warteschlange vor dem auf den betrachteten Arbeitsgang folgenden Arbeitsplatz (WINQ-Regel).

Dieses integrierte Verfahren von Auftragsfreigabe und Maschinenbelegung lag dem Simulationsmodell zugrunde, dessen Ergebnisse nun analysiert werden sollen.

II. Ergebnisse des Simulationsmodells

Die betrachteten Industrieunternehmen verfolgen in der Produktionssteuerung die **komplexen Ziele**

- **Minimierung** der mittleren **Durchlaufzeit** für alle Kundenaufträge, um die Kapitalbindung im Produktionsbereich möglichst gering zu halten,
- möglichst genaue **Einhaltung** der mit den Kunden vereinbarten **Ablieferungstermine**.

Bezeichnet man mit t_{ij}^D die Durchlaufzeit des Auftrags i im Simulationslauf j, so lässt sich das erste Ziel mit dem Maßstab

$$(210) \qquad \mu_j^D = \frac{1}{n} \sum_{i=1}^{n} t_{ij}^D \quad bzw. \quad \mu^D = \frac{1}{m} \sum_{j=1}^{m} \mu_j^D$$

messen (n Aufträge; m Simulationsläufe).

Für die Beurteilung des zweiten Ziels verwenden wir das Kriterium der „mittleren Verspätung" μ_j^v der Aufträge

$$(211) \qquad \mu_j^v = \frac{1}{n} \sum_{i=1}^{n} V_{ij} \quad bzw. \quad \mu^v = \frac{1}{m} \sum_{j=1}^{m} \mu_j^v$$

wobei die Verspätung eines Auftrags durch

$$V_{ij} = Max \, [0; \text{Freigabetermin} + \text{Durchlaufzeit} - \text{Liefertermin}]$$

gemessen wird.

Das Simulationsmodell wurde gespeist mit 500 Aufträgen, von denen die ersten 75 Aufträge zum „Einschwingen des Systems" benutzt wurden und in der numerischen Auswertung nicht enthalten sind. Die Ankunft der Aufträge ist Poisson-verteilt und die Bearbeitungszeiten negativ exponential-verteilt.

Tab. 59 enthält die Ergebnisse aus 30 Simulationsläufen für die drei Alternativen

- reine Maschinenbelegung mit Prioritätsregeln,
- belastungsorientierte Auftragsfreigabe mit Prioritätsregeln,
- engpassorientierte Auftragsfreigabe mit Prioritätsregeln (EOS-Verfahren).

Dabei sind nur die drei Prioritätsregeln aufgeführt, die den übrigen deutlich überlegen waren (vgl. S. 354 f.):

- SPT   (kürzeste Operationszeit)
- LWKR   (kleinste Summe noch ausstehender Bearbeitungszeiten)
- WINQ   (kleinste Warteschlange vor dem nächsten Arbeitsgang)

Zur weiteren Information ist in Tab. 59 auch die Standardabweichung der mittleren Durchlaufzeit s^D angegeben.

Tab. 59   Ergebnisse der Simulation (Zeiten in Stunden)

Regel	Produktionssteuerung								
	einfach			mit belastungsorientierter Auftragsfreigabe			mit engpassorientierter Auftragsfreigabe		
	μ^D	s^D	μ^V	μ^D	s^D	μ^V	μ^D	s^D	μ^V
SPT	17,8	26,7	0,2	10,6	10,5	0,3	7,2	5,5	0,7
LWKR	18,1	30,0	0,0	11,1	12,8	0,6	7,1	6,1	1,1
WINQ	19,7	20,6	0,0	11,5	8,3	0,1	7,7	5,6	0,8

Quelle: Hansmann/Kleeberg, Job Shop Scheduling 1989, S. 13

Die Tabelle zeigt, dass die **Termineinhaltung** in diesem Beispiel kein Problem darstellt, da bei allen Methoden der Produktionssteuerung und allen Prioritätsregeln nur vernachlässigbare Terminüberschreitungen auftreten.

Demgegenüber wird deutlich, dass sowohl die **mittlere Durchlaufzeit** als auch ihre mit der Standardabweichung gemessene **Streuung** durch die Integration der Auftragsfreigabe wesentlich verbessert werden kann, wobei die **engpassorientierte Auftragsfreigabe** durch die explizite Berücksichtigung der Engpässe und die modifizierte Berechnung des erwarteten Kapazitätsbedarfs eine weitere Reduzierung der Kenngrößen erreicht.

Da eine große Streuung der mittleren Durchlaufzeiten eine effiziente Fertigungssteuerung verhindert, ist es besonders wichtig, dass auch die Standardabweichung durch die Verknüpfung von engpassorientierter Auftragsfreigabe und Maschinenbelegung stark reduziert werden kann.

Aus Tab. 59 geht darüber hinaus hervor, dass die dort aufgeführten **Prioritätsregeln** relativ **ähnliche Ergebnisse** erzielen. Zwar wird **WINQ** in Bezug auf die mittlere Durchlaufzeit von den beiden anderen Regeln **dominiert**, doch liegt sie bei der Standardabweichung sehr günstig. Alle drei Regeln sind somit für die Produktionssteuerung gut geeignet.

Damit wurde gezeigt, dass eine **integrierte** Behandlung aufeinander folgender Stufen der Produktionssteuerung eine Verbesserung der ablaufplanerischen Ziele und somit eine kostengünstigere Produktion ermöglichen kann.

D. Betriebsdatenerfassung (BDE)

I. Aufgaben der BDE

Die letzte Stufe der Produktionssteuerung innerhalb eines PPS-Systems, die zugleich der Rückkoppelung der **Ist-Situation** des Produktionsbereiches zur **Steuerungsebene** dienen soll, ist die **Betriebsdatenerfassung** (BDE). Nur wenn die relevanten Betriebsdaten des Fertigungsprozesses **vollständig** und **rechtzeitig** der Feinterminierung und Maschinenbelegung zurückgemeldet werden, ist eine **realitätsnahe** Produktionssteuerung möglich.

Darüber hinaus sind die Betriebsdaten auch für vorgelagerte Planungsstufen und weitere Unternehmensbereiche wichtig:

- die **Nachkalkulation** kann auf Grund der übermittelten Betriebsdaten Material- und Lohnkosten sowie die auf die einzelnen Aufträge entfallenden Maschinenstunden ermitteln,
- die **Personalabteilung** bekommt Informationen über den Arbeitseinsatz der Mitarbeiter, die für Akkord-, Zeit- und Prämienlohnberechnungen nötig sind und
- die **Qualitätssicherung** benötigt die rückzumeldenden qualitätsbezogenen Produkt- und Maschinendaten, um die vorgegebenen Qualitätsstandards zu gewährleisten oder bei festgestellten Abweichungen rasch Abhilfe zu schaffen.

II. Zu erfassende Betriebsdaten

Grundsätzlich sollten alle Daten zurückgemeldet werden, die als **Input** in die Produktionssteuerung und im weiteren Sinne auch in die Produktionsplanung eingehen. Nur so ist gewährleistet, dass ein PPS-System nach den Grundsätzen eines echten **Regelkreises** funktioniert und die Steuerung als „Regler" die Soll-Ist-Abweichungen analysiert und die Regelgrößen entsprechend anpasst.

Die wichtigsten zu erfassenden Daten sind nach Scheer (Wirtschaftsinformatik 1994, S. 337 f.)

- **Auftragsdaten** wie die Start- und Endzeitpunkte von Arbeitsgängen und Maschinenbelegungen sowie die produzierten Mengen bestimmter Qualitätsstufen,
- **Mitarbeiterdaten**, z.B. Anwesenheit, hergestellte Produktmengen oder erreichte Kriterien für Prämien,
- **Betriebsmitteldaten** wie Maschinenlaufzeiten und Ausfallzeiten durch Störungen,
- **Materialdaten**, z.B. Verbrauch und Reservierungen,
- **Werkzeug-** und **Vorrichtungsdaten** wie Einsatzzeiten, Abgänge durch Bruch und Verschleiß insbesondere bei flexiblen Fertigungssystemen auch der Einsatzort und die Einsatzhäufigkeit.

Die zu erfassenden Betriebsdaten können sofort nach der Erfassung zurückgemeldet oder zunächst gesammelt und anschließend in regelmäßigen Perioden (z.B. arbeitstäglich) an die empfangenden Stellen gesendet werden.

Für die Produktionssteuerung in der Werkstatt, insbesondere die Feinterminierung, ist eine **sofortige Rückmeldung** unabdingbar, da sie auf Störungen des Betriebsablaufs, z.B. durch Maschinen- oder Werkzeugausfälle sofort mit einer Verlagerung der Produktion reagieren muss.

Demgegenüber benötigt die Nachkalkulation oder der Personalbereich die Betriebsdaten nur in regelmäßigen Abständen und häufig auch in zusammengefasster Form, so dass eine batchorientierte Übertragung angemessen ist.

Auf jeden Fall sollte eine **automatische** Datenerfassung und -übertragung vorgesehen werden, die manuelle Eingaben auf das unumgängliche Mindestmaß beschränkt, um die Fehleranfälligkeit der BDE möglichst gering zu halten. Dazu eignen sich Markierungsleser, Barcodes und OCR-Schrift für Belege und Formulare, während die Maschinendaten direkt von den Zählwerken in das BDE-System übernommen werden können.

Die Betriebsdatenerfassung schließt die Beschreibung der typischen PPS-Systeme ab. Wir wenden uns nun noch zwei Sonderformen der Produktionssteuerung zu, die in der industriellen Praxis und auch in der betriebswirtschaftlichen Literatur eine gewisse Bedeutung erlangt haben.

E. Weitere Konzepte zur Produktionssteuerung

I. Just-in-Time-Produktion

a) Das Just-in-Time-Konzept

Bei der Just-in-Time-Beschaffung (S. 319 ff.) wurde die zugrunde liegende Planungsphilosophie bereits erläutert. An dieser Stelle soll noch einmal kurz auf das Konzept der Just-in-Time-**Produktion** eingegangen werden, wie es der Verfasser detailliert im **Handwörterbuch** der **Produktionswirtschaft** entwickelt hat (vgl. Hansmann, Just-in-Time-Produktion 1996, Sp. 827 ff.). Anschließend wenden wir uns dem wichtigsten Steuerungsinstrument innerhalb der JIT-Produktion, dem KANBAN-System, zu.

Das **Just-in-Time-Konzept** verfolgt das Ziel einer kundenorientierten und kostengünstigen Produktion, die auch die Beschaffung der Produktionsfaktoren und die Ablieferung der Produkte an die Kunden umfasst. Eine kostengünstige Produktion erfordert insbesondere

- ■ kurze **Durchlaufzeiten** der Produkte,
- ■ geringe **Lagerbestände** von Produktionsfaktoren und Produkten,
- ■ hohes **Qualitätsniveau** des Produktionsprozesses.

Damit kann das Just-in-Time-Konzept charakterisiert werden als eine Planungsphilosophie mit folgendem Anliegen:

Spätestmögliche Bereitstellung von qualitativ einwandfreien Produktionsfaktoren und Produkten mit dem Ziel, **Durchlaufzeiten** und Lagerbestände im Interesse einer kundenorientierten Leistungserstellung zu reduzieren.

Ein hohes Qualitätsniveau dient der Kundenorientierung durch geringere Nachbearbeitung und seltenere Reklamationen, während die kurzen Durchlaufzeiten eine hohe Lieferbereitschaft und Termintreue ermöglichen. Geringe Lagerbestände sind Ausdruck eines funktionierenden Produktionsprozesses und einer effizienten Ressourcen-Nutzung. Insoweit dient das Just-in-Time-Konzept tatsächlich einer kostengünstigen und kundenorientierten Produktion.

Das JIT-Konzept kann nur verwirklicht werden, wenn die grundlegenden logistischen Prozesse im Hinblick auf die Ziele Senkung der Durchlaufzeiten und Reduzierung der Lagerbestände optimal strukturiert werden. Die wichtigsten Strategien hierzu sind folgende:

- Reduzierung der **Rüstzeiten**,
- Fertigung kleinerer **Losgrößen**,
- Harmonisierung des **Bedarfs**,
- Verbesserung der Produktionsabläufe durch **Fertigungssegmentierung**.

Die **Durchlaufzeit** der Produkte lässt sich senken, wenn die „unproduktiven" Rüstzeiten auf das technisch nötige Mindestmaß verkürzt werden. Dies kann durch den Einsatz **flexibler Fertigungstechniken** bzw. -einrichtungen, die einen automatischen Werkzeugwechsel erlauben, geschehen. Aber auch ohne diese kostspieligen Investitionen lassen sich die Rüstzeiten erheblich senken, wenn der Rüstablauf einer kritischen Analyse unterzogen wird. So gelang es der Firma Cummins Engine Co. Ltd. in Großbritannien durch Videoaufnahmen der Rüstvorgänge und anschließende Analyse des Rüstprozesses, die Anordnung der Rüstwerkzeuge, das Anklemmen der Produktteile und die Justierung der Maschinen so zu verbessern bzw. zu beschleunigen, dass die Rüstzeiten um durchschnittlich 80 % gesenkt werden konnten (Lee, Set-up Time 1987, S. 83).

Sind die Rüstzeiten (und damit auch die Rüstkosten) erfolgreich gekürzt worden, so reduziert sich die optimale **Losgröße** entsprechend den angewandten Losgrößenformeln und bewirkt dadurch geringere Lagerbestände, so dass das Ziel „Lagerreduzierung" ebenfalls erreicht wird.

Eine weitere wesentliche Voraussetzung für die Just-in-Time-Produktion ist ein in möglichst geringen Grenzen schwankender Bedarf, weil die Anpassung des Produktionsprozesses in den einzelnen Produktionsstufen an beträchtliche Änderungen der Absatzmengen und Produktvarianten nicht mehr allein auf zeitlicher Grundlage bewerkstelligt, sondern nur über höhere Lagerbestände aufgefangen werden kann. Dies widerspricht aber der zweiten Zielsetzung des Just-in-Time-Konzepts. Es muss also - evtl. mit den Instrumenten des Marketings - versucht werden, die Absatzmengen bzw. den Kundenbedarf gleichmäßig zu gestalten, um Überstunden und andere Zusatzkosten zu vermeiden (Fandel/François, Just-in-Time 1989, S. 535).

Als zusätzliche Strategie zur Verbesserung des Produktionsablaufs ist von Wildemann das Konzept der **Fertigungssegmentierung** entwickelt worden (Wildemann, JIT 1992, S. 109 ff.), das den Produktionsprozess in kleinere Einheiten aufsplittet, in

denen eine Komplettbearbeitung von Teilen und Baugruppen erfolgt. Dieser dezen-
tralisierte Produktionsablauf erhöht die Übersichtlichkeit und kann aufgrund einer
effizienteren Produktionssteuerung ebenfalls eine Verkürzung der **Durchlaufzeiten**
bewirken.

Neben der Optimierung des Produktionsprozesses ist besonders die **Qualitätssicherung** im Sinne von TQM von Bedeutung, da die Durchlaufzeiten durch zu spät erkannte Fabrikationsfehler, die lange Nachbearbeitungszeiten erfordern, sehr negativ
beeinflusst werden. Eine automatisierte Prozessüberwachung oder hochmotivierte
und spezifisch ausgebildete Mitarbeiter mit Verantwortung für die Qualität sind für
die Qualitätssicherung unabdingbar.

Es liegt auf der Hand, dass eine solche Qualitätssicherung erhebliche **Kosten** verursacht, und darüber hinaus auch Investitionsaufwand, falls die Prozessüberwachung
automatisiert werden soll. Dies wird aber in der Regel aufgewogen durch den **Nutzen** der Just-in-Time-Produktion, der sich niederschlägt in der

- Senkung der Kapitalbindungskosten,
- Senkung der fixen Lagerkosten,
- Aufdeckung von Schwachstellen durch den radikal reduzierten Lagerbestand und
- größeren Eigenverantwortung der Mitarbeiter.

Zur konkreten Umsetzung des Just-in-Time-Konzepts gibt es verschiedene Möglichkeiten, von denen das in Japan entwickelte **KANBAN**-System die größte Bedeutung erlangt hat. Es beruht auf der Idee einer vollständig **dezentralen manuellen**
Produktionssteuerung ohne EDV-Unterstützung und wird auch in den westlichen
Industrieländern hin und wieder angewandt.

b)   Das KANBAN-System

Das KANBAN-System ist in der deutschen betriebswirtschaftlichen Literatur insbesondere von **Wildemann** (z.B. KANBAN 1988) ausführlich analysiert worden.

Der Begriff „KANBAN" bedeutet wörtlich „Karte" und bezeichnet die **Identifi-
kationskarte**, die sich bei jedem Endprodukt, jeder Baugruppe und jedem Einzelteil, das im Betrieb verwendet wird, befindet. Diese Karte hat zwei Funktionen (vgl.
Wildemann, KANBAN 1988, S. 35):

- Wird das entsprechende Teil in einer Produktionsstufe verbraucht, dient der
  KANBAN als **Bestellkarte**, mit der die vorgelagerte Produktionsstufe zur erneuten Herstellung dieses Teils veranlasst wird.
- Für das neu produzierte Teil dient der KANBAN dann wieder als **Identifika-
  tionskarte**.

Durch dieses KANBAN-Prinzip werden jeweils zwei benachbarte Produktionsstufen
zu einem **Regelkreis** verbunden. Wie in einem Supermarkt nimmt die „nachfragen-
de" Produktionsstufe die benötigten Produkte bzw. Teile aus einem zwischen den
Stufen angeordneten **Pufferlager**, das anschließend durch die KANBAN-Bestellung
von der vorgelagerten „anbietenden" Produktionsstufe wieder aufgefüllt wird. Das
Pufferlager hat die Aufgabe, einen möglichst reibungslosen Produktionsablauf, auch

bei eintretenden Störungen, zu gewährleisten. Seine Größe muss unter Berücksichtigung

- des Produktionsprogramms,
- der Variabilität der Kundenwünsche,
- des durchschnittlichen Störverhaltens der Produktionsanlagen sowie
- der Lagerkosten

von der Planung bestimmt werden.

Normalerweise wird nicht jedes verbrauchte Teil sofort wieder produziert, sondern eine standardisierte Stückzahl (Los), die in dem sog. **KANBAN-Behälter** gemeinsam transportiert wird. Die Losgröße wird unter Berücksichtigung von Rüst- und Lagerkosten einmal bestimmt und nur bei wesentlichen Änderungen des Produktionsprogramms modifiziert.

Die folgende Graphik veranschaulicht das Regelkreissystem von KANBAN über die gesamte logistische Kette.

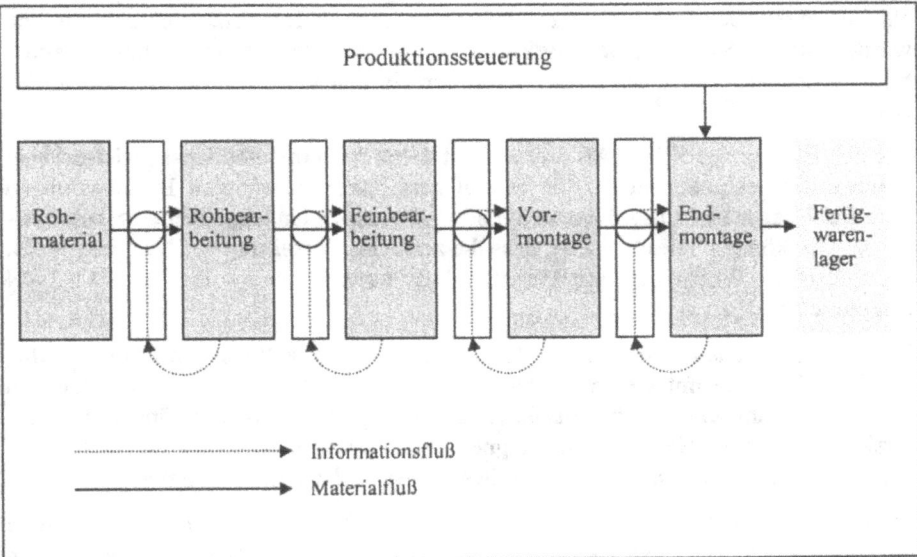

Abb. 93 Das KANBAN-Regelkreissystem
Quelle: Wildemann, KANBAN 1988, S. 36

Abb. 93 macht deutlich, dass das KANBAN-System auf dem **Hol-Prinzip** beruht. Nur wenn eine Produktionsstufe „Nachfrage" entfaltet, wird auf der vorgelagerten Stufe produziert. Bei relativ stetiger Nachfrage seitens der Kunden wird dieser **Nachfragesog** - theoretisch termingenau - über alle Produktionsstufen hinweg bis zu den Lieferanten wirksam, wobei alle Produktionsentscheidungen **dezentral** in den einzelnen Stufen gefällt werden, ohne eine EDV-gestützte Produktionssteuerung zu benötigen. Werden die KANBAN-Regeln befolgt und die Größe der KANBAN-Behälter und Pufferläger geeignet festgelegt, so kann ein **kontinuierlicher Mate-**

rialfluss aufrechterhalten und die ablaufplanerischen Ziele des Unternehmens, wie Senkung der Bestände und Verkürzung der Durchlaufzeit, erreicht werden.

Das KANBAN-System scheint auf den ersten Blick bei wesentlich geringerem Aufwand die gleichen oder sogar bessere Wirkungen auf die Ablauforganisation zu haben als die traditionellen PPS-Systeme. Bei der Implementation des Systems in europäischen und US-amerikanischen Firmen während der 80er Jahre trat jedoch trotz unbestreitbarer Erfolge eine gewisse Ernüchterung ein, die es geboten erscheinen lässt, die **Voraussetzungen** für den **Einsatz** von KANBAN genau zu analysieren, um die für KANBAN geeigneten Produktionsprozesse herauszufinden.

c)   Voraussetzungen für den Einsatz von KANBAN

Bei der Beurteilung des Einsatzes von KANBAN sind die zeitliche Verteilung der Nachfrage, der Produktlebenszyklus, die Produktstruktur, die Organisationsform der Fertigung und das Ausfallverhalten des Produktionsprozesses zugrunde zu legen.

Da durch das Hol-Prinzip und die dezentrale Produktionssteuerung von KANBAN Nachfrageveränderungen in jeder Produktionsstufe zeitversetzt sichtbar werden, würden starke **Nachfrageschwankungen** den Produktionsprozess durcheinander bringen und zu erratischen Änderungen der Größen von Pufferlagern und KANBAN-Behältern führen.

Für den Einsatz des KANBAN-Systems ist daher nur eine möglichst **gleichmäßige Produktion** geeignet, bei der die einmal getroffenen dezentralen Entscheidungen über Pufferlager und Losgrößen weitgehend über einen längeren Zeitraum beibehalten werden können. Dies bedeutet, dass die **zeitliche Verteilung** der Nachfrage (z.B. der Bedarf pro Woche oder pro Monat) **relativ konstant** sein sollte, um KANBAN erfolgreich anzuwenden.

Die zweite Voraussetzung für KANBAN ist eine **ruhige Phase** im **Lebenszyklus** der Produkte. Die mit vielen Produktänderungen behaftete Einführungsphase und auch die dynamische Wachstumsphase, die häufig kapazitative Veränderungen induziert, sind für KANBAN nicht geeignet. Demgegenüber ist der ruhige Verlauf der **Reife-** und **Sättigungsphase** ideal für dieses System der Produktionssteuerung.

In Bezug auf die **Produktstruktur** sind ähnliche Betriebsmittel und Arbeitsgänge bei möglichst vielen Produkten für KANBAN vorteilhaft, insbesondere wenn auch die Maschinenbelegung zu einer ähnlichen Arbeitsgangfolge bei den Produkten führt.

Eine weitere wesentliche Voraussetzung für die Einführung von KANBAN ist ein **flussorientierter Produktionsprozess** wie er in Abb. 93 dargestellt ist. Die Produktion pro Zeiteinheit sollte über alle Produktionsstufen weitgehend **synchronisiert** werden, um die einzelnen KANBAN-Regelkreise gut aufeinander abstimmen zu können. Die **Organisationsformen** der Fertigung, die diesen Voraussetzungen am ehesten entsprechen, sind die **Fließ-** und die **Reihenfertigung**, während die Werkstattfertigung, insbesondere bei heterogenen Kleinserien, das KANBAN-Steuerungssystem vor beträchtliche Probleme stellt (vgl. auch Adam, Fertigungssteuerung II 1988, S. 2).

Schließlich darf der Produktionsprozess **nicht** sehr **störanfällig** sein. Häufig ausfallende Betriebsmittel auf den einzelnen Produktionsstufen bringen die dezentrale Steuerung und die Verkettung der Stufen durch das Holprinzip gründlich durcheinander und verhindern die Wirksamkeit von KANBAN.

Zusammenfassend kann die Produktionssteuerung mit KANBAN als ein originelles, unkonventionelles Konzept angesehen werden, das durchaus bei einigen Unternehmen mit Erfolg eingeführt wurde und Reduzierungen der Durchlaufzeit von 50% und der Fertigwarenbestände von 25% (Wildemann, KANBAN 1988, S. 50) erzielt hat. Dies gelingt aber nur bei flussorientierter Produktion von homogenen Produkten, deren zeitliche Verteilung der Nachfrage stetig ist und deren Lebenszyklus sich in einer „ruhigen" Phase befindet.

II.   Das Konzept der Fortschrittszahlen

In der Automobilindustrie hat sich ein für die Großserienfertigung in Fließorganisation entwickeltes Konzept durchgesetzt, das die traditionellen Produktionsplanungs- und -steuerungssysteme ergänzen soll und einen verlässlichen Überblick über die zeitliche **Entwicklung** des **Materialflusses** in allen Phasen der Produktion und Beschaffung verspricht. Es ist unter dem Namen **Fortschrittszahlen**-Konzept auch in der Literatur bekannt geworden (Heinemeyer, Fortschrittszahlen 1988, S. 5 ff.).

Die **Fortschrittszahl** ist eine **kumulierte, zeitpunktbezogene Menge** eines **Produktes** (bzw. einer Baugruppe oder eines Einzelteils), die **seit** einem bestimmten **Stichtag** einen vorher definierten Kontrollbereich **erreicht** oder **verlassen** hat.

Hat z.B. ein Automobilwerk in der ersten Juniwoche 1996 von einem Zulieferbetrieb 6000 Stoßfänger, in der zweiten 8000 und in der dritten 5000 erhalten und ist als Stichtag der 1.6.1996 festgesetzt, so entwickelt sich die Fortschrittszahl für den **Stoßfänger-Eingang** gemäß Abb. 94 und beträgt am Ende der dritten Juniwoche 19.000 ME.

In ähnlicher Weise werden die Fortschrittszahlen für die Stoßfänger-Ablieferung in die Produktion berechnet. Prinzipiell lassen sich auf diese Weise - angefangen vom Wareneingang der Einzelteile bis zum Versand der Fertigprodukte - für **jede Produktionsstufe** eine Eingangs- und eine Ausgangs-Fortschrittszahl ermitteln und damit eine lückenlose Überwachung des Materialflusses in mengenmäßiger und zeitlicher Hinsicht durchführen.

Aus Kostengründen wird man jedoch diese Erhebungen nicht in jeder Produktionsstufe anstellen sondern sich auf einige wichtige **Kontrollbereiche** beschränken.

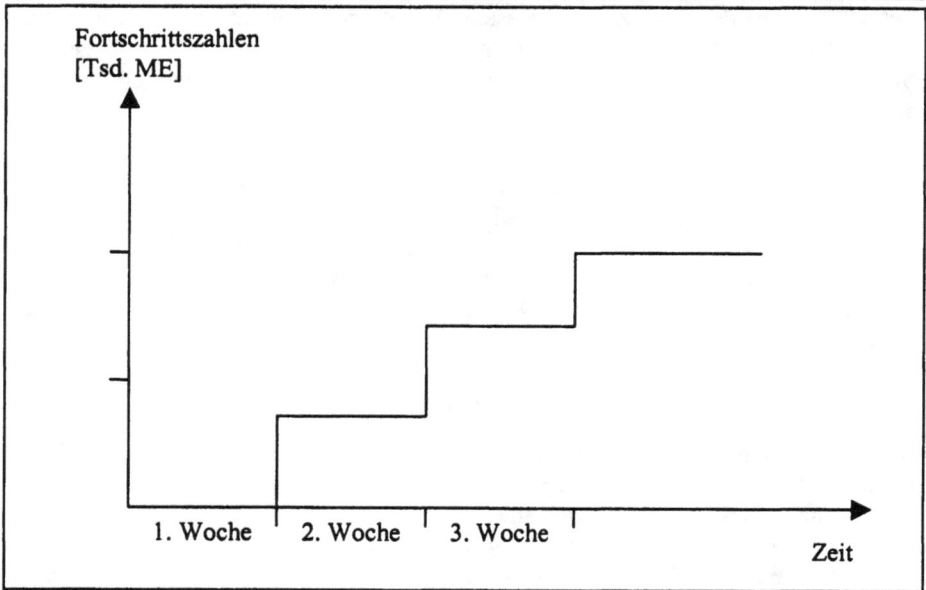

Abb. 94   Die Fortschrittszahl als kumulierter Wareneingang

Die DaimlerChrysler AG hat z.B. folgende „Zählpunkte" definiert (Heinemeyer, Fortschrittszahlen 1988, S. 9 f.):

■ Wareneingang,
■ Beginn Rohteilefertigung,
■ Rohteile-Ablieferung (Gutstücke),
■ Beginn Teilefertigung,
■ Teile-Ablieferung (Gutstücke),
■ Montage-Beginn,
■ Montage-Ablieferung,
■ Versand.

Hier werden die Ist-Fortschrittszahlen erhoben und den aus der Produktionsplanung stammenden Soll-Fortschrittszahlen gegenübergestellt, um evtl. Abweichungen analysieren zu können.

Mit Hilfe des Fortschrittszahlen-Konzeptes können sowohl der **Bestand** der **Puffer-läger** als auch die **Durchlaufzeit** der Teile gesteuert werden, denn der Lagerbestand zum Zeitpunkt t (L_t) ergibt sich aus der Gleichung

(212) L_t = L_{t_0} +   Eingangs-FZ_t - Ablieferungs-FZ_t

mit L_{t_0} =   Anfangsbestand zum Stichtag (z.B. Inventur)

             FZ_t =   Fortschrittszahl zum Zeitpunkt t

als die Differenz zweier Fortschrittszahlen. Abb. 95 macht diesen Sachverhalt anschaulich und zeigt darüber hinaus, dass der horizontale Abstand zwischen den beiden Fortschrittszahlen-Kurven der **mittleren Durchlaufzeit D** des Teils entspricht.

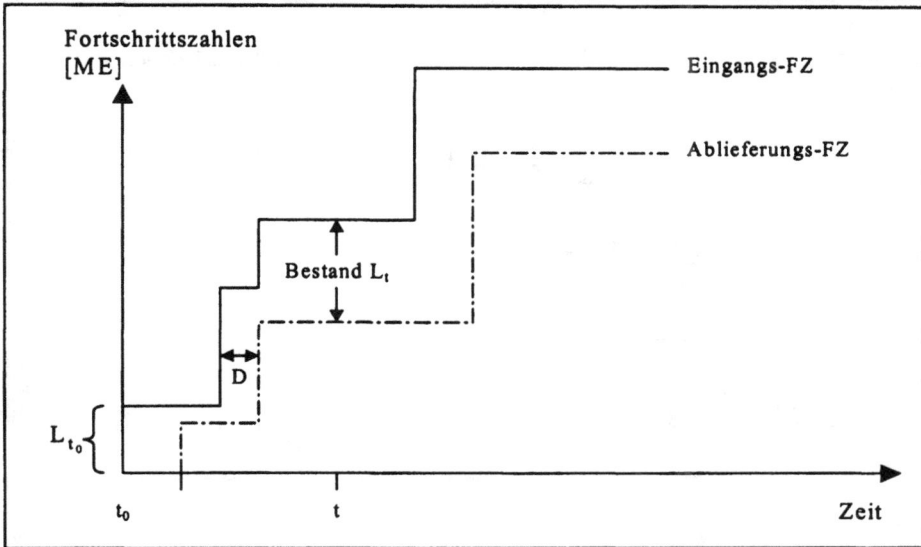

Abb. 95 Zusammenhang zwischen Fortschrittszahlen und Beständen

Die mittlere Durchlaufzeit D ergibt sich analog zur Berechnung bei der belastungs-orientierten Auftragsfreigabe auf S. 343, indem man den mittleren Bestand durch die Ablieferungs-Fortschrittszahl **pro Zeiteinheit** dividiert, also L_t/(Ablieferungs-FZ_t/t). Somit können auch die Durchlaufzeiten an den einzelnen Kontrollbereichen über-wacht werden.

Ein weiterer Vorteil des Fortschrittszahlen-Konzepts liegt in der Möglichkeit, die Ist-Fortschrittszahlen (effektive Eingangs- bzw. Ablieferungsmengen) den Soll-Fortschrittszahlen gegenüberzustellen und aus diesem Vergleich **Produktionsvor-läufe** bzw. **-rückstände** in einfacher Weise sichtbar zu machen, wie Abb. 96 zeigt.

Im Zeitpunkt t_2 ist die Produktion im Montagebereich um (t_2-t_1) Zeiteinheiten in **Rückstand** (R) geraten, da (SFZ_3 - IFZ_3) Mengeneinheiten schon im Zeitpunkt t_1 hätten fertig gestellt werden müssen. Ab t_2 befindet sich die Fertigung im **Vorlauf**, da die Menge (SFZ_4 - SFZ_3) erst zum Zeitpunkt t_3 benötigt wird. Durch eine Analyse dieser Soll-Ist-Abweichungen können wichtige Informationen für eine verbesserte Produktionssteuerung gewonnen werden.

Zusammenfassend lässt sich feststellen, dass das Konzept der Fortschrittszahlen eine wertvolle Ergänzung der PPS-Systeme für Unternehmen mit Fließfertigung und Großserienproduktion darstellt, die

- eine effiziente Steuerung des **Materialflusses**,
- eine Überwachung der **Bestände** und **Durchlaufzeiten** sowie
- eine Analyse von **Soll-Ist-Abweichungen**

ermöglicht. Die Kontrollbereiche können sogar auf Zulieferbetriebe ausgedehnt werden, so dass die **logistische Kette** über das Unternehmen hinaus erweitert und einheitlich mit einem Fortschrittszahlen-System gesteuert werden kann.

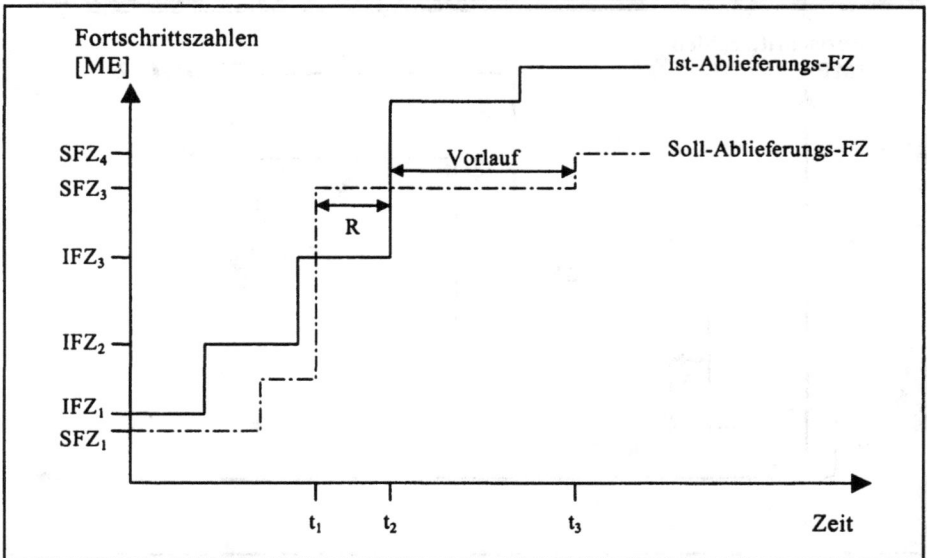

Abb. 96   Soll- und Ist-Fortschrittszahlen in der Montage

Mit diesen Ausführungen ist die Analyse der Produktionssteuerung und damit des PPS-Konzeptes abgeschlossen. Im Folgenden sollen aktuelle Weiterentwicklungen im Sinne der Advanced Planning Systeme (APS) eingehender betrachtet werden.

10. Kapitel: Advanced Planning Systeme (APS)

Als Advanced Planning Systeme (APS) werden Softwaresysteme bezeichnet, die durch den Einsatz leistungsfähiger Planungsverfahren sämtliche Dispositionsentscheidungen entlang der Wertschöpfungskette unterstützen und somit als Ergänzung zu bestehenden PPS-Systemen deren Nachteile beheben sollen. Seit der Einführung von PPS-Systemen sind in der Wissenschaft zahlreiche Fortschritte in den Planungsmethoden erzielt worden. **Moderne Algorithmen** wie die Akzeptanz- und Ameisenalgorithmen, die traditionell nicht Bestandteil der PPS-Systeme sind, können auch mit großen Datenbeständen gute Planungsergebnisse in angemessener Zeit finden und eignen sich daher besonders für Praxisanwendungen. Dementsprechend haben moderne Optimierungsverfahren Eingang in die APS gefunden. Darüber hinaus hat sich durch die weite Verbreitung des **SCM-Konzeptes** auch in der Praxis die Erkenntnis durchgesetzt, dass es nicht ausreicht Betriebsstätten isoliert zu steuern, sondern die komplette Wertschöpfungskette mit all ihren Interdependenzen beachtet werden muss.

Neben den weiterführenden Optimierungsverfahren und der SCM-Unterstützung bestehen noch folgende weitere Eigenschaften von APS, welche die Kennzeichnung als „fortgeschritten" im Vergleich zur PPS rechtfertigen können:

- Während die PPS-Systeme allein nach dem Prinzip der Sukzessivplanung ausgerichtet sind, greifen die APS die Idee der **Hierarchischen Planung** auf. Den Interdependenzen der einzelnen Planungsprobleme kann durch eine Antizipation der Ziele zeitlich nachgelagerter Entscheidungen schon auf der übergeordneten Planungsebene Rechnung getragen werden. So können etwa in den APS bereits auf der Ebene der Produktionsprogrammplanung die Kapazitäten der Produktionsstätten und Distributionszentren berücksichtigt werden. Dies ist im Vergleich zum PPS-Konzept, wo diese weitestgehend vernachlässigt werden, als deutlicher Fortschritt anzusehen.

- Die Überwachung einer kompletten Wertschöpfungskette steigert die Komplexität der Planung im Vergleich zu einer einzelnen Produktionsstätte erheblich. Dieser steigende Planungsaufwand lässt sich reduzieren, wenn Standardentscheidungen an das APS delegiert werden. So können C-Artikel nach fest voreingestellten Regeln bei Erreichen eines Sicherheitsbestandes automatisch vom APS nachbestellt werden. Durch diese Entlastung können sich die Entscheidungsträger und Disponenten auf die wichtigen Planungsprobleme und unvorhergesehene Störfälle konzentrieren. Dieses **Management by Exception** wird von APS durch einen sog. Alert-Monitor unterstützt, der wichtige Ausnahmefälle direkt an den voreingestellten Disponenten als Meldung weiterleitet.

- Bei der Planung haben die APS sehr große Modelle und Datenmengen zu bewältigen. Im Gegensatz zu den PPS-Systemen werden die Daten nicht allein auf Festplatten gespeichert, sondern auch standardmäßig im **Hauptspeicher** des verwendeten Rechners vorgehalten. Dadurch erhöht sich die Planungsgeschwindigkeit deutlich. Dies ermöglicht kürzere Planungszyklen, um schneller auf veränderte Rahmenbedingungen reagieren zu können.

Im Folgenden wird beschrieben, welche Auswirkungen die Einführung von APS auf die Produktionsplanung und -steuerung von Unternehmen haben. Dazu wird zunächst die Funktionalität der APS beschrieben. Anschließend wird die technische Umsetzung und das Zusammenspiel von APS und PPS-System erläutert.

A. Funktionalität der APS

I. Die Supply-Chain-Planning-Matrix

Obwohl APS von unterschiedlichen Softwareherstellern angeboten werden, liegt ihnen eine gemeinsame Struktur zugrunde. In dieser Struktur findet sich das Prinzip der Hierarchischen Planung wieder, welches die Planungsprobleme in einzelne Module zerlegt, die jeweils eine abgegrenzte Planungsaufgabe unterstützen. Diese einzelnen Module lassen sich entsprechend ihrer Fristigkeit und ihrer Zuordnung zu den Stufen der Wertschöpfungskette in die sog. **Supply-Chain-Planning-Matrix** einordnen (vgl. Rohde/Meyr/Wagner, Supply Chain Planning Matrix, 2000).

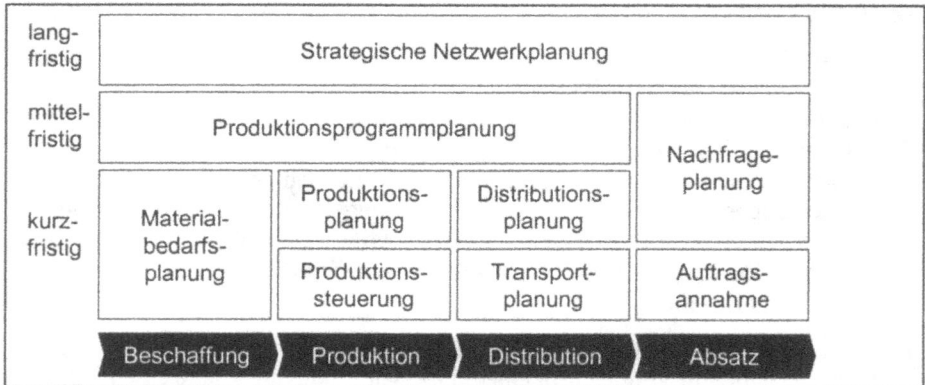

Abb. 97 Die Supply-Chain-Planning-Matrix

Trotz dieser gemeinsamen Struktur werden nicht alle Module von jedem APS-Anbieter in gleicher Weise unterstützt. Darüber hinaus werden zahlreiche Zusatzmodule angeboten, die weitere Planungsfunktionalität zur Verfügung stellen oder die spezifischen Anforderungen einzelner Branchen berücksichtigen.

Die bekanntesten APS sind: Rhythm von i2 Technologies, APO von SAP und Active Supply Chain von J.D. Edwards. Ein Überblick über die spezifischen Module dieser Softwareanbieter findet sich bei Meyr/Rohde/Wagner/Wetterauer (Architecture 2005).

Trotz dieser Differenzierungen soll im Weiteren der generellen Struktur der APS gefolgt und die Funktionalität der einzelnen Module erläutert werden.

II. Funktionalität der APS-Module

a) Strategische Netzwerkplanung

Die Strategische Netzwerkplanung (engl. Strategic Network Planning) unterstützt die Konfiguration der Wertschöpfungskette. Dieser Planungsschritt korrespondiert mit der **Standortplanung** aus Kapitel 5, S. 107 ff . Während dort jedoch lediglich über die Positionierung von Betriebsstätten entschieden wurde, gilt es im Rahmen des SCM-Konzeptes über mehrere Elemente der Wertschöpfungskette simultan zu entscheiden. Neben Produktionsstätten muss auch über Distributionszentren unter Beachtung der vielen Lieferanten und zu beliefernden Kunden entschieden werden. Neben der Errichtung neuer Betriebsstätten stehen im Rahmen einer Rekonfiguration der Wertschöpfungskette auch die Schließung von Standorten sowie der Kapazitätsauf- und abbau an einzelnen Standorten zur Disposition. Schematisch ist die Problemstellung der strategischen Netzwerkplanung in Abb. 98 festgehalten. Darin sind die eingehenden Daten (D) und die zu bestimmenden Variablen (V) den einzelnen Elementen der Wertschöpfungskette zugeordnet.

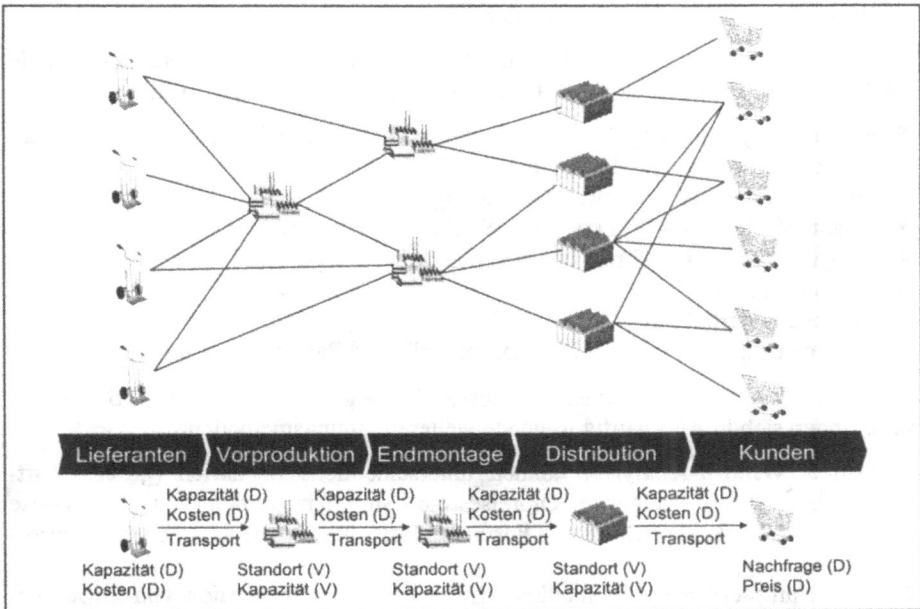

Abb. 98 Schematische Darstellung der strategischen Netzwerkplanung

Das Zielsystem der Strategischen Netzwerkplanung kann in zweierlei Hinsicht ausgestaltet werden:

- **Kostenminimierung**: Die Summe aus den Kosten für die Errichtung/Schließung von Standorten, für Auf-/Abbau von Kapazitäten und den Transportkosten zwischen den Elementen der Wertschöpfungskette unter Beachtung eines vorgegebenen Servicegrades ist zu minimieren.
- **Gewinnmaximierung**: Die Differenz aus den oben genannten Kosten und den Erlösen ist zu maximieren.

Die Komplexität der strategischen Netzwerkplanung nimmt noch weiter zu, wenn die Elemente der Wertschöpfungskette in unterschiedlichen Ländern angesiedelt sind. In diesem Fall müssen noch unterschiedliche Steuern und Zollvorschriften beachtet werden. Ein Überblick über diese und weitere Rahmenbedingungen der strategischen Netzwerkplanung findet sich bei Goetschalckx/Fleischmann, (Strategic Network Planning 2005).

Ist die Netzwerkplanung erfolgt, so stellen die Standorte der Betriebsstätten und deren Kapazitäten feste Größen für die nachgeordneten Planungsschritte dar. Andersherum können größere Nachfrageänderungen, die von der Nachfrageplanung prognostiziert wurden, eine Anpassung der Wertschöpfungskette und eine erneute strategische Netzwerkplanung erforderlich machen.

b)   Nachfrageplanung

Aufgabe der Nachfrageplanung (engl. Demand Planning) ist es, die unsicheren Abverkaufszahlen an die Kunden so exakt wie möglich vorherzusagen. In diesem Planungsschritt können alle Instrumente der **Bedarfsprognose** verwendet werden, die bereits im Kapitel 7 beschrieben wurden.

Im Folgenden werden exemplarisch die Prognoseverfahren zusammengefasst, die in SAP APO implementiert sind (Bartsch/Teufel, SAP APO 2000, S. 56ff.):

- Exponentielle Glättung 1. und 2. Ordnung: Konstantmodell, mit Trend, mit Saison sowie mit Trend und Saison (siehe S. 264 ff.),
- Gleitender Mittelwert (gewichtet und ungewichtet),
- Saison-Modell nach Winters (siehe S. 266 f.),
- Vergangenheitsdaten direkt übernehmen (keine Prognose),
- Cronston-Modell,
- einfache lineare Regression sowie
- Automatische Auswahl des Prognosemodells und Parameteroptimierung.

Neben **statistischen Verfahren**, die bereits Bestandteil der meisten PPS-Systeme sind, finden sich in APS häufig folgende weitere Planungsmethoden:

- Mittels **What-if-Analysen** können unterschiedliche Szenarien (großes Wirtschaftswachstum, steigender Ölpreises etc.) simuliert werden. Auf diese Weise kann eine Risikoabschätzung in Form von Best- und Worst-case Szenarien erfolgen.
- Weiterhin werden unterschiedliche Instrumente zur Integration von **Expertenwissen** in die Prognose unterstützt. Auf diese Weise können etwa besondere Werbemaßnahmen berücksichtigt werden oder einzelne Prognosen in unterschiedlichen Verkaufsregionen zu einer gemeinsamen Gesamtprognose zusammengeführt werden.

Die prognostizierten Nachfragemengen werden als Daten an die folgenden Planungsschritte der Programm-, Produktions- und Distributionsplanung weitergereicht. Weiterhin können sie auch ein Hinweis sein, dass die Kapazitäten angepasst werden müssen und dadurch eine erneute strategische Netzwerkplanung anstoßen.

c)   Produktionsprogrammplanung

Die Produktionsprogrammplanung (engl. Master Planning) wurde bereits in Kapitel 7, S. 252 ff. beschrieben. Ihre Aufgabe besteht darin, vorliegende Kundenaufträge bzw. den prognostizierten Bedarf gewinnmaximal zu bedienen. Betrachtet man die gesamte Wertschöpfungskette, so bestehen allerdings häufig mehrere Produktionsstätten, die alternativ die Produktion eines Produktes ausführen können. Weiterhin müssen die Bestände in den Distributionszentren mit in die Planung aufgenommen werden. Die Programmplanung erweitert sich somit um die Koordination aller Betriebsstätten der Wertschöpfungskette. Als **Entscheidungsvariablen** sind somit sämtliche Produktions-, Lager-, Fremdbezugs- und Transportmengen an allen Standorten festzulegen. Als Nebenbedingungen gilt es dabei, das **Kapazitätsangebot** zu beachten, welches saisonal etwa aufgrund von Urlaub schwanken kann. Schematisch sind die Daten (D) und Entscheidungsvariablen (V) der Produktionsprogrammplanung durch Abb. 99 dargestellt.

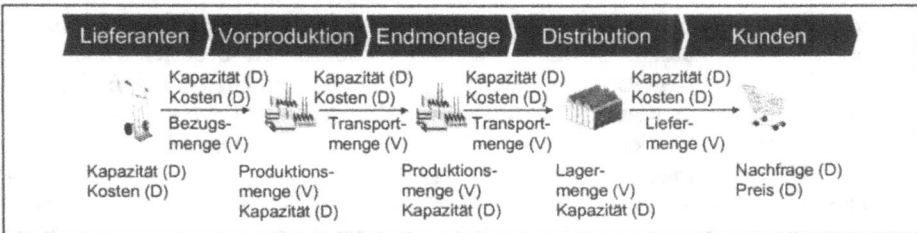

Abb. 99   Schematische Darstellung der Produktionsprogrammplanung

Als zentrales Element hat die Produktionsprogrammplanung zahlreiche Schnittstellen zu anderen Modulen:

- Die Struktur der Wertschöpfungskette wird durch die strategische Netzwerkplanung vorgegeben, während die Nachfrageplanung die Absatzzahlen ermittelt.
- Das Ergebnis der Produktionsprogrammplanung wird an die Materialbedarfsplanung weitergereicht und dient als Vorgabe für die Produktions- und Distributionsplanung. Können Pläne dort nicht umgesetzt werden, muss eine Planrevision erfolgen.
- Das Produktionsprogramm dient weiterhin als Grundlage dafür, im Zuge der Auftragsannahme Liefertermine mit den Kunden zu vereinbaren.

d)   Materialbedarfsplanung

Die ermittelten Produktionszahlen werden anschließend an die Materialbedarfsplanung weitergereicht. Dort gilt es, die benötigten Bau- und Einzelteile zu bestimmen, die entweder selber hergestellt oder fremdbezogen werden müssen. Diese Planungsaufgabe wurde bereits ausgiebig auf den Seiten 284 ff. erläutert. Da die Bedarfsauflösung einst der Auslöser für die Entwicklung des PPS-Konzeptes war, wird dieser Schritt sehr gut von bestehenden PPS-Systemen unterstützt. Dementsprechend ist die Materialbedarfsplanung nicht Bestandteil der meisten APS. Stattdessen werden die ermittelten Primärbedarfe an bestehende ERP-Systeme wie SAP R/3 übermittelt. Dort wird die eigentliche Materialbedarfsplanung dann auf dem beschriebenen Wege durchgeführt.

e)   Produktionsplanung und –steuerung

Während die herkömmlichen PPS-Systeme im Rahmen der Produktionsplanung und –steuerung sich weitestgehend auf die einfachen Heuristiken zur Lösung einstufiger Losgrößenprobleme und Prioritätsregeln zur Maschinenbelegung beschränken, greifen die APS in diesem Bereich auf neuere Erkenntnisse im Rahmen der **Optimierungsverfahren** zurück. So haben Verfahren für die beschriebene mehrstufige Losgrößenplanung (S. 312 f.) und die Maschinenbelegung mit Meta-Heuristiken wie dem Ameisenalgorithmus (S. 367 f.) erst durch die Einführung der APS Eingang in die betriebliche Praxis gefunden.

Teilweise werden von APS-Herstellern Zusatzmodule für die Produktionsplanung und –steuerung von speziellen Produktionssegmenten angeboten, die den Besonderheiten einzelner Branchen Rechnung tragen:

■ Die **Prozessindustrie**, ein Sammelbegriff für alle Unternehmen, deren Produktion auf der Basis chemischer Prozesse abläuft (z.B. Pharma-, Nahrungsmittel-, Papier- und Petroindustrie), zeichnet gegenüber der Stückgüterindustrie vor allem zwei Besonderheiten aus: (a) Die Produktionsprozesse basieren nicht auf Stücklisten und Arbeitsplänen, sondern auf Rezepturen. (b) Häufig findet sich ein sog. rekursiver Materialfluss (Ein Kuppelprodukt einer Produktionsstufe ist selber wieder Inputfaktor einer vorgelagerten Stufe). Diese Besonderheiten werden schon seit langem durch spezielle PPS-Systeme zur Erfassung der chemischen Produktionsprozesse unterstützt. So bietet SAP R/3 etwa das Zusatzmodul PP-PI an, mit dem u.a. die Stammdaten der Rezepturen verwaltet werden können. Da die Besonderheiten der Prozessindustrie auch eine Anpassung der herkömmlichen Planungsverfahren der Produktionsplanung und –steuerung erforderlich macht, werden diese auch von den APS gesondert berücksichtigt. Eine Übersicht über die Planungsverfahren der Prozessindustrie findet sich bei Kießwetter (Ablaufplanung in der chemischen Industrie 1999).

■ In der **Automobilindustrie** finden sich hauptsächlich Fließfertigungssysteme, in denen die Autos produziert werden. Zunächst wird im Rohbau von Industrierobotern das Chassis zusammengeschweißt. Anschließend durchlaufen die Fahrzeuge den Paint-Shop, wo von Sprührobotern die Farbe des Fahrzeugs aufgetragen wird. Abschließend erfolgt in der Endmontage der Einbau des Motors und sämtlicher optionaler Produkteigenschaften wie etwa Klimaanlage, Schiebedach oder Bordcomputer. Diese Fertigungsfolge wird von allen Fahrzeugen einheitlich durchlaufen. Als Besonderheit ergibt sich dabei, dass die einzelnen Varianten der auf einer einheitlichen Produktplattform gefertigten Fahrzeuge nicht zu Losen zusammengefasst werden müssen, da die Umrüstvorgänge vollständig automatisiert und ohne Zeitbedarf ablaufen. Dementsprechend können die einzelnen Varianten in wahlfreier Reihenfolge (Losgröße Eins) gefertigt werden. Aus Sicht der Produktionsplanung entsteht daraus das Problem, das Fertigungsprogramm der einzelnen Schichten unter Berücksichtigung von Lieferterminen und der Verfügbarkeit der Bauteile zu bestimmen. Weiterhin muss die Reihenfolge bestimmt werden, in der die Fahrzeuge das Fließsystem durchlaufen (Boysen, Reihenfolgeplanung 2005). Für diese besonderen Planungsprobleme müssen Zusatzmodule zum Einsatz kommen.

f)   Distributions- und Transportplanung

Transporte entstehen auf allen Ebenen der Wertschöpfungskette: etwa von den Lieferanten zu den Produktionsstätten von dort weiter in die Distributionszentren und schließlich zum Kunden. Die Planungsaufgaben, die mit diesen Transporten verbunden sind, werden durch die Module der Distributions- und Transportplanung unterstützt.

Die mittelfristig ausgerichtete **Distributionsplanung** zielt auf einen Ausgleich von Kundennachfrage und verfügbaren Beständen. Es ist für jedes Produkt zu entscheiden, in welchen Mengen es auf die Betriebsstätten verteilt wird und wie es von dort zum Kunden transportiert werden soll.

Die Transportplanung entscheidet kurzfristig über die Beladung der Transportmittel und deren detaillierte Routen zu ihrem Ziel. Bei der **Beladeplanung** werden unterschiedliche Transportmengen auf die zur Verfügung stehenden Transportmittel aufgeteilt, mit dem Ziel Leerkapazitäten zu vermeiden und Transportkosten zu minimieren. Die **Tourenplanung** ermittelt anschließend die genaue Route der Transportmittel. Die Tourenplanung kann zumeist nicht mit dem auf den Seiten 366 ff. beschriebenen **Travelling Salesman Problem** durchgeführt werden. Stattdessen muss für mehrere LKW mit begrenzter Ladekapazität die kürzeste Route gefunden werden. Zur Lösung dieser Problemstellung greift man auf das sog. Vehicle Routing Problem zurück (Domschke, Touren 1997). Diese Module sind für Industriebetriebe zumeist von geringerer Bedeutung, da die Transporte häufig an Logistikunternehmen ausgelagert werden.

Die Informationen, welche Kunden zu bedienen sind, erhält die mittelfristige Distributionsplanung hauptsächlich von der Nachfrageplanung, während die Transportplanung diesbezüglich von der Auftragsannahme informiert wird. Engpässe im Bereich der Transporte können aber auch ihrerseits Rückwirkungen auf andere Module haben und etwa Produktionsaufträge verschieben.

g)   Auftragsannahme

Ein wichtiges Problem bei der Auftragsannahme ist die Vereinbarung zuverlässiger **Liefertermine**. Um diese Aufgabe zu unterstützen, bieten die APS eine Verfügbarkeitsprüfung (oder **Available-to-Promise** kurz: ATP) an. Für eingehende Kundenaufträge kann hierüber sofort geprüft werden, ob Lagerbestände in ausreichender Menge verfügbar sind. Ist dies nicht der Fall, so können Reservierungen auf die in der Produktionsprogrammplanung eingeplanten Produktionsmengen vorgenommen werden. Auf diese Weise kann zuverlässig vorhergesagt werden, wann ein Kundenauftrag frühestens abgeschlossen werden kann. Übersteigt die Nachfrage das verfügbare Kapazitätsangebot, so können per Zuordnungsregeln die angebotenen Mengen automatisch den einzelnen Kundengruppen zugeordnet werden.

In den traditionellen PPS-Systemen wird der Liefertermin zumeist ermittelt, indem (sofern kein Lagerbestand in ausreichender Menge verfügbar ist) mittels der historischen, durchschnittlichen Produktionszeiten zurückgerechnet wird. Dabei werden eventuelle Lieferzeiten für Material und Produktionsengpässe nicht berücksichtigt, so dass es häufig zu Überschreitungen des Liefertermins kommt.

Als hauptsächliche Informationsquelle dient der Auftragsannahme die Produktions-programmplanung. Die dort disponierten Produktionsmengen werden schrittweise den eingehenden Aufträgen zugeordnet. Ihrerseits versorgt die Auftragsannahme vor allem die Transportplanung mit den exakten Daten für die Auslieferung der Produk-te.

B. Integration von APS und PPS

APS sind keine Substitute für bestehende PPS-Systeme. Vielmehr ergänzen sie die-se, indem sie fehlende Planungsfunktionalität bereitstellen. Es wäre auch kaum ein Industriebetrieb bereit, die getätigten Investitionen in die PPS-Systeme einfach ab-zuschreiben, zumal ihre Funktionalität nach wie vor benötigt wird. Sämtliche **Stammdaten** wie die Stücklisten, Produktinformationen sowie Kunden- und Liefe-rantendaten verbleiben in den PPS-Systemen und können nur dort verändert werden. Ein Teil dieser Daten wird aber auch für die Planung innerhalb der APS benötigt. Da eine doppelte Pflege dieser Datensätze nicht wirtschaftlich ist, erfolgt die Interaktion zwischen PPS-System und APS in folgenden drei Schritten:

- Zunächst werden die für die Planungsaufgaben der APS-Module relevanten Da-ten per **Stammdatentransfer** in das APS übernommen und dort großteils im Hauptspeicher vorgehalten. Da die Planungsfunktionalität der APS die der PPS-Systeme deutlich übertrifft, werden in den APS auch Daten benötigt, die nicht in den PPS-Systemen verwaltet werden. Ein Beispiel sind etwa geografische In-formationen über die Standorte der Produktionsstätten und Kunden. Dement-sprechend können auch weitere Datenquellen wie etwa Data-Warehouse-Systeme oder die Transaktionsprotokolle von Scannerkassen (Point-of-Sales Da-ten) als Datenlieferanten angebunden werden. Alle darüber hinausgehenden Da-ten müssen direkt im APS eingegeben werden.

- Sind alle Daten für einen Planungslauf vorhanden, kann die Planung innerhalb des APS erfolgen. Dabei können mehrere Szenarien mit unterschiedlichen An-nahmen in Form einer **Planversion** simuliert werden. Ist die Planung abge-schlossen, muss eine dieser Planversionen als endgültiger Plan ausgewählt wer-den.

- Die Ergebnisse der Planung sind zumeist **Bewegungsdaten**, wie Fertigungs- und Transportaufträge. Diese müssen abschließend wieder in das PPS-System zu-rücktransferiert werden, um dort das tatsächliche Betriebsgeschehen dokumen-tieren zu können.

Da APS die Planung innerhalb der gesamten Wertschöpfungskette unterstützen, ist zu beachten, dass nicht lediglich ein einzelnes PPS-System zu integrieren ist. Viel-mehr müssen auch Lieferanten und Kunden sowie alle Produktions- und Distributi-onsstätten angebunden werden. Ein Überblick über die Interaktion zwischen PPS-Systemen und APS findet sich in Abbildung 100.

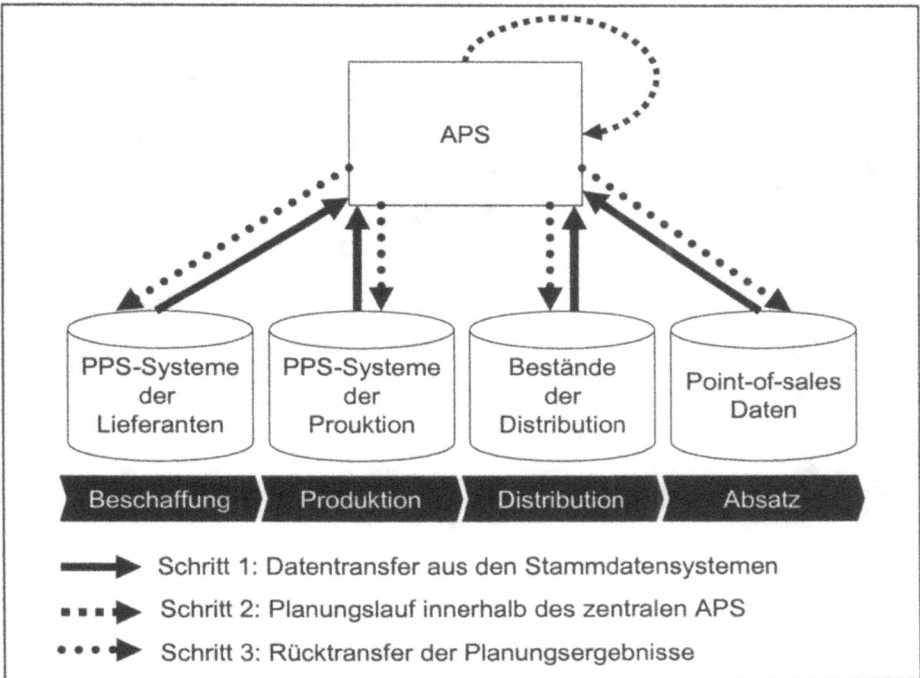

Abb. 100 Integration der APS

Diese Ausführungen zur Struktur und Funktionsweise der APS als der modernsten, in der Praxis angewandten Planungsmethodik sollen die Analyse des operativen Managements abschließen. Es hat sich gezeigt, dass viele der in diesem Lehrbuch vorgestellten theoretischen Konzepte und Lösungsmethoden durch APS inzwischen Eingang in die Praxis gefunden haben, was für eine anwendungsorientierte Wissenschaft von zentraler Bedeutung ist.

Literaturverzeichnis

Adam, D. (1990): *Produktionsdurchführungsplanung*, in: Jacob, H. (Hrsg.), Industriebetriebslehre, 4. Aufl., Wiesbaden 1990.

Adam, D. (1990): *Produktionspolitik*, 6. Aufl., Wiesbaden 1990.

Adam, D. (1998): *Produktionsmanagement*, 9. Aufl., Wiesbaden 1998.

Adam, D. (Hrsg.) (1988): *Fertigungssteuerung II* - Systeme zur Fertigungssteuerung, Schriften zur Unternehmensführung, Bd. 39, Wiesbaden 1988.

Albach, H. (1978): Strategische *Unternehmensplanung* bei erhöhter Unsicherheit, in: ZfB, 48. Jg, 1978, S. 702-738.

Alpar, P. (1998): Kommerzielle Nutzung des Internet, 2. Aufl., Berlin - Heidelberg - New York 1998.

Andler, K. (1929): Rationalisierung der Fabrikation und optimale *Losgröße*, Diss., Stuttgart 1929.

Arrow, K.T.; Harris, T.; Marschak, J. (1951): Optimal *Inventory Policy*, Econometrica , Vol. 19, No. 3, 1951, pp. 250-272.

Aubin, H.; Zorn, W. (1971): Handbuch der Deutschen *Wirtschafts- und Sozialgeschichte*, Bd. 1, Stuttgart 1971.

Aubin, H.; Zorn, W. (1976): Handbuch der Deutschen *Wirtschafts- und Sozialgeschichte*, Bd. 2, Stuttgart 1976.

Backhaus, K. (1979): *Fertigungsprogrammplanung*, Stuttgart 1979.

Backhaus, K.; Erichson, B.; Plinke, W.; Weiber, R. (1996): Multivariate *Analysemethoden*, 11. Aufl., Berlin - Heidelberg - New York 2005.

Bartmann, D.; Beckmann, M.J. (1989): *Lagerhaltung*, Berlin 1989.

Bartsch, H.; Teufel, T. (2000): Supply Chain Management mit *SAP APO* - Supply Chain Management mit dem Advanced Planner and Optimizer; Bonn 2000

Bechte, W. (1980): Steuerung der Durchlaufzeit durch belastungsorientierte *Auftragsfreigabe* bei Werkstattfertigung, Universität Hannover 1980, Fortschrittsberichte VDI-Z, Reihe 2, Nr. 70.

Bendeich, E. (1974): *Fertigungssteuerung* mit Systemen der zentralen Arbeitsverteilung (ZAV), in: Arbeitsvorbereitung, 11. Jg., 1974, S. 167-172.

Bickhoff, N.; Böhmer, C.; Eilenberger, G.; Hansmann, K.-W.; Niggemann, M.; Ringle, C. M.; Spreemann, K.; Tjaden, G. (2003): *Mit Virtuellen Unternehmen zum Erfolg*: ein Quick-Check für Manager, Berlin et al. 2003.

Bleicher, K.; Meyer, E. (1976): *Führung* in der Unternehmung, Wiesbaden 1976.

Bloech, J.; Lücke, W. (1982): *Produktionswirtschaft*, Göttingen 1982.

Böcker, F. (1994): *Marketing*, 5. Aufl., Stuttgart 1994.

Böckle, F. (1979): Flexible Arbeitszeit im *Produktionsbereich*, Frankfurt/M. 1979.

Böhrs, H. (1980): *Leistungslohn*gestaltung, 3. Aufl., Wiesbaden 1980.

Boysen, N. (2005): *Variantenfließfertigung*, Wiesbaden 2005.

Boysen, N. (2005): Reihenfolgeplanung bei *Variantenfließfertigung*: Ein integrativer Ansatz, in: Zeitschrift für Betriebswirtschaft (ZfB), 75 Jg. 2005, S. 135-156.

Boysen, N. (2005), *Ameisenalgorithmen*: Optimierung nach dem Vorbild der Natur, in: Wirtschaftswissenschaftliches Studium (WiSt), 34. Jg. 2005, Heft 11, S. 607-612.

Boysen, N.; Fliedner, M. (2006): Ein flexibler zweistufiger Graphenalgorithmus zur *Fließbandabstimmung* mit praxisrelevanten Nebenbedingungen, in: Zeitschrift für Betriebswirtschaft (ZfB), 76. Jg., 2006, S. 55-78.

Brankamp, K. (1973): Ein *Terminplanungssystem* für Unternehmen der Einzel- und Serienfertigung, 2. Aufl., Würzburg 1973.

Brockhoff, K. (1993): *Produktpolitik*, 3. Aufl., Stuttgart - New York 1993.

Buddenberg, H. (1982): *Strategieplanung* und -umsetzung am Beispiel der Deutschen BP AG, in: Schriften zur Unternehmensführung, Bd. 29, Strategisches Management 1, Wiesbaden 1982.

Bühner, R. (2004): Betriebswirtschaftliche *Organisationslehre*, 10. Aufl., München u.a. 2004

Bundesminister für Verkehr (1995): *Verkehr in Zahlen*, Bonn 1995.

Buzzell, R.D.; Gale, B.T. (1989): Das *PIMS*-Programm, Wiesbaden 1989.

Campell, H.G.; Dudek, R.A. (1970): A Heuristic Algorithim for the n Job m Machine Problem, in: Management Science, Vol. 16., S. 630 ff.

Cerney, V. (1985): *Thermodynamical Approach* to the Traveling Salesman Problem, in: Journal of Optimization Theory and Applications, Vol. 45, No. 1, Jan. 1985, pp. 41-52.

Chase, R.; Aquilano, N. (1995): *Production* and Operations Management, Chicago u.a. 1995.

Clausen, J. (1993): Begriffliche Definitionen rund um das Öko-Audit, in: UWF, 1993, Nr. 3, S. 25-27.

Clement, M.; Peters, K.; Preiß, F. (1998): Electronic Commerce, in: Albers, S.; Clement, M.; Peters, K. (Hrsg.): Marketing mit interaktiven Medien, Frankfurt am Main 1998.

Conway, R.W.; Maxwell, W.L.; Miller, L.W. (1967): Theory of *Scheduling*, Reading/Mass. 1967.

Czeranowsky, G. (1974): Programmplanung bei *Auftragsfertigung* unter besonderer Berücksichtigung des Terminwesens, Wiesbaden 1974.

Czeranowsky, G. (1975): Ein Lösungsansatz zur simultanen Programm- und *Ablaufplanung* bei Einzelfertigung, in: ZfB, 45. Jg., 1975, S. 353-370.

Dantzig, G.B. (1966): *Lineare Programmierung* und Erweiterungen, Berlin 1966.

Davidoff/Malone (1992): The *Virtual Corporation*, New York 1992.

Dellmann, K. (1974): Ein heuristisches Modell zur gewinnmaximalen Seriengrößen- und *Seriensequenzplanung*, in: ZfB, 44. Jg., 1974, S. 139 ff.

Deutsche Shell AG (1989): Grenzen der *Motorisierung* in Sicht, Hamburg 1989.

Diederich, H. (1992): Allgemeine *Betriebswirtschaftslehre*, 7. Aufl., Stuttgart 1992.

Diller, H. (1991): *Preispolitik*, 2. Aufl., Stuttgart 1991.

Diller, H. (1998): *Marketingplanung*, 2. Aufl., München 1998.

Dinkelbach, W. (1977): *Ablaufplaung* in entscheidungstheoretischer Sicht, in: ZfB, 47. Jg., 1977, S. 545-566.

Dogac, H.; Chen, P.P. (1983): *Entity-Relationship Model* in the ANSI/SPARK Framework, in: Chen, P.P. (Hrsg.), Entity-Relationship Approach to Information Modelling and Analysis, Proceedings of the 2nd International Conference on Entity-Relationship Approach, Amsterdam - New York - Oxford 1983, S. 357-374.

Domschke, W. (1997): Logistik: Rundreisen und *Touren*, 4. Aufl., München - Wien 1997.

Domschke, W.; Drexl, A. (1995): Einführung in *Operations Research*, Berlin u.a. 1995.

Domschke, W.; Drexl, A. (1996): Logistik: *Standorte*, 4. Aufl., München - Wien 1996.

Domschke, W.; Scholl, A.; Voß, S. (1997): *Produktionsplanung*: ablauforganisatorische Aspekte, 2. Aufl., Berlin u.a. 1997

Drucker, P.F. (1985): Entrepreneurial *Strategies*, New York 1985.

Dueck, G.; Scheuer, T. (1990): *Threshold Accepting*, Journal of Computational Physics 1990, Vol. 104, pp. 86-92.

Eigen, M.; Winkler, R. (1990): Das *Spiel*, 3. Aufl., München 1990.

Fandel, G.; Francois, P. (1989): *Just-in-Time* Produktion und Beschaffung; Funktionsweise, Einsatzvoraussetzungen und Grenzen, in: ZfB, 59. Jg. 1989, Nr. 5, S. 531-544.

Fandel, G.; Zäpfel, G. (1991): Modern *Production* Concepts, Berlin 1991.

Fandel, J. (1980): Zum Stand der betriebswirtschaftlichen *Theorie der Produktion*, in: ZfB, 50. Jg., 1980, S. 86-111.

Federgruen, A.; Tzur, M. (1991): A simple forward algorithm to solve general dynamic *lot sizing* models with n periods in O(n log n) or O(n) time, in: Management Science 37, 1191, S. 909-925.

Fisher, H.; Thompson, G.L. (1963): Probabilistic Learning Combinations of Local *Job-Shop Scheduling Rules*, in: Muth und Thompson, 1963, S. 225-251.

Florian, M.; Klein, M. (1971): Deterministic *Production Planning* with Concave Costs and Capacity Constraints, in: Management Science, Vol. 18, 1971, S. 12-20.

Fogarty, D.W.; Blackstone, J.H.; Hoffmann, T.R. (1991): *Production* and Inventory Management, 2nd Ed., Cincinnati 1991.

Fox, R.E. (o.J.): OPT: Leapfrogging the Japanese, in: Voss, C.A., Just-in-Time Manufacture, Berlin u.a. o.J.

Frese, E. (2005): *Grundlagen der Organisation*: Entscheidungsorientiertes Konzept der Organisationsgestaltung, 9. Aufl., Wiesbaden 2005.

Gege, M. (Hrsg.) (1997): Kosten senken durch *Umweltmanagement*: 1000 Erfolgsbeispiele aus 100 Unternehmen, München 1997.

Geitner, U.W. (Hrsg.) (1991): *CIM - Handbuch*, 2. Aufl., Wiesbaden 1991.

Gerl, K.; Roventa, P. (1983): *Strategische Geschäftseinheiten* - Perspektiven aus der Sicht des Strategischen Managements, in: Kirsch, W.; Roventa, P. (Hrsg.), Bausteine eines Strategischen Managements, Berlin - New York 1983, S. 141-161.

Gerlach, H.H. (1975): *Stücklistenwesen*, in: Brankamp, K. (Hrsg.), Handbuch der modernen Fertigung und Montage, München 1975.

Gerth, N. (1998): Bedeutung des *Online Marketing* für die Distributionspolitik, in: Link, J. (Hrsg.): Wettbewerbsvorteile durch Online Marketing, Berlin - Heidelberg - New York 1998.

Glaser, H.; Geiger, W.; Rohde, V. (1991): *PPS*, Grundlagen - Konzepte - Anwendungen, Wiesbaden 1991.

Goetschalckx, M.; Fleischmann, B. (2005): *Strategic Network Planning*, in: Stadtler, H.; Kilger, C. (Hrsg.): Supply chain management and advanced planning: concepts, models, software and case studies, 3. Aufl., Berlin u.a. 2005, S. 117-138.

Grochla, E. (1978): Grundlagen der *Materialwirtschaft*, 3. Aufl., Wiesbaden 1978.

Groff, G.K. (1979): A *Lot Sizing Rule* for Time-phased Component Demand, in: Production and Inventory Management, 1979, S.47-53.

Große-Oetringhaus, W.F. (1974): *Fertigungstypologie* unter dem Gesichtspunkt der Fertigungsablaufplanung, Berlin 1974.

Gutenberg, E. (1983): Grundlagen der *Betriebswirtschaftslehre*, Bd.1: Die Produktion, 24. Aufl., Berlin - Heidelberg - New York 1983.

Hahn, D. (1972): Industrielle *Fertigungswirtschaft* in entscheidungs- und system-theoretischer Sicht, in: Zeitschrift für Organisation, 41. Jg., Teil 1, S. 269-278, Teil 2, S. 369-370, Teil 3, S. 427-439.

Hahn, D.; Laßmann, G. (1989): *Produktionswirtschaft*, Bd. 2, Heidelberg 1989.

Hammer, E. (1977): *Industriebetriebslehre*, 2. Aufl., München 1977.

Hammer, M. (1990): *Reengineering Work*: Don't Automate, Obliterate, in: Harvard Business Review, vol. 90, No. 4 (1990), S. 104-112.

Hammer, M.; Champy, J. (1994): *Reengineering* the Corporation, New York 1994.

Hansmann, K,-W. (1972): Das *Branch and Bound-Verfahren*, in: WISU, 1. Jg., 1972, H.7, S. 305-310.

Hansmann, K.-W. (1972): *Dynamische Optimierung*, in: WISU, 1. Jg., 1972, H. 1, S. 7-12.

Hansmann, K.-W. (1972): *Fallstudien* 1 und 2 zur dynamischen Optimierung, in: WISU, 1. Jg., 1972, Teil 1: H. 3, S. 113-114, Teil 2: H. 4., S. 105-108.

Hansmann, K.-W. (1974): Entscheidungsmodelle zur *Standortplanung* der Industrieunternehmen, Wiesbaden 1974.

Hansmann, K.-W. (1975): *Ganzzahlige Optimierung*, in: WISU, 4. Jg., 1975, Teil I: H. 1, S. 6-11, Teil II: H. 2, S. 56-60, Teil III: H. 3, S. 105-108.

Hansmann, K.-W. (1980): Die Anwendung der *Spektral- und Regressionsanalyse* bei der Absatzprognose von Zeitschriften, in: Schwarze, J. (Hrsg.), Angewandte Prognoseverfahren, Herne - Berlin 1980, S. 231-244.

Hansmann, K.-W. (1982): Eine empirische Untersuchung des deutschen Biermarktes mit *multivariaten Analysemethoden*, in: Proceedings in Operations Research, Nr. 11, Würzburg - Wien 1981.

Hansmann, K.-W. (1983): Kurzlehrbuch *Prognoseverfahren*, Wiesbaden 1983.

Hansmann, K.-W. (1984): Die langfristige Entwicklung des Einsatzes von *Industrierobotern* in der BRD, in: Forschungspapier Nr.2 des Instituts für Industriebetriebsforschung der Hochschule der Bundeswehr, Hamburg 1984.

Hansmann, K.-W. (1987): *Industriebetriebslehre*, 2. Aufl., München-Wien 1987.

Hansmann, K.-W. (1987): *Life Cycle Forecasting*, in: Forschungspapier Nr. 9 des Instituts für Industiebetriebsforschung der Universität der Bundeswehr, Hamburg 1987.

Hansmann, K.-W. (1996): *Just in Time-Produktion*, in: Kern, W.; Schröder, H.-H.; Weber, J., Handwörterbuch der Produktionswirtschaft, 2. Aufl., Stuttgart 1996, Spalten 827-838.

Hansmann, K.-W. (1996): *Produktionssteuerung* eines *flexiblen Fertigungssystems* mit Akzeptanzalgorithmen, in: Wildemann, Horst, Produktions- und Zuliefernetzwerke, München 1996.

Hansmann, K.-W. (Hrsg.) (1998): *Umweltorientierte Betriebswirtschaftslehre:* Eine Einführung, Wiesbaden 1998.

Hansmann, K.-W. (1998): Grundlagen der betriebswirtschaftlichen *Entscheidungslehre*, in: Krabbe, E. (Hrsg), Leitfaden zum Grundstudium der Betriebswirtschaftslehre, 6. Aufl., Gernsbach 1998.

Hansmann, K.-W.; Höck, M. (1997): *Production Control* of a Flexible Manufacturing System in a Job Shop Environment, in: Int. Trans. Opl Res., Vol. 4, No. 5/6, pp. 341-351, 1997.

Hansmann, K.-W.; Höck, M. (1998): Studie zum *Business Process Reengineering* in deutschen Unternehmen, Hamburg 1998.

Hansmann, K.-W.; Kleeberg, K. (1989): Comparison of New Approaches to *Job Shop Scheduling* with an Interactive Simulation Programm on PC, in: Forschungspapier Nr. 10 des Instituts für Industriebetriebsforschung der Universität der Bundeswehr, Hamburg 1989.

Hansmann, K.-W.; Kleeberg, K. (1991): Extension of Capacity Oriented Scheduling to *Flexible Manufacturing Systems*, in: Forschungspapier Nr. 12 des Instituts für industrielles Management der Universität der Bundeswehr, Hamburg 1991.

Hansmann, K.-W.; Paetow, G.; Zetsche, W. (1983): Darstellung und Anwendung der *Multi-Dimensionalen Skalierung*, in: WISU, 12. Jg., 1983, Teil I: H.1, S. 22-27, Teil II: H. 2, S. 69-72, Teil III: H. 3, S. 111-114.

Hansmann, K.-W.; Zetsche, W. (1990): Business Forecasts using a Forecasting *Expert System*, in: Schader, M.; Gaul, W.(Hrsg.), Knowlegde, Data and Computer-Assisted-Decisions, Berlin 1990.

Hansmann, K.-W.; Ringle, C. M. (2004): *Kennzeichnung des Kooperationskonzeptes* der Virtuellen Unternehmung, in: Das Wirtschaftsstudium (WISU), 33. Jahrgang, 2004, Heft 10, S. 1222-1230.

Hansmann, K.-W.; Ringle, C. M. (2005): *Erfolgsmessung und Erfolgswirkung* Virtueller Unternehmungen, in: Zeitschrift Führung + Organisation (zfo), 74. Jahrgang, 2005, Heft 1, S. 11 – 17.

Hansmann, K.-W.; Ringle, C.M. (2006): *Zur Eignung von Virtuellen Unternehmungen* als Kooperationsform in Zeiten raschen Wandels, in: Zeitschrift für Management (ZfM), 1. Jg., Heft 2, April 2006, S. 6-23.

Hansmeyer, K.-H.; Rührup, B. (1973): *Umweltgefährdung* und Gesellschaftssystem, in: Wirtschaftspolitische Chronik, H. 2, Köln 1973.

Hanssmann, F. (1990): Quantitative *Betriebswirtschaftslehre,* 3. Aufl., München - Wien 1990.

Hartmann, H. (1978): *Materialwirtschaft,* Gernsbach 1978.

ter Haseborg, F.; Wolters, C. (1998): Strategische Öko-Marketingplanung, in: Hansmann, K.-W. (Hrsg): Umweltorientierte Betriebswirtschaftslehre: Eine Einführung, Wiesbaden 1998, S. 191-222.

Hax, A.C.; Candea, D. (1984): *Production* and Inventory Management, Englewood Cliffs/N.J. 1984.

Heinemeyer, W. (1988): Die Planung und Steuerung des logistischen Prozesses mit *Fortschrittszahlen*, in: Schriften zur Unternehmensführung, Bd. 39, Wiesbaden 1988, S. 5-32.

Heinen, E. (1982): *Industriebetriebslehre - Arbeitsbuch*, Wiesbaden 1982.

Heinen, E. (1991): *Industriebetriebslehre,* 9. Aufl., Wiesbaden 1991.

Heinen, E. ; Dill, P. (1990): *Unternehmenskultur* aus betriebswirtschaftlicher Sicht, in: Simon, H. (Hrsg.), Herausforderung Unternehmenskultur, Stuttgart 1990, S. 12-24.

Heinrich, C.E. (1987): Mehrstufige *Losgrößenplanung* in hierarchisch strukturierten Produktionsplanungssystemen, Berlin 1987.

Heinrich, C.E.; Schneeweiß, C. (1986): *Multi-Stage Lot Sizing* for General Production Systems, in: Axsäter, S.; Schneeweiß, C.; Silver, E.A. (Hrsg.) (1986), Multi-Stage Production Planning and Inventory Controll, Berlin 1986.

Heise, G. (1996): Online Distribution, in: Hünerberg, R. (Hrsg.): Handbuch Online Marketing, Landsberg/Lech 1996.

Hemphill, J.K. (1950): *Leader* Behaviour Discription, Personell Research Board, Columbus (Ohio) 1950.

Henderson, B.D. (1984): Die *Erfahrungskurve* in der Unternehmensstrategie, 2. Aufl., Frankfurt/Main 1984.

Hertz, D.B.; Carlson, Ph.G. (1963): Selection, Evaluation and Control of *Research and Development*, in: Dean, B.V. (Hrsg.), Operations Research and Development, Proceedings of a Conference at Case Institiute of Technology, New York - London 1963.

Hess, T.; Schuller, D. (2005): Business Process Reengineering als nachhaltiger Trend? Eine Analyse der Praxis in deutschen Großunternehmen nach einer Dekade, in: Zeitschrift für betriebswirtschaftliche Forschung (ZfbF), 57. Jg., Juni 2005, S. 355-373.

Hilke, W. (1978): Zielorientierte Produktions- und *Programmplanung,* Neuwied 1978.

Hinterhuber, H. (1989): Strategische *Unternehmensführung*, Bd. II, 4. Aufl., Berlin - New York 1989.

Hinterhuber, H. (1996): Strategische *Unternehmungsführung*, Bd. I, 6. Aufl., Berlin - New York 1996.

Hoffmann, W.G. (1965): Das *Wachstum* der deutschen Wirtschaft seit Mitte des 19. Jahrhunderts, Berlin - Heidelberg 1965.

Hoss, K. (1965): *Fertigungsablaufplanung* mittels operationsanalytischer Methoden, Würzburg - Wien 1965.

Hummeltenberg, W. (1981): Optimierungsmethoden zur betrieblichen *Standortwahl*, Würzburg - Wien 1981.

Hünerberg, R. (1996): Online-Kommunikation, in: Hünerberg, R. (Hrsg.): Handbuch Online Marketing, Landsberg/Lech 1996.

Hwang, S. (1986): *Part Selection Problems* in Flexible Manufaturing Systems Planning Stage, in: Proceedings of the Second ORSA/TIMS Conference on Flexible Manufacturing Systems (Ann Arbor, MI), K.E. Stecke and R. Suri (eds.), Amsterdam 1986, pp. 297-309.

IBM (Hrsg.) (o.J.): *CLASS* (Capacity Loading and Sequencing Systems), IBM-Form 80713-0.

Institut für Demoskopie Allensbach (2004): Allensbacher Computer- und Technikanalyse (ACTA), 2004.

Jacob, H. (1976): Zur *Standortwahl* der Unternehmung, 3. Aufl., Wiesbaden 1976.

Jacob, H. (1982): Die *Aufgaben* der strategischen Planung - Möglichkeiten und Grenzen, in: Jacob, H. (Hrsg.), Strategisches Management 1, Schriften zur Unternehmensführung, Bd. 29, Wiesbaden 1982, S. 41-67.

Jacob, H. (1987): *Investitionsrechnung,* 5. Aufl., Wiesbaden 1987.

Jacob, H. (Hrsg.) (1990): *Industriebetriebslehre,* 4. Aufl., Wiesbaden 1990.

Johnson, S.M. (1954): Optimal Two- and Three-Stage *Production* Schedules with Setup-Times Included, in: Naval Research Logistics Quaterly, H. 1, 1954, S. 61 ff.

Kahle, E. (1991): *Produktion,* 3. Aufl., München - Wien 1991.

Kaluza, B. (1995): *Zeitmanagement,* in: Corsten, H. (Hrsg.), Lexikon der Betriebswirtschaftslehre, 3. Aufl., München - Wien 1995.

Kalveram, W. (1972): *Industriebetriebslehre,* 8. Aufl., Wiesbaden 1972.

Kellenbenz, H. (1977): Deutsche *Wirtschaftsgeschichte,* Bd. I, München 1977.

Kellenbenz, H. (1981): Deutsche *Wirtschaftsgeschichte,* Bd. II, München 1981.

Keller, G.; Meinhardt, S. (1994): *Business Process Reengineering* auf Basis des SAP R/3-Referenzmodells, in: SzU, Band 53, Wiesbaden 1994.

Keller, G. ; Teufel, Th. (1998): *SAP R/3* prozeßorientiert anwenden: Iteratives Prozeß-Prototyping zur Bildung von Wertschöpfungsketten, Bonn u.a. 1998.

Keller, G. (1999): *SAP R/3* prozeßorientiert anwenden: Iteratives Prozeß-Prototyping mit Ereignisgesteuerten Prozeßketten und Knowledge Maps, Bonn u.a. 1999.

Kern, W. (1980): Industrielle *Produktionswirtschaft,* 3. Aufl., Stuttgart 1980.

Ketteringham, J.M.; Ranganath Nayak, P. (1987): *Senkrechtstarter,* 2. Aufl., Düsseldorf - Wien - New York 1987.

Kettner, H.; Bechte, W. (1981): Neue Wege der *Fertigungssteuerung* durch belastungsorientierte Auftragsfreigabe, VDI-Z, 123 Jg., H. 11, 1981, S. 459-466 .

Kettner, H.; Jendralski, J. (1979): Fertigungsplanung und *Fertigungssteuerung* - ein Sorgenkind der Produktion, VDI-Z, 121 Jg., H. 9, 1971, S. 410-416.

Kieser, A.; Walgenbach, P. (2003): *Organisation*, 4. Aufl., Stuttgart 2003.

Kießwetter, M. (1999): *Ablaufplanung in der chemischen Industrie* : Optimierung mit evolutionären Algorithmen, Wiesbaden 1999

Kilger, W. (1973): Optimale *Produktions- und Absatzplanung*, Opladen 1973.

Kilger, W. (1986): *Industriebetriebslehre*, Bd. 1, Wiesbaden 1986.

Kirkpatrik, S.; Gelatt, C.D.; Vecchi, M.P. (1983): *Optimization* by Simulated Annealing, Science 1983, Vol. 220, pp. 671-680.

Kistner, K.P.; Steven, M. (1993): *Produktionsplanung*, Heidelberg 1993.

Kleinrock, L. (1976): *Queueing Systems*, in: Computer Applications, Vol. 2, New York - London - Sydney - Toronto 1976.

Kloock, J.; Sabel, H.; Schumann, W. (1987): *Erfahrungskurve* in der Unternehmenspolitik, in ZfB Ergänzungsheft 2/1987, S. 351.

Knolmayer, G. (1984): Ein Vergleich von 30 „praxisnahen" *Lagerheuristiken*, Manuskript Nr. 152 aus dem Institut für Betriebswirtschaftslehre der Universität Kiel, Kiel 1984.

Knolmayer, G. (1987): The Performance of *Lot Sizing Heuristics* in the Case of Sparse Demand Patterns, in: Kusiak, A. (Hrsg.), Modern Production Management Systems, New York 1987, S.265-279.

v. Kortzfleisch, G. (1990): Systematik der *Produktionsmethoden,* in: Jacob, H. (Hrsg.) Industriebetriebslehre, 4. Aufl., Wiesbaden 1990.

Kosiol, E. (1962): *Organisation der Unternehmung*, Wiesbaden 1962.

Kotler, P. (1998): *Marketing* Management, 9. Aufl., Stuttgart 1998.

Kreikebaum, H. (1996): Grundlagen der *Unternehmensethik*, Stuttgart 1996.

Kreikebaum, H. (1997): Strategische *Unternehmensplanung,* 6. Aufl., Stuttgart 1997.

Kruschwitz, L. (1998): *Investitionsrechnung*, 7. Aufl., München 1998.

Kruskal, J.B. (1964): *Nonmetric Multidimensional Scaling*: A Numerical Method, in: Psychometric monographes, Vol. 29, Juni 1964, S. 115-129.

Krycha, K.Th. (1978): *Produktionswirtschaft,* Bielefeld - Köln 1978.

Kuhn, H.W. (1965): Locational Problems and *Mathematical Programming*, in: Prékopa, A. (Hrsg.), Colloquium and Applications of Mathematics and Economics, Budapest 1965.

Küpper, W.; Lüder, K.; Streitferdt, L. (1975): *Netzplantechnik*, Würzburg 1975.

Landes, D.S. (1973): Der entfesselte *Prometheus*, Köln 1973.

Lange, Chr. (1978): *Umweltschutz* und Unternehmensplanung, Wiesbaden 1978.

Lee, D.L. (1987): *Set-up Time* Reduction: Making JIT work, in: Voss, C.A., Just-in-Time Manufacture, Berlin u.a. 1987.

Lewandowski, R. (1974): *Prognose-* und Informations*systeme* und ihre Anwendung, Bd. 1, Berlin - New York 1974.

Lewandowski, R. (1980): *Prognose-* und Informations*systeme* und ihre Anwendung, Bd. 2, Berlin - New York 1980.

Luchs, R.H.; Müller, R. (1985): Das *PIMS*-Programm, in: Strategische Planung, Bd. 1, Heft 2, 1985, S.79-98.

Lütge, F. (1979): Deutsche *Sozial- und Wirtschaftsgeschichte*, 3. Aufl., Berlin 1979.

Mäckbach, F.; Kienzle, O. (Hrsg.) (1926): *Fließarbeit*, Berlin 1926.

Makridakis, S.; Wheelwright, S.C. (1978): *Forecasting*, Methods and Applications, New York 1978.

Meffert, H.; Steffenhagen, H. (1977): *Marketing-Prognosemodelle*, Stuttgart 1977.

Meier, B. (1982): Die „eisernen Gehilfen", Entwicklung und Einsatz von *Industrierobotern*, in: Wirtschafts- und Gesellschaftspolitische Grundinformation, Köln 1982.

Mellerowicz, K. (1981): *Betriebswirtschaftslehre* der Industrie, Bd. 1: Grundfragen und Führungsprobleme industrieller Betriebe, 7. Aufl., Freiburg i. Br. 1981.

Mellerowicz, K. (1981): *Betriebswirtschaftslehre* der Industrie, Bd. 2: Die Funktion des Industriebetriebes, 7. Aufl., Freiburg i. Br. 1981.

Mertens, P. (1997): Integrierte *Informationsverarbeitung*, Bd. 1, 11. Aufl., Wiesbaden 1997.

Mertens, P. (Hrsg.) (1994): *Prognoserechnung*, 5. Aufl., Heidelberg 1994.

Mertens, P.; Faisst, W. (1995): *Virtuelle Unternehmen* - eine Organisationsstruktur für die Zukunft?, in: technologie&management, 44. Jg. Heft 2, S. 61-68.

Mertens, P.; Griese, J. (1988): Industrielle *Datenverarbeitung*, Bd. 2: Informations- und Planungssysteme, 5. Aufl., Wiesbaden 1988.

Meyr, H.; Rohde, J.; Wagner, M.; Wetterauer, U. (2005): *Architecture* of selected APS, in: Stadtler, H.; Kilger, C. (Hrsg.): Supply chain management and advanced planning: concepts, models, software and case studies, 3. Aufl., Berlin u.a. 2005, S. 341-353.

Mohndruck (2003): *Ökologische Betriebsbilanz*, in: http://www.mohnmedia.de/fileadmin/mediadata/downloads/pdf/_kologische_Betriebsbilanz_2003.pdf

Müller-Merbach, H. (1992): *Operations Research*, 3. Aufl., 10. Nachdruck, München 1992.

Nieschlag, R.; Dichtl, E.; Hörschgen, H. (1997): *Marketing*, 18. Aufl., Berlin 1997.

Nordsieck, F. (1934): *Grundlagen der Organisationslehre*, Stuttgart 1934.

Oberhoff, W.D. (1975): Integrierte *Produktionsplanung*, Deterministische Entscheidungsmodelle zur Planung optimaler Losgrößen und des optimalen Produktionsprogrammes, Bochum 1975.

Ohse, D. (1970): Näherungsverfahren zur Bestimmung der wirtschaftlichen *Bestellmenge* bei schwankendem Bedarf, in: Elektronische Datenverarbeitung, Bd. 12, 1970, S. 83 ff.

Orlicky, J. (1975): *Material Requirements Planning*, New York 1975.

Parfitt, J.H.; Collins, B.J.K. (1968): Use of Consumer Panels for Brand Share *Prediction*, in: Journal of Marketing Research, Vol. 5, 1968, S. 131-145.

Pieroth, E.; Wicke, L. (1988): Chancen der Betriebe durch *Umweltschutz*, Freiburg 1988.

Poensgen, O.H.; Hort, H. (1983): *F+E-Aufwand*, Firmensituation und Firmenerfolg, in: ZfbF, 35. Jg., 1983, H. 2, S. 73-79.

Porter, M.E. (1999): *Wettbewerbsstrategie*, 10. Aufl., Frankfurt - New York 1999.

Preßmar, D. (1974): Evolutorische und stationäre Modelle mit variablen Zeitintervallen zur simultanen Produktions- und *Ablaufplanung*, in: Geissner, P.; Henn, R.; Steinecke, V. (Hrsg.), Proceedings in Operations Research, Würzburg 1974, S. 462-475.

Preßmar, D. (1974): Stationäre Planung und *Losgrößenanalyse*, in: ZfB, 44. Jg. 1974, S. 729 ff.

Preßmar, D. (1977): Zur Bestimmung einer nichtstationären *Losgrößenpolitik* unter Berücksichtigung von Vorzugsmengenkosten, in: ZfB, 47. Jg., Jg. 1977, S. 609 ff.

Reese, J. (1993): Ein *Lean-Production-Modell* und seine organisatorischen Konsequenzen, in: Corsten, H.; Will, Th. (Hrsg.), Lean Production, Stuttgart 1993.

Reeves, C. (Ed.) (1993): *Modern Heuristic* Techniques for Combinatorial Problems, New York 1993.

Reichwald, R.; Sievi, C. (1991): *Produktionswirtschaft*, in: Heinen, E. (Hrsg.), Industriebetriebslehre, 9. Aufl., Wiesbaden 1991.

Reisch, K. (1979): *Industriebetriebslehre*, Wiesbaden 1979.

Ringle, C.M. (2004): *Kooperation in Virtuellen Unternehmungen*: Auswirkungen auf die strategischen Erfolgsfaktoren der Partnerunternehmen, Wiesbaden 2004.

Ringle, C. M. (2004): Die *Virtuelle Unternehmung* – Ausprägungsformen und Abgrenzung, in: Der Betriebswirt (DB), Heft 4/2004, S. 21-29.

Ringle, C. M. (2005): *Integration* von Market-based View und Resource-based View des strategischen Managements: das Kooperationskonzept der Virtuellen Unternehmung, in: Der Betriebswirt (DB), Heft 1/2005, S. 9-18.

Ringle, C. M.; Hansmann, K.-W.; Boysen, N. (2005): Erfolgswirkung einer *Partizipation an Virtuellen Unternehmungen*, in: Zeitschrift für Planung und Unternehmenssteuerung (ZP), 16. Jahrgang, 2005, Heft 2, S. 147-166.

Rinne, H.; Mittag, H.J. (1995): Statistische Methoden der *Qualitätssicherung*, 3. Aufl., München 1995.

RKWE (1987): *PPS*-Fachmann, Bd. 1-6, Köln 1987.

Robrade, A. (1990): Dynamische Einprodukt-*Lagerhaltungsmodelle* bei periodischer Bestandsüberwachung, Diss., Hamburg 1990.

Röder, A.; Tibken, B. (2006): A Methodology for Modeling *Inter-Company Supply Chains* and for Evaluating a Method of Integrated Product and Process Documentation, in: European Journal of Operational Research, Vol. 169, No. 3, 2006, S. 1010-1029.

Rohde, J.; Meyr, H.; Wagner, M. (2000): Die *Supply Chain Planning Matrix*, in PPS-Management, 5. Jg, 2000, S. 10 – 15.

Royal Dutch/Shell Gruppe (1999): *Unternehmensgrundsätze* der Royal Dutch/Shell Gruppe, Online im Internet, URL: http://www.shell.com/Framework?siteId=de-de&FC2=/de-de/html/iwgen/left navs/zzz_lhn11_3_0.html&FC3=/de-de/html/iwgen/about_shell/ dir_unternehmensgrundsat_09191100.html, Stand 04.01.2006

Sabathil, K. (1991): *Evolutionäre Strategien* der Unternehmensführung, Diss. Hamburg 1991.

Salveson, M.E. (1955): The Assembly Line *Balancing Problem*, in: Journal of Industrial Engineering, Vol. 6., 1955.

Sand, H. (1973): Fragen zur *Arbeitszufriedenheit*, in: Management International Review, 13. Jg., 1973, S. 45-64.

SAP AG (1997): *System R/3, Modul MM* Funktionsbeschreibung, SAP AG, Walldorf 1997.

SAP AG (1997): *System R/3, Modul PP* Funktionsbeschreibung, SAP AG, Walldorf 1997.

SAP AG (2006): http://www.sap.com/solutions/index.epx

Schäfer, E. (1978): Der *Industriebetrieb*, 2. Aufl., Wiesbaden 1978.

Scheer, A.W. (1990): *CIM*, Computer Integrated Manufacturing, 4. Aufl., Berlin 1990.

Scheer, A.W. (1990): EDV-orientierte Betriebswirtschaftslehre, 4. Aufl., Berlin 1990.

Scheer, A.W. (1990): *Wirtschaftsinformatik*, 3. Aufl., Berlin 1990.

Scheer, A.W. (1998): ARIS - Modellierungsmethoden, Metamodelle, Anwendungen, 3. Aufl., Berlin u.a. 1998.

Scheer, A.W. (1998): ARIS - vom Geschäftsprozess zum Anwendungssystem, 3. Aufl., Berlin u.a. 1998.

Scheer, A.W. (1998): *Wirtschaftsinformatik*: Referenzmodelle für industrielle Geschäftsprozesse, Studienausgabe, 2. Aufl., Berlin u.a. 1998.

Schierenbeck, H. (1999): Grundzüge der *Betriebswirtschaftslehre,* 14. Aufl., München - Wien 1999.

Schildtknecht, M. (1986): Wie man flexible *Arbeitszeit* einführt, Zürich 1986.

Schlageter, G.; Stucky, W. (1983): *Datenbanksysteme*, 2. Aufl., Stuttgart 1983.

Schneefeld, W. (1978): Die wirtschaftliche *Bestellmenge*, München 1978.

Schneeweiß, C. (1981): Modellierung industrieller *Lagerhaltungssysteme*, Berlin 1981.

Schneeweiß, H. (1990): *Ökonometrie*, 4. Aufl., Heidelberg 1990.

Schrage, L. (1998): Optimization Modeling with *LINGO*, 2. Aufl., Chicago 1998.

Schütz, W. (1975): Methoden der mittel- und langfristigen *Prognose*, München 1975.

Seelbach, H. (1975): *Ablaufplanung*, Heidelberg 1975.

Seelbach, H; Dethloff, J. (1998): Theoretische Grundlagen umweltorientierter Produktion, in: Hansmann, K.-W. (Hrsg.): *Umweltorientierte Betriebswirtschaftslehre*: Eine Einführung, Wiesbaden 1998, S. 23-76.

Seidel, E.; Menn, H. (1988): Ökologisch orientierte *Betriebswirtschaft*, Stuttgart 1988.

Silver, E.A.; Meal, H.C. (1973): A *Heuristic Lot Size*, Quantities for the Case of a Deterministic Varying Demand Rate, in: Production and Inventory Management Vol. 14, 1973, S. 64-74.

Silver, E.A.; Peterson, R. (1985): Decision Systems for *Inventory Management* and Production Planning, 2. Aufl., New York 1985.

Simon, H. (1992): *Preismanagement*, 2. Aufl., Wiesbaden 1992.

Specht, D.; Kahmann, J. (2000): Regelung kooperativer Tätigkeit im *virtuellen Unternehmen*, in: ZfB Ergänzungsheft 2/2000, S. 55-73.

Stadtler, H. (1988): Hierarchische *Produktionsplanung* bei losweiser Fertigung, Heidelberg 1988.

Stadtler, H. (2005): *Supply Chain Management* – An Overview, in: Stadtler, H.; Kilger, C. (Hrsg.): Supply chain management and advanced planning: concepts, models, software and case studies, 3. Aufl., Berlin u.a. 2005, S. 9-35.

Stahlknecht, P. (1987): *Lineare Programmierung* auf dem PC, München 1987.

Stalk, G. jr.; Hout, Th. M. (1992): *Zeitwettbewerb*, 3. Aufl., Frankfurt/M. - New York 1992.

Starr, M. (1996): *Operations Management*, Danvers u.a. 1996.

Statistisches Bundesamt (1995 und 1998): Fachserie 4.1.1, 1995 und 1998.

Statistisches Bundesamt: *Statistisches Jahrbuch* der Bundesrepublik Deutschland, lfd. Jahrgänge.

Stecke, K.E. (1983): Formulation and Solution of *Nonlinear* Integer *Production Planning* Problems for Flexible Manufacturing Systems, in: Management Science, Vol. 29, No. 3, March 1983, S. 273-288.

Stecke, K.E. (1985): *Design*, Planning, Scheduling and Contol Problems *of Flexible Manufacturing Systems*, in: Annals of Operations Research, Vol. 3, 1985, S. 3-12.

Stecke, K.E. (1992): *Planning* and Scheduling Approaches to Operate *a Particular FMS*, in: European Journal of Operations Research, Vol. 61, 1992, S. 273-291.

Stecke, K.E.; Kim, I. (1988): A Study of *FMS Part Type Selection* Approaches for Short-Term Production Planning, in: International Journal of Flexible Manufacturing Systems, Heft 1, 1988, S. 7-29.

Stecke, K.E.; Solberg, J.J. (1982): The Optimality of Unbalanced Workloads and *Machine Group Sizes* for Flexible Manufacturing Systems, in: Working Paper No. 290, Graduate School of Business Administration at the University of Michigan, Ann Arbor 1982.

Stefanic-Allmayer, K. (1927): Die günstigste *Bestellmenge* beim Einkauf, in: Zeitschrift für den wirtschaftlichen Betrieb, Wien 1927, S. 504-508.

Steffen, R. (1976): Produktionsplanung bei *Fließbandfertigung*, Wiesbaden 1976.

Steger, U. (1988): *Umweltmanagement*, 1. Aufl., Frankfurt am Main 1988.

Steger, U. (1993): *Umweltmanagement*, 2. Aufl., Frankfurt am Main 1993.

Steinhausen, D.; Langer, K. (1977): *Clusteranalyse*, Berlin 1977.

Strebel, H. (1980): *Umwelt* und Betriebswirtschaft, Berlin 1980.

Taff, C.A. (1968): Management of Traffic and Physical *Distribution*, Homewood 1968.

Taylor, F.W. (1911): The Principles and Methods of *Scientific Management*, New York 1911.

Tempelmeier, H. (1999): *Material-Logistik*, 4. Aufl., Berlin 1999.

Tempelmeier, H.; Kuhn, H. (1993): *Flexible Fertigungssysteme*, Berlin - Heidelberg 1993.

TNS Infratest, Monitoring Informationswirtschaft (2005): in: http://www.tns-infratest.com/06_BI/bmwa/Faktenbericht_8/pdf/FB8_Vollversion_de.pdf, 09.01.06.

Uhlmann, W. (1982): *Statistische Qualitätskontrolle*, 2. Aufl., Stuttgart 1982.

Vazsonyi, A. (1962): Die *Planungsrechnung* in Wirtschaft und Industrie, Wien 1962.

VDI (1975): VDI-Richtlinie 3590, Blatt 1: *Kommissionierungssysteme*, Düsseldorf 1975.

Venohr, B. (1988): *Marktgesetze* und strategische Unternehmensführung, Wiesbaden 1988.

Vereinte Nationen (1992): *Agenda 21*, in: http://www.agrar.de/agenda /agd21k00. htm, 20.01.06

Voigt, K.-I. (1996): *Unternehmenskultur* und Strategie, Wiesbaden 1996.

Volkswagenwerk AG (1981): *Festschrift* zur Produktion des 20-millionsten VW Käfers, Wolfsburg 1981.

Vollmann, T.E.; Berry, W.L.; Whybark, D.C. (1992): *Manufacturing Planning and Control Systems*, 3rd Ed., Homewood/Ill. 1992.

Voss, E. (1991): *Industriebetriebslehre* für Ingenieure, 6. Auflage, München - Wien 1991.

Wagner, H.M.; Whitin, T.M. (1958): Dynamic Version of the Economic *Lot Size Model*, in: Management Science, Vol. 5, 1958, S. 89-96.

Waskow, S. (1997): Betriebliches *Umweltmanagement*: Anforderungen nach der Audit-Verordnung der EG und dem Umweltauditgesetz, 2. Aufl., Heidelberg 1997.

Weber, A. (1922): Über den *Standort* der Industrie, Tübingen 1922.

Wiendahl, H.-P. (1988): *Fertigungssteuerung*, in: Schriften zur Unternehmensführung, Bd. 39, 1988, S. 63.

Wiendahl, H.-P. (1989): Belastungsorientierte *Fertigungssteuerung*, 2. Aufl., München 1989.

Wiendahl, H.-P. (1997): *Betriebsorganisation* für Ingenieure, 4. Aufl., München 1997.

Wildemann, H. (1983): Flexible *Werkstattsteuerung* durch Integration japanischer KANBAN-Prinzipien, München 1983.

Wildemann, H. (1986): Strategische *Investitionsplanung für CAD/CAM*, München, 1986.

Wildemann, H. (1986): *Strategische Investitionsplanung* für neue Technologien in der Produktion, München 1986.

Wildemann, H. (1987): *Investitionsplanung* und Wirtschaftlichkeitsrechnung für flexible Fertigungssysteme, Stuttgart 1987.

Wildemann, H. (1988): Produktionssteuerung nach *KANBAN*-Prinzipien, in: Schriften zur Unternehmensführung, Bd. 39, Wiesbaden 1988, S. 32-50.

Wildemann, H. (1992): Das *Just-in-Time*-Konzept, 3. Aufl., München 1992.

Wildemann, H.; Albach, H. (1986): Strategische *Investitionsplanung* für neue Technologien, in: ZfB Ergänzungsheft 1/1986, S. 1-48.

Winters, P.R. (1960): *Forecasting* Sales by Exponentially Weighted Moving Averages, in: Management Science, Vol. 6, 1960, S. 324-342.

Wöhe, G. (1996): Einführung in die Allgemeine *Betriebswirtschaftslehre*, 19. Aufl., München 1996.

Womack, J.; Jones, D.; Roos, D. (1994): Die *zweite Revolution* in der Automobilindustrie, 8. Aufl., Frankfurt a.M. - New York 1994.

Zäpfel, G. (1982): Produktionswirtschaft, *Operatives Produktions-Management*, Berlin 1982.

Zäpfel, G. (1989): *Strategisches Produktions-Management*, Berlin 1989.

Zäpfel, G. (1989): *Taktisches Produktions-Management*, Berlin 1989.

Zäpfel, G. (1989): Wirtschaftliche Rechtfertigung einer *computerintegrierten Produktion*, in: ZfB, 59. Jg., H. 10, 1989, S. 1058-1073.

Zimmer, D.E. (1975): Der Streit um die *Intelligenz*, München - Wien 1975.

Zoller, K. (1982): Zur Bereitstellung und Nutzung von *Lagerraum*, in: ZfbF, 34. Jg., 1982, H. 1, S. 82-102.

Zoller, K.; Robrade, A. (1987): *Dynamische* Bestellmengen- und *Losgrößenplanung*, in: OR-Spektrum, 1987, S. 219-233.

Zoller, K.; Robrade, A. (1988): *Dynamic Lot Sizing Techniques*; Survey and Comparison, in: Journal of Operations Management, Vol. 7., No. 4, Dez. 1988.

Zoller, K.; Robrade, A. (1988): Efficient Heuristics for *Dynamic Lot Sizing*, in: International Journal of Production Research, Vol. 26, 1988, pp. 249-265.

Zwicky, F. (1989): Entdecken, Erfinden, *Forschen* , 2. Aufl., München - Zürich 1989.

Stichwortverzeichnis

S

www.ingramcontent.com/pod-product-compliance
Lightning Source LLC
Chambersburg PA
CBHW050657190326
41458CB00008B/2605